Soziale Arbeit   Band 9

Herausgegeben
von der Schweizerischen Arbeitsgemeinschaft
der Höheren Fachschulen für Soziale Arbeit (SASSA)

Peter Lüssi

Systemische Sozialarbeit

Praktisches Lehrbuch der Sozialberatung

3., ergänzte Auflage

Verlag Paul Haupt · Bern · Stuttgart · Wien

Der Autor:
Peter Lüssi, geboren 1946. Mehrjährige Aktivität in der kirchlichen Jugend-arbeit. Studium in den Bereichen Recht, Philosophie, Psychologie und Theolo-gie. 1976 Promotion an der theologischen Fakultät der Universität Zürich (mit dem tiefenpsychologischen Buch «Atheismus und Neurose»). Dreizehn Jahre Berufstätigkeit als Sozialarbeiter in vielfältigen sozialarbeiterischen Funktionen. Management-Ausbildung. 1983–1990 Vorsitzender einer Berufsvereinigung von Sozialarbeiter/innen. Seit 1990 Dozent an der Höheren Fachschule für Sozialar-beit in Bern.

1. Auflage: 1991
2. Auflage: 1992

Die Deutsche Bibliothek – CIP-Einheitsaufnahme

Lüssi, Peter:
Systemische Sozialarbeit: praktisches Lehrbuch der
Sozialberatung / Peter Lüssi. – 3., erg. Aufl. – Bern; Stuttgart;
Wien: Haupt, 1995
   (Soziale Arbeit; Bd. 9)
   ISBN 3-258-05211-5
NE: GT

Inhalt

Titelverzeichnis

EINLEITUNGSTEIL

HAUPTTEIL

Zum Geleit

Lehrbücher sind in der Disziplin Sozialarbeit Mangelware. Die Materie erscheint als so komplex, dass sich kaum jemand an ein solches Unterfangen heranwagt. Zudem steht der lebendige Mensch, oft als einzelner, als Person im Mittelpunkt, selbst wenn er sich in Systemen bewegt oder mit sozialen Netzen zu tun hat. Lassen sich solche Prozesse systematisieren, formalisieren, lehren und auch lernen?

Die Professionalisierung der Sozialarbeit ist nur dann möglich, wenn diese Frage positiv beantwortet werden kann. Es fällt auf, dass an den Ausbildungsstätten vorwiegend mit Aufsätzen, Einzelkapiteln, Essays, Problemanalysen oder Grundlagen aus anderen Disziplinen gearbeitet wird. Sozialarbeitslehren fehlen sowohl als Lehrmittel wie auch als konsistente Lehrinhalte. Ein ausgeprägter Synkretismus kennzeichnet die Szene.

Umso bemerkenswerter, interessanter und erfreulicher daher, dass hier ein Praktiker ein umfassendes Lehrbuch verfasst hat. Allem Anschein nach erwächst gerade aus der täglichen Sozialarbeit an der Front das Bedürfnis nach einer Theorie, einem systematischen Nachdenken darüber, was in der Alltagsarbeit des Praktikers stets neu getan und verantwortet werden muss. Der Sozialarbeitspraxis ist die Ausbildung offenbar zu wenig «praktisch-theoretisch».

Peter Lüssi wagt den Versuch, aus zwölf Jahren praktischer Sozialarbeit heraus eine Sozialarbeitslehre vorzulegen. Zugrunde liegt nicht nur seine reiche Erfahrung mit KlientInnen (und ihrem Umfeld), sondern ebenfalls mit PraktikantInnen. Er kann besonders darauf gespannt sein, wie die Lehre sein Werk aufnimmt. Dass das Buch einen wichtigen Beitrag zur Sozialarbeitsausbildung leisten und die ständig nötige Auseinandersetzung zwischen Theorie und Praxis beleben wird, davon bin ich überzeugt.

März 1991
Dr. Martin Stähli
Präsident der Schweizerischen
Arbeitsgemeinschaft der Höheren
Fachschulen für Soziale Arbeit

Vorwort

«Ein Lehrbuch für die Sozialarbeit – ah ja, wirklich?!» Verwunderung und Skepsis, vermischt mit Neugierde und einer gewissen hoffenden Erwartung sind mir meist begegnet, wenn eine Kollegin oder ein Kollege von meiner Arbeit an diesem Buch hörte.

Kann man die vielgestaltige Praxis der Sozialarbeit «lehren», sie in eine «Lehre», in systematisch zusammenhängende Gedanken fassen? Worin sollte eine solche Sozialarbeitslehre gründen, woher ihren Anspruch herholen, richtig und gültig zu sein? Ist nicht offensichtlich die Theorie der Sozialarbeit etwas ganz Beliebiges: der eine hat diese, der andere jene Meinung, und niemand vermag irgend etwas Objektives, Verbindliches zu beweisen? Ja, braucht die Sozialarbeiterin, braucht der Sozialarbeiter überhaupt eine Theorie für die berufliche Praxis, kann ihnen eine Sozialarbeitslehre im Berufsalltag etwas nützen?

Solche eher zweifelnde Fragen tauchen auf, mögen auch Ihnen, liebe Leserin, lieber Leser, auftauchen angesichts des Buches, das Sie in Händen haben. Anderseits weckt es gewiss auch erwartungsvolle Gedanken wie: Wird in ihm wohl das eigene, eigenständige Wesen der Sozialarbeit definiert? Die Sozialarbeit einmal vollständig und systematisch dargestellt? Erwächst diese Lehre vielleicht tatsächlich aus der realen Sozialarbeitspraxis? Beschreibt sie dieselbe wirklichkeitsnah? Verschafft sie den Sozialarbeiterinnen und Sozialarbeitern eine methodische Theorie, die ihnen effektiv hilft bei der Bewältigung ihrer konkreten Berufsaufgaben?

Ich versuche nicht, diese skeptischen und erwartungsvollen Fragen hier im Vorwort zu beantworten. Die Antwort gibt das Buch selbst. Genauer: Sie als Leserinnen und Leser können sich die Antwort geben, nachdem Sie das Buch gelesen haben.

Wahrscheinlich werden Sie von ihm in den einen Belangen befriedigt oder gar erfreut sein, in andern hingegen enttäuscht. Auch ein «umfassendes» Sozialarbeitslehrbuch wie dieses hat seine Beschränkungen – allein schon bezüglich thematischer Reichweite und Intensität der Behandlung, erst recht aber hinsichtlich der Evidenz seiner Aussagen. Dieselben beruhen zur Hauptsache auf beruflicher Erfahrung, und auch wenn diese Erfahrung von zahlreichen erprobten Sozialarbeiterinnen und Sozialarbeitern geteilt wird, haftet ihr viel Subjektives an, insbesondere von der persönlichen Eigenart des Autors her, von seiner Weise zu fühlen, zu denken und zu handeln.

Ein starkes objektivierendes Gegengewicht liegt jedoch in der sozialen Lebenswirklichkeit, mit deren Problematik sich die Sozialarbeiterinnen und Sozialarbeiter befassen. Nicht *sie* haben diese Realität gemacht – sie ist ganz einfach als Faktum da, und sie bestimmt die Sozialarbeitspraxis mehr als alles andere.

Es ist denn auch dieses Buch mitten aus einer vielfältigen sozialarbeiterischen Tätigkeit heraus geschrieben worden, geschrieben aus der Praxis für die Praxis. Für jene zum einen, die in ihr stehen und über ihr berufliches Tun nachdenken und es womöglich vervollkommnen möchten – zum andern für die Studierenden an Ausbildungsinstitutionen der Sozialarbeit als Einführung in den Beruf, den sie auszuüben beabsichtigen. Insofern ist es ein *praktisches Lehrbuch*.

Und zwar beschreibt es die sozialarbeiterische Praxis in den Perspektiven des Konstrukts «soziales System», weil ihr diese Konzeption am angemessensten ist. Insofern bietet das Buch eine *systemische Sozialarbeitstheorie*.

Eine derartige praktische Theorie der Sozialarbeit nenne ich *Sozialarbeitslehre*. Letztlich muss sich alle Wissensvermittlung in der Ausbildung zur Sozialarbeit auf eine Sozialarbeitslehre beziehen, sich an ihr orientieren. Die Sozialarbeitslehre steht naturgemäss im Zentrum der Sozialarbeitsausbildung. Nicht notwendig die Sozialarbeitslehre dieses Buches, denn es sind auch andere praktische Theorien der Sozialarbeit möglich. Wenn ich hier eine Sozialarbeitslehre vorlege, hoffe ich indes, auch all jenen Kolleginnen und Kollegen einen nützlichen Dienst erweisen zu können, die in der Ausbildung – lehrend, forschend oder beratend – engagiert sind, aber selbst keine praktische Berufserfahrung haben oder in einer nicht direkt sozialarbeiterischen Wissensdisziplin unterrichten.

Dieses Buch ist ganz aus der Sicht des in der Sozialarbeit tätigen Subjekts: des Sozialarbeiters bzw. der Sozialarbeiterin, geschrieben. Dasselbe mit einem geschlechtsneutralen Wort zu bezeichnen, wie es das englische «the social worker» ist, geht im Deutschen leider nicht. Da ich ein Autor, nicht eine Autorin bin, habe ich mich entschieden, die männliche Sprachform *der Sozialarbeiter* anzuwenden, denn jede Art von Doppelform erweist sich über die Länge eines solchen Buches hin als viel zu lesemühsam, und ein Abwechseln zwischen männlicher und weiblicher Form wäre verwirrend.

Ich möchte Sie, liebe Leserin, um Verständnis für diese sprachliche Entscheidung bitten. «Der Sozialarbeiter», der Ihnen im folgenden Text auf Schritt und Tritt begegnen wird, ist kein Mann, ja er ist überhaupt keine konkrete Person, sondern ein theoretischer Begriff, der als Bezeichnung eines Berufssubjekts alle Frauen und Männer repräsentiert, die Sozialarbeit treiben. Er meint Sie als Sozialarbeiterin genau so wie Ihren Kollegen im Büro nebenan. Wichtig, darin sind wir uns wohl alle einig, ist letztlich nicht, ob kategorielle Begriffe durch männliche oder weibliche Wörter gebildet sind, sondern dass mit ihnen etwas Sinnvolles ausgesagt wird – dass also der Sozialarbeiter der Theorie, mit dem wir es hier zu tun haben, den konkreten Gegebenheiten und Erfordernissen der Sozialarbeit entspricht.

Zum Schluss möchte ich allen, die mitgeholfen haben, dass dieses Buch zustande gekommen ist, herzlich danken. Zuerst meiner lieben Frau, die am meisten Opfer dafür erbrachte. Sodann all den Kolleginnen und Kollegen in Praxis und Ausbildung, von denen ich auf verschiedenste Weise beruflich lernen konnte, sowie jenen, die das Manuskript lasen und mit mir diskutierten. Und schliesslich der Schweizerischen Arbeitsgemeinschaft der Höheren Fachschulen für Soziale Arbeit (SASSA) und dem Verlag Paul Haupt, die rasch und ohne Einschränkungen bereit waren, dieses umfangreiche Werk herauszugeben.

Wädenswil (Zürich) und Bern, Herbst 1990   Peter Lüssi

Bemerkung zur 2. Auflage

Dem Buch ist für die zweite Auflage ein ausführliches, differenziertes Sachregister und ein Personenregister eingefügt worden. Damit lässt es sich auch in der Art eines Nachschlagewerkes benutzen.

Im übrigen habe ich bloss an einigen wenigen Stellen textverbessernde Korrekturen vorgenommen, die den Inhalt des Buches weder verändern noch erweitern.

Juli 1992   P. L.

Bemerkung zur 3. Auflage

An einigen wenigen Stellen des Buches sind in der dritten Auflage kleine Änderungen vorgenommen worden. Sie ändern die Theorie nicht, sondern verdeutlichen sie.

Zudem habe ich ein paar neue Literatur-Hinweise angebracht.

Mai 1995   P. L.

EINLEITUNGSTEIL

I. Der Sozialarbeiter und die Sozialarbeitslehre

A. *Die berufliche Identitätsproblematik des Sozialarbeiters*

Wird jemand gefragt, «was er sei», so nennt er seinen Beruf. Der Beruf schafft Identität: berufliche Identität. Sie ist nicht die einzige, die der Mensch hat, aber in mancher Hinsicht die wichtigste.

Wie weit allerdings ein Beruf Identität zu verschaffen vermag, hängt davon ab, wie klar er definiert, also wie eindeutig er selbst identifiziert ist. Der Beruf des Zahnarztes zum Beispiel ist sehr gut identifiziert: es ist klar, was der Zahnarzt tut, was nur *er* tut und was er *nicht* tut, und was für eine Position er in der Gesellschaft einnimmt. Das gleiche gilt von vielen traditionell etablierten oder trennscharf spezialisierten Berufen. Obschon der rasche gesellschaftliche Wandel alle Berufe betrifft und vor neue Fragen stellt, bleiben doch Berufe wie die des Lehrers, des Verwaltungsbeamten, des Bauingenieurs, der Krankenschwester, um nur einige Beispiele zu nennen, eindeutig definiert und identifiziert. Entsprechend vermitteln sie auch ihren Trägern eine klare berufliche Identität.

Anders verhält es sich mit der Sozialarbeit. Sie ist ein schlecht identifizierter Beruf – sowohl ihre Praktiker wie ihre Theoretiker wissen es. Überall, wo sich Sozialarbeiter treffen oder wo über Sozialarbeit geschrieben wird, kommt auf die eine oder andere Art die Identitätsproblematik des Berufes zur Sprache. Ja es gehört schon fast zur beruflichen Identität des Sozialarbeiters, ein Identitätsproblem zu haben ...

«Sozialarbeiter sind oft erstaunlich hilflos, wenn sie z. B. Psychologen oder Freunden gegenüber beschreiben und ausweisen wollen, was sie und warum sie es tun», sagt Thiersch[1]. Er beobachtet richtig. Die Sprachlosigkeit der Sozialarbeiter (der Praktiker, nicht der Theoretiker!) dort, wo sie ihren Beruf darlegen sollten, macht offenbar, wie unsicher sie über ihren Beruf, die Sozialarbeit, sind.

Und sie haben objektiven Grund, unsicher zu sein. Ihre berufliche Identitätsproblematik ist nicht persönliche Schwäche und hat auch nichts mit berufspraktischer Unfähigkeit zu tun. Sie ergibt sich vielmehr aus verwirrenden *Widersprüchen*, denen der Sozialarbeiter ausgesetzt ist. Zum einen liegen diese Widersprü-

---

1 *Thiersch 1978*, S. 6 (Die in den Anmerkungen *kursiv* gedruckten Autorennamen beziehen sich auf die im Literaturverzeichnis aufgeführte Literatur.)

che in der realen, gesellschaftlich bedingten Berufssituation vor, zum anderen in der Berufstheorie. Wir wollen einige davon ins Auge fassen.

Ein Widerspruch betrifft das *Aufgabengebiet* der Sozialarbeit. Einerseits ist das Berufsfeld der Sozialarbeit riesig, hineinreichend in zahlreiche andere Berufsdomänen. «Diffuse Allzuständigkeit»[2] kommt der Sozialarbeit zu. «Es gibt sozusagen nichts, was nicht – auch – Sozialarbeit sein könnte», meint pointiert eine Beobachterin[3], und Rössner (1977) beweist dies sogar auf (seine) wissenschaftliche Weise: «Während die Grenzen der Schule, der Berufserziehung, der Erwachsenenbildung etc. noch einigermassen deutlich sind, sind Grenzen der Sozialarbeit nicht erkennbar – grundsätzlich ist der Sozialarbeiter für alles zuständig», gibt er als ein Ergebnis seiner logischen Deduktionen betreffend die «Sozialarbeitswissenschaft» bekannt! Andererseits erscheint aber der Aufgabenbereich, der dem Sozialarbeiter wirklich gehört, wo er anerkanntermassen allein zuständig ist, als gering. Seine Grenzen stehen nicht fest, und in vielem, was der Sozialarbeiter tut, muss er gewärtigen, dass ihm Angehörige anderer Berufe – z. B. der Verwaltungsbeamte, der Arzt, der Jurist, der Pädagoge, der Psychologe, der Behördepolitiker – seine sachliche bzw. fachliche Zuständigkeit streitig machen.
Der Allzuständigkeit, dem enorm weiten potentiellen Berufsfeld kontrastiert also auf verwirrende Weise die Ungesichertheit eines spezifisch sozialarbeiterischen Zuständigkeitsbereiches.

Ein zweiter Widerspruch betrifft den *beruflichen Status* des Sozialarbeiters. Einerseits wird dem Sozialarbeiter institutionshierarchisch und lohnmässig nur eine untergeordnete Position eingeräumt. Er ist den anerkannten Professionen (Arzt, Psychiater, Pfarrer, Jurist, Lehrer) keineswegs gleichrangig und geniesst nur ein geringes gesellschaftliches Prestige. Andererseits mutet man ihm faktisch eine umfassende Problemlösungsverantwortung zu. Komplexe soziale Problemfälle, vor denen sich die statusmässig höherrangigen Professionen als machtlos erwiesen haben oder an die sie gar nicht erst herangehen, gelangen zum Sozialarbeiter, und es wird durchaus erwartet, dass er mit seinem sogenannt ganzheitlichen, multidimensionalen Ansatz irgendwie eine Lösung zustande bringe.
Dem geringen beruflichen Status des Sozialarbeiters widerspricht also die hohe Problemlösungszumutung, die an ihn gestellt wird.

Ein weiterer Widerspruch liegt darin, dass vom Sozialarbeiter hinsichtlich der *Interessen*, die er vertreten sollte, ganz Unterschiedliches erwartet wird. Die eine Seite verlangt, dass er den Hilfebedürftigen im Interesse der bestehenden Gesellschaft hilft, dass er diese Menschen also auf gesellschaft-konforme Weise «integriert» bzw. «anpasst». Gerade dies jedoch wird dem Sozialarbeiter von der

2 *Dewe u. a.*, S. 306
3 *Frommann*, S. 41

24

anderen Seite zum Vorwurf gemacht: Er handle damit als «Kontrolleur» im Auftrag der gesellschaftlich und politisch Mächtigen, nicht aber als wahrer Helfer der sozial Benachteiligten. Seine Aufgabe sei uneingeschränkt solidarische Parteinahme für diese Benachteiligten; echte Sozialarbeit geschehe als Kampf gegen die ungerechten Strukturen und Mechanismen der Gesellschaft.

Damit stehen sich fundamental widersprechende Auffassungen gegenüber betreffend den Standort des Sozialarbeiters in der Gesellschaft, die grundsätzliche Zielsetzung der Sozialarbeit und letztlich ihre moralische Qualität.

Ein vierter Widerspruch bezieht sich auf die sozialarbeiterische *Methodik*. Es werden dem Sozialarbeiter einerseits die verschiedensten Methoden therapeutischer Herkunft angepriesen und zur Ausbildung angeboten mit der Verheissung, seine professionelle Kompetenz zu erhöhen. Anderseits erfährt er in der Berufspraxis, dass sich diese Methoden nicht fachgerecht anwenden lassen, weil sie nicht auf die Sozialarbeit passen. Er merkt, dass er eine spezifisch sozialarbeiterische Methodik braucht, doch in der Sozialarbeitsliteratur ist zwar viel davon die Rede, aber er findet sie nicht darin. Das nämlich, was wirklich spezifisch sozialarbeiterisches Handeln ist, erachten Sozialarbeitstheoretiker nicht für würdig, als «Methode» erfasst und beschrieben zu werden. Lieber geben sie genuin therapeutische, sozialarbeitsfremde Verfahren als sozialarbeiterische Methode aus.

So bleibt der Sozialarbeiter im Dilemma, entweder «methodisch», aber sozialarbeiterisch unangemessen vorzugehen oder zu «wursteln», zwar mit Erfolg, aber ohne methodische Reflexion und Legitimation.

Als letztes ist auf den Widerspruch hinzuweisen, der bezüglich der sogenannten *Wissenschaftlichkeit* der Sozialarbeit besteht. Einerseits wird dem Sozialarbeiter von den Theoretikern ständig suggeriert, dass sein Handeln wissenschaftlich fundiert sein müsse und höchst fragwürdig sei, wenn es daran mangle. Anderseits aber herrscht ein allgemeiner Konsens darüber, dass eine Sozialarbeitstheorie oder gar -wissenschaft im empirisch-wissenschaftlichen Sinne nicht existiert. Der Sozialarbeiter wird deshalb an etablierte Wissenschaften wie die Psychiatrie, Psychologie, Pädagogik, Soziologie und Jurisprudenz verwiesen, indem man dieselben zu «Basiswissenschaften» der Sozialarbeit erklärt. Dabei sind sich freilich die Theoretiker durchaus uneins, welcher dieser Disziplinen hinsichtlich der Sozialarbeit der Vorrang gebührt, und jeder vermag leicht zu «beweisen», dass jedenfalls die von ihm nicht bevorzugten Disziplinen dem Wesen der Sozialarbeit unangemessen sind. Andere Theoretiker halten alle «Basiswissenschaften» für gleichwertig und gleich wichtig. Wie jedoch der Sozialarbeiter in ihnen allen zu wissenschaftlichem Verständnis gelangen und überdies aus den gewonnenen einzelwissenschaftlichen Erkenntnissen eine sozialarbeitsrelevante wissenschaftliche Synthese schaffen soll, wird weder erklärt noch vorgemacht.

Der Wissenschaftlichkeitsanspruch gegenüber der Sozialarbeit steht ganz einfach in krassem Widerspruch zum Mangel an wissenschaftlichen Erkenntnissen im Bereich der tatsächlichen Sozialarbeit.

Die berufliche Identitätsproblematik der Sozialarbeiter vermag angesichts der angeführten Widersprüche um zentrale Punkte der Sozialarbeit nicht zu erstaunen. Wir werden auf die in diesen Widersprüchen enthaltenen Fragen noch näher eingehen. Hier handelte es sich lediglich darum, die Widersprüche zu nennen und damit die Schwäche des beruflichen Bewusstseins, wie sie bei den Sozialarbeitern allenthalben konstatiert werden kann, zu erklären. Plausibel gemacht wird damit natürlich auch das durchaus zwiespältige Berufsbild, welches Aussenstehende von der Sozialarbeit haben, denn es ist die logische Folge der berufsinternen Paradoxien.

Der hauptsächliche Grund für die mangelhafte Identität des Sozialarbeitsberufes liegt in der *Theorieschwäche* der Sozialarbeit. Es ist die wichtigste Aufgabe theoretischer Bemühungen um die Sozialarbeit, dem Sozialarbeiter eine überzeugende Berufstheorie zu geben. Eine solche praktische Theorie ist unerlässlich für den Sozialarbeiter, wenn er eine sichere berufliche Identität entwickeln will. Auch ein Sozialarbeiter, der intuitiv ausgezeichnete praktische Arbeit leistet, braucht das theoretische Erfassen dieser Praxis in einer Sozialarbeitslehre. Ohne solche Theorie fehlt ihm die identitätsstiftende Generalisierung und Legitimierung dessen, was er erfahrungsmässig weiss und kann.

Immer wieder wird von den Theoretikern der Sozialarbeit beklagt, wie «theoriefeindlich» die Sozialarbeiter, kaum hätten sie die Ausbildungsstätten verlassen, seien. Dieser Vorwurf benennt zwar einen tatsächlich beobachtbaren Sachverhalt, aber er ist in seiner Pauschalität unberechtigt. Der Sozialarbeiter lehnt nicht «die Theorie» überhaupt ab; doch er sieht keinen Sinn darin, Theorie zu studieren, die mit seiner tatsächlichen Berufspraxis wenig zu tun hat und ihm in ihr nicht weiterhilft. Die Sozialarbeitsliteratur ist gewiss nicht einfach wertlos für den Praktiker, sie weist aber fast durchwegs Mängel auf, wenn sie unter dem Gesichtspunkt einer kohärenten praxisbezogenen Sozialarbeitslehre beurteilt wird. Diese Mängel sind unterschiedlicher Art, entsprechend der grossen Verschiedenheit der theoretischen Literatur über die Sozialarbeit. Insgesamt machen sie die Theorieschwäche der Sozialarbeit aus, mit der wir uns im folgenden näher beschäftigen wollen.

B. Die Theorieschwäche der Sozialarbeit

Wir verwenden den Theoriebegriff nicht im strengen wissenschaftlichen Sinn, sondern sehr einfach: *Sozialarbeitstheorie* ist für uns da gegeben, wo über die Sozialarbeit als ganze oder über einen zentralen, sie wesensmässig repräsentierenden Teilaspekt in generalisierenden Begriffen Aussagen gemacht werden. Das geschieht in höchst unterschiedlicher Literatur: in wissenschaftlichen oder praktisch-methodischen Arbeiten, mit genereller oder monographischer Thematik, von Sozialarbeitern verfasst oder von Vertretern anderer Berufe, umfangreiche Bücher einerseits, Zeitschriftenartikel andererseits. Ich habe – und das gilt für meine Arbeit insgesamt – nur die deutschsprachig (zum Teil in Übersetzung) vorliegende Literatur im Auge.

Es geht mir nun hier darum aufzuweisen, inwiefern die in mannigfacher Weise vorhandene Sozialarbeitstheorie die Bedürfnisse des Sozialarbeiters auf die eine oder andere Art, je nach Literatur-Typ, nicht zu befriedigen vermag. Ich kann und will dabei keineswegs einen Überblick über die theoretische Sozialarbeitsliteratur geben oder dieselbe gar im einzelnen referieren und rezensieren. Das wäre zwar gewissermassen «anständiger» als mein lediglich kritisch-negatives Vorhaben, auf die Mängel dieser Literatur hinzuweisen. Dieselbe enthält nämlich zweifellos viel Wahres, Gutes, Sinnvolles und Nützliches für den Sozialarbeiter; und all das kommt hier, wenn es um die Theorieschwäche der Sozialarbeit geht, nicht zur Sprache. Es wird jedoch in meiner gesamten Sozialarbeitslehre, implizit oder explizit, aufgenommen und verarbeitet. Ohne den grossen theoretischen Beitrag *anderer* ist das Unterfangen, eine Sozialarbeitslehre zu verfassen, ganz unmöglich. Jeder Autor nährt sich von den Arbeiten und Erkenntnissen der andern Autoren, selbst von jenen, deren Theorien er ablehnt. Dies möchte ich dankbar anerkennen, um in meiner hier vorgebrachten Kritik nicht missverstanden zu werden.

Es handelt sich auch, wohlverstanden, um eine *selektive Kritik*, ausgerichtet allein am theoretischen Bedürfnis des Sozialarbeiters im Hinblick auf seine berufliche Praxis. Andere Gesichtspunkte, z. B. wissenschaftliche oder berufsständische, die unter Umständen ein ganz anderes Urteil über dieselben Aussagen nahelegen, spielen hier keine Rolle.

Mein kritischer Standort ist überdies gesellschaftlich-geographisch begrenzt. Die Sozialarbeit hat ja in jedem Land ihre spezifischen sozialen, kulturellen und politischen Bedingungen, die ihr überall eine gewisse nationale Eigenart verleihen. Wer sich daher über die Sozialarbeit, verstanden als konkrete Praxis, äussert, muss notgedrungen von derjenigen landesspezifischen Art Sozialarbeit ausgehen, die er kennt. In meinem Falle ist es die schweizerische. Sie unterscheidet sich zum Beispiel von der deutschen Sozialarbeit wohl in manchen Einzelheiten, aber nicht in tiefgreifenden Wesenszügen. Zur amerikanischen Sozialarbeitspraxis hingegen bestehen fundamentale Unterschiede, was sich natürlich auswirken muss, wenn man die bei uns weitverbreitete amerikanische Sozialarbeitsliteratur am Massstab unserer Gegebenheiten beurteilt.

Ich führe nun im folgenden unter drei Punkten die Mängel an, welche die Theorieschwäche der Sozialarbeit ausmachen.

a) Mangelhafter Praxisbezug

Man kann bei der Sozialarbeitstheorie vereinfacht zwei Typen unterscheiden: die praktische Sozialarbeitstheorie einerseits und die abstrakte anderseits.

Praktisch ist jene Theorie, die von der realen Sozialarbeitspraxis ausgeht und sie zum unmittelbaren Ziel hat. Sie beschreibt, erklärt und strukturiert die Praxis, zieht aus ihr Schlüsse, verbindet sie mit wissenschaftlichen Erkenntnissen, beurteilt sie, gibt ihr Empfehlungen, belehrt sie – kurzum: ist in allem, als ihre wirkliche Dienerin, auf die sozialarbeiterische Praxis bezogen. Was ich «Sozialarbeitslehre» nenne und in diesem Buch zu geben versuche, stellt ein Beispiel solcher praktischer Theorie dar.

Die *abstrakte* Sozialarbeitstheorie geht von wissenschaftlichen Prämissen, z. B. einem soziologischen Konzept, aus und zielt darauf ab, die Sozialarbeit von ihnen aus zu begreifen, zu bestimmen, einzuordnen und (allenfalls) umzustrukturieren. Das Erkenntnisinteresse ist ein wissenschaftliches, nicht ein unmittelbar praktisches. Die Sozialarbeitspraxis wird hauptsächlich durch abstrakte Begriffe repräsentiert und nur sehr beschränkt oder gar nicht beschrieben. Auch die abstrakte Sozialarbeitstheorie muss aber auf die Praxis bezogen sein, denn Sozialarbeit ist nichts anderes als (soziale) Praxis. Es gibt die Sozialarbeit nicht zusätzlich noch als etwas Symbolisches, Gedankliches, rein Begriffliches – wie z. B. die Mathematik, die Philosophie oder die Kunst. Ein theoretisches Reden über die Sozialarbeit, in dem die sozialarbeiterische Praxis, die Realität der Sozialarbeit also, nicht miterfasst, quasi sichtbar und spürbar wird, hängt in der Luft, ist inhaltsleer und für den Sozialarbeiter füglich Sinn-los.

Derlei abstrakte Sozialarbeitstheorie ohne oder mit nur sehr mangelhaftem Praxisbezug findet er aber zuhauf, und das überrascht nicht, fehlt doch den meisten wissenschaftlichen Autoren, die sich über die Sozialarbeit äussern, jegliche praktische Erfahrung in diesem Beruf – ein Sachverhalt, der unter allen Berufen einzigartig sein dürfte. Die Thematik zahlreicher wissenschaftlicher Publikationen zur Sozialarbeit ist, das merkt der Praktiker genau, eine rein akademische – und ebenso die Absicht, die vielfach auf wissenschaftsorganisatorische Fragen, letztes Endes also auf Machtpositionen im Bildungssystem, geht.

Typisch dafür sind Diskussionen über die *Sozialarbeitswissenschaft*, die (wissenschaftliche) «Theorie der Sozialarbeit», die Wissenschaftlichkeit der Sozialarbeit überhaupt[4]. Selbstverständlich wäre es ein grosser Gewinn für den Sozialarbeiter, wenn es eine empirische Wissenschaft gäbe, die ihm aufgrund standardisierter Untersuchungen der sozialarbeiterisch relevanten Sachverhalte und zwingender logischer Folgerungen sichere Handlungsanweisungen zu geben vermöchte. Er würde dadurch nicht selbst zum Wissenschaftler, aber er könnte dann immerhin «wissenschaftlich handeln». Der Vorwurf, sein Handeln sei unüber-

---

4 Vgl. *Lukas, Mühlum 1981, Engelke*

28

prüfbar und daher beliebig, müsste dahinfallen[5], was seine berufliche Identität und sein Prestige wesentlich stärkte. Allein, wie wir oben schon festgestellt haben, eine solche empirische Sozialarbeitswissenschaft oder -theorie gibt es nicht. An Vorschlägen, wie diese Wissenschaft bzw. Theorie zu sein hätte, herrscht kein Mangel[6], doch tatsächlich entwickeln liesse sie sich, wenn überhaupt, nur in enger Zusammenarbeit von Wissenschaftlern und erfahrenen Sozialarbeitern. Gerade an dieser Zusammenarbeit fehlt es hingegen in eklatantem Masse.[6a]

Was herauskommt, wenn eine «Theorie der Sozialarbeit» oder ein Konzept der «Sozialarbeitswissenschaft» in einem Hochschulinstitut, fernab der Praxis, konstruiert wird, demonstrieren exemplarisch die beiden diesbezüglichen Bücher von *Rössner*. (Immerhin hat er es überhaupt versucht, die wissenschaftlichen Wünsche, Vorschläge und Projekte betreffend das Objekt Sozialarbeit zu realisieren!). Die «Theorie der Sozialarbeit» (1973) – in bizarr anmutenden Mathematik-ähnlichen Sätzen, Satzsystemen und Formeln ausgedrückt – nennt Rössner selbst «ein soziologisches Sprachspiel». Es hat offensichtlich eine rationalistisch-schematische Eigendynamik und trägt seinen Konstrukteur weit weg von der sozialarbeiterischen Wirklichkeit. So ist für ihn schliesslich, um nur ein Beispiel zu geben, die Betagtenarbeit «ein System von prophylaktischen und korrigierenden Massnahmen», das die Gesellschaft für «dissoziale», «auffällige» und «gefährdete» Menschen entwickelt hat[8]! Rössners Theorie bleibt in sich selbst gefangen, läuft sozusagen leer, da sie keine Reibung mit der sozialarbeiterischen Realität und also an ihr auch keinen Widerstand hat, der zur Auseinandersetzung zwischen Begriff und Wirklichkeit führen könnte, ja müsste. Nach fast dreihundert Seiten sprachspielerischer Sozialarbeitstheorie erklärt Rössner, seine Theorie habe «ein begriffliches Bezugssystem und allgemeine (formale) Ausgangshypothesen geliefert. Für die konkreten Handlungsbereiche der Sozialarbeit sind diese nun inhaltlich zu füllen.» Rössners Theorie ist also, praktisch betrachtet, ohne Inhalt und mithin keineswegs eine empirische Theorie, sondern vielmehr ein scholastisch anmutendes *deduktives Begriffsgebäude*, das dem Sozialarbeiter, der Antworten auf seine Berufsfragen sucht, nichts sagt. Der Autor gibt selbst zu, der Vorwurf, in seiner Sozialarbeitstheorie werde «mit viel logischem Aufwand Selbstverständliches gesagt bzw. gefolgert», lasse sich nicht widerlegen, und meint dazu, die Wissenschaft vermöge vielleicht sowieso nicht mehr als dies zu leisten.

Entsprechend unergiebig fällt denn auch Rössners Konzept einer Sozialarbeitswissenschaft (1977) aus. «Welche Aufgaben der Sozialarbeit als Praxis bzw. dem praktizierenden Sozialarbeiter zugewiesen werden sollen, kann wissenschaftlich nicht entschieden werden; durch Wissenschaft werden keine Vorschrif-

---

5 Vgl. *Otto*
6 Vgl. zum Beispiel *Lukas, Mühlum 1981, Staub-Bernasconi 1986*
6a Über Gründe dafür äussert sich *Engelke*, S. 154 ff.
7 *Rössner 1973*, S. 136

ten für die Realität des Handelns gemacht ... So können wir also nur eine Rahmen-Orientierung anbieten und müssen die Praktiker bitten, sich selbst zu überlegen, was sie wollen», erklärt Rössner am Ende seiner Systemskizze der «Erziehungs- und Sozialarbeitswissenschaft»[8]. Damit bringt er ehrlich und unmissverständlich zum Ausdruck, was die Schwäche so vieler abstrakt-theoretischer Arbeiten zur Sozialarbeit ist: ihre *geringe Praxisrelevanz*. Die Praxis der Sozialarbeit wird von Soziologen, Psychologen und Pädagogen nach strengen «wissenschaftlichen» Massstäben kritisiert, ja oft geradezu verurteilt, und es werden an den Sozialarbeiter und die Gesellschaft hochstehende wissenschaftliche Postulate gestellt – Postulate, die an-sich wahr und schön und gut sind, aber so allgemein, so theoretisch, so realitätsfremd, so ohne praktische Vorstellung und Anleitung, dass der Sozialarbeiter nichts damit anfangen kann. Trotz vielleicht bester Absicht der Autoren bleibt derlei kritische Sozialarbeitstheorie fruchtlos. Sie verunsichert den Sozialarbeiter, aber verbessert ihn nicht.[9]

Lau und Wolff, zwei Soziologen, die in zweijähriger Forschungsarbeit auf einem Allgemeinen Sozialdienst die konkreten Arbeitsprobleme und das praktische Problemlösungshandeln von Sozialarbeitern hautnah erlebten, bestätigen dies in einem bemerkenswerten selbstkritischen Beitrag. Sie stellen die «Kompetenzzumutungen», die von wissenschaftlicher Seite (summarisch «Sozialpädagogik» genannt) an die Sozialarbeiter gerichtet werden, der faktischen Kompetenz, welche diese haben, gegenüber. Ihr Ergebnis: Die von ihnen geschilderten sozialpädagogischen Modelle sozialarbeiterischer Kompetenz «gehen allesamt ungeprüft davon aus, dass vorhandene Kompetenzen defizient und ungenügend wären. Sie bestimmen dagegen – zum Teil ohne es zu merken – über die Köpfe der Sozialarbeiter hinweg, was diese eigentlich können müssten. Eine Erforschung und theoretische Fixierung ihrer Kompetenz *in diesem Sinne* brauchen die Praktiker nicht, so jedenfalls ist unsere Erfahrung, die wir mühsam erworben haben. Wir gehen sogar soweit, zu behaupten, dass uns die Sozialarbeiter in überhaupt keinem nennenswerten Sinn brauchen. Was sie tun und was sie meist nur tun *können*, wenn sie unsere Berichte und Modelle zur Kenntnis nehmen, ist, sie zu vergessen und mit ihrer Arbeit weiterzumachen.»[10]

b) Mangel an sozialarbeiterischer Spezifität

Sozialarbeitstheorie ist ein Kolonialgebiet. Die Einheimischen, die Sozialarbeiter, haben auf dem Territorium ihrer berufseigenen Theorie nicht viel zu sagen.

---

8 *Rössner 1977*, S. 157
9 Ein typisches Beispiel dafür ist das Buch von *Bader:* «Viel Frust und wenig Hilfe. Die Entmystifizierung sozialer Arbeit» (1985). Der Titel sagt genau, was ein solches Buch dem Sozialarbeiter bringt: viel Frust und wenig Hilfe ...
10 *Lau/Wolff 1982*, S. 274

Diese wird zum grössten Teil von Vertretern universitär etablierter Wissenschaften, vor allem Soziologen, Pädagogen, Psychologen und Psychiatern, gemacht – wie ja auch die theoretische Ausbildung der Sozialarbeiter weitgehend in deren Händen liegt.[10a] Die Sozialarbeit bzw. die Sozialarbeiter sind, wie es der Soziologe Knieschewski ausdrückt, durch die sozialwissenschaftlichen Wissenschaften «klientifiziert».[11]

Da diese Wissenschaftler nicht aus der sozialarbeiterischen Berufspraxis heraus, sondern von ihren speziellen wissenschaftlichen Disziplinen her denken, haben ihre Auffassungen von der Sozialarbeit oft Schlagseite, sind sie im Grunde psychologische, therapeutische, pädagogische, soziologische etc. Theorien und entsprechen nicht der Eigenart der Sozialarbeit. Es mangelt ihnen die Spezifität des Sozialarbeiterischen. Ja man muss bei manchen Autoren von einem theoretischen Missverständnis der Sozialarbeit sprechen.

Rössners Theorie beispielsweise, die wir bereits hinsichtlich ihres mangelnden Praxisbezuges ins Auge gefasst haben, ist ein eklatantes Exempel des *pädagogischen Missverständnisses* der Sozialarbeit. Die «Sozialarbeitswissenschaft» ist für ihn eine «Subwissenschaft der Erziehungswissenschaft» und die Theorie der Sozialarbeit eine «Teil-Theorie der Pädagogik»; die Sozialarbeit ist «tertiäres Erziehen», und der Sozialarbeiter hat als «Erzieher» mit prophylaktischem oder korrigierendem Erziehungshandeln auf «dissozialisiertes» Verhalten von «Educanden» zu reagieren.

Hinter der weitverbreiteten These, zwischen Sozialarbeit und Sozialpädagogik bestehe kein wesentlicher Unterschied, steckt ebenfalls das pädagogische Missverständnis der Sozialarbeit. Es wird kräftig gefördert durch hochschulinterne Gegebenheiten (Pädagogik ist eine anerkannte universitäre Disziplin, Sozialarbeit nicht!), akademische Interessen also, die mit der sozialarbeiterischen Berufsrealität nichts zu tun haben. Zweifellos enthält das sozialarbeiterische Handeln ein erzieherisches Moment und teilt diesen Charakterzug mit anderen nichtpädagogischen Berufen, bei denen die Beeinflussung von Personen eine Rolle spielt. Dass das Wesen der Sozialarbeit im Erziehen von Menschen liege, würde jedoch keinem tatsächlich Sozialarbeit Treibenden – und schon gar nicht den Klienten und Problembeteiligten, mit denen er arbeitet – in den Sinn kommen.

Das *soziologische Missverständnis* der Sozialarbeit läuft daraus hinaus, dass man die Sozialarbeit als sozialpolitisches Handeln missversteht: «Sozialarbeit soll

---

10a Jedenfalls in Deutschland, und zwar aus bildungsinstitutionellen Gründen (Dozierberechtigung an Fachhochschulen und Universitäten!); vgl. *Engelke*, S. 90.

11 Nach *Staub-Bernasconi 1986* drückt sich die «theoretische Kolonialisierung der Sozialen Arbeit» darin aus, dass die Sozialarbeiter «fremddefiniert» sind; sie haben (zumindest in Europa) «ihre Definitionsmacht in bezug auf die Bestimmung von Wissensinhalten in fast ausschliesslich fremde Hände gegeben».
Lukas spricht vom «aggressiven Zugriff anderer Wissenschaftsdisziplinen auf den Gegenstandsbereich der Sozialpädagogik/Sozialarbeitswissenschaft» und von entsprechenden «Okkupationsprozessen».

ersetzt werden durch Sozialpolitik, wobei Sozialpolitik u. a. die Anwendung soziologischer Theorie bedeutet», wie Neumann/Peter es prägnant ausdrücken. Unter marxistischem Blickwinkel gedeiht soziologische Sozialarbeitstheorie sogar leicht zur mehr oder weniger offen geäusserten klassenkämpferischen Parole. Ich werde in Kapitel 1.23 über die gesellschaftliche Funktion der Sozialarbeit näher auf das Verhältnis von Sozialpolitik und Sozialarbeit eingehen. Hier sei nur angemerkt, dass diese Art Sozialarbeitstheorie die spezifisch sozialarbeiterische Aufgabe, die konkreten Probleme, welche dem Sozialarbeiter tatsächlich vorgelegt werden, nicht sieht und im übrigen die machtmässigen Möglichkeiten der Sozialarbeit(er) völlig überschätzt.

Von einem *ökonomischen Missverständnis* der Sozialarbeit muss man dort sprechen, wo man allein den materiellen Aspekt sozialer Problematik als für die Sozialarbeit wesensbestimmend erachtet. Dies geschah weitgehend in der klassischen Fürsorge-Theorie, z. B. derjenigen Klumkers, der die Aufgabe der Fürsorge als «Wiederwirtschaftlichmachung Unwirtschaftlicher» definierte. Er versuchte damit, wie Scherpner schreibt, «die Fürsorge als ein Gebiet wirtschaftlichen Handelns zu begründen, das wert- und weltanschauungsfrei nur ‹rein wirtschaftlichen› Zielsetzungen unterworfen ist».[12] Schon Scherpner, Klumkers Schüler, kritisierte diese verengte Sicht der Sozialarbeit und stellte ihr sein Konzept der «persönlichen Hilfe», in der es um «unmittelbare Einwirkung von Person zu Person» geht, gegenüber.

In der Sozialarbeitstheorie, die allein ja hier Thema ist, spielt das ökonomische Missverständnis keine Rolle mehr, wohl aber passiert es, dass Sozialarbeiter ihm in der Praxis anheimfallen, z. B. wenn sie mit Fällen materieller Notlagen überlastet sind. Gleich verhält es sich beim *juristischen Missverständnis,* das nur als ein praktisches, nicht als theoretisches vorkommt (vgl. S. 171 ff.).

Dass die Sozialarbeitstheorie nicht in Gefahr steht, von ökonomischer oder juristischer Seite kolonialisiert zu werden, verdankt sie dem Sachverhalt, dass sozusagen das «Gegenteil» in ausserordentlich hohem Masse zutrifft. Sie ist nämlich beherrscht vom *therapeutischen Missverständnis*, abhängig gemacht von medizinisch-psychiatrischen, psychoanalytischen und psychotherapeutischen Anschauungen.

Das therapeutische Missverständnis ist geradezu zum Wesen der praktischen Sozialarbeitstheorie geworden und hat das Denken der Sozialarbeiter so tiefgehend bestimmt, dass man die herrschende Vorstellung von dem, was Sozialarbeit eigentlich sei, mit dem Ausdruck *therapeutische Sozialarbeit* bezeichnen darf, ja muss. Alle Auseinandersetzung mit der Praxis der Sozialarbeit bzw. mit der Theorie dieser Praxis ist, offen oder insgeheim, eine Auseinandersetzung mit dem Thema «Sozialarbeit und Therapie», und wer immer das therapeutische

---

12 Vgl. *Scherpner*, S. 140

Sozialarbeitsmodell ein «Missverständnis» nennt, sieht sich herausgefordert, den Sozialarbeiter für seine Praxis mit einer anderen, besseren Theorie auszurüsten.

Das ist nicht leicht, denn das therapeutische Missverständnis hat sich immerhin für den Berufsstand der Sozialarbeiter während etwa einem halben Jahrhundert als sehr erfolgreich erwiesen. Mary Richmonds Sündenfall, als sie 1917 mit ihrem fundamentalen Werk *Social Diagnosis* den medizinisch-psychiatrischen Begriff «Diagnose» zum Grundstein der Sozialarbeit machte, ermöglichte diesem Beruf, eine anerkannte eigene Methode, das *Casework* (deutsch «Einzelfallhilfe» genannt) zu entwickeln und damit enorm an Status zu gewinnen. Das Casework ist bis heute die einzige in sich geschlossene praktische Theorie der Sozialarbeit geblieben, obschon man in den letzten Jahren langsam gemerkt hat, dass es eine mehr oder weniger modifizierte Art von Therapie (geworden) ist, genährt von mehr oder weniger tiefgehenden psychoanalytischen Vorstellungen, die «Umwelt» der Klienten bloss mehr oder weniger (aber immer nur am Rande) mitberücksichtigend.

Wir können hier die Entwicklung des Caseworks nicht nachzeichnen: wie es, aufbauend auf Begriffen der Medizin und der Rechtswissenschaft, von Mary Richmond theoretisch begründet wurde, wie Alice Salomon[13] es nach Deutschland brachte, wie die Psychoanalyse es in Amerika während der Dreissiger- und Vierzigerjahre durchdrang[14], wie es verschiedene Schulen ausbildete[15], in den Fünfziger- und Sechzigerjahren ein zweites Mal im deutschsprachigen Bereich rezipiert und zu *der* praktischen Sozialarbeitstheorie schlechthin wurde und wie es sich schliesslich während der Siebzigerjahre auflöste in zahlreiche einzelne (angeblich sozialarbeitsadäquate) Therapiemethoden bzw. in einen (vermeintlich sozialarbeitsspezifischen) therapeutischen Methodenpluralismus[16]. Es geht hier lediglich darum, hinzuweisen auf das therapeutische Missverständnis, das im Casework steckt, welches denn auch die Auflösung desselben in Therapie-Methodik schlechthin ohne weiteres erklärt.

Die Casework-Literatur[17] ist beherrscht von den Begriffen «Diagnose» und «Behandlung», und da sich die Behandlung in klassischem Therapie-Rahmen

---

13 Über Persönlichkeit und Leben dieser nahezu vergessenen Pionierin der deutschen Sozialarbeit siehe die sorgfältige und einfühlende Untersuchung von *Wieler*.

14 Sehr informativ dazu *Federn*

15 Über die Unterschiede der «diagnostischen» bzw. «psychosozialen», der «funktionellen» und der «problemlösenden» Schule innerhalb des amerikanischen Casework orientieren z. B. *Kamphuis*, *N. Hoffmann 1977* (Einleitung), *Peter* und insbesondere der Sammelband von *Roberts/Nee* mit originalen Beiträgen der verschiedenen Schulrepräsentantinnen Hollis, Smalley und Perlman.

16 Empfehlenswerten Überblick über die Casework-Entwicklung geben z. B. *Germain 1970* und *Staub-Bernasconi 1986*. Vgl. auch *Wendt 1990* (S. 130–141, 170–174, 199–202, 234–245) sowie *C. W. Müllers* Methodengeschichte der Sozialarbeit: im 1. Band S. 99 ff. (Mary Richmond), S. 123 ff. (Alice Salomon), S. 190 ff. (Siddy Wronsky), im 2. Band S. 73 ff. (deutsche Nachkriegsrezeption des Casework) und S. 175 ff. (Einbrechen der Therapie-Bewegung in die Sozialarbeit).

17 Vgl. *Kamphuis, Perlman 1957, H. Maas, Biestek, Bang 1964, Hollis 1970, Roberts/Nee, Reid/Epstein*

abspielt, könnte der «Klient» (ein genuin juristischer Begriff) ebensogut «Patient» heissen[18]. «Anamnese» und «Prognose» – Ausdrücke, die in Casework-Literatur ohne Bedenken verwendet werden – belegen ebenfalls die Patienten-rolle des Casework-Klienten; Maas spricht sogar in völlig ärztlicher Art von der «Untersuchung des Klienten»! In seiner Zielsetzung ist das Casework zwar auf «Person» (Klient) und «Umwelt» bzw. «Situation» (des Klienten), auf ihre gegenseitige «Anpassung» nämlich, ausgerichtet, aber angesichts der therapeutischen Casework-Methodik darf man dieses Postulat nicht zum Nennwert nehmen. Es erscheint als Lippenbekenntnis zu dem, was sozialarbeitsspezifisch *wäre*. Tatsächlich aber wird in der Casework-Theorie so gut wie alles Augenmerk den inneren *psychischen Problemen des Klienten* und der methodischen Frage geschenkt, wie dem Klienten zu einem Persönlichkeitswandel in Richtung «Wachstum», «Ich-Stärke», «Selbstbestimmung» verholfen werden kann. Und diese Frage wird mit einem im Wesen therapeutischen, auf die Psyche des Klient-Individuums bezogenen Konzept beantwortet. Für die «Umwelt» bzw. die Anpassung Klient-Umwelt hat das Casework keine Methode entwickelt. Bezeichnenderweise nennt Ruth Bang, die der Auseinandersetzung mit Umwelt-Faktoren immerhin viel höhere Bedeutung zumisst als die amerikanischen Case-work-Autoren, diese Art sozialarbeiterischen Handelns «Umwelttherapie»![19]

Der «Therapie»-Begriff wird in der Casework-Literatur nicht verschmäht, obschon eben «Casework» ein sozialarbeitseigener Ausdruck ist, der die Verwendung des Wortes «Therapie» erübrigt. Bereits im Laufe der ersten deutschen Casework-Übernahme tauchte der Begriff «Sozialtherapie» bzw. «soziale Therapie» auf [20]. Er diente damals freilich bloss dazu, das ärztliche Vorgehensschema (Anamnese – Untersuchung – Diagnose – Behandlung – Prognose) in der Sozialarbeit zu adaptieren und die Bedeutung zu betonen, die der Persönlichkeit des Hilfebedürftigen, seinen körperlichen, seelischen und geistigen Kräften und Schwächen, für das Verständnis des sozialen Problems und seiner Lösung zukommt. Eine psychotherapeutische *Methodik* war damit noch nicht gemeint. Die eigentlich therapeutische Auffassung der Sozialarbeit entwickelte sich in den USA, nicht in Europa, und sie setzte sich dort so radikal durch, dass sie zum Wesensmerkmal des Casework wurde. Für Hollis ist das Casework eine Form «psychotherapeutischer Behandlung»[21], und die in ihm zentrale Sozialarbeiter-Klient-Beziehung wird von Perlman als «therapeutische Beziehung» aufgefasst.

---

18 *Hollis 1964* (S. 227) schreibt, der Klient müsse «in seine Rolle als Klient eingeführt» werden und dies meine, dass er «lernt, ein Patient oder Klient zu sein»!
19 *Bang 1964*, S. 158
20 Vgl. *Wronsky/Salomon* (1926) und *Wronsky/Kronfeld* (1932)
21 Vgl. *Hollis 1964*, S. 164 ff.

Das Casework lässt sich eben, weil es tatsächlich therapeutisch ist, angemessen nur mit psychologisch-therapeutischen Ausdrücken beschreiben.[22]

Der ihm innewohnende individualisierende Therapie-Charakter hat das Casework schliesslich ins Schussfeld der soziologischen Kritik gebracht, und es hat dabei einiges an Reputation verloren. Es ist aber in der Praxis keineswegs deshalb untergegangen, sondern es konnte ganz einfach, weil es selbst von Therapie durchdrungen war, der Entartung der praktischen Sozialarbeitstheorie in unverblümte Therapiemethodik nichts entgegensetzen. Es hatte ja selbst aus dem «Sozialen» das *Psychosoziale* gemacht und die Sozialarbeit mit diesem Begriff identifiziert[23]. Damit aber, dass die Sozialarbeit nicht mehr auf dem «Sozialen» als ihrer eigenständigen Arbeitsdimension bestand, hob sie gleichsam ihre Grenzen auf zu dem riesigen «psychosozialen» Berufsfeld, auf dem 1970 (laut Cramer) in der Bundesrepublik bereits «183 verschieden titulierte Mitarbeiter bzw. Angehörige verschiedener Berufsgruppen» arbeiteten, als hauptsächliche Berufsgruppen neben den Sozialarbeitern und Sozialpädagogen die Mediziner und die Psychologen.

Angesichts der so geschaffenen theoretischen Schrankenlosigkeit, die man sich durchaus bildlich vorstellen kann, haben im Zuge der allgemeinen Psychologieinflation und des entsprechenden Therapiebooms alle erdenklichen *therapeutischen Schulen und Richtungen* auf dem Felde der Sozialarbeit ihr Panier aufgerichtet, haben sich als die ideale methodische Hilfe angeboten und sich an der pluralistischen Koexistenz untereinander nicht gestört. Sie sind von den Sozialarbeitern und ihren Praxistheoretikern teilweise enthusiastisch aufgenommen, aber zuweilen auch wieder enttäuscht entlassen worden (man denke z. B. an das Schicksal von Carl Rogers' «nichtdirektiver» Therapie- bzw. Beratungsmethode auf dem Sozialarbeitsfelde![24]). Und so können denn die Sozialarbeiter heute auswählen zwischen der Psychoanalyse[25], der Verhaltenstherapie[26], der Familien-

---

22 Das frühe Casework von *Richmond* (und entsprechend von Salomon) war – das sei präzisierend betont – noch nicht therapeutisch. Richmond entlehnt zwar von der Medizin Begriffe und kann den Caseworker sogar «social physician» («Sozialarzt») nennen, aber sie gibt keine psychiatrisch-therapeutische Handlungslehre. Sie denkt durchaus in sozialen, nicht in individuell-psychologischen Kategorien. Wenn sie (S. 367 f.) das «umfassendere Selbst» («the wider self») als einen Bestandteil der «underlying philosophy» des Casework erachtet, so meint sie damit nicht – wie das spätere Casework – das (potentielle) individuelle Persönlichkeitsspektrum des Klienten, sondern dessen gesamtes soziales Beziehungsnetz («the sum of his social relationship»)!

23 Vgl. den Titel von Hollis' Hauptwerk: «Casework. A Psychosocial Therapy»!

24 Rogers' gesprächstherapeutischer Behandlungsstil kann keineswegs als durchgängige sozialarbeiterische Umgangsform dienen, wie viele praxisfremde Methodenlehrer an Ausbildungsstätten für Soziale Arbeit in den Siebzigerjahren meinten. Dass indessen die Rogersche Therapietechnik für das sozialarbeiterische Beratungsgespräch eine zwar beschränkte, aber bedeutende Rolle spielt, werden wir später sehen (vgl. S. 398).

25 Vgl. *Salzberger, Junker, Kutter*

26 Vgl. *Jehu u. a.*, *Hoffmann/Frese, Fiedler/Hörmann, N. Hoffmann 1977a*

therapie[27], der klientzentrierten Beratung bzw. Gesprächspsychotherapie[28], der Themenzentrierten Interaktion[29], dem «Social Functioning»[30], dem «Contracting»[31], der Gestalt-, der Gruppen-, der Milieu-, der Realitäts- oder der Spieltherapie, dem Psychodrama, der Transaktionsanalyse, der Krisenintervention[32] und was immer sonst auf den Therapiemarkt kommt, denn von dort wird es unweigerlich an den Sozialarbeiter herangetragen.

Jedermann kann, seit die Therapie-Konjunktur ausgebrochen ist, eine eigene Therapie-Marke herstellen und sie – wenn er ihr auch einen attraktiven Namen gibt, z. B. «Neuro-Linguistisches Programmieren (NLP)» oder «Konzept Integrativer Methodik (KIM)»[33] – auf dem Felde der Sozialarbeit verkaufen. Er findet immer Abnehmer, was nicht verwundert; denn erstens gilt das stille Dogma, Sozialarbeit müsse, wenn sie kompetent bzw. «methodisch» geschehe, therapeutisch sein, und zweitens existiert gegenwärtig keine eigenständige sozialarbeiterische Praxistheorie mehr, es ist also gar keine Alternative vorhanden zu all den «therapeutischen», «sozialtherapeutischen» und «psychosozialen» Konzepten. In der praktischen Sozialarbeitstheorie gibt es nur das Modell der therapeutischen Sozialarbeit.

Das therapeutische Missverständnis der Sozialarbeit ist nicht deshalb verhängnisvoll, weil Therapie an-sich schlecht oder therapeutische Methodik samt und sonders unnütz wäre für den Sozialarbeiter. Davon ist keine Rede. Die praktische Theorie der Sozialarbeit kann ohne Zweifel viel lernen von den diversen Therapiemethoden, und dieselben vermöchten dem Sozialarbeiter durchaus Nutzen in seiner Arbeit zu bringen, wenn sie an ein spezifisch sozialarbeiterisches Handlungsmodell angepasst wären und wenn Klarheit darüber bestünde, was an ihnen sozialarbeiterisch anwendbar, quasi «verwertbar» ist und was nicht. Allein, gerade dies – dass also die therapeutischen Methoden von einem genuin sozialarbeiterischen Standpunkt aus, der *über* ihnen liegt, beurteilt werden – geschieht nicht. Das Gegenteil trifft zu. Nirgends unter den zahlreichen Therapie-Offerten wird die therapeutische Methode derart an die sozialarbeiterische Problemlösung adaptiert, dass man sie als ein sozialarbeiterisches Methodenelement erkennen und anerkennen könnte. Und den höheren Standpunkt nimmt allemal die The-

27 Vgl. *Melzer 1979* und *Schubert/Scheulen 1978* u. *1981*
28 Vgl. *Gerbis* und *Melzer 1979*
29 Vgl. *Degwart*
30 Vgl. *Dörr* und *Melzer 1979*
31 Vgl. *Eberhard/Kohlmetz*
32 Vgl. das Auswahl-Angebot an Methoden des «Social Treatment» bei *Whittaker*. Mit «Social Treatment» («Sozialbehandlung») bezeichnet Whittaker «das zwischenmenschliche Helfen, wie es in der praktischen Sozialarbeit verwirklicht wird» (S. 9).
33 «Sozialarbeiter können nach dem KIM Sozialtherapie erlernen und praktizieren», erklärt dessen Schöpferin H. E. Schumann und verspricht zugleich, dass diese Therapiemethode «die Diskrepanz zwischen beruflicher Realität und dem, was dem Sozialarbeiter als seine Kompetenz zugestanden wurde, aufhebt» (*Schumann*, S. 25 f.).

rapie ein, *sie* gibt in der praktischen Sozialarbeitstheorie das Kriterium kompetenten Handelns ab.

In der Praxis wirkt sich dies zum einen so aus, dass auf soziale Probleme eine methodisch unangemessene, nämlich therapeutische Antwort erfolgt; und zum andern erschafft sich die unangemessene therapeutische Methodik der Sozialarbeit ein nicht-sozialarbeiterisches Problem, was nichts anderes bedeutet als eine *Selbstentfremdung der Sozialarbeit*: Die Sozialarbeit verliert ihren eigenen Arbeitsgegenstand und ihre eigenen Klienten – und damit ihr eigenes Wesen.

Auf diese verhängnisvolle Konsequenz falscher therapeutischer Methodik weist vor allem Olk klarsichtig hin: Durch die «Therapeutisierung» der Sozialarbeit mit ihren speziellen Anforderungen an den Klienten «gefährdet Sozialarbeit ihre Zugriffsmöglichkeiten auf ihre klassischen Klientengruppen und setzt sich einer Destabilisierung ihrer Berufsdomäne aus», schreibt er. Zu Recht stellt er fest, dass ohnehin «die besondere Eigenart der Problemlage typischer Klienten von Sozialarbeit durch therapeutische Behandlungsverfahren gar nicht angemessen erfasst werden kann». Und dann: «Die Vermutung liegt nahe, dass sich über die Therapeutisierung von Sozialarbeit der Verknüpfungszusammenhang zwischen ‹Problemen› einerseits und ‹Lösungen› andererseits geradezu *umdreht*: Es wird nicht länger nach Problembearbeitungsprozeduren gesucht, die auf die für die Sozialarbeit relevanten Problemlagen ‹passen›, sondern nun suchen umgekehrt institutionalisierte Problemverarbeitungsmechanismen die ‹zu ihnen passenden› Probleme selbst; präsentierte Problemlagen und Defizite, die der therapeutischen Indikation nicht entsprechen, werden ‹übersehen›, ‹weiterverwiesen› oder aber: passend *gemacht*.»[34]

Das therapeutisch orientierte Sozialarbeitsmodell fördert nicht nur die Selbstentfremdung der Sozialarbeit als Berufsgattung, sondern sie entfremdet auch jene Sozialarbeiter, die wirklich Sozialarbeit machen wollen und nicht Therapie, von der praktischen Sozialarbeitstheorie. Es sind gerade die kompetentesten Sozialarbeiter, welche die Unzulänglichkeit des therapeutischen Konzepts erkennen und dem therapeutischen Missverständnis in ihrem beruflichen Handeln nicht unterliegen. Sie sehen, dass Sozialarbeit nötig ist dort, wo sie in ihrem Beruf hingestellt sind, und wollen Sozialarbeiter sein, nicht Therapeuten. (Natürlich gibt es Sozialarbeiter, die Therapeuten werden, und es gibt Sozialarbeiter, die nebenbei oder in einem interdisziplinären Team therapeutisch tätig sind. Das hat mit unserer Frage, was Sozialarbeit sei, nichts zu tun.) Sie brauchen eine praktische Berufstheorie, die festhält, was Sozialarbeit ist, nicht eine, die ihnen Therapie empfiehlt. Das therapeutische Sozialarbeitsmodell macht aus dem Sozialarbeiter höchstens einen inferioren Therapeuten und verhindert damit geradezu berufliche Identität. Die Sozialarbeit kann damit niemals zu positivem Selbstbewusstsein kommen: zum Wissen, was sie ist, und zum Stolz, dass sie dies ist.

34 *Olk*, S. 205

c) Mangelnde Konzentrierung

Das Fehlen einer anerkannten sozialarbeitsspezifischen Theorie zeitigt ein merk-würdiges Kompensationsphänomen, bei dem aus dem Mangel paradoxerweise ein Überfluss wird: Wenn die Sozialarbeit nichts eigentlich Eigenes hat bzw. ist, dann hat sie eben von allem anderen, was sie eigentlich nicht ist, etwas – dann ist sie alles andere in gewisser Weise – ja dann ist sie die Gesamtheit überhaupt alles anderen! Es muss fast so sein, denn etwas *ist* die Sozialarbeit ohne Zweifel, und offenbar ist sie sehr vieles zugleich, wenn man bedenkt, wie viele Wissenschafts-disziplinen für sie massgeblich zu sein beanspruchen und wie viele unterschiedli-che Methoden sich als adäquate sozialarbeiterische Handlungsweisen ausgeben.

Unter den Begriffen *Pluralismus* und *Integration* wird von manchen Sozialar-beitstheoretikern alles, was wissensmässig oder methodisch für die Sozialarbeit Bedeutung haben kann, zusammengepackt und dieses Paket als «die Sozialar-beit» deklariert. Das Wesen der Sozialarbeit ist dann nicht etwas Eigenständig-Einheitliches, sondern die Mischung von verschiedenem Fremden, wobei frag-los-naiv unterstellt wird, dieses Gemisch sei «integriert», «verschmolzen zu einer einzigartigen Synthese», wie Haines es beispielsweise ausdrückt.

Im Wissensaspekt wird die (autochthon nicht existierende) Sozialarbeitswissen-schaft zur *Integrationswissenschaft* erklärt und damit das gängige Verfahren der Sozialarbeitsausbildung legitimiert, bei dem Psychologen, Psychiater, Medizi-ner, Pädagogen, Soziologen, Politologen, Juristen, Ökonomen, Historiker, Phi-losophen und Theologen je einzeln ihr Wissensgut in die Köpfe der Studierenden einfüllen. Weissenfels, der als Dozent an dieser Art «Produktion von Sozialarbei-tern» (seine Worte!) mitwirkt[35] und darüber in einem selbstkritischen Artikel laut nachdenkt, meint sarkastisch: «Wir muten den Studenten zu, dass sie sich aus unseren diversen outputs einen praxisrelevanten Brei zusammenmixen. Auf wissenschaftlicher Grundlage – klingt wie Hohn und ist auch so gemeint.»

Tatsächlich gelingt diese Syntheseleistung auch den Theoretikern der Sozialar-beit nicht. Lukas, der sich mit dem Thema der sozialarbeiterischen «Integrations-wissenschaft» näher befasst, stellt fest, dass «der Zustand, lediglich einer von vielen Gegenständen der anderen Wissenschaftsdisziplinen zu sein, kein direkt auf das Handlungsfeld zentriertes Berufswissen erzeugen konnte».

Die «Summierung von Studiengebieten» in der «pluridisziplinären» Sozialar-beitsausbildung entbehre der Systematik und führe letztlich bei den Studierenden zu einer «willkürlichen Auswahl von Ausbildungsinhalten». Wissensbestände würden dabei beliebig verwendet oder abgelehnt. «Eine begründete Selektion und kontrollierte Verwendung findet noch nicht statt.»[36]

Knapp als Herausgeber eines Buches, das in die sozialarbeiterischen «Basis-

---

35 Unter, wie er angibt, ca. 30 Hochschullehrern, die rund 10 Einzelwissenschaften repräsentieren.
36 *Lukas*, S. 160 ff.

38

wissenschaften» einführt, wirft die entscheidende Frage auf, «ob es denn keine Erkenntnis darüber gibt, wie die für die praktische Sozialarbeit/Sozialpädagogik relevanten Einzelwissenschaften ineinandergreifen, zusammenhängen», und beantwortet sie negativ: Wie solche «Integration» geschehe, wisse man noch nicht. Ausdrücklich warnt Knapp vor der «naheliegenden Deutung, es reiche aus, wenn die Sozialarbeit/Sozialpädagogik Teile aus anderen Fachgebieten (Wissenschaften) zusammenfasse, die sich auf einen gemeinsamen Gegenstand – die Situation hilfsbedürftiger Menschen im weitesten Sinne – beziehen. Aus solch einer blossen Addition kann noch keine neue Wissenschaft entstehen.» Eine derartige Integrationswissenschaft wäre im übrigen, meint Knapp, geradezu eine «Superwissenschaft», die «fast unmögliche Fähigkeiten von den dann notwendigen Wissenschaftlern» erfordern würde.[37]

Überforderung also sowohl der Wissenschaftler wie der Sozialarbeiter angesichts der riesigen, vielfältigen Wissensmenge, die es zu integrieren gibt! Das erstaunt nicht im geringsten, ist doch die Integration disparater theoretischer Inhalte eine der schwierigsten gedanklichen Leistungen, die sich vorstellen lässt. Und sie wird umso schwieriger, je mehr Wissensgut man herbeischleppt und zu dem bereits angehäuften hinzufügt. Eben dies passiert aber laufend in der Sozialarbeitstheorie. Immer mehr sollte der Sozialarbeiter wissen, der theoretische Inhalt der Sozialarbeit wird immer weiter aufgebläht und scheint grenzenlos zu sein – grenzenlos, aber ohne Mitte, ohne Schwerpunkt, ohne verbindendes, massgebendes Zentrum. Die Wissensstoffe stehen gleich wichtig, gleich unwichtig nebeneinander. Sie sind, wissenschaftstheoretisch ausgedrückt, mangels eines anerkannten wegleitenden «Paradigmas» alle «in gleicher Weise relevant»[38]. Und so hat denn der Sozialarbeiter «die Teile in seiner Hand; fehlt, leider! nur das geistige Band» – ein Zustand, an dem wohl Mephisto seine spöttische Freude, nicht aber der Sozialarbeiter sein Genüge haben kann.

Dass die sozialarbeitsrelevanten, vielfältigen Wissensstoffe nicht integriert sind durch eine sozialarbeitsspezifische *Zentraltheorie*, ist ein höchst bedeutsamer Punkt der sozialarbeiterischen Theorieschwäche. Ich nenne ihn Mangel an «Konzentrierung» und will damit zum Ausdruck bringen, dass eine überzeugende Sozialarbeitstheorie all das viele wissenschaftliche und methodische Wissen verschiedener Herkunft, das ihr vorliegt, auf den Wesenskern der Sozialarbeit hin zentrieren muss. Nur so ist wahrhafte und nutzbringende Integration möglich. Das disparate, fremde Wissensmaterial muss anhand sozialarbeitsspezifischer, notwendig praktischer Kriterien selektiert und reduziert, an die besondern sozialarbeiterischen Gegebenheiten adaptiert und auf das die Sozialarbeit wesentlich ausmachende Einheitliche hin zusammengefasst werden. Solche «Konzentrierung» setzt aus der Sozialarbeitspraxis erwachsende, also *auto-*

37 *Knapp*, S. 129.131
38 Vgl. *Lukas*, S. 43 ff.64 f.160 ff.

chthone Theorieelemente voraus, die Fundament und Kern der Sozialarbeitstheorie bilden. Und zwar geht diese Praxiserkenntnis über das *Wesen der Sozialarbeit* durchaus aller Wissenschaft voraus, ist insofern, wenn man so will, apriorisch und ermöglicht überhaupt erst die Integration wissenschaftlichen und methodischen Wissens verschiedener Herkunft zu einer wahrhaften Sozialarbeitstheorie.

Wird umgekehrt verfahren, ausgehend von dem an-sich sozialarbeitsfremden Wissen, das man zusammenhäuft in der Hoffnung, aus dem Mixtum destilliere sich durch irgendwelche Integrationsprozesse eine spezifische kohärente Sozialarbeitslehre heraus, so gelangt man zwangsläufig zu dem *eklektischen, synkretistischen Pluralismus*, wie er die gegenwärtige Theorie der Sozialarbeit charakterisiert. Auf dem Sektor der Methodik wird heute mit wahlweise zu benutzenden Methoden-Angeboten ein Eklektizismus seichtester Art, ohne irgendwelche integrierende Vertiefung, propagiert. So breiten zum Beispiel Melzer (unter dem Stichwort «Methodenintegration») und Whittaker (mit der Kennzeichnung «systematischer Eklektizismus») eine ganze Auswahl-Sendung von therapeutischen Methoden vor dem Sozialarbeiter aus, ohne dieselben im mindesten zu einem irgendwie Einheitlichen zu verbinden. Psychoanalyse und Verhaltenstherapie zu «integrieren» oder Familientherapie und klientzentrierte Gesprächstherapie, um nur zwei Beispiele zu geben, ist freilich auch ein Kunststück, das weder dem Theoretiker noch dem Praktiker leicht gelingen dürfte! Und so unternimmt man einen ernsthaften konzentrierenden, integrativen Versuch schon gar nicht mehr. Die «pluralistische Anwendung von theoretischen Systemen und Praxismodellen» (Reid/Epstein) wird statt dessen zum Spezifikum der Sozialarbeit. Nach dem «Life-Model»-Konzept von Germain/Gitterman, einer der neuesten praktischen Sozialarbeitstheorien, benötigt der Sozialarbeiter «ein weitgefächertes Repertoire von Techniken und Fähigkeiten» – allein, «weder irgendeine Technik noch irgendein Können ist für das ‹Life-Model› wirklich spezifisch», erklären die Autoren.[39]

Sozialarbeit somit als Beruf, der nichts Eigenes hat, dessen Eigentümlichkeit vielmehr darin besteht, eine Menge Uneigenes anzuwenden!? Manche Theoretiker scheuen nicht vor dieser Sicht zurück.[40] Doch kann der Sozialarbeiter mit einer solchen Sozialarbeitstheorie zufrieden sein? Kann sie ihm berufliche Identität verschaffen? Macht sie ihn selbstbewusst und selbstsicher? Man müsste es annehmen. Erklärt sie den Sozialarbeiter denn nicht zum Herrn, der von allen Wissenschaften bedient wird und der nach seinem Gutdünken die dargebotenen Erkenntnisse integriert (was ja wohl einen übergeordneten Standpunkt voraussetzt)? Wird er nicht zum Superhelfer erhoben, der die verschiedensten Metho-

---

39 *Germain/Gitterman 1980*, S. 23
40 *Knapp* (S. 135) z. B.: «Gerade die Aufnahme verschiedenster Wissensbestandteile ... hebt den Sozialarbeiter/Sozialpädagogen von anderen helfenden Berufen ab und macht das ihm Eigentümliche, Eigenständige aus.»

den kennt und je nach (selbstgestellter) Indikation handhabt? Bekommt er durch sie nicht die schmeichelhafte Aura des Alleswissers und Alleskönners? – Es scheint so zu sein, doch dies hilft nichts. Die aufgeblähte Theorie erzeugt vielleicht den einen oder andern aufgeblähten Sozialarbeiter, aber gewiss nicht einen wirklich selbstsicheren. Statt dass sie dem Sozialarbeiter einen eigenen, notwendig beschränkten Standort gibt, stellt sie ihn orientierungslos vor eine Riesentafel von intellektuellen und praktischen *Kompetenzzumutungen*, die eine geradezu groteske Überforderung bedeuten.[41]

Und aus diesen Zumutungen der Theorie entsteht die Entmutigung des Sozialarbeiters. Er kommt sich nicht als Alleskönner vor, sondern als Nichtskönner – als einer, der alles können sollte, aber nichts «richtig» kann. Die fehlende Konzentrierung in der Sozialarbeitstheorie lässt den Sozialarbeiter, auch den besten, dauernd an sich zweifeln. Sie ist eine Quelle chronischer Minderwertigkeitsgefühle, einer für den Sozialarbeiterstand nahezu berufstypischen Seelenverfassung.[42] Der breiten Palette von Kompetenzanforderungen vermag der Sozialarbeiter unmöglich Genüge zu tun, und die nicht konzentrierte Sozialarbeitstheorie lässt ihn im Ungewissen darüber, was er wirklich können muss und was nicht.

Diese Theorieschwäche ist nur mit einer Sozialarbeitslehre zu überwinden, in welcher die vielfältigen Wissens- und Praxiselemente nicht-sozialarbeiterischer Herkunft auf eine *zentrale sozialarbeitseigene* Berufstheorie hin konzentriert und dergestalt wahrhaft integriert werden.

C. Wesen und Zweck der Sozialarbeitslehre

Mit dem Wort «Sozialarbeitslehre» bezeichne ich jene Art von praktischer Sozialarbeitstheorie, die als eine eigentliche *Berufslehre* für den Sozialarbeiter gelten kann. Sie ist ausschliesslich auf die Praxis bezogen, will den Beruf des Sozialarbeiters bzw. die Sozialarbeit als praktischen Beruf theoretisch erfassen, d. h. mit adäquaten Begriffen systematisch darstellen.

Insofern sie sämtliche Gegebenheiten zu behandeln hat, welche die Sozialarbeit als Beruf wesensmässig bestimmen, muss sie *vollständig* sein. Eine «Lehre» darf kein essentielles Moment ihres Gegenstandes ausser Acht lassen, was leider gerade in Sozialarbeits«lehrbüchern» häufig vorkommt, indem über wichtigste

---

41 *Weissenfels* sieht den Sozialarbeitsstudenten hinsichtlich der Wissenschaft(en) «umzingelt von Ansprüchen, denen man nicht gewachsen ist, nie gewachsen sein wird», belastet durch einen «erdrückenden Überanspruch», gegenüber dem der Student notwendigerweise «Abwehrpositionen» einnehmen müsse.

42 *Preusser* (S. 140) über die Sozialarbeiter: «Eingedeckt von herrischen Ansprüchen, die durch keine berufliche Qualifizierung einzuholen sind, verzweifeln sie am Gelingen ihrer Tätigkeit. Misserfolgsorientierung wird zum unabweisbaren Bestandteil beruflicher Identität.»

Themen – beispielsweise behördlich zugewiesene Klienten, rechtliche Fragen, Zwangsmassnahmen, finanzielle Unterstützung, administrative Tätigkeit – überhaupt nichts gesagt wird. Das ist ein Fehler, weil es das wahre Begreifen der Sozialarbeit verunmöglicht und zu partikulären Missverständnissen des Berufes verleitet. Allerdings ist von einer Sozialarbeitslehre nur Vollständigkeit im Essentiellen gefordert, nicht auch im Akzidentiellen: Was nur zufällig an den Sozialarbeiter herankommt, die Sozialarbeit lediglich (wenn auch vielleicht häufig) tangiert, aber sie nicht wesensmässig ausmacht, braucht die Sozialarbeitslehre nicht zu behandeln. Sie ist also keine umfassende Beschreibung der Sozialarbeit in dem Sinne, dass sie alles enthalten würde, was dem Sozialarbeiter begegnen und was für ihn in diesem oder jenem Fall von Belang sein kann.

«Sozialarbeitslehre» ist eine bestimmte Kategorie von Sozialarbeitstheorie. Es gibt nicht *die* Sozialarbeitslehre im inhaltlichen Sinne. Wer in einem Buch eine Sozialarbeitslehre gibt, wie es hier geschehen soll, gibt damit eine *Version* von Sozialarbeitslehre. Inhaltlich ist immer auch eine andere Version möglich, denn die sachlichen Behauptungen der Sozialarbeitslehre lassen sich nicht beweisen. Das Menschliche und Soziale ist derart vielfältig, komplex, unberechenbar, irrational, paradox und inkonstant, dass es die objektiv-wahre Sozialarbeitslehre nicht geben kann. Der Autor einer Sozialarbeitslehre vermag nur in dem Sinne *objektiv* zu sein, als er sein Denken auf die konkreten, realen Phänomene der Sozialarbeitspraxis ausrichtet und es möglichst unabhängig hält von ideologischen, traditionellen, berufsständischen, persönlichen oder wissenschaftlichen Vorurteilen. Diese Art Objektivität freilich muss von einer Sozialarbeitslehre gefordert werden.

«Behauptungen» machen das Wesen einer «Lehre» aus und beanspruchen notwendigerweise, «wahr» zu sein. Dieser Wahrheitsanspruch ist aber im Falle der Sozialarbeitslehre nur ein Anspruch auf *Plausibilität*. Die Aussagen einer Sozialarbeitslehre haben genau so viel Evidenz, wie sie ihnen die praktische Erprobung verschafft, und auch die einleuchtendsten Behauptungen finden in der sozialarbeiterischen Praxis keine hundertprozentige Bestätigung. Das gilt auch für die Erkenntnisse zahlreicher anderer Bereiche, z. B. der Politologie oder der Tiefenpsychologie[43], und ist kein Grund, sie geringzuschätzen.

Will sie ihren Sinn und Zweck erfüllen, nämlich: eine wahrhaftige Berufslehre zu sein, darf die Sozialarbeitslehre die drei Theorieschwächen-Momente, die wir uns eben vor Augen geführt haben, nicht aufweisen. Die Sozialarbeitslehre ist ihrem Wesen gemäss *praxisbezogen, sozialarbeitsspezifisch* und *konzentriert*. Jeder Versuch, eine Sozialarbeitslehre zu geben, muss sich bemühen, diese Postulate zu erfüllen.

---

43 Vgl. zur Frage nach dem Erkenntniswert tiefenpsychologischer Aussagen *Lüssi*, S. 82 ff.

Praxisbezogenheit meint dabei ein doppeltes: *Praxisgenese* einerseits und *Praxis-Zweck* anderseits.

Das Zweitgenannte versteht sich von selbst bei einer Berufslehre für einen rein praktischen Beruf, wie es die Sozialarbeit ist. Zum Schluss ihres Casework-Lehrbuches sagt Hollis richtig: «Alle Theorie muss am Ende an einem einzigen Kriterium gemessen werden: kann dem Klienten auf diese Weise wirksam geholfen werden?»[44] Damit ist der Endzweck der Sozialarbeitslehre genannt, der notwendig identisch ist mit der Aufgabe der Sozialarbeit überhaupt. Die Sozialarbeitslehre gibt eine Theorie dafür, was diese praktische Aufgabe ist und wie sie erfüllt werden kann. Sie ist eine, wie Beugen es nennt, «praeskriptive Praxistheorie», die zuhanden des Praktikers «Regeln für die Durchführung bestimmter Formen agogischer Aktion aufstellt»[45] (welche Formulierung allerdings nur den methodischen Aspekt der Sozialarbeitslehre erfasst). Sozialarbeitslehre belehrt notwendigerweise («praeskriptiv»: vorschreibend), indem sie berufliche Standards, Normen, Grenzen errichtet und Handlungsanweisungen gibt. Dies freilich ohne rechtliche Autorität, sondern einzig legitimiert durch das in reflektierter Berufserfahrung gründende Sachverständnis.

Damit stehen wir bei der *Praxisgenese* der Sozialarbeitslehre: Die wesentliche Substanz der Sozialarbeitslehre erwächst aus der sozialarbeiterischen Berufspraxis. Die Sozialarbeit basiert nicht auf einer Wissenschaft, stellt nicht die praktische Anwendung einer Theorie dar, sondern ist eine unabhängig von allem Theoretischen existierende konkrete (soziale) Gegebenheit. Entsprechend lässt sich die Sozialarbeitslehre nicht aus wissenschaftlichen Erkenntnissen ableiten, sozusagen theoretisch konstruieren. Sie ist systematische Reflexion der sozialarbeiterischen Praxis und hat nichts anderes im Sinne, als dieselbe in ihrer optimalen Ausprägung zur Klarheit zu bringen. Damit ist sie möglicherweise eine banale, aber – worum es ja eben geht – eine wahre praktische Berufstheorie.

Dass die Theorie der Sozialarbeit, sofern sie eine Berufstheorie sein will, aus der Praxis erwachsen muss, wissen viele Theoretiker durchaus. So vertritt z. B. Scherpner die Ansicht, eine «Theorie der Fürsorge» müsse «Wirklichkeitswissenschaft» sein, die «Frage nach dem Wesen der Fürsorge» könne «nur durch eine theoretische Betrachtung der Praxis dieses gesellschaftlichen Arbeitsgebietes aufgehellt und beantwortet werden»[46]. Für Lotmar ist es «selbstverständlich», dass das «Berufswissen», das «aus dem eigenen Beruf herausgewachsene, erst zum Teil systematisierte und wissenschaftlich verarbeitete Erfahrungsgut» die Theorie der Sozialarbeit kennzeichnet.[47] Und Pfaffenberger sagt von der sozialarbeiterischen «Handlungslehre», dem Hauptstück der praktischen Sozialarbeits-

44 *Hollis 1964*, S. 296
45 *Beugen*, S. 102
46 *Scherpner*, S. 18
47 *Lotmar*, S. 5 f.

theorie, durch sie müsse «was intuitiv, unausgesprochen, unreflektiert, unartiku-
liert unterläuft in der allgemeinen Praxis, ins Bewusstsein gehoben und artiku-
liert werden»[48].

Natürlich ist klar, dass jegliche Reflexion der Praxis – ob das dem Denkenden
bewusst ist oder nicht – von theoretischen Prämissen ausgeht: unweigerlich
vorerst einmal von einer generellen und fundamentalen Struktur des gedanklichen Begreifens überhaupt und dann auch von einzelnen *theoretischen Konstrukten*, die sozusagen allgemeingültig geworden sind und «das Wissen» einer Epoche
ausmachen. Diesen generell anerkannten Denkinhalten kann man sich kaum
entziehen; und dies zu tun, sich sozusagen ausserhalb des geistigen Standortes
und Konsenses seiner Zeit und Gesellschaft stellen zu wollen, ist dem Sozialarbeitstheoretiker schon deshalb nicht zu empfehlen, weil seine Aussagen ja von
den Sozialarbeitern verstanden werden sollen. Eine Sozialarbeitslehre, die absehen würde von theoretischen Konstrukten, die für unser gegenwärtiges Denken
fundamental sind – Beispiele: das Unbewusste, der soziale Lernprozess, die
gesellschaftliche Schichtung, die demokratische Legitimität –, wäre schwer verständlich, weil sie sich nicht auf die uns geläufigen Denkfiguren bezöge. Die
Wahrheit lässt sich zwar in ganz unterschiedlichen Denkformen fassen und keine
von ihnen *ist* die Wahrheit. Aber ein so praktisches Unterfangen wie die Sozialarbeitslehre muss ihre Wahrheit unter theoretischen Gesichtspunkten und Prämissen begreifen, die auf allgemeine Zustimmung zählen können. Sie ist kein Feld,
wo wissenschaftliche Theorien umgestürzt oder gar erkenntnistheoretische
Revolutionen stattfinden, denn ihre Zielsetzung ist weder wissenschaftlicher
noch philosophischer Art. Wenn ich z. B. in dieser Sozialarbeitslehre die Sozialarbeit unter dem *systemtheoretischen* Gesichtspunkt erfasse, so soll damit das
gegenwärtig massgebende Denkmodell für die Reflexion der sozialarbeiterischen
Praxis nutzbar gemacht, nicht etwa von der Sozialarbeit aus ein neues Denkmodell, eben die Systemtheorie, eingeführt, belegt oder «bewiesen» werden.

Jedes theoretische Verstehen von Praxis ist also notwendig mit theoretischem
Vorverständnis, mit Vor-Urteilen belastet. Gedankliche Erkenntnis des Konkre-
ten geschieht immer in einem *dialektischen Prozess*, bei dem der erkennende
Geist zwischen dem *konkreten Phänomen* und den gegebenen *theoretischen
Inhalten* hin- und herspringt. Dies anerkannt, was heisst dann «Praxisgenese» der
Sozialarbeitslehre? Es bedeutet, einfach ausgedrückt: Der Theoretiker der
Sozialarbeitspraxis steht immer näher bei den Phänomenen dieser Praxis als bei
den Theorien. Ist er auch zwangsweise befangen durch theoretisches Vorverständnis, so bemüht er sich doch immer, die Phänomene frei zu ihm sprechen zu
lassen, sie nicht theoretisch zu verfremden (damit die Theorie «stimmt»), sondern in ihnen, nicht in einer Theorie, die Wahrheit über das Wesen der Sozialar-

48 *Pfaffenberger* 1970, S. 22

beit zu suchen. Bei aller Wechselwirkung von Praxis und Theorie im Erkenntnis-prozess stellt doch die Sozialarbeitslehre zuerst einmal die Theorie von den Erscheinungen der Praxis her in Frage, ist also primär theoriekritisch und erst in zweiter Linie von theoretischen Inhalten her praxiskritisch. Der eigentliche sachliche Inhalt der Sozialarbeitslehre, ihre substantiellen Aussagen, ihre Behauptungen (die im Kantschen Sinne «synthetischen Urteile», welche sie macht): dies kommt aus der realen Praxis.

Dass demzufolge nur erfahrene Sozialarbeiter (mit theoretischem Vermögen) oder Theoretiker nur in enger, intensiver Zusammenarbeit mit praktisch tätigen Sozialarbeitern eine Sozialarbeitslehre verfassen können, ist offenkundig und braucht keiner weiteren Erörterung.

Ist eine Sozialarbeitslehre tatsächlich praxisbezogen im Sinne der Praxisgenese, so hat sie die Grundlage, um das Postulat der *Sozialarbeitsspezifität* zu erfüllen. Sie fasst die tatsächlichen Phänomene der Sozialarbeit ins Auge und versteht die Sozialarbeit aus ihr selbst heraus. Indem sie so bei der Sache bleibt, entgeht sie den diversen sachfremden Missverständnissen der Sozialarbeit, wie sie dort entstehen, wo der theoriebildende Ausgangspunkt in therapeutischen, pädagogi-schen, soziologischen oder andern nicht-sozialarbeiterischen Konzepten liegt.

Allerdings ist konsequente begriffliche Sorgfalt nötig, um einem notorisch kolonialisierten Theoriebereich wie dem der Sozialarbeitstheorie die Spezifität zu sichern. Die Sozialarbeitslehre braucht im Zentrum eine eigene Terminologie. Eine wirklich sozialarbeitsspezifische Theorie kann nicht mit Fremdbegriffen wie «Diagnose», «Behandlung», «Arbeitsvertrag», «Proletariat», «Emanzipation», «inneres Wachstum» etc. gedeihen.

Gerade ein Beruf wie die Sozialarbeit, der so weit ausufert in andere Berufsre-gionen und in dessen eigenem Tätigkeitsfeld zugleich so zahlreiche andere Berufe Zuständigkeitsansprüche stellen, muss strikt auf seinem Spezifikum bestehen und von da her seine Grenzen kennen. Die Sozialarbeitslehre kann insgesamt aufgefasst werden als «Definition» der Sozialarbeit. Das Unterfangen, Sozialar-beit zu «de-finieren», also ihre Grenzen, ihr Ende (lat. finis) zu bestimmen, gelingt aber nicht an den Grenzen (z. B. zur Therapie, zur Verwaltung, zur Pädagogik) selbst, sondern muss im *Zentrum* angepackt werden. Dort offenbart sich das wirklich Spezifische, das typisch Sozialarbeiterische. An den Grenzen der sozialen Berufe herrscht Verbindung, Zusammenfliessen, Unbestimmtheit. Es lässt sich dort, eben über «Grenzfälle», trefflich streiten, aber ganz gewiss nicht entscheiden, was Sozialarbeit sei. Das Grenzgelände zu anderen Berufsfel-dern ist entsprechend uninteressant für die Sozialarbeitslehre, denn sie will das Charakteristische der Sozialarbeit ergreifen und darstellen und sucht überall das zentral Spezifische, den Eigenschwerpunkt dieses Berufes.

Die Definition der Sozialarbeit, ja die Denkart der Sozialarbeitslehre über-haupt ist insofern *typologisch*: auf den Kern einer Gegebenheit bezogen und darin ihr Wesen bestimmend. Im Bereich der humanen und sozialen Erscheinungen, wo die verschiedenen Wissensdisziplinen und beruflichen Tätigkeiten schrankenlos ineinanderübergehen, lässt sich, will man zu spezifischen Konturen gelangen, gar nicht anders als typologisch denken. Indem man, wie es in der Sozialarbeitstheorie häufig geschieht, nur immer auf den Zusammenhang, die Ganzheit von allem hinweist, verbreitet man zwar eine Binsenwahrheit, schafft aber wenig Erkenntnis, weil nicht zugleich klar gemacht wird, was Unterschiedliches denn da zusammenhängt. Erst wo die Spezifität von beispielsweise «sozialarbeiterischer Verhandlung» und «therapeutischer Behandlung» durch typologisches Begreifen erkannt ist, erhält die Frage, wie beides zusammenhängt, erkenntnismässigen Sinn und Brisanz.

Das Postulat der Sozialarbeitsspezifität zielt letzten Endes ab auf ein eigenständiges, unverwechselbares sozialarbeiterisches Berufsdenken. Wenn die Sozialarbeiter in eigenen statt in entlehnten (psychologischen, soziologischen, juristischen etc.) Kategorien denken, ist die Sozialarbeit entkolonialisiert, emanzipiert zur Selbst-Ständigkeit, und damit erst ist berufliche Identität dem Sozialarbeiter zumindest im theoretischen Aspekt gewährleistet.

Dass eine praxisbezogene und berufsspezifische Sozialarbeitslehre die Fülle von berufsfremdem theoretischem und praktischem Wissen, das auf sie zuströmt, in dem von uns oben beschriebenen Sinn *kon-zentrieren* muss, versteht sich von selbst. Der Gesichtspunkt, von dem aus, der Zweck, auf den hin, und das Kriterium, anhand dessen diese Konzentrierung geschieht, ist die *primäre, autochthone Sozialarbeitstheorie,* die aus der Reflexion unmittelbarer Praxiserfahrung erwächst und den Kern der Sozialarbeitslehre bildet.

Von hier aus, von ihrem Eigenen, ihrer spezifischen Sache aus muss die Sozialarbeit die Wissenschaften und die Praktiken anderer Berufe befragen. Soziologische oder psychologische Erkenntnisse beispielsweise sind nicht zum vornherein wesentlich für die Sozialarbeit, weil diese, wie manche irrigerweise meinen, «die praktische Anwendung» von Soziologie bzw. Psychologie sei. Sie kann zwar ohne Zweifel zahlreiche Erkenntnisse von Soziologie und Psychologie und weiteren Wissenschaften sehr gut brauchen, und es ist ihr nur anzuraten, überall zu lernen, wo es etwas Sozialarbeitsrelevantes zu lernen gibt. Aber dabei handelt es sich um ein auswählendes Benutzen berufsfremder Erkenntnisse zum berufseigenen Zweck. Die Sozialarbeit ist nicht die folgsame Magd der Wissenschaften, sondern macht sich vielmehr die Ergebnisse der Wissenschaften nach ihren eigenen Bedürfnissen und Kriterien dienstbar. Was sich dazu nicht eignet, ist für sie nicht von Interesse und gehört nicht in eine Sozialarbeitslehre.

Auch das, was offenkundig bedeutsam ist für die Sozialarbeit (z. B. die soziologische Theorie betreffend den Zusammenhang von Stigmatisierung und Devianz oder auf methodischem Gebiet die familientherapeutischen Konzepte), muss sozialarbeitsspezifisch modifiziert und adaptiert werden. Es ist durch die Sozialarbeitslehre so anzupassen und umzuformen, dass es zu etwas tatsächlich Sozialarbeiterischem wird und in der Theorie nicht als angeklebter oder hineinkonstruierter Fremdkörper erscheint. Die Sozialarbeitslehre ist nicht ein Patchwork, sondern ein Gewebe. Es enthält viele verschiedene Fäden, und der Stoff wird wahrlich bunt genug. Gerade deshalb muss die Sozialarbeitslehre, zentriert auf ein spezifisches Grundkonzept hin, das vielfältige Material konsequent integrieren – nur so ergibt sich ein überzeugendes, klares Muster, in dem der Sozialarbeiter seinen Beruf erkennt.

II. Die Sozialberatung als Zentrum der Sozialarbeit

Wir haben festgestellt, dass das Wort «Sozialarbeit» den Blick eröffnet auf ein nahezu indefinites Berufsfeld und eine Vielzahl unterschiedlicher Tätigkeiten bedeuten kann. Es ist also nötig, dass wir gleich am Anfang klarmachen, was *wir* damit meinen. «Klar» machen kann dabei nur heissen, restriktiv eingrenzen, wofür «Sozialarbeit» steht, denn ohne einen handlichen Begriff gelangen wir nicht zu praktisch aussagekräftigen Erkenntnissen.

Was die Sozialarbeit sachlich ist, lässt sich natürlich nicht begrifflich ableiten (durch Analyse der Begriffe «sozial» und «Arbeit»), sondern ist das inhaltliche Ergebnis der ganzen Sozialarbeitslehre. Hier geht es lediglich darum, auf begrifflicher Ebene vorweg den Raum für unsere Sozialarbeitslehre abzustecken, damit wir uns nicht ins Uferlose verlieren. Es handelt sich dabei um pragmatische und insofern arbiträre Festsetzungen – ihre Richtigkeit ist nicht objektiv beweisbar. Doch haben sie nebst ihrer praktischen Opportunität durchaus auch sachliche Gründe, wiewohl wir diese nicht eingehend diskutieren und es meistenteils einfach bei den festsetzenden Behauptungen bewenden lassen.

Deren Hauptachse bilden die folgenden Sätze:

1. *Soziale Arbeit* ist der zusammenfassende Begriff für bestimmte soziale Berufe. Er bezeichnet ein Berufsfeld.
2. *Sozialarbeit* und *Sozialpädagogik* sind die beiden Berufsbereiche, in die sich «Soziale Arbeit» teilt.
3. *Sozialberatung* ist die Sozialarbeit im einzelnen Problem-Fall und macht das Zentrum der Sozialarbeit aus.
4. Für unsere Sozialarbeitslehre ist «Sozialarbeit» *reduktiv gleichgesetzt* mit «Sozialberatung».

Im folgenden soll dies erklärt werden.

a) Soziale Arbeit

Der Begriff *sozial* hat ganz unterschiedliche Bedeutungsebenen. Soziologisch bezeichnet er allgemein alles, was prozesshafte zwischenmenschliche Beziehung ist oder aus ihr hervorgeht. Im gesellschaftlich-politischen Sprachgebrauch werden damit bestimmte gesellschaftliche Phänomene («soziale Fragen» wie das Alter, die Erziehung, die Mobilität) und juristisch-ökonomische Einrichtungen

(z. B. die «Sozialversicherungen» oder das Arbeitsschutzrecht) gemeint. Populär-umgangssprachlich, aber auch im Bereich der helfenden Berufe wird das Wort «sozial» auf spezifisch negative Sachverhalte («Sozialfall», «soziale Probleme») angewandt, die in der Regel Hilfe erfordern. Dieses Helfen ist allerdings auch wieder «sozial» – handkehrum drückt also der Begriff etwas spezifisch Positives aus.

Im Bereich der Berufsterminologie genügt es, *sozial* mit *helfend* gleichzusetzen. «Soziale» Tätigkeit ist «helfende» Tätigkeit, und wer eine soziale Tätigkeit beruflich ausübt, hat einen sozialen, d. h. *helfenden Beruf.* (Nicht-beruflich *sozial tätig* sein kann jedermann, z. B. als freiwillige Helferin oder in privatem Kontext.[49])

Darüber, welche Berufe soziale (helfende) seien, lässt sich natürlich diskutieren. Klar ist: *Soziale Arbeit* und *soziale Berufe* sind keine identischen Begriffe: Es gibt soziale Berufe auch ausserhalb des Berufsfeldes der Sozialen Arbeit, beispielsweise die Berufe der Krankenschwestern, Psychiatriepfleger, Hortnerinnen, Hauspflegerinnen, Heilpädagogen, Psychotherapeuten, Ärzte, Pfarrer, Lehrer, Kindergärtnerinnen, Berufsberater, Polizeiassistentinnen.[50]

Obschon *Professionalität* kein Definitionsmerkmal von «sozialer Beruf» ist, werden doch die meisten sozialen Berufe professionell, d. h. aufgrund einer speziellen qualifizierenden Ausbildung ausgeübt. Dies trifft auch für die Soziale Arbeit zu. Es finden sich zwar auf Berufsstellen der Sozialen Arbeit auch unausgebildete Personen (freilich immer weniger), die Sozialarbeitstheorie indes versteht unter dem Begriff «Soziale Arbeit» ausschliesslich eine *professionelle* berufliche Tätigkeit.

b) Sozialarbeit und Sozialpädagogik

Soziale Arbeit ist der zusammenfassende Begriff für die beiden Berufsbereiche *Sozialarbeit* und *Sozialpädagogik* – eine Notlösung des leidigen terminologischen Problems um diese beiden Berufsbezeichnungen, die sich im deutschen Sprachraum durchzusetzen scheint.[51] Sie befriedigt wenig, ist sie doch nur im Deutschen möglich und auch da nur beschränkt, denn eine übergreifende personelle Berufsbezeichnung vermag sie nicht zu verschaffen («Sozialer Arbeiter» geht nicht an). Trotzdem gibt es gegenwärtig keine sinnreiche Alternative zu dieser begrifflichen Regelung; das zeigt die umfassende Untersuchung Mühlums zum Verhältnis von Sozialpädagogik und Sozialarbeit (Mühlum 1981).

49 Berufsleute im Bereich der Sozialen Arbeit einfach «Sozialtätige» zu nennen, wie es heute oft geschieht, ist also unpräzis.
50 Vgl. *Dumas u. a.*
51 Vgl. z. B. *Mühlum 1981* und *Staub-Bernasconi 1986*, S. 4

Die vieldiskutierte Frage, ob überhaupt ein wesentlicher *Unterschied* zwischen Sozialarbeit und Sozialpädagogik bestehe[52], ist im wahrsten Sinne des Wortes akademisch, wie wir bereits oben (S. 31) festgestellt haben. Die Praktiker kennen den Unterschied sehr gut, und als sich die Soziale Arbeit noch nicht in ein vielfältiges Tätigkeitsspektrum aufgefächert hatte, sondern es einfach «Fürsorger» und «Erzieher» gab, bestand diesbezüglich auch gar kein theoretisches Problem. Heute findet man auf dem Felde der Sozialen Arbeit Berufstätigkeiten wie beispielsweise diejenige des Gassenarbeiters, in denen die Wesenselemente der Sozialarbeit und der Sozialpädagogik etwa gleichgewichtig enthalten sind. Das ist sachlich gut und erfreulich, aber kein Grund zu theoretischer Blindheit betreffend die *typologische Differenz* von Sozialarbeit und Sozialpädagogik.

Um sie zu erkennen, muss man den Blick auf das Zentrum dieser beiden Berufsbereiche richten, nicht auf ihre Peripherie, und zwar darauf, was in der konkreten Praxis Zentrum ist. Dabei erkennt man unschwer, worin der grundsätzliche Unterschied zwischen Sozialarbeit und Sozialpädagogik besteht: Der *Sozialpädagoge* nimmt an der *Lebenswelt* seiner Klienten, ihrem *Alltag*[53] teil und verfolgt das Ziel, mit der besonderen Art seiner Teilnahme die Klienten persönlich so zu beeinflussen und ihre Lebenswelt so zu gestalten, dass sie sich sozial bestmöglich entwickeln können. Das hat im einen Falle (z. B. bei Kindern) einen überwiegend erzieherischen, im andern Falle (z. B. bei erwachsenen Geistigbehinderten) einen mehr betreuerischen Charakter.

Die Teilnahme des Sozialpädagogen an der Lebenswelt des Klienten ist natürlich nicht total, sondern partiell. Bei einem Heimleiter, der im Heim selbst wohnt, ist sie zeitlich sehr gross, aber unter Umständen weniger intensiv als beim Mitglied eines sozialpädagogischen Betreuungsteams in einer Jugendlichen-Wohngruppe, das sich nur zu bestimmten Zeiten in der Gruppe aufhält. Ein Jugendhausleiter gar nimmt am Leben eines einzelnen Jugendlichen vielleicht nur einige Stunden in der Woche teil – gleichwohl: die Jugendlichen verbringen bei ihm ihr Leben, nämlich ihre Freizeit, schaffen sich bei ihm einen Teil ihrer Lebenswelt, und der Sozialpädagoge hilft ihnen dabei, versucht, mit ihnen zusammen und für sie im Freizeitbereich «gelungenen Alltag»[54] zu verwirklichen.

Dieses Moment der Lebenswelt-Teilnahme, des Dabeiseins im Alltag und der Mitbeteiligung an der alltäglichen Lebensbewältigung des Klienten ist wesensbestimmend für die Sozialpädagogik und macht das Typische dieses Berufes aus. Der Sozialarbeit fehlt es. Wenn ein Sozialpädagoge in die Sozialarbeit umsteigen will, dann genau deshalb, und wenn ein Sozialarbeiter das umgekehrte tut,

---

52 Vgl. dazu *Mühlum 1981*
53 Wir verstehen den Begriff «Alltag» im soziologischen, nicht im umgangssprachlichen Sinne. Zum soziologischen Alltagskonzept, insbesondere in Hinsicht auf die Sozialpädagogik, vgl. *Thiersch 1978a* und *1986*
54 Vgl. *Thiersch 1978a*

geschieht es ebenfalls aus diesem Grunde. Es ist ein die Praxis von Sozialarbeit und Sozialpädagogik scharf trennendes Unterscheidungskriterium. Von ihm aus erklärt sich das typisch unterschiedliche Gepräge der Institutionen, Methoden und (nicht zuletzt!) Arbeitsbedingungen der Sozialpädagogik einerseits und der Sozialarbeit anderseits viel besser als von finalen bzw. funktionalen Theorien her. Dieselben laufen allemal, wird nur allgemein genug argumentiert, darauf hinaus, dass Sozialarbeit und Sozialpädagogik das gleiche Ziel und die nämliche gesellschaftliche Funktion hätten und dafür die Begriffe «pädagogisch» (bzw. «agogisch»[55]) oder «Sozialisation» die angemessenen seien. Mit dergleichen theoretischen Gemeinplätzen – denn selbstverständlich bezwecken letzten Endes nicht nur die Sozialarbeit und die Sozialpädagogik, sondern überhaupt alle helfenden Berufe «das gleiche»! – wird keine Erkenntnis der realen Berufspraxis geschaffen, und eben daran liegt uns einzig.

Wenn wir als umfassende Aufgabe der Sozialarbeit die *soziale Problemlösung* nennen, ist damit ebenfalls bloss ein Begriff gegeben, und dieser könnte ohne weiteres auch für die Sozialpädagogik theoretische Geltung beanspruchen. Was damit praktisch für den Sozialarbeitsberuf gemeint ist, wird in der Sozialarbeitslehre entfaltet. Ich will hier lediglich auf zwei ganz konkrete Momente der Sozialarbeitspraxis hinweisen, die das bereits angeführte Unterscheidungsmerkmal der Lebenswelt-Teilnahme von sozialarbeiterischer Seite her erhellen: Der Sozialarbeiter ist *ambulant* tätig, und er beschäftigt sich nur mit *Problemen* der Leute. Er hat seinen Ort bzw. Sitz in einer Institution («Sozialdienst», «Beratungsstelle», «Fürsorgeamt» etc.), nicht in der Lebenswelt der Klienten.[56] Diese kommen zu ihm oder er geht zu ihnen (das «ambulante» Moment), aber er teilt weder hier noch dort den Alltag mit ihnen, sondern behandelt dabei ein Problem, das sie haben. Das Problem ist eine in negativer Weise hervortretende Erscheinung ihrer Lebenswelt, etwas Besonderes und Partikuläres also. Und der Sozialarbeiter, ganz anders als der Sozialpädagoge, befasst sich lediglich mit diesem besonderen Negativen, hat mit den Klienten folglich nur auf durchaus partikuläre Weise zu tun.

Mit diesen wenigen summarischen Aussagen lassen sich die beiden Berufsbereiche Sozialarbeit und Sozialpädagogik je in ihrem Typus charakterisieren und grob voneinander unterscheiden. Mehr ist hier nicht nötig.

55 Zu Begriff und Konzept der «Agogik» («Agogie», «agogische Aktion», «Agologie») vgl. *van Beugen*

56 Auch wenn der Sozialarbeiter in der Institution arbeitet, welche für den Klienten Lebenswelt ist (z. B. in einem Heim, Spital, Gefängnis, Betrieb), gehört doch das Sozialarbeiter-Büro nicht zu dieser Lebenswelt und nimmt der Sozialarbeiter am Leben des Klienten in der Institution nicht oder nur marginal (z. B. gemeinsames Essen) teil. Gerade wo eine grosse sozialpädagogische Institution, beispielsweise ein Wohn- und Ausbildungsheim für geistigbehinderte Kinder, einen eigenen Sozialdienst hat, wird der Unterschied zwischen Sozialarbeit und Sozialpädagogik besonders sinnfällig.

Es gibt einige berufliche Tätigkeiten innerhalb der Sozialen Arbeit, bei denen unklar bleibt, ob ihr Schwergewicht im Sozialarbeiterischen oder im Sozialpädagogischen liegt. Ich habe diesbezüglich schon die Gassenarbeit genannt. Bei ihr, wie etwa auch bei der Arbeit in Institutionen der Notbeherbergung, kann je nachdem eher sozialarbeiterisch oder eher sozialpädagogisch gearbeitet werden.

Von den Zentren sowohl der Sozialarbeit wie der Sozialpädagogik ziemlich weit entfernt liegen *sozialkulturelle, sozialstrukturelle* und *sozialpolitische* Aktivitäten wie Freizeitanimation, Erwachsenenbildung, Gemeinwesenarbeit, Tätigkeit in Bürgerinitiativen und ähnliches. Sie gehören zur Sozialen Arbeit, weil es vor allem, oder zumindest auch, Sozialarbeiter und Sozialpädagogen sind, die dergleichen beruflich tun. Allerdings haben sie kein Monopol darauf; auch Lehrer, Psychologen, Pfarrer, Therapeuten, Organisationsberater, Verwaltungsbeamte oder Politiker betätigen sich hier. Es handelt sich dementsprechend um *periphere Bereiche* der Sozialen Arbeit, die keineswegs nur von sozialarbeiterischen und sozialpädagogischen Momenten bestimmt sind.

c) Sozialberatung

Was im Zentrum des Berufsbereiches Sozialarbeit geschieht, die *Arbeit am einzelnen sozialen Problemfall,* wollen wir *Sozialberatung* nennen. Es ist dies ein pars-pro-toto-Begriff, denn das, wofür er steht, umfasst mehr als nur Beratung. Die Bezeichnung drängt sich aus rein pragmatischen Gründen auf: Viele sozialarbeiterische Institutionen heissen heute, das Fürsorgerische oder das Amtliche in den Hintergrund rückend, «Sozialberatungsstelle», und zahlreiche Sozialarbeiter nennen sich «Sozialberater», um dem Odium des «Arbeiters» zu entgehen. (Der Ausdruck «Beratung» hat übrigens auch in anderen Berufsbereichen eine ausgedehnte Bedeutung: Unternehmensberater, Finanzberater, Steuerberater beispielsweise machen durchaus mehr, als nur zu «beraten».)

«Soziale Fallarbeit» wäre sachlich der treffendste Ausdruck für das, was wir meinen. Aber als genaue Übersetzung von «Social Casework» könnte er missverstanden werden – ebenso wie «Soziale Einzelfallhilfe», welche Bezeichnung im Deutschen zum Terminus technicus für das Casework geworden ist. Zudem lässt sich ein Sozialdienst kaum «Stelle für soziale Fallarbeit» oder der Sozialarbeiter «Sozialer Fallarbeiter» benennen.

Wenn wir behaupten, die Sozialberatung, verstanden als Sozialarbeit am einzelnen Problemfall, sei das Zentrum schlechthin der Sozialarbeit, rütteln wir an einem jahrzehntealtem Dogma der Sozialarbeitstheorie: dem Dogma von der Trinität der *klassischen Methoden der Sozialarbeit,* denn es suggeriert die Vorstellung, die Sozialarbeit sei in drei gleichgewichtige und gleich sozialarbeitsspezifische Bereiche: *Soziale Einzelfallhilfe, Soziale Gruppenarbeit* und *Gemeinwesenarbeit,* geteilt. Diese Vorstellung wird im groben verständlich, wenn man sie, in unserer Terminologie, auf das Gesamtberufsfeld Soziale Arbeit bezieht und dabei 1.) «Soziale Einzelfallhilfe» (Casework) mit dem Berufsbereich «Sozialarbeit» gleichsetzt, 2.) dasselbe tut mit «Soziale Gruppenarbeit» und «Sozialpädagogik» und 3.) «Gemeinwesenarbeit» als einen dritten Berufsbereich neben Sozialarbeit und Sozialpädagogik anerkennt, der mit diesen beiden zusammen das Ganze der «Sozialen Arbeit» ausmacht. Eine nähere Betrachtung dieses Schemas anhand der Praxis zeigt freilich rasch, dass es sich nicht aufrechterhalten lässt.

Erstens einmal kann man die *Sozialpädagogik* nicht einfach mit der *Gruppenarbeit* identifizieren, denn sie enthält noch manche andere Handlungselemente. Allerdings – dies ist ebenso gewiss – hat die soziale Gruppenarbeit ihren zentralen Ort in der Sozialpädagogik. Sozialpädagogik ist zu einem wesentlichen Teil Gruppenpädagogik[57]; und entsprechend findet sich denn auch hier die für die Soziale Arbeit typische Methodik von Gruppenarbeit. Spezifisch «soziale» Gruppenarbeit geschieht im sozialpädagogischen Raum. In der Sozialarbeit hingegen spielt die Gruppenarbeit eine durchaus untergeordnete Rolle[58] und hat in diesem Bereich auch keine eigene Methodik entwickelt. Eine «Sozialarbeits-Gruppe», gebildet aus Klienten einer Sozialberatungsstelle, unterscheidet sich nicht wesentlich von einer Therapie-, einer Trainings- oder einer Ausbildungsgruppe. Ein markanter Unterschied dazu zeigt sich viel eher bei Gruppen, die der Projektarbeit (Gemeinwesenarbeit), der Freizeitgestaltung oder der Bildung dienen. Die Gruppenarbeit hat hier eine hervorragende Bedeutung, aber diese Arbeitsbereiche liegen, wie wir schon festgestellt haben, an der Peripherie der Sozialen Arbeit.

Damit ist bereits das Wichtigste gesagt zu dem, was uns im vorliegenden Zusammenhang betreffend die *Gemeinwesenarbeit* interessiert: Sie gehört nicht zum Zentrum der Sozialarbeit.

Gemäss Boer, deren Einführung in Theorie und Praxis der Gemeinwesenarbeit immer noch grundlegend ist, «kann bestimmt nicht gesagt werden, dass ein Prozess der Gemeinwesenarbeit immer auch ausschliesslich ein Prozess der Sozialarbeit ist. Nach seinem Bereich beurteilt, ist Sozialarbeit nur eines von den vielen Gebieten, in denen die Anwendung möglich ist und stattfindet.»[59] Es gibt allerdings eine speziell «soziale» Gemeinwesenarbeit, die typisch für die Soziale Arbeit ist. Sie geschieht in jenen sozialstrukturellen Bemühungen, welche darauf hinzielen, soziale Einrichtungen zu schaffen: Einrichtungen, die der Entstehung sozialer Probleme vorbeugen wollen oder die als Mittel der Sozialarbeit zur

57 Vgl. *Mollenhauer*, S. 120 ff.
58 Vgl. *Passavant*
59 *Boer*, S. 101 f. Mit «Sozialarbeit» meint die Autorin das Gesamtberufsfeld, das wir «Soziale Arbeit» nennen.

Lösung sozialer Probleme dienen (vgl. die sozialarbeiterische Mittellehre, S. 142 ff.). Es geht hier um Projekte wie die Gründung einer Kinderkrippe, die Organisation eines Helfer-Kreises, den Aufbau eines Jugendhauses u. ä. Dabei ist aber nur die Zielsetzung spezifisch sozialarbeiterisch, nicht die Methodik. Organisatoren, Planer, Berater verschiedenster Berufsgattungen betreiben Gemeinwesenarbeit auf genau gleiche Weise wie Sozialarbeiter und Sozialpädagogen.

Die Gemeinwesenarbeit als einen dritten Hauptbereich der Soziaien Arbeit neben der Sozialarbeit und der Sozialpädagogik anzusehen, ist deshalb nicht angängig (umso weniger, als ja auch keineswegs alle peripheren, ausserhalb der Zentren von Sozialarbeit und Sozialpädagogik liegenden, aber doch zur Sozialen Arbeit zählenden Berufstätigkeiten «Gemeinwesenarbeit» sind). Die Gemeinwesenarbeit kann vielmehr nur, und zwar wegen ihres Mangels an Sozialarbeitsspezifität, als einer der peripheren Bereiche der Sozialen Arbeit gelten.

Das Casework («Soziale Einzelfall-Hilfe») als dritte der traditionellen «Methoden» der Sozialen Arbeit ist – anders als die Soziale Gruppenarbeit und die Gemeinwesenarbeit – wirklich eine spezifische Methode zur Behandlung sozialer Problemfälle. Wie ich bereits dargelegt habe, handelt es sich dabei um ein im Prinzip therapeutisch bestimmtes und mithin einseitig verengtes Verfahren. Es lassen sich durch die Casework-Methodik keineswegs alle sozialen Probleme, vor die der Sozialarbeiter gestellt wird, angehen. Deshalb ist das Casework nicht identisch mit dem, was wir «Sozialberatung» nennen. *Sozialberatung* hat im Gegensatz zum Casework den gesamten sozialarbeiterischen Problemhorizont im Auge und entsprechend ist ihre Methodik auf die ganze Vielfalt sozialer Problemfälle ausgerichtet. Würde man behaupten, das Casework sei das Zentrum der Sozialarbeit, hätte man dieses Zentrum zu eng definiert.

Nachdem ich die These, die Sozialberatung sei das Zentrum der Sozialarbeit, gegen das Trinitätsdogma der «klassischen Methoden» sozusagen verteidigt habe, möchte ich abschliessend betonen, dass damit in keiner Weise über den Wert dieser drei Arbeitsformen geurteilt ist. Ebensowenig soll damit dem Sozialarbeiter abgeraten werden, neben der Sozialberatung auch Gruppenarbeit oder Gemeinwesenarbeit zu machen. Es geht mir nur darum darzutun, dass eine Sozialarbeitslehre, die sich auf den Bereich der Sozialberatung beschränkt, das *Zentrum* der Sozialarbeit erfasst.

d) Die reduktive Gleichsetzung von «Sozialarbeit» und «Sozialberatung»

Unsere Sozialarbeitslehre betrifft nur die Sozialberatung, das Zentrum der Sozialarbeit. In ihm ist prinzipiell das ganze Wesen, die volle Spezifität der Sozialarbeit enthalten; und entsprechend dem typologischen Erkenntnismodus haben wir die Sozialarbeit begriffen, wenn wir ihren Zentralbereich, die Sozial-beratung, erfasst haben. Deshalb können wir den Begriff «Sozialarbeit» reduzie-ren auf denjenigen der «Sozialberatung».

Es ist dies eine theoretische, und zwar typologische, *Begriffsreduktion* zum Zwecke des Erkennens. Dass die Sozialarbeit tatsächlich mehr als nur die Sozial-beratung, sondern auch bedeutende periphere Bereiche umfasst und fliessend übergeht in die Sozialpädagogik, haben die bisherigen Ausführungen genügend klar gemacht. Ebenso allerdings, dass für eine praktische Sozialarbeitstheorie Reduktion, Konzentration auf das Zentrale dringend geboten ist. Nachdem er die «Arbeitsfelder der Sozialarbeiter» aufgelistet hat, stellt Cramer fest: «Ange-sichts der Vielfalt dieser Arbeitsfelder folgern einige Autoren, dass es *die* Sozial-arbeit nicht mehr gäbe, bzw. dass man von *der* Sozialarbeit nicht mehr sprechen könne»[60]. Soweit sind wir heute. Die «Expansion der Sozialarbeit», wie Doorn es nennt, droht die Identität der Sozialarbeit überhaupt zu vernichten. Wie die Theorie dieser Gefahr grundsätzlich zu begegnen habe, sieht dieser Autor (bereits 1965) völlig richtig: «Gerade wenn man bemüht ist, das Berufsbild des Sozialarbeiters präziser herauszuarbeiten, kann es gefährlich sein, allerlei Rand-funktionen in dieses Bemühen einzubeziehen ... Der einzig richtige Weg dürfte die weitere Entwicklung der Kernfunktionen des Berufes des Sozialarbeiters sein.»[61] Diesen Weg wollen wir beschreiten, indem wir uns sozialarbeitstheore-tisch auf die Sozialberatung beschränken und hier, in diesem Kernbereich, die identitätsstiftenden Grundelemente der Sozialarbeit zu erfassen suchen.

Wenn wir also im folgenden von der *Sozialarbeit* sprechen, ist damit die *Sozialbe-ratung* gemeint – es sei denn, aus dem Zusammenhang gehe die weitere, nicht reduzierte Begriffbedeutung hervor. Entsprechend heisst bei uns *Sozialarbeiter* (wo nicht offenbar der allgemeine Wortsinn vorliegt): Sozialarbeiter, der in der Sozialberatung tätig ist – also das gleiche wie *Sozialberater*.

60 *Cramer*, S. 23
61 *Doorn*, S. 73

55

III. Systemische Sozialarbeit

A. Von der linearen zur systemischen Sozialarbeitstheorie

a) Systemtheorie und Sozialarbeitstheorie

Die Systemtheorie ist ein Konzept des Erkennens, eine Methode des gedanklichen Begreifens. Systemisch denken bedeutet, die Wirklichkeit in einer bestimmten Perspektive zu sehen, nämlich unter der Leitvorstellung, dem Grundmuster des «Systems».

Bertalanffy, der eigentliche Begründer der Allgemeinen Systemtheorie, definiert *System* lapidar als: «eine Anzahl von in Wechselwirkung stehenden Elementen»[62]. Das ist die kürzeste Definition, die es gibt. Sie genügt freilich nicht. Denn erstens geht es nicht nur um die Beziehungen der Elemente untereinander, sondern ebenfalls um ihre Beziehungen zur Gesamtheit der Elemente, also zum System selbst – vor allem wenn es sich um grössere, komplexere Systeme handelt.[63] Und zweitens gehört in eine umfassende System-Definition, die auch das «offene System» enthält, notwendig der *Umwelt*-Begriff.

Alle biologischen, psychischen, sozialen und kulturellen Systeme sind *offene* Systeme. Der Fall des «geschlossenen Systems» betrifft die unbelebte (physikalisch-chemische) Welt und interessiert hier nicht. Das offene, lebende System, von dem allein wir reden, steht in ständiger Wechselwirkung mit seiner Umwelt, ja System und Umwelt «interpenetrieren einander», wie es Parsons, der grosse soziologische Systemtheoretiker, ausdrückt. Der Begriff «System» bedeutet für ihn «*erstens* einen Komplex von Interdependenzen zwischen Teilen, Komponenten und Prozessen mit erkennbar regelmässigen Beziehungen, und *zweitens* eine entsprechende Interdependenz zwischen einem solchen Komplex und seiner Umwelt» – kurz: das System ist «ein geordnetes Aggregat in einer fluktuierenden Umwelt, mit der es interagiert».[64] Entsprechend kann Luhmann sagen, das

---

62 *Bertalanffy 1949*, S. 115, und *1972*, S. 18
63 *Willke* zeigt dies eindrücklich am Beispiel einer politischen Partei, die sich zu einer Grossorganisation entwickelt (S. 87 f.).
64 *Parsons 1976*, S. 275 u. S. 73

Umweltverhältnis sei «konstitutiv» für die Systembildung, die Umwelt sei «Voraussetzung der Identität des Systems».[65]

Die *Systemtheorie* beschreibt, wie Systeme strukturell und prozessual organisiert sind und wie sie sich mit ihrer Umwelt auseinandersetzen. Das geschieht unter Begriffen wie: Ganzheit (Übersummativität), Integration, Selbstorganisation, Strukturerhaltung, Sinn, Finalität (Äquifinalität), Konvergenz, Differenzierung, Generativität, Emergenz, Selbstreferenz (Autopoiesis), Funktion (bzw. Dysfunktion), Interdependenz, Rückkoppelung (Feedback), Homöostase, Fliessgleichgewicht, Hierarchie, Subsystem, Systemebene, Systemgrenze, Interpenetration, Grenzerhaltung, Adaption – um (unsystematisch) einige der wichtigsten zu nennen. Damit ist dem erkennenden Denken durch die Systemtheorie ein komplexes, umfassendes *Modell* gegeben, anhand dessen es vorgehen kann, um die Realität zu verstehen. Dass tatsächlich *Verstehen* aus dieser Denkungsart entsteht und nicht Missverstehen, setzt allerdings etwas in der Realität voraus, das dem System-Modell entspricht. Mit anderen Worten: die Welt an-sich, als noch unbegriffenes Konkretes, muss prinzipiell «systemisch» sein. Anders könnte sich systemtheoretisches Denken an Phänomenen der konkreten Welt nicht als fruchtbar erweisen. Es würde dann zu mehr Ungereimtheiten und Widersprüchen führen als zu Klarheiten und weiterführenden Einsichten.

Gerade an letzterem jedoch ist alles erkennende Denken interessiert, und nur weil das System-Modell eben diesbezüglich so überaus ergiebig war in fast allen Bereichen der Wissenschaft, hat es sich innert weniger Jahrzehnte zum heute führenden wissenschaftstheoretischen Paradigma (Grundkonzept des Denkens) entwickelt. Und zwar ist dies auf zwei Linien geschehen: einerseits auf der wissenschaftlich-erkenntnistheoretischen, die seit den Dreissigerjahren von der Biologie herkommend zur Allgemeinen Systemtheorie führte, und anderseits auf der Entwicklungslinie der kybernetischen Technologie, die sich in der Rüstungsforschung des Zweiten Weltkrieges unter Anwendung des Rückkoppelungsprinzips herausgebildet hatte und deren heutige überragende Bedeutung das eine Stichwort «Computer» schlagartig erhellt.[66]

Das *systemische Paradigma* hat im 20. Jahrhundert das *lineare Paradigma*, welches bislang das wissenschaftliche Denken bestimmte, zwar nicht ausser Kraft gesetzt, aber überholt. Lineares, d. h. auf einzelne duale Relationen beschränktes Denken ist weiterhin möglich und gültig, doch was immer in linearer Perspektive erkannt wird an Elementen, Einzelfaktoren, Summe, Kausalität oder Folge (bzw. Produkt), untersteht der Prüfung aus der umfassenderen Systemperspektive. Ergibt diese Prüfung eine abweichende Erkenntnis, so gilt das linear Erkannte als nicht oder bloss teilweise wahr. Es geschieht also die Verifikation bzw. Falsifikation von Ergebnissen linearen Denkens durch das Systemdenken,

65 *Luhmann*, S. 242 ff.
66 Vgl. *Bertalanffy 1972* und *Friedrich*, S. 93 ff.

nicht aber das Umgekehrte. Hierin zeigt sich die *Dominanz* des System-Paradigmas.

Darüber hinaus ist es ein *universales Erkenntnisprinzip*. Es lässt sich nicht nur im naturwissenschaftlichen Bereich mit Erfolg anwenden, sondern ebensosehr in den Human- und Sozialwissenschaften. Somatische, psychische, soziale, ökonomische, rechtliche, politische und kulturelle Phänomene werden im systemtheoretischen Horizont besser verständlich als in der beschränkten linearen Denkperspektive, ja vielfach werden sie überhaupt erst, wenn man sie als Systemstruktur bzw. -prozess begreift, erklärbar. Dabei handelt es sich um ganz gewöhnliche Erscheinungen wie z. B. eine Hautallergie, eine depressive Krise, eine kriminelle Tat, eine Dollar-Schwäche, einen Ehescheidungsprozess, einen Bundesratsbeschluss, einen Filmerfolg. Die meisten, noch so banalen humanen und sozialen Phänomene sind in sich komplex und stehen in vielfachen Wechselwirkungen mit anderen Phänomenen. Will man dies sehen, genügt die lineare Optik nicht. Es tritt erst zutage, wenn das Phänomen in systemischem Denken erhellt wird.

Systemisch kann nicht bloss gedacht, sondern auch gehandelt werden – im technischen Bereich ebenso wie im sozialen. Ja entsprechend der grundsätzlichen Theorie-Praxis-Dialektik, von der wir bereits gesprochen haben (s. S. 44), stehen *systemisches Denken* und *systemisches Handeln* in produktiver Wechselwirkung. Um zu wahrer empirischer Erkenntnis zu kommen, muss man mit der generellen System-Hypothese *handeln*, und dieses Handeln fördert erst die Erkenntnis realer systemischer Zusammenhänge an den Tag. Es verhält sich somit in der Sozialsystemik genau gleich wie in der Psychoanalyse: Ohne sein therapeutisches Handeln (Psychoanalyse als Methode) wäre Freud nie zu seinen theoretischen Konstruktionen (Psychoanalyse als Theorie) gelangt, und ohne diese Theorie als hypothetisches Vorverständnis hätte er nicht jene Methode entwickelt.

Systemik ist also auch ein *praktisches Prinzip*, und es versteht sich von selbst, dass die *Sozialarbeit* von ihr bedeutende Fortschritte erhoffen kann. Die Sozialarbeitslehre hat allen Grund, ja ist schlichtweg verpflichtet, sich auf das System-Paradigma einzulassen, will sie ihre Aufgabe optimal erfüllen. Der Bereich, in dem sie tätig ist, die soziale Lebenswelt, stellt ein exemplarisches Feld für systemisches Denken und Handeln dar. Entsprechend verweist allein schon der Begriff des «Sozialen» auf Momente wie Komplexität, Ganzheit, Sinn, Interdependenz, Integration etc., die als typische Systemeigenschaften gelten, und er drängt damit der Sozialarbeit das Konzept «System» geradezu auf. Es ist keineswegs so, dass die Sozialarbeit systemisch sein soll, weil dies nun eben dem Zeittrend entspricht, sozusagen modisch ist, wie es ein halbes Jahrhundert zuvor die Psychoanalyse war.

Darum geht es überhaupt nicht, sondern einzig um die Frage, welches Grundmodell für das sozialarbeiterische Denken und Handeln das angemessene ist und zwar beurteilt am Kriterium der praktischen sozialarbeiterischen Aufgabe, soziale Probleme zu lösen. Unserem Konzept *systemische Sozialarbeit* wohnt die Behauptung inne, dieses der Sozialarbeit adäquate Grundmodell sei im theoretischen Konstrukt *soziales System* gegeben. Man könne sich «vernünftigerweise eine rationale Theorie der menschlichen Lebenswelt anders nicht vorstellen», sie sei «so einzigartig angemessen», meint Jensen zur Systemtheorie[67]. Dem ist beizupflichten, und die Sozialarbeitslehre muss daraus ihre Folgerungen ziehen.

b) Systemische Ansätze in Theorie und Praxis der Sozialarbeit

Das *Casework* in seiner sozusagen klassischen, psychoanalytisch fundierten, therapeutischen Ausprägung ist eine prinzipiell lineare Methode. Das gilt von aller therapeutischen Sozialarbeit, wenn wir von familientherapeutischen Ansätzen absehen, und diese Art von Linearität in der sozialarbeiterischen Praxis bedeutet nichts anderes als: Im Zentrum des Denkens und Handelns steht «der Klient» und die lineare *Beziehung Sozialarbeiter-Klient*. Die Casework-Theorie sieht zwar, dass die Probleme des Klienten sich dadurch manifestieren, dass der Klient in seiner «Umwelt», in der praktischen Lebensbewältigung Schwierigkeiten hat. Aber diese äusseren Probleme sind für das Casework in erster Linie Symptome einer inneren, psychischen Problematik des Klienten.

Perlman z. B. kann davon sprechen, dass der Klient «das Problem in sich trägt», und – entsprechend ihrer Überzeugung, dass «wir ein Problem nur über die Person, die es hat, behandeln können» – geht es im Casework primär darum, in therapeutischen Interviews «das Ich des Klienten» zu stärken. Wenn der Sozialarbeiter zusätzlich zu dieser «direkten» Behandlung des Problems die Umwelt, also andere Personen, beeinflusst oder dem Klienten materielle Hilfe leistet, so gilt dies als bloss «indirektes» sozialarbeiterisches Handeln, welches nicht bezweckt, die soziale Situation des Klienten günstig umzustrukturieren (als Endziel der Problemlösung), sondern «das Ich des Klienten mit neuen Kräften auszurüsten»![68] Diese Optik ist typisch für das therapeutisch gewordene Casework. Auch Smalley beispielsweise liegt daran, zu «verdeutlichen, dass der Schauplatz der Veränderung im Klienten liegt»; durch den Beziehungsprozess des Casework macht der Klient «einen Teil der Kraft, die der Sozialarbeiter besitzt, zu seiner eigenen, um mit seinen Schwierigkeiten fertig zu werden».[69] Kein Wunder, dass Maas im Standardwerk für die deutsche Rezeption der amerikanischen Sozialarbeitsmethoden klipp und klar sagen kann: «Die Klient-Sozialarbeiter-Beziehungen sind das entscheidende Medium der Einzelfall-Methode.»[70]

---

67 *Jensen*, S. 149
68 *Perlman 1957*, S. 195.46.123
69 *Smalley 1970*, S. 126.134
70 *H. Maas*, S. 40

Folgerichtig werden in diesem *linearen, klientzentrierten* Konzept die Bezugspersonen des Klienten so gut wie nicht beachtet. Manchmal braucht man sie zwar für eine Auskunft, ein Entgegenkommen, eine Hilfeleistung gegenüber dem Klienten; aber darüber wird von den Casework-Theoretikern nur in allgemeinen Formulierungen geschrieben. Die Fallbeispiele, die sie vorbringen, führen dem Leser diese Art sozialarbeiterischen Handelns nicht vor Augen; ja man hat zuweilen das Gefühl, dieses Thema sei den Autoren irgendwie peinlich, sie wüssten nicht viel dazu zu sagen und trotz gelegentlicher gegenteiliger Beteuerungen erscheine ihnen derartige «indirekte» Arbeit als tieferrangige, irgendwie minderwertige, methodisch anrüchige[71] Tätigkeit.

Auch wo die Casework-Theoretiker sehen, dass Bezugspersonen, vor allem Familienangehörige, am Problem des Klienten konstitutiv beteiligt sein können, bemühen sie sich nicht um ein dafür angemessenes Behandlungskonzept, sondern bleiben beim psychoanalytischen Prinzip der exklusiven, linearen Klient-Sozialarbeiter-Relation, demgemäss es z. B. höchstens möglich ist, den problembeteiligten Ehepartner des Klienten zu einem anderen Caseworker in Behandlung zu schicken.[72]

Erst in der *Endphase des Casework* haben einzelne Theoretiker dem linearen Grundschema systemtheoretische Überlegungen hinzugefügt. Eine einheitliche, prinzipiell vom System-Modell beherrschte und es für die Praxis explizierende Sozialarbeitslehre ist daraus freilich nicht entstanden. Die späte, sozusagen «revisionistische» Casework-Literatur schwankt vielmehr zwischen traditioneller linearer Klientzentriertheit und neuem systemischem Ansatz.

Wie *systemische Elemente* in die traditionelle Casework-Theorie aufgenommen werden, illustriert vorzüglich der 1970 herausgekommene Sammelband von Roberts/Nee, in dem (unter anderem) Perlman, Hollis und Smalley ihre zu grosser Verbreitung gelangten Casework-Konzepte resümieren. Perlmans Perspektive[73] bleibt dabei auch dort, wo sie die Systemtheorie ins Auge fasst, klientzentriert: es geht ihr um das offene «biopsychosoziale System», das die Persönlichkeit des Klienten darstellt. Sie sieht das «Problem-Netzwerk», in dem der Hilfesuchende «gefangen» (!) ist, und anerkennt, dass sich der Caseworker nebst dem Klienten auch mit den «bedeutsamen Anderen» in diesem Netz befassen muss. Wie das geschehen soll, sagt sie aber nicht; die Bezugspersonen des Klienten erscheinen hier weiterhin als Statisten.

---

71 Man beobachte z. B. die extreme Zurückhaltung, ja fast Zimperlichkeit, welche die Casework-Theoretiker – aus Angst vor «einer antitherapeutischen Reaktion des Klienten» (*Hollis 1964*, S. 194) – an den Tag legen, wenn es um Drittauskünfte über den Klienten geht. Dabei wird sogar die hierin völlig unbefangene grosse Ahnherrin Richmond, unter Hinweis auf ihre «soziologische Orientierung» und ungenügende psychologische Kenntnis, kritisiert (*Perlman 1957*, S. 144).

72 Entsprechende illustrative Fallbeispiele bei *Perlman 1957*, S. 114 ff. 254 ff.

73 *Perlman 1970*

Im Gegensatz dazu setzt *Hollis*[74] in ihrem Beitrag ganz entschiedene systemische Akzente – man darf von einer eigentlichen Revision ihres Konzeptes der «psychosozialen Behandlung» sprechen. «Der psychosoziale Standpunkt ist heute im wesentlichen ein systemtheoretischer Ansatz im Casework. Das Hauptsystem, auf das Diagnose und Behandlung abgestellt sind, ist das Person-in-der-Situation-Gefüge», heisst es nun.[75] Entsprechend zielt das Casework nach Hollis ab auf «eine Modifikation des Austausches, der zwischen Mensch und Umwelt stattfindet». Auch wenn die Persönlichkeitstheorie Freuds weiterhin grundlegend für das Verständnis des Individuums bleibt, darf sich die «psychosoziale Untersuchung» keineswegs mit dem psychoanalytischen Denkansatz begnügen. Ihre «Betrachtungseinheit» besteht vielmehr «aus einer Reihe von aufeinander wirkenden Kräften, aus einem System», und der Sozialarbeiter muss sich demzufolge nicht nur mit dem «Persönlichkeitssystem» (früher bei Hollis: «Persönlichkeit») des Klienten, sondern auch mit dessen Familien-, Freundschafts- und Arbeitsplatz-System beschäftigen. Ausdrücklich beruft sich Hollis für ihr neues Grundprinzip des «Person-Situation-Gefüges» auf Mary Richmond, bei deren Lehre es sich «ganz offensichtlich» um «ein Konzept der Systemtheorie» handle![76]

Am bemerkenswertesten ist, dass Hollis auch ihre Auffassung vom «Behandlungsprozess» des Casework grundsätzlich ändert. Sie spricht vom *aktiven Eingriff in die Umwelt*, den der Sozialarbeiter als «Beschaffender», «Auffinder», «Dolmetscher», «Vermittler» oder «Anwalt» vornimmt. In geradezu radikaler Umkehr der traditionellen Casework-Haltung erscheint diese «indirekte» sozialarbeiterische Funktion nunmehr als vorrangig – wenngleich sich der Casework-Prozess (man beachte die verblüffende Formulierung:) nicht «auf Eingriffe in diese Umwelt beschränkt», sondern «meistens auch ‹direkte› Arbeit mit dem Klienten erfordert»! Auch dort aber, in der direkten Arbeit, müssen «alle zum interpersonalen System gehörigen Personen in gewisser Weise Klienten des Sozialarbeiters werden», schreibt Hollis. Allerdings hält sie weiterhin das Einzelgespräch mit dem Klienten für das hauptsächliche Mittel des Casework. «Gespräche mit zwei oder mehr Beteiligten, die dann in einer Wechselwirkung untereinander und mit dem Sozialarbeiter stehen», sind möglich und «manchmal» sinnvoll, aber nicht die methodische Regel.

Darin zeigt sich noch Hollis' Verhaftetheit im linearen Handlungsschema des Casework. Und es ist charakteristisch für die späte, zwischen neuem Systemden-

---

74 *Hollis 1970* (alle folgenden Zitate daraus)

75 Das Konzept der transaktionalen «Person-in-der-Situation»-Konfiguration hatte bereits Gordon Hamilton in den Vierziger- und Fünfzigerjahren vertreten. (vgl. *Bartlett*, S. 90 ff., und *Germain*, S. 32 f.).

76 Für Richmond bedeutete das «Soziale» am social work, dass das Individuum primär in seinen sozialen Beziehungen betrachtet werden muss: «the work to be undertaken is social, and the individual ... must be considered primarily – whatever his disabilities may be – in his social relationships» (*Richmond*, S. 378).

ken und traditioneller therapeutischer Behandlungsmethodik schwankende Sozialarbeitstheorie, dass sich als die pièce de résistance für eine konsequent systemische Praxistheorie die Vorstellung vom Klienten bzw. der *Begriff des Klienten* erweist. Exemplarisch demonstriert dies auch *Haines'* Sozialarbeitslehre[77], die wie viele andere die Bedeutung der «sozialen Zusammenhänge», der «menschlichen Beziehungen», in denen der Klient lebt, und der «Umweltinterventionen» des Sozialarbeiters betont, ja die sich selbst sogar als «eine Art von Systemtheorie» auffasst. In lichten Momenten sozusagen sieht Haines, dass mit der linearen Klientzentriertheit keine wirklich systemische Methodik möglich ist: Die Umweltintervention bedeutet «Arbeit mit signifikanten Anderen», z. B. mit Verwandten des Klienten, und Haines realisiert, dass es letztlich «angemessen ist, den Verwandten selbst den Status von Klienten zu geben». Trotzdem ist für ihn auch bei der Arbeit mit Verwandten «das Hauptziel des Sozialarbeiters selbstverständlich die Hilfe für seinen Klienten» – und damit kommt dem neuen systemischen Willen der alte exklusive Klient-Begriff in die Quere. Die Gültigkeit dieser Konzeption des Klienten darf eben gerade nicht «selbstverständlich» sein, wenn man aus der linearen Dualität Sozialarbeiter-Klient in wahrhaft systemisches Handeln ausbrechen will.

Haines kennt durchaus die der Systemik adäquaten methodischen Möglichkeiten. Er nennt als «Dimensionen der Intervention» unter anderem die Arbeit mit Paaren, Familien, mit der «Umwelt», spricht von «multidimensionaler Vorgehensweise», aber: «Die Wahl der Dimension hängt stets von den Bedürfnissen des Klienten ab.» Der *Klient* ist das Kriterium, die «signifikanten Anderen» sind für die sozialarbeiterische Methode durchaus unsignifikant! Entsprechend bleibt denn Haines auch die Beschreibung einer spezifisch systemischen Methode der Sozialarbeit schuldig.

Der Zusammenhang von Klient-Begriff und sozialarbeiterischer Methode ist evident und lässt sich in allen praktischen Sozialarbeitstheorien nachweisen. So geraten z. B. auch Reid/Epstein prompt mit dem Klientbegriff in Schwierigkeiten, wo sie in ihrem Konzept des «aufgabenzentrierten Casework» auf sozialarbeiterische «Mehrpersonengespräche» zu reden kommen. In der Not bezeichnen sie schliesslich «Nebenpersonen» wie Verwandte oder Pflegeeltern als «Quasi-Klienten».[78] Soweit ich sehe, hat trotz dieses offenbaren Widerspruchs zwischen systemischem Denken und linear-exklusivem Klient-Begriff noch keine praktische Sozialarbeitstheorie den *Klient-Begriff prinzipiell revidiert* und damit die *Grundlage für eine spezifisch systemische Sozialarbeitsmethode* geschaffen.[79] Der blosse Verweis auf die therapeutische Paar- oder Familienbehandlung (oder die

---

77 Die folgenden Zitate siehe *Haines*, S. 84.91.143–145.220
78 *Reid/Epstein*, S. 178 ff.
79 Das geschieht auch nicht im «Life-Model»-Konzept von *Germain/Gitterman* – trotz seines «ökologischen Ansatzes».

Wiedergabe entsprechender Fallbeispiele) genügt dafür nicht, weil damit weder Sozialarbeitsspezifität noch sozialarbeitstheoretische Generalisierung gegeben sind.

Immerhin haben gerade für den besonderen Bereich der Familienbehandlung in den letzten Jahren Oswald/Müllensiefen (1985), Oswald (1988) und Goldbrunner (1989) Konzepte vorgelegt, welche die Methodik der systemischen Familientherapie mit derjenigen der Sozialarbeit in Verbindung bringen und sie sozialarbeitsadäquat modifizieren. Vortrefflich wird in diesen Büchern über «psycho-soziale Familienberatung», «soziale Familienarbeit» und «Arbeit mit sozialen Problemfamilien» gezeigt, was *systemische Sozialarbeit im familialen Kontext* sein kann und muss. Hiemit ist eine höchst wertvolle theoretische Transferleistung vom Therapeutischen ins Sozialarbeiterische und umgekehrt gelungen: Das familientherapeutische Behandlungsmodell wird einerseits für die spezifische Problemlösungsarbeit des Sozialberaters fruchtbar und praktikabel gemacht (und zwar nicht etwa in einer Randzone, sondern ganz im Zentrum seiner Berufstätigkeit); und anderseits erfährt das Handlungsrepertoire des Familientherapeuten eine erhebliche Erweiterung hinein ins sozialarbeiterische Wirkungsfeld.

Es ist klar, dass die Beschreibung einer konsequent systemischen Sozialarbeitspraxis durch die *praktische* Sozialarbeitstheorie geleistet werden muss. Von der *abstrakten Sozialarbeitstheorie* ist dergleichen nicht zu erwarten. Dieselbe hat ihren Standort nicht in, sondern über der Praxis, überblickt von dort das Berufsfeld der Sozialen Arbeit und bemüht sich, es als Einheit unter allgemeine Begriffe zu fassen. Dass dies heute durchgängig vom systemtheoretischen Gesichtspunkt aus geschieht, ist aber für uns immerhin bemerkenswert. Es wird damit der Sozialarbeitslehre von der abstrakten Sozialarbeitstheorie das System-Modell nachdrücklich nahegelegt.[79a]

Hearn (zusammen mit seinen Ko-Autoren) regt eine «holistische» Konzeption der Sozialen Arbeit an, die basierend auf der Allgemeinen Systemtheorie einerseits die traditionelle Theorie der Sozialen Arbeit in einem systemischen Gesamtkonzept integriert und anderseits eine «Anleitung zur Problemlösung» gibt, einen «Rahmen, innerhalb dessen man Interventionsstrategien planen kann».

Dasselbe Anliegen vertritt *van Beugens* Theorie der «Agogischen Aktion», die sich zwar nicht ausschliesslich, aber hauptsächlich auf die Soziale Arbeit bezieht.

Ein komplexes systemisches «Modell für die Praxis der Sozialen Arbeit» legen *Pincus/Minahan* vor.[80] Es unterscheidet vier Systeme (Change-Agent-System, Klientensystem, Zielsystem und Aktionssystem) und begreift Soziale Arbeit als ein Handeln in und mit diesen sozialen Systemen.

Ebenfalls auf systemtheoretischer Basis, unter dem Ökologie-Begriff, theoretisiert *Wendt* über die Soziale Arbeit. Das systemische bzw. «holistische» Para-

---

79a Vgl. hierzu neuerdings (1993) *Hollstein-Brinkmann*.
80 Vgl. *Pincus/Minahan*

digma entspricht in seiner ökologischen Perspektive der «multidisziplinären» Ausbildung des Sozialarbeiters, der «Komplexität der Situation, die im Vorgang der sozialen Arbeit erhalten bleibt», der vom Sozialarbeiter geforderten «generalistischen Kompetenz» sowie der «intermediären Aufgabenstellung sozialer Arbeit in der Gesellschaft».[81]

Schliesslich sei auf *Staubs* umfassende soziologische Theorie des Phänomens «Soziales Problem» hingewiesen, welche die Autorin anhand einer «prozessualsystemischen Denkfigur» speziell im Hinblick auf die Soziale Arbeit entwickelt.[82] Soziale Probleme werden dabei als «System-Probleme» begriffen und der Sozialen Arbeit die Aufgabe gestellt, die Problemlösung entsprechend systemisch, mittels eines «konzertierenden Akteur-Systems» zu realisieren.[83]

Seit den Fünfzigerjahren hat sich der systemtheoretische Ansatz in der Sozialarbeitstheorie entwickelt, und wenn 1981 Mühlum in seiner Untersuchung über die Sozialpädagogik und Sozialarbeit zum Schluss kommt, dass «in der Theorie seit längerem die systemfunktionale Betrachtungsweise vorherrscht», so kann ihm, soweit es sich um die abstrakte Sozialarbeitstheorie geht, beigepflichtet werden. Was zu tun bleibt, ist, die abstrakte systemische Theorie in eine *Sozialarbeitslehre* umzusetzen, welche konsequent systemische Sozialberatungspraxis beschreibt.

Dabei muss der Theoretiker, der *die Praxis* selbst kennt und in ihr tätig ist, keine ausserordentlich innovative Leistung vollbringen. In einer Zeit, da systemisches Denken in populärwissenschaftlichen Bestsellern, wie beispielsweise in Capras Buch «Wendezeit», allgemein verbreitet wird, ist es natürlich jedem geistig aufgeschlossenen Sozialarbeiter irgendwie geläufig geworden; und da es so sehr den realen Gegebenheiten, mit denen der Sozialarbeiter zu tun hat, entspricht, handeln viele Sozialarbeiter – und ich meine: gerade die kompetentesten – systemisch, taten es früher schon und tun es heute noch etwas bewusster. Manche freilich sind sich dessen überhaupt nicht bewusst und benützen das Wort «systemisch» in keiner Weise. Ihr Handeln ist systemtheoretisch betrachtet freilich vielfach unzureichend und inkonsequent – doch wie sollte es anders sein, wenn eine stützende, systematisierende und legitimierende praktische Theorie dafür fehlt, ja sogar klientzentrierte methodische Konzepte dem Licht solcher Theorie den Weg versperren und der Sozialarbeiter sich selbst vortasten muss in eine systemische Praxis, der wegleitenden Theorie sozusagen vorausstolpernd?

Nun, gemäss der Erkenntnis-Dialektik von Theorie und Praxis ist solches Vorausstolpern durchaus nötig, und es erhellt daraus einmal mehr die Vorrangigkeit der Praxis für die Sozialarbeitslehre. Wir werden denn auch die charakteristischen Merkmale einer systemischen Sozialarbeit weitgehend aus der sozialarbeiterischen Praxiserfahrung heraus entwickeln.

81 *Wendt 1982*, insbesondere S. 78 ff.; Zitat S. 214
82 *Staub-Bernasconi 1983*
83 *Staub-Bernasconi 1986*

B. Systemtheoretische Perspektiven für die Sozialarbeit

a) Vorbemerkung

Ich führe im folgenden unter den drei Sammelbegriffen *Systemzugehörigkeit*, *Systemfunktionalität* und *Systembeziehung* jene systemtheoretischen Gesichtspunkte an, die für eine systemische Sozialarbeit fundamental sind.

Es geht nicht darum, die Systemtheorie in allen ihren Aspekten auf die Sozialarbeit zu «übertragen», sie anhand der Sozialarbeit vorzuzeigen und zu entfalten oder sie von der sozialarbeiterischen Praxis her zu «beweisen». Eine auch nur kurze Darstellung der Systemtheorie kann hier nicht gegeben werden.[84] Der Sozialarbeiter muss nicht Systemtheoretiker sein, um systemisch arbeiten zu können. Aber er braucht dazu einige wesentliche systemtheoretische Einsichten, prinzipielle Denkperspektiven, die sein Begreifen sozialer Problematik und sein helfendes Handeln bestimmen.

Massgebend für die Sozialarbeit ist selbstverständlich die *soziologische* Systemtheorie, in deren Zentrum das *soziale System* bzw. das *Sozialsystem* steht. Sie wurde zur Hauptsache vom amerikanischen Soziologen Talcott Parsons entwickelt, und jeder, der heute Aussagen über soziale Systeme macht, ist Parsons' Denken verpflichtet, auch wenn er von ihm nicht alle Begriffe und theoretischen Konstrukte übernimmt.[85] Im Bereich der deutschen Soziologie ragt als Systemtheoretiker Niklas Luhmann hervor. Von Parsons herkommend hat er mit seiner allgemeinen Theorie sozialer Systeme die gesamte soziologische Erkenntnis unter den Systembegriff gebracht.[86]

Wenn ich hier einige für die systemische Sozialarbeit grundlegende Momente der Systemtheorie anführe, so lege ich damit, wohlverstanden, nicht die systemische Sozialarbeit selbst dar. Dies geschieht vielmehr im Hauptteil des Buches durch die gesamte dort gegebene Sozialarbeitslehre.

b) Systemzugehörigkeit

Dass der Mensch ein «soziales Wesen» ist, bedeutet: er gehört einem, ja zahlreichen «Sozialsystemen» an, z. B. seiner Familie, seiner Firma, seinem Sportver-

---

84 Ich empfehle diesbezüglich z. B. die einführenden Bücher von *Jensen*, *Münch* oder *Willke* zur Lektüre. Ebenso als kurze Übersicht *Hollstein-Brinkmann*, S. 20–60.

85 Eine zusammenfassende Darstellung von Parsons Systemtheorie gibt (bzw. ist) *Jensen*. Speziellen Einblick in Parsons Theorie der sozialen Systeme verschafft *Parsons 1976*.

86 *Luhmann*, S. 33: «Jeder soziale Kontakt wird als System begriffen bis hin zur Gesellschaft als Gesamtheit der Berücksichtigung aller möglichen Kontakte. Die allgemeine Theorie sozialer Systeme erhebt, mit anderen Worten, den Anspruch, den gesamten Gegenstandsbereich der Soziologie zu erfassen und in diesem Sinne universelle soziologische Theorie zu sein.»

ein, dem Spital, in dem er als Kranker lebt. Um das unpersönliche Wort «Element» zu vermeiden, sagen wir: er ist *Systemangehöriger*. Allerdings ist er es nicht in seiner konkreten Totalität, sondern lediglich insofern, als er handelnd interagiert mit den andern Systemangehörigen, in seiner *Rolle* also. Er muss viele verschiedene Rollen spielen, um sein Leben zu bewältigen – eben weil er auch vielen Sozialsystemen angehört.

Der gesamte Bereich des menschlichen Handelns umfasst, analysiert man theoretisch präzise, neben der Kategorie des Sozialsystems noch drei weitere *Systemkategorien*: den Organismus (ein biochemisch gesteuertes System), die Persönlichkeit (ein psychisches System) und die Kultur (ein vom Geistigen her, durch Ideen und Werte bestimmtes System). Der Mensch ist also nicht nur Angehöriger eines bzw. mehrerer sozialer Kollektive, sondern er ist zugleich ein Organismus, eine Persönlichkeit und ein Kulturteilnehmer, und sein Handeln wird von all diesen unterschiedlichen Wirklichkeitssphären her beeinflusst. Auch wenn sich dieselben analytisch als verschiedenartige Systemkategorien trennen lassen, sind sie doch in der Realität wechselseitig aufeinander bezogen; die entsprechenden Interdependenzen werden mit Begriffen wie «psychosomatisch», «psychosozial», «soziokulturell» u. ä. gekennzeichnet.

Das zentrale Interesse der Sozialarbeitslehre richtet sich auf den Bereich der *sozialen* Systeme, also auf die aus menschlicher Interaktion gebildeten Funktionskomplexe. Es können dies riesige Gebilde sein wie eine ganze, als Staat organisierte Gesellschaft oder ein multinationaler Konzern; aber auch ganz kleine Kollektive wie ein Arbeitsteam oder ein Ehepaar sind soziale Systeme. Entsprechend unterscheidet man Makro- und Mikrosysteme (und, wenn man will, dazwischen liegende Mesosysteme).

Diese Dimensionsunterschiede machen evident, dass es verschiedene *Systemebenen* gibt und dass grössere Systeme kleinere Systeme enthalten können. Das grössere, umfassende System liegt auf der höheren Systemebene und wird bezüglich des kleineren Systems *Suprasystem* genannt. Das kleinere System, das Teil des grösseren ist, liegt auf der tieferen Systemebene und heisst in bezug auf das grössere System *Subsystem*.

Macht man systemische Überlegungen, hat man dabei ein bestimmtes System im Auge, auf das sich die Überlegungen beziehen bzw. von dem aus man denkt. Dieses System ist das jeweilige *Referenzsystem*. Das Referenzsystem kann sowohl als Subsystem als auch als Suprasystem erscheinen. Die Familie (Kernfamilie) z. B., bestehend aus Elternpaar und Kindern, ist ein Subsystem des Verwandtschaftssystems, zugleich aber ein Suprasystem des Elternsystems. Verwandtschaft, Familie und Elternpaar sind verschachtelte Systeme: die grösseren enthalten in sich die kleineren, und wer dem kleineren System zugehört, gehört zwingend auch dem grösseren an.

Der Unterschied zwischen höherer und niedrigerer Systemebene bedeutet jedoch, wohlgemerkt, nicht entsprechende *Macht-Hierarchie*. Es kann durchaus sein, dass eine einzelne Familie das ganze Verwandtschaftssystem beherrscht, obschon sie «nur» ein Subsystem desselben ist. Und wenn auch das Elternpaar nicht anders als die Schar der Kinder ein Subsystem der Familie darstellt, so steht das Eltern-Subsystem doch machthierarchisch über dem Kinder-Subsystem, da es diesem gegenüber eine rechtliche Vormachtstellung besitzt und sozial eine vorrangige Funktion ausübt.

Die Systemzugehörigkeit eines Individuums ist also kein einfacher Sachverhalt. Man hat ein Individuum selten in seiner sozialsystemischen Position genügend erfasst, wenn man lediglich seine Zugehörigkeit zum Referenzsystem, beispielsweise zu einem Sozialdienst-Team, sieht. Es muss vielmehr darüberhinaus nach dem Suprasystem dieses Sozialdienstes gefragt werden, und es macht ein Erhebliches aus, ob es sich hiebei um eine Kirche, eine Gewerkschaft, ein Unternehmen, eine Gemeinde oder einen progressiven Verein handelt. Zudem gibt es im betreffenden Sozialdienst-Team unterschiedliche Subsysteme, und entsprechend ist *Funktion* und *Position* eines Team-Mitgliedes erst klar, wenn man weiss, ob es z. B. zum administrativen Personal, zur Leitung oder zu einem speziellen Dienstzweig gehört.

Wie jedes lebende und mithin offene System steht das soziale System in permanenter Wechselwirkung mit seiner sogenannten *Umwelt* (vgl. S. 56). «Umwelt» ist ein rein relationaler Begriff zu «System»: alles, was nicht das Referenzsystem selbst ist, mit dem das letztere aber in Austauschprozessen steht, gilt als Umwelt, und zwar als die Umwelt dieses Systems. Da auch die Umwelt systemisch organisiert ist, kann man sagen, das Referenzsystem stehe in Beziehung zu einer Vielzahl von Umwelt-Systemen. Das Suprasystem des Referenzsystems stellt dabei nur ein spezielles, nämlich umfassendes Umwelt-System dar. Auch der Organismus (Körper) des Individuums und dessen Persönlichkeit (Psyche), sowie die Kultur (geistige Inhalte) – die drei vom Sozialsystem unterschiedenen Systemkategorien – sind für das Sozialsystem «Umwelt».[87]

Für die Frage der Systemzugehörigkeit hat der Umwelt-Begriff ausschlaggebende Bedeutung; denn ob jemand einem Sozialsystem angehört oder nicht, hängt von den *Systemgrenzen* ab; die Systemgrenzen aber sind nichts anderes als Umwelt- Ausgrenzungen: Das soziale System ist ein aus weiteren, letztlich unabsehbaren sozialen Zusammenhängen abgegrenzter Funktionskomplex.

Wo die Systemgrenzen sind, die Definition des Systems also, steht keineswegs in jedem Falle zum vornherein fest. Es gibt zwar formale Kriterien, insbesondere rechtlicher Art, nach denen sich ein Sozialsystem eindeutig abgrenzen lässt. So erscheinen Institutionen wie eine Verwaltungsabteilung, eine Behörde, eine Firma, ein Heim, eine Familie als klar definierte Sozialsysteme. Allein, diese

---

87 Da es eher befremdlich klingt, wenn die Persönlichkeit und der Organismus eines dem Sozialsystem angehörigen Menschen als «Umwelt» dieses Systems bezeichnet werden, braucht *Willke* für diese spezielle Umwelt den Ausdruck «Innenwelt».

formalen Grenzen können dem Sozialarbeiter oft nur wenig sagen. Er ist an den sozialen, nicht den juristischen oder biologischen Sachverhalten interessiert, und entsprechend muss er unter Umständen den beratenden Experten einer Behörde zum sozialen System dieser Behörde zählen, obschon er ihr formell nicht zugehört und nur sporadisch an den Behördensitzungen teilnimmt; oder der «Hausfreund», welcher in einer Familie täglich ein- und ausgeht, erscheint als Angehöriger des familialen Sozialsystems, wenngleich er biologisch und rechtlich kein Familienmitglied ist. Die *Flexibilität der Systemgrenzen,* der Trennungslinie zwischen System und Umwelt, ist hochbedeutsam für den Sozialarbeiter. Ihm liegt ja an den realen sozialen Zusammenhängen und zwar speziell daran, zu erkennen, was in ihnen das Problem ausmacht, um dessen Lösung er sich bemüht. Und gerade hier können ihm Überlegungen zu den Systemgrenzen die Augen öffnen: Er sieht, dass Personen, die eigentlich nicht zum System (z. B. der Behörde, der Familie) gehören würden, in ihm eine entscheidende Rolle spielen, und dass umgekehrt Personen, die eigentlich Systemangehörige wären, es tatsächlich nicht sind (z. B. ein auf die Seite gestellter Familienvater, ein unbeachtetes Teammitglied).

Es gibt Sozialsysteme, die nur sehr vage Grenzen haben, z. B. Nachbarschaftssysteme, offene Gruppen, Kooperationssysteme verschiedener helfender Institutionen in einem Problemfall, Beziehungsnetze von Drogenabhängigen und dergleichen. Formale Zugehörigkeitskriterien fehlen hier meist; wer Systemangehöriger ist, folgt allein aus den Überlegungen zur Systemfunktionalität. Das betreffende Sozialsystem zeigt sich dem Sozialarbeiter also nur, wenn er bestimmte menschliche Interaktionen ins Auge fasst und sie in seinem Denken unter der Leitidee *funktioneller Einheitlichkeit* als System konstruiert. Diese gedankliche Konstruktionsleistung lohnt sich, weil sie die sozialen Zusammenhänge, aus denen die soziale Wirklichkeit besteht, bewusst macht und entsprechend realistisches Handeln ermöglicht.

Der systemisch denkende Sozialarbeiter ist sich des Einflusses bewusst, den das Systemganze auf den einzelnen Systemangehörigen ausübt. Wo diese Macht des sozialen Systems für ein Individuum, das ihm angehört, zur schädigenden Übermacht wird, zeigt sich das soziale Problem in der Form des *übermächtigen Systems.*

Aber auch im Normalfall ist der Mensch als Systemangehöriger eingebunden in die zweckgerichteten Funktionsprozesse, die auf Gleichgewicht tendierenden Rückkoppelungsmechanismen und die funktionelle Hierarchie des Systems und insofern keineswegs einfach frei in seinem Handeln. Er spielt vielmehr eine *soziale Rolle,* die weitgehend systembedingt, also abhängig vom Handeln der anderen Systemangehörigen ist. In der sozialen Rolle schneiden sich zwar das Persönlichkeitssystem des Individuums und das betreffende Sozialsystem, und es wird deshalb die Rolle immer irgendwie auf individuelle Weise gespielt. Aber nur starke, eigenwillige Persönlichkeiten vermögen eine Rolle systemgerecht zu erfüllen und ihr zugleich ein charakteristisches individuelles Gepräge zu geben. Von der Mehrzahl der Menschen darf dies nicht erwartet werden. Ihre individuellen Möglichkeiten sind sehr begrenzt, und es bleibt ihnen nur die *Systemkonformität*, wollen sie nicht isoliert sein.

Gerade die soziale Isolation aber, der Mangel an Systemzugehörigkeit, stellt für den Menschen ein Problem dar – ein soziales hinsichtlich der äusseren Lebensbewältigung und ein psychisches, insofern auch die Persönlichkeit der sozialen Rolle bedarf. Der Mensch ist *systembedürftig*. Die Zugehörigkeit zu sozialen Systemen muss vom Sozialarbeiter nicht nur unter dem Aspekt der menschlichen Systembestimmtheit, sondern ebenso unter demjenigen der menschlichen Systembedürftigkeit beachtet werden. Beide Gesichtspunkte lassen eine klientzentrierte Sicht nicht zu, sondern fordern vom Sozialarbeiter konsequente *Systemorientierung*, und zwar im Erkennen des Problems wie im problemlösenden Handeln.

c) Systemfunktionalität

Lebende Systeme haben einen *Sinn;* sie sind Sinn-bestimmte Funktionskomplexe.

«Sinn» meint etwas Grundsätzliches. Der Sinn sozialer Systeme leitet sich aus kulturellen Werten und sozialen Normen ab, die ihrerseits wieder abhängig sind von kulturell- und sozialsystemischen Prozessen.[88] So haben die unterschiedlichen Typen von Sozialsystemen, z. B. die Familie, die Schule, die Verwaltung, das Wirtschaftsunternehmen, je ihren spezifischen sozialen Sinn. Im einzelnen Fall drückt sich dieser grundsätzliche Systemsinn im konkreten *Zweck* des Systems aus. Jedes Sozialsystem erfüllt einen, gemäss den gegebenen Verhältnissen systemindividuellen Zweck (bzw. ein Bündel mehrerer Teilzwecke) und hat also *finalen* Charakter.

Der Zweck sozialer Systeme kann sich sowohl auf die Angehörigen des Systems selbst als auch auf aussenstehende Personen oder Sozialsysteme beziehen. So richtet sich der Zweck von Hilfesystemen, z. B. eines Sozialdienstes, praktisch ausschliesslich auf Nicht-Systemangehörige, derjenige einer Freizeitgruppe oder einer Freundschaftsbeziehung hingegen einzig auf die Systemangehörigen selbst. Der vielfältige Zweck der Familie wiederum liegt sowohl im Innern des familialen Systems wie ausserhalb, wobei innerer und äusserer Systemzweck miteinander zusammenhängen; und so verhält es sich auch bei den meisten anderen Sozialsystemen.

Alle menschlichen Interaktionen, aus denen das Sozialsystem besteht, üben bezüglich des Systems selbst oder seiner Umwelt eine bestimmte *Funktion* aus.

88 Betreffend das Verhältnis von (kulturellen) Werten und (sozialen) Normen vgl. *Parsons 1966*

Ist diese auf den Systemzweck ausgerichtet, bezeichnen wir die betreffende Interaktion als «systemfunktionell» oder einfach *funktionell*. Entsprechend sind Handlungen (von Systemangehörigen), die dem Systemzweck direkt oder indirekt zuwiderlaufen, *dysfunktionelle* Handlungen.

Funktionelles Handeln aller Systemangehörigen macht, dass das System als ganzes richtig, d. h. zweckentsprechend funktioniert. Ein solches System nennen wir ein *funktionelles System*. Wenn der Systemzweck in der Umwelt liegt, können allerdings auch bei einem funktionellen System Faktoren ausserhalb des Systems verhindern, dass dieser Zweck erreicht wird. Beispiel: Eine therapeutische Institution ist bereit, einen Drogensüchtigen aufzunehmen, und imstande, ihm zu helfen, vom Gift loszukommen, aber die Justiz lässt dies nicht zu, sondern bringt den Süchtigen in Strafhaft. In einem solchen Fall funktioniert das (funktionelle) Sozialsystem der Therapieinstitution nur potentiell.

Ein System, das nicht zweckentsprechend funktioniert, ist ein *dysfunktionelles System*. Es gibt drei Arten von System-Dysfunktionalität:

1. Funktionsausfall: Eine Funktion fällt aus, die notwendig ist, wenn der Systemzweck (voll) erfüllt werden soll. Es mangelt also an bestimmten Interaktionen unter den Systemangehörigen, weil einer unter ihnen nicht mehr handeln kann (ein Chef ist z. B. depressiv geworden, ein Vater ständig abwesend, eine Mutter erkrankt, eine Arbeitsstelle unbesetzt). In jenen Fällen, wo ein wesentlicher Systemangehöriger fehlt, handelt es sich um ein «unvollständiges System» (typisches Beispiel dafür: die unvollständige Familie).

2. Fehlfunktion: Das System erfüllt nicht den vom Systemsinn gegebenen Systemzweck, funktioniert also falsch. Dies, weil entscheidende Systemangehörige in Hinsicht auf den eigentlichen Systemzweck nicht funktionell, sondern dysfunktionell handeln – allerdings nicht gegeneinander, sondern (meist ohne Absicht und ohne sich dessen bewusst zu sein) aufeinander abgestimmt. Beispiele: Die Interaktionen eines Systems Helfer-Hilfebedürftiger bewirken, dass der Hilfebedürftige immer passiver und hilfebedürftiger wird. – Eine Familie entwickelt sich zu einer von ihrer Umwelt isolierten Gruppe, die Kinder emanzipieren sich nicht von den Eltern und bleiben lebensuntüchtig.

3. Funktionskonflikt: Das System kann nicht zweckentsprechend funktionieren, weil entscheidende Systemangehörige gegeneinander handeln. Sie kooperieren nicht und verhalten sich insofern dysfunktionell. Es besteht also ein systeminterner Konflikt, der bewirkt, dass das System entweder blockiert ist oder falsch funktioniert. Beispiele: Lehrling und Lehrmeister interagieren in einem Machtkampf gegeneinander mit dem Effekt, dass nur Ausschuss produziert wird. – Eine Wohngruppe ist durch Rivalitäten unter den Mitgliedern in ihrer gemeinsamen Aktivität gelähmt.

In der systemischen Sozialarbeit werden soziale Probleme primär unter dem Gesichtspunkt der System-Dysfunktionalität betrachtet. Das betreffende dysfunktionelle Sozialsystem gilt als *Problemsystem*, und die Aufgabe der Sozialarbeit, die soziale Problemlösung, versteht sich demzufolge als *Funktionalisierung sozialer Problemsysteme*. Der Sozialarbeiter richtet dabei sein Augenmerk nicht auf die Individuen an-sich, sondern auf die Funktionen, die sie in ihren Interaktionen ausüben. Er lässt sich in seinem Handeln leiten von der Vorstellung sozial positiver Funktionszusammenhänge, in denen die sozialen Bedürfnisse der Beteiligten optimal erfüllt werden.

Um systemfunktionalisierende Wirkung entfalten zu können, muss er selbst in Hinsicht auf das jeweils gegebene Problemsystem und den erstrebten Systemzweck funktionell, also systemadäquat (z. B. entsprechend dem Stil einer Familie, den Usanzen einer Behörde, den Formalitätsvorschriften eines Amtes) handeln.

d) Systembeziehung

«Systembeziehung» meint die Relation zwischen zwei oder mehreren Systemen, die nicht Sub- und Suprasysteme voneinander sind. Sie können freilich Subsysteme eines gemeinsamen Suprasystems sein – z. B. die Vormundschaftsbehörde und das Steueramt, die derselben Gemeindeorganisation angehören; und betrachtet man ihr Verhältnis von dieser höheren Systemebene aus, so hat man es mit dem eben behandelten Moment der Systemfunktionalität zu tun. Die Interaktionen zwischen Vormundschaftsbehörde und Steueramt lassen sich also einerseits unter dem Gesichtspunkt befragen, ob das Gesamtsystem Gemeindeorganisation funktioniere; und anderseits kann man sie, ohne dass man dieses Suprasystem in Blick nimmt, als bilaterale Beziehung zweier Sozialsysteme auffassen. Um solche *Systembeziehung* geht es hier.

Es gibt zwei prinzipiell unterschiedliche Arten von Systembeziehung: erstens die Beziehung eines Sozialsystems zu einem System, das einer anderen Systemkategorie (Organismus, Persönlichkeit, Kultur) angehört, und zweitens die Beziehung zwischen Sozialsystemen. Die Umwelt eines Systems ist natürlich, wie wir bereits festgehalten haben, ebenfalls systemisch strukturiert, und so wird denn jedes System von zahlreichen anderen Systemen tangiert, überschnitten, umfasst (Suprasysteme!) oder indirekt, durch vermittelnde Systeme, beeinflusst. Man spricht von Interaktionen, Interdependenzen, Interferenzen und Interpenetration der Systeme, und diese «Inter»-Begriffe bezeugen allesamt das Phänomen der Systembeziehung.

Im Falle kategoriell unterschiedlicher Systeme sprechen wir von einer *kongruenten* oder einer *inkongruenten Systembeziehung*, je nachdem ob die betreffenden Systeme miteinander harmonieren oder nicht. Beispiel: Das Sozialsystem einer

Familie ist kongruent mit dem Persönlichkeitssystem eines geistig behinderten Kindes der Familie, wenn die Familie das Kind akzeptiert und durch ihre Interaktionen optimal fördert. Ist sie dazu nicht imstande, sind die beiden Systeme inkongruent. Hier liegt sowohl ein persönliches wie ein soziales Problem vor, und entsprechend können auch gleichzeitig in beiden Systemkategorien Problemlösungsversuche unternommen werden, z. B. einerseits heilpädagogische Persönlichkeitsförderung für das Kind und anderseits für die Familie materielle Unterstützung und Entlastungshilfe in der Kinderbetreuung.

Das sozialarbeiterische Problemlösungshandeln in derartigen Fällen inkongruenter Systembeziehung geht primär darauf aus, das beteiligte Sozialsystem in Richtung auf Kongruenz mit dem anderen System hin zu verändern. *Berufstypologisch* lässt sich sagen, dass es der Sozialarbeiter mit den sozialen Zusammenhängen, der Psychotherapeut mit dem Persönlichkeitssystem und der Mediziner mit dem System des menschlichen Organismus zu tun hat. Des weiteren könnte man den Lehrer als Repräsentanten jener Berufe anführen, die im kulturellen Systembereich arbeiten. (Die genannten Berufe sind selbstverständlich nur Beispiele.) Da *Organismus, Persönlichkeit, Sozialität* und *Kultur* eng ineinandergreifen und in ihrem Zusammenhang das Gesamtsystem des menschlichen Handelns ausmachen, sind die meisten sozialen Probleme nicht ausschliesslich «sozial», sondern zugleich mehr oder weniger somatisch, psychisch und kulturell-geistig; und entsprechend erfordert die optimale Problemlösung oft interdisziplinäre Kooperation.

Der Sozialarbeiter denkt beim Wort «System» vorzüglich an Interaktions-Zusammenhänge zwischen Menschen und betrachtet somatische, psychische oder kulturell-geistige Momente, die in den sozialsystemischen Bereich hineinspielen, selten unter dem Aspekt der Systembeziehung. Es ist aber klar, dass auch die nichtsozialen Seinsbereiche systemisch organisiert sind; und gerade wenn man das spezifisch Sozialarbeiterische erkennen will, genügt der Hinweis auf das Systemische schlechthin – darauf, dass alle humanen Phänomene miteinander zusammenhängen – nicht, sondern bringt nur die gleichzeitige Unterscheidung der verschiedenen Systemkategorien brauchbare Einsicht. Der Sozialarbeiter sieht dabei zweierlei: erstens wie sein berufsspezifischer Stand- bzw. Handlungsort kategoriell abgegrenzt ist, nämlich auf den sozialsystemischen Bereich, und zweitens welch grosse Bedeutung das Erkennen von kategoriellen Systembeziehungen für das Verständnis humaner Probleme und deren Lösung hat.

Vom Begriff «System» her näher als die kategorielle (d. h. Kategorie-übergreifende) Systembeziehung liegt dem Sozialarbeiter die Beziehung zwischen Sozialsystemen; und wo wir einfach von «Systembeziehung» sprechen, meinen wir denn auch dieses Relationsphänomen innerhalb der sozialen Systemkategorie.

Sozialsysteme stehen in vielfacher Beziehung mit anderen Sozialsystemen. Wir sprechen von einer *positiven Systembeziehung*, wenn sie dem Sinn bzw. dem

Systemzweck aller beteiligten Systeme entspricht. Wenn z. B. im Falle eines behinderten Familienvaters die Systeme Invalidenversicherung, Arbeitgeberfirma und Familie so zusammenwirken, dass ein gutes Familienleben möglich ist, die Arbeitgeberfirma wirtschaftlich profitieren kann und die Invalidenversicherung ihren sozialpolitischen, gesetzlich normierten Auftrag erfüllt, so bestehen zwischen diesen drei Sozialsystemen positive Systembeziehungen.

Negative Systembeziehungen gibt es, analog den drei Arten von System-Dysfunktionalität (s. S. 70), in dreierlei Ausprägung:

1. Mangelnde Systembeziehung: Es besteht überhaupt keine Beziehung (der behinderte Familienvater z. B. ist gar nicht bei der Invalidenversicherung angemeldet), oder die Beziehung ist ungenügend, sei es bezüglich Intensität (beispielsweise zu wenig Rückfragen zwischen Sozialdienst und Arbeitgeber eines Alkoholabhängigen), sei es in sachlichem Belang (es werden z. B. der Schule seitens der Eltern eines Kindes wichtige Informationen vorenthalten, so dass sonderpädagogische Hilfen ausbleiben).

2. Zweckfremde Systembeziehung: Die Interaktionen zwischen den Systemen verlaufen reibungslos, aber sie widersprechen dem Zweck mindestens eines der beteiligten Systeme. Beispiele: Die Vormundschaftsbehörde ist durch persönliche Beziehungen oder organisatorische Verflechtungen derart mit der Institution Amtsvormundschaft liiert, dass sie ihre Aufsichtspflicht dieser gegenüber nicht wahrnehmen kann und also dem bevormundeten Klienten in der Vormundschaftsbehörde gar keine effektiv funktionierende Beschwerdeinstanz zur Verfügung steht. – Eine Flüchtlingsfamilie hat eine teure und deshalb schwierig vermietbare Neuwohnung gemietet, was nur dem Zweck der Immobilienfirma nützt, der Familie hingegen hohe Kreditschulden, deswegen nötige Vollzeitarbeit der Mutter und daraus resultierende eheliche Partnerprobleme sowie Verhaltensschwierigkeiten der Kinder bringt.

3. Systemkonflikt: Bei dieser Form negativer Systembeziehung behindern sich die Systeme gegenseitig in ihrem zweckentsprechenden Funktionieren oder mindestens eines der beteiligten Systeme wird behindert, und zwar so, dass es seinen Systemzweck nicht zu erfüllen vermag. Solche Störung eines anderen Systems kann beabsichtigt sein, aber ebensogut unabsichtlich geschehen. Es ist z. B. möglich, dass eine Rauschgift konsumierende Freizeitgruppe, der ein Lehrling angehört, dessen Lern- und Arbeitswillen untergräbt und so verhindert, dass Lehrfirma und Berufsschule ihren Ausbildungszweck an diesem Jugendlichen erfüllen können; ja möglicherweise stört das Verhalten desselben den ganzen Arbeits- und Lernbetrieb. Hier stehen Peergroup-System und Ausbildungssystem in Konflikt, und zwar nicht aus Feindschaft gegeneinander, sondern einfach weil ihre Tendenzen unvereinbar sind. Es kommt auch vor, dass sich Hilfesysteme (z. B. eine Psychiatrische Poliklinik und ein Arbeitsamt) beim selben

Problemfall in ihrer Zweckerfüllung behindern und also, oft ohne es zu wissen, einen Systemkonflikt austragen.

Zahlreiche Systemkonflikte haben freilich Kampfcharakter: es wird absichtlich gegeneinander agiert. Die Politik im Kleinen und Grossen führt uns dergleichen täglich vor Augen, ja das politische Geschehen ist ein fortwährendes Entstehen, Austragen und Lösen von Systemkonflikten. Beispiele für antagonistische Systemkonflikte im sozialarbeiterischen Bereich sind etwa: Geschiedene Eltern kämpfen zusammen mit ihrem jeweiligen (System-)Anhang von Familienmitgliedern, Verwandten oder Freund(inn)en gegeneinander um den «Besitz» gemeinsamer Kinder. – Familien und Vormundschaftsbehörden stossen bei der Frage von Kindesschutzmassnahmen zusammen, Sozialversicherungsinstanzen und psychiatrische Institutionen in der Beurteilung der Arbeitsfähigkeit bzw. Invalidität, Sozialdienste und Sozialbehörden wegen Unterstützungskosten, Heime und die Verwandtschaft von Pensionären in Betreuungsfragen.

Sobald der Sozialarbeiter das Individuum in seiner Systemzugehörigkeit sieht, erkennt er, dass viele Konflikte, die man gemeinhin für persönliche Beziehungsprobleme zwischen Individuen hält, tatsächlich Systemkonflikte sind. Wo soziale Probleme in negativen Systembeziehungen gründen oder sich darin ausdrücken und wo die Problemlösung durch negative Systembeziehungen erschwert wird, muss der Sozialarbeiter sich bemühen, die beteiligten Systeme in eine positive Beziehung zueinander zu bringen oder sie, wenn das nicht gelingt, voneinander unabhängig zu machen. Im Falle mangelnder Systembeziehung verknüpft er die betreffenden Systeme, insbesondere Hilfesysteme («Dienstleistungssysteme», «Ressourcensysteme») mit Problemsystemen («Klientsystemen»). Bei zweckfremden, meist ausbeuterisch ungleichen Systembeziehungen strukturiert er das Verhältnis der beteiligten Systeme wenn möglich so um, dass es ausgewogen ist und allen Nutzen bringt. Und in Systemkonflikten betätigt er sich primär als konfliktlösender Vermittler.

Systemisch gesehen schafft der Sozialarbeiter in jedem Problemfall – nicht nur, wo es um Systembeziehungen geht – ein *Problemlösungssystem*, indem er sich selbst und seine Institution sowie in aller Regel weitere Personen und Sozialsysteme mit den problembeteiligten Personen und Sozialsystemen in Verbindung bringt. Wenn Probleme der Systembeziehung vorliegen, kann man dieses Problemlösungssystem als ein «Intersystem» bezeichnen, denn es verbindet die Systeme, deren Beziehung verbessert werden soll, miteinander.[89]

---

89 Vgl. eine Anmerkung *van Beugens* zu dem für ihn zentralen Begriff der «funktionalen Beziehung der Zusammenarbeit»: «Die agogische Beziehung bildet ein zeitlich begrenztes (Inter-)System, das das Dienstleistungssystem und das Klientsystem als permanente Systeme umfasst.» (S. 35)

C. Grenzen des System-Modells in der Sozialarbeit

Der Sozialarbeiter kann optimale Sozialarbeit nur leisten, wenn er systemisch denkt und handelt – so die These, die unserer Sozialarbeitslehre zugrunde liegt. Sie proklamiert für die Sozialarbeit den Primat des System-Modells, wie er heute allgemein auch in Wissenschaft und Technik gilt. Freilich, wie wir bereits festgehalten haben (s. S. 57), bedeutet dieser Vorrang des System-Paradigmas nicht, dass Denken und Handeln in linearer Perspektive nunmehr unmöglich seien. Gerade in der so vielgestaltigen Praxis der Sozialarbeit gibt es kein alleinseligmachendes System-Dogma. Eine systemische Sozialarbeitstheorie, die ein solches aufrichten wollte, wäre lächerlich. Die Praxis der Sozialarbeit ist immer grösser als die Theorie, sie übersteigt die Theorie immer, lässt sich von ihr nie voll erfassen. Das Vollständige ist die *Praxis* – die Theorie ist das Fragmentarische. Auch ein so viel erschliessendes theoretisches Konzept wie es das System-Modell ist, erklärt dem Sozialarbeiter nicht alles und gibt ihm nicht überall einen Schlüssel zum problemlösenden Handeln.

Es ist richtig, vom Sozialarbeiter zu verlangen, in jedem Problemfalle systemische Überlegungen zu machen, die System-Perspektive nie ausser acht zu lassen und das eigene, naturgemäss nicht dauernd reflektierte Handeln immer wieder in systemischer Besinnung zu überprüfen. Doch es wäre völlig falsch, den Sozialarbeiter damit von anderen, *nicht-systemischen Denkformen* abzuhalten oder ihm anderes Handeln quasi zu verbieten. Die systemische Denkart – zumindest die Begrifflichkeit, in der sie sich ausdrückt – hat etwas Mechanistisches, rational Konstruktionelles an sich. Wer eine intuitive Abneigung verspürt, sie auf Menschliches anzuwenden, beweist damit ein gutes Gespür für eben das, was ein Grossteil der menschlichen Phänomene ausmacht: das Untergründige, Gefühlshafte, Unwägbare, Unerfassliche, Widersprüchliche – irrationale Seinssphären, die sich mit dem System-Modell kaum begreifen lassen. Hier sind es viel eher kognitive und affektive Erfahrungen in Bereichen wie Liebe, menschliche Gemeinschaft, Religion, Philosophie, Tiefenpsychologie, Kunst, Natur, die dem Sozialarbeiter Verstehenshorizonte eröffnen. Das System-Modell gibt hiefür eine Art Verstehensrahmen, aber nicht das Verstehen selbst. Es weist Beziehungen zwischen Menschen auf, aber woraus diese Beziehungen letzten Endes konkret «bestehen», was sozusagen ihre seelische, existenzielle «Substanz» ist, wird damit nicht gesagt. Ein Liebespaar als «soziales System» zu definieren, ist richtig und in manchem Belang nützlich, aber es erklärt nicht die Liebe.

Die sozialen Phänomene sind, wie alles Menschliche überhaupt, stark mitbestimmt vom *Individuell-Persönlichen*, von der psychischen Eigenart der betreffenden Menschen. Diesem Moment muss jeder Sozialarbeiter, natürlich auch der systemisch arbeitende, Beachtung schenken – sowohl im problemverstehenden Denken wie im problemlösenden Handeln. Die Erkenntnisse der therapeutischen Sozialarbeit sind darum keineswegs nutzlos. Vieles davon muss der Sozialarbeiter zwingend anwenden, will er in seinem Umgang mit sozialen Problemen – und das heisst immer: mit Menschen – erfolgreich sein. Die systemische Sozialarbeitstheorie annulliert also mitnichten die therapeutische, so dass der Sozialarbeiter sie vergessen könnte. Sie verschiebt vielmehr – durch den Wechsel vom linearen zum systemischen Paradigma – die Grundperspektiven der praktischen Sozialarbeitstheorie, und damit erhalten zahlreiche Bestandteile beispielsweise des Caseworks einen anderen Stellenwert und eine andere Funktion.

Auch eine Sozialarbeitslehre, wie die unsrige, deren tragende Prinzipien systemischer Art sind, enthält also vieles, was mit Systemik nichts zu tun hat. Allerdings werden wir besonderes Gewicht auf die *systemischen Momente* legen und jene Aspekte der Sozialarbeitslehre, die in den linear-therapeutisch orientierten Sozialarbeitskonzepten ohnehin schon breit entfaltet sind, kürzer behandeln. Eine vollständige Sozialarbeitslehre darf diese nichtsystemischen Momente aber niemals übergehen, bloss um ein vorrangiges Prinzip wie das systemische exklusiv herauszustellen.

Es geht in diesem Buch, das soll betont sein, um die *Sozialarbeitslehre*, nicht um die Systemtheorie. Die Systemtheorie wird von uns soweit für die Sozialarbeitslehre angewandt, wie es im Blick auf eine sachgerechte, wirkungsvolle Sozialarbeitspraxis nötig ist – darüberhinaus interessiert sie hier nicht. Ihre Bedeutung für den sozialarbeiterischen Zweck erscheint mir freilich als sehr gross. Trotzdem: eine Sozialarbeitslehre muss nicht a priori systemisch sein. Vielleicht wird einmal ein theoretisches Konzept bzw. ein Begriffsinstrument vorliegen, das der Sozialarbeit angemessener ist als das System-Modell. Das ist sogar nicht nur möglich, sondern, bedenkt man die grundsätzliche geschichtliche Relativität jeglicher Theorie, durchaus wahrscheinlich. Doch soweit sind wir noch nicht. Ganz im Gegenteil – es gilt für die praktische Sozialarbeitstheorie erst einmal, überhaupt voll auf das systemische Niveau hinaufzugelangen.

Dazu möchte die folgende Sozialarbeitslehre einen Beitrag leisten, indem sie versucht, die Merkmale einer konsequent systemischen Sozialarbeitspraxis zu bestimmen und damit wahrhaft *systemische Sozialarbeit* zu beschreiben.

HAUPTTEIL

Vorbemerkung zur Systematik

Jeder Beruf hat seine *Aufgabe,* seine *Mittel* und seine *Methode.*

«Aufgabe» und «Methode» sind als Inbegriff der konkreten Einzelaufgaben bzw. der methodischen Prinzipien und Regeln des Berufes zu verstehen. Der Ausdruck «Mittel» wird zum vornherein als Mehrzahl aufgefasst; einen Inbegriff «das Mittel» für mehrere Mittel gibt es nicht.

Aufgabe, Mittel und Methode machen zusammen einen *Beruf* aus; durch sie ist er definiert. Es mögen alle diese Berufselemente im einzelnen nicht eindeutig spezifisch für den betreffenden Beruf sein, in ihrem Zusammenhang jedenfalls müssen sie exklusive Spezifität haben. Anders würden sie nicht einen in seiner Eigenart unverwechselbaren, exakt identifizierten Beruf bestimmen.

Entsprechend diesen drei berufskonstitutiven Elementen hat unsere *Sozialarbeitslehre,* die eine Berufstheorie ist, *drei Teile:* die Lehre von der Aufgabe, die Lehre von den Mitteln und die Lehre von der Methode der Sozialarbeit.

1. Die Aufgabe der Sozialarbeit

Die Aufgabe der Sozialarbeit ist: das Lösen sozialer Probleme, die *soziale Problemlösung*. Es ist dies die umfassende Generalfunktion der Sozialarbeit, der Inbegriff aller einzelnen Aufgaben, die sich der Sozialarbeit stellen. Sozialarbeit kann demgemäss definiert werden als professionelles Lösen sozialer Probleme.

Die sozialarbeiterische Aufgabenlehre legt dar, was mit den Begriffen «soziales Problem» und «soziale Problemlösung» gemeint ist. Wir gehen dabei von der sozialarbeiterischen Praxis aus, nicht von den Begriffen oder von einer abstrakten Theorie. In dieser Praxis wird jeder Sachverhalt sogleich unter dem Aspekt der Lösung, d. h. der Lösbarkeit mit sozialarbeiterischen Mitteln und Methoden, betrachtet, und umgekehrt muss sich die sozialarbeiterische Lösung überall der konkreten Problemwirklichkeit, vor die sich der Sozialarbeiter gestellt sieht, anpassen. Diese praktische Interdependenz zwischen dem, was ein «soziales Problem» im sozialarbeiterischen Sinne, und dem, was die sozialarbeiterische «soziale Problemlösung» ist, gilt auch für die Theorie. Die sozialarbeitstheoretische Aufgabenlehre ist charakteristisch bestimmt durch diese gegenseitige Abhängigkeit; wenn wir im folgenden das soziale Problem und die soziale Problemlösung getrennt behandeln, so geschieht dies lediglich zum Zwecke systematischer Darstellung.

1.1 Das soziale Problem

1.11 Der sozialarbeiterische Begriff «soziales Problem»

Es gibt vielerlei Probleme: physische, psychische, soziale, geistige, ästhetische, technische, sprachliche und andere – je nachdem, wie man das Seiende, die Phänomene der Welt kategoriell unterteilt. Die Sozialarbeit hat als Gegenstand *soziale* Probleme. Eine Tätigkeit, die sich nicht auf ein soziales Problem bezieht, ist nicht Sozialarbeit.

Freilich, was heisst «soziales Problem»? Das Wort «sozial» kann, wie wir bereits festgehalten haben, sehr Unterschiedliches meinen, und «Problem» ist ein Allerweltswort. Wenn wir dabei stehenbleiben, ist uns mit dem Begriff «soziales Problem» nichts gesagt. Es geht uns nämlich nicht darum, was er allgemein und umfassend alles bedeuten kann, sondern was sein besonderer sozialarbeiterischer Sinn ist. «Soziales Problem» ist für uns ein auf die Sozialarbeit bezogener Begriff, ein *sozialarbeitstheoretischer Terminus technicus*. Entsprechend berufsspezifisch wird er von uns definiert – und zwar anhand des empirischen Kriteriums: vor welche konkreten Probleme sieht sich der Sozialarbeiter tatsächlich gestellt und was ist dabei nicht anerkanntermassen Gegenstand eines anderen Berufes?

Wenn wir auf dieser praxisbezogenen Grundlage den weiten allgemeinen Begriff «soziales Problem» auf den speziellen sozialarbeiterischen Sinn eingrenzen, so geschieht dies in drei Schritten: erstens die Verengung auf die sozialarbeiterische (sozialberaterische) *Dimension*, zweitens die Verengung auf den *sozialen* Sachverhalt und drittens die Verengung auf das, was als soziales *Problem* gilt.

a) Die sozialarbeiterische Dimension

Mit diesem Ausdruck meinen wir den Handlungsbereich der als Sozialberatung verstandenen Sozialarbeit. In ihr geht es um individuelle soziale Probleme, solche also, die bestimmte einzelne Menschen betreffen – im Gegensatz zu generellen, auf eine Klasse von Menschen bezogenen und insofern abstrahierten Problemen. Der Sozialberater hat es mit *individuell-konkreten* Problemfällen zu tun, an denen verschiedene persönlich identifizierte Menschen beteiligt sind. Ein Sachverhalt muss in dieser Dimension als Problem konstelliert sein, um überhaupt im Handlungshorizont der Sozialberatung zu erscheinen.

Dass sich von ihm aus dann viel weitere, nämlich sozialstrukturelle, sozialpolitische Problemperspektiven eröffnen können, ist selbstverständlich; aber die sich dabei zeigenden Sachverhalte genereller Art liegen ausserhalb der sozialberaterischen Handlungsdimension – ja oft ausserhalb der Einflussmöglichkeiten der Sozialen Arbeit überhaupt. Der Mangel an mietzinsgünstigen Wohnungen, das Nichtvorhandensein eines Jugendhauses, Lücken in der Mutterschaftsversicherung, das Konsumkredit(un)wesen, der gesellschaftliche Alkohol-Trinkzwang, eine wirtschaftliche Depressionsphase, die Diskrepanz zwischen Arm und Reich schlechthin: all dies – und ich gebe damit nur ein paar Beispiele – sind Sachverhalte, die mit vollem Recht in weiterem und weitestem Sinne als «soziale Probleme» gelten. Für den sozialberaterisch tätigen Sozialarbeiter jedoch sind es Rahmenbedingungen, nicht Objekte des Handelns, und entsprechend fallen sie für den engen, allein die sozialarbeiterische Aufgabe betreffenden Begriff des sozialen Problems ausser Betracht.

b) Der soziale Sachverhalt

Nachdem wir in unserem Bemühen, den Terminus «soziales Problem» sozialarbeitsspezifisch zu definieren, zuerst einmal die mögliche Problem-Dimension eingeschränkt haben, fragen wir zweitens danach, was einen Sachverhalt zu einem «sozialen» mache. Sozialarbeit muss sich auf «Soziales» beziehen, das Soziale ist ihre berufstypische Kategorie – das steht begrifflich a priori fest. Aber was ist für die Sozialarbeit «sozial»? Welche Beschaffenheit muss ein Sachverhalt haben, dass er als «sozialer Sachverhalt» gilt und mithin dafür in Frage kommt, ein «soziales Problem» zu sein? (Ein soziales *Problem* stellt der soziale Sachverhalt erst dar, wenn ihm auch eine begriffsgenügende Problematik innewohnt.)

Die Sozialarbeitslehre muss den vagen, vielbedeutenden Begriff des Sozialen für ihren Zweck sachlich orten, eingrenzen, sozusagen festbinden. Und zwar binden wir ihn fest an dem, was wir *Basisgegenstände der Sozialarbeit* nennen. Es handelt sich dabei um bestimmte Bedürfnisobjekte des einzelnen Menschen, nämlich die folgenden:

- Unterkunft (Obdach, Wohnung)
- Nahrung (Essen)
- Gebrauchsdinge (z. B. Kleider, Mobiliar, Haushaltgegenstände, Fahrzeug)
- Geld
- Erwerbsarbeit
- Erziehung
- Betreuung (passiv, im Sinne von: Betreut werden)
- funktionelles Verhältnis zu notwendigen Bezugspersonen

Ein Sachverhalt, der massgeblichen Einfluss darauf hat, ob das Bedürfnis eines Menschen nach einem dieser acht Objekte befriedigt oder nicht befriedigt wird, ist im sozialarbeiterischen Sinne ein *sozialer Sachverhalt*. Für uns gelten diese Objekte deshalb als die *sozialen Bedürfnisobjekte* und die auf sie gerichteten menschlichen Bedürfnisse als *soziale Bedürfnisse*. Die sozialarbeiterische Tätigkeit bezieht sich auf soziale Sachverhalte, und das heisst: Sozialarbeit ist notwendig – ob das manifest sichtbar wird oder nicht – auf mindesten einen ihrer acht Basisgegenstände, also auf ein soziales Bedürfnisobjekt (bzw. auf das entsprechende soziale Bedürfnis eines oder mehrerer Menschen) ausgerichtet.

In gewissem Sinne ist das Bedürfnis nach all diesen Gegenständen selbstverständlich und nicht erklärungsbedürftig – gemäss dem Moment der Banalität, welches (mit anderem zusammen) das Soziale kennzeichnet. Trotzdem im folgenden einige Erläuterungen dazu.

Die acht sozialarbeiterischen Basisgegenstände liegen nicht alle auf der gleichen Ebene. *Geld* zum Beispiel ist eine Kategorie sui generis. Mit ihm lassen sich einige der andern sozialen Bedürfnisobjekte, insbesondere die materiellen beschaffen, während es selbst umgekehrt der (hauptsächliche) Zweck der Erwerbsarbeit ist – allerdings nur, um wiederum als Mittel zu dienen. Im Gegensatz zu den andern Basisgegenständen ist Geld ein reines Mittel, aber was für ein wichtiges! In den meisten sozialen Problemfällen spielen finanzielle Momente mit, in vielen ist Geld der entscheidende Faktor. Geld erscheint als nahezu omnipräsentes Element sozialer Sachverhalte.

Um Missverständnisse auszuschliessen: es geht hier nur um das Geld, welches ein Mensch persönlich zur Lebensführung benötigt (oder mehrere Menschen zusammen, z. B. eine Familie, eine Wohngemeinschaft). Finanzielles Vermögen, dessen Ertrag nicht unmittelbar zur Lebensführung dient, und Investitionskapital kommen nicht in Betracht – es sei denn, es handle sich um das in die eigene Erwerbsarbeit investierte Kapital (bei einem kleinen Handwerksbetrieb zum Beispiel).

Die materiellen unter den sozialen Bedürfnisobjekten sind praktisch für jedermann lebensnotwendig. Bei den nicht-materiellen trifft dies nicht zu. Man kann auch ohne *Erwerbsarbeit*: aus dem Vermögen, von anderen Menschen unterhalten oder mittels Rentengeldern, leben. *Erziehung* bedürfen notwendigerweise nur Personen, die (noch) nicht soweit sozialisiert sind, dass sie sich in dem «Gesellschaft» genannten Zusammenhang der Menschen selbständig angemessen zu verhalten vermögen, also generell Kinder und Jugendliche sowie jene geistig oder psychische beeinträchtigten Menschen, die (noch) sozial lernfähig sind.

Wer Erziehung braucht, braucht meist zugleich *Betreuung*; aber Betreuung, aktiv verstanden als ein Für-jemanden-Sorgen, gibt es natürlich auch ohne erzieherisches Moment. Betreuung (passiv) benötigt ein Mensch, wenn er unfähig ist, sein Leben selbständig zu führen, und das kann auf mannigfache Weise und in ganz unterschiedlichem Ausmass der Fall sein. Wir beschäftigen uns hier nicht näher damit. Ich will lediglich darauf hinweisen, dass zwischen dem, was wir unter «Betreuung» verstehen, einerseits und der Krankenpflege sowie der psychotherapeutischen Hilfe anderseits fliessende Übergänge bestehen. Diese Bereiche lassen sich nur typologisch voneinander trennen; und dabei ergibt sich, dass schwerpunktmässig dem Bedürfnis nach Krankenpflege das physische Problem, dem Bedürfnis nach Psychotherapie das psychische Problem und dem Bedürfnis nach Betreuung das soziale Problem entspricht.

Das Bedürfnis des Individuums nach einem *funktionellen Verhältnis zu notwendigen Bezugspersonen* deckt sich offensichtlich teilweise mit dem Bedürfnis nach Erziehung und demjenigen nach Betreuung, insofern gerade Erziehungs- und Betreuungspersonen solche Bezugspersonen sind, und zwar meist die wichtigsten überhaupt. Mit dem Ausdruck «notwendig» kennzeichnen wir jene Bezugspersonen, auf die ein bestimmter Mensch zur Lebensbewältigung angewiesen ist oder mit denen er in seiner tatsächlichen Lebenssituation unumgänglich Kontakt hat. In erster Linie handelt es sich dabei um Familienangehörige,

Lebenspartner, Partner von Wohngruppen, Nachbarn, Arbeitskollegen, Lehrmeister, Vorgesetzte, Wohnungsvermieter, Amtspersonen, Lehrer, Angehörige helfender Berufe. Entsprechend unserer sozialsystemischen Betrachtungsweise nennen wir das diese Bezugspersonen betreffende soziale Bedürfnisobjekt ein «funktionelles Verhältnis»: Die Beziehung, als soziales System bzw. Subsystem verstanden, soll dem (sozialen) Systemzweck dienen. Was das im Näheren heisst, haben wir in den Ausführungen zur Systemfunktionalität (S. 69 ff.) dargelegt. Das funktionelle Verhältnis eines Menschen zu seinen notwendigen Bezugspersonen ist ein herausragender Basisgegenstand der Sozialarbeit. Ähnlich wie der Faktor Geld erscheint das Moment der zwischenmenschlichen Beziehung als in fast jedem sozialen Sachverhalt mitenthalten. Verkürzt und zugespitzt könnte man deshalb sagen: In der Sozialarbeit geht es um Geld und um menschliche Beziehungen.

Das sozialarbeiterische Handeln intendiert, das muss betont werden, nicht immer direkt und augenscheinlich einen der genannten Basisgegenstände. *Ausbildung* beispielsweise zählt nicht unter dieselben; und wenn sich der Sozialarbeiter bei einem Menschen um die Ausbildung bemüht, so hat er es dabei deswegen mit einem im sozialarbeiterischen Sinne «sozialen» Sachverhalt zu tun, weil die Ausbildung massgebenden Einfluss auf die Erwerbsarbeit hat. Der mit Ausbildung beschäftigten Sozialarbeit geht es um das Bedürfnisobjekt Erwerbsarbeit. Ausbildung hingegen, die ausschliesslich der geistigen Bereicherung, der Entfaltung persönlicher Fähigkeiten oder der «Selbstverwirklichung» dient, konstituiert keinen sozialen Sachverhalt und ist deshalb kein Gegenstand der Sozialarbeit.

Auch wo sich der Sozialarbeiter mit seelischen oder geistigen (insbesondere lebensphilosophischen, ethischen, religiösen) Problemen eines Menschen befasst, sind ihm nicht direkt sozialarbeiterische Basisgegenstände gegeben, denn weder die *individuelle Psyche* noch *geistige Inhalte* gehören dazu. Dieselben sind aber unter Umständen hoch bedeutsam für die Erwerbsfähigkeit eines Menschen oder sein funktionelles Verhältnis zu notwendigen Bezugspersonen, und auf diese sozialen Bedürfnisobjekte ist der Sozialarbeiter in solchen Fällen letztlich ausgerichtet. Stehen jedoch bei psychischen bzw. geistigen Problemen keine sozialen Bedürfnisobjekte in Frage, so liegt kein sozialer Sachverhalt und mithin auch keine Sozialarbeit vor.

Wie wir schon in unseren einleitenden systemtheoretischen Erörterungen festgehalten haben, kann derselbe Sachverhalt – je nachdem, in welchen Relationen er erscheint – als sozial wie als physisch oder psychisch gelten. Wenn z. B. eine Mutter an Krebs erkrankt, ist damit zugleich ein physischer, ein psychischen (eventuell darin impliziert ein geistiger, z. B. religiöser) und ein sozialer Sachverhalt gegeben, wobei der physische (somatische) sicher ein Problem darstellt, das medizinische Behandlung erfordert. Sofern aber auch die anderen Sachverhalte in genügend hohem Masse problematisch sind, braucht es zusätzlich die Hilfe des Psychotherapeuten (eventuell des Seelsorgers) und des Sozialarbeiters.

c) Die Problem-Merkmale

Ein sozialer *Sachverhalt* ist für die Sozialarbeit dann ein soziales *Problem*, wenn ihm die folgenden Momente innewohnen:

– Not
– subjektive Belastung
– Lösungsschwierigkeit

Alle diese drei Problem-Merkmale müssen vorliegen, damit im strengen Sinne der Sozialarbeitstheorie ein «soziales Problem» gegeben ist.

Dabei handelt es sich um eine typologische Begriffsdefinition, die das zentral Spezifische der sozialarbeiterischen Aufgabe erfasst. Dass sich die Sozialarbeiter tatsächlich oft mit Fällen beschäftigen, die anhand unserer Kriterien gar keine sozialen Probleme (mehr) sind, ist keineswegs ein Grund, davon abzusehen, die sozialarbeiterische Aufgabe eindeutig berufstypisch zu bestimmen. Soweit nämlich die nicht eigentlich sozialarbeiterischen Fälle des Sozialarbeiters zu dem gehören, was in seiner Arbeit «noch so nebenbei läuft», besteht keinerlei Fragwürdigkeit. Jede berufliche Praxis, nicht nur die Sozialarbeit, enthält solche uneigentlichen Nebensachen. Wenn sich hingegen der Sozialarbeiter hauptsächlich mit Sachverhalten, die nicht «soziale Probleme» sind, befasst (bzw. befassen muss), weil er (oder sein Auftraggeber) über die prinzipielle Aufgabe der Sozialarbeit nicht Bescheid weiss, so ist es nur umso wichtiger, diese Aufgabe klarzulegen. Hiezu müssen die drei angeführten Problem-Merkmale erläutert werden.

1. Not

Mit diesem Problem-Merkmal ist gemeint, dass durch den betreffenden sozialen Sachverhalt einer Person eines der sozialen Bedürfnisobjekte in einem Ausmass fehlt bzw. zu fehlen droht, das ihr nach allgemeiner Anschauung nicht zuzumuten ist. «Not» bedeutet also soviel wie: unzumutbare Beschwernis. Die «allgemeine Anschauung», die im groben die Zumutbarkeit beurteilt, hängt natürlich von den gegebenen gesellschaftlichen Verhältnissen ab, denn sie stellt nichts anderes dar als die in der Bevölkerung herrschende Durchschnittsmeinung. Sozialarbeit hat bzw. ist eine gesellschaftliche Funktion, was wir noch speziell erörtern werden (s. S. 123 ff.). Ein sozialer Sachverhalt gilt dann als von «Not» gekennzeichnet, wenn nach allgemeiner Anschauung Hilfe für den oder die davon negativ Betroffenen «Not-wendig» ist.

In unserer sogenannten Wohlstandsgesellschaft wird Hilfe hinsichtlich *materieller* sozialer Bedürfnisobjekte (Wohnung, Essen, Geld etc.) nicht erst dann als notwendig erachtet, wenn ein Mensch bereits «am Rande der nackten Existenz» steht, es also um die physische Existenzgrenze geht. «Not» ist schon da gegeben, wo höher liegende Limiten materieller Versorgung nicht erreicht werden. Einen Massstab für solche Limiten, die im materiellen Bereich Not von Nicht-Not unterscheiden, geben Leistungsskalen z. B. der Sozialversicherungen (inkl. gesetzliche Zusatzleistungen), der Alimentenbevorschussung, der Stipendien oder der öffentlichen Sozialhilfe. Das sind generelle Standards; je nach den Umständen kann im einen Falle schon Not vorliegen, wenn sie noch nicht unterschritten sind, während im andern auch unterhalb der Limite niemand Not im Sinne unzumutbarer Beschwernis leidet.

Bei den *immateriellen* sozialen Bedürfnisobjekten gibt es keine quantitativen Grenzwerte genereller Art, die einen prinzipiellen Hinweis für den sozialarbeiterischen Not-Begriff bieten. Bedenkt man, wieviel es braucht, bis mit öffentlichen, u. a. sozialarbeiterischen, Mitteln beispielsweise gegen Kindesmisshandlung und -vernachlässigung eingeschritten werden kann, erscheinen einem die gesellschaftlich gültigen Ansprüche an Erziehung und Betreuung als tief. «Not» scheint nur bei extrem negativen Sachverhalten vorzuliegen. Anderseits bestehen in unserer psychologisch sensibilisierten Zeit bezüglich der zwischenmenschlichen Beziehungen allgemein und der Erziehung im besonderen ausgesprochen hohe, ja geradezu ideale Soll-Standards. Von daher kann schon eine unzumutbare, Not-Charakter tragende Beschwernis vorliegen, wenn die sozialen Bedürfnisobjekte Erziehung, Betreuung und funktionelles Verhältnis zu notwendigen Bezugspersonen in einem Masse beeinträchtigt sind, bei dem die Betroffenen durchaus «noch leben können».

Da sich Sozialarbeit nicht wie Polizei und Justiz hauptsächlich auf die Hilfe durch Intervention beschränkt, muss für sie im Bereich der immateriellen sozialen Bedürfnisobjekte ein weitgefasster Not-Begriff gelten. Er ist nicht exakt definierbar. Man kann sagen: die Sozialarbeit richtet den Blick auf die sozialpsychologischen Ideale (Soll-Normen), beurteilt aufgrund der Kenntnis, wie die Menschen und die sozialen Verhältnisse in Wirklichkeit sind, was von diesen Idealen gesellschaftsdurchschnittlich realisiert werden kann, und wo das tatsächlich nicht geschieht, anerkennt sie einen «Not-Zustand».

Das theoretische «Not»-Kriterium nimmt sowohl terminologisch wie sachlich das umgangssprachliche Reden auf von der Sozialarbeit, die den Menschen in ihren «Nöten» beisteht, vom Sozialarbeiter, der hilft, wo «Not am Mann» ist. Es macht klar, dass es in der Sozialarbeit jedenfalls nicht um soziale Sachverhalte im Bereich *höherer Lebensqualität* geht. Wenn ein Mittelschullehrer Schwierigkeiten hat mit der Finanzierung seines Eigenheim-Neubaus, ist das keine materielle «Not» und deshalb auch kein «soziales Problem» im sozialarbeiterischen Sinne, wohingegen eben dies vorliegt, wenn eine geschiedene Frau mit zwei Kindern den Wohnungsmietzins nicht bezahlen kann, weil die Alimente des Ex-Mannes ausbleiben. Und wenn etwa in einer Familie zwischen den Eltern und einem heranwachsenden Kinde Spannung, Konflikt und Entfremdung im normalen Rahmen auftreten (ohne eigentliche Entzweiung der Familie, ohne Verhaltens- oder Leistungsstörungen des Jugendlichen, ohne Verzweiflungsempfindungen eines Beteiligten), so lässt sich noch nicht von einem «sozialen Problem» sprechen: von einem eigentlichen Notzustand, der für die Beteiligten eine unzumutbare Beschwernis darstellen würde.

2. Subjektive Belastung

Ein soziales Problem ist nur dann gegeben, wenn sich mindestens eine Person von dem betreffenden Sachverhalt belastet fühlt. Es geht hier um das subjektive Pendant zur «Not», die ein objektives Problem-Merkmal darstellt, da sie aus der allgemeinen (gesellschaftlichen) Anschauung beurteilt wird. Es kann einem sozialen Sachverhalt (z. B. Wohnsituation, innerfamiliäre Machtverhältnisse) objektiv das Moment der Not innewohnen, und trotzdem ist subjektiv niemand davon belastet, was soviel bedeutet wie: es *leidet* niemand. Jeder Sozialarbeiter kennt Fälle, wo der Durchschnittsbürger überzeugt von «unhaltbaren Zuständen» spricht, die davon Betroffenen aber – z. B. Menschen aus fremden Kulturen, Personen, denen es früher viel schlechter ging, Sonderlinge – durchaus zufrieden sind und kein Bedürfnis nach Hilfe haben. Im sozialarbeiterischen Sinne besteht in solchem Falle trotz objektiver Not kein soziales Problem.

Ob sich ein Betroffener tatsächlich belastet fühlt oder nicht, ist freilich nicht immer leicht zu erkennen. Auf verbale Äusserungen allein darf natürlich nicht abgestellt werden. Der Mensch bringt Leiden ebenso, oft sogar eindeutiger, durch averbales Verhalten (Gesichtsausdruck, Körperhaltung, Handlungen) zum Ausdruck. Im Zweifelsfall nimmt der Sozialarbeiter, wenn objektive Not vorliegt, subjektive Belastung der negativ Betroffenen an.

3. Lösungsschwierigkeit

Ein sozialer Sachverhalt, der objektiven Not-Charakter hat und der einen Menschen subjektiv belastet, ist im alltäglichen Sprachgebrauch ohne Zweifel ein «Problem». Ein solches Problem im allgemeinen Sinne stellt jedoch erst dann ein «soziales Problem» im speziell sozialarbeiterischen Sinne dar, wenn seine Lösung «schwierig» ist. Dieses Erfordernis entspricht der Tatsache, dass Sozialarbeit ein Fachberuf ist; «schwierig» bedeutet: nur aufgrund spezieller *fachlicher Kompetenz* optimal lösbar.

Not-Situationen, die von den Betroffenen selbst oder Laienhelfern ebenso gut bewältigt werden können wie vom Sozialarbeiter, sind also keine «sozialen Probleme» im strengen Sinne der Sozialarbeit. Der Sozialarbeiter ist zwar auch mit derartigen nicht-schwierigen Fragen beschäftigt, wenn er jemandem einen sogenannten «kleinen Dienst» erweist. Das geschieht oft als nebensächliche Tätigkeit in wirklichen Problemfällen, aber auch wenn sich jemand einzig wegen der betreffenden Angelegenheit an ihn wendet. Der Sozialarbeiter untersucht natürlich nicht zuerst, ob es sich um ein qualifiziert schwieriges und mithin spezifisch sozialarbeiterisches Problem handelt, wenn er einem Menschen kurz und einfach – mit einer Information etwa, dem Herstellen eines Kontakts zu einer

Drittperson oder mit einer geringfügigen alltäglichen Dienstleistung helfen kann.

Gleichwohl, die *Spezifität* der Sozialarbeit liegt nicht darin; es gibt und braucht die Sozialarbeit nicht deswegen. Ihr typischer Gegenstand, das «soziale Problem», hat ein besonderes Schwierigkeitsniveau. Diese Lösungsschwierigkeit kann in unterschiedlichen Eigenschaften des betreffenden sozialen Sachverhaltes liegen: in seiner Komplexität, seiner Unklarheit oder seiner inkonstanten Bewegtheit, in der speziellen Eigenart von beteiligten Personen, im Ermessens- bzw. Entscheidungsspielraum, der für die Lösung besteht, in der Problemmaterie, die spezielle Kenntnisse, Fähigkeiten oder Beziehungen erfordert.

In all diesen Belangen lässt sich verständlicherweise mit theoretisch-begrifflichen Mitteln keine eindeutige Grenze ziehen zwischen «Schwierigem», also Sozialarbeitsspezifischem, und «Nicht-Schwierigem». Ob ein schwieriger sozialer Sachverhalt, also ein «soziales Problem» und mithin eine sozialarbeiterische Aufgabe vorliegt, erweist sich erst am einzelnen konkreten Fall. Wo z. B. ein alleinstehender Betagter nur insofern Betreuung nötig hat, als man ihn in gewissen Zeitabständen besuchen und ihm in Alltagsangelegenheiten an die Hand gehen muss, besteht in der Regel noch kein soziales Problem. Anders jedoch, falls es aufgrund des persönlichen Charakters dieses hilfebedürftigen Menschen oder wegen äusserer Umstände ausgesprochen schwierig ist, eine Betreuungsperson zu finden. Dies allein schon kann ein veritables soziales Problem darstellen. Für die Sozialarbeit typische, also schwierige Betreuungssachverhalte sind meistens dann gegeben, wenn Menschen ausserstande sind, rechtlich zu handeln, z. B. ihr Geld zu verwalten, oder wenn sie in ihrer Lebenssituation nicht genügend betreut werden können und in einer Betreuungsinstitution untergebracht werden müssen.

Nebst dem, dass das Problemmerkmal der Lösungsschwierigkeit die Sozialarbeit typologisch gegenüber der Laienhilfe abgrenzt, macht es ein Weiteres einsichtig: Ein materieller Not-Zustand, der durch die Ausrichtung einer *rechtlich normierten, genau fixierten* Leistung voll behoben werden kann, gilt nicht schon an-sich als «soziales Problem». In vielen Fällen steht der Rechtsanspruch auf Sozialversicherungsrenten und entsprechende Zusatzleistungen, auf Stipendien, auf Alimentenbevorschussung, auf Krankenkassen- oder Unfallversicherungsleistungen zum vorherein klar fest, und er lässt sich in einem sozusagen automatisch ablaufenden administrativen Verfahren ohne Schwierigkeit realisieren. Dafür braucht es offensichtlich keine Sozialarbeit – woraus auch schon der voreilige Schluss gezogen wurde, die Sozialarbeit überhaupt sei im modernen Wohlfahrtsstaat eigentlich unnötig geworden.[90] Diese Generalisierung stimmt nicht einmal in bezug auf die Sozialversicherungen, denn auch hier bestehen in manchen Fällen (insbesondere bei Fragen der Invalidität bzw. Arbeitsfähigkeit oder betreffend therapeutische und Sachmittel-Leistungen) Abklärungs-, Beurtei-

---

90 Vgl. *Peters 1969* und *1971*

lungs- und Durchsetzungsschwierigkeiten, die ein soziales Problem konstituieren und entsprechend nach sozialarbeiterischem Einsatz rufen.

Ob ein Sachverhalt als «soziales Problem» erscheint oder nicht, hängt selbstverständlich davon ab, unter welchen Gesichtspunkten man ihn betrachtet. Letztlich ist es die *Problemdefinition*, die ihn zum «Problem» macht. Es mag sich von einem rein finanziellen und insofern laienhaft beschränkten Standpunkt aus die materielle Notsituation eines Menschen ausschliesslich als nicht-schwierige Rentenfrage erweisen und sich infolgedessen kein eigentliches soziales Problem zeigen. Der Sozialarbeiter dagegen sieht diese Not möglicherweise in negativen Lebenszusammenhängen des betreffenden Menschen begründet (z. B. hinsichtlich Familie, Arbeitsplatz, therapeutische Betreuung) und hat in solcher sozialsystemischer Perspektive ein eklatantes, schwer lösbares soziales Problem vor sich.

Oft erkennt der Sozialarbeiter ein echtes soziales Problem in Fällen, wo die Betroffenen selbst es gar nicht sehen oder nicht zugeben. Sie bringen ein Anliegen vor ihn, dem kein schwieriger sozialer Sachverhalt entspricht, z. B. die Bitte um eine «harmlose» Rechtsauskunft, und es liegt am Geschick des Sozialarbeiters zu merken, was das eigentliche Problem ist. Aus diesem Grunde kann es auch durchaus sinnvoll sein, dass eine Sozialarbeitsinstitution Anmeldestelle ist für den Bezug von rechtlich normierten bzw. fixierten Sozialleistungen (z. B. Alimentenvorschüsse, ALV-Taggelder, Zusatzleistungen zur AHV/IV[91]). Es handelt sich dabei zwar um eine nicht sozialarbeitsspezifische Aufgabe, aber die Anspruchsberechtigten solcher genereller sozialer Hilfen gehören zu den sozial schwachen Gesellschaftsgliedern und haben häufig neben der finanziellen Bedürftigkeit oder mit ihr verbunden andere, eigentlich schwierige Probleme – z. B. Besuchsrechtsprobleme im Falle der Alimentenbevorschussung, Depressivität und Belastung der Ehebeziehung bei Arbeitslosigkeit, Betreuungsdefizite bei alten oder invaliden Zusatzleistungsbezügern. Wenn diese Menschen im Zusammenhang mit ihrem Sozialleistungsanspruch auf einen Sozialarbeiter stossen, haben sie die Chance, dass ihre Probleme bemerkt werden und sie problemlösende Hilfe finden.

1.12   Die Struktur des sozialen Problems

Die vorangegangenen Erörterungen haben gezeigt, was ein «soziales Problem» sachlich ist. Hier nun soll es in seiner formalen Struktur erhellt werden.

---

91 *ALV, AHV* und *IV* sind die Abkürzungen für die folgenden schweizerischen Sozialversicherungseinrichtungen: Arbeitslosenversicherung, Alters- und Hinterbliebenenversicherung, Invalidenversicherung

a) Systemische Problemkonzeption

Ein Sachverhalt, dem nach unseren Kriterien die Merkmale eines sozialen Problems zukommen, lässt sich von unterschiedlichen Standpunkten aus ins Auge fassen. Je nachdem sieht er so oder anders aus. Der Blickwinkel bestimmt die strukturelle Auffassung, die grundsätzliche Verstehenskonzeption des Problems. In der systemischen Sozialarbeit geschieht die Betrachtung primär vom Standpunkt der Systemtheorie aus, und zwar in den drei systemtheoretischen Perspektiven von Systemzugehörigkeit, Systemfunktionalität und Systembeziehung, die ich im Einleitungsteil dargelegt habe. Auf solche Weise den problematischen sozialen Sachverhalt gedanklich nach dem System-Modell zu erfassen, erscheint namentlich in Hinsicht auf die Problem*lösung* als das sinnvollste konzeptionelle Vorgehen. Nur so bekommt der Sozialarbeiter von Anfang an alle problemkonstitutiven Faktoren in den Blick und zeigen sich ihm zugleich die Zusammenhänge, welche für die Problemlösung, sei es im hinderlichen oder im förderlichen Sinne, bedeutsam sind.

Während die therapeutische Sozialarbeit das Problem, wie wir gesehen haben, grundsätzlich und vorrangig in der Person des Klienten lokalisiert, betrachtet es die systemische Sozialarbeit primär als etwas, das – in defizitärer oder konflikthafter Weise – *zwischen* den Personen ist, als eine (negative) soziale Relation bzw. einen Komplex von Relationen, kurz: als ein Systemphänomen. Auch da, wo die Persönlichkeit eines am sozialen Problem beteiligten Menschen offensichtlich behindert, schwierig oder gestört ist, stellt nicht sie den Gegenstand der Sozialarbeit dar. Der systemisch arbeitende Sozialberater konzentriert sich nicht auf die Persönlichkeit, um sie therapeutisch zu verändern. Er richtet vielmehr sein Augenmerk auf die defizitären und konflikthaften sozialen (persönlichen, materiellen, rechtlichen) *Beziehungen*, in denen die betreffende Person steht. In ihnen erscheint das eigentlich *soziale* Problem: es wird sichtbar, dass soziale Bedürfnisse dieses behinderten, schwierigen oder gestörten Menschen oder von anderen, mit ihm irgendwie verbundenen Personen nicht im erforderlichen Masse befriedigt werden.

Indem die systemische Sozialarbeit das soziale Problem in den sozialsystemischen Zusammenhängen, in ihrem Fehlen oder Nichtfunktionieren, sieht, ist sie systemorientiert. *Systemorientierung* stellt das konzeptuelle Gegenprinzip dar zur *Klientzentrierung*, dem linearen Prinzip der therapeutischen Sozialarbeit. Da es um den vorrangigen Gesichtspunkt geht, aus dem Sozialarbeit getan wird, gibt es kein Sowohl-als-auch: man kann nicht grundsätzlich systemorientiert *und* grundsätzlich klientzentriert arbeiten.

Selbstverständlich – das haben unsere bisherigen Ausführungen hinreichend klar gemacht – befasst sich der *klientzentrierte* Sozialarbeiter auch mit den *sozialen* Zusammenhängen, in die sein Klient eingebunden ist, und bemüht sich der *systemorientierte* Sozialarbeiter durchaus auch darum, auf die *Persönlichkeit* bestimmter Problembeteiligter einzuwirken. Sie sind ja beide nicht blind für die Tatsache, dass einerseits die sozialen Zusammenhänge Einfluss auf die Persönlichkeit haben und anderseits die Persönlichkeit die sozialen Beziehungen erheblich mitbestimmt. Aber sie konzipieren, d. h. sehen, strukturieren, definieren das soziale Problem prinzipiell anders und gehen es auf unterschiedliche Weise an, mögen sie auch im einzelnen nicht selten das gleiche tun.

Entsprechend den drei systemtheoretischen Perspektiven für die Sozialarbeit (s. S. 65ff.) geschieht die systemische Problemkonzeption unter dreierlei Aspekten.

In der Perspektive der *Systemzugehörigkeit* zeigt sich das Problem nicht nur darin, dass einem Menschen ein bestimmtes, ihm nötiges Sozialsystem (z. B. das Arbeitssystem) fehlt, sondern dass er überhaupt kein soziales Netz hat und isoliert lebt. Es sind dies Personen ohne Lebenspartner, Familie, Freundeskreis, Nachbarschaftskontakt, Arbeitskollegen, Vereinsmitgliedschaft u. ä. – zum Beispiel Hochbetagte, Psychischkranke, Strafentlassene, geschiedene Männer oder beziehungsgestörte Jugendliche. Solchen Menschen mit fehlender Systemzugehörigkeit mangelt es entweder an der Betreuung, am psychisch nötigen Minimum zwischenmenschlichen Kontaktes überhaupt oder auch schlicht an der Unterkunft und sie müssen in natürliche soziale Netze (wie die obgenannten: Familie, Nachbarschaft etc.) oder, falls das nicht geht, in künstliche soziale Hilfsnetze (Klinik, Heim, therapeutische oder sozialpädagogische Wohngemeinschaft, Tagesheim, Therapiegruppe, Kontaktgruppe) integriert werden. Das ist unter Umständen sehr schwierig zu bewerkstelligen – eine typisch sozialarbeiterische, offensichtlich eminent systemorientierte Aufgabe.

Vom Aspekt der Systemzugehörigkeit beherrscht sind auch jene sozialen Probleme, wo ein Sozialsystem – z. B. eine Familie, eine Jugendlichen-Clique, ein Heim – sich isolierend abkapselt oder sonstwie einen *übermächtigen Einfluss* auf seine Angehörigen ausübt, so dass denselben der nötige Austausch mit der Umwelt fehlt oder ihre Umwelt-Beziehung sich konfliktreich gestaltet. Hier gilt es, die System-Macht zu mindern oder Systemangehörige, die durch sie geschädigt werden, aus dem System zu befreien!

Stets fragt der systemorientierte Sozialarbeiter, wenn er ein soziales Problem verstehen will, nach der Systemzugehörigkeit bzw. den Systemzugehörigkeiten der beteiligten Personen. Er weiss, wie stark *systembestimmt* der Mensch ist, und dass das Tun und Lassen einer Person unverständlich bleibt, solange man nicht erkannt hat, mit welchen anderen Personen sie zusammenhängt bzw. in welche sozialen Kollektive sie integriert ist.

In der Perspektive der *Systemfunktionalität* erscheint das soziale Problem als ein dysfunktionelles Sozialsystem, das wir *Problemsystem* nennen.

Das wichtigste Sozialsystem, mit dem sich die Sozialarbeit befasst, ist das verwandtschaftliche – vorrangig die *Familie* (Kernfamilie und zusammenlebende erweiterte Familie), in zweiter Linie die weitere Verwandtschaft. Die Familie hat fundamentale Bedeutung sowohl für das Individuum wie für die Gesellschaft; sie ist das zentrale Sozialsystem, und nirgends sind die Funktionen der vier System-kategorien Organismus, Persönlichkeit, Sozialität und Kultur so eng verknüpft wie in ihr. Der systemorientierte Sozialarbeiter fragt immer, wenn ein Mensch ihn um Hilfe angeht, nach dessen familiären oder (im Falle nichtverheirateter Lebenspartner bzw. Eltern) familienäquivalenten Beziehungen. Sie sind fast für jedes soziale Problem irgendwie relevant – wenn nicht hauptsächlich, so doch zusätzlich.

Überdies richtet sich das Interesse des Sozialarbeiters auf jedes mögliche Sozialsystem, dem ein problembelasteter Mensch angehört und das im fraglichen Sachzusammenhang von Bedeutung sein kann, z. B. die Schule, die Arbeitgeber-firma, die Nachbarschaft, die Klinik, das Heim. Auch solche Sozialsysteme müssen ins Auge gefasst werden, denen der betreffende Mensch nicht angehört, zu denen er aber in Beziehung steht. Das sind insbesondere institutionelle Systeme wie Ämter, Versicherungen, Behörden, Justizinstanzen, Hilfsorganisa-tionen. All diese potentiell problemrelevanten Sozialsysteme werden vom syste-misch arbeitenden Sozialberater daraufhin befragt, wie sie im vorliegenden Falle funktionieren: ob funktionell oder dysfunktionell. Das dabei als «Problemsy-stem» identifizierte Sozialsystem ist, bezogen auf den betreffenden Problemfall, ein dysfunktionelles System. Ich habe die drei Arten von System-Dysfunktionali-tät: Funktionsausfall, Fehlfunktion und Funktionskonflikt, bereits erörtert (s. S. 70) und daselbst auch schon festgehalten, dass der systemorientierte Sozial-arbeiter seine Aufgabe darin sieht, solche dysfunktionellen Problemsysteme zu «funktionalisieren», d. h. zu funktionellen zu machen.

Die systemische Sozialarbeitslehre nimmt in jedem Problemfall vorerst einmal an, das soziale Problem gründe darin, dass ein Sozialsystem nicht oder nicht richtig funktioniert. Der Sozialarbeiter hat primär abzuklären, ob diese Hypo-these sich in der Wirklichkeit des konkreten Falles bestätigt. Er darf also im Bemühen, das Problem zu verstehen, nicht beim Einzelnen, dessen individueller Problematik und persönlicher Problemsicht stehenbleiben, sondern er muss vom Individuum aus weiterfragen nach den *sozialen Funktionszusammenhängen,* in die es eingefügt ist.

Beispiel: ein 13-jähriges Mädchen verweigert den Schulbesuch, verlässt das Haus nicht mehr, bleibt so gut wie stumm und hält sich praktisch die ganze Zeit in seinem Zimmer auf, das es durch stets geschlossene Läden in Dunkelheit belässt. Der systemisch arbeitende Sozialberater konzentriert sich nicht auf die Person des Mädchens, seine «Depressivität», «autistische Störung», «Pubertäts»- oder «Adoleszenzkrise», sondern er sucht primär in Erfahrung zu bringen, wie die Familie, die Schule, die Jugendlichengruppe des Mädchens funktionieren, wie diese Sozialsysteme strukturiert sind, was sich in ihnen abspielt und insbesondere welche Rolle dabei dem Mädchen zukommt. Er kann in seiner systemorientier-ten Problemabklärung mancherlei entdecken, z. B. eine schwer gestörte Ehebe-ziehung der Eltern, inzestuöses Verhalten des Vaters gegenüber dem Mädchen,

Isolation des Mädchens in der Schulklasse, schulische Leistungsüberforderung, einen Beziehungskonflikt mit dem Lehrer, ein «Liebesdrama» in der Jugendlichen-Gruppe oder kriminelle Handlungen derselben. Je nachdem, was davon zutage tritt, erweist sich das eine oder andere der genannten Sozialsysteme als Problemsystem oder auch zwei oder alle drei zugleich.

Wenn zwei dieser Systeme, denen das Mädchen angehört, zueinander in negativer Beziehung stehen und dies der eigentliche Problemgrund ist, haben wir damit das Beispiel eines Problemverständnisses im Aspekt der *Systembeziehung*, der dritten unserer systemtheoretischen Perspektiven für die Sozialarbeit. Es gibt, wie wir wissen (s. S. 73 f.), drei Arten negativer Systembeziehung, und demgemäss sind hier drei unterschiedliche Problemstrukturen denkbar:

Ein Problem aufgrund *mangelnder Systembeziehung* ist z. B. gegeben, wenn kein Kontakt zwischen der Schule und den Eltern des Mädchens besteht, da einerseits die Eltern, absorbiert durch ihre Eheschwierigkeiten, kein Interesse aufzubringen vermögen für die Schulprobleme der Tochter und weil anderseits der Lehrer der Meinung ist, das «Privatleben» seiner Schülerin gehe ihn nichts an.

Deckt die Mutter, um sich im Kampf mit dem Ehemann der Loyalität der Tochter zu versichern, deliktisches Handeln der Jugendlichen-Gruppe, bei dem das Mädchen beteiligt ist, stellt dies eine *zweckfremde Systembeziehung* zwischen dem familiären Subsystem Mutter-Tochter und dem Peergroup-System des Mädchens dar. Das problematische Verhalten des Mädchens kann darin seinen Grund haben, z. B. weil eine strafrechtliche Untersuchung in Gang gekommen ist, die auch die Mutter zu erfassen droht.

Ferner ist es möglich, dass die Aktivitäten der Jugendlichen-Gruppe das Familienleben, also das Funktionieren des Familiensystems, beeinträchtigen oder dass umgekehrt die Eltern aus Angst, ihr Kind emotionell zu verlieren, das Gruppenleben stören und zu verhindern suchen. Das Schulschwänzen und Sich-isoliert-Zurückziehen des Mädchens drückt hier das Problem aus, welches durch diesen *Systemkonflikt* gegeben ist. Für das Mädchen handelt es sich dabei um einen *Rollenkonflikt*.

Wo ein soziales Problem in einer negativen Systembeziehung gründet, nennen wir die betreffenden Systeme *problembeteiligte Systeme*. Sie können zusätzlich je für sich, falls sie sich als dysfunktionell erweisen, ein «Problemsystem» sein.

Schliesslich sei auf die Problemkonzeption im Aspekt der *inkongruenten Systembeziehung* aufmerksam gemacht; ich habe dafür oben (S. 71 f.) bereits ein Beispiel gegeben.

b) Problemrelevante Personen

Soziale Systeme sind *Rollengefüge*, und die Rollenträger sind *Personen*. Entsprechend hat jedes in systemischer Perspektive definierte soziale Problem eine *personelle Struktur*.

Auch Institutionen, mögen sie einen noch so unpersönlichen Charakter haben (z. B. die Invalidenversicherung, das Gericht im schriftlichen Verfahren, das Steueramt), handeln nicht als organisatorisches Abstraktum, sondern durch Personen. Wie weit solches Handeln dem betreffenden Institutionsvertreter individuell-persönlich zugeschrieben werden kann, hängt ganz von der Institution, der in Frage stehenden Angelegenheit, der institutionsinternen Position des Vertreters sowie von dessen Persönlichkeit ab. Wo eine solche persönliche Zuschreibung im konkreten Falle nicht möglich ist, sprechen wir von einer «institutionellen Person».

Der Sozialarbeiter hat es also in seiner Aufgabe, soziale Probleme zu lösen, immer mit Personen zu tun, und zwar mit mehreren in jedem Problemfall, wenn er systemisch arbeitet. Bezüglich dieser Personen herrscht in der gängigen Sozialarbeitstheorie eine ganz unsorgfältige Terminologie: Begriffe wie «Klient», «Betroffener», «Hilfebedürftiger», «Adressat», «Benützer», «Akteur», «signifikanter Anderer» werden nicht definiert und völlig undifferenziert verwendet. Wesentliche Unterschiede bleiben damit verschleiert – Unterschiede, auf die es praktisch ankommt und die wir mit der folgenden *kategoriellen Differenzierung* der problemrelevanten Personen namhaft machen wollen. Die dabei verwendeten Kategorien «Problembeteiligte», «Dritte», «Problembelastete», «Klient», «Problemzuträger» und «helfende Dritte» haben analytischen und dynamischen Charakter; sie dienen also nicht dazu, Personen festzuschreiben, zu etikettieren und begrifflich zu schubladisieren, damit das wissenschaftliche Bedürfnis, alles mit einem Begriff zu versehen und säuberlich zu ordnen, befriedigt wird. Unsere ganze Sozialarbeitslehre ist nicht *daran* interessiert. Es geht ihr insgesamt wie hier im speziellen darum, dem Sozialarbeiter gedankliche Instrumente für die Bewältigung seiner praktischen Aufgabe zur Verfügung zu stellen. Anhand der problembezogenen personellen Kategorien soll er sich im einzelnen Problemfall über die grundsätzliche Position und die Funktion jeder Person, die irgendwie im Spiel ist (er selbst eingeschlossen), vergewissern. Dies trägt wesentlich zur Klärung des Problems und seiner Lösungsmöglichkeiten bei – und der Sozialarbeiter muss sich, weil soziale Sachverhalte ständig im Fluss sind, laufend darum bemühen.

1. Problembeteiligte: Personen, deren Zustand oder Handeln für die Existenz des sozialen Problems oder zumindest für dessen spezifische Ausprägung ursächlich bedeutsam sind, nennen wir «Problembeteiligte». *Eine* problembeteiligte Person gibt es definitionsgemäss in jedem Problemfall. Doch ausser bei reinen Defizit-Problemen (etwa dort, wo ein alter Witwer nach dem Tode seiner Ehefrau betreuungsbedürftig ist) sind, systemisch betrachtet, immer zwei oder mehr Problembeteiligte vorhanden.

Betrachten wir ein (für die Sozialarbeit klassisches) *Beispiel*: Ein Familienvater ist Alkoholiker, arbeitet wegen häufiger Betrunkenheit nur unregelmässig, verdient deshalb nicht genug und gibt das meiste davon für Wein und Schnaps aus. Die Wohnungsmiete bleibt deshalb unbezahlt und die Ehefrau hat zuwenig Haushaltgeld. Hier sind, fasst man das Sozialsystem Familie ins Auge, beide Eltern sowie alle Kinder, die von ihnen betreffend Geld oder Betreuung abhängen, Problembeteiligte. Droht der Hinauswurf aus der Wohnung, sind es überhaupt alle im Haushalt lebenden Personen (z. B. auch ein erwachsener, finanziell unabhängiger Sohn, der zu Hause lebt) sowie der Wohnungseigentümer; vielleicht auch noch ein Kollege des Familienvaters, der ihm eine früher ausgeliehene Summe Geldes, mit der sich die Mietzinsschuld begleichen liesse, schon lange zurückzahlen sollte. Weitet man die Problemperspektive aus, zeigen sich vermutlich zusätzliche Problembeteiligte: Trinkgenossen dieses alkoholkranken Mannes etwa oder sein Vorgesetzter im Betrieb, der ihn schlecht behandelt und so dazu veranlasst, häufig an die Bar statt an die Arbeit zu gehen.

Je nachdem, welche Bedürfnisobjekte bei einem sozialen Problem in Frage stehen, sind unterschiedliche Problembeteiligte gegeben. Der Arbeitgeber wird Problembeteiligter, sobald es um die Kündigung des Arbeitsverhältnisses geht – eventuell auch die Vertreter des Arbeitsamtes, der Arbeitslosenversicherung und der Gewerkschaft, falls sich aus der Kündigung ein finanziell-rechtlicher Konflikt ergibt. Diese Personen spielen hingegen keine Rolle, wenn das Problem die gestörte Beziehung der Ehegatten zum Gegenstand hat (die Frau droht z. B. mit der Scheidungsklage). Dafür tauchen hier vielleicht Familienangehörige der Frau oder eine Bardame, mit welcher der Mann zu nah bekannt geworden ist, als Problembeteiligte auf.

Es kann übrigens durchaus vorkommen, dass jemand gar nicht weiss, dass er problembeteiligt ist; der genannten Bardame gegenüber hat sich der Mann vielleicht als Junggeselle ausgegeben.

«Problembeteiligter» zu sein, bedeutet – das muss betont werden – überhaupt nicht, hinsichtlich des Problems moralische oder rechtliche Verantwortung bzw. Schuld zu tragen. Wenn der Vater im Alkohol seinen Kummer darüber zu lindern sucht, dass sein einziger Sohn an Muskelschwund leidet und er ihm nicht helfen kann, ist dieser Sohn zwar eine hauptsächliche Ursache des Problems (und also ein zentraler Problembeteiligter), aber er trägt keinerlei Verantwortung dafür.

2. *Dritte*: Alle problemrelevanten Personen, die nicht als Problembeteiligte gelten, sind «Dritte» – präzise ausgedrückt: *problemrelevante Drittpersonen*. Praktisch in jedem Problemfalle gibt es Personen, die zwar nicht in ursächlichem Sinne am Problem «beteiligt» sind, die aber doch in irgendeiner Weise Bedeutung bzw. Einfluss auf den problematischen Sachverhalt haben. Es handelt sich hauptsächlich um Bezugspersonen von Problembeteiligten, um Vertreter von Institutionen, mit denen die Problembeteiligten zu tun haben, sowie um Personen, die sich speziell um die Problemlösung bemühen (sogenannte «helfende Dritte»).

Die Angehörigen eines Problemsystems müssen nicht zwangsläufig Problembeteiligte sein. Pauschal darf man zwar annehmen, sie seien es (in mehr oder minderem Masse), aber im Detail ist bei bestimmten Personen die Frage, ob sie wirklich ursächlich zum Problem beitragen oder ob sie effektiv ausserhalb der kausal problembestimmenden Zusammenhänge stehen und also «Dritte» sind, sehr fruchtbar. Wird in unserem Beispiel die Familie des Alkoholikers als Problemsystem definiert, so gehört eine auswärtige erwachsene Tochter, die unabhängig von der Familie lebt, aber mit ihr Kontakt unterhält, zu diesem Problemsystem, und der Sozialarbeiter tut deshalb gut daran, sie in seine Überlegungen und sein Handeln miteinzubeziehen. Möglicherweise erweist sich, dass sie nicht in das Problem verwickelt und also keine Problembeteiligte ist, sondern eine Drittperson, und gerade als solche kann sie für den Sozialarbeiter, d. h. sein Bemühen, das Problem zu lösen, wichtig sein.

Anderseits darf der Sozialarbeiter nicht ohne weitere Prüfung als selbstverständlich annehmen, bestimmte Personen seien Dritte und unmöglich Problembeteiligte. Diesbezügliche Naivität ist ihm erstens einmal sich selbst und allen anderen Helfern gegenüber nicht erlaubt und ferner insbesondere auch nicht in bezug auf Vertreter von Institutionen, die sozusagen per se als objektiv-neutral gelten, z. B. Gerichte, Behörden, Verwaltungen, Sozialversicherungen. Es kommt durchaus vor, dass durch das Handeln solcher Personen (z. B. einen unverhältnismässigen Polizeieinsatz, einen sachlich unrichtigen Behördebeschluss, das arrogante Verhalten eines Beamten) ein soziales Problem erzeugt oder verschärft wird. Diese Personen sind dann natürlich Problembeteiligte, nicht Dritte.

«Problembeteiligte» und «Dritte» sind die *personellen Grundkategorien* des sozialen Problems. Alle problemrelevanten Personen gehören entweder unter die eine oder die andere dieser beiden Kategorien. Im folgenden führe ich zusätzlich vier *spezielle personelle Kategorien* an, die nötig sind für eine genügend differenzierte Erkenntnis der personellen Problemstruktur.

3. Problembelastete: Dass jemand an einem sozialen Problem beteiligt ist, heisst noch nicht, er sei dadurch belastet. Es muss zwar, wie wir gesehen haben, im Falle eines sozialen Problems notwendigerweise mindestens ein Problembeteiligter objektiv Not leiden und subjektiv belastet sein, aber das braucht nicht für alle Problembeteiligten zuzutreffen. Es ist sogar möglich und gar nicht selten, dass ein Problembeteiligter offensichtlich von der Situation profitiert. In unserem Beispiel-Fall profitiert vermutlich der Wirt, in dessen Lokal der Alkoholiker einen grossen Teil seines Lohnes liegen lässt, vom Problem – sei es ohne bewusstes Zutun (vielleicht rät er sogar von weiterem Trinken ab), sei es unter aktiver Förderung des Problems (Auffordern zum Trinken, Mittrinken).

Dass jemandem ein sozialer Sachverhalt, unter dem andere Personen leiden, zum Vorteile gereicht, ist für den Sozialarbeiter nicht an-sich bedeutungsvoll, sondern nur insofern, als solches Profitieren dazu beiträgt, das Problem zu erzeugen und zu erhalten. Dem Nutzen des einen Problembeteiligten entspricht oft die Belastung des anderen. Die Kategorie «Problembelasteter» soll den Blick dafür schärfen, dass die Problembeteiligten in dieser Hinsicht keineswegs gleich sind. Der Sozialarbeiter hat das soziale Problem noch nicht durchschaut, solange es ihm an Klarheit darüber mangelt, welche Personen belastet sind durch den gegebenen Sachverhalt, welche von ihm nicht erheblich beeinträchtigt werden und welche aus ihm Nutzen ziehen. Seine Aufgabe ist es, zugunsten der Problem*belasteten* zu handeln – eine andere Art von «Problemlösung» wäre nicht sozialarbeiterisch. Und charakteristisch für den systemorientierten Sozialarbeiter: er beachtet *alle* Problembelasteten und geht darauf aus, ihnen allen zu helfen.

Es gibt sehr unterschiedliche Grade von Problembelastung. Im Prinzip halten wir einen Problembeteiligten dann für «problembelastet», wenn die im Problem liegende soziale Not ihn erheblich trifft oder sich für ihn aus dem Problemsachverhalt gravierende körperliche oder seelische Nachteile ergeben und er auch entsprechend subjektiv leidet. Handelt es sich bei der Vermieterin, der in unserem Beispiel-Fall der Wohnungsmietzins nicht bezahlt wird, um eine im gleichen Haus wohnende alte Frau, die auf die Mietzinseinnahme für ihren Lebensunterhalt angewiesen ist, sich aber aus Angst vor dem Alkoholiker-Mieter nicht getraut, Druck auf ihn auszuüben, damit er bezahlt, so gilt diese Vermieterin zweifellos als problembelastet. Wird hingegen der Mietzins einer grossen Immobilienunternehmung geschuldet, so ist der Vertreter dieser Firma, welchem das Inkasso des Mietzinses obliegt, zwar ein Problembeteiligter, aber in aller Regel nicht ein Problembelasteter, denn er wird nicht in seinen persönlichen Belangen tangiert. Bei problembeteiligten institutionellen Personen verhält es sich meistens so; es kann aber vorkommen, dass sie auf irgendeine Weise auch persönlich in den Problemsachverhalt verwickelt sind und dadurch zu Problembelasteten werden (Beispiel: Der Alkoholiker-Mieter kennt den für das Mietzinsinkasso zuständigen Vertreter der Immobilienfirma persönlich und setzt ihm mit erpresserischen Drohungen zu).

Der systemisch arbeitende Sozialberater muss ein gutes Auge dafür haben, welche der am Problem beteiligten Personen problembelastet und in was für einer Art sie es sind – und entsprechend: ob es eventuell auch begünstigte Problembeteiligte gibt. Die Ambivalenzen, die allenthalben im Humanen und Sozialen drinstecken, machen das *Erkennen* der tatsächlichen Problembelastung (und erst recht das einer Begünstigung durch das Problem) nicht selten zu einer subtilen Aufgabe. Wenn der Sozialarbeiter sie nicht mit kritischer Sorgfalt angeht, gerät er in Gefahr, Personen zu helfen, die gar keine Hilfe brauchen oder wollen, und zu übersehen, dass andere seiner Hilfe tatsächlich bedürfen. So ist z. B. die Ehefrau eines Alkoholikers nicht in jedem Falle problembelastet – mag sie auch auf den ersten Blick immer als das leidende Opfer erscheinen. Möglicherweise zieht sie aus diesem Problem tatsächlich so viele versteckte Vorteile (emotioneller Alleinbesitz der Kinder, nachsichtiges Mitleid der familiären Bezugspersonen, Anerkennung als alleinverantwortliche Chefin der Familie, moralische Legitimität, sich nach Belieben vom Ehemann distanzieren zu können, etc.), dass sie die Situation letztlich und insgesamt als für sich günstig empfindet – ein bilanzierendes Urteil, das ihr selbst ganz unbewusst sein kann, sich aber dadurch verrät, dass ein wirklicher Veränderungswunsch gar nicht vorliegt.

«Problembelastete» gelten ex definitione als «Problembeteiligte»; denn eben in der Belastung drückt sich ihr Beteiligtsein, unter Umständen ein rein passives, aus.

4. Klienten: Die «Klienten» des Sozialarbeiters stellen eine spezielle Kategorie von Problembeteiligten dar.

Wie wir gesehen haben, ist die gängige praktische Sozialarbeitstheorie «klientzentriert»: in ihr kommt dem Klienten (in der Einzahl) eine überragende, exklusive Bedeutung zu. Auch in der systemischen Sozialarbeit haben die Klienten einen Sonderstatus unter den problemrelevanten Personen. Ihn zu definieren, ist allerdings – gerade für eine systemische Sozialarbeitslehre – ein heikles theoretisches Unterfangen, und zwar, weil in der Praxis viel davon abhängt, ein hochbedeutsames. Deshalb werden wir ihm unter 1.13 ein spezielles Kapitel widmen.

5. Problemzuträger: Jene Person, die das soziale Problem vor den Sozialarbeiter bringt, nennen wir «Problemzuträger». Es können auch mehrere Personen zusammen sein, ein Kollektiv beispielsweise wie eine Behörde, der Vorstand einer religiösen Gemeinschaft oder ein Arbeitsteam.

Problemzuträger gehören entweder zu den Problembeteiligten oder zu den Dritten. Wenn sich in unserem Beispiel-Fall die Ehefrau des Alkoholikers (direkt) an den Sozialarbeiter wendet, ist diese Problemzuträgerin eine problembeteiligte Person und zugleich eine potentielle Klientin des Sozialarbeiters. Wird der Problemfall dem Sozialarbeiter hingegen von einem Arzt, Therapeuten oder Pfarrer, vom Spital, vom Gericht, von der Fürsorgebehörde, vom Vormundschaftssekretär, von der Polizei etc. gemeldet, so handelt es sich bei dergleichen Problemzuträgern allermeist um Dritte. Anders Verwandte, Freunde, Nachbarn: sie können als Problemzuträger ebensogut Problembeteiligte sein wie Dritte.

Da der Problemzuträger zeitlich der erste beim Sozialarbeiter ist, hat er einen gewissen *Vorsprung* vor allen anderen problemrelevanten Personen, und der Sozialarbeiter muss aufpassen, ihm deshalb nicht automatisch-unkritisch eine vorrangige Bedeutung zuzubilligen, z. B. indem er ihn voreilig als seinen Klienten betrachtet oder indem er sich von ihm die Problemdefinition aufdrängen lässt. Die personelle Kategorie «Problemzuträger» will den Sozialarbeiter für diese Gefahr sensibel machen. Der systemorientierte Sozialarbeiter soll die erste Person, die ihm den Problemfall vorlegt, weder überschätzen noch fehlidentifizieren, und er darf sich von ihr nicht manipulieren lassen.

6. Helfende Dritte: Wir nennen jene Drittpersonen, die sich bewusst für die Lösung eines sozialen Problems einsetzen, «helfende Dritte». Es handelt sich dabei erstens um Menschen, die ad hoc im betreffenden Problemfall problemlösend tätig sind, zweitens um die sogenannten «Laien-», «ehrenamtlichen» oder «freiwilligen Helfer» und drittens um die Angehörigen helfender Berufe.

Die personelle Kategorie der «helfenden Dritten» hat den hauptsächlichen Sinn, dem Sozialarbeiter das folgende Doppelte vor Augen zu halten: dass einerseits Dritte wenn möglich zu *helfenden* Dritten zu machen sind und dass anderseits helfende Dritte stets darauf achten müssen, *Dritte* zu bleiben und nicht Problembeteiligte zu werden.

Zuerst und vor allem gilt dies natürlich für den *Sozialarbeiter* selbst, der kategoriell ohne Zweifel zu den helfenden Dritten gehört. Allerdings ist der Sozialarbeiter im Kontext der Sozialarbeitslehre ein ganz spezieller helfender Dritter, derart im Zentrum, ja im Ausgangspunkt der Betrachtung stehend, dass wir ihn nicht miteinschliessen, wenn wir von «Dritten» oder von «helfenden Dritten» sprechen.

Die Spezifität der helfenden Dritten zeigt sich im Aspekt der Problemlösung, insbesondere unter den Gesichtspunkten der sozialarbeiterischen Mittel sowie der sozialarbeiterischen Methode, und wird dort erörtert werden.

1.13   Die Klienten der Sozialarbeit

a) Klient-Begriff und systemische Sozialarbeitslehre

In der bisherigen praktischen Sozialarbeitstheorie stellt der Klient den eigentlichen Gegenstand der Sozialarbeit dar: Klient und Sozialarbeiter sind die beiden konstitutiven Elemente oder Pole der Sozialarbeit; was zwischen ihnen geschieht, macht das Wesen der Sozialarbeit aus. Diese Art von Sozialarbeitstheorie ist linear und klientzentriert – und vor allem: *klientbedürftig* (auch dort, wo der Klient «Adressat» oder «Betroffener» oder sonstwie anders genannt wird).

Der Begriff «Klient» war bereits in den Zwanzigerjahren von Alice Salomon aus dem amerikanischen Casework in die deutsche Sozialarbeitstheorie übernommen worden[92], und er konnte sich in der Sozialarbeit nicht zuletzt deshalb allgemein durchsetzen, weil es den professionellen Status des Sozialarbeiters fördert, wenn dieser wie der Rechtsanwalt einen «Klienten» hat.[93]

Die gängige Sozialarbeitstheorie verwendet den Klient-Begriff auf zweierlei Weise. Zum einen im allgemeinen Sinne: «Klient» heisst jede Person, der vom Sozialarbeiter «geholfen» wird. Dieser Wortgebrauch ist völlig undifferenziert.

---

92 *Salomon*, S. 18 («Klienten» sind die «Rat oder Hilfe empfangenden Personen»). Vgl. zur «Klient»-Begriffsgeschichte in der Sozialarbeit *Tuggener*.

93 *Knieschewski* (S. 105) meint, mit der «Institutionalisierung» des Klient-Begriffes seien «wesentliche Voraussetzungen für die Bildung eines eigenständigen Objektbereichs einer sich professionalisierenden Sozialarbeit gemacht worden».

Er entspricht der *sozialarbeiterischen Umgangssprache*, in welcher man generell von «den Klienten» redet, ohne dass man sich dabei etwas Bestimmteres vorstellt als eine nebulöse, undefinierte Menge von Personen, mit denen man, in der Absicht zu helfen, in Kontakt steht oder einmal gestanden hat.

Der zweite Begriffsinn ist ein spezieller, und zwar ein genuin *therapeutischer*: «Klient» ist jene Person, zu welcher der Sozialarbeiter jene besondere helfende Beziehung persönlicher Art unterhält, wie sie das Casework und alle therapeutische Sozialarbeit kennzeichnet. Dieser «Klient» hat eine überragende, exklusive Stellung unter allen Problembeteiligten, das Problem ist *sein* Problem, der Fall *sein* Fall.

Der erstgenannte allgemeine (umgangssprachliche) Klient-Begriff lässt sich selbstverständlich nicht brauchen für eine erkenntnisbringende Theorie. Und die zweitgenannte spezielle Auffassung vom Klienten ist einseitig beschränkt: erstens einmal auf den Bereich freiwilliger Klientschaft und hierin sodann nochmals auf solche Personen, die mehr oder weniger die Kriterien der sogenannten «Therapiefähigkeit» erfüllen. Für die klientzentrierte therapeutische Sozialarbeitstheorie mag dies genügen, aber gewiss nicht für die reale Sozialarbeitspraxis, in der es nicht nur Klienten gibt, die gar nicht Klienten sein wollen, sondern auch Problemfälle mit mehreren und solche ohne Klienten. Gerade weil die *systemorientierte*, nicht auf den Klienten zentrierte Sozialarbeitslehre *den Klienten nicht unbedingt braucht*, kann sie auf die Überlastung des Klient-Begriffes, den «Mythos des Klienten» verzichten und das Phänomen der sozialarbeiterischen Klientschaft realistisch analysieren. Fundamental für die systemische Sozialarbeitstheorie sind die personellen Kategorien der *Problembeteiligten* und der *Dritten*. Der systemorientierte Sozialarbeiter ist primär auf die Problembeteiligten und die problemrelevanten Drittpersonen ausgerichtet, nicht auf den oder die Klienten. Darin liegt das kennzeichnende Charakteristikum der systemischen Sozialarbeit. «Klienten» sind für sie Problembeteiligte, die in einer *speziellen Relation* zum Sozialarbeiter stehen. Diese Relation macht das Wesen der Klientschaft aus, das es hier in der Sozialarbeitslehre zu begreifen gilt.

In den meisten sozialarbeiterischen Problemfällen gibt es einen Klienten – oder mehrere. Schon allein deswegen spielt die Klientschaft faktisch eine grosse Rolle. Darüber hinaus sind es die Klienten, welche im personellen Aspekt die Sache der Sozialarbeit sozusagen repräsentieren. An ihnen hauptsächlich (allerdings nicht ausschliesslich) werden die sozialen Bedürfnisobjekte, um die es in der Sozialarbeit geht, die Basisgegenstände der Sozialarbeit, sichtbar. Wer die Klienten kennt, weiss viel über die Sozialarbeit. Auch eine nicht klientzentrierte Sozialarbeitslehre muss sich deshalb eingehend mit ihnen befassen.

b) Der «Pro Klient»-Grundsatz

Sachlich kommt der besondere Status des Klienten, das spezifische Verhältnis zwischen ihm und dem Sozialarbeiter, im «Pro Klient»-Grundsatz zum Ausdruck. Er lautet: *Der Sozialarbeiter handelt immer zum Wohle, niemals zum Schaden des Klienten.*

Der Klient ist begriffsnotwendig ein Problembelasteter – nicht in jeder Einzelangelegenheit, aber in der Hauptsache des Problemfalles. Er braucht also, neben anderen Problembelasteten, Hilfe, und der «Pro Klient»-Grundsatz erscheint von daher als plausibel und einfach. Dieses fundamentale sozialarbeiterische Prinzip ist das Komplement zur Macht des Sozialarbeiters gegenüber dem Pflichtklienten und zum Vertrauen, das der freiwillige Klient dem Sozialarbeiter entgegenbringt.

Freilich, der «Pro Klient»-Grundsatz soll und darf den Sozialarbeiter nicht zu einem linearen, ausschliesslich und einseitig auf die Interessen des Klienten ausgerichteten Handeln verleiten. Damit dies nicht geschieht, muss er *in systemischer Perspektive* gesehen und verstanden werden. Hiebei zeigt sich das Wohl des Klienten abhängig vom Funktionieren sozialer Zusammenhänge, in die der Klient mit anderen Personen, meist Problembeteiligten, verflochten ist. *Zugunsten* des Klienten handeln bedeutet deshalb, dysfunktionelle Sozialsysteme, denen er angehört, zu funktionalisieren oder negative Systembeziehungen, in die er impliziert ist, positiv umzugestalten. Und zwar unter der Leitvorstellung der *sozialen Gerechtigkeit,* des sozialarbeiterischen Fundamentalwertes, auf den hin alles Handeln des Sozialarbeiters ausgerichtet ist und der in sozialarbeiterischer Sicht das entscheidende Kriterium abgibt für den Sinn sozialer Systeme. Auf die soziale Wert- und Sinnbezogenheit der Sozialarbeit werden wir im Kapitel über die Problemlösung näher eingehen. Hier will ich nur festhalten, dass sich der Sozialarbeiter prinzipiell von (gesellschaftlich bedingten) Gerechtigkeitsvorstellungen leiten lässt, nicht vom partikulären Interesse eines Problembeteiligten, und dass dies auch bezüglich des Klienten gilt. Der «Pro Klient»-Grundsatz bedeutet also keineswegs, dass sich der Sozialarbeiter in der Auseinandersetzung zwischen den Problembeteiligten parteilich-einseitig für den Vorteil des Klienten einzusetzen habe, unbekümmert um den daraus resultierenden Nachteil der anderen. Der Sozialarbeiter ist von der *Öffentlichkeit* beauftragt, dem Klienten zu helfen, nicht vom Klienten selbst, und das kann nur heissen: beauftragt, im Rahmen des sozial Gerechten für den Klienten zu handeln.

Nur weil der «Pro Klient»-Grundsatz unter dieser Rahmen-Klausel steht, ist es überhaupt möglich, dass es in einem Problemfall *mehrere* Klienten gibt. Unter Umständen muss der Sozialarbeiter etwas, das sozial gerecht ist, auch *gegen den Willen* eines Klienten durchsetzen. Dies ist kein Verstoss gegen den «Pro Klient»-Grundsatz, denn die Herstellung eines sozial gerechten Verhältnisses kann in sozialarbeiterischer Sicht nie als Nachteil für einen Beteiligten gelten.

Manchmal scheint es dem Klienten, als schädige ihn der Sozialarbeiter bewusst, z. B. wenn er mit Drittpersonen kooperiert, die der Klient als seine Feinde ansieht. Tatsächlich aber muss der Sozialarbeiter so handeln, will er aus der gegebenen Situation das Bestmögliche für den Klienten herausholen – vor allem im Falle von psychisch schwierigen, persönlichkeitsgestörten Klienten, die mit ihrem Verhalten ihre Lage oft sehr schlimm machen und sie zugleich völlig verkennen. Auch gewisse auf die Problemlösung zielende Handlungen des Sozialarbeiters mögen isoliert für sich betrachtet als Schädigung des Klienten erscheinen, z. B. wenn der Sozialarbeiter einem Klienten die finanzielle Unterstützung kürzt oder jemanden über Unfähigkeiten eines Klienten ins Bild setzt. Solches Handeln stellt aber höchstens eine «taktische Schädigung» dar, während der Zweck, dem es dient, für den Klienten nützlich sein muss. Der «Pro Klient»-Grundsatz bezieht sich auf das *Gesamtziel* der Problemlösung, nicht auf einzelne Problemlösungsschritte.

c) Die Pflichtklientschaft

Es gibt zwei Arten sozialarbeiterischer Klientschaft: die freiwillige und die Pflichtklientschaft. Entsprechend unterscheiden wir den «freiwilligen Klienten» vom «Pflichtklienten». Das massgebende Kriterium dafür ist der – juristisch verstanden – freie Wille der Klientperson, Klient zu sein. (Es geht also, wohlverstanden, nicht um die Freiwilligkeit oder Pflicht des Sozialarbeiters, einen Klienten zu übernehmen!)

Die Pflichtklientschaft ist behördlich oder gerichtlich, durch formellen Rechtsakt also, angeordnet, und der Klient vermag sie, auch wenn er sie selbst begehrt hat, weder aus freiem Willen selbsttätig aufzuheben noch kann er von sich aus den Sozialarbeiter, dessen Klient er ist, wechseln.

Das Verhältnis zwischen Sozialarbeiter und Pflichtklient ist vorab einmal, von aller konkreten menschlichen Interaktion (dem, was wir «Klientbeziehung» nennen) abgesehen, ein *Rechtsverhältnis*. Je nach dem gegebenen gesetzlichen Rechtsinstitut ist es unterschiedlich definiert. Es handelt sich bei der sozialarbeiterischen Pflichtklientschaft um die folgenden Rechtsinstitute: Vormundschaft, Beistandschaft, Pflegschaft (BRD), Beiratschaft, Schutzaufsicht (BRD: Bewährungshilfe), Erziehungsaufsicht, Pflegekinderaufsicht.

Der Sozialarbeiter, welcher vom Vormundschaftsgericht oder der Vormundschaftsbehörde zum Vormund, Beistand, Pfleger, Bewährungshelfer etc. ernannt ist, hat damit ein *Amt* inne: Es bindet ihn ein rechtlich verpflichtender Auftrag, zugunsten des Klienten zu handeln; es ist ihm gegenüber dem Klienten Macht verliehen (in vielen Fällen übt er subjektive Rechte des Klienten an dessen Stelle aus); er trägt eine besonders hohe, rechtlich relevante Verantwortung gegenüber dem Klienten; er untersteht einer gerichtlichen bzw. behördlichen

Aufsicht und ist der Aufsichtsinstanz formelle Rechenschaft schuldig; er kann sich von seiner amtlichen Aufgabe nicht selbst entbinden.

Die Anordnung einer Pflichtklientschaft hat nicht selten *intervenierenden* Charakter, und der Sozialarbeiter darf demzufolge nicht regelmässig damit rechnen, der Pflichtklient sei ihm gegenüber positiv eingestellt – wie es beim freiwilligen Klienten begriffsnotwendig zutrifft. Eine solche positive Klientbeziehung muss der Sozialarbeiter freilich in jedem Falle, auch beim widerständigsten, misstrauischsten Pflichtklienten, durch konsequentes Akzeptanzverhalten[94] zu schaffen versuchen, da eine echte sozialarbeiterische Problemlösung meist nur auf dieser Beziehungsbasis möglich ist. Aus diesem Grunde gilt die sozialarbeitsmethodische Regel, dass der Sozialarbeiter mit der Anordnung einer Pflichtklientschaft, die ihm zu führen übertragen wird, nichts zu tun haben darf, sofern diese Anordnung eine Intervention gegen den Willen des Klienten darstellt. Der bevormundete Klient beispielsweise soll dem Sozialarbeiter nicht vorwerfen können, er habe ihn bevormundet, seinetwegen sei er entmündigt!

Leider ist es manchenorts schwierig, diese Regel konsequent einzuhalten. Gerade bei polyvalenten Sozialdiensten, die sowohl freiwillige wie Pflichtfälle bearbeiten, lässt es sich oft nicht vermeiden, dass ein Sozialarbeiter die Abklärung eines sozialen Problems vornimmt, in deren Folge es zur Anordnung einer Pflichtklientschaft kommt, und dass dieser Pflichtfall niemand anderem als ihm übergeben werden kann. In einer solchen Situation muss der betreffende Sozialarbeiter von Anfang an, also schon bei der Problemabklärung, alles tun, um in eine positive Beziehung zu seinem *potentiellen Pflichtklienten* zu kommen, und sich intensiv bemühen, demselben den Hilfecharakter der eventuell nötigen vormundschaftlichen Massnahmen verständlich zu machen. In kritischen Fällen dieser Art soll der Sozialarbeiter der zuständigen Instanz nur den sozialen Sachverhalt schildern, ohne die Anordnung einer Pflichtklientschaft explizit zu beantragen oder zu empfehlen.

Anders wenn der potentielle Pflichtklient bereits ein freiwilliger Klient des Sozialarbeiters ist: erweist sich in solchem Falle die Anordnung beispielsweise einer Vertretungs- oder Verwaltungsbeistandschaft als unumgänglich, so gelingt es dem Sozialarbeiter meist, den Übergang dazu zu bewerkstelligen, ohne dass die Klientbeziehung wesentlich beeinträchtigt wird. Die aktive Beteiligung des Sozialarbeiters an der Errichtung der Beistandschaft erleichtert diesen Vorgang hier sogar.

Für die systemische Sozialarbeitstheorie kann es in einem Problemfall neben dem Pflichtklienten auch einen oder mehrere *freiwillige* Klienten geben, z. B. die Ehefrau (sowie eventuell zugleich Kinder) eines Mannes unter Schutzaufsicht oder die psychisch angeschlagene Mutter eines bevormundeten Kindes.

Es kommt sogar vor, dass der Pflichtklient nur in rechtlich-formalem Sinne als

---

94 Vgl. dazu die methodischen Akzeptanzprinzipien (S. 346 ff.).

Klient gelten kann und von der Sache her der eigentliche Klient eine Bezugsperson des Pflichtklienten ist. Ein Beispiel dafür: Der Sozialarbeiter hat als Beistand eines neugeborenen Kindes dessen Unterhaltsanspruch gegenüber dem Vater, der mit der Mutter nicht verheiratet ist, durchzusetzen. Das Kind stellt hier den Pflichtklienten dar, aber die eigentliche Klientin ist natürlich die Mutter, denn die Unterhaltsbeiträge gehen in ihre Haushaltkasse.

Gelingt es dem Sozialarbeiter nicht, die berechtigten Interessen des Pflichtklienten mit denen problembeteiligter freiwilliger Klienten in Übereinstimmung zu bringen, müssen für ihn die Interessen des Pflichtklienten vorgehen. Die Pflichtklientschaft ist insofern stärker als die freiwillige.

d) Die freiwillige Klientschaft

Während die Pflichtklientschaft durch ihren formellen rechtlichen Charakter eindeutig definiert ist, fällt es nicht leicht, die freiwillige Klientschaft präzise zu bestimmen. Eine genaue Grenze zu ziehen zwischen Klienten und Problembeteiligten, die nicht als Klienten gelten, ist unmöglich. Es geht uns denn auch hier wie überall in der Sozialarbeitslehre darum, das Wesen der freiwilligen Klientschaft im Kern der Sache, also typologisch zu begreifen.

Allgemein können wir sagen: Der «freiwillige Klient» ist eine Person, die durch ein soziales Problem belastet ist und die Problemlösung hauptsächlich dem Sozialarbeiter *anvertraut*.

Ich erläutere diese Definition im folgenden unter vier Punkten.

1. Freier Wille: Dass jemand freiwilliger Klient ist, basiert auf seinem eigenen freien Willen oder – falls es sich um einen urteils- oder willensunfähigen Menschen handelt – auf dem freien Willen derjenigen Personen, die für ihn sorgeverantwortlich sind (z. B. Eltern bei einem Kleinkind, Verwandte bei einem senilen Betagten, der Arzt bei einem depressiv-willenlosen Patienten). Der Wille, dem Sozialarbeiter die Problemlösung anzuvertrauen, muss nicht expressis verbis, ja nicht einmal unbedingt verbal geäussert werden. Er kann auch averbal, insbesondere durch schlüssiges Verhalten, evident werden. Natürlich vermag er nur Wirkung zu haben, wenn die Sozialarbeitsinstitution für die Klientschaft formell (z. B. geographisch) und sachlich (die Art des Problems betreffend) zuständig ist. Sieht man von den erwähnten Ausnahmen urteilsunfähiger oder willenloser Menschen ab, so gilt: Niemand kann eine Person zum freiwilligen Klienten machen ausser *sie selbst*. Insbesondere ist es nicht möglich, dass der Sozialarbeiter eine problembeteiligte Person von sich aus, ohne dass diese einen entsprechenden Willen erkennen lässt, zu seinem Klienten erklärt – auch nicht, wenn er ihr hilft. Das gleiche gilt von anderen Problembeteiligten oder von Dritten, selbst wenn sie gegenüber dem betreffenden Menschen oder gegenüber dem Sozialarbeiter eine superiore Stellung einnehmen (z. B. bei einem Jugendlichen seine

Eltern, der Lehrer oder die Schulpflege; oder in bezug auf den Sozialarbeiter ein vorgesetzter Politiker oder die Aufsichtsbehörde des Sozialdienstes). Solche Personen können Problemzuträger sein und, sofern sie problembeteiligt und -belastet sind, sich selbst zu Klienten machen.

So wie er die Klientschaft aus freiem Willen eingeht, kann der freiwillige Klient sie aus freiem Willen beenden. Allerdings meint «freier Wille» nur gerade: frei im *rechtlichen* Sinne, frei gegenüber dem Sozialarbeiter. In anderer Hinsicht mag ein Klient durchaus unter realem Zwang stehen, sei es die Klientschaft einzugehen, sei es sie zu beenden. Andere Personen können Druck auf ihn ausüben oder die Not, die im sozialen Problem liegt, zwingt ihn faktisch zur Klientschaft.

Tatsächlich erstrebt kaum jemand, der nicht unter *Problemdruck* steht, Klient des Sozialarbeiters zu werden. Aus Prestigegründen, wie sie immerhin beim Klienten des Arztes, Psychotherapeuten, Seelsorgers oder Finanzberaters vorliegen können (vor allem, wenn es sich bei letztern um professionelle Koryphäen handelt), tut dies gewiss niemand.

Bestimmte Hilfeleistungen bekommt man vom Sozialarbeiter gar nicht, ohne sein Klient zu sein, z. B. Vertretung in rechtlichen Dingen oder persönliche Betreuung. Immerhin darf der Sozialarbeiter eine Person, die über ihn eine ihr rechtlich zustehende Sozialleistung (z. B. Alimentenbevorschussung oder Altersbeihilfe) bezieht, nicht schon deswegen allein als Klienten betrachten. Dafür ist sozialarbeiterische Klientschaft im speziellen, prägnanten Sinne, um die es uns geht, nicht nötig.

2. Vertrauen: Wir haben festgestellt, dass der freiwillige Klient die Problemlösung dem Sozialarbeiter «anvertraut». Die freiwillige Klientschaft basiert also auf Vertrauen. Der Problembelastete wird dadurch Klient, dass er das Problem in gewissem Sinn und Ausmass dem Sozialarbeiter *übergibt*. Dabei steht die Sache, der problematische Sachverhalt im Vordergrund, nicht das Persönliche – obschon auch dies natürlich im Phänomen Vertrauen immer wesentlich mitspielt.

In der Regel ist das Vertrauen, das einen Problembelasteten veranlasst, dem Sozialarbeiter die Problemlösung anzuvertrauen, nicht zum vornherein gegeben, sondern es entwickelt sich in einem zeitlich mehr oder weniger langen Interaktionsprozess zwischen dem potentiellen Klienten und dem Sozialarbeiter. Verliert der Klient das Vertrauen in den Willen oder die Fähigkeit des Sozialarbeiters, das Problem zu lösen, so ist die Klientschaft in Frage gestellt. Der Klient zieht sich entweder vom Sozialarbeiter zurück oder er gerät in Konflikt mit ihm. Beides führt, falls es andauert, zum Ende der Klientschaft.

3. Mitarbeit: Nur ein Problembeteiligter, der bereit ist, mit dem Sozialarbeiter auf die Problemlösung hin zusammenzuarbeiten, kann freiwilliger Klient sein. Wir nennen die Zusammenarbeit von Sozialarbeiter und Problembeteiligten «Mitarbeit», während wir für diejenige zwischen Sozialarbeiter und anderen helfenden Dritten den Begriff «Kooperation» gebrauchen. Wie sich die Mitarbeit des

Klienten im einzelnen konkretisiert, wird jeweils in der gegebenen Situation zwischen Sozialarbeiter und Klient (und den anderen Problembeteiligten) ausgehandelt.

Der freiwillige Klient muss dem Sozialarbeiter ehrlich und umfassend Auskunft und Einblick gewähren über bzw. in das, was dieser zu wissen nötig hat, um problemlösend helfen zu können. Er muss den Sozialarbeiter in dessen problemlösenden Bemühungen unterstützen, soweit seine Fähigkeiten es zulassen. Wer den Sozialarbeiter einfach machen lässt und sich dazu distanziert-neutral oder gar ablehnend verhält, kann nicht als (freiwilliger) Klient gelten. Erst recht nicht, wer bewusst Abmachungen mit dem Sozialarbeiter nicht einhält oder dessen Bestrebungen, ihm zu helfen, absichtlich torpediert.

Erfordernis ist in all dem eine *grundsätzlich* auf Zusammenarbeit ausgerichtete Einstellung und ein entsprechendes Handeln. Punktuell oder phasenweise darf der Klient natürlich davon abweichen, ohne dass ihn das gleich den Klient-Status kostet. Bei persönlichkeitsgestörten Klienten, die von starken inneren Ambivalenzen beherrscht sind, muss der Sozialarbeiter oft auch klar feindseliges Verhalten in Kauf nehmen.

4. Problemlösende Rollenerlaubnis: Dem Sozialarbeiter ist vom freiwilligen Klienten generell erlaubt, zu dessen Gunsten, im Sinne des «Pro-Klient»-Grundsatzes, eine problemlösende Rolle zu spielen.

Bei gewöhnlichen Problembeteiligten kann sich der Sozialarbeiter einer solchen Ermächtigung nicht einfach sicher sein. Was sie von ihm wollen und was sie ihm erlauben, steht oft nicht fest, und er muss sich dessen gegebenenfalls durch spezielle Rückfragen vergewissern. Ist ein Problembeteiligter indes Klient des Sozialarbeiters, kann dieser in der Regel all das tun, was ihm zur Problemlösung nötig erscheint: Informationen einholen und geben; Gespräche mit Problembeteiligten führen und Abmachungen mit ihnen treffen; mit Dritten problemlösende Schritte koordinieren; Anträge an problemrelevante Instanzen stellen; helfende Dritte in Kontakt mit dem Klienten bringen; notwendige Angelegenheiten für den Klienten erledigen; Anordnungen, die offenkundig im Interesse des Klienten liegen, treffen; zugunsten des Klienten Schutzmassnahmen ergreifen und anderes mehr.

Was an derartigen Handlungen konkret möglich ist, hängt selbstverständlich ganz vom einzelnen Fall ab. Der Sozialarbeiter soll sich indes lieber einmal zuviel der Meinung des Klienten vergewissern, als dessen Rollenerlaubnis zu überschätzen und dabei unter Umständen etwas zu tun, durch das sich der Klient verletzt, hintergangen, blossgestellt, angegriffen oder gar verraten fühlt.

Die Rollenerlaubnis, die der Klient dem Sozialarbeiter gibt, ist eine *moralische Handlungslegitimation*, die sich oft weit über die rechtliche Handlungslegitimation des Sozialarbeiters hinaus als wirksam erweist.

Mit diesen vier Momenten *freier Wille*, *Vertrauen*, *Zusammenarbeit* und *problemlösende Rollenerlaubnis* haben wir das Wesen der freiwilligen Klientschaft im Kern erfasst. Aufgrund des dabei Gesagten leuchtet ohne weiteres ein, dass sich für den systemorientierten Sozialarbeiter die Aufgabe erleichtert, je mehr von den am Problem beteiligten Personen seine Klienten sind; denn er versucht ja stets, alle Problembeteiligten in die Problemlösung miteinzubeziehen.

Die systemische Sozialarbeitslehre ist von der fixen Idee des *einen* Klienten – des einzigen pro Fall, auf den sich alles sozialarbeiterische Interesse und Handeln konzentriert – befreit. Exklusivität stellt kein Moment ihres Klient-Begriffes dar. Ein bedeutender Teil ihrer Methodik, die Akzeptanzprinzipien, bezweckt, die Problembeteiligten in eine positive Beziehung zum Sozialarbeiter zu bringen, und das heisst, sofern sie problembelastet sind, idealerweise: sie zur freiwilligen Klientschaft zu führen.

Ein *Beispiel*: Eine geschiedene Frau und Mutter ist Klientin des Sozialarbeiters geworden, weil sie vom Ex-Mann die Alimente nicht erhält. Um an das Problem heran- und zu einer echten Problemlösung zu kommen, bemüht sich der systemorientierte Sozialarbeiter, zu dem Ex-Mann ein Verhältnis herzustellen, in dem sich dieser ebenfalls als Klient des Sozialarbeiters versteht. Vielleicht verweigert er die Alimentenzahlung, weil seine Ex-Frau, seit er mit einer Freundin zusammenlebt, das gemeinsame Kind gegen ihn aufwiegelt, so dass es nicht mehr zu ihm auf Besuch kommen «will». Als Klient setzt er seine Hoffnung und sein Vertrauen darauf, dass der Sozialarbeiter ihm zu helfen vermöge. Dasselbe hofft die Mutter des Kindes (nur stellt sie sich die Problemlösung nicht gleich wie der Vater vor) – und höchstwahrscheinlich hofft es auch das Kind, welches in solchem Falle oft am stärksten problembelastet ist. Wenn so alle zentralen Problembeteiligten seine Klienten sind, hat der Sozialarbeiter die grösste Chance, wirklich die Wahrheit über das dysfunktionelle System dieser getrennten Familie zu erfahren und eine tatsächliche Problemlösung zustande zu bringen. Bleibt er hingegen einseitig auf die eine Klientin, die geschiedene Frau, ausgerichtet und betätigt er sich aus dieser linearen Klientzentriertheit als deren Anwalt *gegen* ihren Ex-Mann, ist die Gefahr gross, dass er zwar eine enge, ungetrübte Klientbeziehung erlebt, aber das (System-)Problem nicht lösen kann, ja es eventuell sogar verschärft.

e) Sozialarbeit ohne Klient

Kennzeichnend für die systemische Sozialarbeitslehre ist nicht nur die Vielzahl von Klienten im einzelnen Problemfall, sondern ebenso das Gegenteil: die soziale Problemlösung ohne Klient. *Systemorientierte Sozialarbeit ist nicht klientbedürftig.* Sie «funktioniert» auch, wenn es in einem Problemfall keinen Klienten gibt. Das kommt oft vor, und zwar aus verschiedenen Gründen:

– Dritte veranlassen problembeteiligte Personen, sich an den Sozialarbeiter zu wenden, oder der Sozialarbeiter bietet ihnen, durch Dritte veranlasst, Hilfe an. Sie erlauben ihm zwar abwartend, hoffend und doch misstrauisch, für eine Problemlösung zu handeln, machen aber nie den Schritt aus dieser *ambivalenten* Einstellung heraus in ein eigentlich vertrauensvolles, kooperatives Klientschaftsverhältnis hinein.
– Der Sozialarbeiter klärt einen sozialen Sachverhalt ab zuhanden eines Gerichtes (z. B. Frage der Kindeszuteilung), einer Behörde (z. B. Frage der Adoption oder der Bevormundung), eines Amtes (z. B. Frage der Pflegeplatzbewilligung oder des Steuererlasses), einer Versicherung (z. B. Frage der sozialen Beeinträchtigung durch Behinderung), eines Vormundes bzw. Beistandes (z. B. Frage der Lebenssituation eines auswärts wohnenden Vaters im Hinblick auf die Unterhaltsregelung für das verbeiständete Kind) oder eines anderen Sozialdienstes (z. B. Frage der Plazierung oder der Arbeitsstelle im speziellen Fach- oder Ortsbereich desselben). Die betreffenden Problembeteiligten verstehen sich in der Regel nicht als Klienten des *abklärenden* Sozialarbeiters. In manchen Fällen, insbesondere wenn die Abklärung intervenierenden Charakter hat, empfinden sie dem Sozialarbeiter gegenüber ausgesprochenes Misstrauen und bleiben trotz vertrauensbildendem Akzeptanzverhalten des Sozialarbeiters in dieser Haltung.
– Der Sozialarbeiter *interveniert* zum Schutze eines Problembeteiligten (z. B. eines misshandelten Kindes, eines drogensüchtigen Jugendlichen, eines psychotisch gestörten Menschen), ohne dass diese Person oder ein anderer Problembeteiligter sich zum Klienten macht.
– Der Sozialarbeiter bringt *so rasch* eine Problemlösung zustande, dass es gar nicht zur Klientschaft eines Problembeteiligten kommt. Wenn der Sozialarbeiter jemandem, der mit ihm nicht schon vorher in Beziehung stand, beispielsweise in einem einzigen Gespräch oder mit einer einmaligen Dienstleistung soweit geholfen hat, dass das Problem gelöst ist, hat sich dabei noch gar keine Klientschaft entwickeln können. Das Klient-werden ist ein Prozess (Vertrauensbildung!) und braucht ein Mindestmass an Zeit. Desgleichen bedeutet das Klient-sein einen Zustand, der in der Zeit andauert. Wo der Sozialarbeiter ein soziales Problem binnen kurzem gelöst hat (was zum Glück für ihn und die Problembeteiligten vorkommt!), gibt es meist keine Klienten.

Sozialarbeit notwendig mit Klientschaft zu verbinden, wie es die klientzentrierte Sozialarbeitstheorie tut, ist verhängnisvoll. Die problemlösende Aktivität des Sozialarbeiters unter Problembeteiligten, von denen keiner sein Klient ist, fällt damit ausser Betracht, obschon es sich dabei oft gerade um die heikelsten Fälle handelt, die spezifische sozialarbeiterische Kompetenz am meisten herausfordern.

f) Die Unterschicht-Zugehörigkeit der Klienten

Die Klienten der Sozialarbeit gehören in aller Regel der gesellschaftlichen Unterschicht an.[95] Dies ist ein typisches, wesenbestimmendes Merkmal der Sozialarbeit – ob das dem Sozialarbeiter gefällt oder nicht. Es gibt Sozialarbeiter, denen es *nicht* gefällt, da es dem Berufsprestige wegen des negativen Image-Transfers vom Klienten auf den Beruf schadet.

Solche Sozialarbeiter sind empfänglich für die therapeutisch orientierte Sozialarbeitstheorie, die dazu tendiert, Sozialarbeit als etwas hinzustellen, das für Personen aller Gesellschaftsschichten bestimmt ist. Sie muss dies fast zwangsläufig tun, weil ihre therapeutische Zielsetzung, ihre therapeutische Methodik und ihr therapeutisches Setting[96] typisch sind für Mittel- und Oberschichtangehörige und gerade auf Unterschicht-Personen nicht passen. Letztere sind bekanntlich selten «therapiefähig», und so versetzt das therapeutische Sozialarbeitsmodell den Sozialarbeiter in ein Dilemma: Auf der einen Seite sollte er einer im Prinzip therapeutischen Methodik folgen und möchte er dies auch, weil es ihm bzw. seinem Beruf höhere gesellschaftliche Anerkennung bringt; damit aber ist er auf Mittel- und Oberschichtklienten ausgerichtet. Auf der andern Seite sieht er, welche Menschen ihn tatsächlich brauchen – diejenigen nämlich, die sich in sozialen Notlagen befinden und keinen professionellen Helfer bezahlen können – und diese typischen Sozialarbeitsklienten sind Leute der gesellschaftlichen Unterschicht. Sie haben einen (relativ) geringen Ausbildungs-, Berufs- und Einkommensstatus, dazu weder ein erhebliches Vermögen noch ein höheres Bildungsniveau und erst recht nicht gesellschaftlichen Einfluss bzw. politische Macht. Nach all diesen Kriterien sozialer Schichtung (die in hohem Masse korrelieren) gehören die Sozialarbeitsklienten zu jenen Gesellschaftsangehörigen, die mit weniger bedacht sind als der Durchschnitt, meist mit eklatant weniger. Deswegen brauchen sie ja auch die Hilfe der Sozialarbeit.

Wo es um Not in bezug auf *materielle* soziale Bedürfnisobjekte geht, sieht man die Unterschicht-Zugehörigkeit der Sozialarbeitsklienten leicht ein. Natürlich kann auch der *Mittelschicht-Angehörige* in grosse Schwierigkeiten kommen,

---

95 *Lukas* nennt es eine «empirisch erhärtete Tatsache, dass die Klienten zum grössten Teil den untersten sozialen Schichten entstammen» (S. 195). *Wirth* hingegen führt zahlreiche Veröffentlichungen an, in denen darauf hingewiesen wird, «dass soziale Dienste von Unterschichtangehörigen seltener in Anspruch genommen werden als von Mittelschichtangehörigen» (S. 9). Seine dafür angeführten Beispiele «sozialer Dienste» – nämlich: Einrichtungen der Erwachsenenbildung und der beruflichen Weiterbildung, Kindergärten, Mütterkurse, Gesundheitsdienste, psychosoziale Therapie- und Beratungseinrichtungen – machen indes klar, dass es sich dabei nicht um die Sozialarbeit in unserem spezifischen Sinne handelt, sondern hauptsächlich um periphere Bereiche der Sozialen Arbeit, ja sogar um helfende Berufstätigkeiten ausserhalb derselben.

96 *«Setting»* meint: Rahmenbedingungen bzw. äussere Struktur des (in diesem Falle therapeutisch helfenden) Interaktionsprozesses, insbesondere Ort, Zeit, Frequenz, Teilnehmer, Modalitäten (z. B. Anmeldung).

wenn ihm die Wohnung gekündigt ist, wenn er arbeitslos wird oder wenn er sich finanziell zu hoch verschuldet hat. Typischerweise bringt er aber diese Probleme nicht vor den Sozialarbeiter, solange er noch das Mittelschicht-Bewusstsein und entsprechend die materiellen Mittelschicht-Ansprüche aufrechterhält. In diesem Bedürfnisbereich vermag ihm nämlich der Sozialarbeiter – das spürt der potentielle Mittelschicht-Klient durchaus – gar nicht wesentlich zu nützen. Es liegt hier noch keine «Not» in dem Sinne vor, dass die Gesellschaft, in deren Auftrag der Sozialarbeiter handelt, mit individuell zugeteilter materieller Hilfe einspringt.

Wie jede andere Person könnte sich freilich auch der Mittelschicht-Angehörige vom Sozialarbeiter beraten und insofern helfen lassen. Aber das tut er deshalb nicht, weil er nicht in den «Geruch des armen Mannes» kommen will. Und dies geschieht fast unweigerlich, weil materielle Not ein so bedeutender, im Vordergrund stehender Gegenstand der Sozialarbeit ist. Dass vom materiellen Aspekt her die sozialarbeiterischen Klienten zu jenen Menschen gehören, die es «zu nichts gebracht» haben, in vielen Fällen gar als sozial deklassiert gelten und entsprechend gering geachtet werden, wirkt sich sozusagen Image-schädigend für jedermann aus, der sich zum Sozialarbeitsklienten macht – selbst wenn es dabei gar nicht um das Materielle, sondern um immaterielle soziale Bedürfnisobjekte (Erziehung, Betreuung, funktionelles Verhältnis zu notwendigen Bezugspersonen) geht.

Soweit es sich finanziell machen lässt, bringen deshalb Angehörige der Mittel- und Oberschicht ihre sozialen Probleme nicht zum Sozialarbeiter, sondern zum Arzt, Naturheiler, Psychotherapeuten, Eheberater, Seelsorger, Astrologen, Rechtsanwalt, Berufsberater, Finanzberater, Treuhänder. Bei den meisten dieser professionellen Helfer muss die Dienstleistung zwar bezahlt werden, aber das ist dem Mittel- oder Oberschichtklienten auch möglich und verschafft ihm nebst dem Prestige-Vorteil die günstige Position eines Kunden bzw. Auftraggebers.

Hat jemand *genug Geld* und ist er nicht gänzlich hilflos-verlassen, vermag er sich völlig frei vom Kontakt mit der Sozialarbeit zu halten: er kann Rechtsanwälte, Treuhänder und Therapeuten, private Betreuungspersonen, einen teuren Altersheimplatz, eine Privatklinik, eine Internatserziehung für sein Kind etc. bezahlen und so ohne gesellschaftliche Hilfestellung das soziale Problem privat lösen. (Dass dies eine qualitativ bessere Problemlösung sei als die sozialarbeiterische, ist nicht gesagt.) Eine Pflichtklientschaft muss für solche Personen selten angeordnet werden, weil die privaten beruflichen Helfer es unnötig machen; und selbst wo es sich (aus rechtlichen Gründen meist) nicht vermeiden lässt, stehen fähige Familienangehörige bzw. Verwandte oder bezahlte Berufsleute (vor allem Rechtsanwälte) als Vormund oder Beistand zur Verfügung.

Ein Mitglied der gesellschaftlichen *Oberschicht* wird deshalb so gut wie niemals Klient der Sozialarbeit. Wenn es trotzdem einmal geschieht, ist dies atypisch und geradezu ein Zeichen dafür, dass dieser Mensch seinen integralen Oberschicht-Status verloren hat: entweder besitzt er nicht mehr genügend Geld, oder es will niemand mehr etwas mit ihm zu tun haben. Ähnlich, doch nicht so scharf akzentuiert verhält es sich bei Angehörigen der gesellschaftlichen Mittelschicht.

Da ich ohnehin nicht die Theorie sozialer Schichtung (bzw. die einzelnen soziologischen Schichtungstheorien) darlegen kann, was erst erlauben würde, die Schichtzugehörigkeit der Sozialarbeitsklienten genauer zu diskutieren, soll es bei diesen summarischen Aussagen sein Bewenden haben. Sie erfassen natürlich, wie überall im Sozialen, nur das Typische und bestreiten Ausnahmen der Regel keineswegs.

So geschieht es etwa, dass ein Angehöriger der Mittel- oder gar Oberschicht, weil er den Sozialarbeiter persönlich kennt und schätzt, sich mit einem Problem, das ihn belastet, an diesen wendet und sich als dessen Klienten versteht, obschon es ihm sonst nicht in den Sinn gekommen wäre, zu einem Sozialdienst zu gehen. Es hat dies den Charakter einer Art *Privatklientschaft* und ist deshalb für den betreffenden Klienten imagemässig zu verkraften. – Aus anderem Grunde gibt es in der Sozialarbeit zugunsten von Kranken und Behinderten relativ häufig auch Mittelschicht- oder Oberschichtklienten: Diese sind nämlich in erster Linie nicht Sozialarbeitsklienten, sondern ärztliche Patienten, was das persönliche Prestige meist nicht oder weniger tangiert. Als Patienten gelangen sie zum Sozialarbeiter und sind dort, sozusagen als *Patientklienten*, nichtautochthone Sozialarbeitsklienten, wie auch die auf sie spezialisierten Sozialarbeitsinstitutionen (vor allem die internen Sozialdienste von Spitälern und psychiatrischen Kliniken) meist uneigenständiges, Medizin-abhängiges Gepräge haben.

Auf solche und andere mögliche Besonderheiten in der Schichtzugehörigkeit von Sozialarbeitsklienten brauchen wir hier nicht einzugehen. Es genügt zu begreifen, dass es der Sozialarbeiter im Zentrum, nämlich hinsichtlich seiner Klienten, ganz überwiegend mit der sozialen Unterschicht zu tun hat. Dieses wesenbestimmende Charakteristikum der Sozialarbeit hebt sie spezifisch ab von den anderen helfenden Berufen. «Kein anderer Berufszweig steht in so enger Beziehung zur Armenbevölkerung wie die Sozialarbeit», hält Specht richtig fest.[97] Und darauf muss ein *helfender* Beruf stolz sein, denn es macht seine soziale Notwendigkeit und Wichtigkeit sowie seinen ethischen Wert aus.

Zugleich stellt es eine berufliche, nämliche methodische Herausforderung dar: Der Sozialarbeiter, in seiner Berufsposition ein Angehöriger der gesellschaftlichen Mittelschicht, muss über eine spezifisch *unterschichtorientierte Kompetenz* verfügen, ein Können, Angehörige der Unterschicht zu verstehen, mit ihnen umzugehen, in ihrem Lebenskontext zu handeln.

Dass ihm seine Klienten keinen Reputationsgewinn zu verschaffen vermögen, darf den Sozialarbeiter nicht irritieren und vor allem: er darf es ihnen nicht zum geheimen Vorwurf machen. Wer sein Selbstbewusstsein hauptsächlich aus dem

---

97 In *Specht/Vickery*, S. 24

Umgang mit gesellschaftlich höhergestellten Personen bezieht, sollte nicht den Sozialarbeitsberuf ergreifen.

Immerhin ist anzumerken, dass – gerade in der systemischen Sozialarbeit – die Klienten keineswegs die einzigen Personen sind, mit denen der Sozialarbeiter in Kontakt kommt. Manche sonstigen Problembeteiligten und insbesondere Drittpersonen, darunter sämtliche professionellen Helfer, gehören nicht zur sozialen Unterschicht. Der Sozialarbeiter hat es oft in einem einzigen Problemfall mit Personen höchst unterschiedlichen persönlichen Niveaus und sozialen Ranges zu tun. Seine Tätigkeit als gesamte ist nicht auf das Klienten-Milieu beschränkt.

g) Die Klientbeziehung

Der Klient ist ein Mensch, der Sozialarbeiter auch, und ihr Verhältnis ist demzufolge ein persönliches. Es manifestiert sich in Gefühlen und Meinungen zu- und übereinander sowie in handelndem Umgang mit- oder gegeneinander. Wir nennen dieses persönliche Verhältnis zwischen Sozialarbeiter und Klient «Klientbeziehung».

Für das *Casework* (und die therapeutisch orientierte Sozialarbeit schlechthin) steht die Klientbeziehung im Mittelpunkt des theoretischen Interesses. Biestek, der ein weitverbreitetes Buch über sie schrieb, nennt sie «die Seele des Casework»[98]. Im Deutschen fand sich für die besondere Art und Qualität dieses Verhältnisses zwischen Caseworker und Klient der Begriff *helfende Beziehung*[99]. Die helfende Beziehung ist gekennzeichnet hauptsächlich durch die Kritik-Abstinenz seitens des Sozialarbeiters, das Gefühlsmoment, den Identifikationsprozess und die Partnerschaftsmaxime. Mittels einer «annehmenden», «einfühlenden», persönliche Verbundenheit stiftenden Beziehung soll dem Klienten – in exquisit linearer, klientzentrierter Perspektive – geholfen werden. Therapeutische Sozialarbeit versteht sich als eigentliche «Beziehungshilfe», als «Helfen durch Beziehung». Für Smalley beispielsweise ist das Casework ein «helfender Prozess», der «von der Beziehung zwischen Klient und Sozialarbeiter getragen wird», kurzum: «ein Beziehungsprozess»[100]. Und diese Auffassung teilen sämtliche Casework-Autoren – ob sie nun das Beziehungsgeschehen mehr unter psychoanalytischen, existenzphilosophischen oder christlichen Voraussetzungen begreifen.

Die Beziehung zwischen Sozialarbeiter und Klient wird dabei oft in einer Art und Weise idealisiert und mit Heilserwartungen befrachtet, dass man von einem *Mythos der helfenden Beziehung* sprechen muss. So nennt z. B. Kamphuis die Casework-Methode einen «Weg, den der Caseworker mit dem Klienten im

98 *Biestek*, S. 134
99 Vgl. z. B. *Ruth Bangs* Buch «Die helfende Beziehung» (1964)
100 *Smalley 1970*, S. 92 ff.

Prozess des Helfens zurücklegt» – Sozialarbeiter und Klient sind «Wanderer auf diesem Wege. Sie erreichen jedoch das Endziel nur dann, wenn sie wirklich zusammen unterwegs sind, wenn zwischen beiden eine gefühlsmässige Verbundenheit besteht»[101]. Ähnlich enthusiastisch tönt es bei Perlman (zwanzig Jahre später): «Die Beziehung, die sich im Casework-Prozess entwickelt, gewährt das Gefühl des Einsseins oder der Identifikation zwischen Klient und Sozialarbeiter, und darauf beruht wiederum die Möglichkeit, sich Kraft zu leihen» – wobei durchaus beide Beziehungspartner profitieren: «Die Befriedigung, welche die Beziehung durch ihre nährende Kraft, ihre Beständigkeit und ihre Anerkennung gewährt, machen die Enttäuschungen und Kompromisse erträglich, die in der Arbeit mit Problemen unvermeidlich sind.»[102] Die gefühlsbetonte «Annahme» bzw. das «Akzeptieren» des Klienten gilt als Grundlage des ganzen helfenden Beziehungsprozesses – der Sozialarbeiter muss dabei dem Klienten «mit jener Wärme und Hingabe entgegenkommen, die ihm sagt: ich mag dich; ich bin da, um dir beizustehen, wo du mich brauchst; ich kenne und verstehe dich»[103].

Dies alles sind idealistische Postulate, die nicht nur den idealen Sozialarbeiter, sondern auch den idealen Klienten fordern. Die Casework-Theoretiker setzen diesen idealen Klienten stillschweigend voraus, auch wenn sie Schwierigkeiten im helfenden Beziehungsprozess nicht verleugnen. Der Casework-Klient muss beziehungsfähig, ja therapiefähig sein. Perlman verwendet den speziellen Ausdruck «workability» für die nötige Fähigkeit des Klienten, am Casework-Prozess mitzuarbeiten, und sachlich sehr zu Recht widmet sie diesem Thema ein ausführliches Kapitel ihres Casework-Lehrbuches[104]. Es offenbart sich hierin – unter dem Aspekt der Klientschaft – die ausgrenzende Beschränktheit der therapeutischen Sozialarbeit.

Verhängnisvoll ist, dass nebst und mit der «mythisierten» helfenden Beziehung in der Vorstellung der Sozialarbeiter auch ein geheimer *Mythos vom Klienten* aufgerichtet und genährt wird, der den realen Klienten nichts anderes übrig lässt, als den Sozialarbeiter zu enttäuschen. Natürlich gibt es unter allen Klienten auch einige, die den Idealvorstellungen des Klient-Mythos zu entsprechen vermögen. Manche Fall-Beispiele der Casework-Literatur führen uns die helfende Beziehung sehr schön vor Augen. Jeder Sozialarbeiter kann daraus wesentliches lernen über den feinfühligen Umgang mit Klienten und sich von einem hochstehenden sozialarbeiterischen Ethos mit Gewinn beeinflussen lassen. Aber im Interesse der *ganzen* Sache der Sozialarbeit und *aller* ihrer Klienten ist es nötig, die idealen, sozusagen elitären Vorstellungen der therapeutischen Sozialarbeit vom Klienten und der helfenden bzw. therapeutischen Beziehung zwischen ihm und dem

101 *Kamphuis*, S. 29
102 *Perlman 1970*, S. 168
103 *Perlman 1957*, S. 87
104 *Perlman 1957*, S. 211

Sozialarbeiter zu *entmythisieren*. Einer systemorientierten und folglich weder klientzentrierten noch klientbedürftigen Sozialarbeitslehre fällt es nicht schwer, auf diese Mythen zu verzichten und nüchtern ins Auge zu fassen, wer der Sozialarbeitsklient *tatsächlich* ist und was die Klientbeziehung realistischerweise kennzeichnet.

Vor aller Erkenntnis der Klient-Spezifitäten in der einen oder andern Hinsicht muss der Sozialarbeiter sehen, dass die Klienten Menschen sind «wie du und ich», Personen mit prinzipiell allen humanen Persönlichkeitsmöglichkeiten: Güte, Intelligenz, Gefühlswärme, Leistungsfähigkeit etc. und das Gegenteil davon. Der Klient der Sozialarbeit (damit meinen wir stets einen theoretischen Inbegriff, einen abstrakten Typus) ist nicht durch spezifische Persönlichkeitsmerkmale definiert, sondern – wie wir wissen – durch seine soziale Situation und seine Relation zum Sozialarbeiter.

Das allgemeinmenschliche Substrat in jedem Individuum, sein *Menschsein an-sich*, das also, was der Mensch a priori vor allen individuellen Eigenschaften ist, nennt Schlüter in seiner «Sozialphilosophie für helfende Berufe» die *Person*, und er fordert für die Soziale Arbeit die «un-bedingte Achtung vor der Person», die «Achtung vor jedem Menschen als einem Mitglied des Menschengeschlechts». Dieser fundamentale moralische Imperativ liegt auch dem Casework-Prinzip des «Akzeptierens» (vgl. S. 349 f.) zugrunde und muss für alle Sozialarbeit, ja für schlechterdings jedes humane Handeln gelten. Es geht dabei um eine prinzipielle, generelle Einstellung zum Menschen überhaupt.

Aber auch darüber hinaus, im *Individuell-Konkreten*, hat der Sozialarbeiter durchaus Grund, die Klienten zu achten. Allein ihre Leistung, Not zu ertragen oder auch nur unter Wohn- und Arbeitsbedingungen zu leben, die ein Mittelschichtangehöriger keine vierzehn Tage lang auf sich nehmen wollte, nötigen uns Respekt, ja oft Bewunderung ab. Bescheidenheit, Spontaneität, Gefühlsoffenheit, Humor, Originalität, Nachsichtigkeit, Versöhnlichkeit, Geduld, Hartnäckigkeit, Fleiss, Vertrauensbereitschaft, Dankbarkeit, Kontaktfreudigkeit, praktischer Sinn, Verständnis des Menschlichen sind weitere positive Eigenschaften, die der Sozialarbeiter bei manchen seiner Klienten beobachtet oder in bezug auf sich selbst erlebt.

Er kann davon in moralischer, praktischer, gefühls- und wissensmässiger Hinsicht profitieren – wie überhaupt jeder aufrichtige Sozialarbeiter anerkennt, dass er eine Menge von seinen Klienten lernt. Haines hält diese Lernmöglichkeit sogar für ein «Privileg» des Sozialarbeitsberufes[105], und Brandon in seiner überschwenglichen Art kennt schlichtweg «*einen* wirklich sinnvollen Ratschlag für einen jungen Sozialarbeiter, nämlich: Geh in die Praxis, und die Klienten werden dich alles lehren, was du wissen musst!»[106]

105 *Haines*, S. 102
106 *Brandon*, S. 51

Achtung schützt vor negativer Generalisierung

113

Obschon der Blick des Sozialarbeiters berufsbedingt eher auf die nachteiligen Eigenschaften der Klienten gelenkt wird, darf er nie der laienhaften *negativen Generalisierung* verfallen, in welcher aufgrund eines tatsächlichen Persönlichkeitsdefizits (z. B. Delinquenz) einer Person bei derselben kurzerhand andere persönliche Mängel angenommen werden (z. B. Arbeitsunwilligkeit oder fehlende Vaterliebe). Besonders naiv ist die negative Generalisierung, wo sie von sozialer Not (z. B. Arbeitslosigkeit, Asylanten-Status, Scheidungssituation) unbesehen auf Persönlichkeitsdefizite der Betroffenen schliesst. Der Sozialarbeiter muss sich von dergleichen unsachlichen, stigmatisierenden Kurzschlüssigkeiten fernhalten. Dazu hilft ihm vor allem, wenn er sich immer wieder vergegenwärtigt, dass er nie den ganzen Menschen zu sehen vermag, und wenn er sich bewusst die guten Eigenschaften des Klienten vor Augen hält.

Dies Grundsätzliche über das positive Menschsein des Klienten vorausgesetzt, darf eine realistische Sozialarbeitslehre nicht im Illusionären und Euphemistischen, eben beim Klient-Mythos verharren, sondern sie muss nüchtern feststellen, dass es unter den Sozialarbeitsklienten nebst «ganz normalen» Menschen eine überdurchschnittlich hohe Zahl von Personen gibt, die durch *Persönlichkeitsdefizite* auffallen: «schwierige», «gestörte», «psychisch kranke», «abgebaute», «lebensunfähige», «asoziale» Menschen, oder wie immer man sie zu nennen pflegt. Der Sozialarbeiter stösst bei solchen Klienten, je nach ihrer Art, auf negative Eigenschaften wie Passivität (Arbeitsunwilligkeit, reine Konsumhaltung, Sich-von-andern-aushalten-lassen), Labilität (Delinquenz, Suchtverhalten, dauernder Stellenwechsel), Intelligenzmangel (Geistesschwäche, soziale Debilität), seelische Undifferenziertheit («Primitivität»), Beziehungsunfähigkeit, Egoismus (Rücksichtslosigkeit), Unaufrichtigkeit (Lügnertypen, Betrüger), Arroganz, Aggressivität (Jähzorn, Brutalität), paranoische Einstellung (Querulanz, Vertrauensunfähigkeit), Rigidität (Sturheit).
Es hängt von der Art der Sozialarbeitsinstitution ab, wie weit es der Sozialarbeiter mit derlei Persönlichkeitsdefiziten und mit welchen er es vorwiegend zu tun hat. Bei Pflichtklienten muss er naturgemäss viel stärker damit rechnen – bezeichnenderweise gibt es den Pflichtklienten für die therapeutische Sozialarbeitstheorie mit ihrem idealisierten Klient-Bild gar nicht! Selbstverständlich finden sich die aufgeführten negativen Eigenschaften auch bei Problembeteiligten, die nicht Klienten sind.

Es geht hier nur darum, Phänomene (des persönlichen Charakters und des Verhaltens) zu konstatieren, nicht hingegen um die Frage, worin dieselben gründen, oder um ein moralisches Urteil über die betreffenden Personen. Im besonderen sei auf ein Phänomen hingewiesen, für das ich den Begriff *soziale Debilität* verwende. Es ist ganz spezifisch die Sozialarbeit, welche sich damit befasst. «Sozialdebilen» Menschen fehlt, obschon sie im IQ-Test nicht als schwach (jedenfalls nicht als «debil») auffallen, das erforderliche Mass an «sozialer Intelligenz», um ihr Leben so zu führen, dass sie nicht in soziale Not geraten. Sie verstehen – aus was für Gründen immer – die Regeln nicht, nach denen das soziale Leben funktioniert; sie vermögen sich nicht an sie zu halten bzw. anzupassen. Gerade weil sie nicht «dumm» im intellektuellen Sinne und unter Umständen beruflich sehr tüchtig sind, überschätzen sie das, was man als ihre «sozialen Möglichkeiten» bezeichnen könnte.

Ein sozialdebiler Mensch greift z. B. seinen Vorgesetzten beleidigend an und ist erstaunt, dass er entlassen wird; oder er kündigt selbstsicher eine gute Arbeitsstelle, obschon weit und breit kein günstigeres Arbeitsangebot für ihn besteht. Er (bzw. sie) lässt sich zum x-ten Male auf das Zusammenleben mit einem dubiosen Partner ein und wird dabei, wie früher schon, ausgebeutet und betrogen. Der sozialdebile Mensch macht überall Versprechungen, auch wenn er weiss, dass er sie unmöglich einhalten kann, und enttäuscht, ja hintergeht so laufend andere Leute. Er kauft Prestige-Konsumgüter auf Abzahlung, obgleich er die Raten dafür nicht zu bezahlen vermag, und wenn er dies merkt, nimmt er Kleinkredite auf, um «das Problem zu lösen», was ihn jedoch nur noch tiefer in die Verschuldung führt. Wird er betrieben, lässt er sich dazu hinreissen, Rechnungen ein wenig zu «korrigieren», und rutscht damit, ohne es zu wollen und klar zu realisieren, ins Delinquieren hinein.

Es ist typisch für sozialdebile Menschen, dass ihnen das Gespür dafür abgeht, wo die Grenze zwischen dem sozial Erlaubten und dem Unerlaubten liegt: Sie lügen nicht nur in Situationen, in denen es die meisten Leute tun, sondern auch dort, wo es ihnen empfindliche Nachteile bringt, z. B. vor Gericht, gegenüber einer Versicherung oder einem Amt, in der Beziehung zu einem Menschen, auf dessen Vertrauen sie angewiesen sind. Sie merken nicht, wann eine finanzielle Manipulation geschickt oder gar raffiniert ist und wann ein Betrug, und fallen so leicht in kleinkriminelles Verhalten. Just der Umstand, dass sozialdebile Menschen glauben, sich auf besonders kluge, raffinierte Weise aus der Schlinge ihrer Notlage ziehen zu können, ihnen aber echte Lebensklugheit und Einsicht in die sozialen Mechanismen mangeln, führt sie in immer neue Schwierigkeiten. Typischerweise lassen sie sich durch Beratung kaum nachhaltig beeinflussen, sondern frustrieren auch den Sozialarbeiter und andere Helfer, indem sie ihnen in allem, was sie sagen, recht geben, voller Selbstkritik versprechen, fortan diese und jene Fehler nicht mehr zu machen, tatsächlich aber weiter nach ihrem selbstschädigenden Problembewältigungs-Schema handeln.[107]

---

107 *Wartenweiler* beschreibt mehrere Sozialarbeitsklienten, die dem Menschenschlag entsprechen, den ich «sozialdebil» nenne. Von einem tiefenpsychologischen Standort aus sieht er das soziale Persönlichkeitsdefizit dieser Menschen hauptsächlich darin begründet, dass ihre Psyche (noch) stark von einem *magischen Bewusstsein* beherrscht ist, in dem einerseits das innere Erleben auf die äussere Welt projiziert, sozusagen materialisiert wird und andererseits diese Objektwelt auf die Psyche einen übermächtigen, zwingenden Einfluss ausübt. Solchen Klienten soll der Sozialarbeiter, meint Wartenweiler, vor allem durch die Förderung der Bewusstseinsentwicklung helfen, so dass sie auf die «mentale» Bewusstseinsstufe gelangen, wo das Individuum fähig ist zu

Diese Beispiele sozialdebilen Verhaltens (es sind bloss Beispiele, nicht Wesensmerkmale!) veranschaulichen einen einzelnen, für die Sozialarbeit charakteristischen Klienttypus, und aus diesem Typus allein schon – obgleich er nicht den schwierigsten Klienten des Sozialarbeiters darstellt – wird evident, dass die Klientbeziehung in praxi keine so problemlose, harmonische Sache ist, wie sie einem bei der Lektüre therapeutischer Sozialarbeitsliteratur erscheint.

Machtgefälle

Weil der Sozialarbeiter dem Klienten als professioneller, von einer gesellschaftlichen Institution beauftragter Helfer gegenübersteht, ist die Klientbeziehung grundlegend *ungleich*, und zwar nicht nur im Falle der Pflichtklientschaft. Das Ungleichgewicht erweist sich schon darin, dass der Klient die Dienstleistung des Sozialarbeiters nicht bezahlt. Er verfügt so weder über ein Gegengewicht, diese Dienstleistung zu kompensieren, noch über ein Mittel, das Handeln des Sozialarbeiters zu steuern. Der Klient braucht den Sozialarbeiter – der Sozialarbeiter braucht den Klienten nicht. Es geht in der Sozialarbeit nicht um ein gegenseitiges, sondern um ein einseitiges Helfen. Entsprechend gilt in soziologischer Sicht die Beziehung zwischen Sozialarbeiter und Klient als «asymmetrisch» (Kasakos) und die Sozialarbeit insgesamt als «anbieterdominiert» (Wirth). *Keines conv. Symetrie?*

Selbst die Casework-Autoren realisieren die Ungleichheit in der helfenden Beziehung; Biestek z. B. sagt, das Casework sei «einseitig orientiert – nämlich auf die Bedürfnisse des Klienten. Der berufliche Sozialarbeiter erwartet nicht, dass er vom Klienten Sympathie, Rat oder Unterstützung seiner Interessen erfährt.»[108] Trotzdem ist in der therapeutischen Sozialarbeitstheorie immer wieder von dem «partnerschaftlichen» Verhältnis zwischen Sozialarbeiter und Klient, von ihrem gegenseitigen «Geben und Nehmen» die Rede. Damit wird nicht nur die funktionale, sondern auch die positionelle Differenz zwischen Sozialarbeiter und Klient, die grosse Distanz, die sie hinsichtlich Kompetenz und Macht trennt, euphemistisch verschleiert.[109]

Tatsächlich hat der Sozialarbeiter dem Klienten gegenüber stets eine *Machtposition* inne, sei es eine explizit-rechtliche (z. B. als Vormund des Klienten), sei es eine subtil-verborgene, wie sie jedem professionellen Helfer, den der Hilfebedürftige notwendig braucht, dem er aber keinen Auftrag geben kann, zukommt. Wenn sich der Sozialarbeiter seiner Machtstellung schämt und so tut, als ob es sie nicht gäbe, indem er mit dem Klienten auf Gleich-zu-Gleich macht, fördert er nur scheinbar die Klientbeziehung. Effektiv versetzt er den Klienten damit in eine zweideutige, widersprüchliche Lage, die ihn bezüglich seiner Rolle verunsichert und in der er dem Gefühl ausgeliefert ist, im Unechten, Uneigentlichen, Unwahrhaftigen zu stehen.

unabhängigem Fühlen und Denken und zu bewusster Selbstwahrnehmung. Dabei handelt es sich freilich um ein anspruchsvolles psychotherapeutisches Unterfangen!
108 *Biestek*, S. 81
109 Vgl. auch *Hämmerle* (S. 183 ff.) betreffend ein Programm von Bewährungshilfe durch freiwillige Helfer: Partnerschaft zwischen Helfer und Straffälligen wird dabei zwar postuliert, lässt sich aber in den wenigsten Fällen realisieren.

Zu bestimmen, was bzw. wie die Klientbeziehung richtigerweise sein müsse, fällt schwer. Nicht weil ideale Postulate aufzustellen eine Kunst wäre, sondern weil in der systemischen Sozialarbeit das Verhältnis zwischen Sozialarbeiter und Klient ein rein *funktionales* ist: einzig auf die soziale Problemlösung ausgerichtet, ohne Zweck in sich selbst. Es ist zwar durchaus möglich und gar nicht selten, dass die Klientbeziehung von den beiden Beteiligten, Klient und Sozialarbeiter, als persönlich befriedigend und wohltuend erlebt wird, doch darum geht es nie primär. Die Klientbeziehung ist nicht das Ziel der Sozialarbeit, und deshalb lässt sie sich auch nicht absolut definieren. Sie dient als *Medium des sozialen Problemlösungsprozesses* und hängt von dem ab, was die Problemlösung im individuell-konkreten Fall erfordert.

Entsprechend ist sie kein natürlich entstandenes soziales Phänomen, sondern eine vom Sozialarbeiter methodisch entwickelte und gestaltete Beziehung; als solche stellt sie einen Gegenstand der sozialarbeiterischen Methodik dar. Tatsächlich geht aus zahlreichen der methodischen Prinzipien, die im dritten Teil dieser Sozialarbeitslehre erörtert werden, hervor, in welcher Art Sozialarbeiter und Klient miteinander in Beziehung stehen sollen. Freilich nicht nur Sozialarbeiter und *Klient*, sondern Sozialarbeiter und Problembeteiligte überhaupt. Die systemische Sozialarbeitsmethode macht keinen grundsätzlichen Unterschied zwischen der Klientbeziehung und der persönlichen Beziehung des Sozialarbeiters zu Problembeteiligten, die nicht Klienten sind. Auch hierin ist sie nicht-klientzentriert.

Unter den sozialarbeitsmethodischen Prinzipien sind beziehungsprägend vor allem die Prinzipien des allseitigen Nutzens, der Handlungsherrschaft, der Gefühlsfunktionalisierung, der pädagogischen Verhaltensbeeinflussung und der Selbständigkeitsförderung, das Kommunikationsprinzip sowie die Akzeptanzprinzipien. Je nach der persönlichen Eigenart des Klienten und dem sozialen Problem, das es zu lösen gilt, ist die einzelne Klientbeziehung, soweit sie vom Verhalten des Sozialarbeiters abhängt, stärker von den einen oder von den anderen dieser Prinzipien bestimmt. Jede Klientbeziehung hat so ihren eigenen Charakter. Gleichwohl lassen sich in zusammenfassender, antizipierender Schlussfolgerung aus diesen Methodik-Grundsätzen die Momente nennen, welche die persönliche Beziehung zwischen Sozialarbeiter und Klient typischerweise, also im Regel- und Durchschnittsfalle, kennzeichnen sollen. Es sind dies: Offenheit, Sachlichkeit, Vertrauen.

Das *Vertrauensmoment* versteht sich aus dem, was wir bisher über die Klientschaft festgestellt haben, von selbst. Wichtig ist, es dahin zu bringen, dass nicht nur der Klient (auch der Pflichtklient!) dem Sozialarbeiter vertraut, sondern ebenso der Sozialarbeiter dem Klienten. Die gute Klientbeziehung ist ein Verhältnis wechselseitiger Loyalität.

Ohne *Offenheit* kann es nicht zu echtem Vertrauen kommen. Die Klientbeziehung muss sich als offenes Aufeinander-Eingehen und als echte Auseinanderset-

117

zung zwischen Sozialarbeiter und Klient verwirklichen. Therapeutisch-künstliche Formen der Beziehung oder ein unnatürliches «Liebsein» des Sozialarbeiters zum Klienten (das auf einer laienhaften Vorstellung, was Helfen sei, beruht) sind nicht am Platze. Sozialarbeiter und Klient sollen sich natürlich-offen begegnen. Das kann zu spontanen Sympathiebezeugungen führen wie zum Kampf miteinander. Der Klient hat mehr von einem Sozialarbeiter, der mit ihm zugunsten der Problemlösung offen und ehrlich kämpft (konfrontiert, herausfordert, sich entgegensetzt, verweigert), als von einem, der wider das eigene Gefühl und die eigene Meinung nachsichtige Kritik-Abstinenz, harmonisierendes Verständnis und gewährendes Entgegenkommen praktiziert – aus persönlicher Schwäche oder aus Angst um die «helfende Beziehung», die freilich, so verstanden und gepflegt, wenig hilft.

Auch in der kämpfenden Auseinandersetzung zwischen Sozialarbeiter und Klient geht es immer, wie in der Klientbeziehung überhaupt, um die Sache, nämlich die soziale Problemlösung. Entsprechend dieser Funktionalität der Klientbeziehung soll das Verhältnis von Sozialarbeiter und Klient von *Sachlichkeit* geprägt sein.

Natürlich spielen in jeder persönlichen Beziehung die *Gefühle* der Beteiligten eine Rolle, aber entgegen dem, was die therapeutische Sozialarbeitstheorie suggeriert, ist es nicht nötig, dass Sozialarbeiter und Klient in einen expliziten Gefühlsaustausch eintreten. Ein bewusst-absichtliches Kommunizieren auf der Ebene persönlicher Gefühle muss nicht geschehen. Weder Sozialarbeiter noch Klient sind beispielsweise verpflichtet, sich persönlich zu mögen; keiner der beiden braucht sich etwas vorzuwerfen, wenn er dem andern gegenüber ohne Gefühle der Sympathie ist. Sie sind auch nicht verpflichtet, sich in einer Art emotionellen Partnertrainings um solche Gefühle zu bemühen. Es bedeutet eine grosse Entlastung für beide, dies zu wissen.

Selbstverständlich fördert es die soziale Problemlösung oft ausserordentlich, wenn sich eine ausdrücklich positive Gefühlsbeziehung zwischen Sozialarbeiter und Klient einstellt. Sie ergibt sich meist ganz natürlich, insbesondere bei langdauernden Klientschaftsverhältnissen; der Sozialarbeiter spricht in solchem Falle dankbar von einem «guten Klienten». Bei aller gefühlsmässigen Sympathie oder gar Verbundenheit muss jedoch zwischen Sozialarbeiter und Klient immer soviel *Distanz* bestehen, dass der Sozialarbeiter unabhängig vom Klienten und also frei handlungsfähig bleibt und dass er bei anderen Problembeteiligten nicht die Glaubwürdigkeit einbüsst, ein sachlicher, emotional ungebundener Vermittler zu sein.

1.2. Die soziale Problemlösung

1.21 «Soziale Problemlösung» als sozialarbeiterische Berufsaufgabe

Die Aufgabe der Sozialarbeit besteht darin, «soziale Probleme», wie wir sie definiert haben, zu lösen. *Soziale Problemlösung* ist die im sozialarbeiterischen Handeln intendierte und verwirklichte Generalfunktion der Sozialarbeit.

Der Begriff «soziale Problemlösung» stellt für die Sozialarbeitslehre einen Terminus technicus dar, der sich exklusiv auf die Sozialarbeit bezieht und deren Spezifität bestimmt: *allein die Sozialarbeit betreibt «soziale Problemlösung».*

Dieser Begriff grenzt somit die Sozialarbeit typologisch ab von allen andern Berufen. Kein anderer Beruf, mag er auch ein helfender sein und im Nebeneffekt zur sozialen Problemlösung beitragen, macht soziale Problemlösung in unserem Sinne. Es verhält sich also keineswegs so, dass der Therapeut, der Arzt, der Pfarrer, der Richter, der Rechtsanwalt, der Pädagoge, der Politiker, der Verwaltungsbeamte, der Polizist etc. allesamt mehr oder weniger soziale Probleme lösen, der Sozialarbeiter aber am meisten, weil er alles, was die andern Berufsangehörigen als Spezialisten tun, auch je ein wenig tut und sich so in ihm die Eigenschaften der andern Berufe auf ein besonders hohes Mass an sozialer Problemlösungs-Tätigkeit summieren. Diese Auffassung der Sozialarbeit als eines «Integrationsberufes», dem letztlich eine eigene Aufgabe und ein spezifisches Handeln mangeln, ist entschieden zu verwerfen. Den Begriff der sozialen Problemlösung muss die Sozialarbeit für sich allein beanspruchen und damit ihre *Eigenständigkeit* gegenüber den anderen Berufen verteidigen.

In erster Linie ist dies natürlich in bezug auf die Psychotherapie vonnöten. Wenn die Sozialarbeit nicht prononciert auf ihrem spezifischen Gegenstand, dem sozialen Problem, und ihrer spezifischen Berufsaufgabe, der sozialen Problemlösung, besteht, wird sie weiter der identitätszersetzenden Therapeutisierung ausgesetzt bleiben und dem therapeutischen Berufssektor gegenüber zu keiner Eigenständigkeit gelangen.

Indem wir den Begriff der sozialen Problemlösung sozialarbeitsspezifisch verstehen, ist auch klar, dass es sich dabei um eine *professionelle Tätigkeit* handelt (vgl. S. 49). «Professionalität» hat für uns nicht die Bedeutung, wie sie in der soziologischen Diskussion um die «Professionalität der Sozialarbeit» vorliegt.[110] Es geht dort um spezielle berufsständische Fragen, die hier nicht interessieren. Mit dem Ausdruck «professionell» bezeichnen wir eine Tätigkeit, die aufgrund einer

---

110 Vgl. darüber *Heraud*, *Peters 1971*, *Maòr*, *Lukas*, *Mühlum 1981*, *Cramer*, *Brack*, *Dewe u. a.*

speziellen qualifizierenden Ausbildung beruflich, in aller Regel als Erwerbstätigkeit, ausgeübt wird. Soziale Tätigkeit von *Laien*, für sich allein betrachtet, gilt uns demzufolge nicht als «soziale Problemlösung» (sie kann aber an der sozialarbeiterischen Tätigkeit «soziale Problemlösung» mitwirken).

Professionalität schliesst Fachkompetenz ein: der Sozialarbeiter verfügt hinsichtlich sozialer Probleme und ihrer Lösung über qualifiziertes Wissen und spezifisches methodisches Können. Der Sozialarbeiter ist der *Fachmann für soziale Problemlösung.* Nur in *dieser* Hinsicht kann er für sich Expertentum beanspruchen – aber in dieser Hinsicht *muss* er es auch, will er sich mit seinem Handeln durchsetzen und sich Achtung seitens der andern Berufe verschaffen.

Dass Sozialarbeit darin besteht, soziale Probleme zu lösen, bedeutet: sie ist ein *Handeln.* Kein blindes Handeln natürlich, sondern ein von intellektueller Einsicht und gefühlsfundierter Intuition geleitetes. Denken und Fühlen spielen also eine entscheidende Rolle in der Sozialarbeit. Aber nicht als Ziel und Zweck – der Sozialarbeiter hat seine Berufsaufgabe voll erfüllt, wenn es ihm gelungen ist, ein soziales Problem zu lösen, ganz gleichgültig, ob er dabei intellektuell etwas erkannt hat oder ob ihm das Problem und seine Lösung letztlich unverständlich geblieben sind, und gleichgültig auch, ob er emotional etwas erlebt oder begriffen hat oder ob dies nicht der Fall war. Umgekehrt: auch wenn er in einem Problemfall viel Erkenntnis gewonnen oder tiefe Gefühlserfahrungen gemacht hat, bleibt er seine Aufgabe schuldig, solange er das sozialarbeiterisch Richtige zur Problemlösung ungetan lässt. Sozialarbeit ist weder Wissenschaft noch Kunst noch Selbsterfahrungsort, sondern ein *praktischer Beruf.*

Sie muss praktisch sein, denn das «Material», aus dem das soziale Problem besteht, ist nicht Geist, sondern sinnliche Lebenswirklichkeit. Ziltener (1984, S. 5) sagt es prägnant: «Das Leben ist konkret, die Probleme sind es auch, und auch die Lösungen, die wir finden, müssen es sein.»

Wie die Sozialarbeit ausgeübt werden soll, was «soziale Problemlösung» praktisch ist, wird die sozialarbeiterische Methodenlehre entfalten. Hier im Bereich der Aufgabenlehre lassen wir alle methodische Betrachtung beiseite und erörtern nur einige bedeutungsvolle grundsätzliche Aspekte der sozialen Problemlösung.

1.22 Die vier Funktionen der Sozialarbeit

In der gesamten Sozialarbeitslehre wird in fortschreitender Konkretisierung und Detaillierung dargelegt, was mit der sehr allgemeinen Bestimmung, die Sozialarbeit habe soziale Probleme zu lösen, gemeint ist.

In einem ersten Schritt falten wir die «soziale Problemlösung», diese eine Generalfunktion der Sozialarbeit, auf in vier «Funktionen der Sozialarbeit»: die mediatorische (*vermittelnde*), die kompensatorische (*ausgleichende*), die protektive (*schützende*) und die motivatorische (*verhaltensbeeinflussende*) Funktion. In ihnen ist die Aufgabe der Sozialarbeit grundsätzlich expliziert und damit der reinen Interpretationswillkür entrissen. Die Sozialarbeit löst soziale Probleme, indem sie zwischen Personen vermittelt, indem sie Mängel ausgleicht, indem sie Menschen schützt und indem sie Menschen zu problemlösendem Verhalten bewegt. Wer anders, nicht in einer dieser Funktionsweisen, ein soziales Problem «löst», macht nicht Sozialarbeit.

Man muss sich vergegenwärtigen, dass Probleme auf sehr unterschiedliche Weise «gelöst» werden. Die «Lösung» der Nazis für das Problem der Geistigbehinderten war, sie umzubringen (analog der «Lösung» des angeblichen «Judenproblems»)! Eine derartige aggressive Problemlösung, auch wenn sie viel weniger brutal und kriminell wäre, kommt für die Sozialarbeit nicht in Betracht. Sozialarbeit darf niemals eine destruktive oder oppressive (unterdrückende) Funktion erfüllen. Auch löst sie soziale Probleme nicht etwa auf technischem, biologischem oder chemischem Wege (letzteres wäre z. B. die Drogen- oder Medikamentenlösung). Sie übt ferner keine explizit ideologische Funktion aus, indem sie den problematischen sozialen Sachverhalt z. B. auf religiöse Weise irrelevant machen und damit «aufheben» würde.

Die vier Funktionen der Sozialarbeit grenzen also das sozialarbeiterische Problemlösungshandeln, und das heisst: die Sozialarbeit überhaupt, prinzipiell ein und vom Sozialarbeitsfremden ab. Freilich auf einem noch sehr hohen Abstraktionsniveau, oberhalb des Methodik-Aspektes. Die Funktionen der Sozialarbeit sind nicht methodische Prinzipien; sie rufen aber nach methodischen Aussagen, wenn sie anschaulich ausgelegt werden wollen. Diese Interpretation geschieht freilich nicht hier, sondern in der Methodenlehre.

Dort werden wir insbesondere auch die sechs *sozialarbeiterischen Handlungsarten* Beratung, Verhandlung, Intervention, Vertretung, Beschaffung und Betreuung kennenlernen, und es wird sich zeigen, dass zwischen ihnen und den hier erörterten Funktionen der Sozialarbeit Affinitäten bestehen: Schwerpunktmässig lassen sich die verschiedenen Handlungsarten bestimmten Funktionen der Sozialarbeit zuordnen.

Die *mediatorische Funktion* der Sozialarbeit kommt vor allem in der «Verhandlung» zum Zuge, jener Handlungsart, welche die systemische Sozialarbeit typisch charakterisiert. In systemischer Perspektive erscheint die gesamte sozialarbeiterische Tätigkeit im Grunde als ein Vermitteln, als Mediation zwischen Angehörigen sozialer Systeme oder zwischen Sozialsystemen, im extremsten Aspekt: zwischen dem Einzelnen und der Gesellschaft. Stark mediatorisch wirkt die Sozialarbeit auch in der Handlungsart «Vertretung».

Die *kompensatorische Funktion* bezieht sich auf soziale Defizit-Probleme: Die Sozialarbeit gleicht Mängel aus, die den Charakter sozialer Not haben. Naturgemäss kommt diese Funktion zur Hauptsache in der sozialarbeiterischen Handlungsart «Beschaffung» zum Ausdruck, zudem recht ausgeprägt in der «Vertretung» und der «Betreuung».

Zentral kennzeichnend für diese letztgenannten Handlungsarten und ebenfalls für die «Intervention» ist die *protektive Funktion* der Sozialarbeit. Wo der Sozialarbeiter eine Person gegenüber andern Personen bzw. Instanzen vertritt, wo er jemandem in der Lebensbewältigung betreuerisch beisteht oder wenn er in eine gravierende Problemsituation intervenierend eingreift, tut er dies, um einen (oder mehrere) Menschen zu schützen. Natürlich übt er damit – das sei hier angemerkt – oft auch *soziale Kontrolle* aus, aber diese stellt keine selbständige Funktion der Sozialarbeit dar. Die soziale Problemlösung enthält das Moment der sozialen Kontrolle nicht notwendig; es gehört nicht zum Wesen der Sozialarbeit. Soziale Kontrolle ist nicht etwas, das die Sozialarbeit aus ihrem Selbstverständnis heraus intendiert. Wo der Sozialarbeiter faktisch als «sozialer Kontrolleur» erscheint, handelt er in der Absicht zu schützen. Wir halten die soziale Kontrolle demzufolge als eine (nicht notwendige) Komponente der protektiven Funktion der Sozialarbeit. Damit stimmen wir überein mit Knieschewski, der sich gegen den in der Sozialarbeit häufig vertretenen «Dualismus von Hilfe versus Kontrolle» wendet und sagt, es gelte, «Hilfe *und* Kontrolle als Elemente *eines* beruflichen Handelns in der sozialen Arbeit zu begreifen».[111]

Für die *motivatorische Funktion* schliesslich ist die sozialarbeiterische Handlungsart «Beratung» typisch. Wichtiger als alles, was der Sozialarbeiter macht, ist das, was die Problembeteiligten selbst tun, um das Problem zu lösen. Das Handeln des Sozialarbeiters muss durchgehend darauf angelegt sein, die Problembeteiligten und problemrelevanten Dritten zu einem Verhalten zu bewegen, welches die Problemlösung fördert. Sozialarbeiterische Beratung erfüllt fast ausschliesslich diese motivatorische Funktion; daneben spielt dieselbe namentlich in der sozialarbeiterischen Verhandlung eine bedeutende Rolle.

Die vier Funktionen der Sozialarbeit stellen Kriterien dar, anhand deren sich prüfen lässt, ob ein Handeln als *Sozialarbeit* gelten kann oder nicht. Freilich darf man diese Kriterien nicht auf Einzelakte des Sozialarbeiters, isoliert vom gesamten Problemlösungskontext, anwenden. Es geht vielmehr immer um die Frage, ob die Handlungen des Sozialarbeiters in ihrem Zusammenhang, in ihrer grossen Linie eine (oder mehrere) der sozialarbeiterischen Funktionen erfüllen.

111 *Knieschewski*, S. 165

1.23 Soziale Wertorientierung und gesellschaftliche Funktion der Sozialarbeit

a) Soziale Werte

Die soziale Problemlösung ist auf soziale Werte hin orientiert, die den Funktionen der Sozialarbeit eine bestimmte Richtung geben. Unter «sozialen Werten» verstehen wir jene kulturell-gesellschaftlichen Zielvorstellungen, die sich auf das Verhältnis der Gesellschaftsangehörigen untereinander beziehen. Es handelt sich um allgemeingültige Leitbilder idealer Art, die etwas für die Gesellschaft Gutes und Erwünschtes darstellen.

Soziale Werte lassen sich von *Individualwerten*, wie sie im Casework von zentraler Bedeutung sind, nicht scharf abgrenzen. Die «Integrität und Würde des Individuums», das «Selbstbestimmungsrecht» des Einzelnen, seine «Selbstverwirklichung», die «Realisierung des vollen Potentials jedes Individuums», das «Wachstum» und die «Reife der Persönlichkeit», um einige dieser Werte zu nennen[112], sind zwar an-sich rein auf den Einzelnen bezogen; aber da es den unabhängigen, nicht vergesellschafteten Menschen gar nicht gibt, müssen solche Individualwerte zwingend von der Gesellschaft anerkannt bzw. «garantiert» werden, wenn sie tatsächlich gelten und realisierbar sein sollen. Eine Kultur, die derartige Individualwerte hochhält, folgt damit einer bestimmten Leitvorstellung über das Verhältnis der Gesellschaftsangehörigen untereinander und damit einem sozialen Wert. Unsere westeuropäisch-amerikanische Kultur der Neuzeit ist charakteristisch geprägt davon, dass die Entfaltung der individuellen Persönlichkeit geschützt und gefördert wird. Insofern gelten die genannten Individualwerte für jede Sozialarbeit in diesem Kulturbereich ganz fraglos. Sie stehen jedoch in der systemischen Sozialarbeitslehre nicht im Vordergrund, wie es in der therapeutisch orientierten, klientzentrierten Sozialarbeitstheorie verständlicherweise der Fall ist.

Soziale Werte bilden sich in lang dauernden soziokulturellen Prozessen aus und unterliegen dem geschichtlichen Wandel. Dabei haben freilich die sozialen *Grundwerte*, die für eine Gesellschaft bzw. Kultur fundamental sind – z. B. die Werte «Freiheit», «Gleichheit», «Demokratie» –, eine grosse Beständigkeit. Was sich hingegen laufend ändert, sind die detaillierten gesellschaftlichen Zielvorstellungen, die zum Ausdruck bringen, wie die allgemeinen Grundwerte realisiert werden sollen.

Was die sozialen Werte in der jeweiligen Gegenwart und Situation *konkret* bedeuten, wird in einer offenen, demokratischen Gesellschaft permanent ver-

---

112 Vgl. z. B. *Friedländer* und *Bartlett*

handelt. Der gesamte Prozess der Kultur- und Gesellschaftsentwicklung stellt eine Auseinandersetzung über Werte und Wertverwirklichung dar. So ist etwa *soziale Gerechtigkeit* ein zwar «uralter» und vielleicht «ewiger» Wert, aber er bedeutet auch in einer seit vielen Jahrzehnten so stabilen Gesellschaft, wie es die schweizerische ist, heute etwas ganz anderes als vor fünfzig Jahren: damals gab es weder eine allgemeine Alters- und Hinterlassenenversicherung noch eine Invalidenversicherung, ganz abgesehen von vielen andern sozialen Errungenschaften der Nachkriegs- und Hochkonjunkturzeit – nicht einmal das Stimm- und Wahlrecht für Frauen existierte! All das gehörte damals im Bewusstsein der gesellschaftlichen Mehrheit nicht zur «sozialen Gerechtigkeit». Und in fünfzig Jahren wird man sich wundern darüber, was für Zustände *heute* als «sozial gerecht» gelten.

An den bestehenden sozialen Normen, Standards und Institutionen lässt sich einigermassen erkennen, in welcher Art und in welchem Ausmass eine Gesellschaft ihre sozialen Werte zu verwirklichen bereit ist. Insbesondere bringt auch die Sozialarbeit – ihr Vorhandensein, ihre Institutionen, ihr Wirken – eine gesellschaftliche Werthaltung zum Ausdruck. Die Sozialarbeit erfüllt nicht nur ausgesprochen gesellschaftsrelevante Funktionen, sondern als gesamte *ist* sie eine Funktion der Gesellschaft. Ihre *soziale Wertorientierung* (genau: ihre Orientierung auf soziale Werte hin) kann sinnreich nur im gleichzeitigen Blick auf ihre *gesellschaftliche Funktion* erfasst und begriffen werden.

b) Sozialarbeit als gesellschaftlich beauftragter Beruf

Sozialarbeit ist kein privater, im unternehmerischen Sinne ausgeübter Beruf. Es lässt sich mit ihr kein Geschäft machen wie mit anderen helfenden Tätigkeiten, was natürlich im Wesen des «sozialen Problems» sowie im Unterschicht-Status der Klienten begründet ist.[113]

Der Sozialarbeiter arbeitet als Angestellter einer *Institution*, die rechtlich und finanziell von der *Gesellschaft* getragen wird: vom Staat, von öffentlich-rechtlichen Körperschaften, von den (meistenteils halbstaatlichen) Kirchen, von gemeinnützigen Verbänden, von Gewerkschaften, von Grossunternehmen. Es handelt sich bei diesen Trägern der Sozialarbeit um gesellschaftsrepräsentierende Subsysteme der Gesellschaft, die alle (selbst die privaten Unternehmen) Sozialarbeit nicht aus finanzieller Gewinnabsicht, sondern aus sozialer Wertorientierung heraus betreiben lassen.

Hauptträger der Sozialarbeit ist «die Öffentlichkeit», also die Gesellschaft als gesamte, weil letztlich fast alle Sozialarbeit, auch die der meisten nicht-staatli-

---

113 Entsprechend lässt sich Sozialarbeit nicht kostensparend privatisieren (vgl. *Wagner 1983* und *Wagner 1985*, S. 239 ff.).

chen Institutionen, zum grössten Teil von Steuergeldern und anderen gesetzlichen Abgaben (z. B. AHV/IV-Prämien) sowie von allgemeinen Spendengeldern finanziert wird.[114] Entsprechend ist die Sozialarbeit etwas, das «allen gehört», und sie hat insofern einen ausgesprochen *öffentlichen Charakter*.

Dem, dass die Sozialarbeit von der Gesellschaft getragen wird, entspricht ihr *gesellschaftlicher Auftrag*. Ihre Aufgabe, soziale Probleme zu lösen, ist ihr von der Gesellschaft gegeben. Diese Aufgabe stellt einen von der allgemeinen Meinung bejahten Leistungsauftrag dar, aus dem sich auch die gesellschaftliche Legitimation der Sozialarbeit ergibt.[115]

Die Frage nach der gesellschaftlichen Funktion der Sozialarbeit – jedenfalls nach ihrer Soll-Funktion – ist: welchen Zweck verfolgt die Gesellschaft damit, dass sie «soziale Problemlösung» betreiben lässt? Diese Frage ist im Prinzip identisch mit der Frage nach den sozialen Werten, auf die sich die sozialarbeiterische Problemlösung ausrichten soll. Die Sozialarbeit ist von der Gesellschaft beauftragt, durch ihre Tätigkeit bestimmte wertorientierte Funktionen auszuüben, die im Interesse der Gesellschaft liegen. Die Sozialarbeit erfüllt damit, indem sie in sozialen Problemfällen (auf Mikrosystem-Ebene) problemlösend tätig ist, eine gesellschaftliche Funktion (auf Makrosystem-Ebene). Sie hat nicht nur den Problembeteiligten zu helfen, sondern damit zugleich das «Wohl aller», gesellschaftliche Gesamtinteressen also, zu fördern.

Auch wenn sich theoretisch diese beiden Funktionen, die *Problemlösungsfunktion* im einzelnen Problemfall einerseits und die *gesellschaftliche Funktion* anderseits, ohne Schwierigkeit zur Deckung bringen lassen, herrscht in der Realität keine prästabilierte Harmonie zwischen ihnen, sondern ein dynamisches Spannungsverhältnis. Der Sozialarbeiter steht mitten darin, und diese Mittelstellung zwischen der Gesellschaft und den problembeteiligten Personen ist ein herausragendes Charakteristikum seines Berufes. Es handelt sich um eine *mediatorische Interposition*, denn dem Sozialarbeiter obliegt es, in all seinem Handeln zwischen der Gesellschaft bzw. dem öffentlichen Interesse einerseits und den Interessen der problembeteiligten Individuen anderseits zu vermitteln. Die mediatorische Funktion, welche die systemische Sozialarbeit im einzelnen Problemfall ausübt, erstreckt sich damit auch auf das grösste Sozialsystem, die Gesellschaft überhaupt, und der Sozialarbeiter wirkt auch diesbezüglich systemfunktionalisierend.

Die Sozialarbeitstheorie verhandelt dieses Thema hauptsächlich unter dem Begriff des *doppelten Mandats* des Sozialarbeiters, wobei neben bzw. gegen den gesellschaftlichen Auftrag der Sozialarbeit der Auftrag des Klienten gestellt

---

114 Vgl. *Geiser/Spörri*, S. 298 ff. (mit vier Beispielen von Betriebsrechnungen privater sozialer Organisationen)

115 Vgl. Wendts Aussage, dass jede sozialarbeiterische Aktion «in der Gesellschaft anfängt und endet und von daher ihre Legitimation empfängt» (*Wendt 1982*, S. 214).

wird. Ein eigentliches «Mandat», eine Beauftragung des Sozialarbeiters also seitens der Problembeteiligten oder im speziellen des Klienten gibt es zwar, wie wir bereits festgehalten haben, nicht. Aber die sachliche «Doppelverpflichtung» des Sozialarbeiters, die Tatsache, dass «Sozialarbeit sowohl mit dem einzelnen als auch mit der Gesellschaft zu tun hat und besonders an dem Verhältnis zwischen beiden interessiert ist» (Haines), gilt als unbestritten. Diesbezüglich habe die Sozialarbeit «*immer* in zwei Richtungen geblickt», meint Heraud. Zutreffend stellt Brack fest, es gehöre «zu den schwierigen, aber wichtigen berufsethischen Entscheidungen» des Sozialarbeiters, «den richtigen Weg zwischen den Interessen des Klienten und denjenigen der Öffentlichkeit zu finden».[116]

Dass es schwierig ist, heisst nicht, es sei prinzipiell unmöglich. Von einem pessimistischen Standpunkt aus soll zwar der Begriff «doppeltes Mandat» eben dies zum Ausdruck bringen: dass nämlich die Gesellschaft, repräsentiert hauptsächlich durch die dem Sozialarbeiter vorgesetzten Instanzen, vom Sozialarbeiter verlange, hinsichtlich des Klienten etwas grundsätzlich anderes zu tun, als was er selbst aus seinem Berufsverständnis heraus tun wolle. Dabei geht es (z. B. nach Thiersch[117]) auf der einen Seite um Kontrollieren, Disziplinieren und Sanktionieren, auf der andern um Akzeptieren, Individualisieren und Aktivieren. Es wird in dieser Auffassung fraglos vorausgesetzt, die Machtträger und Repräsentanten der Gesellschaft, insbesondere des Staates, seien prinzipiell *gegen* jene Menschen eingestellt, die sozialarbeiterische Hilfe benötigen, und demnach notorisch unfähig bzw. unwillig, die Vorstellungen der Sozialarbeiter, wie man diesen Menschen helfen sollte, zu teilen. In Tat und Wahrheit jedoch verhält es sich keineswegs so. Dass der Sozialarbeiter hin und wieder mit Vertretern gesellschaftlicher Instanzen, die nicht selbst eine sozialarbeiterische Aufgabe haben, aber für die sozialarbeiterische Problemlösung wichtig sind, um ein Anliegen der Klienten kämpfen muss, ergibt sich als ganz normale Berufstätigkeit aus seiner mediatorischen Interposition. Auf der andern Seite hat er ebensooft Kämpfe mit Problembeteiligten, selbst mit freiwilligen Klienten, auszufechten. In einer Gesellschaft, in der echte demokratische Auseinandersetzungen möglich sind, stellt das «doppelte Mandat» kein grundsätzlich unlösbares Dilemma für den Sozialarbeiter dar. Er handelt hier in einem lebendigen, flexibel interdependenten Kräftespiel, von dem er selbst und seine Institution ein beachtlicher Faktor ist, und er hat dabei, wie die Praxis zeigt, gute Chancen, allseitig befriedigende Problemlösungen zustande zu bringen.[118]

116 *Brack 1983*, S. 114. Für diese Autorin ist klar: «Auftraggeber der Sozialarbeit ist die Öffentlichkeit» (S. 103).

117 *Thiersch 1977*, S. 111

118 In bezug auf die deutsche Sozialarbeitstheorie übt *Frommann* (S. 41) mit Recht (Selbst-)Kritik am «unverändert und lückenlos obrigkeitsstaatlichen Denken», das sich in der negativen Prämisse der pessimistischen Auffassung vom «doppelten Mandat» der Sozialarbeit ausdrückt: «Wir halten gar nicht für möglich, dass in einem Staatswesen mit dem Anspruch sozialer Demokratie

Trotzdem muss man klar sehen, dass der Sozialarbeiter unter Umständen durch die unterschiedlichen Ansprüche des «doppelten Mandats» in einen schwierigen Rollenkonflikt geraten kann, vor allem wenn es um Probleme der gesellschaftlichen Devianz geht (s. u. S. 131 ff.).

Die Problembeteiligten, die beim Sozialarbeiter Hilfe suchen, müssen wissen, dass dieser in gesellschaftlichem Auftrag tätig ist und deshalb bei der Problemlösung gesellschaftliche Interessen miterwägt und allenfalls berücksichtigt. Es käme einer Irreführung des Sozialarbeitsklienten gleich, wenn der Sozialarbeiter ihm den Eindruck erweckte, er, der Sozialarbeiter, sei wie der Rechtsanwalt, der Arzt, der Psychotherapeut oder der Treuhänder einzig dazu da, seine (des Klienten) persönliche Interessen zu fördern, unabhängig vom gesellschaftlichen Gesamtwohl. Der Sozialarbeitsklient ist nicht der *Kunde* des Sozialarbeiters oder der Sozialarbeitsinstitution, und er wie der Sozialarbeiter sollen sich darüber klar sein.

Die Tatsache, dass der Leistungsauftrag der Sozialarbeit von der Gesellschaft ausgeht und *die Sozialarbeiter* ihn sich nicht selbst geben, bedeutet keineswegs, dieselben hätten darüber, was dieser Leistungsauftrag sei, nicht mitzubestimmen. Die Sozialarbeiter gehören ja selbst als einzelne, als Mitglieder zahlreicher gesellschaftlicher Subsysteme sowie als Berufskollektiv zur Gesellschaft und üben natürlich einen erheblichen Einfluss auf deren Meinung aus, soweit es um die Sache der Sozialarbeit geht. Im übrigen gilt für die Sozialarbeit gleich wie für alle andern in gesellschaftlichem Auftrag ausgeübten Berufe: sie bestimmen zwar nicht selbst ihre Aufgabe, wohl aber ihre Methode.

c) Die allgemeine gesellschaftliche Funktion der Sozialarbeit

Die allgemeine gesellschaftliche Funktion der Sozialarbeit besteht darin, unter der Leitidee der «sozialen Gerechtigkeit» an der Erhaltung und Verbesserung der Gesellschaft mitzuwirken.

Die Gesellschaft, das umfassendste kohärente Sozialsystem, existiert im wesentlichen als staatlich-kulturelle Gemeinschaft. Vor allem anderen will sich die Gesellschaft selbst erhalten; *Selbsterhaltung* ist der primäre Selbstzweck jedes natürlichen Sozialsystems. Alles, was im Auftrag der Gesellschaft geschieht, also auch die Sozialarbeit, dient dazu, die Gesellschaft zu erhalten. Hierin zeigt sich noch nichts, das im besondern für die Sozialarbeit Bedeutung hat. Solches kommt erst in den Blick, wenn wir als Leitidee der allgemeinen gesellschaftserhaltenden Funktion der Sozialarbeit die *soziale Gerechtigkeit* erkennen. Den umfassenden

das allgemeine Wohl streckenweise identisch sein könne mit dem selbstdefinierten Interesse von einzelnen Gruppen – jedenfalls nicht derjenigen, mit denen Sozialarbeit zu tun hat.»

System-Sinn einer demokratischen Gesellschaft kann man als «Wohl aller Gesellschaftsangehörigen» bezeichnen, und dieser Sinn setzt der gesellschaftlichen Aktivität verschiedene Systemzwecke, unter ihnen denjenigen, *soziale Gerechtigkeit* zu realisieren. Für das ganze *Sozialwesen* stellt die soziale Gerechtigkeit die generelle Leitidee dar; sie zu verwirklichen, ist deshalb auch die allgemeine gesellschaftliche Funktion der Sozialarbeit. Freilich, das gesellschaftlich Spezifische der *Sozialarbeit* liegt nicht in dieser allgemeinen Funktion, sondern darin, dass die Sozialarbeit soziale Gerechtigkeit im speziellen Bereich dessen, was wir als «soziales Problem» definiert haben, zu verwirklichen anstrebt.

«Gerechtigkeit» ist ein idealer Wert, der nur mit mehr oder weniger grossem Engagement *intendiert,* aber nie voll realisiert werden kann. Schon was er konkret bedeutet, unterliegt, wie wir bereits festgehalten haben, der Diskussion und dem geschichtlichen Wandel. Es wohnt der Idee der sozialen Gerechtigkeit aber in unserer auf das Diesseits und auf Demokratie ausgerichteten Zeit eine grosse *Dynamik* inne. Die Gesellschaft zu «erhalten», kann nur bedeuten, sie fortlaufend sozial gerechter zu machen, denn sie ist nicht ein Bestand, sondern ein Prozess, der auf Verwirklichung der Gesellschaftszwecke drängt.

Dass die Sozialarbeit der gesellschaftlichen Systemerhaltung dient, heisst also keineswegs, sie habe sozial ungerechte Zustände zu zementieren. Ganz im Gegenteil: mit ihrem unablässigen Streben nach einer besseren sozialen Gerechtigkeit in jeder einzelnen sozialen Problemlösung wirkt die Sozialarbeit mit an der positiven Veränderung der Gesellschaft. Soziale Standards und Wertungen werden dadurch verschoben, und es gehen Impulse aus zur Verbesserung sozialer Strukturen. Natürlich handelt es sich dabei um einen evolutionären Prozess, welcher von der Sozialarbeit mit anderen gesellschaftlichen Kräften zusammen gefördert wird.

Die Sozialarbeit verfügt nur über wenig Macht in der Gesellschaft; allein vermag sie weder Richtung noch Tempo, mit denen sich die Gesellschaft auf zunehmend bessere soziale Gerechtigkeit hin entwickelt, massgeblich zu bestimmen. Und natürlich ist sie völlig ausserstande, das *Gesellschaftssystem* revolutionär umzugestalten, wie es die marxistisch orientierte soziologische Kritik der spätkapitalistischen Gesellschaft für nötig hält. Von ihr wird der Sozialarbeit vorgeworfen, sie diene den finanziell und damit gesellschaftlich Mächtigen als (Herrschafts-)Instrument zur Stabilisierung der ungerechten Gesellschaftsstrukturen.[119] Aber auch die marxistische Kritik muss zugeben, dass die Sozialarbeiter nicht in der Lage sind, das Gesellschaftssystem, in dessen Auftrag sie ihren Beruf ausüben, fundamental zu verändern. «Sozialarbeit als systemsprengende Kraft kann angesichts ihres Auftrags nicht konzipiert werden», stellt Hollstein, nach-

[handschriftliche Randnotiz:] jede soziale Problemlösung z.B. SH-Gerung trägt ein Mosaiksteine mehr zur Gerechtigkeit bei?!

---

119 Vgl. z. B. *Hollstein/Meinhold* oder *Zinner.* Einen Überblick gibt *Mühlum 1981* (S. 276 ff.)

dem er die Funktion der Sozialarbeit unter kapitalistischen Bedingungen marxistisch analysiert und verurteilt hat, zu Recht fest.[120]

Einem Beruf als *berufliche* Aufgabe den Kampf gegen die Grundstrukturen des Gesellschaftssystems, in dem er ausgeübt wird, zu überbinden, ist absurd. Eine derartige politische Aufforderung kann niemals Bestandteil einer Berufslehre sein. Der Sozialarbeiter tut zwar gut daran, davon auszugehen, die Gesellschaft sei von tiefgreifenden *sozialen Ungerechtigkeiten* geprägt. Das erhellt ihm vieles, was er sonst schwer verstehen könnte. Und er soll sich durchaus davon anspornen lassen, zusammen mit allen sozial fortschrittlichen Kräften für die Verbesserung der Gesellschaft zu arbeiten. Aber er braucht (als Sozialarbeiter!) keine Schuldgefühle zu haben, weil es diese Ungerechtigkeiten gibt und er sie nicht durch radikale Reformen oder gar revolutionäre Umwälzungen aus der Welt zu schaffen vermag. Dergleichen kann vernünftigerweise niemand von der Sozialarbeit oder sonst einem einzelnen Beruf verlangen.

Wie das Gesellschaftssystem grundlegend strukturiert sein soll, ist eine umfassende *politische Frage*, nicht eine Frage der (systemimmanenten) Sozialpolitik. Es geht bei ihr darum, ob die bestehende Gesellschaft im Prinzip bejaht und folglich erhalten und verbessert oder im Gegenteil abgelehnt werden soll. Vom marxistisch-sozialistischen Gesichtspunkt aus ist ein kapitalistisch strukturiertes Gesellschaftssystem prinzipiell ungerecht und deshalb verwerflich. Mit dieser grundsätzlichen, bedenkenswerten These wird aber nicht eine berufliche, speziell fachliche Frage, z. B. eine der Sozialen Arbeit, aufgeworfen. Von ihr sind in einem demokratischen Staat vielmehr *alle* Gesellschaftsangehörigen herausgefordert, und zwar in ihrer politischen, nicht in ihrer beruflichen Rolle. Je nachdem, über wie viel Macht eine Person in dieser politischen Rolle verfügt, trägt sie mehr oder weniger Verantwortung für die fundamentale Gesellschaftsstruktur.

Auch für die *Sozialpolitik* als einen bestimmten Aspekt der Politik, die innerhalb eines bestehenden Gesellschaftssystems betrieben wird, sind alle politisch relevanten Gesellschaftsmitglieder, vom einfachen Stimm- und Wahlberechtigten bis zu den höchsten Machtträgern, zuständig – nicht ein spezieller Beruf. Selbstverständlich kommt aber im sozialpolitischen Bereich den Angehörigen der sozialen Berufe eine besondere Verantwortung als *Experten* zu. Die eigentliche Berufsaufgabe des Sozialarbeiters (d. h. des Sozialberaters) ist zwar die Problemlösung im einzelnen sozialen Problemfall – so wie die Berufsaufgabe des Arztes darin besteht, den einzelnen Kranken zu heilen, oder diejenige des Rechtsanwaltes, dem einzelnen Mandanten zum Recht zu verhelfen. Aber wie die Gesellschaft vom Arzt bzw. von der Ärzteschaft erwartet, dass diese sich für gesundheitspolitische Belange interessiert und zur Entwicklung des Gesundheitswesens beiträgt, und wie sie beim Rechtsanwalt mit der analogen Einstellung gegenüber der spezifischen Rechtspolitik und dem Justizwesen rechnet, so darf sie auch von den

---

120 *Hollstein* 1973, S. 42

Sozialarbeitern voraussetzen, sie engagierten sich für die Verbesserung des Sozialwesens. Umgekehrt dürfen die Sozialarbeiter angesichts ihrer besonderen beruflichen Kompetenz im Sozialbereich von der Gesellschaft verlangen, bei sozialpolitischen Fragen beigezogen und als Experten anerkannt zu werden.

Das gilt gleicherweise für den einzelnen Sozialarbeiter, die einzelne Sozialarbeitsinstitution, spezielle Vereinigungen von Sozialarbeitern oder Sozialarbeitsinstitutionen, den nationalen Berufsverband sowie internationale Berufsorganisationen, in denen die Sozialarbeiterschaft insgesamt repräsentiert ist. Sie alle sollen sich je auf dem ihnen entsprechenden Systemniveau (z. B. innerhalb ihres Wohlfahrtsverbandes oder ihrer Gemeinde, auf kantonaler, nationaler oder internationaler Ebene) durch Mitarbeit in Behörden, Kommissionen und Expertengruppen für eine fortschrittliche Sozialpolitik einsetzen. Sie sollen die zuständigen politischen Instanzen beraten, zu Ideen und Entwürfen Stellung nehmen und von sich aus Neuerungen anregen bzw. fordern. Dabei müssen sie streng sachlich und fundiert fachlich argumentieren. Politische Parteinahme und Polemik ist für den Sozialarbeiter in seiner Berufsrolle als sozialpolitischer Experte unangemessen und kontraproduktiv.

In der Sozialarbeitslehre, wie wir sie verstehen, wird diese *sozialpolitische Tätigkeit* des Sozialarbeiters nicht behandelt, denn sie gehört nicht in die Sozialberatung, sondern in periphere Bereiche der Sozialen Arbeit (s. S. 52). Ein Sozialarbeiter, der in keinerlei Weise direkt in der Sozialpolitik mitwirkt, aber untadelig soziale Problemlösung im einzelnen Fall betreibt, erfüllt die im engeren Sinn sozialarbeiterische, nämlich sozialberaterische Berufsaufgabe voll. Sozialpolitische Aktivität ist kein notwendiger Bestandteil dieser Aufgabe. Im Gesamtaspekt der Sozialen Arbeit freilich muss diese Art gesellschaftlicher Funktion als unabdingbar gelten; und der Sozialarbeiter, welcher sich nicht nur als Sozialberater, sondern zugleich als Vertreter der Sozialen Arbeit schlechthin versteht, betätigt sich, soweit es ihm möglich ist, immer auch an der sozialpolitischen Weiterentwicklung der Gesellschaft.

d) Ressourcenzuteilung, Konfliktlösung, Integrationshilfe

Wir haben festgehalten, dass die Sozialarbeit, so wie wir sie definieren, ihre allgemeine gesellschaftliche Funktion, soziale Gerechtigkeit zu verwirklichen, im Lösen einzelner sozialer Problemfälle erfüllt. Was sie dabei in Hinsicht auf die Gesellschaft tut, lässt sich kategoriell unter den drei speziellen gesellschaftlichen Funktionen *Ressourcenzuteilung*, *Konfliktlösung* und *Integrationshilfe* begreifen. In ihnen drückt sich aus, was die Sozialarbeit für die Gesellschaft leistet.

1. Individuelle Zuteilung sozialer Ressourcen: Der Begriff «soziale Ressourcen» bezeichnet alle Hilfsmittel, welche die Gesellschaft denjenigen ihrer Angehörigen zur Verfügung stellt, die ihrer aufgrund einer sozialen Notlage bedürfen. Es

130

handelt sich um Geld, Sachen, subjektive Rechte und Dienstleistungen. Der Sozialarbeit obliegt die Zuteilung solcher Ressourcen dort, wo dieselben *individuell,* je nach den Eigenheiten des einzelnen sozialen Problem-Sachverhalts, also nicht generell (wie bei rechtlich normierten, betragsmässig fixierten finanziellen Sozialleistungen), gewährt werden. Diese individuelle Zuteilung erfordert eine spezielle Abklärung und Beurteilung des betreffenden sozialen Problems und seiner Lösung. Indem die Gesellschaft den Beruf der Sozialarbeit damit beauftragt, bringt sie den Willen zum Ausdruck, dies müsse auf fachmännische Weise geschehen.

Dabei sind für die Sozialarbeit hauptsächlich die sozialen Werte «Menschenwürde», «soziale Wohlfahrt», «soziale Chancengleichheit», «soziale Solidarität», «gleiches Recht» wegleitend.

2. *Lösen sozialer Konflikte unter Gesellschaftsangehörigen*: Wo es zwischen einzelnen Gesellschaftsangehörigen (darunter können sich auch Institutionsvertreter befinden) hinsichtlich sozialer Bedürfnisobjekte zu einem Konflikt kommt, soll konfliktlösend, insbesondere vermittelnd, gehandelt werden. Daran ist der Gesellschaft allein schon aus ihrem fundamentalen Interesse an Selbsterhaltung gelegen; denn dieses ruft nach gesellschaftlichem Frieden, nach möglichst wenig Spannungen unter den Gesellschaftsmitgliedern. Haben die konfliktbeteiligten Personen nicht eigene (in der Regel privat angestellte, bezahlte) professionelle Helfer, die vermitteln oder sich sonstwie um die Lösung des Konflikts bemühen, stellt ihnen die Gesellschaft dafür Sozialarbeiter zur Verfügung.

Diese orientieren sich in ihrer konfliktlösenden gesellschaftlichen Funktion an Leitideen wie «sozialer Interessenausgleich», «harmonische Sozialbeziehungen», «gerechte Güterverteilung», «Wohl aller».

3. *Soziale Integrationshilfe für deviante Personen*: Gesellschaftsangehörige, welche mit ihrem Verhalten von den gültigen sozialen Normen in einem Ausmass abweichen, das die gesellschaftliche Toleranzgrenze überschreitet, nennen wir «deviante Personen». Die Gesellschaft reagiert auf ihr Verhalten, das als «kriminell», «sittenwidrig», «delinquent», «verhaltensgestört», «krank», «psychopathisch» etc. gilt, in der Regel mit abwehrenden, korrigierenden oder bestrafenden Zwangsmassnahmen. Für diese sind hauptsächlich polizeiliche, richterliche und behördliche Organe zuständig. Das primäre Ziel der Gesellschaft ist jedoch, selbst im Falle der Bestrafung kriminellen Verhaltens, die devianten Gesellschaftsangehörigen zu resozialisieren, sie wieder in die Gesellschaft zu integrieren.

Mit dieser Aufgabe betraut sind hauptsächlich die Angehörigen helfender Berufe auf dem Felde der Sozialen Arbeit und im therapeutischen Bereich. Eine grosse Bedeutung kommt hier insbesondere der sozialpädagogischen Tätigkeit zu; aber auch für die Sozialarbeit ist die gesellschaftliche Funktion sozialer Integrationshilfe, oft in enger Zusammenarbeit mit der Sozialpädagogik ausgeübt, charakteristisch. Sogar das persönlichkeitsbezogene Casework anerkennt, dass es letztlich darum geht, den Klienten zum «gesellschaftlichen Funktionieren» (so Kamphuis) zu bringen. Wenn immer möglich geschieht die sozialarbeiterische Integrationshilfe *prophylaktisch:* sie soll strafrechtlichen Sanktionen, Zwangshospitalisationen, Plazierungen in geschlossenen Institutionen oder dem Entzug von persönlichen Rechten vorbeugen. Im Falle, wo solche Massnahmen über eine deviante Person bereits verhängt sind, bezweckt das *resozialisierende* Handeln des Sozialarbeiters, diesen Menschen möglichst rasch wieder in das normale Lebensmilieu einzugliedern.

Das sozialintegrative Handeln des Sozialarbeiters richtet sich hauptsächlich auf die sozialen Werte «friedliches Zusammenleben», «gesellschaftliche Ordnung», «soziale Toleranz», «gegenseitige Rücksichtnahme und Hilfe».

Im Zusammenhang mit der sozialen Integrationshilfe als einer gesellschaftlichen Funktion der Sozialarbeit kommt erneut (wie bereits oben S. 122, wo wir die protektive Funktion der sozialarbeiterischen Problemlösung erörterten) das Phänomen der *sozialen Kontrolle* in den Blick, hier aus der gesamtgesellschaftlichen Perspektive. Der dafür massgebliche soziologische Begriff der «sozialen Kontrolle» ist sehr weit; nach Hartfiel/Hillmanns soziologischem Wörterbuch umfasst er «alle sozialen Prozesse und Strukturen, die abweichendes Verhalten der Mitglieder einer Gesellschaft oder einer ihrer Teilbereiche verhindern oder einschränken». Von da aus versteht sich von selbst, dass nebst vielen anderen öffentlichen und privaten Institutionen auch die Sozialarbeit soziale Kontrolle ausübt, insbesondere wo sie sich um die gesellschaftliche Integration devianter Personen bemüht. Die erwähnten Autoren sagen sogar ausdrücklich: «Die soziale Kontrolle dient letztlich der sozialen Integration», woraus hervorgeht, dass im soziologischen Verständnis die soziale Kontrolle eine gesellschaftliche Notwendigkeit und damit nicht etwas an-sich Negatives ist.

Die Diskussion um die soziale Kontrolle in der Sozialarbeit[121] kreist allerdings um eine enger und durchaus negativ verstandene Erscheinung: die Sozialarbeit als Kontrollinstrument in der Hand der herrschenden Gesellschaftsangehörigen zur Disziplinierung und Unterdrückung der schwachen, aber für die Herrschenden potentiell gefährlichen Gesellschaftsangehörigen. Dass es sich so verhalte mit der Sozialarbeit, werfen derselben marxistisch denkende Soziologen vor. Hollstein z. B. umreisst die «Funktion der Sozialarbeit unter kapitalistischen Produktionsbedingungen» vom marxistischen Standpunkt aus markant in seinen Thesen, dass die Sozialarbeit 1. «Reproduktionsagentur», 2. «Sozialisationsagentur», 3. «Kompensationsagentur», 4. «Oppressionsagentur» und 5. «Disziplinierungsagentur» der herrschenden (kapitalistischen) Klasse sei. Nach seiner Meinung erfüllen die Sozialarbeiter, ob sie es merken oder nicht, unter einem

---

121 Vgl. *Heraud*, S. 151 ff. 192 ff. sowie *Mühlum 1981*, S. 190 ff.

«humanitären Deckmäntelchen» eine «herrschaftsstabilisierende Funktion», einen «Helferdienst für die bestehende Herrschaft».[122]

Je nachdem, ob man die Prämissen *marxistischer Gesellschaftskritik* als richtig akzeptiert oder als Ideologie verwirft, wird man diese Beurteilung der Sozialarbeit teilen oder ablehnen. Es geht hier letztlich um eine gesellschaftstheoretische, geschichtsphilosophische, sozioökonomische und politologische Fragestellung in sehr weitem Horizont, innerhalb dessen die Sozialarbeit nur als ein Faktor unter anderen, und zwar als ein wenig bedeutsamer, erscheint. In diesem umfassenden Theoriebereich Aussagen zu machen, zu bestimmen, ob die marxistische Gesellschaftsanalyse recht hat oder nicht, ist nicht Aufgabe der Sozialarbeitslehre. Dieselbe kann den Vorwurf, Sozialarbeit sei ein Instrument der sozialen Kontrolle in der Hand der herrschenden Klasse, nur in praxisgenetischer Erkenntnisperspektive, im Hinschauen auf die reale Sozialarbeitspraxis also, prüfen. Dabei zeigt sich nur weniges, das den Vorwurf bestätigen würde.

Soziale Kontrolle übt die Sozialarbeit hauptsächlich dort aus, wo eine *Pflichtklientschaft* besteht oder wo in sozialen Problemsituationen *interveniert* wird. Die Klienten bzw. Problembeteiligten in diesen Fällen und überhaupt die Problembeteiligten, mit denen es der Sozialarbeiter in der Regel zu tun hat, sind aber in den heutigen gesellschaftlichen Verhältnissen keineswegs Menschen mit einem politischen Bewusstsein oder gar einem revolutionären Potential. Vor ihnen braucht die herrschende Klasse gewiss keine Angst zu haben. Die marxistische Soziologie legt ihrer Sozialarbeitskritik unreflektiert die Vorstellung vom Sozialarbeitsklienten als dem (raffiniert unterdrückten, aber potentiell zum Widerstand bereiten und fähigen) Proletarier zugrunde, und diese Vorstellung ist extrem realitätsfremd. Unterschichtzugehörigkeit bedeutet keineswegs das gleiche wie proletarische, also politisch relevante Klassenzugehörigkeit.

Im übrigen überschätzen die Theoretiker die Kontrollmöglichkeit bzw. Kontrollmacht der Sozialarbeit gewaltig. Wenn der Sozialarbeiter sich nicht das Vertrauen des Pflichtklienten erwirbt, vermag er ihn tatsächlich – trotz all seiner Rechte, die er über ihn hat – nur wenig zu kontrollieren. Die blosse behördliche oder gerichtliche Anordnung einer expliziten Aufsicht (z. B. Erziehungsaufsicht, Schutzaufsicht) schafft in der Regel, wenn es dem Sozialarbeiter nicht gelingt, von den betroffenen Personen akzeptiert zu werden, einen Effekt, den ich *Kontrollparadox* nenne: Gerade weil diese Personen wissen, dass sie nun beaufsichtigt werden, und gerade weil sie verpflichtet sind, Auskunft und Einblick zu geben, entziehen sie sich dem Sozialarbeiter und geben ihm weniger Gelegenheit zur Kontrolle, als wenn keine formelle Aufsicht bestünde!

Wie wir bereits festgestellt haben, entspricht es der Intention und dem Selbstverständnis des Sozialarbeiters, soziale Kontrolle immer als Schutz und Hilfe für den betroffenen Menschen auszuüben, niemals zu dessen Bestrafung, Beherrschung oder gar Unterdrückung. Man findet nur sehr wenige Sozialarbeitsklien-

122 *Hollstein 1973a*

ten, die sich vom Sozialarbeiter mehr kontrolliert als unterstützt fühlen. Und das Image, welches die Sozialarbeiter allgemein in der Öffentlichkeit sowie besonders in den politisch und ökonomisch führenden Gesellschaftsschichten haben, deutet ganz daraufhin, dass sie eher zugunsten ihrer Klienten gegen die Interessen der Mächtigen handeln als umgekehrt.

Die blosse Tatsache, dass auch durch die Sozialarbeit unter Umständen *Zwang* gegen eine Person ausgeübt wird, stellt keinen Beweis ihres repressiven Charakters dar. In den Fällen, wo dies geschieht, ist die soziale Notlage zugleich eine Zwangslage: wenn die betroffenen Menschen nicht selbst das zwingend Notwendige tun wollen oder können, muss es der Sozialarbeiter zwangsmässig tun – der Zwang steckt im Problem, in der Not, in der Sache selbst drin; er wird nicht von aussen, aus sachfremden Interessen irgendwelcher gesellschaftlicher Instanzen an das Problem herangeführt.

In der Methodenlehre werden wir bei der Erörterung der sozialarbeiterischen Handlungsart «Intervention» näher auf die Frage der Zwanganwendung durch Sozialarbeit eingehen. Insgesamt, so das Fazit unserer kurzen Überlegungen hier, erscheint im Horizont der praktischen Sozialarbeitserfahrung der marxistisch-soziologische Kontroll- und Beherrschungsvorwurf gegenüber der Sozialarbeit als nicht plausibel.

1.24 Charakteristische Momente der sozialen Problem-lösung

Ein soziales Problem hat ganz andere Eigenschaften als zum Beispiel ein technisches oder ein rein theoretisches, also begriffliches Problem. Entsprechend darf man sich unter der «Lösung» eines sozialen Problems auch nicht einfach das gleiche vorstellen, was als Lösung im abstrakt-theoretischen oder technischen Bereich gilt. Ein *rein theoretisches* Problem, z. B. ein mathematisches, ein philosophisches oder ein Schach-Problem, ist aufgrund der Begriffe, welche die Problemdefinition enthält, entweder unlösbar oder voll und abschliessend lösbar. Ist es lösbar, sind die Lösungsbegriffe – mehr als Begriffe braucht es bei solchen Problemen nicht – entweder eindeutig und vollständig vorgegeben oder der Theoretiker kann sie frei definieren. Im ersten Fall ist das Problem nach aussen abgeschlossen, im zweiten hat der Problemlöser die volle Macht über alle lösungsrelevanten Faktoren. Unter solchen, im rein theoretischen Bereich gegebenen Bedingungen ist die *perfekte* Problemlösung möglich.

Die *technischen* Probleme lassen sich zwar nicht gänzlich abschliessen, und der Techniker ist nicht omnipotent betreffend die reale Materie wie der Theoretiker hinsichtlich der Begriffe. Trotzdem ist es der Technik gelungen, ihre Probleme in hohem Masse zu isolieren, also vom Umwelt-Kontext abzutrennen, und innerhalb dieses selbstdefinierten Rahmens nahezu perfekt zu lösen. Natürlich konnte es dazu nur kommen, weil das «natur»wissenschaftliche, technische Denken im Laufe der letzten zwei Jahrhunderte eine überwältigende Vorherrschaft errungen hat und praktisch von ihm allein aus bestimmt wird, was unter den existierenden Gegebenheiten von Bedeutung ist und entsprechend auch, was als Problem gilt. Davon ist nicht nur die äussere Welt unserer Zivilisation, sondern auch unser Bewusstsein tief geprägt. Wir Spätgeborenen der technischen Menschheitsepoche merken freilich langsam, wie einseitig und im ökologischen sowie seelischen Aspekt verheerend unser technisches Denken ist. Wir wissen heute, dass es sich bei den «perfekten» Lösungen der Technik meist keineswegs um vollständige, ja oft nicht einmal um halbwegs befriedigende Lösungen handelt, denn sie schaffen für Natur und Mensch neue, auf die Dauer sogar schwerer wiegende Probleme. Nach wie vor aber ist die Suggestionskraft technischer Lösungen mit ihrem Schein des Perfekten gewaltig, so dass wir unbedacht-automatisch *daran* das Mass nehmen für das, was als «Lösung» eines Problems gilt: Man stellt sich darunter allgemein etwas vor, das das Problem, den unbefriedigenden oder störenden Zustand, vollständig eliminiert und an seine Stelle einen präzis vorgeplanten, eindeutig positiven, stabilen neuen Zustand setzt – die «saubere», perfekte Lösung eben, wie sie uns exakte Wissenschaft und Technik vordemonstrieren.

Für einen im *humanen*, *sozialen* Bereich tätigen Problemlösungsberuf wie die Sozialarbeit hat dies sehr nachteilige Auswirkungen: Man richtet Erwartungen an sie, die sie nicht erfüllen kann, und bewertet ihre Leistungen an Kriterien, die dem Wesen des Humanen und Sozialen nicht entsprechen. Sogar unter den Sozialarbeitern selbst – sie sind «Kinder der Zeit» so gut wie ihre Mitmenschen – gibt es manche, die bewusst oder insgeheim von derartigen sachfremden Idealvorstellungen über die soziale Problemlösung ausgehen, und die vielbeklagte berufliche Frustration der Sozialarbeiter hat hierin ihren Hauptgrund. Indem wir im folgenden den Blick auf einige Momente richten, welche die *soziale* Problemlösung in ihrer spezifischen Eigenart charakterisieren, wollen wir uns klar machen, dass die sozialarbeiterische Lösung typischerweise *imperfekt*, also unvollständig, unvollkommen, unabgeschlossen ist, und dies nicht etwa deshalb, weil die Sozialarbeiter unfähig sind, sondern weil es vom Wesen des sozialen Problems her gar nicht anders sein kann.

a) Offene Prozesshaftigkeit

Das Soziale ist ein Lebensphänomen und somit etwas, was in der Zeit abläuft, sich ständig bewegt und verändert – entsprechend dem Wesen der menschlichen Existenz, ihrer Zeitlichkeit, Dynamik und Variabilität. Wer wie der Sozialarbeiter einen problematischen sozialen Sachverhalt verändern will, tritt hinein in einen «Fluss von Ereignissen», in ein lebendiges Geschehen und wird selbst zum Faktor der problembezogenen sozialen Dynamik. Da sein Handeln dieses Geschehen zielgerichtet steuert und strukturiert, ist die soziale Problemlösung ein *Prozess*. Und zwar ein *offener* Prozess, denn die Freiheit des menschlichen Handelns, die Fülle der gegebenen Handlungsmöglichkeiten, die Vielzahl der potentiell beteiligten Personen und involvierten Gegebenheiten sowie die mannigfache Art, wie sie verknüpft sein können, all dies belässt der Entwicklung sozialer Sachverhalte einen ausserordentlich weiten, oft unabsehbaren Spielraum. Trotz aller gesellschaftlicher Normen und sozialer Zwänge, die den Eindruck erwecken, das Verhalten der Menschen sei durchwegs geregelt, bleibt das soziale Geschehen – insbesondere im mikrosozialen Bereich, der Kerndimension des «sozialen Problems» – weitgehend undeterminiert und unvoraussehbar, eben: offen.

«Problemlösung» kann grundsätzlich in zweierlei Sinn verstanden werden: als ein *Vorgang* und als sein *Ergebnis*. Im technischen Bereich, überall wo man es mit toter Materie zu tun hat, lässt sich beides, die Herstellung eines Zustandes (bzw. Gegenstandes) einerseits und dieser Zustand selbst, das Produkt des technischen Herstellungsprozesses anderseits, genau voneinander scheiden. Im Sozialen, das ein stetes, nie stillstehendes Geschehen ist, geht dies nicht. Jeder soziale Zustand, der unter Mitwirkung des Sozialarbeiters geschaffen wird und als «soziale Problemlösung» angesehen werden kann, ist ein vorübergehender Status des sozialen Lebensprozesses. Er bleibt nicht bestehen, sondern verändert sich sogleich wieder und entwickelt sich weiter.

Die Vorstellung, die sozialarbeiterische Bemühung könne einen feststehenden, unveränderlichen Lösungszustand herbeiführen, ist naiv. Der Sozialarbeiter vermag durch sein Handeln nur bestimmte Elemente in das problematische soziale Geschehen einzuflechten, Elemente, die problemlösende Potenz haben, indem sie dieses Geschehen auf eine günstige Weise beeinflussen, ordnen und lenken: z. B. eine materielle Unterstützung, eine Heimplazierung, einen rechtlichen Entscheid, eine Verhandlungsabmachung unter Problembeteiligten, einen Ratschlag, eine Kindesschutzmassnahme, eine betreuende Beziehung. Damit erreicht er, wenn er Erfolg hat, eine Konstellation im sozialen Sachverhalt, die für die Beteiligten nicht nur an-sich positiv ist, sondern die vor allem die geeignete Basis für eine günstige Weiterentwicklung darstellt. Die soziale Problemlösung schafft also immer nur *relativ stabile*, von mehr oder weniger starker innerer Dynamik getriebene und infolgedessen prinzipiell *transitorische* soziale Zustände. In systemischer Sicht bedeutet dies: der Sozialarbeiter funktionalisiert die sozialsystemischen Zusammenhänge soweit, dass das betreffende System auf positive Weise weiterfunktioniert.

Wie es sich dabei tatsächlich entwickelt, ist nur mehr oder weniger *wahrscheinlich*; es steht nie sicher fest. Veränderungen und Zustände lassen sich im Sozialen nicht wie in der Technik berechnen. Unberechenbarkeit ist ein Kennzeichen der sozialen Problemlösung – hierin manifestiert sich der Offenheitscharakter des Sozialen. Was zu einem bestimmten Zeitpunkt als gute, ja geradezu vollkommene Lösung eines sozialen Problems hat gelten dürfen, z. B. eine Pflegeplazierung, kann sich zum Schlechten wenden oder durch die Veränderung der Umstände zu einem (neuen) Problem werden. Und auch das Umgekehrte ist möglich: was zuerst als Problemlösung höchst fragwürdig erschien, das Selbständigwohnen eines schwierigen Jugendlichen beispielsweise, mag zu einer alle Erwartungen übertreffenden positiven Entwicklung (der Persönlichkeit des Jugendlichen etwa oder der Beziehung zwischen ihm und seinen Eltern) führen. So ist die soziale Problemlösung nie endgültig am Ziel. Was der Sozialarbeiter als Lösungsergebnis erreicht, bleibt den verschiedensten Einflüssen ausgesetzt und muss durch die Problembeteiligten und den Sozialarbeiter kontinuierlich stabilisiert und weiterentwickelt werden.

b) Banalität und Komplexität

Die sozialen Sachverhalte, mit denen es der Sozialarbeiter zu tun hat, sind in ihrer Grundstruktur etwas *Banales*: etwas Gewöhnliches, Alltägliches, das jedermann kennt, weil eben jeder Mensch ein soziales Wesen ist. Das Problematische dieser sozialen Sachverhalte mag freilich ausserordentlich, zuweilen spektakulär sein, aber die sozialarbeiterische Problemlösung strebt regelmässig einen Zustand an, der möglichst nahe beim sozial Durchschnittlichen, also Banalen liegt. Obschon das zu erreichen in vielen Fällen sehr schwierig ist, macht doch das Resultat der sozialarbeiterischen Tätigkeit in der Regel wenig Eindruck – ganz anders als wenn z. B. der Handwerker ein technisches oder der Künstler ein ästhetisches Problem löst, worauf man etwa ein gelungenes Bau- oder ein grossartiges Kunstwerk bewundern kann. Die sozialarbeiterische Problemlösung ist wegen des banalen Charakters ihres Gegenstandes schlecht demonstrierbar, und viele Leute sind denn auch der Meinung, was der Sozialarbeiter tue und erreiche, vermöchten sie ohne weiteres auch zu leisten. Schliesslich hält sich in so gewöhnlichen Angelegenheiten, wie es die sozialen sind, jedermann für einen Kenner!

Solche Geringschätzung der sozialarbeiterischen Problemlösungsleistung ist nur möglich, weil Aussenstehende die *Komplexität* sozialer Probleme meist weit unterschätzen. Soziale Phänomene sind zwar banal, aber in aller Regel hochkomplex. Leicht täuscht die Banalität über die Komplexität hinweg, und erst wer sich konkret mit den Problembeteiligten befasst und tatsächlich versucht, eine positive Veränderung der Situation zustande zu bringen, realisiert, wieviel an Personen und Institutionen, an Seelischem, Materiellem, Rechtlichem, an persönlichen Beziehungen, sozialen Verhaltensmustern und öffentlichen Interessen in einem sozialen Sachverhalt auf vielfältige Weise zu einem schwierig durchschaubaren und noch schwieriger zu beeinflussenden Komplex verknüpft ist.

Die meisten *Handlungen* des Sozialarbeiters erscheinen zwar als einfach und gewöhnlich, als ebenso banal wie das Problemlösungsresultat – doch das sind sie bloss in der äusseren Form. Der Sozialarbeiter bedient sich selten imponierender artifizieller Methoden oder sprachlicher Ausdrücke wie etwa der Arzt, der Psychoanalytiker, der Jurist, der Wissenschaftler oder der Techniker. Seine Handlungen bleiben stets eng am alltagsbezogenen Problemkontext angeschlossen und damit meist allgemein verständlich.[123] Trotzdem sind sie alles andere als *einfach* im Sinne von «simpel». Wer meint, der Sozialarbeiter müsse nur mit den Klienten «ein wenig reden», ihnen «etwas Geld geben», sie notfalls «irgendwo versorgen» und das sei ja gewiss keine Kunst, der schliesst naiv von natürlichen, allgemeinverständlichen Handlungsformen auf einen simplen Handlungsinhalt. Effektiv aber muss der Sozialarbeiter seine einfach erscheinenden Handlungen im Hinblick auf die Komplexität der Problemsituation sorgfältig reflektieren und klug steuern, und so ist eine sozialarbeiterische Handlung, die von aussen als banal erscheint, z. B. ein Ratschlag an einen Problembeteiligten oder eine finanzielle Unterstützung, als Resultat differenzierter Überlegungen, als Teil einer langfristigen Problemlösungsstrategie oder als Auslöser vielfältiger Reaktionen im Problemsystem in Tat und Wahrheit ausgesprochen komplex.

c) Das Arbiträre (= dem Ermessen überlassen, Willkür)

Soziale Probleme sind unabgeschlossen offen, von zahlreichen, komplex verknüpften Variablen bestimmt, multidimensional, prozesshaft bewegt, veränderlich und inkonstant, zudem mehr oder weniger irrational, d. h. mit unbewusster Symbolik behängt, von Ambivalenzen beherrscht und paradox. Sie in ihrer Ganzheit voll zu verstehen, ist unmöglich. Jedenfalls lässt sich nie beweisen, dass man ihre Wahrheit völlig richtig erkannt hat, denn es gibt keine objektiv-zwingenden Kriterien, aufgrund derer man sie beurteilen und nach denen man das problemlösende Handeln ausrichten kann. Die sozialarbeiterische Problemlösung ist deshalb – als ganze, nicht in jedem Detail – eine ausgesprochene *Ermessenssache*, also wesensmässig arbiträr. Dies umso mehr, als der Sozialarbeiter angesichts seiner praktischen Berufsaufgabe unter Handlungsdruck steht und notwendig problemlösende Handlungsentscheidungen treffen muss. Er richtet sie zwar auf gesellschaftlich anerkannte soziale Werte aus, aber dieselben sind so allgemein, dass sein Handeln sie zwangsläufig auf die eine oder andere Weise interpretiert, worin sich wiederum das Arbiträre der sozialen Problemlösung zeigt.

---

123 Selbstverständlich handeln Sozialarbeiter in gewissen Problemfällen auch in spezialisierter, nicht allgemeinverständlicher Form, z. B. wenn sie als Vertreter des Klienten Prozesse führen oder nach den Regeln der Kunst, also unter Anwendung artifizieller Techniken, Familienbehandlung machen.

Es ist klar, dass Entscheidungen desto eher in Frage gezogen werden können, je mehr sie vom Ermessensstandpunkt abhängen, d. h. je arbiträrer sie sind. Politische Entscheide bieten ein gutes Beispiel dafür: sie sind hocharbiträr und entsprechend heftig umstritten. Im Gegensatz dazu gibt es etwa um technische Berechnungen der Ingenieure kaum Streit, denn sie sind wenig arbiträr, sondern zur Hauptsache aus objektiv-zwingenden Naturgesetzen abgeleitet. Während die «Lösungen» der Politiker jeweils von einem erheblichen Teil der Gesellschaftsmitglieder als schlecht beurteilt oder überhaupt nicht als Lösungen anerkannt werden, dürfen die Ingenieure damit rechnen, dass ihre Lösungen bei so gut wie jedermann als richtig gelten. Die Sozialarbeit steht in diesem Vergleich näher bei der Politik, weil ihre Tätigkeit ähnlich, allerdings nicht in so hohem Masse, arbiträr ist. Entsprechend werden auch ihre Problemlösungen oft, unter Umständen von verschiedenen Seiten zugleich, als verfehlt, übertrieben oder mangelhaft kritisiert, und es liegt im Wesen der Sache, dass sie das nicht stringent zu widerlegen vermag.

d) Optimierung im Negativen

«... fühle ich es stark, was für eine Dunkelheit uns Fürsorgerinnen entgegenschlägt. Wenn man aus einem anderen Lebenskreis in diesen Beruf hineintritt, dann ist es, als ob man plötzlich im Schatten ginge» – so Hedwig Stieve im ersten Eintrag ihres 1925 veröffentlichten Tagebuchs.[124]

Tatsächlich, der Sozialarbeiter hat sein Arbeitsgebiet auf der Schattenseite des menschlichen Daseins, im sozial Negativen, wo Not in der einen oder andern Form herrscht. Entsprechend dem, was das soziale Problem und wer der typische Sozialarbeitsklient ist, trifft der Sozialarbeiter auf Situationen, die weit unter dem Durchschnitt sozialer Lebensqualität liegen. Sie sind den davon belasteten Personen nicht zuzumuten, und deshalb ist Hilfe nötig. In der Regel vermag aber die sozialarbeiterische Hilfebemühung die problematischen sozialen Zustände nicht derart drastisch zu ändern, dass dadurch die Problembelasteten auf die Existenz-Sonnenseite versetzt werden. Ein *absolut positiver*, z. B. objektiv normaler, gesellschaftlich durchschnittlicher, völlig befriedigender Zustand lässt sich selten erreichen. Dafür liegt die Problem-Ausgangssituation zu tief im Negativen, sind die der Sozialarbeit zur Verfügung stehenden sozialen Ressourcen zu gering und reicht in manchen Fällen auch das persönliche Potential der Problembeteiligten nicht hin.

Das Ergebnis der sozialarbeiterischen Problemlösung kann typischerweise nur ein *relativ positiver* Zustand sein: immer noch im sozialen Negativbereich befindlich, aber besser als die Ausgangslage, annehmbar, lebbar, zumutbar. Sich als Sozialarbeiter ein Ziel im absolut Positiven zu setzen, ist meist unrealistisch und

124 *Stieve*, S. 5

bringt unnötige berufliche Enttäuschung. Sich hingegen anzustrengen, in jedem Problemfalle das *Optimum* an Verbesserung zu erreichen, auch wenn man dabei im Negativen bleibt, ist Berufspflicht des Sozialarbeiters. Seine Problemlösungsleistung muss *daran* gemessen werden. Wenn der Sozialarbeiter z. B. eine konfliktreiche Ehebeziehung nicht zu stabilisieren vermag, so gelingt es ihm vielleicht doch, eine friedliche Ehetrennung zu bewirken, die es den Kindern erspart, weiterhin in einem elterlichen Spannungsfeld leben zu müssen. Natürlich ist eine getrennte Ehe bzw. Familie an-sich ein negativer Zustand, doch wenn er erreicht und dabei nicht nur die materielle Existenz der Beteiligten gesichert, sondern auch ein konfliktloser persönlicher Umgang der Kinder mit ihren getrennten Eltern gewährleistet werden kann, ist damit oft ein Optimum an Problemlösung realisiert. Ebenso wenn einem Behinderten zu einer Rente, einer geschützten Arbeitsstelle und einem Wohnheimplatz verholfen wird – mehr und Besseres vermag der Sozialarbeiter meist nicht zu tun, obschon das Dasein des Behinderten ein bedauernswertes, grundsätzlich negatives bleibt.

Wichtig ist, dass mit solcher Optimierung sozialer Situationen im Negativen der Sozialarbeiter das soziale Problem *gelöst* hat. Es wäre unsinnig, ihm unter dem Hinweis auf das an-sich Positive – das, was allgemein als gut und schön und wünschenswert gilt – vorzuwerfen, seine Lösung sei keine oder sie sei mangelhaft. Auch in dieser Hinsicht gibt es in der Sozialarbeit keine perfekte Problemlösung.

e) Das Paranormale

Soziale Probleme sind per definitionem *nicht-normale* soziale Sachverhalte, und die soziale Problemlösung lässt sich demzufolge als ein «Normalisierungsprozess» auffassen. Dass dieser Prozess selbst ausschliesslich in normalen Bahnen verlaufen könne und dürfe und dass sein Resultat tatsächlich immer den gesellschaftlichen Normen entsprechen müsse, ist damit aber nicht gesagt. Im Gegenteil: das Ausserordentliche des sozialen Problems, seine gesellschaftliche Regelwidrigkeit, die in gewissen Fällen chaotische oder bizarre Formen annehmen kann, lässt nicht immer eine Problemlösung zu, die der Durchschnittsbürger für angebracht, anständig und ordnungsgemäss hält.

Das gesellschaftlich zwar nicht Verbotene, aber doch Inkorrekte, das nicht nur manche sozialen Problemsituationen, sondern auch etliche soziale Problemlösungen kennzeichnet, nenne ich «das Paranormale».[124a] Es ist ein Charakteristikum der Sozialarbeit, denn der Sozialarbeiter muss, anders als die meisten sonstigen Berufsleute, bereit sein, sich auf einen Zustands- und Handlungsbereich einzulassen, der *neben den Normen und dem Normalen* liegt – sei es im

124a Dieser Begriffssinn hat nichts zu tun mit dem, was das Wort «paranormal» im Bereich der Esoterik bzw. Parapsychologie meint!

positiven Sinne des Originellen, Nonkonformistisch-Alternativen, sei es im negativen Sinne des moralisch oder rechtlich Fragwürdigen. Weil sie ein Problem lösen, muss der Sozialarbeiter unter Umständen paranormale soziale Verhältnisse unter Problembeteiligten akzeptieren oder gar schützen, die durchaus suspekt sind, z. B. seltsame persönliche Beziehungen, Besitz- und andere Ansprüche, denen eine rechtliche Begründung fehlt, Machtverhältnisse ohne moralische Legitimität, Interaktionen, die für den Normalmenschen uneinfühlbar sind. Seine Aufgabe ist es, Not aufzuheben, nicht Normen durchzusetzen. Beides zu vereinigen, gelingt nicht immer. Priorität hat im Entscheidungsfalle die notaufhebende Problemlösung, die der Sozialarbeiter, wenn es anders nicht geht, mit Findigkeit und Risikofreude auch neben den Normen im Paranormalen verwirklichen muss. Natürlich darf er dabei nicht wider klares materielles Recht verstossen (ausser es sei gesellschaftlich-faktisch ausser Gebrauch gekommen) oder ethische Grundsätze missachten. Damit würde er sein *moralisches Prestige* gefährden, welches ihm eben gerade erlaubt, paranormal zu handeln, ohne persönlich ins Zwielicht zu kommen.

Typische paranormale Intentionen verfolgt der Sozialarbeiter oft im *amtlichen* Bereich, wo er formelle Rechtsvorschriften, bürokratische Usanzen, Zuständigkeitsdomänen und Hierarchien nicht oder nicht genau beachtet, im Wust des Reglementierten auf Ausnahmeregelungen, Sonderbewilligungen, weitgehende Ermessensausnützung drängt. Ein Sozialarbeiter, dem es nicht gelingt, hinsichtlich der rechtlichen und administrativen Normen immer wieder «ein Auge zuzudrücken» und die massgebenden Personen zu veranlassen, es auch zu tun, vermag manche sozialen Probleme nicht zu lösen.

Interessanterweise erlebt der Sozialarbeiter nicht selten, dass seine geringe Ehrfurcht vor formellen Normen und sein Einsatz für paranormale Lösungen auf korrekt normzentrierte Verwaltungsleute emanzipierend wirken kann. Ja ganz allgemein vermag die Sozialarbeit, indem sie Unbefangenheit gegenüber gesellschaftlichen Normalvorstellungen zeigt und vor *unkonventionellen Lösungen* im Paranormalen nicht zurückschreckt, das Spektrum sozialer Lebensmöglichkeiten zu erweitern. Derartiges sozialarbeiterisches Handeln darf keinesfalls als mangelhafte soziale Problemlösung qualifiziert werden. Es demonstriert im Gegenteil, wie umfassend weit der Rahmen ist, innerhalb dessen die Sozialarbeit soziale Probleme löst.

2. Die Mittel der Sozialarbeit

Unter einem «Mittel» der Sozialarbeit verstehen wir eine Gegebenheit, die unabhängig vom einzelnen sozialen Problemsachverhalt, also vor und ausser ihm existiert und die der Sozialarbeiter typischerweise zur Problemlösung anwendet, einsetzt oder in Gebrauch nimmt. Es stehen dem Sozialarbeiter, grundsätzlich-kategoriell betrachtet, *acht Mittel* zur Verfügung:

- die Institution (der er angehört)
- Geld und Sachen
- Freiwillige Helfer
- Dienstleistungen
- das Recht
- das Berufswissen
- die Sprache
- seine Persönlichkeit

Die Beschaffenheit dieser Gegebenheiten ist offensichtlich ganz unterschiedlich: geistig, kulturell, sozial, organisatorisch-strukturell, psychisch, symbolisch, materiell; und während die einen (z. B. das Recht, Geld und Sachen) an-sich, unabhängig von der Person des Sozialarbeiters bestehen, sind die andern wesentlich oder vollumfänglich von ihr abhängig (z. B. Berufswissen, Persönlichkeit). Es handelt sich nicht um exklusive Berufsmittel, wie sie beispielsweise der Arzt, der Handwerker oder Techniker in Form von Instrumenten, Maschinen, Werk- und Wirkstoffen hat und die ausschliesslich dem betreffenden Beruf oder einer Spezialsparte der Berufsgattung gehören. Je einzeln betrachtet haben die sozialarbeiterischen Mittel keinen derart berufseigenen Charakter, denn sie werden auch von zahlreichen anderen Berufen verwendet. In ihrem Zusammenhang jedoch bilden sie ein *spezifisches Berufsinstrumentarium*, das die Sozialarbeit unverwechselbar kennzeichnet. Kein anderer Beruf arbeitet mit dieser Mittel-Kombination. Sie ist ganz und gar sozialarbeitsspezifisch.

Solche Sozialarbeitsspezifität auf instrumenteller Ebene lässt sich allerdings nur erkennen, wenn man die Mittel der Sozialarbeit systematisch erfasst und reflektiert, was in der praktischen Sozialarbeitstheorie auffälligerweise nirgends geschieht. Die sozialarbeiterischen Mittel werden da immer bloss partiell und beiläufig unter dem Methodik-Aspekt behandelt. Eine wahre Sozialarbeitslehre kann sich diese theoretische Nachlässigkeit nicht leisten. Obschon klar ist, dass der Sinn der sozialarbeiterischen Mittel erst eigentlich im *methodischen Aspekt* offenbar wird (das gilt für jeden Beruf), ist es notwendig, sich unabhängig davon zu vergegenwärtigen, was für Mittel dem Sozialarbeiter zur Verfügung stehen, denn die Methodenlehre ihrerseits hängt von den Mitteln ab. Mittel und Methode sind selbstverständlich interdependente Berufselemente. Die Fragen des Mittel-*einsatzes* gehören in die Methodenlehre. Hier in der Mittellehre machen wir dazu nur vereinzelte Andeutungen, um, wo es als nötig erscheint, den prinzipiellen Sinn und die optimale Qualität des erörterten Mittels zu erhellen.

2.1 Die Institution

a) Sozialarbeit als institutioneller Beruf

Der Sozialarbeiter übt seinen Beruf, wie wir bereits festgehalten haben, nicht privat aus, sondern als Angestellter einer gesellschaftlich getragenen Institution. Sozialarbeit ist ein institutioneller Beruf. Dies, die Rolle des Sozialarbeiters als Funktionär der Sozialarbeitsinstitution, wird insbesondere von der sogenannten *functional school* des Casework hervorgehoben. Smalley beispielsweise verlangt vom Sozialarbeiter die «Identifikation mit der Funktion der Institution»[125]; seine Tätigkeit «verkörpert und verwirklicht die Aufgabe der ihn beschäftigenden Stelle», ja «er ist diese Institution gewissermassen in Aktion»[126]. In der funktionellen Sozialarbeitstheorie erscheint als eigentliches sozialarbeiterisches Handlungssubjekt die Institution. Smalley kann sogar in personifizierender Weise sagen, die Institution – nicht der Sozialarbeiter! – müsse sich «mit den Klienten herumschlagen und auseinandersetzen» und der Sozialarbeiter helfe dabei den Klienten, ihre «eigenen Vorstellungen gegenüber den Vorstellungen der Institution abzuklären»[127].

Mit solcher Hypostasierung der Sozialarbeitsinstitution wird freilich der irreführende Eindruck erweckt, als sei die Institution ein Ding an-sich, unabhängig vom Sozialarbeiter. In Tat und Wahrheit ist sie ohne den (bzw. die) in ihr tätigen Sozialarbeiter gar nichts. Sie wird, entsprechend dem human-kommunikativen Wesen der Sozialarbeit, ausgesprochen stark von der Persönlichkeit des Sozialarbeiters geprägt. So *institutionell* der Sozialarbeitsberuf ist, so *persönlichkeitsbestimmt* ist die Sozialarbeitsinstitution. Und in dieser Interdependenz erweist sich sowohl der Sozialarbeiter als Mittel (Funktionär) der Institution wie die Institu-

---

125 *Smalley 1967*, S. 124 ff.
126 *Smalley 1970*, S. 128.119
127 *Smalley 1967*, S. 143 f.

tion als Mittel des Sozialarbeiters. Sie stellt für ihn das *Basismittel* dar; ohne seine Institution könnte der Sozialarbeiter gar nicht arbeiten.

Mit dem Begriff *Sozialarbeitsinstitution* meinen wir eine sozialberaterisch tätige organisatorische Einheit, also eine «Sozialberatungsstelle» bzw. einen «Sozialdienst», welche Ausdrücke für uns das gleiche bedeuten wie «Sozialarbeitsinstitution». Auch wo nur ein einziger Sozialarbeiter tätig ist, besteht eine Institution, in diesem Fall ein Ein-Person-Sozialdienst.

Die Sozialarbeitsinstitution wird von einer die Gesellschaft insgesamt oder in einem Teilaspekt repräsentierenden Organisation getragen (s. S. 124 f.). Diese Trägerschaft kann in ihrem Rechtscharakter staatlich oder sonstwie öffentlichrechtlich, gemeinnützig-privat oder unternehmerisch-privat oder irgendwie gemischt sein. Den Sozialdienst und seine Trägerorganisation zusammen nennen wir *Gesamtinstitution*. Wir gehen hier nicht auf die vielfältigen Formen und Spezialitäten von Sozialarbeitsinstitutionen und Trägerorganisationen ein, die in Handbüchern der Sozialen Arbeit bzw. des Sozialwesens ausführlich dargelegt sind.[128] Uns interessiert die grundsätzliche Frage, wodurch die Institution für den Problemlösungszweck der Sozialarbeit ein Mittel sei und wie ein optimales. Es geht dabei zentral um die sozialarbeiterische Handlungsautonomie: darum, ob sie durch die Art der Trägerorganisation bzw. der Gesamtinstitution und die Weise, wie Sozialdienst und Trägerorganisation strukturell verbunden sind, gewährleistet oder gefährdet ist. Wir werden uns damit und mit dem diesbezüglich bedeutsamen Unterschied zwischen spezifischer und unspezifischer Trägerorganisation weiter unten befassen.

Hier wollen wir uns nur vergegenwärtigen, dass es einerseits Sozialdienste gibt, die eine eigene, in sich abgeschlossene betriebliche Einheit darstellen, und anderseits solche, die Teil einer nicht-sozialarbeiterischen betrieblichen Organisation (z. B. einer Klinik, eines Unternehmens, einer Verwaltung) sind. Diese zweitgenannten Sozialarbeitsinstitutionen nennen wir *integrierte Sozialdienste*. Es gehören dazu nicht nur die Sozialarbeitsinstitutionen, die in ihre als nicht-sozialarbeiterischer Betrieb existierende Trägerorganisation eingebaut sind, sondern auch Sozialdienste, meist Ein-Person-Stellen, die sich infrastrukturell an eine andere Institution an- bzw. mit ihr zusammengeschlossen haben (z. B. ein Ausländerberater, dessen Stelle von einem überkonfessionellen Verein getragen wird, der aber sein Büro in einem Kirchengemeindehaus hat, alle Einrichtungen desselben mitbenützen darf und die Sekretärin mit dem kirchlichen Gemeindehelfer teilt). Bei integrierten Sozialdiensten stellen sich, wie wir sehen werden, institutionelle Sonderprobleme, die spezielle Vorkehrungen nötig machen.

---

128 Vgl. für die Schweiz *Rickenbach* sowie das *Handbuch Sozialwesen Schweiz* (darin insbesondere den ausgezeichneten Beitrag «Strukturmerkmale des ambulanten Sozialwesens» von *Geiser/ Spörri*). Betreffend die «gesetzliche» oder «öffentliche» Trägerschaft (Staat) und die «freiwillige» Trägerschaft (Kirchen, öffentlichrechtliche Religionsgemeinschaften, «freie» Verbände) in der Bundesrepublik vgl. *U. Maas*.

b) Die Ausstattung des Sozialdienstes

Die Institution gibt dem Sozialarbeiter die infrastrukturellen Arbeitsmittel: Räumlichkeiten, Mobiliar und technische Einrichtungen sowie Personal. Vieles davon ist selbstverständlich, weil es für zahlreiche andere Berufe ebenso gilt, und wir brauchen es nicht zu erwähnen. Es geht hier lediglich um einige spezifische Ausstattungserfordernisse, die erfüllt sein müssen, damit optimale Sozialarbeit geleistet werden kann. Sie sind darin begründet, dass die soziale Problemlösung ein eminent persönliches, kommunikatives Geschehen ist. Die infrastrukturellen Gegebenheiten des Sozialdienstes dürfen dieses Geschehen nicht hemmen und hindern, sondern müssen es im Gegenteil fördern. Namentlich gilt es, den Persönlichkeitsschutz der Problembeteiligten, die Diskretion also, zu gewährleisten.

1. Räumlichkeiten: Jeder Sozialarbeiter des Sozialdienstes muss einen eigenen Arbeitsraum haben. (Wenn sich zwei Sozialarbeiter in eine Stelle teilen und also nicht gleichzeitig anwesend sind, genügt für sie *ein* Arbeitsraum.) Er dient als Büro und als Sprechzimmer und muss mindestens soweit schallisoliert sein, dass man von aussen nicht zu verstehen vermag, was innen gesprochen wird. Wenn er nicht so gross ist, dass darin auch Verhandlungsgespräche (bzw. Konferenzen) mit bis zu acht Teilnehmern stattfinden können, muss dem Sozialarbeiter dafür ein spezieller Raum zur Verfügung stehen.

Für die Besucher des Sozialdienstes braucht es einen Warteraum oder eine Wartenische. Er bzw. sie darf bei integrierten Sozialdiensten nicht allgemein einsehbar sein.

Das administrative Personal arbeitet nicht in den Räumen der Sozialarbeiter, sondern hat spezielle Büros.

2. Mobiliar und technische Einrichtungen: Nebst der selbstverständlichen Büro-Ausstattung (Schreibtisch, Schreibmaschine etc.) muss im Arbeitsraum des Sozialberaters ein Gesprächstisch von normaler Höhe und Grösse mit guten, für längeres Sitzen geeigneten Stühlen stehen. Ein Tischchen genügt nicht, da bei sozialarbeiterischen Gesprächen oft viel Papier (Dokumente, Akten, Formulare, Rechnungen etc.) vorliegt, das gemeinsam zu sichten, zu ordnen oder auszufüllen ist. Im übrigen gibt ein richtiger Tisch den Problembeteiligten einen Halt und Schutz: man kann sich auf ihn abstützen und ist, wenn man an ihm sitzt, nicht mit dem ganzen Körper den Blicken der anderen ausgesetzt. Eine «gemütliche Ecke», z. B. mit Klubsesseln und einem Teetischchen, wo sich in betont ungezwungener Weise miteinander reden lässt, ist im Arbeitsraum des Sozialarbeiters zusätzlich erwünscht, falls es noch Platz dafür hat.

Die pendenten Akten sollen im Arbeitsraum des Sozialarbeiters aufbewahrt sein; dafür braucht es abschliessbare Aktenschränke bzw. Schubladen.

Der Arbeitsraum darf nicht kalt-bürolistisch und nüchtern-amtlich auf die Menschen wirken, die zum Sozialarbeiter kommen. Vielmehr soll er, durch

Bilder, Pflanzen, eventuell Teppiche oder Vorhänge gestaltet, einen freundlichen Eindruck machen und eine gewisse persönliche Note des Sozialarbeiters tragen, so dass sich ein Besucher darin wohl und als Person angesprochen fühlt. Eine solche äussere *Atmosphäre des Zimmers* hilft mit, die Problembeteiligten zu beruhigen und ihre Gesprächsbereitschaft zu fördern.[129] Allerdings darf das Öffentlich-Offene der Sozialarbeit nicht durch eine zu einseitig privat-behagliche Ausschmückung des sozialarbeiterischen Sprechzimmers verschleiert werden. Dieser Raum ist nicht die Wohnstube des Sozialarbeiters und stellt weder für ihn noch die Problembeteiligten ein angenehm-bequemes Refugium vor den «Problemen draussen» dar. Ganz im Gegenteil: es ist ein «gesellschaftlicher Raum», in den man die Probleme ohne Schwierigkeiten hineintragen kann, wo sich alle Beteiligten mit ihnen sozusagen auf neutralem Boden auseinandersetzen können und von wo aus problemlösende Wirkungen in die reale Lebenswelt der Problembeteiligten ausgehen sollen. Er hat rein funktionalen Charakter und ist keineswegs ein an-sich heiler und heilender Raum.

Von den *technischen Einrichtungen*, die ein Sozialdienst wie jede administrativ tätige Institution braucht, ist für den Sozialarbeiter das Telefon die wichtigste. Er verbringt einen grossen Teil seiner Arbeitszeit an diesem Apparat, der ihn mit den Problembeteiligten und Dritten verbindet. Bei integrierten Sozialdiensten muss der Sozialarbeiter von aussen direkt anwählbar sein. Aus Diskretionsgründen muss der Sozialdienst über einen eigenen Fotokopieautomaten verfügen, oder es muss dem Personal des Sozialdienstes gestattet sein, selbst auf einem fremden Apparat zu kopieren.

In der Sozialarbeit spielen persönliche Geldprobleme eine grosse Rolle. Viele Sozialdienste verwalten Geld von Klienten und geben Klienten Geld. Dabei muss die Diskretion gewahrt werden, und deshalb ist es nötig, dass Sozialdienste eine eigene Kasse haben. Sie muss je nach der Höhe des finanziellen Wertvolumens und den entsprechenden Versicherungsbestimmungen gesichert werden.

3. *Administratives Personal*: Sozialberatung enthält viel administrative Arbeit: Rechnungsverkehr, Buchhaltung, Versicherungswesen, Registratur, Schreibarbeit, und anderes mehr. Dafür braucht es spezielles Personal, in aller Regel kaufmännisch ausgebildete Sekretärinnen.

Die Sekretärinnen von Sozialdiensten haben nicht etwa bloss mit Papier, Büromaschinen und Computer, sondern ebenso mit den Menschen zu tun, für die der Sozialdienst arbeitet. Manche Klienten des Sozialarbeiters sind mit der Zeit auch Klienten der Sekretärin. Sie kann dem Sozialarbeiter oft einen hilfreichen Tip für die Problemlösung geben und ihm in der persönlichen Klientenbetreuung viel helfen. Ein kluger Sozialarbeiter arbeitet deshalb eng und kollegial mit seiner

---

129 Vgl. die Beschreibung «gesprächsfördernder Räume» bei *Lattke* (S. 106 ff.). Auch *Haines* betont diesen Punkt, da «die Schaffung einer passenden Umgebung in der Sozialarbeit zu den Grundstrategien zählt» (S. 137).

Sekretärin zusammen und beteiligt sie auch an der nicht speziell administrativen Problemlösungstätigkeit, soweit es aufgrund ihrer Fähigkeiten, ihrer Persönlichkeit, ihres Interesses und ihrer Arbeitskapazität möglich und erfolgversprechend ist.

Bei integrierten Sozialdiensten darf der Sozialarbeiter nicht einfach an unbestimmtes, wechselndes, ihm vielleicht sogar unbekanntes administratives Personal (etwa das Schreibbüro einer Stadtverwaltung oder die Buchhaltungsabteilung einer Firma) verwiesen werden. Die Diskretionswahrung verlangt, dass eine bestimmte, geeignete Sekretärin für ihn bzw. mit ihm arbeitet.

c) Die interne Organisation des Sozialdienstes

Die Sozialarbeitsinstitution muss zweckmässig, also auf die besonderen sozialarbeiterischen Bedürfnisse hin organisiert sein. Wir wollen uns die hierfür wesentlichen Punkte vergegenwärtigen, ohne im übrigen auf organisatorische Fragen einzugehen.[130]

Dem Sozialarbeiter müssen *Arbeitszeit- und Arbeitsort-Flexibilität* gewährleistet werden. Seine Klienten können ihn nicht immer zur Bürozeit aufsuchen oder brauchen ihn zuweilen notfallmässig am Abend oder am Wochenende. Oft ist es sinnvoll, wenn nicht unumgänglich, dass er sich an den Lebensort der Problembeteiligten (Wohnung, Schule, Firma, Heim, Klinik) oder zu Dritten hinbegibt. Der Arbeitsort des Sozialarbeiters ist so gut «im Leben draussen» wie in seinem Büro! Es dürfen deshalb der zeitlichen und örtlichen Flexibilität der sozialarbeiterischen Berufstätigkeit keine organisatorischen Hemmnisse, z. B. bürokratische Melderegelungen, im Wege stehen. Es muss ihr vielmehr mit ausgedehnten Möglichkeiten zur Arbeitszeit-Kompensation und mit angemessenen Spesenvergütungen, zusätzlich eventuell mit einem Dienstfahrzeug und mit speziellen Telefon-Einrichtungen (Anrufbeantworter, Anrufumleiter) entsprochen werden.[131]

Auf Sozialdiensten mit mehreren Sozialarbeitern soll, von Ausnahmen abgesehen, die primäre Pflicht, Kompetenz und Verantwortung für einen Problemfall bei *einem*, dem *fallführenden Sozialarbeiter* liegen. Sowohl die Institutionsmitarbeiter wie die Problembeteiligten und Dritten müssen wissen, wer für den Fall zuständig ist. Wenn es einen fachlichen Sozialdienst-Leiter gibt, trägt dieser eine sekundäre Fall-Verantwortung, insofern er verpflichtet ist, seine Mitarbeiter generell zu beaufsichtigen, sie wo nötig zu beraten und Beschwerden gegen ihre Fallführung zu behandeln.

---

130 Viele treffende Hinweise zur zweckvollen Organisation des Sozialdienstes sind zu finden im Buch «Führen in sozialen Organisationen» von *Lotmar/Tondeur*.
131 Vgl. *Lotmar/Tondeur*

Der *Leiter* einer Sozialarbeitsinstitution muss selbst ein erfahrener Sozialarbeiter sein. Wenn er nicht speziell als Sozialarbeiter, sondern beispielsweise als Pädagoge, Soziologe, Psychologe, Theologe oder Jurist ausgebildet worden ist, kann er sich nur durch mehrjährige sozialarbeiterische Praxiserfahrung und die Aneignung von sozialarbeitsrelevantem Zusatzwissen zu dem besonders kompetenten Sozialarbeiter entwickeln, der für eine leitende Funktion in der Sozialarbeit qualifiziert ist.

Dem einzelnen fallführenden Sozialarbeiter muss für seine problemlösende Tätigkeit weitgehende Handlungsfreiheit eingeräumt und Entscheidungsverantwortung zuerkannt werden. Entsprechend kommt nur eine kooperative, partizipative Leitung des Sozialdienstes in Frage. Eine ausschlaggebende Rolle spielt dabei das *Team* der Sozialarbeiter bzw. (bei Einbezug des administrativen Personals) der Sozialdienst-Mitarbeiter. In manchen Fällen lastet ein grosser Problem-(lösungs)druck auf dem einzelnen Sozialarbeiter, so dass sich gedankliche und psychische («moralische») Unterstützung durch die Kollegen als überaus nützlich, oft schlicht als notwendig erweist. In einem guten sozialarbeiterischen Team geschieht permanente gegenseitige Beratung, und solche Team-Unterstützung ist ein herausragendes institutionelles Mittel der Sozialarbeit.

Angesichts der Vielfältigkeit sozialer Probleme, die den Sozialarbeiter vor immer wieder neue Lösungsaufgaben stellt, muss ihm auch der Kontakt mit Berufskollegen anderer Sozialdienste offenstehen. Dies ist besonders wichtig für Sozialarbeiter, die auf ihrem Sozialdienst selbst keinen Berufskollegen haben. Es gehört zur Arbeit (und also zur Arbeitszeit) des Sozialarbeiters, an Treffen und Veranstaltungen teilzunehmen, die dem beruflichen *Erfahrungsaustausch* dienen.

Weil sich die sozialen Verhältnisse fortwährend wandeln und an Wissen und Kenntnisse des Sozialarbeiters praktisch unbegrenzte Forderungen gestellt werden, ist die laufende berufliche *Weiterbildung* des Sozialarbeiters unumgänglich. Die Institution muss sie fördern, indem sie dem Sozialarbeiter dafür Zeit gewährt und die Kosten übernimmt.

d) Institution und sozialarbeiterische Handlungsautonomie

Jeder Fachberuf benötigt berufliche Handlungsautonomie: die Freiheit, seine Aufgabe gemäss seinem spezifischen Wissen und seiner eigenen Methode zu erfüllen. Anders kommt *Fachlichkeit* nicht voll zum Zuge und wird mithin die optimale Aufgabenerfüllung nicht gewährleistet. Entsprechend muss die Sozialarbeit sozialarbeiterische Handlungsautonomie beanspruchen. Der Sozialarbeiter als Fachmann soll sein problemlösendes Handeln selbst bestimmen können; kein anderer Beruf und keine Aufsichtsinstanz sollen ihm methodische Vorschriften machen – sei es durch direkte Handlungsanweisung, sei es indirekt, indem sie seine Mittel festlegen.

Diese ganz und gar vernünftige, geradezu selbstverständliche Forderung stösst im Falle der Sozialarbeit hart zusammen mit der Tatsache, dass es sich dabei um einen institutionellen Beruf handelt und folglich der Sozialarbeiter kein freier Berufsmann ist. Die Institution, einerseits sein Basismittel, der Ermöglichungsgrund überhaupt der Sozialarbeit, stellt anderseits für die sozialarbeiterische Handlungsautonomie eine Gefahr dar, denn vom gesellschaftlichen Charakter der Sozialarbeit her ist zum vornherein klar, dass die Gesamtinstitution (Sozialdienst und Trägerorganisation zusammen) nicht allein von Sozialarbeitern ausgemacht und bestimmt wird. Auch wenn, was wir hier voraussetzen, der Sozialdienst selbst unter fachmännischer (sozialarbeiterischer) Leitung steht, kann er seitens der Trägerorganisation in starkem Masse *fremdbestimmt*, also von nichtsozialarbeiterischen Berufsangehörigen und Interessen beeinflusst, ja sogar dominiert sein. Oder es lastet zumindest Fremdbestimmungs*druck* auf ihm, mehr offen-konflikthaft bei der einen, mehr unterschwellig-unfassbar bei der andern Institution.

Der Unterschied zwischen Sozialdiensten mit spezifischer und solchen mit unspezifischer Trägerschaft spielt hier eine grosse Rolle. *Spezifisch* nennen wir in unserem Zusammenhang jene Trägerorganisationen, deren Hauptzweck im Berufsfeld der Sozialen Arbeit liegt. Typische Beispiele dafür sind private, politisch und konfessional neutrale gemeinnützige Vereinigungen wie die Pro Juventute, die Pro Senectute und die Pro Infirmis, ebenso Behindertenverbände, sowie kleinere, meist geographisch beschränkte Vereine, die sich für besondere Zielgruppen der Sozialen Arbeit engagieren, für Drogenabhängige, Alkoholiker, bestimmte Patientengruppen, Strafentlassene, Prostituierte, Obdachlose, Pflegekinder und -eltern, Mütter und Kleinkinder, Ausländer, Flüchtlinge, diskriminierte Frauen und andere mehr. *Unspezifische* Trägerschaft ist gegeben, wenn die Trägerorganisation des Sozialdienstes nicht hauptsächlich dem Zweck dient, Soziale Arbeit zu leisten. Hier wird der Sozialdienst nebenbei geführt, neben der (oder den) zentralen, wichtigeren Institution(en) der Trägerorganisation. Meist ist er betrieblich in die Hauptinstitution, z. B. eine Gemeindeverwaltung, ein Krankenhaus, eine psychiatrische Klinik, ein Gefängnis, eine Firma integriert (s. S. 144).

Mit diesen Beispielen sind bereits typische unspezifische Trägerorganisationen genannt. Im Falle der *staatlich* und der *kirchlich* getragenen Sozialdienste gibt es sowohl spezifische als auch unspezifische Trägerschaft. Es kommt dabei auf die Instanz an, welche für die Entscheide über den Sozialdienst sachlich zuständig ist. Sie gilt uns im staatlichen und im kirchlichen Bereich als die eigentliche Trägerorganisation. Handelt es sich um eine speziell auf die Soziale Arbeit ausgerichtete Behörde (z. B. die Sozialbehörde einer Gemeinde) oder um einen politischen Zweckverband, dessen alleiniger oder hauptsächlicher Zweck darin besteht, den betreffenden Sozialdienst (z. B. eine Amtsvormundschaft, eine regionale Beratungsstelle) zu führen, liegt eine spezifische Trägerschaft vor. Ebenso wenn innerhalb der Kirche für einen Sozialdienst ein eigenes Trägerschaftsgremium besteht. Als unspezifisch muss hingegen die Trägerorganisation gelten, wo Instanzen mit allgemeiner Zuständigkeit (z. B. der Gemeinderat oder die Kirchenpflege) über die Belange des Sozialdienstes zu entscheiden haben. Desgleichen wenn dies Organe sind, deren Hauptzuständigkeit nicht im Bereich der Sozialen Arbeit liegt (z. B. die Erziehungsdirektion, der Gesundheitsvorstand, die Justizbehörde).

Bei Sozialdiensten mit spezifischer Trägerschaft ist die sozialarbeiterische Handlungsautonomie in der Regel gewährleistet, obschon es natürlich auch hier vorkommt, dass sozialarbeiterische Laien innerhalb der Gesamtinstitution, z. B. deren kaufmännischer Geschäftsleiter oder Angehörige des Vorstandes, das fachliche Handeln des Sozialarbeiters zu bestimmen versuchen. Prinzipiell-zwingend stellt sich aber das Problem, die sozialarbeiterische Handlungsautonomie zu sichern, im Falle der *unspezifischen* Trägerorganisationen. Hier fehlt es oft an Verständnis für die Sozialarbeit, und andere Interessen haben zumeist den Vorrang. Es herrscht generell die Tendenz, den Sozialdienst in die Hauptinstitution ein- und dort anderen Berufsangehörigen unterzuordnen. Dass in vielen derart *integrierten Sozialdiensten* die sozialarbeiterische Handlungsautonomie nicht anerkannt oder, falls theoretisch anerkannt, praktisch nicht verwirklicht wird, ist offenkundig. In Spitälern – um ein eklatantes Beispiel zu geben – herrschen die *Ärzte* so gut wie unumschränkt; sie definieren die Probleme, die der Sozialdienst zu bearbeiten hat, ebenso wie die Rolle, die dem Sozialarbeiter zu spielen gestattet ist. Zu Recht sagt ein Soziologe: «Diese Definitionsmacht der Ärzte steht in direktem Widerspruch zum beruflichen Verständnis der Sozialarbeit und ihrem Bestreben nach eigener Entscheidungs- und Methodenautonomie ... So wird Sozialarbeit zu einem medizinischen Hilfsberuf.»[132] «Para-medizinische soziale Betätigung» findet im Krankenhaus statt anstelle «wirklicher Sozialarbeit»; die «ärztliche oder verwalterische Domäne erscheinen meist unterschwellig als wirkliche Leitung des Sozialdienstes, nicht etwa der/die leitende Sozialarbeiter/in»; derart fremdbestimmte Sozialarbeit «kommt einem Zustand gleich, in dem kein Sozialarbeiter anwesend ist» – dies das pronocierte Urteil eines Sozialarbeiters, der selbst in einer Klinik arbeitet.[133] Generell sehen sich Sozialarbeiter, die im Medizinal- bzw. Gesundheitsbereich tätig sind, vielenorts der Tendenz der Ärzteschaft ausgesetzt, sie (wie U. Hoffmann es ausdrückt) «auf den Status eines hierarchisch eingebundenen Zuarbeiterberufes zu verweisen»[134].

Allerdings gibt es auch ermutigende Beispiele von sozialmedizinischen Institutionen, wo Sozialarbeiter und Ärzte gleichberechtigt neben- und miteinander arbeiten. Es geht hier nur darum, im Prinzip aufzuzeigen, wie die sozialarbeiteri-

132 *Bollinger*, S. 64
133 R. Seidensticker in *Kreuter*, S. 100 f.
134 *U. Hoffmann*, S. 90

sche Handlungsautonomie durch institutionelle und berufshierarchische Strukturen gefährdet sein kann. Von dieser Problematik sind keineswegs nur Sozialdienste im medizinischen Sektor betroffen, sondern ebenfalls solche innerhalb der Verwaltung, im Justizwesen, in der Industrie. Der Konflikt zwischen Sozialarbeitern und *Verwaltungsbeamten,* ein eigentlicher Kampf um berufliche Machtpositionen, ist notorisch. Im institutionellen Schema vom verwaltungsmässigen *Innendienst*, dem die entscheidenden rechtlichen Kompetenzen zustehen, und dem sozialarbeiterischen *Aussendienst*, der fachkompetent ist, aber nur als Zulieferer für den Innendienst fungiert, findet dieser Konflikt einen prägnanten Ausdruck. Dass das Schema unsachgemäss, unnötig und überholt ist, weiss man schon längst.[135] Es gibt keinen vernünftigen Grund, die fachmännische sozialarbeiterische Problemlösung bzw. den Sozialarbeiter selbst der Kontrolle eines Verwaltungsbeamten zu unterstellen. Völlig richtig konstatiert Dreisbach, dass sich die Sozialarbeiter «nicht grundsätzlich gegen Kontrolle wehren. Doch sie können auf Grund ihrer Orientierung im Prinzip nur solche Kontrollinstanzen akzeptieren, die kompetent sind, d. h. die Kontrollinstanz muss mit Personen gleicher Fachqualifikation besetzt sein».[136]

Soll die Kontrolle durch Nicht-Fachleute die sozialarbeiterische Handlungsautonomie ungefährdet lassen, darf sie nur eine *Aufsicht* sein, also eine Kontrolle der Aufgabenerfüllung unter sehr allgemeinen, sozusagen gesellschaftlichen, nicht methodischen Gesichtspunkten. Derartige Aufsicht muss eine Instanz ausüben, der eine generelle übergeordnete Funktion innerhalb der Gesamtinstitution zukommt, z. B. eine politische Behörde, eine Magistratsperson, ein Vereinsvorstand, ein Stiftungsrat, eine Geschäftskommission, ein Betriebsrat[137] bzw. der Vorsitzende oder ein spezieller Delegierter solcher Gremien. Falls der Sozialdienst einer sehr grossen Institution eingegliedert ist, kann er auch von einer hohen gesamtbetrieblichen Leitungsinstanz beaufsichtigt werden, z. B. dem Personalchef eines Grossunternehmens oder dem Verwaltungsdirektor einer Universitätsklinik.

Eine derartige Autonomie-respektierende Aufsichtsstruktur lässt sich nur dadurch realisieren, dass der in seine unspezifische Trägerorganisation integrierte Sozialdienst betriebsintern als *Stabsstelle* organisiert ist. Er kann sinnreicherweise höchstens mit anderen Stabsstellen (z. B. Rechtsdienst, Personaldienst, Betriebsarzt, Organisationsbüro, EDV-Zentrum) zu einer Abteilung «Zentrale Dienste» zusammengefasst werden. In die Linienorganisation gehört er angesichts seines fachlichen Sondercharakters jedenfalls nicht. So ist etwa der

135 Das stellte bereits Scherpner (gest. 1959) fest; vgl. *Scherpner*, S. 185. Zum Thema vgl. auch *Preusser* sowie *U. Maas*, S. 26 f. Das in Freiburg i. Br. verwirklichte Modell eines sachadäquaten Verhältnisses von Innen- und Aussendienst beschreibt *Mehl*.
136 *Dreisbach*, S. 46
137 Vgl. *Lippmann*, S. 105

Sozialdienst der grössten Schweizer Krankenkasse richtig als Stabsstelle direkt dem Zentralpräsidenten dieser riesigen Organisation unterstellt.[138] – Auf die organisationsstrukturellen Details, die sich bei der Frage erheben, wie Sozialdienste angemessen in unspezifische Gesamtinstitutionen einzuordnen seien, können wir nicht eingehen. Die Stabsstellen-Organisation solcher Sozialdienste zur Sicherung der sozialarbeiterischen Handlungsautonomie ist aber ein Inhalt der Sozialarbeitslehre und also eine grundsätzliche Forderung der Sozialarbeit.

Die wichtigsten institutions-organisatorischen Einzelpostulate des integrierten Sozialdienstes lassen sich, wenn derselbe als fachliche Stabsstelle anerkannt ist, problemlos verwirklichen:

- Die Freiheit, mit jedermann in der Institution (ausserhalb des Dienstweges) zu kommunizieren
- die Telefon-Direktwahl von und nach aussen
- der separate, diskretionsgeschützte Schriftverkehr
- der Schutz der Akten vor Einsicht seitens nicht-aufsichtsberechtigter Personen
- die (relative) räumliche Separierung
- die sozialarbeitsspezifische interne Organisation des Sozialdienstes (siehe S. 147 f.)

e) Ressourcen und Einflusspotential der Institution

Die Institution, in welcher der Sozialarbeiter tätig ist, verfügt über bestimmte materielle und immaterielle Ressourcen sowie ein gewisses Potential an gesellschaftlichem Einfluss, und das alles sind Mittel für die soziale Problemlösung, und zwar die naheliegendsten überhaupt. Interessanterweise stehen dem Sozialarbeiter häufig gerade dort bedeutsame institutionelle Hilfsmittel zu Gebote, wo seine Handlungsautonomie am ehesten gefährdet ist: auf Sozialdiensten, die zu grossen unspezifischen Trägerorganisationen gehören. Eine städtische Verwaltung etwa, eine Universitätsklinik oder ein Grossunternehmen eröffnen dem zugehörigen Sozialarbeiter mannigfache institutionsinterne Hilfemöglichkeiten, und er hat umso besseren Zugang zu den Ressourcen einer solchen Institution, je enger er in sie integriert ist. Das gleiche gilt von Kirchen und umfassenden Wohlfahrtsverbänden – Unspezifität der Trägerorganisation ist natürlich keine notwendige Bedingung dafür.

Mit Ausnahme des Institutions-Images haben die institutionsinternen Mittel der Sozialarbeit nichts Besonderes an sich gegenüber den sonstigen externen Mitteln. Sie brauchen deshalb nicht speziell erörtert zu werden. Es handelt sich hauptsächlich um Geld und Sachen, Dienstleistungen, rechtliche Kompetenzen sowie Fachwissen und -können.

---

138 Vgl. *Camenzind*, S. 156 (damals noch ein Ein-Mann-Sozialdienst)

Der Sozialarbeiter hat, auch wenn er formell selten entscheidungszuständig ist, grossen, faktisch oft allein-massgebenden Einfluss auf die Gewährung von *Geld*, *Sachen* oder *Dienstleistungen* seitens der Institution. Das betrifft beispielsweise im Falle des Betriebssozialdienstes Personaldarlehen, Unterstützungen aus Hilfefonds, Werkbusbenützung, Plazierungen in die Betriebskinderkrippe, Zuteilung einer Firmenwohnung, einer Lehrstelle usw. Gemeindesozialdienste verfügen (formell durch Antragstellung an ihre Behörde) über die Sozialhilfemittel der Gemeinde, die Sozialarbeiter grosser Wohlfahrtsverbände über materielle Ressourcen, die ihnen vom Staat zur Kompensation individueller Bedürftigkeit zugewiesen sind (z. B. Bundesmittel der Pro Juventute, Pro Senectute und Pro Infirmis für Fürsorgeleistungen an Hinterlassene, Betagte und Behinderte). Oft kommen der Gesamtinstitution auch *rechtliche Kompetenzen* in bezug auf Problembeteiligte, mit denen sich der Sozialdienst befasst, zu, insbesondere wenn es sich um eine politische Verwaltung, eine Institution der Justiz oder des Sozialversicherungswesens handelt. Der Sozialarbeiter kann dabei in wesentlichem Masse Einfluss nehmen auf rechtliche Verfügungen, z. B. betreffend Hafterleichterungen, Versicherungsleistungen, Steuererlass, betreibungsrechtlichen Notbedarf, vormundschaftliche oder fürsorgerechtliche Massnahmen.

Für die soziale Problemlösung bedeutsam ist ferner das spezielle fachliche *Wissen und Können* der verschiedenartigen Berufsangehörigen, die in der Gesamtinstitution, sei es als Angestellte oder als Mitglieder von Trägergremien, tätig sind. Je nach Institution kann der Sozialarbeiter bei kaufmännischen, juristischen, medizinischen, psychologischen, technischen, handwerklichen oder sonstwie besonderen Fragen auf institutionsinternes Know-how zurückgreifen und nicht selten die betreffenden Fachspezialisten zu direktem problemlösenden Einsatz mobilisieren. Ein machtvoller Einflussfaktor steht ihm zudem dort zu Gebote, wo Angehörige der Gesamtinstitution, welche über ein hohes gesellschaftliches Ansehen verfügen (z. B. Akademiker, Direktoren, Politiker) bereit sind, auf seine Bitte hin ihr *Prestige* für seine sozialarbeiterischen Ziele einzusetzen.

Im übrigen bietet die Institution nebst der Sozialberatung oft auch andere organisierte *soziale Dienstleistungen* an (Kurse, Gruppen, Freizeitaktivitäten, juristische Beratung, Seelsorge, Psychotherapie, Gesundheitsberatung, medizinische Behandlung, ambulante oder stationäre Betreuung etc.). Vor allem bei grossen, umfassend tätigen Wohlfahrtsorganisationen und bei Kirchen trifft dies zu, und dem Sozialarbeiter sind damit besonders leicht zugängliche bzw. einsetzbare Mittel gegeben.

Einen wichtigen institutionellen Faktor stellt schliesslich das *Image der Institution* dar. Es erhöht, wenn es positiv ist, die Akzeptanz des Sozialarbeiters bei Problembeteiligten und Dritten, kann aber auch, im negativen Falle, die Problemlösung erschweren. Einerseits wird das Image der Sozialarbeitsinstitution bestimmt durch die allgemeine gesellschaftliche Meinung über die Sozialarbeit, das Sozialarbeitsimage; und anderseits besteht ein Image-Transfer von der Trägerorganisation bzw. Gesamtinstitution auf den Sozialdienst.

Das *Sozialarbeitsimage* ist durchaus zweideutig, schillernd. Positive Momente steuern ihm bei: der gesellschaftliche Auftrag der Sozialarbeit, ihre Gemeinnützigkeit, ihr altruistischer, helfender, charitativer Charakter (das «Soziale» im positiven Sinne). Negative Elemente fliessen ein vom Image der typischen Sozialarbeitsklienten her (negativer Image-Transfer vom Klienten auf den Sozialarbeitsberuf), von der unerfreulichen, unerwünschten Beschaffenheit des Berufsgegenstandes, nämlich dem Mangel, der Not, des Konflikts, des Leidens (das «Soziale» im negativen Sinne), von den Zwangsmöglichkeiten der Sozialarbeit sowie vom unklaren, ungefestigten beruflichen Status des Sozialarbeiters.

Das bedeutendste Image-Potential, über das der Sozialarbeiter verfügt, ist sein «moralisches Kapital»: man billigt ihm zu, aus uneigennützigen Motiven zu handeln, ethisch hochstehende Werte zu vertreten, Gutes zu beabsichtigen. Der Zins dieses Kapitals besteht im Vertrauen, das Sozialarbeitern bzw. Sozialarbeitsinstitutionen entgegengebracht wird. Diesen Zins soll der Sozialarbeiter ausgeben, als Problemlösungsmittel voll einsetzen. Vieles bekommt er dafür, was nicht selbstverständlich gewährt wird: Informationen, Zutritt, Verfügungsmacht, Entscheidungsfreiheit, Geld und Dienstleistungen für Klienten.

Die Trägerorganisation kann das Image des Sozialdienstes sehr unterschiedlich beeinflussen. Ein *positiver Image-Transfer* geschieht vor allem bei Sozialdiensten, die von landesweit bekannten gemeinnützigen Verbänden, von Kirchen, renommierten Kliniken (Transfer des Ärzte-Prestiges!), Behindertenorganisationen, öffentlichen Unternehmen oder angesehenen Privatfirmen getragen sind.

Eine in der Gesellschaft allgemein negativ bewertete Trägerorganisation eines Sozialdienstes gibt es nicht. Organisationen wie etwa die Heilsarmee, das Blaue Kreuz, sektenhafte religiöse Gemeinschaften, sogenannte «alternative» Vereinigungen, Orden, Gewerkschaften und Presseunternehmen werden aber von jeweils einem Teil der Gesellschaft mit *negativen Assoziationen* verbunden, sei es wegen ihres religiösen, politischen, altmodischen, nonkonformistischen oder moralisch umstrittenen (Boulevardpresse!) Charakters. Bei Institutionen, die sich um Strafgefangene, Drogensüchtige, Prostituierte, Psychischkranke, Obdachlose oder Asylanten kümmern, Menschen also, die geringgeachtet sind, findet ein eigentlicher *Stigma-Transfer* von diesen Klienten auf die Institution statt, gleichgültig ob die Trägerschaft an-sich als ehrenwert gilt.[139]

Die *staatliche* Trägerschaft verschafft einem Sozialdienst bei manchen Leuten wegen der Hoheitsgewalt des Staates, die Zwangsmassnahmen gegenüber dem Einzelnen erlaubt, ein negatives Image. Anderseits verfügt gerade der Staat über

---

139 *Lotmar/Tondeur* (S. 14) über diesen Zusammenhang: «Unsere Kunden (gemeint: die Klienten sozialer Organisationen) sind in der Regel erfolglose, hilflose und hilfebedürftige Menschen. Das niedrige Ansehen und die Verachtung, die sie trifft, trifft oft auch die soziale Organisation.»

die weitaus grösste soziale Hilfepotenz, was ihm wiederum positives Ansehen einbringt.

Der Sozialarbeiter soll das positive Image seiner Institution ausnützen, indem er sich betont mit der Institution *identifiziert*, sich sozusagen mit ihrem gesellschaftlichen Prestige bekleidet. Indem er solches imagemässiges Einflusspotential der Institution zugunsten der sozialen Problemlösung ausschöpft, erntet er die Vorteile des institutionellen Berufes.

Umgekehrt bei negativem Image: hier muss der Sozialdienst unter Umständen *Distanz* zur Trägerorganisation schaffen und nach aussen demonstrieren. Ein wichtiges Mittel dafür ist der örtliche Standort. Indem z. B. ein Sozialdienst für Bewährungshilfe nicht im Justizgebäude (Justizdirektion, Polizei, Staatsanwaltschaft, Gericht), sondern in einem Haus mit Läden, privaten Büros und Arztpraxen domiziliert ist, kann er sein Image wesentlich verbessern. Ebenso mildert es das negative Image einer kommunalen Amtsvormundschaft, wenn ihre Büros neben dem Schulpsychologischen Dienst, der Mütterberatungsstelle oder dem Gesundheitsamt liegen und nicht neben dem Polizeiposten, dem Betreibungsamt oder dem Vormundschaftssekretariat.

Der Sozialdienst soll keinen Image-beeinträchtigenden *Namen* tragen: «Sozialdienst für Erwachsene» wirkt sicher weniger abschreckend als «Amtsvormundschaft», «Beratungsstelle für Suchtmittelabhängige» einladender als «Alkoholikerfürsorge». Ein moderner, gefälliger Briefkopf und ebensolche Anschrifttafeln, diskrete Kuverts, psychologisch geschickt abgefasste und graphisch zeitgemäss gestaltete Informationsbroschüren sind – nebst der ansprechenden Ausstattung der Räume, die wir bereits erörtert haben – weitere Mittel der Sozialarbeitsinstitution, ihr Image zu pflegen. Wohl handelt es sich dabei nur um Äusserlichkeiten, doch jeder psychologische Kenner weiss, wie stark der äussere Schein auf die Menschen wirkt. Selbst die Kleidung des Sozialarbeiters ist keineswegs gleichgültig (vgl. S. 361 f.)!

Trotzdem, als Image-entscheidend erweist sich letzten Endes natürlich die Art und Weise, wie man auf dem Sozialdienst mit den Menschen umgeht, insbesondere die persönliche Qualität des Sozialarbeiters und – das Wichtigste überhaupt – dessen berufliche problemlösende Kompetenz. Damit lenkt der Schluss dieses ersten Kapitels der Mittellehre über die *Institution* unseren Blick auf jenes sozialarbeiterische Mittel, das wir als letztes behandeln werden: die *Persönlichkeit des Sozialarbeiters*.

2.2 Geld und Sachen

Geld und Sachen sind die _materiellen Ressourcen_ der Sozialarbeit. Sie unterscheiden sich nicht prinzipiell voneinander, denn Geld dient hauptsächlich zur Beschaffung von Sachen, und umgekehrt handelt es sich dort, wo der Sozialarbeiter jemandem eine Sache verschafft, im Grunde meist um die Finanzierung derselben.

Trotzdem lässt sich je einzeln von der «Geldhilfe» und der «Sachhilfe» reden. Dabei verwenden wir den letztgenannten Begriff im engen wörtlichen Sinne. Dass der Ausdruck _Sachhilfe_ in der Sozialarbeitstheorie eine Bedeutung bekommen hat, die alles umfasst, was nicht reines psychisches Interaktionsgeschehen zwischen Sozialarbeiter und Klient ist, rührt aus dem therapeutischen (Miss-) Verständnis der Sozialarbeit. Wenn, wie Blocher u. a. meinen, zur Sachhilfe nebst der «Abgabe materieller Güter» auch die «Vermittlung von Informationen», die «Hilfe zur Durchsetzung von Ansprüchen und der Einsatz für Interessen des Klienten» sowie die «Übernahme von Handlungen» für denselben gehören, so findet in jedem sozialen Problemfall «Sachhilfe» statt. Zu Recht wenden sich denn auch Praktiker wie Ziltener und Bichsel dagegen, sozialarbeiterische Sachhilfe (im weiten Sinne verstanden) von der «Beziehungshilfe» bzw. «Beratung» zu trennen.[140] Allerdings braucht es dann diesen unpräzisen Sachhilfe-Begriff, der zudem irreführend ist (es handelt sich meist um etwas ganz anderes als um Sachen!), überhaupt nicht.

a) Geld

Soziale Probleme, die vor den Sozialarbeiter gelangen, haben in der Regel, wenn auch nicht notwendig, einen _finanziellen Aspekt,_ und es ist berufliche Pflicht des Sozialarbeiters, diesen Aspekt zu erkennen und sich mit ihm zu befassen. Der Sozialarbeiter ist unter anderem der Fachmann für Geldprobleme der Unterschichtangehörigen – wer sollte es sonst sein? Es geht dabei um Geldmangel, Schulden, das Haushaltbudget, die Miete, Kost- und Pflegegelder, Krankenkosten, Unterhaltszahlungen, Steuern, Lohn, Versicherungsprämien und -leistungen. Vielfach sind diese Probleme mit rechtlichen Fragen verbunden; in solchen Fällen spielt das Recht als Mittel der Sozialarbeit eine wesentliche Rolle.

Es gibt zahlreiche unterschiedliche _Geldquellen_, aus denen soziale Not finanzieller Art kompensiert werden kann. Zum einen sind sie institutionsintern, worauf wir oben bereits hingewiesen haben, zum andern institutionsextern – je nachdem, wo der Sozialarbeiter tätig ist. Es handelt sich hauptsächlich um die

---

140 _Ziltener 1984_, S. 100; _Bichsel 1986_

Sozialleistungseinrichtungen des Staates bzw. der Gemeinden, die Sozialversicherungen, die Geldmittel der grossen gemeinnützigen Verbände, betriebliche oder gewerkschaftliche Hilfskassen, kirchliche Gelder sowie die zahlreichen Fonds und Stiftungen, welche sozialen Zwecken dienen. Darüber hinaus gibt es allgemeine, d. h. Not-unabhängige Geldquellen wie die Krankenkassen, die Unfall- und Pensionsversicherungen sowie die Kreditinstitute, wobei unter den letztern für die Sozialarbeit freilich nur solche (etwa Kantonalbanken) in Betracht fallen, die sogenannte «Sozialkredite» gewähren, z. B. niedrigzinsige Darlehen zur Ablösung hochzinsiger Konsumkredit-Schulden oder spezielle Ausbildungsdarlehen, die während der Ausbildungszeit zinslos sind. Der Sozialarbeiter muss diese finanziellen Quellen kennen, wissen, unter welchen Bedingungen sich von ihnen Geld beziehen lässt, und fähig sein, sie im Einzelfall durch korrekte und geschickte Gesuchstellung zu benutzen.

Im übrigen gelingt es dem Sozialarbeiter auch zuweilen, bei Privatpersonen – Problembeteiligten oder Dritten – Geld zu mobilisieren (z. B. Verwandtenunterstützung, Haushalt- oder Kostgeld, Abfindungsbeträge) und damit ein soziales Problem zu lösen.

b) Sachen

In der heutigen Sozialarbeit ist das direkte Verschaffen einer zum Lebensunterhalt nötigen Sache (z. B. Essen, Kleider, Möbel) stark zugunsten der Geldhilfe zurückgegangen. *Sachhilfe* im eigentlichen Sinne spielt vor allem bei Massenarmut, wo Kleidersammlungen, Gebrauchtwarenabgabe und Suppenküchen für Notleidende das Bild sozialer Hilfe prägen, eine grosse Rolle. Hedwig Stieves «Tagebuch einer Fürsorgerin» aus den deutschen Nachkriegs-Zwanzigerjahren gibt davon ein eindrückliches Zeugnis. Die Wohlstandsgesellschaft kann grosszügiger sein: indem sie vorzüglich Geldhilfe gewährt, ermöglicht sie dem Hilfeempfänger, sich die notwendigen Sachen selbständig und nach individuellem Bedürfnis zu kaufen.

Trotzdem gibt es auch hier und heute sozialarbeiterische Sachhilfe. Wir sprechen da von ihr, wo der Sozialarbeiter jemandem eine bestimmte Sache verschafft, z. B. ein Kinderbett, eine Babyausstattung, eine Nähmaschine, ein TV-Gerät, einen Kühlschrank, ein Behinderten-Fahrzeug, eine Wohnung. Die beiden letztgenannten Beispiele sind typisch für die sozialarbeiterische Sachhilfe: besonders Körperbehinderte benötigen Sachen, sogenannte «Hilfsmittel»; und zinsgünstige Wohnungen stellen eine Sache dar, zu der gewisse Klienten des Sozialarbeiters ohne dessen Hilfe kaum kommen. UH?, Ust

Sachhilfe wird auch geleistet, wo der Sozialarbeiter dafür sorgt, dass ein Mensch zu essen bekommt (Abgabe von Essenscoupons, Mobilisierung des Mahlzeitendienstes, Organisieren eines Verköstigungsplatzes) oder dass er Unterkunft hat, denn dabei geht es ebenfalls um materielle Dinge. Zugleich allerdings werden damit den Hilfebedürftigen Dienstleistungen von Personen bzw. Institutionen ausserhalb des Sozialdienstes verschafft.

Der Sozialarbeiter muss über *Sachen-Kompetenz* verfügen: Er muss wissen, was es zum Leben braucht, was die lebensnotwendigen Sachen kosten und wo bzw. wie man sie günstig oder sogar kostenlos erhält. Dafür ist nötig, dass er zum einen preisgünstige Verkaufsgeschäfte, Discountläden, Kleiderbörsen, Brockenstuben, Spielwarenverleihe u. ä. kennt, und zum andern weiss, welche sozialen Institutionen Sachleistungen gewähren und welche Geldquellen jeweils zur Finanzierung der unterschiedlichen Sachen in Frage kommen.

2.3 Freiwillige Helfer

Nicht problembeteiligte Personen, die bereit sind, sich in ihrer Freizeit, ohne Anstellungsverhältnis und Lohn, vom Sozialarbeiter für bestimmte Aufgaben der sozialen Problemlösung einsetzen zu lassen, nennen wir «freiwillige Helfer». Sie zählen zu den *personellen Ressourcen* der Sozialarbeit und stellen ein herausragendes Charakteristikum der Sozialen Arbeit dar: in keinem andern Berufsfeld ist die freizeitliche, nicht-berufliche Mitarbeit von Laien so ausgedehnt und wichtig. Der typische «freiwillige Helfer» ist eine Helfer*in*: verheiratete Hausfrau, Mutter zumeist, im Alter von 35–55 Jahren, Mittelschichtangehörige.[141] (Trotzdem verwenden wir, da die freiwillige Helferschaft nicht *wesensmässig* eine weibliche Funktion ist, die männliche Sprachform für den kategoriellen Begriff – wie überall in diesem Buch.)

Wir haben – das sei betont – die Gegebenheiten in Europa, zumindest in den deutschsprachigen Ländern, im Auge. In den USA hat der Einsatz von Freiwilligen (Volunteers), insbesondere als Folge der drastischen staatlichen Sozialausgaben-Reduktion durch die Reagan-Administration in den Achtzigerjahren, einen wesentlich anderen Charakter bekommen. Das instruktive Buch von Paulwitz über den amerikanischen Volunteerism zeigt klar und detailliert, wie das Freiwilligenwesen in den Vereinigten Staaten zu einer paraprofessionellen Domäne ausgebaut und in gewisser Weise verberuflicht worden ist. Dabei werden Volunteers in weiten Bereichen mit eigentlich sozialarbeiterischen Aufgaben betraut, so dass sie faktisch Sozialarbeiter *ersetzen*. Dies entspricht keineswegs unserer Auffassung von den freiwilligen Helfern als einem *Mittel* der Sozialarbeit.

Im Problemzusammenhang spielt der freiwillige Helfer die Rolle eines helfenden Dritten. Allerdings gelten nur jene Laien unter den helfenden Dritten als «freiwillige Helfer», die dem Sozialarbeiter unabhängig von einem bestimmten konkreten Problemfall zur Verfügung stehen. Sie gehören also nicht zum Problemsystem oder zu den vielen potentiellen helfenden Dritten, die es – wie Speck/Attneave mit ihrer spektakulären Art von Grosstherapie demonstrieren[142] – im Beziehungsumfeld einer Problemfamilie (wörtlich: im «Family Network») gibt.

Da für den freiwilligen Helfer keinerlei rechtliche Tätigkeitsverpflichtung besteht, kann er selbst frei bestimmen, in welcher Weise und in welchem Umfang er an der sozialen Problemlösung mithelfen will. Dies gilt auch dann, wenn er nebst der Vergütung von Spesenauslagen ein bescheidenes Entgelt für sein Engagement erhält. Solange dasselbe in seiner Höhe mehr Symbol- als Lohncharakter hat, also eine sogenannte «finanzielle Anerkennung» ist, verpflichtet es den Empfänger nicht. Andernfalls, bei einer leistungsentsprechenden Honorie-

---

141 Vgl. *Brack u. a.*, S. 107
142 Vgl. *Speck/Attneave 1972* und *1973*

rung der helfenden Tätigkeit, sprechen wir nicht von einem «freiwilligen Helfer»; es handelt sich dann vielmehr um eine bezahlte nebenberufliche Dienstleistung der betreffenden Person, und dieselbe gilt als dafür «angestellt».

Die sogenannte ehrenamtliche Tätigkeit im Sozialbereich als Mitglied einer Behörde, eines Vereinsvorstandes oder sonst eines Gremiums, die kein direktes helfendes Engagement in konkreten Problemfällen miteinschliesst, fällt ebenfalls nicht unter den Begriff des freiwilligen Helfens.

Selbstverständlich geschieht freiwillige soziale Tätigkeit auch ohne Berührung mit der Sozialarbeit: einerseits in gewöhnlichen zwischenmenschlichen Zusammenhängen unter Verwandten, Freunden, Nachbarn, Berufskollegen, Glaubensgenossen, Vereinsmitgliedern oder sonstwie miteinander bekannten Menschen, anderseits durch Organisationen, die ohne sozialarbeiterische Beratung soziale Laienhilfe leisten, beispielsweise Frauenvereine, kirchliche Helferkreise, religiöse Gemeinschaften, Selbsthilfegruppen, Samaritervereine, Blaukreuzvereine, Quartiervereine, Elternvereinigungen.

Andere Gruppen freiwilliger Helfer sind von Institutionen der Sozialen Arbeit (z. B. Pro Juventute, Pro Senectute, Behindertenorganisationen, Sozialdiensten, Heimen) organisiert und werden mehr oder weniger intensiv durch Sozialarbeiter oder Sozialpädagogen beraten. Der Sozialberater findet so eventuell innerhalb seiner eigenen Institution freiwillige Helfer vor. Ein Sozialdienst kann auch selbst eine Helfergruppe aufbauen und beratend führen.

Zu einem *Mittel der Sozialarbeit* werden jene freiwilligen Helfer, welche der Sozialarbeiter direkt oder indirekt in einem sozialen Problem einsetzt. *Indirekter* Einsatz meint: der Sozialberater arbeitet nicht direkt mit dem Helfer zusammen, sondern nimmt bloss den freiwilligen Laiendienst einer anderen Organisation (oder einer anderen Teilinstitution innerhalb der eigenen Organisation) in Anspruch, ohne selbst mit dem konkret eingesetzten Helfer näher zu tun zu haben. Wir rechnen dies zu dem sozialarbeiterischen Mittel «Dienstleistungen», das wir weiter unten behandeln werden. Hier hingegen unter dem Mittel «freiwillige Helfer» fassen wir im speziellen und ausschliesslich den *direkten* Einsatz eines Laienhelfers durch den Sozialarbeiter ins Auge.

Ganz überwiegend erfüllen freiwillige Helfer, die mit dem Sozialberater zusammenarbeiten, *Betreuungsaufgaben*. Viele Sozialarbeitsklienten brauchen in der alltäglichen Lebensbewältigung den Beistand eines andern Menschen, sei es in pflegerischer, emotioneller oder sachlicher Hinsicht. Es geht dabei nicht um Probleme, die besonderes professionelles Wissen und Können erfordern; hiezu sind die Fachleute der helfenden Berufe, unter ihnen der Sozialarbeiter, da. Doch die normale zwischenmenschliche Lebenshilfe – wie sie jeder «Durchschnittsbürger» von seinen natürlichen Kontaktpersonen empfängt und sie selbst andern gibt, ohne dass er viel darüber denkt – fehlt manchen Menschen, und *sie* kann ihnen vorzüglich durch freiwillige Helfer geleistet werden. Würden alle

Menschen in funktionierenden sozialen Netzen leben, wären keine freiwilligen Helfer nötig. Doch gerade Personen, die der alltäglichen Daseinshilfe besonders bedürfen, z. B. Alkoholiker, Strafgefangene und -entlassene, Behinderte, Psychischkranke, Betagte, Kranke, Flüchtlinge, stehen häufig allein im Leben.[143] Der Mangel an hilfreichen Bezugspersonen und das soziale Problem hängen in solchen Fällen meist wechselseitig voneinander ab. Wenn der Sozialarbeiter bei solchen Klienten freiwillige Helfer als sozusagen künstliche Bezugspersonen einsetzt, können diese benachteiligten Menschen sozial stabilisiert und oft sogar in ihrer Persönlichkeitsentwicklung gefördert werden. Beim freiwilligen Helfer ermöglichen, wie Brack zutreffend festhält, «die Einmaligkeit und der private Charakter der Beziehung zum Klienten eine besondere Zuwendung, die der beruflich tätigen Fachkraft meist nicht möglich und auch nur bedingt angemessen ist».[144]

Entsprechend bauen vor allem soziale Institutionen, die sich speziell um die erwähnten Kategorien benachteiligter Menschen (Straffällige, Psychischkranke, Alkoholiker, Behinderte etc.) kümmern, *Helfergruppen* zur Betreuung ihrer Klienten auf. Solche Gruppen können sogar eigenständig organisiert sein: die Laienhelfer machen die Institution im wesentlichen aus, und die beteiligten Professionellen – Sozialarbeiter, Psychologen, Juristen, kaufmännisches Personal etc. – stellen «Hilfsdienste» für diese Freiwilligen dar (so z. B. in dem von Hämmerle beschriebenen Basler Straffälligenhilfe-Projekt «Neustart»). Unter Umständen ist allerdings der Dienst, den ein freiwilliger Helfer leistet, gar nicht laienhaft, sondern höchst fachmännisch, so etwa wenn eine ehemalige Krankenschwester bei der Pflege eines Betagten, eine ehemalige Lehrerin bei den Hausaufgaben eines Ausländerkindes oder ein Bankprokurist bei der Schuldensanierung hilft. *z.B. VHS Kurs EA*

Falls dem Sozialarbeiter nicht innerhalb seiner Institution organisierte freiwillige Helfer zur Verfügung stehen, kann er doch aufgrund seiner persönlichen Beziehungen einzelne Laienmitarbeiter für sich bzw. seinen Sozialdienst gewinnen. Es sind dies Personen, die er entweder in seinem Privatleben oder durch seine berufliche Arbeit kennt bzw. als Helfer ausfindig macht. Auch Klienten lassen sich zuweilen – mit einmaligen, kurzen Dienstleistungen meist – als freiwillige Helfer einsetzen.

Oft ist es schwierig, einen geeigneten Helfer zu finden, und der Sozialarbeiter muss lange suchen, indem er z. B. bei gemeinnützigen Vereinen, in der Kirche, bei Berufskollegen in anderen Institutionen, bei Schlüsselpersonen der

---

143 Vgl. diesbezüglich *Schillers* empirische Untersuchung über die Situation körperbehinderter und sehgeschädigter Erwachsener. Es ergibt sich aus ihr, dass diese Personen, obschon mental nicht beeinträchtigt, über ein viel kleineres soziales Netz verfügen als der nicht-behinderte Gesellschaftsangehörige und dass sie vor allem auch deshalb auf organisierte Hilfe Aussenstehender angewiesen sind.

144 *Brack u. a.*, S. 57

Gemeinde oder bei bereits aktiven Helfern nachfragt. Allenfalls sucht er einen freiwilligen Helfer auch durch Ausschreibung an den einschlägigen Orten (z. B. am schwarzen Brett eines Betriebes, einer Schule, eines Jugendhauses, eines Quartiertreffpunktes) oder in der Presse, etwa in einem Kirchenblatt, einer Lokalzeitung, einem Vereinsorgan, einem Gratisanzeiger.

Der freiwillige Helfer ist ein Mensch, keine Sache, und damit ein sozialarbeiterisches Mittel eigener Art. Geld oder Sachen müssen beschafft, freiwillige Helfer aber *gewonnen* werden. Und einen Menschen für eine soziale Aufgabe zu gewinnen, ist meist nicht leicht. Es gehört zum professionellen Können des Sozialarbeiters, dabei geschickt und erfolgversprechend vorzugehen. Im wesentlichen sind hiefür die methodischen Akzeptanzprinzipien massgebend, die wir in der Methodenlehre erörtern werden. Ausserdem hängt viel von der Persönlichkeit des Sozialarbeiters ab, ob der berühmte «Funke» von ihm auf den potentiellen Helfer hinüberspringt und dessen Helferwillen entzündet.

Und wenn ein freiwilliger Helfer gewonnen ist, gilt das Gesagte für den Einsatz desselben erst recht. Der Sozialarbeiter muss den freiwilligen Helfer als *Mitarbeiter* im sozialen Problemlösungsbemühen betrachten, ihn beraterisch und moralisch voll unterstützen und die Beziehung zu ihm in allem bewusst so gestalten, dass sie beide optimal auf das gemeinsame Ziel hin zusammenarbeiten. Kooperation, Sich-aufeinander-Abstimmen, Komplementarität soll zwischen Sozialarbeiter und Helfer herrschen, nicht Konkurrenz, Rivalität, Doppelspurigkeit oder konträres Handeln.[145] Wie sich der Sozialarbeiter gegenüber den freiwilligen Helfern zu verhalten hat, damit ein derartiges Arbeitsbündnis zwischen ihm und ihnen entsteht und funktioniert, werde ich bei der Erörterung des Kooperationsprinzips (S. 321 ff.) und des indirekten sozialarbeiterischen Betreuungshandelns (S. 466 ff.) darlegen.

145 Ein diesbezüglich positives Beispiel ist die «Aktion Jugendhilfe Winterthur» (vgl. die Beschreibung von *Stauss*), während *Berger* in ihrer wissenschaftlichen Untersuchung des historisch berühmten, immer noch partiell praktizierten «Elberfelder Systems» (Einsatz von ehrenamtlichen Helfern im Bereich der wirtschaftlichen Sozialhilfe) gravierende Kooperationsmängel, begründet vor allem in der unangemessenen Einstellung der hauptamtlichen Professionellen, konstatiert.

2.4 Dienstleistungen

Sozialarbeit ist nicht nur selbst ein Dienstleistungsberuf, sondern sie setzt auch die Dienstleistungen anderer als Mittel für ihren Zweck, die soziale Problemlösung, ein. Der Sozialarbeiter kann keineswegs selbst *alles* tun, was in einem sozialen Problemfall von Aussenstehenden zu tun nötig ist. Bedenkt man, wie vielgestaltig, komplex und weitreichend soziale Probleme sind, leuchtet ohne weiteres ein, dass an ihrer Lösung oft andere Fachleute und Laienhelfer als sogenannte *helfende Dritte* beteiligt werden müssen. Zu erkennen, wo und wie und durch wen dies zu geschehen habe, stellt eine zentrale methodische Aufgabe des Sozialarbeiters dar, die typisch für seinen Beruf ist. Die *systemische* Sozialarbeit verlangt, dass ein soziales Problem nicht eingleisig-linear, sondern von allen Seiten angegangen wird. Und das bedeutet in vielen Fällen, dass der Sozialarbeiter Dienstleistungen anderer zugunsten von Problembeteiligten einsetzt.

Im Prinzip kommen dafür beliebige Dienstleistungen in Frage, die sich bei der Lösung eines konkreten sozialen Problems als nützlich erweisen. Auch ganz gewöhnliche, nicht speziell soziale Dienstleistungen – z. B. diejenige eines Handwerkers, einer Bank, eines Transportunternehmens – gehören dazu. All dies rundweg zum «Mittel der Sozialarbeit» zu deklarieren, wäre aber wenig sinnvoll. Dass wir diesen Begriff auf Dienstleistungen anwenden, die andere Berufe oder freiwillige Helfer anderer Institutionen erbringen, ist ohnehin schon ziemlich gewagt. Es lässt sich nur rechtfertigen, wenn wir dabei restriktiv bloss solche Dienstleistungen ins Auge fassen, die *typischerweise* an der sozialen Problemlösung mitwirken und zu denen der Sozialarbeiter aufgrund seiner spezifischen *Berufsbeziehungen* einen besonders nahen, leichten und guten Zugang hat.

Zur Hauptsache sind das die Dienstleistungen der sozialen Berufe und Helfer, insbesondere diejenigen der folgenden Institutionen und Fachleute:

– andere, spezialisierte Sozialdienste
– sozialpädagogische Institutionen (Heime, betreute Wohngemeinschaften, Erziehungsberatungsstellen, Freizeiteinrichtungen etc.), sozialpädagogische Familienhelfer
– Selbsthilfegruppen (von Behinderten, Kranken, Randgruppen und Angehörigen derselben)
– Einrichtungen der Notbeherbergung (Frauenhäuser, Notschlafstellen, Auffangstationen für Drogenabhängige etc.)
– medizinische Institutionen (Spitäler, Tages- und Nachtkliniken, Kuranstalten, Rehabilitationszentren, Polikliniken, Beratungsstellen für Familienplanung etc.)

- psychiatrische, psychologisch-diagnostische und psychotherapeutische Institutionen (Kliniken, therapeutische Wohngruppen, sozialpsychiatrische, kinderpsychiatrische und schulpsychologische Dienste, Ehe- und Familientherapie-Stellen etc.)
- Psychotherapeuten, Familienberater, Psychiater, Ärzte, Mütterberatungsschwestern
- Pflegedienste (Gemeindekrankenschwestern, Hauspflege, Rotkreuzfahrdienst etc.)
- Soziale Laienhilfsdienste (Mahlzeitendienste, Besucherdienste, Gruppen der Nachbarschafts- und der Betagtenhilfe, Betreuungsdienste für Behinderte, Entlastungsdienste für Angehörige von Behinderten etc.)
- Kirchen und religiöse Gemeinschaften, Pfarrer, kirchliche Gemeindehelfer und Beratungsstellen, kirchliche Helfergruppen
- Schulen (Lehrer), Internate, Einrichtungen der Lernhilfe, Lehrlingsinstitutionen, Berufsberatung
- Institutionen der sozialen Erwachsenenbildung (Elternbildung, Kommunikationstraining, Helferausbildung etc.)
- Kinderkrippen, Horte, Tagesmüttervereine, Kinderhütedienste
- Vermittlungsdienste (für Wohnungen, Arbeit, Au-pair-Stellen, Adoptivkinder, Pflegefamilien etc.)
- Rechtsberatungsstellen (allgemeine: z. B. der Gerichte oder der Gemeinden, Ombudsmann; spezielle: für Arbeitnehmer, Frauen, Mieter, Ausländer, Behinderte, Patienten etc.)
- Rechtsanwälte
- Polizei
- Behörden, Verwaltungsstellen und Administrationen im Bereich des Sozial-, Bildungs- und Gesundheitswesens

Wie bereits festgestellt, stehen dem Sozialarbeiter solche Dienstleistungen eventuell institutionsintern zur Verfügung, und in diesem Falle erscheinen sie zugleich als institutionelles Mittel der Sozialarbeit. Auch die Tätigkeiten der *freiwilligen Helfer* sind natürlich Dienstleistungen. Wir haben jedoch jene freiwilligen Helfer, die vom Sozialarbeiter *direkt* eingesetzt werden und zu ihm in einem eigentlichen Mitarbeiter-Verhältnis stehen, unter Punkt 2.3 als besonderes sozialarbeiterisches Mittel aufgeführt. Im Unterschied zu ihnen arbeiten die Institutionen und Personen, die wir hier unter dem Mittel *Dienstleistungen* ins Auge fassen, grundsätzlich selbständig, unabhängig vom Sozialarbeiter, gemäss ihren eigenen Fachmethoden und Organisationsformen. Dass der Sozialarbeiter sie für die soziale Problemlösung *einsetzt*, bedeutet lediglich: er beurteilt es als nützlich oder notwendig, dass die Problembeteiligten eine solche Dienstleistung in Anspruch nehmen; er stellt den Kontakt zu der betreffenden Institution bzw. Person her; er sorgt nötigenfalls für die Bezahlung der Dienstleistung; und er bemüht sich darum, dass sie auf das Problemlösungsziel ausgerichtet ist und bleibt und sowohl mit seinem eigenen Handeln wie mit dem anderer helfender Dritter koordiniert wird.

Dieser letztgenannte Aspekt des Dienstleistungseinsatzes ist für die systemische Sozialarbeit der entscheidende. Wir werden auf ihn in der Methodenlehre bei der Erörterung der instrumentellen Problemdefinition (S. 270 ff.) und des Kooperationsprinzips (S. 321 ff.) näher eingehen. Wo der Sozialarbeiter Problembeteiligte bloss an eine andere Institution oder Fachperson *überweist*, ohne der dort gewährten Dienstleistung weiter Beachtung zu schenken, sie also nicht in den sozialarbeiterischen Problemlösungsprozess integriert, kann die betreffende Dienstleistung nicht als Mittel der Sozialarbeit gelten.

Die typischen sozialarbeitsrelevanten Dienstleistungen, die wir aufgezählt haben, existieren unabhängig vom Sozialarbeiter, der sie für die Problemlösung benutzt. Damit sie für ihn ein *Mittel* sein können, muss der Sozialarbeiter sie kennen und sich zu den betreffenden Institutionen bzw. Personen in Beziehung setzen. Oft ist ein besonderes Verhältnis zwischen ihm und ihnen nötig, weil anders die Dienstleistung gar nicht zur Verfügung steht oder die erforderliche Zusammenarbeit nicht klappt. Wir nennen dieses spezifische Verhältnis zwischen dem Sozialarbeiter und seinen typischen Berufspartnern *sozialarbeiterische Berufsbeziehung*. Dank seinen Berufsbeziehungen kann der Sozialarbeiter Dienstleistungen für die Problembeteiligten mobilisieren, an welche dieselben allein nicht herankämen, und andere Berufsleute dazu bewegen, nach seinen Intentionen als helfende Dritte an der sozialen Problemlösung mitzuwirken.

Zahlreiche Berufspartner sind, je nach dem Tätigkeitsfeld oder dem örtlichen Bereich des Sozialdienstes, institutionell vorgegeben und die entsprechenden Berufsbeziehungen durch Vorgänger und Arbeitskollegen des Sozialarbeiters präformiert und beeinflusst. Bei manchen Dienstleistungen hat der Sozialarbeiter gar keine Wahlmöglichkeit; es gibt z. B. *eine* psychiatrische Klinik, die für seine Region zuständig ist und keine zweite, und so verhält es sich vielleicht auch bezüglich der Kinderkrippe, der Notschlafstelle und anderem. Die Amtsstellen oder die Polizei kann man ebensowenig auslesen. Aber innerhalb der vorgegebenen Dienstleistungsinstitutionen sind oft verschiedene Personen tätig, und der Sozialarbeiter hat meist die Möglichkeit, zu einer bestimmten unter ihnen eine besondere Berufsbeziehung aufzubauen.

Institutionen bestehen letztlich aus Personen, und so tragen auch Berufsbeziehungen, die im wesentlichen institutioneller Art sind, einen persönlichen Charakter. Das *persönliche Moment* kennzeichnet generell die sozialarbeiterische Berufsbeziehung; im Idealfall herrscht zwischen dem Sozialarbeiter und seinem Berufspartner Vertrauen, Bereitschaft zu gegenseitiger Unterstützung und Sympathie. Nur wenn sie positiv geprägt ist, bringt die sozialarbeiterische Berufsbeziehung Nutzen. Die systemische Sozialarbeit misst den helfenden Dritten im Problemlösungszusammenhang grosse Bedeutung bei. Oft hängt alles von ihnen ab, und entsprechend ist eine funktionelle Beziehung des Sozialarbeiters zu ihnen ausserordentlich wichtig. Der Sozialarbeiter muss sich bewusst um sie bemühen, wobei für ihn nicht zuletzt die Akzeptanzprinzipien, die wir in der Methodenlehre darlegen werden, wegleitend sind.

Ein erfahrener Sozialberater – vor allem wenn er schon lange auf derselben Stelle arbeitet – hat «seine» Heime und Wohngemeinschaften, «seine» Ärzte, Therapeuten, Rechtsanwälte etc., «seine» Leute innerhalb der Verwaltung, des Gerichts, der Kliniken, der Helferorganisationen und anderer Institutionen. Er kennt sie persönlich, und sie kennen ihn. Wenn er eine einschlägige Dienstleistung braucht, wendet er sich in erster Linie an sie, und sie wenden sich an ihn, falls sie für jemanden sozialarbeiterische Hilfe benötigen. Zuweilen kommt es vor, dass sie sich auch in Problemfällen konsultieren, die sie nicht miteinander teilen – einfach weil sie sich gegenseitig als Leute vom Fach anerkennen, einander persönlich mögen und damit rechnen können, vom anderen unterstützt zu werden. So schafft sich der kompetente Sozialarbeiter ein *Netz von Berufspartnern* und verwendet seine Berufsbeziehungen zu ihnen dafür, ihre Dienstleistungen für die soziale Problemlösung zu gewinnen und funktionell einzusetzen.

2.5 Das Recht

a) Werte, Normen, Recht

Sozialarbeit ist auf soziale Werte hin orientiert. Das haben wir bereits oben im Zusammenhang mit ihrer gesellschaftlichen Funktion festgestellt. Und ich habe auch gesagt, was *soziale Werte* sind: kulturell-gesellschaftliche Zielvorstellungen, allgemeingültige Leitbilder idealer Art, die etwas für die Gesellschaft Gutes und Erwünschtes bedeuten.[']

Im Unterschied dazu verstehen wir unter den *sozialen Normen* die konkreten gültigen Regeln, nach denen die Gesellschaftsangehörigen in bezug aufeinander handeln bzw. handeln sollen und gewöhnlich auch müssen, wenn sie nicht Nachteile in Kauf nehmen wollen. Soziale Normen manifestieren sich in Rechtsvorschriften, moralischen Geboten, Sitten, Gebräuchen, gesellschaftlichen Konventionen und zwischenmenschlichen Umgangsformen. Idealiter entsprechen sie den sozialen Werten und verwirklichen sie. Tatsächlich aber besteht keine vollkommene, sondern nur eine beschränkte Übereinstimmung von sozialen Normen und Werten, weil die Menschen bei der Regelung ihrer Verhältnisse nicht ständig und einzig auf das Gute, Wahre, Schöne und Gerechte (an das sie durchaus glauben) blicken. Soziale Normen sind keineswegs nur von sozialen Werten, sondern zugleich von Realitäten und Interessen geprägt, die mit Moral und Idealen wenig zu tun haben.

Ob ihnen nun freilich hohe *Wertkonformität* innewohne oder nicht, ihre Bedeutung liegt unabhängig davon in der gesellschaftlichen Geltung und der entsprechenden Macht, die sie auf den einzelnen ausüben. Dank dieser faktischen Potenz vermögen die sozialen Normen die unendlich zahlreichen, enorm komplexen Interaktionen im Gesellschaftssystem zu regeln und so dessen Bestand zu gewährleisten. Ohne sie wäre Chaos in der Gesellschaft und ständiger turbulenter Wechsel. Jedes soziale System, im grossen wie im kleinen, braucht seine Normen, nach denen es funktioniert – anders könnte es überhaupt nicht funktionieren. Dies, die blosse *Regelungsleistung* der sozialen Normen, macht dieselben zu etwas, das für die Sozialarbeit, vor allem die systemorientierte, eminent wichtig ist. Sozialsystemische Zusammenhänge zu funktionalisieren (die zentrale Aufgabe der systemischen Sozialarbeit), nimmt immer Bezug auf Normen und benötigt zwingend normatives Denken, denn soziale Norm und soziales Funktionieren sind prinzipiell aufeinander bezogen.

Trotzdem darf man nicht die sozialen Normen schlechthin und insgesamt als ein *Mittel* der Sozialarbeit auffassen. Ein «Mittel» kann nur eine Gegebenheit sein, die sich im Sinne eines Instrumentes handhaben, grundsätzlich beliebig anwenden lässt. Das trifft bei sozialen Normen in Form von moralischen Geboten, Sitten, Gebräuchen, gesellschaftlichen Konventionen und zwischenmenschlichen Umgangsformen nicht zu. Wohl aber beim *Recht*: das Recht ist bewusst-absichtlich gesetzt, auf methodisch-rationale Weise gemacht und veränderbar, und es enthält (im Aspekt des formellen Rechts) wesensmässig das operable Element in sich, das erlaubt, sich seiner als Mittel zu bedienen. Das Recht kann man gebrauchen, anwenden, benutzen, einsetzen. Und da jeder soziale Lebens-bereich vom Recht erfasst und durchwirkt ist, spielt es selbstverständlich als Mittel der Sozialarbeit eine hervorragende Rolle.

b) Die Rechtskenntnisse des Sozialarbeiters

Wer das Recht als Instrument benützen will, muss es kennen. Der Sozialarbeiter braucht Rechtskenntnisse; sie sind ein spezieller Teil des sozialarbeiterischen Berufswissens (das wir in seinen ganzen Umfang weiter unten behandeln wer-den). Da er in der Regel keine umfassende rechtswissenschaftliche Ausbildung hinter sich hat, also nicht Jurist ist, verfügt der Sozialarbeiter lediglich über eine beschränkte juristische Kompetenz. Es geht hier darum festzustellen, von wel-cher Art und welcher Reichweite sie sein soll. Massgebend dafür sind die Erfor-dernisse der sozialarbeiterischen Praxis.

Zum ersten benötigt der Sozialarbeiter ein *prinzipielles Verständnis* für das Wesen des Rechts. Er muss mit dem Recht vertraut sein, und das bedeutet: Er muss die fundamentalen Rechtsgrundsätze – z. B. das Legalitätsprinzip der Ver-waltung, das Prinzip von Treu und Glauben, den Unterschied von Zivil- und Strafrecht – verstehen; ebenso die Systematik bzw. Hierarchie der Rechtsord-nung. Er muss wissen, wie Rechtserlasse (z. B. Gesetze und Verordnungen), Gerichtsurkunden und Verträge aufgebaut sind und welche inhaltliche Logik sich daraus ergibt. Die wichtigsten Rechtsausdrücke – etwa «Rechtsmittel», «Persön-lichkeitsrecht», «gesetzliche Vermutung», «Offizialmaxime» – müssen ihm geläufig sein; und er muss darüber Bescheid wissen, wie das politische Rechtssy-stem sowie die Justiz strukturiert sind und funktionieren. Aus solcher grundsätz-licher Einsicht in Wesen und Eigenart des Rechts erwächst dem Sozialarbeiter zumindest ein Gespür, ein Sinn, im Optimum sogar ein sicheres Verständnis dafür, was ein Rechtstext im grossen ganzen bedeutet, worum es in einem sozialen Sachverhalt rechtlich geht, was dabei im Prinzip rechtlich möglich und was unmöglich ist. Gastiger verlangt vom Sozialarbeiter, jedenfalls dem vom Staat angestellten, er müsse «die Rechtsposition seines Klienten kennen»[146], und hierin drückt sich prägnant aus, was das Vertrautsein des Sozialarbeiters mit dem Recht leisten soll.

Freilich, dazu reicht juristisches Basiswissen allein nicht aus. Der Sozialarbei-ter braucht darüber hinaus konkrete *Kenntnisse im Bereich des materiellen*

---

146 *Gastiger*, S. 91

Rechts. Die typischen sozialarbeitsrelevanten Rechtsgebiete sind (ohne juristisch-systematische Ordnung aufgezählt): Personenrecht, Eherecht, Kindesrecht, Vormundschaftsrecht, Arbeitsrecht, Arbeitsvertragsrecht, Mietrecht, Abzahlungsvertragsrecht, Sozialversicherungsrecht, Sozialhilferecht, Ausbildungsrecht, Steuerrecht, Betreibungsrecht, Strafrecht.[147] Je nach der Spezialität der Sozialarbeitsinstitution spielt die eine oder andere Rechtsmaterie eine grössere oder geringere Rolle. Das Straf- und Strafvollzugsrecht ist z. B. dominant für einen Gefängnis- oder Bewährungshilfe-Sozialdienst, das Jugendstrafrecht für den Sozialdienst einer Jugendanwaltschaft, das Vormundschaftsrecht für eine Amtsvormundschaft, das Familienrecht für eine Jugend- und Familienberatungsstelle, das Sozialversicherungsrecht für einen Behinderten-Sozialdienst. Bei unspezialisierten, polyvalenten Sozialarbeitsinstitutionen, z. B. dem allgemeinen Gemeindesozialdienst, haben mehrere Rechtsgebiete nebeneinander die ungefähr gleich grosse Bedeutung. Selbstverständlich können sich im einzelnen sozialen Problemfall auch Rechtsfragen stellen, die ausserhalb der angeführten sozialarbeitstypischen Rechtsmaterien liegen, erbrechtliche beispielsweise oder solche des Versicherungsvertrags-, des Haftpflicht- oder des Sachenrechts.

Wie weit das sozialarbeiterische Wissen im materiellen Recht zu reichen hat, lässt sich schwer theoretisch bestimmen. Jedenfalls muss der Sozialarbeiter in jenem Rechtssektor, der für die sozialen Probleme, mit denen er sich hauptsächlich befasst, relevant ist, die zentralen gesetzlichen Vorschriften kennen, denn sie sind entscheidende soziale Tatsachen. Darüber hinaus benötigt er in gewissen Punkten, nicht im ganzen betreffenden Rechtsgebiet, präzises Detailwissen. Bestimmte spezielle Rechtsmaterien, mit denen er dauernd zu tun hat, kennt der kompetente Sozialarbeiter natürlich so gut wie oder sogar besser als der Durchschnittsjurist.

Das Recht zu kennen, bedeutet nicht, die Rechtsvorschriften auswendig im Kopf zu haben. Der Sozialarbeiter muss lediglich wissen, in welchem Gesetz oder sonstigen Rechtserlass und in was für Rechtsliteratur er nachzuschlagen hat, wenn ihm eine konkrete Rechtsfrage vorliegt. Auf dem Sozialdienst müssen die sozialarbeitsrelevanten Gesetze, Verordnungen und Reglemente sowie allgemeinverständliche Literatur, in der das betreffende Recht erklärt wird, vorhanden sein. Ein juristisch ausgebildeter oder am Recht besonders interessierter Sozialarbeiter ist auch imstande, eigentlich wissenschaftliche Rechtsliteratur (z. B. Gesetzeskommentare oder umfassende Darstellungen einer Rechtsmaterie) sowie die Judikatur (z. B. Bundesgerichtsentscheide) zu lesen und aus ihr juristische Einsicht zu gewinnen.

Wesentlich an einer _partiellen Fachkompetenz_, wie sie im Falle der sozialarbeiterischen Rechtskenntnis besteht, ist das Vermögen, zu unterscheiden zwischen

---

147 Einen ausgezeichneten Einblick in all die Rechtsfragen, mit welchen der Durchschnittsbürger, im besonderen der sozial benachteiligte, konfrontiert ist und wo er rechtsberaterischen Beistand braucht, gibt der von _Rasehorn_ herausgegebene Sammelband _Rechtsberatung als Lebenshilfe_.

dem, was man tatsächlich versteht, also sicher weiss, und dem, was man nicht völlig begreift, wo man im Unklaren, Unsicheren verbleibt. Fehlt dem Sozialarbeiter hinsichtlich des Rechts diese selbstkritische Differenzierungsfähigkeit, so unter- oder überschätzt er seine juristische Kompetenz. Wenn er sie unterschätzt, getraut er sich nicht, in der rechtlichen Sphäre zu urteilen und zu handeln, auch dort, wo er durchaus dazu imstande wäre. Überschätzt er hingegen seine juristische Kompetenz, gelangt er zu falschen Rechtsmeinungen und gibt entsprechend unrichtige Rechtsauskünfte, stellt unbegründete rechtliche Forderungen oder unterlässt es umgekehrt, das rechtlich Zustehende zu fordern, was alles sehr nachteilige Folgen für die Problembeteiligten haben kann. In der Regel vermag der Sozialarbeiter rechtliche Probleme, die ausserhalb des Arbeitsbereiches liegen, in dem er spezielle Erfahrung besitzt, nicht *allein* sicher und abschliessend zu beurteilen. Seine generelle juristische Kompetenz sollte aber soweit reichen, dass er dem Fachmann (Rechtsanwalt, Richter, Verwaltungsjurist, Rechtsberatungsstelle) die richtigen Fragen stellt – jene nämlich, die für die betreffende Problemlösung effektiv bedeutsam sind – und dass er dessen Erklärungen versteht.

Es genügt freilich nicht, dass der Sozialarbeiter weiss, was in der Sache Recht ist. Es muss die Kenntnis hinzukommen, wie man dieses materielle Recht nötigenfalls auf dem Rechtswege durchsetzt. Der Sozialarbeiter braucht also auch *formellrechtliche Kenntnisse*, insbesondere solche im Zivil- und Strafprozessrecht, in der Verwaltungsrechtspflege und im Verwaltungsverfahren generell. Grundsätzlich muss er fähig sein, eine einfache sozialarbeitsrelevante Rechtssache ordnungsgemäss vor die zuständige behördliche, gerichtliche oder Verwaltungsinstanz zu bringen. Dazu gehört, eine einfache Rechtsschrift (Gesuch, Antrag, Beschwerde, Gerichtsklage u. ä.) abfassen zu können, was noch kein juristisches Argumentieren miteinschliesst, sondern lediglich bedeutet, dass die beteiligten Personen (Parteien) vollständig bezeichnet, das Rechtsbegehren eindeutig ausgedrückt und eine Begründung dafür gegeben wird, die den betreffenden Sachverhalt klar umreisst.

Der Sozialarbeiter muss nicht die Details des Zivil- und des Strafprozesses sowie des Verwaltungsverfahrens kennen, aber doch begreifen, wie beides *im Prinzip* funktioniert. Es gilt im Bereich des formellen Rechts in bezug auf die juristische Kompetenz des Sozialarbeiters (betreffend ihre Unterschiedlichkeit je nach der Spezialität des Sozialdienstes und ihre generelle Begrenzung) dasselbe, was wir eben hinsichtlich des materiellen Rechts festgestellt haben. Wenn der Sozialarbeiter sicher ist, dass er verfahrensrechtlich richtig zu handeln weiss, kann er durchaus selbst, ohne Beizug eines Anwaltes, Rechtsschritte im spezifischen Sinne unternehmen. Es gibt Sozialarbeiter, die als Vertreter ihrer Klienten selbständig *Prozesse führen*, hauptsächlich im Gebiet des Familienrechts (betreffend Vaterschaft, Unterhalt, Besuchsrecht, Getrenntleben der Ehegatten, Ehescheidung), des Strafrechts (Verteidigung des Klienten), im Sozialversicherungsrecht und im Sozialhilfe- sowie Vormundschaftsrecht, also dort, wo es materiellrechtlich um Sachverhalte geht, für die der Sozialarbeiter Experte ist. Erweist sich ein Rechtsverfahren jedoch als kompliziert, sei es im materiellen Aspekt, weil die juristische Frage heikel ist, sei es im formellen, weil es beispielsweise zu einem gerichtlichen Beweisverfahren kommt oder die Gegenpartei zahlreiche Rechtsmittel einlegt, tut auch der rechtlich kompetente und (z. B. als Vormund) zur Prozessführung legitimierte Sozialarbeiter gut daran, einen Rechtsanwalt einzuschalten. Das Verfahrensrecht enthält viele diffizile Formalitäten, die dem Sozialarbeiter leicht zum Fallstrick werden, wohingegen es gerade zur Fachkompetenz des routinierten Rechtsanwaltes gehört, dergleichen prozessuale Gefahren zu kennen und zu meistern.

c) Die soziale Problemlösung und das Recht

Die Aufgabe der Sozialarbeit ist es, soziale Probleme zu lösen, nicht: das Recht zu verwirklichen. Die sozialen Bedürfnisse der Menschen decken sich nicht notwendig mit den bestehenden Rechtsnormen, und diese entsprechen keineswegs alle dem Idealwert der sozialen Gerechtigkeit, an dem sich die sozialarbeiterische Problemlösung orientiert. So ist denn auch die rechtliche «Lösung» eines sozialen Problems, z. B. die gerichtliche Kindeszuteilung an einen Elternteil oder die betreibungsrechtliche Durchsetzung einer Alimentenforderung, unter Umständen gar keine Lösung. Möglicherweise verschärft sie sogar das soziale Problem, weil sie die emotionellen Beziehungen unter den Problembeteiligten verschlechtert, mit den Gerechtigkeitsvorstellungen bzw. sozialen Normen der Betroffenen nicht übereinstimmt, dem psychischen Zustand eines Beteiligten nicht Rechnung trägt oder sonstwie sozial unangemessen ist. Wie hoch auch die Bedeutung des Rechts für die Sozialarbeit eingeschätzt werden muss, es ist nicht das sozialarbeiterische Mittel, das immer recht hat, mit dem es der Sozialarbeiter in jedem Falle recht macht, das überall Recht schafft. Wer das glaubt, verfällt in das *juristische Missverständnis* der Sozialarbeit, durch das diese verrechtlicht wird.

Davor warnen gerade Juristen, die an der Sozialarbeit interessiert sind, wie Giese, Knapp oder Gastiger. In seinem klugen Aufsatz «Zur Kompatibilität von Gesetz und Sozialarbeit» weist Giese auf die überraschende Beobachtung hin, dass das geringe Interesse von Sozialarbeitsstudierenden am Recht oft kurz nach deren Eintritt in die Berufspraxis «in eine Art von Rechts- und Gesetzesgläubigkeit umschlägt. Unter dem Ansturm der Schwierigkeiten und dem Druck des nicht hinreichend eingeübten tatsächlichen Berufsvollzuges erscheint das Recht wie ein rettendes Floss im Strudel. Man fühlt sich wieder sicher, wenn das eigene Handeln von einer gesetzlichen Vorschrift gelenkt, gedeckt und auch begrenzt wird.» Der Sozialarbeiter, der in solcher Weise einseitig auf das Mittel des Rechts abstellt, verkennt aber den unterschiedlichen Charakter von Sozialarbeit und Recht. Nach Giese ist die Rechtsanwendung eine «Technik der Reduktion von

Komplexität», die Sozialarbeit hingegen eine «Technik der Erfassung der Komplexität». «Normengerechtigkeit», das Interesse am «Typischen» auf der Seite des Rechts steht der «Einzelfallgerechtigkeit», dem Interesse am «Individuellen» auf der Seite der Sozialarbeit gegenüber.[148] «Die rechtlich vertypte Durchschnittslösung des Problems – mehr stellt das Rechtssystem nicht zur Verfügung – verhindert aber möglicherweise, dass die eigentliche Not behoben wird», warnt Gastiger; die Gefahr liege nicht darin, dass die Sozialarbeit «das Recht vernachlässigt, sondern eher darin, dass sie zur reinen Rechtsanwendung verkümmert».[149]

Der kompetente Sozialarbeiter ist sich dieser Gefahr bewusst und macht das *Mittel* Recht nicht zum *Zweck*. «Er wird *die* rechtliche Lösung anstreben, die der individuellen Persönlichkeit des Klienten am besten gerecht wird; nicht Problemlösung durch Normanwendung, sondern Durchsetzung des sozialarbeiterisch/sozialpädagogisch für richtig Erkannten mit den Mitteln des Rechts muss er anstreben» – wie Knapp es treffend ausdrückt.[150]

Wo und wie nun setzt der Sozialarbeiter das Recht sinnvoll für die soziale Problemlösung ein? Obgleich dies hauptsächlich eine methodische Frage ist, braucht es hier einige Hinweise darauf.

Zum ersten dient das Recht zur <u>*normativen Strukturierung*</u> eines sozialen Sachverhaltes. In manchen Problemfällen ist schon viel geholfen, wenn den Problembeteiligten die Rechtslage klar wird. Damit ist ihnen eine soziale Orientierung gegeben: sie wissen, was gesellschaftlich-objektiv «recht» (im Sinne von richtig, gerecht) ist und was sich machtmässig realisieren lässt. Sie kennen ihre diesbezügliche Stellung, ihre Ansprüche und Verpflichtungen. Gerade den Menschen in der sozialen Unterschicht, der die meisten Problembeteiligten angehören, fehlt es an rechtlichem Wissen[151], und vielfach tragen die Juristen, mit denen sie zu tun haben, nicht dazu bei, ihnen klare rechtliche Einsicht zu verschaffen. Der Sozialarbeiter trifft immer wieder auf Leute, die mit abwegigen Rechtsvorstellungen aus dem Gericht, einem Amt oder von ihrem Anwalt her zu ihm kommen und denen er das, was ihnen dort gesagt wurde, erklären muss, weil sie es nicht verstanden haben. Oft sind Rechtsdokumente wie Gerichtsurteile, Behördenentscheide oder Verträge für die Problembeteiligten ein Buch mit sieben Siegeln, auch wenn ihr Inhalt *sie* und niemand anders betrifft und bei Verträgen ihre eigene Unterschrift darunter steht. Es ist eine wichtige, in manchen Fällen vordringliche Aufgabe des Sozialarbeiters, solche Menschen in geduldigem, pädagogisch geschicktem Gespräch über ihre Rechtslage aufzuklären. Nicht selten kann allein schon damit ein Konflikt zwischen Problembeteilig-

---

148 *Giese*, S. 45, 48 f.
149 *Gastiger*, S. 92 f.
150 *Knapp*, S. 81
151 Vgl. *Müller-Dietz*, S. 10 ff.

ten, bei dem unzutreffende rechtliche Vorstellungen im Spiel sind, entschärft werden.

Darüber hinaus benutzt der Sozialarbeiter das Recht, um *Ansprüche von Klienten zu realisieren*. Das geschieht im Grunde überall, wo es um rechtlich begründete Leistungen und Beziehungen geht. Ein grosser Teil des sozialarbeiterischen Handelns verwirklicht Recht, ohne dass dies den Beteiligten bewusst ist. Wenn wir vom Recht als einem sozialarbeiterischen Instrument sprechen, haben wir aber nicht so sehr all diese *implizite* Rechtsanwendung im Auge, sondern im besondern den *expliziten* Einsatz rechtlicher Mittel. Er findet da statt, wo der Sozialarbeiter, um Ansprüche von Problembeteiligten durchzusetzen, ausdrücklich rechtlich argumentieren muss (z. B. gegenüber Behörden, einer Versicherungsinstitution, einem Arbeitgeber) oder wo er gezwungen ist, formellrechtliche Handlungen vorzunehmen (z. B. Zivilklage einzureichen, ein Betreibungsbegehren zu stellen, Beschwerde im Verwaltungsverfahren zu erheben). Obschon derlei rechtliche Schritte unter sozialarbeiterischem Gesichtspunkt nie das erste sind, was für die soziale Problemlösung in Betracht kommt, spielen sie dabei doch eine wichtige Rolle. Die meisten Problembeteiligten sind erfahrungsgemäss zu selbständigem rechtlichen Handeln nicht imstande. Der Sozialarbeiter muss es stellvertretend für sie tun, als Vormund, Beistand oder vom Klienten selbst bevollmächtigter Vertreter, oder er muss sie zumindest instruieren, wie sie vorzugehen haben, und ihnen dabei, etwa im Abfassen einer schriftlichen Eingabe an ein Gericht oder eine Behörde, helfen.

Drittens und letztens dient das Recht dem Sozialarbeiter dazu, *intervenierend* zu handeln. Die sozialarbeiterische Intervention ist zwar nicht begriffsnotwendig mit explizit rechtlichen Schritten des Sozialarbeiters verbunden, faktisch aber sind solche in diesem Handlungsbereich meist unumgänglich, denn weder der Sozialarbeiter noch die Sozialarbeitsinstitution haben *aus sich heraus* zwingende Autorität und Macht. Im übrigen stellt die Intervention für den Sozialarbeiter ein heikles Handeln dar, auf das er sich nur einlässt, wenn er dazu im engern oder weitern Sinn rechtlich legitimiert, also im Prinzip abgesichert ist. Er stützt sich hiebei insbesondere auf Vorschriften des Familienrechts (Kindesschutz- und Eheschutzbestimmungen), des Vormundschafts-, des Sozialhilfe-, des Straf- und des öffentlichen Ordnungsrechtes.

2.6 Das Berufswissen

a) Der Begriff «sozialarbeiterisches Berufswissen»

Jeder Fachberuf hat sein spezifisches Wissen, sein «Berufswissen». Es bezieht sich zum einen auf die *Berufsgegenstände*, die Gegebenheiten, mit denen es der betreffende Beruf zu tun hat, und zum andern auf die *Berufsmethode*, das Vorgehen, die Technik, die Handlungsweise des Berufes. Beides hängt natürlich eng zusammen. Uns geht es um das *sozialarbeiterische* Berufswissen, das Wissen, welches typischerweise für die soziale Problemlösung nötig ist, das spezifisch sozialarbeitsrelevante Wissen. Dabei verstehen wir «Wissen» nicht im eingeschränkten wissenschaftlichen Sinne, sondern umfassend als: Kenntnis von etwas, einer konkreten Gegebenheit oder einem geistigen Inhalt.

Der Wissensbegriff hat eine objektive und eine subjektive Bedeutung. Das *objektiv* existierende sozialarbeitsrelevante Wissen besteht unabhängig vom einzelnen Sozialarbeiter in den Köpfen zahlloser Personen, in der Literatur und in sonstigen Informationsmedien bzw. -trägern. Es ist weltweit verteilt und immens. Das *subjektiv* existierende sozialarbeiterische Berufswissen hingegen ist das partielle Wissen, welches der einzelne Sozialarbeiter, das individuelle Wissenssubjekt, hat – entweder *aktuell*, also im Bewusstsein gegenwärtig, oder *potentiell*. Letzteres meint: man hat im Prinzip Kenntnis von einem Wissensgegenstand, man weiss, wo und wie (z. B. nachschlagend oder nachfragend) man zum Wissen über ihn kommt, und man ist fähig, diesen Wissensinhalt zu begreifen. Einmal aktuelles, beispielsweise gelerntes Wissen verschwindet meist, sofern nicht häufig gebraucht, aus dem Bewusstsein und bleibt dem Menschen, wenn er es nicht restlos vergessen oder verdrängt hat, als potentielles Wissen.

Das objektiv existierende sozialarbeitsrelevante Wissen kann für die Problemlösung nur da bedeutsam sein, wo es für den Sozialarbeiter, der vor dem betreffenden Problem steht, auch zu subjektiv existierendem Wissen geworden ist.

Das sozialarbeiterische Berufswissen umfasst theoretisches und praktisches Wissen, und beides hat gleiches Gewicht – das ist ein wesentliches Charakteristikum der Sozialarbeit. *Theoretisches* Wissen bezieht sich auf geistige Inhalte: wissenschaftliche Daten, Begriffe, Theorien, Konzepte, Konstrukte, Hypothesen etc. sowie auf nicht-wissenschaftliche Erkenntnisse, wie sie sich etwa aus Philosophie, Religion, Tiefenpsychologie, Kunst und der gesamten öffentlichen (politischen, kulturellen), hauptsächlich über die Massenmedien vermittelten Diskussion ergeben. *Praktisches* Wissen hingegen ist die Kenntnis real vorhandener konkreter Gegebenheiten bzw. uninterpretierter Daten über dieselben (solche Daten findet man in Verzeichnissen, Lexika, Berichten, Mitteilungen der Presse u. dgl.).

In seinem gesamtem beruflichen Denken und Handeln wendet der Sozialarbeiter Wissen an. Dieses sozialarbeiterische Mittel ist permanent im Einsatz und erfüllt in der sozialen Problemlösung hauptsächlich die folgenden vier Funktionen: Es fördert oder ermöglicht oft überhaupt erst das Problemverständnis (*Verstehensfunktion*); es bestimmt weitgehend das sozialarbeiterische Problemlösungshandeln (*methodische Funktion*); es dient dazu, die Problembeteiligten sachkundig zu informieren (*Informationsfunktion*); und es bildet die notwendige Basis zur interdisziplinären Zusammenarbeit (*Kooperationsfunktion*). Das Zusammenarbeiten mit Angehörigen anderer Berufe ist kennzeichnend für die Sozialarbeit, zumal die systemische. Dazu muss der Sozialarbeiter einschätzen können, was andere Berufe zu leisten imstande sind, und das ist ihm nur möglich, wenn er einiges Prinzipielles weiss von deren spezifischem Wissen. Das sozialarbeiterische Berufswissen muss sich allein schon wegen dieses bedeutenden Problemlösungsaspektes über das zentrale Eigene hinaus in zahlreiche Wissensgebiete erstrecken, welche je die Domäne eines anderen Fachberufes sind.

b) Der Inhalt des sozialarbeiterischen Berufswissens

Bedenkt man, wie weit der Raum des Humanen und Sozialen ist, fällt es ausserordentlich schwer, zu bestimmen, was zum sozialarbeiterischen Berufswissen gehört und was nicht. Es muss dies – entsprechend der Praxisgenese der Sozialarbeitslehre – von der sozialarbeiterischen *Praxis*, den Erfordernissen der konkreten sozialen Problemlösung her entschieden werden. Doch damit ist das Wissensfeld nicht erheblich eingeengt; denn diese Praxis hat ja eben mit dem konkreten Leben der Menschen, und zwar sehr unterschiedlicher Menschen, zu tun, mit sozialen Phänomenen, Verhältnissen und Aspekten mannigfachster Art. Stellt man sich vor, was alles einem als Sozialarbeiter begegnet, dünkt es einen fast, man müsse überhaupt *alles* wissen, was die Existenz der Menschen betrifft. Das ist natürlich unmöglich. Auch wenn man bloss die *hauptsächlichen* sozialarbeitsrelevanten Wissensgegenstände aufzählt, wie es im folgenden geschieht, ergibt sich noch ein sehr weites Spektrum an Kenntnissen. Und nur mit dem, was ich daran anschliessend zur Struktur des sozialarbeiterischen Berufswissens sagen werde, kann ich den Verdacht entkräften, dass hier einmal mehr seitens der Theorie eine unrealistische, entmutigende Wissenszumutung an den Sozialarbeiter gestellt wird.

Die folgende Liste, unkommentierte Stichworte unter zwölf Hauptbegriffen, ist eine Art Wissensinventar, das den Inhaltsbereich des sozialarbeiterischen Berufswissens umreisst. Das sozialarbeitsspezifische *methodische* Wissen erscheint nicht darin; es gehört nicht zu den Mitteln, sondern zur Methode der Sozialarbeit.

Inhaltsliste des sozialarbeiterischen Berufswissens

Sozialwesen
- Kenntnis der Institutionen, der materiellen und personellen Ressourcen sowie der rechtlichen Mittel, die zur sozialen Hilfe bereitstehen
- Kenntnis der Sozialversicherungen, insbesondere ihrer Leistungen
- generelle Kenntnis der Sozialen Arbeit (als Gesamtberufsfeld) und genaue Kenntnis aller Sozialen Arbeit, die im (territorialen und funktionalen) Arbeitsgebiet des Sozialarbeiters geschieht

Persönlichkeit
- tiefen-, entwicklungs-, persönlichkeits- und lernpsychologisches sowie pädagogisches Wissen
- psychopathologisches Wissen (betreffend psychische Störungen, Krankheiten, Behinderungen)
- Wissen über psychotherapeutische, psychiatrische, psychopharmakologische und heilpädagogische Mittel und Methoden

Menschliche Interaktion
- kommunikationstheoretisches, sozialpsychologisches und soziologisches Wissen
- Wissen über normale (funktionelle) und gestörte (dysfunktionelle) Interaktionsmuster bzw. -prozesse in Partner-, Familien- und Gruppenbeziehungen
- Wissen über Methoden der Partner-, Ehe-, Familien- und Gruppentherapie sowie über soziotherapeutische Konzepte

Menschliche Lebenspraxis
- Kenntnis, wie die Gesellschaftsangehörigen üblicherweise leben und die Alltagsanforderungen bewältigen
- Kenntnis des Lebensmilieus der Unterschicht-Angehörigen und der gesellschaftlichen Randgruppen; Wissen über die spezifische Art der Faktoren, die für ihre Lebenspraxis massgeblich sind (z. B. Wohnung, Wohngebiet, Arbeit, Familienstruktur, sexuelle Beziehungen, Freizeit, Medien, Konsum)
- Kenntnis abweichender soziokultureller Muster (Ausländerproblematik)

Gesellschaft
- soziologisches, ökonomisches, politisches Wissen
- Wissen über die gesellschaftlichen Bedingungsfaktoren sozialer Devianz
- Kenntnis der konkreten gesellschaftlichen Verhältnisse im Arbeitsgebiet des Sozialarbeiters

Weltanschauungen
- Wissen über religiöses Denken, religiöse Praxis und religiöse Institutionen

- Kenntnis der für die Gesellschaft generell oder für bestimmte gesellschaftliche Gruppen bedeutsamen Denkströmungen, Geisteshaltungen, praktischen «Lebensphilosophien», Meinungen

Körperliche Krankheit und Behinderung
- Wissen über hauptsächliche physische Krankheiten, körperliche Behinderungen und psychosomatische Störungen
- Wissen über medizinische, pharmazeutische, physio-, ergo- und kurtherapeutische Möglichkeiten der Heilung, Symptomlinderung, Rehabilitation und Prophylaxe

Gesundheitswesen
- generelle Kenntnis der stationären und ambulanten Institutionen der medizinischen, psychiatrischen, therapeutischen, pflegerischen Hilfe
- Genaue Kenntnis des Gesundheitswesens im Arbeitsgebiet des Sozialarbeiters
- Wissen über die Finanzierung der Krankheits-, Unfall- und Invaliditätskosten

Ausbildungswesen
- Kenntnis des allgemeinen Schulsystems sowie der Institutionen beruflicher Ausbildung (inkl. akademische Bildungsgänge und Weiterbildungsmöglichkeiten)
- Kenntnis der Sonderschulungsinstitutionen für Behinderte
- Wissen über die Ausbildungsfinanzierung, insbesondere das Stipendienwesen und Sozialversicherungsleistungen

Wirtschaft
- allgemeines Wissen über die grundlegenden volkswirtschaftlichen Zusammenhänge
- spezielles Wissen über den Arbeitsmarkt, die Löhne, den Wohnungsmarkt, die Versicherungen, die Geldanlage, die Preise gebräuchlicher Konsumgüter, das Konsumkreditwesen

Verwaltung
- allgemeines Wissen darüber, wie die staatliche Verwaltung funktioniert
- spezielles Wissen über die Verwaltungsfunktionen im Sozial-, Gesundheits- und Schulwesen
- Kenntnis des Zivilstands-, Steuer-, Betreibungs- und Polizeiwesens

Recht
vgl. oben 2.5 b) Die Rechtskenntnisse des Sozialarbeiters (S. 168 ff.)

c) Übersichtswissen und Schwerpunktwissen

Es ist klar, dass kein Sozialarbeiter in all den oben aufgeführten Punkten ein Kenner sein kann. Mit dieser Inhaltsliste des sozialarbeiterischen Berufswissens wird lediglich dessen Umfang abgesteckt, also definiert, in welchem Bereich objektiv existierenden Wissens der Sozialarbeiter subjektiv etwas wissen muss. Wieviel, geht aus der Liste selbst nicht hervor. Die Wissensgegenstände, die sie nennt, sind verschiedenartig und haben weder gleich grosse Bedeutung für die Sozialarbeit im allgemeinen noch für den einzelnen Sozialarbeiter im besondern. Grundsätzlich gilt es, das Berufswissen des Sozialarbeiters aufzuteilen in das Übersichtswissen einerseits und das Schwerpunktwissen anderseits.

In all den Punkten, welche die Liste enthält, muss der Sozialarbeiter *Übersichtswissen* besitzen. Was heisst das? Zum mindesten dies: er darf über die betreffenden Gegebenheiten nicht schlicht ahnungslos sein oder fundamental falsche Vorstellungen haben. Sie dürfen ihm nicht gleichgültig sein, vielmehr muss er sie für etwas halten, das ihn beruflich angeht, und entsprechend wissensmässiges Interesse für sie aufbringen. Er muss ihre wichtigsten Merkmale und Hauptprinzipien im groben kennen. Übersichtswissen ist kein Fachwissen, sondern das Wissen eines intelligenten Laien, der an der Sache grundsätzlich interessiert ist und einen gewissen Einblick in sie bzw. eben einigermassen «Übersicht» über sie hat. Je nach Art des Wissensgebietes und nach dem individuellen Bildungs- sowie Erfahrungshintergrund des Sozialarbeiters können Umfang und Intensität solcher Übersicht stark variieren. Insgesamt darf man es füglich ein «weites Feld» nennen, auf dem der Sozialarbeiter Übersichtswissen haben muss, und es erweist sich daran, dass er ein sogenannter Generalist – ähnlich dem Volksschullehrer, Pfarrer, Journalisten oder Politiker – ist. Das Wesen des Sozialen verlangt nach solch weitreichenden generellen Kenntnissen, und dieselben kennzeichnen den Sozialarbeitsberuf in typischer Weise.

Freilich, Übersichtswissen allein genügt nicht. In seinem speziellen Arbeitsgebiet muss der Sozialarbeiter über *Schwerpunktwissen* verfügen; und mit «Schwerpunktwissen» meinen wir die besonders umfangreiche, verständnistiefe und detaillierte Kenntnis des Fachmannes. Auf welche Wissensgegenstände sich diese Fachkenntnis beim einzelnen Sozialarbeiter bezieht, hängt ab von der Art des Sozialdienstes, auf dem er arbeitet, und allenfalls von der speziellen Tätigkeit, die er innerhalb seiner Institution ausübt. Bei stark spezialisierten Sozialdiensten konzentriert sich die spezifische Sachkenntnis des Sozialarbeiters auf einen relativ engen Gegenstandsbereich und hat einen entsprechend hohen Grad an Vollständigkeit und Präzision. Bei polyvalenten Institutionen hingegen betrifft das sozialarbeiterische Schwerpunktwissen zahlreiche Sachgebiete, erfasst aber selten alle darin enthaltenen Gegebenheiten, jedenfalls nicht alle in ihren Details.

Wohin der wissensmässige Schwerpunkt beim einzelnen Sozialarbeiter tatsächlich zu liegen kommt, ergibt sich in erster Linie aus den konkreten Problemfällen, die er bearbeitet bzw. bearbeitet hat. Die berufliche Praxis diktiert dem Sozialarbeiter die Wissenserfordernisse; in ihr als einem reflektierten, theoriegestützten Handeln bildet sich sein Schwerpunktwissen hauptsächlich aus. Es variiert somit nicht nur von Sozialdienst zu Sozialdienst, sondern durchaus auch von Sozialarbeiter zu Sozialarbeiter.

In *einem* Sachgebiet allerdings, dem des *Sozialwesens* – mit ganz summarischen Stichworten an erster Stelle unserer Liste über das sozialarbeiterische Berufswissen aufgeführt – muss jeder Sozialarbeiter, wo immer er tätig ist, profundes Schwerpunktwissen haben. Wer hier nicht Bescheid weiss, nicht ein echter Sachverständiger ist, kann nicht als kompetenter Sozialarbeiter gelten.

Breites, weitläufiges Übersichtswissen zum einen, gezieltes, funktionelles Schwerpunktwissen zum andern kennzeichnen also das sozialarbeiterische Berufswissen. Sie unterscheiden sich, dessen wollen wir uns bewusst sein, bloss *graduell*, nicht kategoriell: Es geht lediglich um unterschiedliche Intensitätsgrade des Wissens, die sich über ein Kontinuum von ganz allgemeinem, grobem bis zum speziellsten, genauesten Wissen erstrecken. Wo dabei die prinzipielle Trennungslinie zwischen noch laienhaftem Übersichtswissen und bereits fachmännischem Schwerpunktwissen verläuft, lässt sich nicht objektiv-präzis, sondern nur arbiträr bestimmen. Der Sozialarbeitslehre liegt ja aber auch nicht an diesem (diffusen) Grenzbereich. Sie richtet ihren Blick vielmehr auf das Typisch-Zentrale, wo die Unterschiede und damit die grundlegende Struktur des sozialarbeiterischen Berufswissens klar zutage treten.

d) Der Erwerb des sozialarbeiterischen Berufswissens

Sein vielfältiges Berufswissen erwirbt sich der Sozialarbeiter aus mancherlei Quellen, an mehreren Orten, auf unterschiedliche Art. Grundsätzlich betrachtet kann man fünf verschiedene, sich ergänzende Weisen des sozialarbeiterischen Wissenserwerbs festhalten:

1) Das *Studium* an Ausbildungsstätten für Soziale Arbeit und an andern Schulen oder Hochschulfakultäten, die sozialarbeitsrelevantes Wissen vermitteln. Ferner das Studium von Fachliteratur über Wissengegenstände der Sozialarbeit sowie die Wissensaufnahme an Weiterbildungsveranstaltungen.

2) Die praktische *sozialarbeiterische Tätigkeit*, vorerst in Ausbildungspraktika, dann in normaler beruflicher Anstellung. Aus dem Umgang mit konkreten sozialen Problemen und der Bemühung um ihre Lösung erwirbt sich der Sozialarbeiter das unerlässliche berufliche Erfahrungswissen.

3. Das Gespräch mit *Berufskollegen* und mit *Angehörigen anderer Berufe* an Teambesprechungen, bei der interdisziplinären Zusammenarbeit, in der Supervision, an Veranstaltungen (Tagungen, Kursen, Festen) und bei sonstigen Kontakt-schaffenden Anlässen (z. B. Sitzungen, Besuchen, privaten Begegnungen).

4. Die *persönliche Lebenserfahrung*. Mit seinem ganzen bisherigen Leben hat der Sozialarbeiter an der humanen Existenz und ihren sozialen Verflechtungen teilgenommen, und er tut es laufend weiter. Es kann ihm daraus, obschon sein Leben (wie das jedes Menschen) durchaus einmalig-individuell ist, viel berufsrelevantes Wissen erwachsen. Freilich nur soweit, als er imstande ist, das Erlebte zu reflektieren, d. h. ins Bewusstsein zu heben, es mit den objektiven Daten der sozialen Welt in Beziehung zu setzen und dabei zu generellen Schlüssen zu gelangen. Die Fähigkeit zu derartiger erkenntnisproduktiver Reflexion des eigenen Erlebens lässt sich durch Psychoanalyse und andere introspektive, bewusstseinsfördernde Therapie- bzw. Trainingsverfahren gezielt-methodisch entwickeln und erweitern. Abgesehen von solch psychisch verarbeitetem Erfahrungswissen kennt der Sozialarbeiter natürlich eine Menge konkreter Gegebenheiten, die für seinen Beruf Bedeutung haben, aufgrund seines Privatlebens, nicht von seiner beruflichen Ausbildung oder Praxis her.

5. Die *ausserberufliche persönliche Bildung* durch Lektüre, Auseinandersetzung mit künstlerischen Werken, Benützung der Medien (Zeitungen, Zeitschriften, Radio, Fernsehen), Teilnahme am kulturellen, politischen sowie religiösen Leben und durch Pflege bildungsvermittelnder persönlicher Beziehungen. Jedes Wissen über humane und soziale Gegebenheiten, von wo immer es dem Sozialarbeiter zufliesst, kann ihm nützlich sein für seine berufliche Tätigkeit.

Da das objektiv existierende sozialarbeiterische Berufswissen immens und unabgeschlossen ist, unterschiedlichen Quellen entstammt und sich ständig verändert bzw. weiterentwickelt, muss dem Sozialarbeiter eine *offene Erkenntnishaltung* eignen. Das meint: er ist laufend darauf aus, mehr und neues Wissen zu erwerben, und er nimmt alles, was ihm an konkreten Gegebenheiten oder theoretischen Inhalten begegnet, ohne Voreingenommenheit zur Kenntnis. Etwas (z. B. die psychoanalytische oder die marxistische Theorie, religiöse Glaubensvorstellungen, reale Machtverhältnisse, menschliche Schwächen) zum vornherein abzulehnen oder seine Existenz zu leugnen, kommt für den Sozialarbeiter nicht in Frage. Er muss vielmehr bereit sein, sich auf jeglichen Wissensgegenstand einzulassen, der eventuell für die soziale Problemlösung Bedeutung haben kann – gleichgültig ob er ihm persönlich zusagt oder nicht. Tatsachen muss er als Realitäten uneingeschränkt anerkennen, und Theorien, Behauptungen, Meinungen hat er gezielt auf ihren sozialen Problemlösungswert hin zu beurteilen. Es geht dem Sozialarbeiter nicht um ihre Wahrheit und Gültigkeit *an-und-für-sich,* sondern um ihre *funktionelle Wahrheit* in bezug auf die sozialarbeiterische Aufgabe.

Geistige Inhalte werden in der Sozialarbeit *praktisch verifiziert,* und zwar am Kriterium des Nutzens. Das kann aber nur geschehen, wenn man sie offen zur Kenntnis nimmt.

2.7 Die Sprache

a) Die Sprache als das sozialarbeiterische Kommunikationsmittel

Sozialarbeit ist ein Kommunikationsberuf. Ob ein Sozialberater systemisch oder therapeutisch arbeitet, seine hauptsächliche Tätigkeit besteht darin, mit andern Personen zu kommunizieren – soziale Problemlösung erweist sich allemal als ein eminent kommunikatives Geschehen. Und zwar ein *sprachliches*. Das sozialarbeiterische Kommunikationsmittel ist die Sprache, das menschliche Interaktionsmedium schlechthin, auf dem die spezifisch humane Vergesellschaftung und Kultur überhaupt beruht. Wer das Wesen der Sozialarbeit begreifen will, muss sich bewusst machen, wie ausserordentlich stark sie durch die Sprache, die Anwendung der Sprache als Mittel, geprägt ist. Der Sozialarbeiter spricht, er hört zu, wenn andere sprechen, er schreibt, liest und denkt – und in all dem benützt er die Sprache, hat er es mit Sprache zu tun. Sozialarbeiterisches Handeln ist fast immer sprachlich oder von Sprache begleitet.

Es gibt zwar *reine Realhandlungen* des Sozialarbeiters, die keinerlei sprachliche Komponente haben (z. B. etwas transportieren, im Haushalt eines Klienten Hand anlegen, an einen Ort hingehen, um einen Augenschein zu nehmen), aber sie kommen selten und nur beiläufig vor. In der Regel ist auch das reale Handeln des Sozialarbeiters mit Sprachanwendung verbunden: Wenn Problembeteiligte oder Dritte anwesend sind, verharrt der Sozialarbeiter ihnen gegenüber nicht in leerem Schweigen – es sei denn spezielle methodische Gründe legen dies ausnahmsweise nahe oder die betreffende Person ist unansprechbar. Und wo einem Klienten ohne Erläuterung Geld oder eine Sache zugesandt wird, geschieht dies auch nur als einzelner sprachloser Schritt eines im gesamten sprachlich-kommunikativen Problemlösungsprozesses.

Dass die Sozialarbeit (verstanden im spezifischen Sinne der Sozialberatung) so sehr auf die sprachliche Kommunikation zentriert ist, unterscheidet sie typisch von der *Sozialpädagogik,* die über ein viel breiteres Kommunikationsspektrum verfügt. Der Sozialpädagoge, da er am alltäglichen Leben seiner Klienten teilnimmt, kommuniziert mit ihnen ausser auf sprachliche Weise auch wesentlich durch gemeinsames Handeln und gefühlsmässiges Erleben sowie durch Körperkontakt. In der Sozialarbeit kommt es dazu nur in Ausnahmesituationen oder sehr beschränkt in Form gewisser zwischenmenschlicher Gesten. Auch visuelle und auditive Kommunikationsmittel, wie sie im Bereich der Sozialen Arbeit etwa bei der sozialpräventiven Elternbildung oder Jugendarbeit eingesetzt werden, gebraucht der Sozialberater nicht. Ebensowenig speziell-künstliche Symbole, mit denen oft wissenschaftliche (z. B. chemische, physikalische, mathematische) oder esoterische (z. B. astrologische) Informationen übermittelt werden – im Gegensatz zur Sprache als einem allgemein-natürlichen Symbolsystem.

Die ausgeprägte *Sprachangewiesenheit* der Sozialarbeit zeigt sich aber nicht nur im sozialarbeiterischen Handeln, sondern auch im Verstehen. Dieses beruht im konkreten Fall grösstenteils auf dem, was die Problembeteiligten und Dritten zum Sozialarbeiter oder zueinander sprechen, auf schriftlichen Äusserungen dieser Personen sowie auf problemrelevanten und -erhellenden Texten verschiedenster Art (z. B. Dokumenten, Gesetzen, Verzeichnissen, Tabellen, wissenschaftlicher Literatur). Gewiss, es sind keineswegs nur die Gedanken der Menschen, sondern ebensosehr ihre Handlungen, ihr Verhalten, ihre Gefühle, die den Sozialarbeiter interessieren. Aber seine Kenntnis darüber stammt meist nur aus sprachlichen Äusserungen der beteiligten Personen. In den seltensten Fällen ist er anwesend, wenn sich das echte Leben dieser Menschen abspielt. Fast alles, was er davon weiss, wird ihm berichtet, also durch Sprache vermittelt. Unmittelbare Einsicht in das, was sich zwischen den Problembeteiligten ereignet, kann er lediglich dann und dort gewinnen, wo er mit ihnen zusammen ist, und dabei handelt es sich in aller Regel um Gesprächssituationen: Situationen, in deren Zentrum wiederum die Sprache, das Sprechen steht.

Natürlich geschieht dabei auch immer viel *Averbales* in Mimik, Gestik, Sprechweise, körperlichem Agieren etc., und dies ist höchst aufschlussreich, ja entscheidend für das Problemverständnis. Doch es findet nicht losgelöst von den Sprachäusserungen der Beteiligten statt, sondern in enger (bestätigender, modifizierender oder widersprechender) Verknüpfung mit ihnen. Beim Telefongespräch lässt sich das Averbale, da der visuelle Kontakt zum Gegenüber fehlt, viel weniger gut erkennen und dominiert ganz überwiegend der Sprachinhalt der Kommunikation. Zutreffend bemerkt deshalb Schubert in ihren Ausführungen zum «Telefon als Gesprächsmedium»[152], der Sozialarbeiter müsse hier «mit seinen Worten sehr deutlich sein und sich zugleich vor der eigenen Neigung hüten, zu schnelle Schlüsse in bezug auf das zu ziehen, was der Klient sagt». Im schriftlichen Bereich gilt dies natürlich erst recht, gibt es doch in ihm einzig und allein sprachliches Verstehen (sieht man von graphologischen Deutungen ab, auf die sich aber nur ein Sozialarbeiter einlassen darf, der darin seriös ausgebildet wurde).

So ist der Sozialarbeiter verstehend und handelnd sprachlich tätig, von Sprache umgeben, auf die Sprache verwiesen – ein bedeutsamer Sachverhalt, dem in der Sozialarbeitstheorie wenig Beachtung geschenkt wird. Jeder Sozialarbeitspraktiker realisiert ihn aber spätestens dann, wenn er sich zum ersten Mal einem türkischen Gastarbeiter oder einer vietnamesischen Flüchtlingsfamilie gegenüber sieht und die Sprache fehlt, durch die er sich mit diesen Menschen verständigen könnte.

---

152 *Schubert*, S. 112 ff.

b) Die Sprachkompetenz des Sozialarbeiters

Der Sozialarbeiter gehört zu den Fachleuten in menschlicher Kommunikation, und weil die sozialarbeiterische Kommunikationsweise so ausgeprägt sprachlich ist, muss er über eine spezifische Sprachkompetenz verfügen. Dieselbe stellt einen wichtigen, hier besonders behandelten Teil der Sozialarbeiter-Persönlichkeit dar. Im folgenden nenne ich in vier Punkten, worauf sich diese sozialarbeiterische Sprachkompetenz bezieht, worin sie zur Hauptsache besteht.

1. Sprachliches Verstehen

Der Sozialarbeiter muss eine weite sprachliche Verstehenskapazität besitzen, die ihm erlaubt, aus unterschiedlichen Sprachstilen (z. B. der Unterschichtangehörigen, der Jugendlichen oder der alten Menschen) das wirklich Gemeinte herauszuhören, Sprachäusserungen von Kleinkindern, von psychisch verwirrten, von geistig- oder sprachbehinderten Personen zu begreifen und Fachsprachen in sozialarbeitsrelevanten Wissensgebieten zu verstehen.

Die Soziolinguistik hat nachgewiesen, was dem Sozialarbeiter von seiner Berufspraxis her geläufig ist: die geringere Verbalintelligenz der *Unterschichtangehörigen* gegenüber den Menschen in der mittleren und der oberen Gesellschaftsschicht. Wegleitend und massgebend für diese Erkenntnis wurde Basil Bernsteins soziolinguistisches Konzept vom «restricted code» der «working class».[153] Das in der Regel beschränkte Sprachvermögen von Personen, die in der unteren Gesellschaftsschicht leben, wird dabei im Vergleich mit dem meist differenziert ausgebildeten Sprachvermögen der Angehörigen höherer Schichten erfasst und beschrieben. Es geht hier nicht um die einzelnen Behauptungen von Bernsteins Theorie, sondern um die fundamentale Einsicht, die in diesem groben Schema steckt. Sie erhellt dem Sozialarbeiter das prinzipielle Sprachproblem, welches in der Kommunikation zwischen ihm und seinen typischen Klienten zu bewältigen ist. Der Sozialarbeiter darf jedenfalls nicht naiv davon ausgehen, er verstehe sowieso, was die Problembeteiligten mit ihren Worten meinen. Die gegenteilige Annahme ist viel sinnvoller und schärft seine *Sprachaufmerksamkeit:* sorgfältig und selbstkritisch muss er sich bemühen, zu verstehen, was Leute aus einem andern sozialen Milieu als dem seinen ihm in ihrem spezifischen Sprachstil sagen wollen.

Die berufliche Erfahrung, in der das generelle soziale Problemverständnis ständig wächst, erweitert laufend die sprachliche Verstehenskapazität des Sozialarbeiters, denn zwischen beidem besteht eine erkenntnisproduktive Wechselwirkung. Entscheidend ist aber bei all dem, dass der Sozialarbeiter einen Sinn für die Sprache, genauer: für den Ausdruck menschlicher Gefühle, Vorstellungen, Willensimpulse und Überlegungen durch Sprachäusserung, entwickelt. Der kompe-

---

153 Vgl. darüber z. B. *Moser*

tente Sozialarbeiter hat ein Gespür für das, was in den Worten liegen kann, eine Kombinationsfähigkeit, sowohl sprachintern wie im Zusammenhang von Sprache und nichtsprachlichen Problemmomenten, die ihn auch im Falle unvollständiger, mangelhafter oder verwirrter Sprachäusserungen das Wesentliche verstehen lässt.

2. Sprechen

Wer den Beruf des Sozialarbeiters optimal ausüben will, muss besonders begabt sein, mit andern Menschen zu sprechen. Er muss seine Gedanken in Worte fassen und in klarer Sprache zum Ausdruck bringen können. Der Angesprochene muss ihn verstehen – jedes andere Reden ist sinnlos und schädlich. Das setzt eine hohe *Sprachflexibilität* des Sozialarbeiters voraus, denn er hat sich den unterschiedlichen sprachlichen Verstehensmöglichkeiten der Personen, mit denen er spricht, anzupassen. Für Art und Ausmass dieser Verstehensmöglichkeiten geben, wenn wir einmal von der Fremdsprachigkeit absehen, wiederum psychische und soziale Faktoren, wie wir sie bereits oben erörtert haben, den Ausschlag. Der Sozialarbeiter muss sich den *typischen Klienten* gegenüber mit natürlichen, allgemein gebräuchlichen Worten und Sprachwendungen[154], in einfachen Sätzen und anschaulich ausdrücken. Er soll deutlich, laut genug und nicht zu schnell sprechen. Je nachdem, was der Angesprochene besser versteht, muss der Sozialarbeiter den Dialekt oder die Hochsprache oder beides vermischt anwenden.

Im Verkehr mit *Fachleuten* geht die Sprachanpassung in eine andere Richtung: hier soll der Sozialarbeiter, soweit er dazu imstande ist, in der betreffenden Fachsprache reden und dem Gesprächspartner damit signalisieren, auf welchem Fachniveau kommuniziert werden kann. Die Sprache stellt einen vorzüglichen Bildungsindikator dar, und wo der Sozialarbeiter es mit kultivierten, intellektuell anspruchsvollen Personen zu tun hat, muss er sich natürlich keine sprachliche Einfachheits-Restriktionen auferlegen. Er soll mit solchen Personen vielmehr in einer möglichst reichen, differenzierten Sprache reden, weil dieselbe mehr Aussagemöglichkeiten enthält – und im übrigen auch um der Gefahr zu entgehen, unterschätzt zu werden. (Natürlich ist eine komplizierte, geschraubte Redeweise oder die Anhäufung von Fremdwörtern kein Zeichen echter Bildung!)

«Sprachflexibilität» meint wohlverstanden nicht, der Sozialarbeiter müsse sich als Sprach-Chamäleon gebärden und die Redeweise der andern übernehmen. Er soll *verständnisadäquat* zu dem jeweiligen Gesprächspartner reden, aber sich nicht anstecken lassen zu kindischem, primitiv-vulgärem, grammatikalisch fal-

---

154 Auch für den Bereich der Sexualberatung, wo (hier aus emotionellen Gründen) eklatante Sprachschwierigkeiten bestehen, empfiehlt *Buddeberg* (S. 35 ff.), in der Regel die allgemeinsten und deshalb am leichtesten verständlichen Wörter (z. B. «Geschlechtsverkehr», «Glied», «Scheide») zu verwenden.

schem oder manieriert-aufgeblasenem Sprechen und auch nicht Sprachstile, die einer bestimmten gesellschaftlichen Gruppe gehören, z. B. den modischen Slang der Jugendlichen, übernehmen.

3. Schreiben

Schreiben ist eine bestimmte Weise sprachlichen Handelns, für die alles, was wir über das Sprechen gesagt haben, sinngemäss ebenfalls gilt. Im Unterschied zur Gesprächssituation geschieht allerdings beim Schreiben nicht zugleich averbale Kommunikation, es gibt keine unterbrechende Rückfragegelegenheit für den Kommunikationspartner, und es ist dem Schreibenden selbst nicht möglich, das Mitgeteilte im Sinne zusätzlicher Erklärung laufend zu kommentieren. Wer schreibt, steht deshalb vor höheren Klarheits- und Verständlichkeitsanforderungen, als wer spricht. Seine schriftlichen Aussagen müssen vollständig sein, und er muss in Wortwahl und Satzbau sicherstellen, dass der Adressat das Gemeinte verstehen kann. Dies tönt einfach, ist aber nicht leicht. Es verlangt, sobald ein zu erfassender Sachverhalt eine gewisse Komplexität und Diffusität aufweist, wie es im sozialen Bereich regelmässig zutrifft, beachtliche schriftliche Sprachkompetenz.

Da der Sozialarbeiter *Gutachten*, *Berichte*, *Gesuche* und *Anträge* zu schreiben hat, die für die soziale Problemlösung oft entscheidend sind, spielt seine schriftliche Sprachkompetenz eine grosse Rolle. Dies muss deutlich hervorgehoben werden in unserer von Hör- und Sehmedien beherrschten Epoche, in der die Fähigkeit, zu lesen und zu schreiben, allgemein abnimmt. Wenn der Sozialarbeiter nicht mehr imstande ist, in schriftlicher Sprachgestaltung einen sozialen Sachverhalt präzis und anschaulich darzustellen und seine Problemlösungsvorschläge den zuständigen Instanzen überzeugend vorzubringen, hat er ein ausgesprochen wirksames sozialarbeiterisches Mittel verloren.

Mit den *Problembeteiligten* braucht der Sozialarbeiter heutzutage, wo sich fast jedermann telefonisch erreichen lässt, nur noch selten ausgedehnt schriftlich zu kommunizieren. Bei einseitigen Mitteilungen, insbesondere wo ein Interesse an Aktenkundigkeit vorliegt, hat die schriftliche Form durchaus einen Sinn.

Ein eigentliches «Briefgespräch» jedoch, wie Lattke es als Briefwechsel zwischen Klient und Helfer beschreibt[155], findet in der Sozialarbeitspraxis nur ganz selten statt. Dazu fehlt den Sozialarbeitsklienten in aller Regel die nötige schriftliche Ausdrucksfähigkeit. Methodisch gilt sogar klar, dass der Sozialarbeiter ohne zwingenden Grund von einem Problembeteiligten nicht verlangen darf, sich schriftlich äussern zu müssen. Ist eine schriftliche Äusserung seitens eines Sozialarbeitsklienten (z. B. in rechtlichem Zusammenhang) nötig, muss der Sozialarbeiter bei ihrer Abfassung meist helfen.

155 *Lattke*, S. 248 ff.

In schriftlichen Mitteilungen an Problembeteiligte mit geringer Sprachkompetenz geht allen anderen Geboten dasjenige, die Verständlichkeit zu sichern, vor: Der Sozialarbeiter soll generell so schreiben, wie er zum betreffenden Menschen sprechen würde; er soll, wo sie besser zu verstehen sind, Mundart-Wörter verwenden; und er soll nicht davor zurückschrecken, wichtige Kommunikationsinhalte auf zwei, drei unterschiedliche sprachliche Weisen auszudrükken, sich also in der Sache zu wiederholen, um die Chance, verstanden zu werden, zu erhöhen.

4. Kommunikation mit fremdsprachigen Problembeteiligten

Die Sprachangewiesenheit der Sozialarbeit tritt nirgends so deutlich zutage wie dort, wo die Problembeteiligten fremdsprachig sind. «Fremdsprachig» meint: sie sprechen eine Sprache, die nicht die Muttersprache des Sozialarbeiters ist und die derselbe auch nicht, weil er z. B. zweisprachig aufwuchs oder sich lange in dem betreffenden Sprachgebiet aufgehalten hat, sicher beherrscht.

Da ein grosser Teil der ausländischen Einwohner zum sozial schwachen Bevölkerungssegment gehört (Asylbewerber, Flüchtlinge, unausgebildete Gastarbeiter), ist der Sozialarbeiter häufig mit sozialen Problemen fremdsprachiger Menschen beschäftigt. Es stellt sich ihm dabei im Kommunikationsaspekt jedesmal die Frage, ob er mit den fremdsprachigen Problembeteiligten *direkt* sprechen soll oder *indirekt über eine dolmetschende Drittperson*. Für den Beizug einer dolmetschenden Person muss er sich dann entscheiden, wenn er erkennt, dass die sprachliche Kommunikationsmöglichkeit zwischen ihm und den Problembeteiligten zum Verständnis des Problems oder zur Arbeit an dessen Lösung nicht genügt.

Oft hat entweder der Sozialarbeiter einige Kenntnis in der Fremdsprache des Problembeteiligten (z. B. im Italienischen oder Spanischen) oder dieser versteht und spricht in gewissem Masse Deutsch, was bei Leuten, die schon einige Zeit im Lande leben, meist zutrifft. Eine weitere, vor allem bei Problembeteiligten aus Asien und Afrika gegebene Möglichkeit der sprachlichen Direktkommunikation besteht darin, in einer Drittsprache, z. B. in Englisch oder Französisch zu verkehren. Weil es das natürlichste ist, mit jemandem direkt zu sprechen, neigt man als Sozialarbeiter zur *sprachlichen Direktkommunikation*, sobald man den Eindruck gewonnen hat, man verstehe sich «schon irgendwie». Dabei läuft man aber Gefahr, die eigene Sprachkompetenz oder diejenige des Kommunikationspartners zu überschätzen: ohne es zu merken, erzeugt man beim andern Missverständnis statt Verständnis und missversteht selbst statt zu verstehen. Der Sozialarbeiter muss, um dieser Gefahr zu entgehen, imstande sein, jederzeit sich selbst und dem andern gegenüber zuzugeben, dass er *sprachlich überfordert* ist, und er muss aufmerksam darauf achten, dass er nicht selbst fremdsprachige Problembeteiligte überfordert. Dass ein Asylbewerber aus Sri Lanka zu allem, was man ihn fragt, freundlich «ja» sagt, bedeutet noch lange nicht, dass er einen verstanden hat[156]; und ohne weiteres zu glauben, was ein italienischer Bauarbeiter mühsam an deutschen Worten aus sich herausbringt, sei auch wirklich das, was er sagen wolle, wäre naiv.

Das gegenseitige Verstehen durch sprachliche Kommunikation ist für die soziale Problemlösung zu wichtig, als dass der Sozialarbeiter unkritisch über vage, zweideutige, lückenhafte Sprachäusserungen, sei es von seiner Seite oder von seiten seines Kommunikationspartners, hinwegsehen dürfte. Er muss im Falle fremdsprachiger Problembeteiligter vielmehr methodischen Zweifel darüber walten lassen, ob die Sprachkommunikation tatsächlich echt und genügend differenziert sei. Erweist sich dabei, dass sie es wahrscheinlich nicht ist, soll eine *dolmetschende Person* zum Gespräch beigezogen werden. Dies kann ein eigentlicher, professioneller Dolmetscher sein (was einen Dienstleistungseinsatz bedeutet) oder ein freiwilliger Helfer, ebenso jemand aus der Institution des Sozialarbeiters oder aus dem Lebenskreis des betreffenden Problembeteiligten (z. B. eine Tochter, ein Verwandter, ein Arbeitskollege).

Der Sozialarbeiter hat sich allerdings bewusst zu sein, dass jede sprachliche Übersetzung zugleich eine *Interpretation* ist. Der Dolmetscher – insbesondere wenn es sich bei ihm um eine Bezugsperson der Problembeteiligten handelt – ist zwangsläufig hineingezogen in die Problemdiskussion. Er nimmt faktisch an ihr teil, ob er will oder nicht. Der Sozialarbeiter muss deshalb stets im Auge behalten, wozu die dolmetschende Person in bezug auf den gegebenen Problemsachverhalt und die beteiligten Menschen neigt, und er muss diese Tendenz bei seinen Verstehensbemühungen in Rechnung stellen. Unter Umständen gilt es auch, einen Übersetzer, der sich zu weit in die Sache selbst einlässt, auf seine sprachliche Hilfsfunktion zurückzubinden.[157]

Wo die verbale Kommunikation eingeschränkt und fragwürdig ist, spielt die *averbale Kommunikation* eine umso grössere Rolle. Der Sozialarbeiter muss gegenüber fremdsprachigen Problembeteiligten bewusst averbal kommunizieren: seine eigenen Worte oder das, was der dolmetschende Dritte für ihn sagt, mit ausgeprägter Mimik und Gestik unterstützen und auf ebensolche Weise zum Ausdruck bringen, wie er die Äusserungen des Gesprächspartners versteht. Derart lässt sich die Verstehenssicherheit erhöhen. Keinesfalls freilich darf gegenüber Menschen aus anderen Kulturkreisen die averbale Kommunikation als Ersatz der verbalen gelten, wie es in gewissen Situationen bei Angehörigen der gleichen Gesellschaft und sozialen Schicht angehen mag. Die averbale Kommunikation ist, wie Stahel schreibt (und mit eindrücklichen Beispielen belegt),

---

156 Stahel bemerkt dazu in instruktiven Ausführungen über die soziokulturelle Bedingtheit der Sozialarbeit, dass es einem Ostasiaten der Anstand verbiete, auf eine Frage hin mit «nein» zu antworten; «wer nein sagt, verliert sein Gesicht»! (*Stahel*, S. 69)
157 Vgl. *Schubert*, S. 61

«viel weniger international, als gemeinhin angenommen wird, und sie führt zu viel tieferen Missverständnissen als die sprachliche Kommunikation».[158]

Im *schriftlichen Sprachverkehr* fehlt die Möglichkeit, durch zusätzliches nicht-sprachliches Kommunizieren den Inhalt der Sprachäusserung zu verdeutlichen. Insofern empfiehlt es sich nicht, an fremdsprachige Problembeteiligte zu schreiben. Anderseits können diese einen deutschen Text, der ihnen schriftlich vorliegt, beliebig langsam und oft lesen und ihn zudem anderen Personen, die beim Übersetzen in die Muttersprache zu helfen vermögen, zeigen, was das Verstehen sehr erleichtert. Der Sozialarbeiter darf einem fremdsprachigen Menschen nur dann auf deutsch schreiben, wenn er sicher ist, dass entweder dieser Mensch selbst den geschriebenen Text vollständig versteht oder dass er jemanden hat, der ihm den Text übersetzen kann. Ist weder das eine noch das andere gewährleistet, muss der betreffenden Person in ihrer Muttersprache geschrieben werden. Dabei hat der Sozialarbeiter die Richtigkeit, d. h. die Sinn-adäquate Verständlichkeit des fremdsprachigen Textes sicherzustellen, indem er sich, falls seine eigene Sprachkompetenz nicht ausreicht, von einer sprachkundigen Person beraten oder den gesamten Text durch sie in die Fremdsprache übersetzen lässt.

Dass gesprochen oder geschrieben wird, heisst noch nicht, dass sich *Verstehen* ereignet und also echte, sinnreiche, produktive Kommunikation geschieht. Auch das Gegenteil ist möglich. Dies zeigt sich nicht nur in sozialen Problemfällen mit fremdsprachigen Beteiligten, sondern gilt generell. Soll die Sprache ihre Funktion als problemlösendes Mittel der Sozialarbeit erfüllen können, muss der Sozialarbeiter aufmerksam und sorgfältig mit ihr umgehen. *Sprachwach* muss er sein – sonst richtet er mit diesem höchst lebendigen und vielschneidigen Instrument nebst allem Nutzen auch Verwirrung und Schaden an.

---

158 *Stahel*, S. 70

2.8 Die Persönlichkeit des Sozialarbeiters

a) Das Konstrukt der «Sozialarbeiter-Persönlichkeit»

Die Sozialarbeit ist im Kern ein *Interaktionsgeschehen* zwischen dem Sozialarbeiter und andern Personen, ein kommunikativer Beruf also wie die meisten helfenden Professionen. In einem kommunikativen Beruf geht man zur Hauptsache nicht mit Maschinen, Werkstoffen oder theoretischen Gegebenheiten (gedanklichen Konzepten, wissenschaftlichen Daten, Plänen und dergleichen) um, sondern mit Menschen, und es kommt deshalb der *Persönlichkeit* des Berufsausübenden entscheidende Bedeutung zu. Sie wird zu einem eigentlichen beruflichen Mittel – jedenfalls ist es berufserhellend, sie unter diesem Aspekt zu betrachten.

Damit er gute soziale Problemlösung zu leisten vermag, muss der Sozialarbeiter gewisse berufsnotwendige Persönlichkeitsmerkmale aufweisen, die wir *sozialarbeiterische Persönlichkeitsqualitäten* nennen. Es sind dies:

– Humane Tendenz
– Kommunikations- und Kooperationsfähigkeit
– Fähigkeit zur Selbstinstrumentalisierung
– Initiative und Dynamik
– Standfestigkeit
– Soziale Intelligenz
– Moralische Integrität

Wie man sogleich sieht, handelt es sich hiebei um Eigenschaften, die in umfassender Weise den Charakter, die Wesensart eines Menschen ausmachen, also nicht um besondere, von der Gesamtpersönlichkeit abgetrennte bzw. abtrennbare Fähigkeiten. Solche generell persönlichkeitsbestimmende Merkmale bilden sich auf der Grundlage anlagemässiger psychischer Vorgegebenheiten im ganzen Lebensprozess des betreffenden Menschen aus. In ständigem Austausch mit der sozialen Umwelt wird die Persönlichkeit des Individuums durch vielfältige Einflüsse entwickelt, verändert und geprägt, wobei zum einen das allgemeine, absichtslose Lebensgeschehen seine Wirkung tut, zum andern das speziell auf Persönlichkeitsbildung ausgerichtete Lernen (Erziehung, Ausbildung, psychologisches Training, Psychotherapie).

Die Frage, wie die Persönlichkeit zustande kommt, ist weitläufig und komplex; mit ihr können wir uns nicht näher befassen. Es geht hier lediglich darum, die aufgeführten sozialarbeiterischen Persönlichkeitsqualitäten im wesentlichen zu beschreiben und so die *Sozialarbeiter-Persönlichkeit* zu definieren. Damit ist ein Idealtypus von Persönlichkeit gemeint, eine theoretisch aus lauter positiven

Eigenschaften konstruierte Persönlichkeit – ein Konstrukt also, das als *Zielnorm* gilt, auf die hin sich der real existierende Sozialarbeiter entwickeln und an der er sich messen soll.

Der Sozialarbeiter muss, da sie berufsnotwendig sind, über alle sozialarbeiterischen Persönlichkeitsqualitäten verfügen. Je nach seiner individuellen Eigenart hat er die einen in höherem, womöglich hervorragendem, die andern in geringerem Masse, denn selbstverständlich vereinigt kein Mensch sämtliche diese Eigenschaften in optimaler Ausprägung (eine solche Super-Persönlichkeit wäre identisch mit dem Idealtypus der Sozialarbeiter-Persönlichkeit). Entscheidend ist, dass der Sozialarbeiter *alle* sozialarbeiterischen Persönlichkeitsqualitäten besitzt, nicht nur einzelne davon. Sie müssen zumindest evident vorhanden sein: dem objektiv urteilenden Menschenkenner klar erkennbar, ohne Zweifel dauerhaft bestehend. Es darf nicht sein, dass einem Sozialarbeiter ein solches berufsnotwendiges Persönlichkeitsmerkmal abgeht und er nicht ernsthaft an sich arbeitet, um diesem Mangel abzuhelfen. Viel wichtiger als die Entwicklung einzelner persönlicher Fähigkeiten zur Vollkommenheit ist die Vollständigkeit der sozialarbeiterischen Persönlichkeit. Für eine so vielseitige, auf ein weites Handlungsspektrum angelegte Berufstätigkeit braucht es zuerst und vor allem eine *komplette Persönlichkeit,* komplett jedenfalls bezüglich der sozialarbeiterischen Persönlichkeitsqualitäten. Darin besteht das berufsspezifisch Überdurchschnittliche, das der Sozialarbeiter im Aspekt der Persönlichkeit zu leisten bzw. vorzuweisen hat.

Die Basisanforderung, die dem zugrunde liegt, ist *psychische Gesundheit*. Damit meinen wir nicht eine perfekte psychische Verfassung, eine Persönlichkeit, der die psychologische Analyse keinerlei Mangel und Makel nachweisen kann, und auch nicht eine psychische Normalität, die vom sogenannten Durchschnittsmenschen, also aus der Statistik abgeleitet ist. Es geht einfach um das schlichte Grundsätzliche, dass der Sozialarbeiter in seinem Denken, Fühlen und Handeln nicht wesentlich beeinträchtigt sein darf durch psychische Störungen welcher Art auch immer.

Jede Person ist zwar, auf die eine oder andere Weise, mehr oder weniger psychisch fixiert und entsprechend beschränkt und kann insofern, wenn man will, als «neurotisch» oder sonstwie psychopathologisch geortet und definiert werden. Auch der Sozialarbeiter natürlich. «Psychische Gesundheit» muss als durchaus relativer Begriff gelten. Wenn indessen ein Sozialarbeiter offensichtlich von zwanghaften Impulsen, paranoiden Vorstellungen, depressiven Stimmungen oder manischer Euphorie beherrscht wird, ist er ausserstande, durchgängig realitätsgerecht und situationsadäquat zu fühlen, zu denken und zu handeln. Mögen ihm dann auch einzelne sozialarbeiterische Persönlichkeitsqualitäten eignen, z. B. humane Tendenz oder moralische Integrität, so gewiss nicht alle, niemals jedenfalls die Fähigkeit zu *echter Kommunikation* oder zur *Selbstinstrumentalisierung*. Einem psychisch gestörten Menschen bzw. einem Menschen, der nicht gelernt hat, mit seinen psychischen Mängeln produktiv umzugehen oder sie vom beruflichen Kontext zu isolieren, fehlt die persönliche Grundbedingung zur sozialarbeiterischen Berufsausübung. Es hilft nichts, darüber hinwegzusehen und in einem solchen Falle die Eignung zum Sozialarbeiter an einzelnen persönlichen Fähigkeiten festmachen zu wollen. Wenn wir im folgenden die sozialarbeiterischen Persönlichkeitsqualitäten erörtern, setzen wir deshalb die psychische Gesundheit des Sozialarbeiters voraus.

b) Die sozialarbeiterischen Persönlichkeitsqualitäten

Inwiefern seine eigene Persönlichkeit für den Sozialarbeiter ein *Mittel* ist, wird von der sozialarbeiterischen Methodik her bestimmt. Denn erst wenn man weiss, wie der Sozialarbeiter zu verstehen und zu handeln hat, kann man sehen, was für persönliche Eigenschaften er notwendig besitzen muss. Dass wir diese Eigenschaften in der Mittellehre definieren, indem wir sieben unterschiedliche sozialarbeiterische Persönlichkeitsqualitäten nennen und beschreiben, geschieht demzufolge in gedanklicher Vorwegnahme methodischer Überlegungen. Dieselben kommen aber hier (noch) nicht zur Sprache; wir beschränken uns auf die einfache Darstellung der berufstypischen Persönlichkeitseigenschaften des Sozialarbeiters. Ihr *funktionaler Aspekt,* also warum sie für die soziale Problemlösung nötig sind, leuchtet entweder schon jetzt ohne weiteres ein oder wird später aus den methodischen Prinzipien klar werden.

1. *Humane Tendenz*

Dass die Sozialarbeiter-Persönlichkeit durch eine «humane Tendenz» gekennzeichnet ist, meint zweierlei: Zum einen muss der Sozialarbeiter Interesse an den Menschen haben, und zum andern muss er ihnen helfen wollen. «Humane Tendenz» bedeutet in etwa «menschliche Hilfsbereitschaft». Der Begriff des *Helfens* ist aber seit Schmidbauers psychoanalytischer Definition des neurotischen «Helfer-Syndroms» weiterum anrüchig und verdächtig geworden (ganz zu Unrecht[159]), so dass sich eine unverfänglichere Terminologie aufdrängt.

Es ist klar, dass nur derjenige einen Beruf optimal auszuüben vermag, der *Interesse* an der Sache, die sogenannte «Liebe zum Gegenstand» hat. Im Falle der Sozialarbeit geht es um den Menschen, das Leben konkreter Menschen, um Menschliches durch und durch und also um das *Humane* (verstanden im allgemei-

---

159 Der irreführende Titel von Schmidbauers Buch *Die hilflosen Helfer. Ueber die seelische Problematik der helfenden Berufe* ist schuld am generalisierenden Missverständnis des Buches. Tatsächlich beschreibt Schmidbauer lediglich einen psychopathologischen Sachverhalt. Dass *alle* Helfer «HS-Helfer» (HS = Helfer-Syndrom) seien, Helfen also *wesensmässig* auf krankhaften psychischen Mechanismen basiere, behauptet er nirgends.

nen Wortsinn). Wer sich interessemässig nicht eindeutig zu diesem Humanen hingezogen fühlt (was andere persönliche Interessengegenstände, z. B. in den Bereichen Natur, Handwerk, Technik, Wissenschaft, Kunst, nicht ausschliesst), der muss als für den Sozialarbeiterberuf ungeeignet gelten. Neugierde ist eine notwendige psychische Bedingung des Erkennens. Ein Sozialarbeiter, der keine echte Wissensneugier für das Tun und Lassen der Menschen empfindet, wird auch kaum dazu gelangen, die Menschen, das, was sich in und zwischen ihnen abspielt, zu verstehen. Und wenn er es nicht liebt, mit Menschen umzugehen, tut er es in aller Regel auch nicht geschickt und wirksam.

Doch über solches Interesse am Menschlichen hinaus ist noch mehr vom Sozialarbeiter gefordert. «Humane Tendenz» meint auch, dass der Sozialarbeiter zu dem von einer Notlage betroffenen Menschen eine innere Haltung einnehmen muss, in der sich ein *helfendes Hinneigen* manifestiert. Es ist sehr schwierig, mit Worten klarzumachen, worum es hier geht. Scherpner spricht von der «Hingabe des Helfers an den Hilfebedürftigen»[160], Pfaffenberger von der «warmen Zuwendung zum Partner»[161], Haines von der «Liebe zum Mitmenschen»[162] und die Casework-Literatur allgemein von der «Annahme» des Klienten durch den Sozialarbeiter. In all dem steckt im Prinzip das, was auch wir mit «humaner Tendenz» sagen wollen. Den angeführten Ausdrücken wohnt jedoch eine starke Gefühls- und Moralbedeutung inne, die leicht im Sinne unrealistischer emotioneller und moralischer Zumutungen an den Sozialarbeiter missverstanden wird. Diese Gefahr möchte der nüchterne Begriff «humane Tendenz» möglichst kleinhalten. Die professionelle Haltung des Sozialarbeiters soll nicht mit Worten beschrieben werden, die eigentlich und spezifisch auf private Familien-, Liebes- und Freundesbeziehungen zutreffen oder religiöses Ethos zum Ausdruck bringen.

Im wesentlichen erweist sich die humane Tendenz des Sozialarbeiters in tolerantem Verständnis für die Widersprüchlichkeit und Schwäche des Menschen, in Vorurteilslosigkeit, Versöhnlichkeit, in der Ausrichtung auf das Positive im Menschen, in Mitgefühl, Anteilnahme, Entgegenkommen, im Willen beizustehen. Der Sozialarbeiter darf kein Menschenverächter oder Zyniker sein; er darf den Menschen nicht mit Argwohn, Hass, Ironie, Gleichgültigkeit, Distanz, innerer Abwehr, Ärger und Aggression begegnen. Sozialarbeit muss vielmehr aus und in einem *humanen Geist* getan werden, der die gesamte Persönlichkeit des Sozialarbeiters, sein Denken, Fühlen, Wollen und seine Intuition durchdringt und bestimmt.

Worin solche persönliche Humanität beim einzelnen Sozialarbeiter begründet ist, ob philosophisch oder religiös, in Lebenserfahrung, persönlichen Beziehungen oder in selbstanalytischer Einsicht, das spielt keine Rolle. Aus humanem

---

160 *Scherpner*, S. 164
161 *Pfaffenberger 1966*, S. XIX
162 *Haines*, S. 163 f.

Geist fliesst unweigerlich Verständnis für das tragische Moment in der menschlichen Existenz, Leiden am Ungerechten und der innere Impuls, sich für die Benachteiligten einzusetzen.

Eine solche human-tendenzielle Einstellung muss in der Sozialarbeiter-Persönlichkeit *zum voraus,* unabhängig von der konkreten Eigenart der Problembeteiligten, mit denen der Sozialarbeiter beruflich zu tun hat, vorhanden sein. Diese Menschen sind ja oft für den Sozialarbeiter nicht persönlich attraktiv, dergestalt dass sie ihn sozusagen aus eigener Kraft, durch Sympathiewirkung zu helfendem Zuneigen bewegen könnten. Die humane Tendenz stellt das notwendige Motiv, den stetigen Impuls in der Persönlichkeit des Sozialarbeiters dar, sich echt und tatkräftig zugunsten der Klienten und anderer Problembelasteter zu engagieren – auch dann und dort, wo es unangenehm ist.

2. Kommunikations- und Kooperationsfähigkeit

Nachdem von uns mehrfach festgehalten worden ist, die Sozialarbeit sei ein Kommunikationsberuf, versteht es sich von selbst, dass die Kommunikationsfähigkeit zu den berufsnotwendigen Persönlichkeitsmerkmalen des Sozialarbeiters gehört. Das zentrale Moment dieser sozialarbeiterischen Persönlichkeitsqualität, die Sprachkompetenz, haben wir bereits erörtert, und so brauchen wir hier nur noch auf den *averbalen Aspekt* der Kommunikation hinzuweisen. Es spielen in der sozialarbeiterischen Interaktion nebst dem Sprachlichen ja auch andere, körperliche, psychische und verhaltensmässige Faktoren mit. Freilich, diese averbalen Kommunikationssignale sind in der Regel unwägbarer, unpräziser, mehrdeutiger, ambivalenter und individuell-beschränkter als die Sprachsymbole, und es ist sehr schwierig, über sie im einzelnen theoretische Aussagen zu machen.

Darum soll es uns nun hier aber nicht gehen. Wir wollen unseren Blick vielmehr auf das Umfassende richten, das in der Wechselwirkung aller, der verbalen wie der averbalen Äusserungen des Sozialarbeiters entsteht. Und diesbezüglich gilt, dass dem Sozialarbeiter ganz allgemein eine *kommunikative Wesensart* eignen muss. Er muss gerne in Kontakt treten mit anderen Menschen, er muss diesen Kontakt im Normalfalle leicht finden und ihn in der Regel auch zu abweisenden, aggressiven, paranoiden oder sonstwie beziehungsgestörten Menschen herstellen können. Er muss fähig sein, sich flexibel an die Persönlichkeit seines Kommunikationspartners anzupassen und die Kommunikation auch dann aufrechtzuerhalten, wenn es in der Beziehung zum Partner zu Spannungen, Konflikten oder gar zu feindseligen Handlungen gekommen ist.

Der Umgangs*stil* des Sozialarbeiters darf durchaus individuell-persönliches Gepräge haben, ja er hat es notwendig, wenn sich der Sozialarbeiter natürlich-ungezwungen verhält. Ob auf die eine oder andere Weise, die Persönlichkeit des Sozialarbeiters muss jedenfalls auf den *Kommunikationspartner* so wirken, dass dieser sich angesprochen, in menschliche Beziehung gesetzt und dazu bewegt fühlt, sich seinerseits zu äussern, also in einen kommunikativen Austauschprozess einzusteigen bzw. weiter darin zu bleiben. Ohne Zweifel setzt dies ein gutes Mass an Offenheit, Spontaneität und Herzlichkeit beim Sozialarbeiter voraus. Einem kühlen, spröden, verschlossenen, unlebendigen Menschen gelingt keine optimale Kommunikation.

Ausserordentlich wichtig ist ferner die Fähigkeit des Sozialarbeiters zu *kongruenter Kommunikation*: seine Äusserungen, die kommunikativen Signale, die er gibt, sollen sich nicht widersprechen, sondern übereinstimmen und so einen eindeutigen, klaren Sinn geben. Das gilt sowohl von den verbalen Äusserungen unter sich als auch vom Verhältnis zwischen verbalen und averbalen Äusserungen. Das Wesen *inkongruenten (paradoxen) Kommunizierens* haben Watzlawick/Beavin/Jackson in ihrer brillanten Studie «Menschliche Kommunikation» überzeugend analysiert und theoretisch erfasst. Und welch negative Folgen dort entstehen können, wo inkongruent kommuniziert wird, zeigen insbesondere die kommunikationsorientierte Forschung und Therapie im Schizophrenie-Bereich[163] sowie die gesamte Literatur über die interaktionistische Ehe- und Familientherapie. Auch der systemisch arbeitende Sozialberater hat immer wieder Gelegenheit zu beobachten, wie Problembeteiligte, die untereinander oder ihm gegenüber inkongruent kommunizieren, ihre Konflikte vergrössern und die Problemlösung verhindern. Umso mehr kommt es darauf an, dass er selbst sich in all dem, was er solchen Personen verbal und averbal mitteilt, nicht widerspricht. Allein schon dadurch, dass er kongruent kommuniziert, vermag der Sozialarbeiter in die Paradoxie- und Ambivalenzwirrnis inkongruenter Kommunikation einige Bahnen der Klarheit und des Verständnisses zu legen.

In den Zusammenhang der kommunikativen Persönlichkeitsqualität des Sozialarbeiters gehört auch die sogenannt *empathische* Fähigkeit, das *Einfühlen* in den andern Menschen. Der Empathie-Begriff hat im Casework eine grosse Bedeutung erlangt, ja er ist in dieser therapeutisch orientierten Sozialarbeitstheorie geradezu zum Grundpfeiler des sozialarbeiterischen Verstehenskonzepts geworden. Eine derart selbständige und wichtige Stellung weist ihm die systemische Sozialarbeitslehre nicht zu. Für uns ist die Hauptkategorie bezüglich des Verstehens die menschliche *Kommunikation bzw. Interaktion*, nicht die Empathie. Dieselbe erachten wir als ein Moment der Kommunikation.

Einerseits basiert jede echte, d. h. wirkliches Verstehen schaffende menschliche Kommunikation auf einer fundamentalen Einfühlung in das Menschenwesen des Kommunikationspartners. Wir Menschen fühlen uns auf eine durchaus vor- und aussersprachliche, unreflektierte, tief intuitive Weise miteinander verbunden und in der generellen Art, physisch, affektiv, denkend und handelnd zu existieren, eins. Ohne eine solche *menschliche Basis-Empathie* könnten wir uns nicht verstehen. Jeder Mensch, der nicht schwer psychisch gestört ist, verfügt

---

163 Vgl. z. B. *Bateson u. a.* und *Selvini u. a. 1975*

selbstverständlich über die Fähigkeit dazu. Dies ist das eine. Beim andern handelt es sich um die *spezielle, individuelle Empathie*, das Einfühlen in die Empfindungen, Gefühle, und Vorstellungen einer konkreten andern Person. Die Problembeteiligten derart empathisch zu verstehen, halten wir für ein erstrebenswertes Ziel der sozialarbeiterischen Kommunikation, für etwas, was sich aus dem kommunikativen Geschehen laufend ergibt und das seinerseits den Kommunikationsprozess bereichert, vertieft und weiterführt. Empathische Erkenntnis entsteht also in und aus der Kommunikation; sie stammt nicht aus einem besonderen «Einfühlungsvermögen», das ein Mensch unabhängig von seiner kommunikativen Kompetenz hat.

Aussagen wie diejenige von Haines[164], Empathie sei «die Kraft, mit Hilfe von Einfühlung und Vorstellungsgabe die Erfahrungen anderer nachzuempfinden», und «die Fähigkeit, sich in den andern hineinzuversetzen», mache «den Gütestempel des geschickten, empathischen Sozialarbeiters» aus, erscheinen uns als irreführend und gefährlich. Sie laden den Sozialarbeiter dazu ein, etwas in sich zu suchen, mit dem er die individuell-eigenartigen Gefühle des andern empfangen und nachvollziehen kann, und öffnen Tür und Tor für ein *Hinein*-Fühlen fremder Inhalte in den andern Menschen. Die Gefahr ist gross, dass der Sozialarbeiter beim betonten – und schon gar beim forcierten – Empathiebemühen eigene Gefühle in den andern projiziert, unangemessene Assoziationen auf ihn anwendet und sich falsch mit ihm identifiziert.

Das geschieht umso eher, als in der Regel Sozialarbeiter und Klient nicht derselben *sozialen Schicht* angehören und demzufolge, wie der englische Soziologe Heraud festhält, weitgehende «kulturelle Beziehungslosigkeit» zwischen ihnen herrscht.[165] Dieser Autor weist mit Nachdruck darauf hin, wie wenig Lebenskontakt zwischen der Gesellschaftsklasse des Sozialarbeiters und derjenigen seiner Klienten besteht und wie schmal von daher die Basis ist für ein sozusagen natürliches sozialarbeiterisches Verstehen. Dazu zählt insbesondere auch die Einfühlung. Wollte sich ein Sozialarbeiter hauptsächlich auf sie stützen, würde er zahlreichen Irrtümern unterliegen über das, was die Problembeteiligten tatsächlich interessiert, bewegt, freut oder bedrückt.[166]

Wichtiger als subjektive Empathie ist deshalb die objektive Kenntnis von den Lebensumständen und der Lebensweise der Problembeteiligten, die der Sozialarbeiter unter anderem dadurch gewinnt, dass er sich in kompetenter Kommuni-

---

164 *Haines*, S. 185
165 *Heraud*, S. 80
166 Ein Beispiel dafür gibt *Hämmerle* (S. 163 f.): Die freiwilligen Bewährungshelfer des Projektes «Neustart», die der Mittelschicht angehörten, seriös schuldenfrei und ohne Kleinkredite lebten, empfanden die finanzielle Schuldenlast ihrer Klienten als schwerwiegend und konnten «sich kaum vorstellen, dass sie den Klienten selbst vielleicht wenig bedrückt». Tatsächlich sind indes, wie der Autor schreibt, für manchen Strafentlassenen die hohen Schulden «überhaupt kein Problem (mehr), finanzielle Sorgen belasten ihn kaum. Hauptsache ist für ihn, dass er Tag für Tag das nötige Kleingeld hat»!

kation auf diese Menschen einlässt und mit ihnen auseinandersetzt. Einfühlung muss stets anhand dessen, was man weiss, geprüft und überdies selbstkritisch (z. B. psychoanalytisch) hinterfragt werden. Dem professionellen Helfer ist keine naive, sondern nur eine *reflektierte Empathie* gestattet – aber an ihr muss ihm in seinem kommunikativen Bemühen auch wirklich gelegen sein.

Die *Kooperationsfähigkeit*, eine sehr wichtige Persönlichkeitsqualität des systemisch arbeitenden Sozialberaters, erachten wir als der Kommunikationsfähigkeit analog und verwandt. Wer gut mit andern kommunizieren kann, ist in aller Regel auch geeignet zur Zusammenarbeit, denn er erfüllt die zentrale, grundlegende Kooperationsbedingung.

Besonders bedeutsam für die Zusammenarbeit ist ein Moment der Kommunikationsfähigkeit, das wir noch nicht erwähnt haben: die Eigenschaft, *dem Partner Raum zu geben*, ihm zuzuhören, seine Vorstellungen und Intentionen nachzuvollziehen und auf sie einzugehen. Gelungene, fruchtbare Kommunikation geschieht als *Austauschprozess*, als ein Geben und Nehmen und gemeinsames Verarbeiten von Mitteilungen – ein ausgesprochen kooperatives Unterfangen. Im Kontext unserer Sozialarbeitslehre wenden wir freilich den Begriff «Kooperation» restriktiv, nämlich ausschliesslich auf die Zusammenarbeit des Sozialarbeiters mit anderen helfenden Dritten an. Für diese Kooperation gilt als wichtigste persönliche Voraussetzung auf seiten des Sozialarbeiters, dass er nicht von Machtbedürfnissen, Konkurrenzängsten, Neid und dem Hang, sich aufzuspielen, beherrscht wird, sondern im Gegenteil fähig ist, zu teilen, teilzunehmen, sich zu beschränken, in den Hintergrund zu treten, andere anzuerkennen, sie zu motivieren, ihnen beizustehen und sich an ihrer Leistung zu freuen.

3. Fähigkeit zur Selbstinstrumentalisierung

Es ist nicht möglich, die sozialarbeiterische Berufsrolle allein auf *technische* Weise, durch persönlichkeitsneutrales korrektes Denken und Handeln, sozusagen objektiv-sachlich, auszuüben. Sie muss stets auch *persönlich*, durch den Einsatz der eigenen Person, erfüllt bzw. gespielt werden. Dies gilt für alle kommunikativen Berufe, bei denen es darauf ankommt, Menschen unter anderem durch Persönlichkeitswirkung zu beeinflussen – in sehr hohem Masse etwa für die Pädagogik und die Psychotherapie, mehr oder minder aber für sämtliche helfenden Berufe. Ein Mensch aber, von dem die Berufsrolle fordert, die eigene Person einzubringen, muss über die Fähigkeit verfügen, *sich selbst zu instrumentalisieren:* einerseits sich *persönlich zu engagieren,* andererseits *innere Selbstdistanz* zu wahren.

Um an die problemrelevanten Personen herankommen, in eine wirkliche Beziehung und Auseinandersetzung mit ihnen treten und nachhaltigen Einfluss auf sie ausüben zu können, muss der Sozialarbeiter persönlich «aus sich herausgehen», sich persönlich «ausgeben», etwas von dem, was in ihm an Empfindung,

Gefühl, Erleben, Willen, Überzeugung steckt und seine individuelle Person ausmacht, einsetzen. Und zwar ist dieses *Persönlichkeitsengagement* des Sozialarbeiters ein funktionelles, auf die Problemlösung ausgerichtetes; es geht dabei keineswegs um seelische Bedürfnisse des Sozialarbeiters oder um eine vom Problemlösungszweck unabhängige gute und schöne Klientbeziehung. Es ist einzig die Funktionalität des sozialarbeiterischen Handelns, die vom Sozialarbeiter die Fähigkeit erfordert, die eigene Person *flexibel-plastisch* einzusetzen. Die sozialarbeiterische Persönlichkeit darf nicht rigid beschränkt und in ihrer Äusserung gehemmt sein; vielmehr muss der Sozialarbeiter über ein relativ breites Erlebens- und Verhaltensspektrum verfügen, und er soll fähig sein, dasselbe andern Menschen gegenüber auch auszudrücken, es tatsächlich anzuwenden. Es darf ihm nicht schwerfallen, je nach Situation herzliche Sympathie, emotionelle Rührung, Fröhlichkeit, Enttäuschung, Ärger, Trauer, Besorgtheit, Hoffnung oder andere persönliche Zustände bzw. Einstellungen zu empfinden und zu zeigen. Nur wenn die Problembeteiligten in ihm einem echten, gefühlslebendigen Menschen begegnen, werden sie sich von ihm genügend tief beeinflussen lassen. Viel eher als unpersönliches «Automatentum» darf sich der Sozialarbeiter sogenannte menschliche Schwächen leisten – einmal vor Zorn «explodieren» etwa, beleidigt sein oder aus Enttäuschung in Tränen ausbrechen. Derartige Äusserungen, als Verhaltensausnahme vorkommend, machen immerhin das Positive offenbar, dass er ein persönlich engagierter Mensch ist. Unter Umständen sind sie sogar methodisch sinnvoll, bringen also den Problemlösungsprozess vorwärts.

Allein, so nötig das Persönlichkeitsengagement des Sozialarbeiters ist, so unbestreitbar steht fest, dass es nur *partiell* sein kann und *gesteuert* werden muss. Ein naiver Totaleinsatz der Person kommt im professionellen Bereich natürlich nicht in Frage. Damit wäre der Sozialarbeiter schon aus rein quantitativ-energetischen Gründen überfordert. Unsere psychische Energie ist gleich wie die physische beschränkt. Sogar im Privatbereich sind wir persönlich voll engagiert nur in einigen wenigen Beziehungen, vor allem zu Lebenspartnern, Familienangehörigen und engen Freunden, und hier sollen wir dies auch sein. In alle sonstigen Beziehungen dagegen gibt ein lebenskluger Mensch nur jeweils einen Teil von sich hinein und schützt sich damit vor *affektiver Überlastung*. Erst recht ist solches partielles Persönlichkeitsengagement im Beruf geboten. Das wissen alle Sozialarbeitstheoretiker. Bäuerle z. B. sagt klipp und klar: «Es ist dem Sozialarbeiter nicht erlaubt, aus dem Ganzen seiner Person heraus zu wirken, vielmehr ist von ihm zu fordern, Teile seiner Person aus dem beruflichen Tun herauszulassen.»[167] Oder Haines etwa spricht von der «Gefahr übermässiger innerer Beteiligung», die einem professionellen Verhalten widerspreche.[168]

Dabei geht es diesem Autor allerdings – gleich wie den andern psychoanaly-

---

167 *Bäuerle*, S. 46 (Mit dem sprachlich unbeholfenen «herauslassen» ist gemeint: heraushalten.)
168 *Haines*, S. 172

tisch denkenden Casework-Theoretikern – weniger um den energetischen Aspekt als um das Problem der sogenannten Gegenübertragung, also (allgemein ausgedrückt) um die *affektive Verstrickung* des Sozialarbeiters mit den Problembeteiligten. Diese Verstrickung bedroht in der Tat die soziale Problemlösung ganz massiv, denn sie verunmöglicht es dem Sozialarbeiter, frei zu denken und zu handeln. Nicht nur damit ihm affektive Überlastung erspart, sondern ebenso damit seine affektive Unabhängigkeit gewahrt bleibt, muss der Sozialarbeiter sein Persönlichkeitsengagement im einzelnen Problemfall beschränken und kontrollieren. Hiezu braucht es die Fähigkeit zu innerer Selbstdistanz, und zwar in affektiver wie in kognitiver Hinsicht.

Kognitive Selbstdistanz meint: Der Sozialarbeiter reflektiert sich selbst, seine Gefühle, sein Verhalten, ja auch sein Denken; er trennt sich sozusagen von sich selbst, um mit dem am beruflichen Problemzusammenhang nicht beteiligten Teil des Selbst den andern beteiligten Teil zu beobachten, zu beurteilen und zu steuern. Alle auf Selbsteinsicht, Selbstvergewisserung ausgerichteten Verfahren, allen voran die Psychoanalyse, beruhen auf solcher kognitiver Selbstdistanz bzw. realisieren sie. Selbstinstrumentalisierung als beabsichtigter funktioneller Einsatz eines Teils der eigenen Person setzt kognitive Selbstdistanz zwingend voraus. Ein Persönlichkeitsengagement, das unbewusst-unreflektiert, also *naiv* geschieht, ist genau das Gegenteil selbstinstrumentellen Handelns: der Sozialarbeiter kontrolliert dabei nicht einen Persönlichkeitsteil seiner selbst als Mittel bzw. «Instrument», sondern er weiss im Gegenteil nicht, was er tut, und wird höchstwahrscheinlich in seiner ganzen Person von dem, was ihm unbegriffen affektiv geschieht, über- und mitgeschwemmt. Dergleichen ist typisch laienhaft und darf einem professionellen Helfer nicht passieren.

Freilich, kognitive Selbstdistanz und daraus gewonnene Einsicht und Absicht in bzw. über das eigene Persönlichkeitsengagement genügen allein nicht zur Selbstinstrumentalisierung. Hiezu ist zusätzlich *affektive Selbstdistanz* nötig, worunter wir folgendes verstehen: Der Sozialarbeiter muss imstande sein, das, was er gefühlsmässig in die soziale Problemlösung, z. B. die Klientbeziehung, «investieren» will (und soll), innerhalb der Gesamtaffektivität seiner Person relativ klar und sicher *abzutrennen*. Nur wenn er dergestalt einen begrenzten «Gefühlsbetrag» intern-psychisch aussondert und seiner bewussten methodischen Intention sozusagen zur Verfügung stellt, kann der Sozialarbeiter ein freies, flexibel-plastisches Persönlichkeitsengagement betreiben. Gelingt ihm dies nicht, so schlägt einerseits alles, was er im Beruf emotionell erlebt, voll auf sein Gemüt durch und wirkt sich anderseits sein psychischer Gesamtzustand stets bestimmend auf sein berufliches Handeln aus. Beides ist abträglich; der Sozialarbeiter soll normalerweise nachts nicht von seinen Problemfällen träumen oder in seiner Freizeit an ihnen herumgrübeln müssen, und die Problembeteiligten sollen von Stimmungen des Sozialarbeiters, die mit ihnen nichts zu tun haben, verschont bleiben.

Das Gefühlsproblem, das sich überall stellt, wo die Berufsrolle eines Menschen auch persönlich gespielt werden muss, lässt sich nur durch affektive Selbstdistanz bewältigen. Sie hat wohlverstanden nichts mit Distanzierung von den problembelasteten Personen zu tun. Ein Sozialarbeiter, der nicht gewiss sein kann, dass er in sich einen affektiven Kernbereich hat, der von den Berufsgeschehnissen unberührt bleibt, darf in seinem Persönlichkeitsengagement weniger wagen als einer, der seiner inneren affektiven Distanz sicher ist. Nur der zweitgenannte Sozialarbeiter hat auch die Möglichkeit, sich in hohem Masse beliebig, d. h. unabhängig von den eigenen, eigentlich-echten *«privaten» Gefühlen* zu verhalten. Er vermag sich den problemrelevanten Personen gegenüber so zu *zeigen,* wie es *funktionell sinnreich* ist – ohne Rücksicht darauf, was er selbst wirklich, in seinem Innersten denkt und fühlt. Hierin manifestiert sich die sozialarbeiterische Selbstinstrumentalisierung am ausgeprägtesten. Und sie wird von einem Sozialberater, der intensiv und plastisch mit seiner Persönlichkeit arbeitet, laufend ausgeübt. Man braucht dabei gar nicht an eigentlich schauspielendes Verhalten zu denken (obschon auch dies gelegentlich nötig ist), sondern sich bloss die unabweisbaren Tatsachen des sozialarbeiterischen Berufsalltags vor Augen zu halten. Der Sozialarbeiter muss Menschen persönliche Zuwendung schenken, mit denen ihn ausser dem beruflichen Problemkontext nichts verbindet; er muss nötigenfalls Personen, die er ausgesprochen unsympathisch findet, für die Mithilfe an der Problemlösung zu gewinnen suchen und mit ihnen zusammenarbeiten; er muss, um Menschen zu motivieren, Optimismus ausstrahlen, wo er kaum Hoffnung hat, Lob spenden, wo nach seinen persönlichen Massstäben noch lange kein Grund dazu bestünde, Interesse bekunden an Dingen, die ihm persönlich gleichgültig sind; er muss gegenüber Handlungen tolerant sein, die er sich selbst nie gestatten würde, ruhig, furchtlos und überlegen wirken in Situationen, die ihn durchaus aufwühlen, verunsichern und in Angst versetzen, oder autoritär und hart fordernd auftreten, obschon ihm das vielleicht überhaupt nicht liegt. Nicht alle Problemfälle stellen solche Anforderungen an ihn, aber doch zahlreiche; und entsprechend ist sein professionelles Verhalten in mancher Hinsicht, wenn auch nicht seinem Wesen nach, reflektiert selbstinstrumentell *gemacht,* nicht aus spontanem innern Erleben und Fühlen fliessend.

Solch gesteuertes Verhalten kann als «echt» im Sinne von *natürlich* gelten, denn der Sozialarbeiter übt es durch einen Teil seiner Persönlichkeit, durch sein natürliches Wesen, aus. Aber echt im Sinne von: übereinstimmend mit dem persönlichen Selbst des Sozialarbeiters, ist es nicht. Dies von einer *beruflichen Rolle,* auch wenn sie persönlich gespielt werden muss, zu erwarten, wäre unrealistisch. Auf solche Echtheit kommt es auch gar nicht an. Reid/Epstein halten zutreffend fest, der «innere Zustand des Sozialarbeiters» sei in seiner Bedeutung «nur sekundär im Vergleich zu dem, was tatsächlich kommuniziert wird. Wenn das, was ein Sozialarbeiter mitteilt, von dem empfangenden Klienten und von einem unabhängigen Beobachter als ‹warm› empfunden wird, können wir sagen, dass ‹Wärme› mitgeteilt wurde, gleichgültig was der Sozialarbeiter gerade dabei fühlte.»[169] Es geht in der Sozialarbeit nicht darum, dass sich der Sozialarbeiter selbstverwirklicht, sondern dass er fähig ist, sich funktionell zu selbstinstrumentalisieren.

Diese Fähigkeit erweist sich im ganzen darin, dass der Sozialarbeiter, dem sie eignet, seine Person für andere einzusetzen vermag, ohne dabei von diesen Personen etwas für sich selbst, seine eigenen persönlichen Bedürfnisse zu erwarten oder zu verlangen. Er weiss, dass es bei der sozialen Problemlösung nicht um ihn, sondern um die Problembeteiligten geht, und er kann es innerlich akzeptieren. Seine Befriedigung findet er darin, ein soziales Problem gelöst zu haben. Darauf, dass die betroffenen Personen freundlich zu ihm sind, ihm Anerkennung gewähren und ihm danken, ist er psychisch nicht angewiesen (wiewohl es ihn natürlich freut). Nötigenfalls zieht er sogar bewusst Aggressionen auf sich oder er übernimmt die Verantwortung für Fehler anderer, um die Problemlösung vorwärtszubringen. In solchen *professionellen Opfern* findet die Selbstinstrumentalisierung ihren pointiertesten Ausdruck.

4. Initiative und Dynamik

Soziale Probleme lösen sich in der Regel nicht von selbst, sondern es muss zu ihrer Lösung, zur Veränderung der notvollen Situation etwas unternommen werden. Das Problem lediglich zu bedenken, es zu analysieren und zu verstehen, genügt nicht. Die Problembeteiligten sind meist rat- und hilflos, und es liegt hauptsächlich am Sozialarbeiter, Ideen zu entwickeln, wie man das Problem lösen kann, und als aktive Kraft den Problemlösungsprozess voranzutreiben.

Entsprechend muss er *geistig initiativ* und *willensmässig dynamisch* sein. Beides gehört zusammen. Initiative und Dynamik, verstanden als sozialarbeiterische Persönlichkeitsqualitäten, erweisen sich insbesondere darin, dass der Sozialarbeiter von sich aus eine Sache anpackt, nicht bloss und erst, wenn er dazu von andern gedrängt oder gar gezwungen wird, dass er Veränderung, Neues also und Besseres erstrebt, dass er Vorstellungen zur sozialen Problemlösung, auch originelle, produziert, dass er kraftvoll, geduldig, nötigenfalls hartnäckig Einfluss auf die problemrelevanten Personen ausübt, um sie zu problemlösendem Verhalten und Handeln zu bewegen, dass er wegleitende Entscheidungen fällt und bereit ist, die Verantwortung dafür zu übernehmen. Der initiative, dynamische Mensch ist in seinem ganzen Wesen auf Ziele hin orientiert und setzt seine persönliche Energie laufend zur Verwirklichung dieser Ziele ein. Er ist ein *aktiver,* nicht bloss reaktiver, ein innovativer und willensbetonter Persönlichkeitstyp.

169 *Reid/Epstein*, S. 121

5. Standfestigkeit

Nebst dem dynamischen charakterisiert die Sozialarbeiter-Persönlichkeit auch ein statisches Moment, das wir «Standfestigkeit» nennen. Diese Standfestigkeit äussert sich vornehmlich in dreierlei: *Eigenständigkeit, Entscheidungskraft* und *Belastbarkeit.*

Wir haben festgestellt, dass sich der Sozialarbeiter den problembeteiligten Menschen in «humaner Tendenz» helfend hinneigen und dass er sich kommunikativ flexibel auf sie einlassen soll. Dieses Hinneigen und Sich-einlassen darf aber – um bildlich einen psychischen Sachverhalt auszudrücken – nicht dazu führen, dass der Sozialarbeiter seinen Stand nicht mehr in sich selbst hat, sondern, gezogen von den Problembeteiligten oder Dritten, umkippt und sich auf diese Personen stützen muss. Wo dies geschieht, verliert er seine persönliche Unabhängigkeit, die für den systemisch arbeitenden Sozialberater, dessen Position zwischen den Problembeteiligten ist und der dort starken Einflüssen von verschiedenen Seiten her unterliegt, grosse Bedeutung hat. Der Sozialarbeiter soll bei aller Zuwendung, Flexibilität und Anpassung, die es zu optimaler Sozialarbeit braucht, psychisch sozusagen in sich selbst ruhen und so wahrhaft *eigenständig* sein. Nur so entgeht er der Gefahr, von Kräften ausserhalb seiner selbst hin- und hergezerrt und eine entsprechend unruhige, widersprüchliche, zwiespältige Person zu werden, die nicht zu überzeugen vermag. Plastische Flexibilität einerseits und Eigenständigkeit anderseits sind polare Gegensätze der Sozialarbeiter-Persönlichkeit, die sich wechselseitig in Schranken halten. Die persönliche Eigenständigkeit verhindert, dass der Sozialarbeiter zu einer manipulierbaren «Gummiperson» wird, und ermöglicht ihm, gradlinig auf das Problemlösungsziel hin zu handeln.

Solche Gradlinigkeit erweist sich insbesondere in einer stabilen *Entscheidungskraft.* Wie wir gesehen haben, ist die soziale Problemlösung stark arbiträr, d. h. ermessensabhängig und verlangt deshalb vom Sozialarbeiter laufend kleinere und grössere Entscheidungen. Ständig muss der Sozialarbeiter entscheiden, welche Meinung er in der Problemsache äussern, was für Anträge er stellen, wie er sich zu problemrelevanten Personen verhalten, was für Massnahmen er treffen, wie er vorgehen soll. Das allein schon setzt Entscheidungskraft voraus; labile, zaudernde, passive Menschen eignen sich generell nicht für derartige Berufe, in denen permanent entschieden werden muss. Es kommt aber hinzu, dass der Sozialarbeiter seine Entscheidungen oft gegen den Willen von Problembeteiligten oder Dritten oder mittendrin im Streit der Meinungen, der zwischen denselben herrscht, zu treffen hat und dass er sie gegen Vorbehalte und Widerstände, manchmal von zwei Seiten zugleich, verteidigen und durchsetzen muss. Und dies erfordert eine sozusagen qualifizierte Entscheidungskraft, eine besondere persönliche Entschlossenheit, Beharrlichkeit, Zähigkeit, eben: Standfestigkeit, die über die allgemeine Entscheidungsfähigkeit und -freudigkeit hinausgeht.

Sie enthält insbesondere auch das Moment der psychischen *Belastbarkeit*, eine

Persönlichkeitsqualität, die der Sozialarbeiter in überdurchschnittlichem Masse benötigt. Wer den Sozialarbeitsberuf ausübt, setzt sich einer erheblichen, durchaus unüblichen psychischen Belastung aus: er sieht sich dauernd Not gegenüber, hat es oft mit ausgesprochen schwierigen Menschen zu tun, muss sich in spannungsvolle Konfliktsituationen hineinbegeben und dabei unterschiedlichen Erwartungsdruck aushalten, wird nicht selten mit Kritik, Vorwürfen oder gar Drohungen angegriffen, erlebt häufig, dass seine problemlösenden Bemühungen erfolglos sind, weil die Problembeteiligten oder wesentliche Dritte nicht mitmachen oder nötige Ressourcen fehlen, und untersteht der permanenten Unsicherheit bezüglich des Problems und seiner Lösung, die sich aus der Offenheit und Lebendigkeit des Sozialen zwangsläufig ergibt. Um dies alles ohne Schaden psychisch verkraften zu können, braucht es Seelenstärke in Form von Gelassenheit, Duldsamkeit, Unerschütterlichkeit, Langmut, ein recht hohes Mass an Unempfindlichkeit, eine gewisse Härte im Nehmen und Geben. Ohne derartige persönliche Festigkeit erlebt der Sozialarbeiter die sozialarbeiterische Berufsausübung mehr als Leiden denn als Befriedigung, er weicht unwillkürlich belastenden Aufgaben, Situationen und Handlungen aus, und Notwendiges bleibt so unter Umständen ungetan.

6. Soziale Intelligenz

Aus all dem, was wir bisher über die Sozialarbeit festgestellt haben, geht ohne weiteres hervor, dass der Sozialarbeiter ein intelligenter Mensch im Sinne des allgemeinen Intelligenzbegriffes sein muss. Wie anders sollte er das mannigfache Wissen, das er benötigt, sich aneignen und zu tatsächlichem Problemverstehen anwenden können? – Freilich, das Erfordernis grundlegender intellektueller Fähigkeiten, die im wesentlichen die generelle menschliche Intelligenz ausmachen, ist nicht im geringsten sozialarbeitsspezifisch, und es braucht uns deshalb nicht besonders zu beschäftigen. Nebst der allgemeinen Intelligenz gibt es aber auch partielle Intelligenzarten, die sich je auf spezielle Seinsbereiche beziehen, z. B. auf die Technik, die Ästhetik, die Natur, den Handel, das Handwerk, die Geisteswissenschaft, die Psychologie etc. Wenn wir von «sozialer Intelligenz» sprechen, meinen wir eine solche *partielle Intelligenzart*. Und zwar handelt es sich um die spezifische Intelligenz, die für den Sozialarbeiter berufsnotwendig ist, so wie der Musiker Musikalität oder der Unternehmer Geschäftssinn haben muss.

Soziale Intelligenz erweist sich einerseits als Erkenntnisvermögen und anderseits als produktiv-schöpferische Potenz der Persönlichkeit. Im *Erkenntnisaspekt* befähigt sie dazu, das Menschliche, die Menschen, ihr Fühlen, Streben, Meinen, Verhalten, Tun und Lassen zu verstehen, soziale Zusammenhänge zu durchschauen und die Funktion sozialer Institutionen und Mechanismen zu begreifen. Ein Mensch mit hoher sozialer Intelligenz ist lebensklug, ein wirklicher Menschenkenner, und er hat Sinn und Verständnis für die Sozialsystemik sowie die Logik sozialen Verhaltens. Soziale Intelligenz bezieht sich durchaus auf das

Konkrete, Praktische; sie darf nicht mit Wissen oder Bildung im theoretischen Sinne verwechselt werden, auch wenn dies beides sie stärken kann. Sie ist, kurz gesagt, die *praktische soziale Urteilskraft*, die der Sozialarbeiter zur Bewältigung seiner Berufsaufgabe braucht. Gerade das, was er theoretisch weiss, vermag der Sozialarbeiter nur mittels solcher praktischer Urteilskraft adäquat und funktionell auf das soziale Problem und dessen Lösung anzuwenden.

Das gilt ebenso für den *produktiv-schöpferischen Aspekt* der sozialen Intelligenz, der sich als das Vermögen bestimmen lässt, Ideen und Vorstellungen zu entwickeln, wie soziale Verhältnisse optimalerweise sein und wie negative soziale Sachverhalte auf eine Verbesserung hin neustrukturiert werden sollen. Der Sozialarbeiter muss soziale Probleme nicht nur analysieren und verstehen, sondern mit ihnen produktiv umgehen können: Lösungsmöglichkeiten, Veränderungschancen in ihnen entdecken, ihnen positive Alternativen entgegensetzen und Wege finden, wie dieselben sich verwirklichen lassen. Mögen ihm dafür auch überzeugende soziale Modelle und detaillierte methodische Regeln zur Verfügung stehen, die individuelle Eigenart, die jeder soziale Problemfall hat, erfordert vom Sozialarbeiter immer eine schöpferische Leistung. Bevor er problemlösend handeln kann, muss ihm etwas einfallen zur Frage, was er konkret erreichen und wie er dieses Ziel realisieren will. Zuweilen steht er vor ganz neuen, ungewohnten Problemsituationen, die nach ebensolchen Lösungen rufen. Was hiefür an sozialer Intelligenz nötig ist, kann man mit Fug *soziale Phantasie* nennen. Staub, die diesen Ausdruck benützt, weist zutreffend darauf hin, dass seine berufliche Kompetenz den Sozialarbeiter zu einem «sozialen Erfinder von sozialen Problemlösungen» machen sollte.[170]

Was wir mit dem Begriff der sozialen Intelligenz bezeichnen, ist nicht ein einseitig intellektuelles, sondern ein umfassendes Vermögen, in dem sich intellektuelle, affektive und intuitive Persönlichkeitselemente gegenseitig beeinflussen, fördern und durchdringen. Entsprechend wirkt sich soziale Intelligenz auch in allen diesen Dimensionen aus: in richtigem sozialarbeiterischen Denken, in adäquaten Gefühlen, in wahrem intuitiven Begreifen.

Der *sozialarbeiterischen Intuition* muss im besondern Beachtung geschenkt werden, denn sie spielt in einer derart stark von Unwägbarem, Subjektivem, Unabgeschlossenem, Irrationalem bestimmten Seinssphäre wie der humanen und sozialen – dort also, wo die Sozialarbeit geschieht – eine äusserst wichtige Rolle. Sie zeichnet jeden erfahrenen, kompetenten Sozialarbeiter aus: er hat ein Gespür dafür, was beim Klienten oder was unter Problembeteiligten los ist, er bemerkt problemrelevante Gegebenheiten, die weder objektiv-sichtbar noch direkt ausgesprochen werden, er erahnt Unter- und Hintergründe des sozialen Geschehens im Problemfeld und sieht dabei – ohne Wissen, aber oft mit Gewissheit – voraus, was kommen wird. Sozialarbeiterisches Verstehen basiert wesent-

---

170 *Staub-Bernasconi 1983a*, S. 307.312

lich auf Intuition, und sozialarbeiterisches Handeln nicht weniger. Die von wissenschaftlichen Sozialarbeitskritikern gemachte Voraussetzung, der Sozialarbeiter könnte sich, hätte er nur mehr bzw. besseres Wissen und guten Willen, durchgehend nach objektiv-rationalen Gesichtspunkten und Daten orientieren, ist völlig realitätsfremd. Einem grossen Teil der sozialen Faktoren, die für die soziale Problemlösung massgeblich sind, fehlen Gewissheit, Klarheit und Beständigkeit, und der Sozialarbeiter muss sich, wo sie im Spiel sind, weitgehend auf seine intuitive Erkenntnis stützen. Er kann dann nicht oder nur schlecht sagen, warum er eine Sachlage so und nicht anders beurteilt, warum er so und nicht anders handelt. Intuition ist sprachlos. Und hierin liegt nebenbei bemerkt ein Hauptgrund dafür, dass so wenig Theorie von den *Sozialarbeitspraktikern* herrührt. Das hat nichts mit Mangel an sozialer Intelligenz zu tun. Dieselbe eignet den Praktikern der Sozialarbeit gewiss mehr als den Theoretikern. Es ist viel eher die oft beobachtbare Realitätsfremdheit der abstrakten Sozialarbeitstheorie, insbesondere der soziologischen Sozialarbeitskritik, die solchen Mangel verrät. Eine hervorragende Leistung wahrer sozialer Intelligenz besteht nämlich gerade darin, die Balance zwischen Idealität und Realität im sozialarbeiterischen Denken und Handeln herzustellen.

Im weitern – das sei zum Schluss bemerkt – erweist sich soziale Intelligenz als *Lernfähigkeit* im Bereich des Humanen und Sozialen. Das, was wir im Kapitel über das sozialarbeiterische Berufswissen unter dem Begriff der «offenen Erkenntnishaltung» vom Sozialarbeiter gefordert haben, ist nichts anderes als ein permanentes berufsbezogenes Lernen. Zu merken, welche Gegebenheiten bzw. Wissensgegenstände überhaupt für die Sozialarbeit bedeutsam sind, neue Ideen, Hypothesen, Modelle und Erkenntnisse auf ihren sozialarbeiterischen Wert hin kritisch zu beurteilen und sie dem eigenen bestehenden Wissen zu integrieren, setzt ein beträchtliches Mass an fachlicher, d. h. sozialer Intelligenz voraus.

7. Moralische Integrität

Mehreres, was in unserer Sozialarbeitslehre bis hierher zur Sprache gekommen ist, verlangt vom Sozialarbeiter einen integren moralischen Charakter: das Vertrauen der Klienten in seine Person, die ethisch hochstehenden sozialen Werte, auf die ihn sein gesellschaftlicher Auftrag verpflichtet, und das imagemässige «moralische Kapital», über das er in der öffentlichen Meinung verfügt. Das Prestige und die Autorität, die der Sozialarbeiter – wenn schon – hat, sind moralischer Art; es lässt sich unter dem ethischen Gesichtspunkt nicht viel sagen und tun gegen das, was die Sozialarbeit anstrebt. Allerdings nur dann, wenn der Sozialarbeiter durch sein Verhalten und Handeln die sozialarbeiterischen Ziele tatsächlich verkörpert, also mit seiner Persönlichkeit glaubhaft macht, dass es ihm darum geht, uneigennützig zu helfen, unparteiisch zu vermitteln, gerechten Ausgleich zu schaffen, frei von Machtbedürfnissen Schutz zu gewähren und echten Anteil am Leiden problembelasteter Menschen zu nehmen. Gelingt ihm dies wirklich, gilt er als vertrauenswürdig und menschlich vorbildlich, als eine moralisch integre Person.

Ähnlich wie andere helfende Berufe, z. B. die des Pfarrers, Lehrers, Sozialpädagogen oder des Therapeuten, ist der Sozialarbeitsberuf *moralisch empfindlich*: moralische Fehler gelten als schwerwiegend und bringen grossen Schaden, nicht nur im einzelnen Problemfall, sondern für den betreffenden Sozialarbeiter oder die Stelle, auf der er arbeitet, generell, ja unter Umständen, wenn anrüchiges oder kriminelles Handeln eines Sozialarbeiters durch die Massenmedien publik wird, für den ganzen Berufsstand. Der Sozialarbeiter kann sich in moralischer bzw. unmoralischer Hinsicht viel weniger leisten als etwa der Techniker, der Wissenschaftler, der Künstler oder der Unternehmer, bei welchen Berufsangehörigen Moralität nicht als berufsnotwendiges Persönlichkeitsmerkmal vorausgesetzt wird.

Wenn wir hier von persönlicher «Moral» sprechen, meinen wir damit wohlverstanden eine bestimmte charakterliche, also psychische Qualität der Person und wenden keineswegs eine den Menschen umfassend beurteilende, beispielsweise religiöse, anthropologische oder philosophisch-ethische Kategorie auf den Sozialarbeiter an. Der Sozialarbeiter ist, wenn bzw. weil ihm moralische Integrität eignet, keineswegs ein besserer, hochwertigerer, höherstehender Mensch. Es geht, fernab von einer derartigen Qualifizierungsfrage, einzig darum, ein an den Sozialarbeiter gestelltes Persönlichkeitserfordernis zu konstatieren. Dasselbe kommt, wo es erfüllt wird, vor allem in zweierlei zum Ausdruck: in Wahrhaftigkeit und in ethischer Wertungssicherheit.

Persönliche Wahrhaftigkeit bedeutet zuerst einmal, dass der Sozialarbeiter nicht lügen darf. «Lügen» meint: bezüglich objektiv gegebener Fakten bewusst die Unwahrheit sagen. Der Sozialarbeiter kann die Aussage verweigern (nötigenfalls unter ausdrücklicher Berufung auf seine sozialarbeiterische Aufgabe) oder ausweichend Bescheid geben. Er muss sich, um die Problemlösung zu fördern oder ihre Gefährdung zu verhindern, oft und reichlich «diplomatisch» verhalten; aber niemals dürfen Problembeteiligte oder Dritte ihn dabei ertappen, dass er bewusst eine Unwahrheit sagt. Und dies heisst, da er nur in ganz seltenen Situationen der einzige ist, der eine objektive Tatsache kennt: er darf so gut wie nie lügen. Selbst wenn eine Lüge im einzelnen Problemfall eventuell kurzfristig nützlich sein könnte, bringt sie doch langfristig und für den Sozialarbeiter persönlich, nämlich für seine *Vertrauenswürdigkeit,* mehr Schaden. Der Sozialarbeiter darf auch niemanden anders dazu verhalten zu lügen. Er kann jemandem aufzeigen, was für Vor- und Nachteile eine bestimmte Lüge hat, doch er muss ihm die Entscheidung, tatsächlich zu lügen, ausdrücklich selbst überlassen.

Das Nichtlügen allein genügt freilich nicht zur persönlichen Wahrhaftigkeit; darüber hinaus darf in umfassendem Sinne keine sogenannte «Falschheit» in der Sozialarbeiter-Persönlichkeit liegen: Der Sozialarbeiter soll ein *aufrichtiger, gradliniger Mensch* sein, der Fehler, die er gemacht hat, zugibt, statt andere damit zu belasten; der zu dem steht, was er sagt, und seine Versprechen einhält; der andere nicht hintergeht oder verrät und der sich nicht durch Schmeichelei oder Geschenke bestechen lässt.

Ethische Wertungssicherheit, das zweitgenannte Moment moralischer Integrität, hat eine Person dann, wenn sie sicher zwischen dem, was ethisch zulässig, und dem, was ethisch unzulässig ist, unterscheiden kann und wenn sie imstande ist, ohne grosse Mühe inneren Tendenzen, ethisch Unzulässiges zu tun, zu widerstehen. Es handelt sich um eine Eigenschaft, die im Erkenntnisaspekt weitgehend auf sozialer Intelligenz gründet. Der Sozialarbeiter muss durch intuitives, wissens- und gefühlsmässiges Urteilsvermögen und durch eine gesunde, stabile psychische Struktur gegen delinquentes Verhalten gefeit sein. Und weil er sich nicht selten im Gelände des Paranormalen bewegt (vgl. S. 140 f.), braucht er einen scharfen Blick und einen untrüglichen Orientierungssinn, um nicht unversehens in moralisch unverantwortliches Handeln abzuirren.

Woher sich ein Mensch moralische Integrität *erwirbt*, ist eine Frage, auf die wir hier nicht eingehen können. Das Sozialisationsmilieu, die Erziehung, die persönlichen Beziehungen, psychotherapeutisches Arbeiten an sich selbst, lebensphilosophische Einsicht, religiöser Glaube oder sonst eine Weltanschauung sind die bedeutendsten Quellen für den moralischen Charakter einer Person. Letzten Endes kommt es weder bei dieser noch bei allen andern sozialarbeiterischen Persönlichkeitsqualitäten darauf an, worin sie beim einzelnen Sozialarbeiter gründen. Für die Praxis ist allein wichtig, dass alle diese Qualitäten, die zusammen den Idealtypus der Sozialarbeiter-Persönlichkeit beschreiben, beim realen einzelnen Sozialarbeiter tatsächlich in genügendem Masse vorhanden sind.

3. Die Methode der Sozialarbeit

3.1 Das Wesen der sozialarbeiterischen Methodik

Die Hauptsache der Sozialarbeitslehre ist die sozialarbeiterische Methodik. Im methodischen Handeln tritt die professionelle Kompetenz des Sozialarbeiters zutage, und vor allem: die Methode ihres Berufes können die Sozialarbeiter selbst bestimmen. Die Aufgabe der Sozialarbeit und die Mittel-Kombination, deren sich der Sozialarbeiter bedient, sind zwar eindeutig spezifisch, von andern Berufen klar unterschieden, aber sie werden nicht – jedenfalls nicht allein – von den Sozialarbeitern festgelegt oder geschaffen und sie stehen nicht unter deren souveränen Verfügungsmacht. *Eigenständigkeit* in diesem qualifizierten Sinne hat bei der Sozialarbeit einzig das Berufselement Methode.

Allerdings, dergleichen Unabhängigkeit und autochthones Wesen ist eine *Möglichkeit* der Sozialarbeitsmethodik. Sie wird natürlich nicht realisiert, wenn man die Sozialarbeit therapeutisch, pädagogisch, juristisch oder sonstwie missversteht und ihr berufsfremde Handlungsmodelle unterlegt. Daraus entsteht keine eigentlich sozialarbeiterische Methode. Und erst recht kann davon keine Rede sein bei all jenen Konzepten, die dem Sozialarbeiter in eklektischer Manier eine beliebige Vielfalt therapeutischer Methoden verschreiben. Über die Schwäche derart unspezifischer bzw. unkonzentrierter Sozialarbeitstheorie haben wir uns im Einleitungsteil ein Urteil gemacht. Sie erweist sich am krassesten darin, dass solche Theorie dem Sozialarbeiter keine eigenständige, umfassende, kohärente, exakt berufsadäquate Methode der Sozialarbeit verschafft. Und gerade darauf kommt es an in der Sozialarbeitslehre. Solange sich der Sozialarbeiter nicht bewusst und sicher sein kann, dass es diese Methode gibt, dass er *seine* Methode, nämlich *die Methode der Sozialarbeit* hat, solange gelangt er nicht zu beruflicher Selbstgewissheit und Identität.

Dass eine wirklich sozialarbeiterische Methodik in der Sozialarbeitspraxis wurzeln muss, ist aus unseren einleitenden Überlegungen zur Praxisgenese der Sozialarbeitstheorie klar geworden. Die folgenden Ausführungen basieren denn auch primär und zentral auf praktischer sozialarbeiterischer Berufserfahrung. Als Methodenlehre halten sie fest, wie der Sozialarbeiter denken und handeln soll, um seine Aufgabe, soziale Probleme zu lösen, mit den ihm zur Verfügung stehenden Mitteln optimal zu erfüllen. Sie erheben den Anspruch, dies in angemessen, die Berufstypik prägnant erfassenden Begriffen, in systematischer Ordnung und, soweit es um das Grundsätzliche geht, vollständig darzulegen.

Die formale Struktur unserer Methodenlehre wird von zwei fundamentalen Begriffskategorien bestimmt: den «methodischen Prinzipien» und den «Handlungsarten» der Sozialarbeit.

Die *methodischen Prinzipien* sind Denk- und Handlungsmaximen des Sozialarbeiters. In ihrem umfassenden, relativ abstrakt formulierten Sinn haben sie allgemeine Bedeutung und Gültigkeit für das sozialarbeiterische Problemlösungshandeln, während sich ihr je partikulärer konkreter Sinn da offenbart, wo sie detailliert entfaltet und erklärt werden. Um dieses methodisch Detaillierte und Partikuläre in seiner Vielfalt und Verschiedenartigkeit zu ordnen, teilen wir das Tätigkeitsspektrum der sozialberaterischen Sozialarbeit in die sechs *Handlungsarten* «Beratung», «Verhandlung», «Intervention», «Vertretung», «Beschaffung» und «Betreuung» auf. Alles, was der Sozialarbeiter in Hinsicht auf ein konkretes soziales Problem tut, ist – sofern er wirklich Sozialarbeit treibt – ein Handeln in der einen oder andern dieser Handlungsarten oder in mehreren zugleich. In welcher bzw. welchen, hängt von der Eigenart des individuellen Problemfalles ab; in der Aufgabenlehre haben wir bereits gesehen, dass den einzelnen Problemlösungsfunktionen der Sozialarbeit schwerpunktmässig bestimmte methodische Handlungsarten entsprechen (s. S. 121 f.).

Wir werden uns in Kapitel 3.3 (S. 392 ff.) näher mit den Handlungsarten der Sozialarbeit befassen. Hier bloss eine knappe, summarische Vororientierung darüber, was wir unter sozialarbeiterischer «Beratung», «Verhandlung», «Intervention» etc. verstehen:

Sozialarbeiterische *Beratung* geschieht da, wo der Sozialarbeiter mit einem Problembeteiligten das Problem und seine Lösung bespricht, ohne dass dies Teil einer indirekten Verhandlung (siehe unten) ist. An einem solchen Beratungsgespräch können auch mehrere Problembeteiligte teilnehmen, nur darf das Problem nicht in einem Konflikt oder einem Beziehungsdefizit zwischen ihnen liegen.

Wenn eben dies der Fall ist, geht es nicht um Beratung, sondern um sozialarbeiterische *Verhandlung*. In ihr steht der Sozialarbeiter mit mehreren (mindestens zwei) Problembeteiligten in Kontakt und verhandelt mit ihnen ein Problem, welches ihr soziales (persönliches, rechtliches, finanzielles etc.) Verhältnis betrifft. Meist ist das Problem ein Konflikt; aber auch ein Mangel an sozialer Beziehung, also ein Defizitproblem kann Gegenstand der sozialarbeiterischen Verhandlung sein. Dieselbe spielt sich entweder in der unmittelbaren Begegnung zwischen den Problembeteiligten ab (direkte Verhandlung) oder aber so, dass der Sozialarbeiter zu den Problembeteiligten je einzeln Kontakt hat und als Mittelsmann zwischen ihnen fungiert (indirekte Verhandlung).

Bei der sozialarbeiterischen *Intervention* greift der Sozialarbeiter gegen den Willen eines (oder mehrerer) Problembeteiligten in die soziale Problemsituation ein, um einen problembeteiligten Menschen (oder mehrere) zu schützen. Ein typisches Beispiel dafür ist das kindesschützerische Einschreiten des Sozialarbeiters gegen Eltern, die das Wohl ihrer Kinder erheblich gefährden. Auch wo der Sozialarbeiter für eine, z. B. psychisch kranke oder senile, Person Hilfemassnahmen ergreift, ohne dass sie selbst dies will (sei es aus Willenlosigkeit, sei es aus Widerstand), «interveniert» er.

In sozialarbeiterischer *Vertretung* ist er tätig, wenn er in einer Sache mit Rechtscharakter an Stelle eines Problembeteiligten (des «Vertretungsklienten») handelt. Er übt diese Funktion entweder deshalb aus, weil er dazu, etwa als Vormund oder Beistand, durch ein Vertretungsamt verpflichtet ist oder weil es die Problemlösung erfordert und ihn der (freiwillige) Klient dazu ermächtigt.

Sozialarbeiterisches Handeln in Form der *Beschaffung* geschieht dort, wo der Sozialarbeiter einem Problembeteiligten (oder mehreren zusammengehörigen, z. B. einer Familie) Geld, eine Sache, Arbeit, Ausbildung oder irgend eine Dienstleistung verschafft.

Und die sozialarbeiterische Tätigkeitskategorie der *Betreuung* schliesslich umfasst all das, was der Sozialarbeiter ausserhalb der fünf eben genannten Handlungsarten für einen Klienten tut, um ihm in seiner Lebensbewältigung zu helfen: gewisse Angelegenheiten für ihn erledigen, z. B. sein Geld verwalten, für ihn Entscheidungen fällen, dafür sorgen, dass ihm die nötige Pflege, Erziehung und haushälterische Betreuung gewährt ist, eine persönliche Beziehung zu ihm unterhalten, ihm eine seelische Stütze sein, für ihn zur Hilfe bereitstehen.

Diese Kurzdefinitionen der sozialarbeiterischen Handlungsarten stellen fest, was «Beratung», «Verhandlung» etc. im *sozialarbeiterischen* Sinne bedeuten. In der Sozialarbeitslehre geht es allein um die sozialarbeiterische Beratung, nicht um eine andere, z. B. psychotherapeutische oder seelsorgerliche Art von Beratung; und «Verhandlung» meint hier sozialarbeiterische Verhandlung, nicht etwa Verhandlung, wie sie in der Politik oder im Geschäftsleben geschieht. Wenn wir also im folgenden die Begriffe «Beratung», «Verhandlung», «Intervention», «Vertretung», «Beschaffung» und «Betreuung» gebrauchen, ist damit immer eine spezifisch sozialarbeiterische Tätigkeit, ein bestimmter Bereich der sozialarbeiterischen Methode gemeint.

Die methodischen Prinzipien der Sozialarbeit verwirklichen sich, was die konkreten Details betrifft, in den sozialarbeiterischen Handlungsarten auf je unterschiedliche Weise. *Wie,* das würde eine ins Einzelne ausgeführte Methodenlehre differenziert entfalten, indem sie präzise *Arbeitsregeln* für jede Handlungsart beschriebe. Eine solch detaillierte Methodik der Sozialarbeit zu bieten, ist im Rahmen dieses Buches nicht möglich. Ich werde hier lediglich zur Charakterisierung, Interpretation und Illustration der methodischen Prinzipien und der sozialarbeiterischen Handlungsarten den Inhalt einiger wichtiger Arbeitsregeln anführen – meist freilich ohne den Ausdruck «Arbeitsregel» zu gebrauchen. Theoretisch-systematisch genügt uns der Begriff des «methodischen Prinzips».

Die methodischen Prinzipien erwachsen aus der konkreten Sozialarbeitspraxis und wirken zugleich auf sie ein. Je nachdem, wie tief in diese Praxis hinein wir sie gedanklich verfolgen und erhellen, zeigt sich uns mehr oder weniger an methodischen Einzelheiten. Wir haben uns allerdings darüber klar zu sein, dass sich im konkreten methodischen Handeln des Sozialarbeiters stets mehrere Prinzipien zugleich realisieren. Es geht also in der Sozialarbeitspraxis nie um das einzelne methodische Prinzip an-sich, wie es die theoretische Analyse herausarbeitet. Und entsprechend setzt auch die sozialarbeiterische Methodenlehre die Prinzipien keineswegs absolut, sondern versteht sie als Teilaspekte eines zusammenhängenden Ganzen. Dieses Ganze ist *die sozialarbeiterische Methode*. In ihr beziehen sich die Prinzipien aufeinander, beschränken sie sich und weisen sie sich gegenseitig ihren partiellen Sinn zu. Das einzelne Prinzip bringt einen methodischen Gedanken, eine praktische Maxime prägnant zum Ausdruck, aber es darf nicht isoliert, für sich allein verstanden werden. Der Sozialarbeiter muss es stets im Bezug auf die andern Prinzipien, im Zusammenspiel mit ihnen sehen. Nur so offenbart sich ihm die – durchaus relative – Wahrheit, die es hat. Die eigentliche, umfassende methodische Wahrheit liegt in der *Gesamtheit* der Prinzipien – «Gesamtheit» freilich nicht als addierte Summe, sondern als *ausbalanciertes Sinnganzes*. Das Wesen der sozialen Problemlösung, ja des Humanen und Sozialen schlechthin lässt eine andere, engere Auffassung sozialarbeiterischer Methodik nicht zu. Wer sich dessen nicht bewusst ist und die methodischen Prinzipien der Sozialarbeit je als Wahrheiten an-sich nimmt, verfällt unweigerlich in den *Methodismus*: er verabsolutiert einzelne methodische Aussagen, glaubt an sie und wendet sie durchgehend und überall an, weil er sie für un-bedingt richtig hält. Ein Sozialarbeiter, der in solch methodistischer Einstellung an die sozialen Probleme herantritt, ist nicht, wie er vielleicht meint, auf dem sicheren Weg zur optimalen Problemlösung. Ganz im Gegenteil – er wird oft in die Irre gehen, sowohl in dem, wie er das Problem begreift, als darin, was er zu seiner Lösung tut. Der Schematismus und der Rigorismus, die jedem Methodismus innewohnen, widersprechen dem Sinn und Geist jener methodischen Bildung, die der Sozialarbeiter tatsächlich benötigt. Die sozialarbeiterische Methodenlehre soll den Sozialarbeiter nicht zu methodistischer Gläubigkeit verleiten, sondern sein Vermögen stärken, wahrhaft sozialarbeiterisch zu denken.

Sozialarbeiterisches Denken ist zur Hauptsache methodisches Denken. Die Quintessenz sozialarbeitsmethodischer Überlegungen, das was sie letztlich im Sozialarbeiter erzeugen, ist sozialarbeiterisches Denken, und umgekehrt wiederum lassen sich allein aus diesem Denken heraus die methodischen Prinzipien der Sozialarbeit sinnvoll, am richtigen Ort, zur richtigen Zeit, in der richtigen Situation anwenden. Im sozialarbeiterischen Denken sind nicht nur sie, sondern ebenso alles übrige sozialarbeitsrelevante Wissen und nicht zuletzt die affektiven und intuitiven Erkenntnisse des Sozialarbeiters reflektiert aufgehoben und miteinbezogen. Es ist ein freies, bewegliches, kritisches, umfassendes, ganzheitliches Denken, offen für die Relativität, Interdependenz, Multidimensionalität,

Irrationalität und Paradoxie der sozialen Sachverhalte, fähig, die Dinge von verschiedenen Gesichtspunkten aus zu betrachten, Zusammenhänge zu sehen, sich in rationaler Selbstbezüglichkeit zu kontrollieren und Erkanntes in Frage zu stellen, geübt im gedanklichen Hin- und Hergehen, Kreisen und Balancieren, flexibel im Öffnen und Schliessen des Blickwinkels, den weiten Horizont und das kleine Detail zugleich ins Auge fassend.

Die ganze folgende Methodenlehre ist im Grunde nichts anderes als ein Entfalten und Erhellen sozialarbeiterischen Denkens. Sie will dem Sozialarbeiter nicht ein Kompendium methodischer Empfehlungen, die er ohne weitere Reflexion anwenden kann, verschaffen, sondern in ihm Denken, spezifisch sozialarbeiterisches Denken entfachen. Ist er von solchem Denken ergriffen, ist es ihm zur sozusagen beruflichen Natur geworden, braucht der Sozialarbeiter keine Rezepte, keine Lehrbuch-Anweisungen, denn damit hat er in sich, was er benötigt: die Fähigkeit, überall in freiem, selbständigem Überlegen zu wahrem Problemverständnis und optimalem Problemlösungshandeln zu gelangen. Und so – nur und erst so – ist er der professionell kompetente Sozialarbeiter, der er idealerweise sein soll. Natürlich erreichen wir im Konkreten das Ideal, das eine Berufslehre notwendig vor uns hinstellt, nie ganz. Aber wir müssen es kennen, um zu wissen, wonach wir streben sollen.

Bereits oben bei der Erörterung der «Sozialarbeiter-Persönlichkeit» habe ich einen *Idealtypus* beschrieben, und hier in der Methodenlehre werde ich dasselbe tun. Ich biete die sozialarbeiterische Methodik nämlich zur Hauptsache nicht in präskriptiver, sondern in deskriptiver Sprachform dar, sage also nicht: der Sozialarbeiter *soll* (bzw. muss) dies oder das tun, sondern: der Sozialarbeiter *tut* dies oder das. Und damit meine ich: der *kompetente, methodisch richtig* vorgehende, primär *systemorientierte* Sozialarbeiter handelt in besagter Weise. Die methodischen Prinzipien der Sozialarbeit erscheinen also sprachlich nicht als Gesetz und Vorschrift, sondern als *Beschreibungen*. Sie beschreiben, wie ein Idealtypus von Sozialarbeiter methodisch denkt und handelt.

Dass in derartigen, auf ein Ideal bezogenen deskriptiven Ist-Aussagen gleichwohl eine *präskriptive Soll-Meinung* steckt, ist klar. Es geht mir keineswegs darum, den empfehlenden, normierenden, anweisenden, verpflichtenden Charakter, den eine Methodenlehre naturgemäss hat, zu verhüllen. Ich vermittle die sozialarbeiterische Methodik einzig deshalb in beschreibender Form, weil sie sich so am einfachsten, prägnantesten und lebendigsten darstellen lässt.

3.2 Die methodischen Prinzipien der Sozialarbeit

Die Methode der Sozialarbeit wird im folgenden durch über dreissig Prinzipien im Grundsätzlichen erhellt. Diese hohe Anzahl methodischer Prinzipien mag auf den ersten Blick erstaunen und jenen Leser enttäuschen, der sich einen handlichen Prinzipien-Kanon, geeignet zum Auswendigwissen, wünscht – so etwas wie «Zehn Gebote für den Sozialarbeiter»[171]. Nach unseren Ausführungen über das Wesen der sozialarbeiterischen Methodik ist jedoch klar, dass uns nicht daran liegt, einen simplen Prinzipien-Katechismus aufzustellen. Zu solchem Behufe müssten das weite Spektrum, die Vielfältigkeit und Komplexität der Sozialarbeitsmethode drastisch verkürzt und vereinfacht werden, und dabei ginge eben das Wichtigste verloren: die differenzierte methodische Einsicht, die allein zu wahrem sozialarbeiterischen Denken führen kann.

Wir unterscheiden *drei Arten methodischer Prinzipien:* Konzept-, Handlungs- und Akzeptanzprinzipien. Mehr Systematisierung zu betreiben, würde den falschen Anschein erwecken, als sei die Methode der sozialen Problemlösung kategoriell und hierarchisch klar geordnet. Tatsächlich trifft das Gegenteil zu: die zahlreichen Aspekte, die sie ausmachen, laufen ineinander, verbinden, verschränken und überlagern sich, so dass umfangreiche theoretische Systematisierungen dieser Methodik-Elemente zwar das Bedürfnis nach wissenschaftlicher Ästhetik befriedigen mögen, aber keine echte Erkenntnis verschaffen. Schon die Einordnung der einzelnen methodischen Prinzipien in eine der drei Prinzipien-Kategorien ist mit Vorbehalten behaftet: einerseits sind die Kategorien selbst wenig scharf voneinander gesondert, und anderseits enthält kein Prinzip nur den Sinn jener Kategorie, der wir es zuteilen. Diese Zuteilung geschieht bloss schwerpunktmässig, und zwar nach den folgenden Kriterien:

Die *Konzeptprinzipien* beziehen sich zur Hauptsache auf die konzeptuelle Strukturierung der sozialen Problemlösung: darauf, wie der Sozialarbeiter dieselbe grundsätzlich sieht, auffasst, versteht. Es drückt sich in ihnen das geistige Konzept aus, mit welchem der Sozialarbeiter an seine Aufgabe herantritt, der gedankliche Approach der Sozialarbeit. ✗ Schweiz, Weg der geschichten Ansehen

Im Unterschied dazu geht es bei den *Handlungsprinzipien* darum, wie der Sozialarbeiter bezüglich problemrelevanter Personen handelt, was er tut, um die Problemlösung zu realisieren.

Und die *Akzeptanzprinzipien* schliesslich sind eine spezielle Gruppe von Handlungsprinzipien, die ich, um ihre Wichtigkeit zu betonen, gesondert erör-

---

171 *Biestek* z. B. bietet mit seinen sieben «Grundsätzen der helfenden Beziehung» einen derartigen einfachen Methoden-Kanon.

tere. Sie beschreiben vor allem, wie sich der Sozialarbeiter bei den problemrelevanten Personen, insbesondere den Problembeteiligten, Akzeptanz verschafft. Akzeptanz in unserem Sinne – nicht zu verwechseln mit dem Casework-Prinzip «acceptance», welches das «Annehmen» des Klienten meint! – ist ein Phänomen menschlicher Beziehung und stellt eine Vorbedingung erfolgversprechenden sozialarbeiterischen Handelns dar.

Die Aufteilung der methodischen Prinzipien in diese drei Kategorien dient der Übersichtlichkeit. Keineswegs sind die einzelnen Prinzipien aus den Kategorien irgendwie abgeleitet. Das Primäre und Wichtige sind die Prinzipien – unabhängig von ihrer Kategorie, deren Grenze sie mit ihrer vollen inhaltlichen Bedeutung immer auch überschreiten.

Ich werde bei der Erörterung des einzelnen methodischen Prinzips jeweils zuerst seinen Inhalt knapp und generell umreissen (im Druck hervorgehobener Text) und dieser grundsätzlichen Aussage die nötigen Erläuterungen, Spezifizierungen, Beispiele etc. anfügen.

Einige methodische Prinzipien lassen sich in *Subprinzipien* aufteilen; oder es kommt vor, dass ein Prinzip ein anderes mit sich führt, welches man sinnvollerweise mit ihm zusammen, nicht einzeln behandelt.

3.21   Konzeptprinzipien

a) Problemindividuelles Verstehen

Der Sozialarbeiter trachtet danach, das soziale Problem in seiner individuellen Eigenart und Besonderheit zu verstehen. Er geht davon aus, dass er es nicht zum vornherein, keineswegs vollständig und niemals endgültig versteht. Vom ersten Moment an, wo er mit einem sozialen Problem in Berührung kommt, und im weitern laufend, solange er mit seiner Lösung zu tun hat, bemüht er sich zu erkennen, durch was für Faktoren es erzeugt worden ist und erhalten wird, was sich im problemlösenden Prozess ereignet, wie derselbe den problematischen sozialen Sachverhalt verändert, welche Rolle er (der Sozialarbeiter) selbst dabei spielt.

Standards in Form von Durchschnittsnormen, wissenschaftlichen Ergebnissen, theoretischen Modellen, Erfahrungswerten, Faustregeln, allgemein herrschenden Meinungen etc. nimmt der Sozialarbeiter nicht als tatsächliche Erkenntnis des konkreten sozialen Problems und seines Lösungsweges, sondern sie dienen ihm als erkenntnisleitende Hilfsmittel: Er prüft und beurteilt anhand solcher Schemata, was die wirkliche Eigenart des Problems ist und welche individuelle Lösung es erfordert.

Die problembeteiligten Menschen haben ein Recht darauf, vom Sozialarbeiter verstanden, d. h. in ihrem Tun und Lassen, Streben und Fühlen, in ihren Beziehungen und äusseren Verhältnissen richtig erfasst zu werden. Der Sozialarbeiter entzieht sich dieser ihrer persönlichen, individuellen Wahrheit nicht. Allerdings bedeutet solches Verstehen nicht, dass er das als wahr Erkannte billigt.

Der Grundsatz des Individualisierens ist das älteste methodische Prinzip der neuzeitlichen, vom mittelalterlich-religiösen Denken abgelösten Fürsorge. Mit der individuellen Betrachtung und Behandlung sozialer Problemsituationen hat «Fürsorge» im modernen Sinn geschichtlich angefangen.[172] Und damit trat auch überhaupt erst der Grundsatz des Verstehens für die Sozialarbeit in Kraft, denn hinsichtlich sozialer Probleme gibt es nur *individuelles* Verstehen oder gar kein Verstehen. Zwar gibt es soziale Problembereiche, wo standardisierte Lösungsformeln vorliegen, z. B. Richtlinien der wirtschaftlichen Sozialhilfe mit finanziellen Normbeträgen für einzelne Bedarfsposten. Doch auch in solchen Problemfällen gilt es für den Sozialarbeiter stets, die Verhältnisse auf ihre spezielle Eigenart hin abzuklären und das Problem entsprechend individuell zu lösen. So wird dann etwa, um bei der wirtschaftlichen Sozialhilfe zu bleiben, einem Drogensüchtigen abweichend von der Usanz Sach-, nicht Geldhilfe gewährt, weil er Geld in «Stoff» umwandelt statt in Wohnung, Essen und Kleidung. Oder im Falle einer alleinstehenden berufstätigen Mutter mit zwei Kindern im Schulalter offenbart sich ein erheblicher zusätzlicher Geldbedarf wegen spezieller Kosten (z. B. für Tagespflegeplatz und Sportbetätigung der Kinder oder für neue leistungsfähige Haushaltmaschinen zur Entlastung der Mutter), während umgekehrt der Sozialarbeiter beispielsweise erkennen mag, dass ein kranker Mann, der dem ersten oberflächlichen Blick als schlechterdings mittellos und voll unterstützungsbedürftig erscheint, dies gar nicht so sehr ist, weil seine Freundin bei ihm wohnt und wesentlich zur Finanzierung des Haushaltes beitragen kann oder weil ihm die Krankenkasse noch Krankentaggelder schuldig ist.

Dass der Individualisierungsgrundsatz eine alte sozialarbeiterische Selbstverständlichkeit darstellt, bedeutet nicht, dass er in seinem methodischen Sinn überall gleich interpretiert wird. Vom systemischen Standpunkt aus betonen wir seinen *problembezogenen* Aspekt – deshalb unser Begriff «*problem*individuelles Verstehen» – und halten wir eine Individuum-bezogene Auffassung für ungenügend. Eine solche charakterisiert das Casework; denn indem dieses sich zu einer klientzentrierten therapeutischen Methode entwickelte, verengte sich ihm das Individualisierungsprinzip zum psychologischen Verstehen der individuellen Klient-Persönlichkeit. Und obwohl derartiges Verstehen als etwas vom wichtigsten im problemindividuellen Verstehen der systemischen Sozialarbeit mitenthalten ist, müssen wir doch nachdrücklich darauf hinweisen, dass keineswegs nur die einzelne Person, der Klient, als verstehensbedürftig gelten darf. Es sind dies

172 Vgl. *Scherpner* und *Wendt 1990*, S. 115 ff.

auch nicht bloss die einzelnen Problembeteiligten als Individuen, sondern der soziale Problemsachverhalt in seinem ganzen Umfang und Zusammenhang hat individuellen Charakter, und auf *ihn* richtet sich die Erkenntnisbemühung des systemorientierten Sozialarbeiters.

Die Frage des sozialarbeiterischen Verstehens wird im Casework seit Mary Richmonds fundamentalem Buch «Social Diagnosis» (1917) unter dem medizinischen Begriff der *Diagnose* abgehandelt. Richmond gibt keine sozialarbeiterische Handlungslehre. Ihr ganzes Interesse gilt dem *Verstehen* des sozialen Problems, und als Hilfsmittel zum Erstellen einer «sozialen Diagnose» legt sie mehrere minutiös ausgearbeitete Fragebogen für verschiedenartige soziale Problemtypen vor. Dergleichen *Diagnose-Schemata* finden sich seither in vielen Sozialarbeitslehrbüchern. Ihr Nutzen liegt darin, dass sie dem Sozialarbeiter die zahlreichen Gegebenheiten vor Augen führen, die problemrelevant und demzufolge mögliche Gegenstände seines Verstehens sein können. Ihr Nachteil ist, dass sie den Sozialarbeiter verführen, sich mit Dingen und Fragen zu beschäftigen, die im betreffenden Problemfall unerheblich sind. Das Verstehen, die «Diagnose» wird dann zum Selbstzweck, ist nicht mehr auf die Problemlösung und die dafür relevanten Problemfaktoren ausgerichtet. Davor warnte bereits Richmond selbst; denn wenn man bedenkt, wie umfassend weit der Raum des Sozialen ist, wird einem ohne weiteres klar, dass der Sozialarbeiter zwar in seinem Verstehen offen für diesen ganzen Raum, aber zugleich von Anfang an bestrebt sein muss, auf das wirklich Wesentliche zu stossen und sich darauf zu beschränken. Je länger er sich mit einem Problemfall befasst, desto grössere Gewissheit erlangt er, worauf es in ihm ankommt, und umso enger kann sich seine Verstehensintention auf die *entscheidenden Punkte* konzentrieren. Dies sind oft ausgesprochene Details – Kenner und Könner ist auch hier allemal derjenige, der versteht, was Bedeutungsvolles die kleinen Dinge und Ereignisse sagen. (Erst recht gilt das Gesagte im Handlungsaspekt; vgl. das Prinzip der Konzentration auf die zentralen Problemvariablen, S. 300 ff.)

Ich zähle hier nicht im Sinne der erwähnten Diagnose-Schemata all die Gegebenheiten auf, die sich dem sozialarbeiterischen Verstehen als mögliche Momente sozialer Problematik darbieten. Unsere bisherigen Ausführungen, insbesondere zur Definition des «sozialen Problems» und über das sozialarbeiterische Wissen, haben genug deutlich gemacht, worum es dabei typischerweise geht. Es sind materielle Dinge, finanzielle Verhältnisse, physische und psychische Zustände, menschliche Beziehungen, rechtliche Sachverhalte, geistige Inhalte, lebenspraktische Handlungen, Alltagsabläufe. Für dies alles muss der Sozialarbeiter eine prinzipielle Verstehensbereitschaft haben, eine ständige Aufmerksamkeit, die sich jederzeit zu eigentlicher *Erkenntnisarbeit* verdichten kann. Solche Erkenntnisarbeit geschieht nicht losgelöst vom problemlösenden Handeln des Sozialarbeiters, wie es der unsachgemässe Begriff «Diagnose» nahelegt, sondern ist eng mit ihm verwoben. Dazu das folgende methodische Prinzip.

b) Wechselwirkung Verstehen-Handeln

Der Sozialarbeiter geht auf Verständnis aus, um zu handeln, und er handelt, um zu verstehen. In der Sozialarbeit folgt das Handeln aus dem Verstehen und das Verstehen aus dem Handeln. Das auf Erkennen gerichtete Abklären des sozialen Problems lässt sich weder zeitlich noch funktional vom problemlösenden Handeln abtrennen. Im Kommunikationsgeschehen zwischen dem Sozialarbeiter und den problemrelevanten Personen ist beides zugleich enthalten. Problemverstehen und Problemlösen sind ein einheitlicher Prozess.
Der Sozialarbeiter bemüht sich stets darum, die Problemwirklichkeit in Kategorien und Perspektiven zu erfassen, die ihm ein problemlösendes Handeln ermöglichen. Und aus dem, was er durch sein Handeln bewirkt, zieht er verstehende Schlüsse, die sein weiteres Handeln leiten. Derart fortschreitend vertieft und verdeutlicht sich einerseits das Verstehen des Sozialarbeiters und wird anderseits sein problemlösendes Handeln zunehmend angemessener und wirksamer.

Die Interdependenz von sozialarbeiterischem Verstehen und Handeln wird heute von den meisten Theoretikern der Sozialarbeitspraxis gesehen. Mary Richmond lag diese Einsicht noch fern; ihre «soziale Diagnose» beruht im einzelnen Problemfall auf einem «sozialen Befund» (social evidence), der dem Sozialarbeiter hauptsächlich durch Zeugenaussagen von Problembeteiligten und Dritten sowie aus Dokumenten zur Kenntnis kommt, und auf den daraus gezogenen Schlussfolgerungen (inferences). Das sozialarbeiterische Handeln (social treatment) hat hier für die Erstellung der Diagnose keine Bedeutung, sondern ist lediglich die praktische sozialarbeiterische Konsequenz aus ihr.

In ähnlicher Weise wird in den zahlreichen *Phasen-Schemata* der Casework-Theorie die «behandelnde» Tätigkeit des Sozialarbeiters der «diagnostizierenden» zeitlich nachgeordnet.[173] Die Einteilung des Casework-Prozesses in verschiedene Phasen basiert auf dem therapeutischen Grundsetting dieser Art Sozialarbeit; und insbesondere die amerikanische Sozialarbeitstheorie scheint im Phasen-Modell eine Bedingung bzw. Erfüllung seriöser wissenschaftlicher Ansprüche zu sehen. Whittaker, um ein typisches Beispiel anzuführen, teilt den Ablauf des «social treatments» in folgende acht Phasen ein: 1. Aufnahme, 2. Ermittlung und soziale Diagnose, 3. Festlegung der Veränderungsziele, 4. Wahl des Behandlungsplanes, 5. Erzielung einer Arbeitsübereinkunft, 6. Durchführung des social treatments, 7. Auswertung, 8. Abschluss und Nachbehandlung.[174] Und eines der neuesten Sozialarbeitslehrbücher aus den USA, das «Life Model of Social Work Practice» von Germain/Gitterman (1980), ist als ganzes aufgebaut nach drei Phasen (Eingangs-, Arbeits- und Ablösungsphase), aus welchen

---

173 Vgl. einige Beispiele hierfür bei *Baal*, S. 55 ff.
174 *Whittaker*, S. 108 ff.

217

gemäss diesen Autoren der «Prozess der sozialen Praxis» besteht. Allerdings sind die «Life-Model»-Interventionen «in ständig ablaufenden Diagnoseprozessen verankert»[175], was beweist, dass hier das sozialarbeiterische Phasen-Schema nicht auf ein naives Ignorieren der Wechselwirkung Verstehen-Handeln hinausläuft.

Dieses für die Sozialarbeitsmethodik *typische* Interdependenz-Phänomen erkennen zahlreiche Theoretiker und halten es auf verschiedene Weise fest: Haines postuliert drei Phasen: 1. Aufnahme oder Erfassung, 2. Handeln, 3. Auswertung; er räumt aber sogleich ein, dass sich «die Erfassungsphase in der Praxis bis weit über den Beginn des eigentlichen Handelns erstreckt, aktives Eingreifen unter Umständen von Anfang an geboten sein kann und die Auswertung zumeist ein ständig begleitender Vorgang ist.»[176] Es entspricht dies der Aussage van Beugens, die «Phasen der agogischen Aktion» liessen sich verstehen als «Momente in einem sich laufend wiederholenden Zyklus von Teilaktivitäten, die ohne gesetzmässige Chronologie sind.»[177] – Nach Smalley muss die sozialarbeiterische Diagnose «aus dem Hilfeprozess hervorgehen» und ist entsprechend «ständiger Modifikation unterworfen.»[178] Perlman meint, es sei «doch tatsächlich so, dass die Behandlung erst eine Diagnose hervorbringt.»[179] Bang schreibt: «Diagnose und Hilfsprozess durchdringen einander ständig, vom ersten bis zum letzten Moment der gemeinsamen Arbeit»[180]. Und treffend bemerken Reid/ Epstein über den Sozialarbeiter: «Sein Vorgehen hängt zwar von den empfangenen Informationen und der Deutung ab, die er ihnen gibt, das Gegenteil trifft jedoch genauso zu: sein diagnostisches Denken wird durch die Richtung seines Handelns geleitet». «Diagnose» und «Behandlung» erscheinen diesem Autorenteam als parallele Vorgänge, sie «beeinflussen sich gegenseitig und sind Quellen des Feedback für einander.»[181]

Dass das so ist, zwangsläufig so sein muss, liegt in einem *anthropologischen Axiom* begründet: Es offenbart sich einem die Wahrheit über einen Menschen nur, wenn man sich mit ihm auseinandersetzt, mit ihm aktiv kommuniziert, etwas mit ihm macht. Und das ist sozialarbeiterisch verstanden ein *Handeln*[182]. Auch in einem Beratungs- oder Verhandlungsgespräch, in dem es vorderhand bloss um die Problemklärung geht, handelt der Sozialarbeiter: er strukturiert das Gespräch mit Fragen und Zusammenfassungen, er motiviert die Kommunika-

175 *Germain/Gitterman 1980*, S. 21
176 *Haines*, S. 44
177 *Beugen*, S. 27
178 *Smalley 1967*, S. 212
179 *Perlman 1970*, S. 185
180 *Bang 1964*, S. 45
181 *Reid/Epstein*, S. 77
182 Vgl. *Thiersch 1977* (S. 124): «Wenn der Mensch, was er ist, nur zeigen kann in Handlungen, ist eine vorgängige Diagnose unmöglich ... Diagnose darf also immer nur verstanden werden gleichsam als Startzeichen für gemeinsame Aktion – als teilnehmende Diagnose, d. h. als gemeinsames Handeln.»

tionspartner, sich offen zu äussern, gibt ihnen Informationen, fordert sie mit Wertungen, Lösungsvorschlägen und Hilfeangeboten zur Stellungnahme heraus; und damit, durch solche kommunikative Auseinandersetzung gewinnen sowohl sie wie er Einsicht in das Problem und seine Lösungsmöglichkeiten. Vielfach kann der Sozialarbeiter die Problemsituation – insbesondere die tatsächlichen Beweggründe, Gefühle, Strebungen und Fähigkeiten von Problembeteiligten – nur verstehen, wenn er konkret handelt. Zum Beispiel gewährt er einer Person finanzielle Unterstützung und erkennt erst daraus, wie sie mit Geld umgeht. Er nimmt einen Jugendlichen, der in massivem Konflikt mit seinen Eltern lebt, unter Umständen nicht deshalb aus der Familie heraus, weil er sicher weiss, dass dies die richtige Problemlösung ist, sondern weil nur so an den Tag kommen kann, wie es um die Beziehung zwischen Eltern und Kind effektiv steht. Oder er sorgt dafür, dass einem betagten Klienten, der stets klagt, seine Verwandten (bei denen er wohnt) behandelten ihn schlecht, im Altersheim ein Platz angeboten wird, und kann damit prüfen, ob dieser Mensch seine Lebenslage in der Tat ändern will.

Nicht selten muss der Sozialarbeiter mit Klienten ausdrückliche *Arbeits- oder Plazierungstests* durchführen, um zugleich einerseits eine Problemlösungsmöglichkeit zu prüfen und andererseits tieferes Problemverständnis zu gewinnen. Beides ist untrennbar miteinander verbunden. Der Sozialarbeiter tendiert nicht dazu, beispielsweise einen Klienten, der sich in der psychiatrischen Klinik befindet, lang und breit durch psychologische Tests und explorative Interviews daraufhin untersuchen zu lassen, ob er wohl geeignet sei für das Leben in einer externen Wohngemeinschaft oder fähig, in der Privatwirtschaft an einem stillen Posten zu arbeiten. Er veranlasst vielmehr, sobald er eine Problemlösungschance in solcher Richtung sieht, einen Probeaufenthalt des Klienten in einer Wohngemeinschaft, die Platz für ihn hat, oder einen Arbeitsversuch an einer in Frage kommenden Stelle. Es ist ausgesprochen berufstypisch für die Sozialarbeit, dass in ihr Verstehen durch derartiges Probehandeln, durch konkrete Tests gesucht, ja eigentlich hervorgerufen und erzeugt wird.

Ebenso augenfällig ist die Wechselwirkung Verstehen-Handeln ferner im konsequent instrumentellen Charakter der sozialarbeiterischen *Problemdefinition*. Dieselbe stellt nicht eine objektiv-beschauende, die Wahrheit an-sich feststellende Analyse des sozialen Problems dar, sondern ist ein handlungsleitendes methodisches Problemlösungsmittel. Wir werden uns mit ihm in einem speziellen Handlungsprinzip (s. S. 270 ff.) befassen.

c) Systemisches Prinzip

Der Sozialarbeiter versteht das soziale Problem und die soziale Problemlösung primär unter systemischen Gesichtspunkten: in den Kategorien der

Systemzugehörigkeit, Systemfunktionalität und Systembeziehung. Sein Denken ist systemorientiert, nicht klientzentriert. Er sieht den einzelnen Menschen als systembestimmten und systembedürftigen sozialen Rollenträger in der Beziehung zu anderen Menschen, die ebenso wie er eine Rolle innerhalb sozialsystemischer Zusammenhänge spielen. Das soziale Problem erkennt er entweder als Mangel an Systemzugehörigkeit, als dysfunktionelles System (Nichtfunktionieren des sozialen Systems wegen Funktionsausfall, Fehlfunktion oder Funktionskonflikt) oder als negative Systembeziehung (in Form einer mangelnden Systembeziehung, einer zweckfremden Systembeziehung oder eines Systemkonflikts). Er fasst die soziale Problemlösung als eine Neu- bzw. Umorganisation sozialer Zusammenhänge auf, als soziale Systemfunktionalisierung.

In einer Sozialarbeitslehre wie der unsrigen, die sich insgesamt als eine systemische versteht, stellt das systemische Prinzip natürlich nicht bloss einen partiellen methodischen Aspekt unter anderen, sondern einen *umfassenden Grundsatz* dar. Er beherrscht das ganze sozialarbeiterische Denken und Handeln, und dass wir ihn hier im einzelnen erwähnen, dient lediglich dazu, eingangs der Methodenlehre nochmals auf seine dominante Bedeutung hinzuweisen. Was sein konzeptioneller Inhalt ist, haben wir bereits im Einleitungsteil, insbesondere durch die Erörterung der «Systemtheoretischen Perspektiven für die Sozialarbeit» (S. 65 ff.), sowie in der Aufgabenlehre mit den Ausführungen zur «systemischen Problemkonzeption» (S. 89 ff.) gesagt. Wir brauchen dem nichts beizufügen. Der generelle *gedankliche Approach*, in dem die systemische Sozialarbeit ihrer Aufgabe begegnet, ist damit klar dargelegt. Wie er sich im sozialarbeiterischen *Handeln* realisiert, werden die methodischen Handlungsprinzipien zum Ausdruck bringen, vor allem das Kommunikations-, das sozialökologische, das Verhandlungs- und das Kooperationsprinzip sowie die Prinzipien des allseitigen Nutzen, der Interposition und der Konzentration auf die zentralen Problemvariablen.

Über die *Grenzen* des System-Konzepts haben wir das Nötige ebenfalls schon festgestellt (s. S. 75 f.). Auch wenn der Sozialarbeiter zuerst und vorrangig mit systemischen Vorstellungen an ein soziales Problem herangeht, braucht er sein Denken von ihnen nicht sozusagen vergewaltigen zu lassen. Es mag sich im Konkreten durchaus erweisen, dass ein Problem in linearer Perspektive adäquat und vollständig verstanden und in einfacher klientzentrierter Weise optimal gelöst werden kann. Dabei handelt es sich vorzüglich um reine Defizitprobleme und zwar um solche, wo allein durch das, was der Sozialarbeiter selbst dem Klienten gewährt (z. B. emotionelle Stützung, Rat, Informationen, Geld, Sachen), die Not behoben wird. Im übrigen verlangt die systemische Sozialarbeitslehre nicht, dass der Sozialarbeiter in seinem berufspraktischen Denken und Reden unbedingt das systemtheoretische Vokabular zu benützen habe. Er muss dessen Sinn begreifen, und wenn er erfasst hat, was «soziales System» und «soziale Funktionalität», die Grundbegriffe der Sozialsystemik, meinen, kann er von ihnen absehen. An diesen Wörtern liegt nichts – es kommt allein darauf an, dass der Sozialarbeiter das, was sie hier bedeuten, in der Praxis verwirklicht.

d) Soziallogisches Denken

Der Sozialarbeiter bemüht sich, die dem sozialen Problem-Sachverhalt inne-wohnende «Soziallogik» zu verstehen, und er strebt soziallogische Problemlö-sungsziele an.
Die Soziallogik ist eine individuell-konkrete, fallspezifische soziale Logik. Jeder einzelne soziale Sachverhalt, der strukturell und dynamisch in sich beständig ist, hat seine Soziallogik und gilt dementsprechend als «soziallo-gisch» – gleichgültig ob man ihn als sozial positiv oder negativ bewertet. Ein sozialer Sachverhalt hingegen, der sich in der Wirklichkeit nicht zu halten vermag, also dem sozial Möglichen widerspricht, ist «sozial alogisch».
Die erkennende Ausrichtung auf die jeweilige soziale Logik, die im konkreten sozialen Problem steckt und die sich im Problemlösungsprozess auswirkt, nennen wir «soziallogisches Denken». Es ist eine unabdingbare Vorausset-zung wahren sozialarbeiterischen Verstehens und optimalen sozialarbeiteri-schen Handelns.

Mit dem Begriff der «Soziallogik» will ich eine für die Sozialarbeit fundamental wichtige, ihr speziell eigene *Denkkategorie* theoretisch namhaft machen. Sozial-logisches Denken entsteht und entwickelt sich dort, wo soziale Intelligenz, eine berufstypische Persönlichkeitsqualität des Sozialarbeiters, erkenntnismässig auf das individuell-konkrete soziale Lebensgeschehen angewandt wird. Es ist ein ausgesprochen praxisgenetisches Denken und Wissen, und die sozialarbeiteri-sche Praxis ist *der* Ort, wo man es erwirbt, übt und nutzt.

Der Sozialarbeiter muss die Logik der sozialen Zustände und Abläufe, die ihm mit dem sozialen Problemfall vor Augen kommen, begreifen. Jeder soziale Sachverhalt hat seinen *inneren Begründungszusammenhang,* seine Logik – bloss: diese Logik kann sehr speziell, ganz und gar einzig und eigenartig sein. Sie muss keineswegs übereinstimmen mit der allgemeinen rationalen Logik, dem gesun-den Menschenverstand, wissenschaftlichen Erkenntnissen und Theorien, dem gewöhnlichen Lauf der Dinge. Sie kann es, aber der Sozialarbeiter rechnet nicht einfach damit. Gemäss dem methodischen Prinzip des problemindividuellen Verstehens geht er bei jedem einzelnen sozialen Problemsachverhalt den speziel-len Gründen, die ihn so und nicht anders konstellieren, nach. Dabei stösst er zuweilen auf höchst merkwürdige soziallogische Zusammenhänge, was schon unsere Bemerkungen über das paranormale Moment in der Sozialarbeit (s. S. 140 f.) angedeutet haben.

Zwei *Beispiele*: Der Vater einer vielköpfigen Familie kann infolge physischer Beschwerden seinen Beruf auf dem Bau, der ihm relativ viel Geld einbrachte, nicht mehr voll ausüben. Gerade weil er sich für den Unterhalt der Familie verantwortlich fühlt, muss er nun den «kranken Mann», der wegen seiner Schmerzen nur noch zu Hause herumliegt, simulieren – und zusätzlich, weil für diese Schmerzen aussagekräftige körpermedizinische Befunde fehlen, den «Neurotiker»; denn nur so erreicht er schliesslich, dass ihm eine IV-Rente gewährt wird, und diese Rente ergibt zusammen mit allen an sie gekoppelten Zusatzrenten, Ergänzungsleistungen und Beihilfen für Frau und Kinder ein Familieneinkommen, welches erheblich über das hinausreicht, was dieser ungelernte Maurer sonstwie durch Arbeitsleistung verdienen könnte. Der Mann, wenn auch von vielen als «faul», «wehleidig» oder «Psychopath» verachtet, verhält sich *logisch*, eben: soziallogisch. – Desgleichen jene erwerbstätige Mutter, die ihr Kind von einem Tagespflegeplatz wegnimmt, wo es ihm sehr gefällt und wo alles gut geht: Handelt sie damit nicht ganz und gar unlogisch? *Falsch* vielleicht, muss man sagen, aber soziallogisch verständlich. Sie hat Grund zu befürchten, dass ihr die Tagespflegemutter das Kind «emotional wegnimmt», und da ist es nur logisch, wenn sie selbst, die leibliche Mutter, mit der realen Wegnahme reagiert. Eine solche Verteidigung des eigenen Besitzanspruches wäre nicht nötig gewesen, wenn sich die Beziehung zwischen Tagespflegemutter und dem Kind weniger ideal gestaltet hätte. Hin und wieder eine Krise zwischen den beiden, ein gewisses Mass an Problemen, die das Pflegeverhältnis jeweils wieder in Frage stellen, hätte dasselbe möglicher, beständiger gemacht!

In diesen beiden Beispielen steckt – für die Vernunft – ein *Paradox*. Tatsächlich tritt der individuelle, nicht-generelle Charakter der Soziallogik in solchen paradoxen und insofern besonders auffälligen sozialen Sachverhalten am klarsten zutage. Der Sozialarbeiter begegnet ihnen nicht selten; freilich begreift er ihre Soziallogik nur, wenn er gelernt hat, von allgemeinen Verstehensschemata abzuweichen. Er darf sein Denken nie von ihnen beherrschen lassen. Mit Recht verurteilt z. B. Kasakos die unkritische Anwendung «alltagstheoretischer Annahmen» auf den individuellen sozialen Problemfall, wie sie in der Sozialarbeitspraxis häufig zu beobachten ist.[183]

Mit zunehmender Berufserfahrung erkennt der Sozialarbeiter gewisse *soziallogische Muster*, die er immer wieder antrifft. Zum Beispiel im häufig auftreten-

183 In dem Gespräch zwischen einer Sozialarbeiterin und ihrer 19jährigen Klientin B., das *Kasakos* (S. 169 ff.) protokolliert und analysiert, fallen ihr insbesondere die drei Theorien des «Abnabelns», der «Mutterrolle» und der «Partnerschaft in der Ehe» auf. Sie gehören gemäss der Autorin «zum ‹Wissen› moderner Sozialarbeiter», sind aber «Fremdwörter im Lebenszusammenhang der Klientin B.», als handlungsleitende Konzepte in diesem sozialen Problemfall eindeutig «dysfunktional» (S. 206 f.).
Auch Goldbrunner konstatiert, dass «die Dynamik in Problemfamilien auf den Aussenstehenden im ersten Augenblick häufig fremdartig, sehr extrem und unverständlich wirkt». Entsprechend würden «in Gestalt pathologisierender Kategorien vielfach Phänomene lediglich als etwas Defizitäres dargestellt, die im familiären und sozioökonomischen Kontext eine wichtige Funktion einnehmen». Eine derartig «verengte Sichtweise» sei indes «verhängnisvoll» für die Arbeit mit Problemfamilien. (Vgl. *Goldbrunner*, S. 52 ff.)

222

den Falle des geschiedenen Vaters, der die Kinderalimente nicht bezahlt, weil er sein Besuchsrecht gegenüber den Kindern nicht ausüben kann. Das ist zwar *juristisch unlogisch,* aber der Sozialarbeiter muss die *soziale Logik,* welche diesem Konnex innewohnt, verstehen, vor allem wenn die Mutter der Kinder massgeblich Schuld daran trägt, dass der Kontakt zwischen den Kindern und dem Vater nicht (mehr) zustande kommt. Andere soziallogische Muster sind etwa: Eltern verlangen von einem erwachsenen Kind, das noch bei ihnen zu Hause lebt, kein oder ein sehr geringes Kostgeld, obschon das Kind dadurch über viel mehr Geld verfügt als die Eltern selbst. Sie wissen, dass dies *finanziell unlogisch* ist; aber die *Soziallogik* in diesem Sachverhalt besteht entweder darin, dass die Eltern das Kind (z. B. wegen ihrer Eheprobleme) weiter an sich binden wollen und sein Weggehen befürchten, oder in der Angst vor aggressiven Handlungen des Kindes, wenn sie ihm finanzielle Forderungen stellen (im Falle etwa von Söhnen, die bei ihrer alleinstehenden Mutter wohnen). Oder ein Jugendlicher macht spektakuläre Schwierigkeiten (Schulschwänzen, Weglaufen, Suizidversuch, Diebstähle etc.), nicht weil er psychisch gestört oder krank ist, sondern weil es ihm nur so gelingt, eine katastrophale Situation in der Familie zu verändern. Anders weiss er nicht an professionelle Helfer heranzukommen oder tun dieselben bzw. die zuständigen Behörden nichts Wirksames zur Problemlösung. Das Verhalten des Jugendlichen wirkt unvernünftig, ist aber soziallogisch.

Die Soziallogik eines Sachverhaltes hat oft einen speziellen nationalen bzw. *ethnisch-kulturellen* Charakter. So erscheint es vorerst als wenig einsichtig, warum ein fünfzehnjähriges türkisches Mädchen, das in Deutschland lebt, sich weigert, den obligatorischen Schulunterricht zu besuchen – bis man weiss, dass es sich bei diesem Teenager um eine Ehefrau handelt, die Angst hat, ausgelacht und gehänselt zu werden, wenn sie noch zur Schule gehen muss![184] Oder: für eine Schweizer Mutter, die von ihrem süditalienischen Ehegatten gerichtlich getrennt ist, gilt es zu verstehen, dass sie diesen Mann zur «Entführung» des eigenen (gemeinsamen, in mütterlicher Obhut lebenden) Kindes provoziert, wenn sie ihm nicht erlaubt, es mit sich auf einen Besuch in seine Heimat zu nehmen. Als Vater *darf* er einfach nicht ohne seinen kleinen Sohn bei Nonno und Nonna vorfahren! (Gut möglich übrigens, dass man bei ihm zu Hause noch gar nichts von seiner Ehetrennung weiss, weil auch sie nicht sein darf...)

Soziallogische Muster sind selbstverständlich von der sozialen Schichtzugehörigkeit der Problembeteiligten geprägt. Diesbezüglich spielen für den Sozialarbeiter vor allem Unterschicht-Spezifitäten eine wichtige Rolle. So etwa entspricht es einer typischen *Unterschicht-Soziallogik,* wenn ein Vater, der selbst keinen Beruf erlernt hat, es vorzieht, dass sein leicht geistigbehinderter Sohn sogleich nach Schulabschluss als Hilfsarbeiter in einer Fabrik arbeitet, statt sich in einer Behindertenwerkstätte ausbilden zu lassen. Letzteres würde – in der Mei-

184 Das Beispiel schildern *Bernhauser/Heyden,* S. 358 f.

nung des Vaters – die geistige Behinderung des Sohnes offenbar machen und damit, nach den Vererbungsvorstellungen der «einfachen Leute», den Erzeuger selbst belasten, wohingegen der Sohn, indem er als Arbeiter drei- bis viermal soviel verdient wie seine Altersgenossen, die eine Lehre absolvieren, ja geradezu positiv hervorstechen muss und erst noch einen erklecklichen Beitrag an das Haushaltbudget leisten kann! Was sich in einer solchen Soziallogik ausdrückt: die Ausrichtung auf einen kurzfristigen finanziellen Vorteil, das Desinteresse an Bildung sowie der Vorrang des Familienwohls gegenüber dem individuellen Wohl eines Familienmitglieds, all dies sind Momente einer für die Unterschicht typischen Mentalität (nicht *der* Unterschicht-Mentalität schlechthin; es gibt in der Unterschicht auch ganz andere Einstellungen!). – Desgleichen das soziallogische Muster, nach dem es besser ist, krank zu sein oder «Unfall zu haben», als arbeiten zu müssen. Ihm begegnet der Sozialarbeiter oft, und wenn er sich vergegenwärtigt, wie langweilig, körperlich anstrengend, unselbständig, von gesundheitsschädlichen Immissionen begleitet die Arbeit vieler Unterschichtangehöriger ist, wird es ihn nicht erstaunen.

Nicholds verwendet den Ausdruck *Lebensstil*, wo sie (in sachlicher Hinsicht) vom Phänomen der Unterschicht-Soziallogik spricht. In ihrem klugen Casework-Lehrbuch geht sie – rühmliche Ausnahme! – auch auf das Thema Geld ein und betont dabei, dass der Sozialarbeiter «intensive Kenntnis des Lebensstils des Klienten» benötige, um Unterschichtangehörigen, die in der «Kultur der Armut» leben, erfolgreich helfen zu können. «Es ist völlig nutzlos», schreibt sie, «wenn ein Sozialarbeiter in eine arme Familie geht und sagt: Ihr müsst aufhören, euer Geld für Bier auszugeben, ihr müsst die Elektrizitätsrechnung und die Miete bezahlen! In der einen oder anderen Weise, wenn nicht in Worten, dann im Verhalten, wird der Klient entgegnen: Sie verstehen uns nicht. Sie wissen nicht, wie wir fühlen, wir *brauchen* das Bier. Die Kinder *müssen* Bonbons oder das Kino oder ein Fernsehgerät[185] haben. Sie müssen *etwas* Vergnügen haben. Was ist das Leben ohne das? Was ist, wenn wir gerichtlich aus der Wohnung ausgewiesen werden? Diese Behausung ist sowieso nichts wert. Da gibt es Ungeziefer, die Toilette funktioniert die Hälfte der Zeit nicht, und der Hausherr kümmert sich nicht darum, die Decke reparieren zu lassen. Wenn wir ausgewiesen werden, werden wir etwas Ähnliches wieder finden. Was haben wir zu verlieren? Wir wollen *jetzt* ein bisschen Vergnügen haben».[186] In solchen Worten wird Soziallogik von den Betroffenen direkt ausgesprochen.

Aus den hier gegebenen zahlreichen Beispielen sollte einigermassen klar geworden sein, was wir mit der Verstehenskategorie «Soziallogik» und dem «soziallogischen Denken» des Sozialarbeiters meinen. Wie es dem Wesen des «sozialen Sachverhaltes» entspricht, sind in den soziallogischen Sinnzusammenhang Gege-

185 Elizabeth Nicholds Buch stammt aus den Sechzigerjahren!
186 *Nicholds*, S. 249 f.

benheiten unterschiedlichster Art – dingliche, finanzielle, physische, psychische, interaktionelle, rechtliche, kulturelle, symbolische – einbezogen. Kenntnisse in den diesbezüglichen Wissenschaften, etwa in Psychologie, Soziologie, Rechtswissenschaft, Ökonomie, können deshalb die Sensibilität des Sozialarbeiters für soziallogisches Verstehen erhöhen und erweitern; ebenso jegliches andere Wissen über sozialrelevante Tatsachen. Gleichwohl – dies muss betont werden – lässt sich soziallogisches Verstehen nicht aus derartigem allgemeinen, nicht fallindividuellen Wissen herleiten. Es wird vom Sozialarbeiter nur in der lebendigen Auseinandersetzung mit dem je einzelnen sozialen Problem bzw. den daran Beteiligten gewonnen, in einer erkennenden Aktivität, die wir eben *soziallogisches Denken* nennen. Soziallogisches Denken als methodisches Prinzip der Sozialarbeit hat nicht bestimmtes Wissen zum Inhalt, sondern ist eine bestimmte geistige Tätigkeit. Ihr Erkenntnisresultat kann – auch wenn sich, wie wir es getan haben, Beispiele und Muster dafür geben lassen – in jedem Falle anders, neu und eigenartig sein.

Soziallogisch zu denken, dient dem Sozialarbeiter hauptsächlich dazu, das einzelne soziale Problem in seinen wahren Bestimmungsgründen zu verstehen. Darüber hinaus aber hilft es ihm auch im *problemlösenden* Aspekt: er vermag in soziallogischem Denken abzuschätzen, was für Problemlösungsschritte nötig und was für Problemlösungsziele möglich sind. Der angestrebte soziale Sachverhalt muss ja Bestand haben können, darf also nicht sozial alogisch sein. Wenn die in einem sozialen Problemfall gegebene Soziallogik eine Problemlösung nicht zulässt, muss der Sozialarbeiter versuchen, *eine neue Logik zu schaffen*. Und wenn er ein Problem so «löst», dass der damit hergestellte Zustand sozial alogisch ist, hat er tatsächlich keine Problemlösung erreicht, sondern das Problem nur verändert oder ein neues erzeugt.

Ein *Beispiel* dafür: Eine Mutter lebt allein zusammen mit ihrer achtzehnjährigen Tochter. Ihr Verhältnis ist von jeher beidseitig geprägt durch starke ambivalente Gefühlstendenzen, die man grob und summarisch «Liebe» und «Hass» nennen kann. Die Liebe der Mutter erweist sich darin, dass sie die Tochter verwöhnt, ihr letztlich alles verzeiht, sie vor andern bedingungslos in Schutz nimmt, sie an sich bindet. Den Hass bringt die Mutter zum Ausdruck, indem sie die Tochter als untüchtig, unfähig, psychisch gestört herabsetzt, von ihr nichts Positives erwartet und ihr mit dieser negativen Suggestion jegliches Selbstwertgefühl raubt. Die Tochter benimmt sich entsprechend: ist frech und aggressiv gegen die Mutter, hilft ihr nichts im Haushalt, schwänzt die Schule, erbringt weder im Schulunterricht noch später an Lehr- und Arbeitsplätzen genügende Leistungen, so dass sie überall binnen kurzem entlassen wird oder selbst geht und wieder voll der Mutter zur Last fällt. Wann immer die Tochter zu Hause auszieht, um auswärts selbständig zu leben, sie ist bald wieder da, weil es nirgends klappt, und wird von der Mutter in Mitleid mit offenen Armen empfangen. Dadurch, dass sie zu ihr zurückkehrt, sie nicht allein lässt, ihr weiter Gelegenheit gibt, sie zu bemuttern, verwirklicht die Tochter die liebende Tendenz innerhalb der ambivalenten Gefühlseinstellung zu ihr. Das *soziale Problem,* das so konstelliert wird, zeigt sich primär als wiederholtes soziales Scheitern der Tochter, welches verhindert, dass sie sich selbst erhalten und verselbständigen kann, zudem als finanzielle Belastung der Mutter und als konfliktreiche innerfamiliäre Beziehung mit dramatischen, für beide Beteiligten physisch und psychisch gefährlichen Auseinandersetzungen. Es besteht hier ein soziallogischer Regelkreis mit negativen sozialen Folgeerscheinungen. Der Sozialarbeiter wird das Problem nicht lösen können, ohne dass es ihm gelingt, diese *negative Soziallogik* sozusagen zu sprengen und an ihrer Stelle eine andere zu etablieren, eine *positive Soziallogik,* die sozial akzeptable Verhältnisse bewirkt und stabil hält.

Wie der Sozialarbeiter eine negative Soziallogik, durch die ein soziales Problem aufrechterhalten wird, ändern kann, ist Inhalt der Handlungsprinzipien. Hier unter dem konzeptuellen Gesichtspunkt gilt es festzuhalten, dass die vom Sozialarbeiter angestrebten Problemlösungszustände mindestens «sozial möglich», also für die Beteiligten erträglich, grundsätzlich beständig – und das bedeutet: soziallogisch – sein müssen. Im angeführten Beispielfall die achtzehnjährige Tochter zwecks «Nachsozialisierung» in eine andere Familie zu verpflanzen, wäre höchstwahrscheinlich eine *sozial alogische* Lösung, d. h. tatsächlich keine Lösung. Bei diesem Alter der Tochter und angesichts einer derartigen Mutter-Tochter-Beziehung würde die Plazierung in eine Ersatzfamilie zu massiven neuen Problemen (bzw. zu den alten am neuen Ort) führen und keinen Bestand haben können. Soziallogisches Denken stellt einen wichtigen Faktor *sozialarbeiterischer Urteilskompetenz* dar und erweist sich wesentlich darin, dass der Sozialarbeiter zu unterscheiden vermag zwischen dem, was sozial möglich (soziallogisch) ist, und dem, was sozial nicht geht (dem sozial Alogischen). Laien und Angehörige anderer Berufe haben in diesem Punkt oft falsche Vorstellungen. Der sogenannte Durchschnittsbürger neigt z. B. zur Meinung, Probleme mit schwierigen Jugendlichen würden am besten dadurch gelöst, dass man diese «in ein Heim steckt». Die sozialpädagogische Erfahrung beweist hingegen, dass mit einer raschen, unvorbereiteten Heimplazierung oft eine sozial alogische Situation geschaffen wird: der Jugendliche «verreist» dauernd wieder vom Heim, verhält sich dort renitenter und asozialer als zu Hause, die Eltern arbeiten gegen die Pädagogen im Heim, und diese selbst wollen den Jugendlichen nicht mehr behalten, weil er das Gruppenleben belastet. – Oder Juristen (Rechtsanwälte, Richter) verstehen nicht, dass eine rechtlich korrekte Lösung, etwa die Festsetzung hoher Unterhaltsbeiträge aufgrund gerichtlicher Richtlinien, sozial unerträglich sein kann für einen geschiedenen Mann. Das Gerichtsurteil und die Ex-Frau, die darauf beharrt, schaffen einen sozial alogischen Zustand, den der Mann beendigt, indem er nicht mehr arbeitet oder ins Ausland verschwindet oder die Ex-Frau mit Drohungen zum Entgegenkommen zwingt. – Umgekehrt gibt es Psychologen, die soziallogische Zusammenhänge nicht sehen, weil beispielsweise der finanzielle Aspekt, der in den meisten sozialen Problemen eine wesentliche

Rolle spielt, ausserhalb ihres Gesichtskreises liegt. Sie sind dann enttäuscht, wenn ihre psychotherapeutische Bemühung, z. B. eine problematische Ehebeziehung zu verbessern, keinen Erfolg hat.

Demgegenüber erfasst das soziallogische Denken typischerweise den Zusammenhang verschiedenartigster Problemfaktoren. Es ist insofern aus sich selbst heraus *systemisch*. Die systemtheoretischen Kategorien der sozialen Funktionalität bzw. Dysfunktionalität und der positiven bzw. negativen Systembeziehung harmonieren reibungslos mit dem Konzept der Soziallogik. Wer soziallogisch denkt, denkt zwangsläufig sozialsystemisch. Und er denkt in einer typisch *sozialarbeiterischen* Verstehensperspektive. Ich habe das methodische Prinzip des soziallogischen Denkens deshalb relativ breit dargelegt, weil ich damit ein neues Element in die praktische Sozialarbeitstheorie einführe. Und dies zu tun ist nötig, denn erst damit wird *das eigentlich sozialarbeitsspezifische Moment* des sozialarbeiterischen Verstehens theoretisch erfasst und begriffen.

e) Sozialethisches Prinzip

Der Sozialarbeiter beurteilt soziale Sachverhalte aufgrund sozialer Werte und strebt Problemlösungsziele an, die sozialen Werten entsprechen. Die umfassende sozialethische Leitidee seines Denkens und Handelns ist die «soziale Gerechtigkeit». Sie enthält die verschiedenen einzelnen Werte, welche die soziale Problemlösung zu verwirklichen trachtet – zum Beispiel gleiches Recht, sozialer Interessenausgleich, gerechte Güterverteilung, Menschenwürde, persönliche Selbstbestimmung, soziale Solidarität.
Der Sozialarbeiter fragt in allen Problemfällen danach, was derartige soziale Werte unter den gegebenen Verhältnissen konkret bedeuten und wie sie sich – wenn nicht voll, so doch möglichst weitgehend – realisieren lassen. Bei der Beurteilung des sozialen Problems und der Entscheidung darüber, wie es gelöst werden soll, wägt er die unterschiedlichen Werte, die im Spiele sind, gegeneinander ab. Er macht den problemrelevanten Personen sozialethisch negative Zustände transparent und vertritt und verteidigt in seinem problemlösenden Handeln überall die sozialen Werte – wo sie sich konkurrenzieren, die vorrangigen unter ihnen.

Über die soziale Wertorientierung der Sozialarbeit und den Zusammenhang, in dem sie mit deren gesellschaftlicher Funktion steht, haben wir das Wesentliche bereits gesagt (s. S. 123 ff.). Es geht hier bloss noch darum festzuhalten, dass diese sozialethische Intention in das methodische Denken des Sozialarbeiters einfliessen muss, wenn sie mehr sein soll als ein blosses moralisches Etikett der Sozialarbeit. Sozialarbeiterische Tätigkeit ist *nicht wertneutral*, sondern, wie es der Sozialphilosoph Schlüter zutreffend ausdrückt, «wertende Arbeit mit Menschen». Derartige Arbeit erweist sich keineswegs als einfach, denn die dem

227

Sozialarbeiter vorgegebenen Werte sind sehr allgemein, und es steht in den wenigsten sozialen Problemfällen zum vornherein klar und präzise fest, was damit individuell-konkret gemeint ist. Das gilt sowohl von den explizit sozialen Werten wie von den gesellschaftlich gestützten Individualwerten (z. B. «Wachstum», «Reife», «Selbstentfaltung» der Persönlichkeit), welche letztere innerhalb der sozialarbeiterischen Problemlösung ebenfalls – im Rahmen der sozialen Gerechtigkeit – verwirklicht werden sollen.

Dass dem Sozialarbeiter, auch dem tüchtigsten, in der *Wertrealisation* praktische Grenzen gesetzt sind, dass er mit seinem problemlösenden Handeln so gut wie nie sozialethisch ideale Zustände zu schaffen vermag, ist eine evidente Tatsache. Darauf sind wir bereits in der Aufgabenlehre zu sprechen gekommen, indem wir dort hinsichtlich der sozialen Problemlösung generell konstatiert haben, dem Sozialarbeiter gelinge meist nur eine «Optimierung im Negativen». Dies gilt auch in bezug auf die sozialen Werte. Während er dieselben in ihrer idealen Bedeutung ins Auge fasst, schätzt der Sozialarbeiter immer zugleich die realen Möglichkeiten zu ihrer Verwirklichung ab. Unrealisierbares, Illusionäres anzustreben, und mag es sozialethisch noch so gut sein, ist methodisch falsch. Es verringert sowohl bei Problembeteiligten wie bei Dritten das Vertrauen in den Sozialarbeiter, verärgert, enttäuscht und demotiviert sie und verhindert so, dass das, was sich effektiv im Optimum hätte zustande bringen lassen, erreicht wird.

Der Sozialarbeiter ist sich bewusst, wie *relativ* die idealen sozialen Werte in der gesellschaftlichen Praxis ausgelegt und angewandt werden. In dem speziellen Bereich, wo er arbeitet, bieten ihm die Grenzen, die nach allgemeiner Anschauung soziale Not von Nicht-Not trennen, einen ungefähren Massstab dafür, wie weit er soziale Werte realisieren kann. Allerdings bestehen – das haben wir bereits festgestellt (s. S. 84 f.) – solche einigermassen klaren Kriterien auch nur gerade im Raum quantitativer materieller Probleme, nämlich in Form von Leistungsskalen und -richtlinien der Sozialversicherungen, der wirtschaftlichen Sozialhilfe, der Stipendien und ähnlichem. Dem Sozialarbeiter sind damit einige *Orientierungspunkte* gegeben, die ihm helfen zu beurteilen, was an sozialer Wertrealisation im Materiellen gesellschaftlich möglich ist. Für mehr darf er solche Standards freilich nicht halten, denn es muss ihm ja im Konkreten letztlich stets um die problemindividuelle soziale Gerechtigkeit gehen, nicht um abstrakt-generelle, durchschnittliche Gerechtigkeitsvorstellungen. Erachtet er die vorliegenden materiellen Richtwerte als grundsätzlich zu tief, wird er in seinen Problemlösungsfällen, z. B. bei der Beantragung von finanzieller Sozialhilfe, regelmässig Ausnahmen nach oben machen. Damit kann er zur faktischen – und schliesslich wohl auch formellen – Erhöhung der betreffenden Standards und also zu einer allgemein besseren sozialen Wertrealisation beitragen.

Am schwierigsten erweist sich die Handhabung des sozialethischen Prinzips in jenen Problemfällen, wo der Sozialarbeiter angesichts unterschiedlicher Werte beurteilen muss, welcher unter ihnen den *Vorrang* hat. Von dieser Schwierigkeit beherrscht ist insbesondere die sozialarbeiterische Handlungsart der *Intervention*. Der Sozialarbeiter, der in einer sozialen Notsituation interveniert, greift in das Selbstbestimmungs- oder das Sorgerecht eines Menschen, also in dessen persönliche Freiheit ein und beeinträchtigt natürliche (von ihm als dysfunktionell beurteilte) soziale Beziehungen. Hiemit attackiert er soziale Werte bzw. gesellschaftlich anerkannte Individualwerte. Er darf dies nur tun, wenn er einzig so andere Werte – z. B. die Gesundheit, die Menschenwürde, das Recht auf persönliche Entwicklung eines Menschen, das gerechte soziale Verhältnis, das friedliche Zusammenleben – verteidigen kann. Aber wann gelten solche Werte gegenüber den erstgenannten als gewichtiger? Präziser gefragt: wann ist die Balance der Wertverwirklichung in einer konkreten sozialen Problemsituation derart gestört, dass der Sozialarbeiter (als Vertreter der Gesellschaft) zur Verteidigung eines Wertes – unter Verletzung eines andern – einschreiten darf bzw. muss? Theoretisch-generell gibt es hiezu einfache Antworten wie: das Kindeswohl geht dem Sorgerecht der Eltern vor, die Menschenwürde der persönlichen Selbstbestimmung, der öffentliche Friede dem privaten Interesse, das Recht des einen erlaubt nicht die Schädigung des andern, etc. Was dergleichen prinzipiell richtige Leitsätze aber im einzelnen komplexen, schillernden, nie voll durchsichtigen Problemfall bedeuten, wie sie in der Praxis anzuwenden sind, ist damit noch nicht gesagt. Der Sozialarbeiter hat diese Frage in jeder Problemsituation durch sorgfältige, differenzierte *Wertabwägung* zu entscheiden. Die intervenierende Plazierung eines hoch-depressiven Menschen in die psychiatrische Klinik, das Eingreifen mittels Polizeihilfe im Falle eines aggressiven Ehemannes, die Beantragung kindesschützerischer Massnahmen gegenüber Eltern – alle solchen Interventionshandlungen muss der Sozialarbeiter überzeugend sozialethisch begründen können. Allein so lassen sie sich sozialarbeiterisch verantworten.

f) Kreativitätsprinzip

Der Sozialarbeiter ist in seinem problemlösenden Denken – bezüglich der Ziele wie des Vorgehens – nicht an konventionelle, traditionelle, bürokratisch-bornierte, schematische Muster gebunden, sondern er denkt unbefangen-frei und schöpferisch. Um schwierigen, ausweglos scheinenden sozialen Problemen zu begegnen, entwickelt er neuartige Ideen und Vorstellungen, er passt die generellen Lösungsmodelle mit Phantasie den besonderen Gegebenheiten des einzelnen Problemfalles an, und in den zahlreichen Detailfragen, für die es keine Normen und Standards gibt, erfindet er eigene Regelungen. Insgesamt ist seine konzeptionelle Tätigkeit nicht bloss rezeptiv und konstatierend, sondern wesensnotwendig auch produktiv und kreativ.

Bereits mit den Bemerkungen über das «Paranormale» der sozialen Problemlösung (s. S. 140 f.) und über die «soziale Intelligenz» des Sozialarbeiters

(s. S. 203 ff.) habe ich auf das schöpferische und unkonventionelle Moment des sozialarbeiterischen Denkens und Handelns hingewiesen. Es wird auch von vielen andern Autoren der praktischen Sozialarbeitstheorie gesehen. Schon Alice Salomon schrieb 1926: «Der Erfolg der Fürsorgearbeit hängt allein davon ab, dass die Arbeit nicht schematisch gemacht, nicht Routine wird», und sie verlangte vom Sozialarbeiter «neue Gedanken, die Fähigkeit, neue Wege zu gehen.»[187] – In jüngerer Zeit legte insbesondere Haines Nachdruck auf das, was er «die kreativen Aspekte der Sozialarbeit» nennt: auf «Fantasie», «Originalität» und «künstlerisches Geschick», die das sozialarbeiterische Denken und Handeln prägen müssten. Dazu gehört nach Haines auch «kreatives Begreifen», worunter er offenbar die produktive Leistung des Sozialarbeiters meint, Verstehenslücken durch hypothetische Vorstellungen zu füllen.[188] Solche überbrückenden Vorstellungen basieren auf Gefühlseinschätzung, Intuition und denkender Synthese – prägnant gesagt: auf *sozialer Phantasie*.[189]

Und wenn der Sozialarbeiter soziale Phantasie schon benötigt, um soziale Probleme zu verstehen, dann braucht er sie erst recht dazu, sie zu lösen. Zum Beispiel auf dem *rechtlichen Gebiet*: Giese, der sich mit dem Verhältnis von Recht und und Sozialarbeit befasst, geht davon aus, dass die Sozialarbeit eine «Kunstlehre des Gewinnens schöpferischer Formen der Hilfe» sei, und er fordert die Sozialarbeiter zur «kreativen Anwendung des Fachwissens» im juristischen Bereich auf. Wo das Gesetz Wörter wie «notwendig», «zweckmässig» oder «zumutbar» enthalte, seien «Einfallstore des Fachwissens in das Recht» gegeben, die der Sozialarbeiter nutzen müsse. Die Sozialgesetzgebung eröffne ihm mit ihren zahlreichen Soll- und Kannvorschriften sowie den «auslegungsbedürftigen unbestimmten Rechtsbegriffen», die für sie typisch sind, «Freiheitsräume», in denen er seine eigenen Problemlösungskonzepte zur Wirkung bringen könne.[190] Man braucht nur Ausdrücke wie «persönliche Hilfe», «Kindeswohl», «Schutz und Beistand» zu nennen, und der Sozialarbeiter weiss, worum es hier geht. Die rechtlich zuständigen Richter oder Behördemitglieder sind darauf angewiesen, dass der Sozialarbeiter die Leere solcher Begriffe schöpferisch füllt mit konkreten Vorstellungen, Überlegungen, Ideen.

Es ist naturgemäss schwierig, theoretisch festzuhalten, was sozialarbeiterische Kreativität inhaltlich, als Resultat zustande bringt. Es lassen sich eigentlich bloss *Denktechniken* anführen, durch die der Sozialarbeiter am ehesten zu schöpferischen Ergebnissen kommt. Die wichtigsten sind:

---

187 *Salomon*, S. 36
188 *Haines*, S. 131 f., 168
189 Vgl. S. 204. Nebst der dort zitierten Autorin Staub-Bernasconi hält z. B. auch *B. Müller* «soziale Phantasie» für eine berufsnotwendige sozialarbeiterische Fachkompetenz.
190 *Giese*, S. 49, 53–55

- die Norm, die Regel, die üblichen (auch eigenen) Vorstellungen als zufällig und variabel betrachten, nicht an sie glauben, sondern probeweise wider sie denken
- Irrationales für natürlich und wesentlich halten, sich darauf einlassen, ihm verstehend nachgehen
- mit dem Denken in den Gefühls- und Intuitionsbereich «absteigen», affektive und intuitive Inhalte denkend aufnehmen
- grundsätzlich alles, im guten, wie im schlechten, für möglich halten, sich auch das «Unmögliche» vorstellen
- einen sozialen Sachverhalt wechselnd von den je individuellen Standpunkten aller beteiligter Personen aus betrachten
- denkend die realen Gegebenheiten auf verschiedenste Weise kombinieren, gleichgültig ob es einen vernünftigen Sinn zu geben scheint oder nicht
- die Denklinien bis auf die Extreme hinausziehen, sich die extremsten Ausprägungen einer Gegebenheit vorstellen, Polaritäten denken
- von allem Realen oder Gedachten auch das Gegenteil denken
- Analogien aufsuchen, Kriterien aus dem einen Bereich auf den andern anwenden.

3.22 Handlungsprinzipien

Da die Sozialarbeit ein praktischer Beruf, und zwar ein sehr vielfältiger, ist, überwiegen in ihrer Methodenlehre die Handlungsprinzipien. Der Begriff des sozialarbeiterischen *Handelns* umfasst alles Tun, Sich-äussern, Verhalten des Sozialarbeiters, mit dem er bezweckt, die soziale Problemlösung zu fördern, zu steuern, durchzuführen. Wie wir gesehen haben, ist sozialarbeiterisches Handeln zur Hauptsache sprachliches Tätigsein, aber es geschieht ebenso in averbalen Äusserungen und in physischer Aktivität (sogenannten Realhandlungen).

Ich stelle die Handlungsprinzipien zu *drei Gruppen* zusammen, und zwar unter dem Gesichtspunkt, ob sie 1. allgemeiner Art sind, 2. das Verhältnis zwischen Sozialarbeiter und Problembeteiligten betreffen oder 3. sich auf das Problemlösungsvorgehen beziehen. Diese Gruppierung will nichts systematisch Tiefsinniges aussagen, sondern vor allem eine gewisse Ordnung in die grosse Zahl der Handlungsprinzipien bringen. Sie dient also weniger der Erkenntnis als der Übersichtlichkeit.

3.221 Handlungsprinzipien allgemeiner Art

a) Lösungszentriertheit

Der Sozialarbeiter handelt konsequent und zentriert auf die Lösung des ihm vorliegenden sozialen Problems hin. Im weiten Spektrum aller Handlungsmöglichkeiten, die ihm zur Verfügung stehen, ergreift und verwirklicht er nur jene, welche die Problemlösung befördern.

Das Prinzip der Lösungszentriertheit bringt in seiner hier formulierten umfassenden Bedeutung lediglich auf methodischer Ebene das zum Ausdruck, was wir in der Aufgabenlehre festgestellt haben: dass die Generalfunktion der Sozialarbeit darin besteht, soziale Probleme zu lösen. In seinen einzelnen Aspekten wird das Prinzip durch die folgenden sechs methodischen *Subprinzipien:* Zielsetzung, Handlungsimperativ, Lösungsdynamismus, Positivitäts-, Flexibilitäts- und Effizienzprinzip erhellt.

1. Zielsetzung: Der Sozialarbeiter setzt dem Problemlösungsprozess ein Gesamt- oder Endziel und Teilziele, die zu diesem hinführen. All sein Handeln ist zielbestimmt. Er bemüht sich darum, bei sich selbst, den Problembeteiligten und den helfenden Dritten Klarheit über die Problemlösungsziele zu schaffen und zu erhalten.

Der Sozialarbeiter darf nie Ziel-los handeln. Stets muss er sich bewusst sein, was er mit seinem Tun und Lassen in der gegebenen konkreten Problem- bzw. Problemlösungssituation bezweckt. Und nicht nur er selbst, auch die Problembeteiligten und allfällige helfende Dritte sollen dies wissen. Dass sie alle zu einer gemeinsamen Zielorientierung finden, ist eine zentrale methodische Aufgabe des Sozialarbeiters, die wir im Prinzip der instrumentellen Problemdefinition (s. S. 270 ff.) näher ins Auge fassen werden.

2. Handlungsimperativ: Der Sozialarbeiter ist verpflichtet, bezüglich des ihm vorgelegten sozialen Problems problemlösend zu handeln. Er zieht sich nicht vor ihm zurück, sondern geht es handelnd an, selbst wenn er es (noch) nicht in allen Teilen durchschaut. Er übernimmt die Verantwortung, den Problemlösungsprozess zu strukturieren, zu steuern und zu organisieren. Er übt ständige Handlungsaufmerksamkeit: wachsam und sensibel gibt er im laufenden Problemfall acht darauf, ob etwas und was sinnvollerweise zu tun ist.

Dass der Sozialarbeiter unter dem Imperativ steht zu handeln, meint nicht, *er* sei es, der alles tun müsse, auch das, was Problembeteiligte selbst oder helfende Dritte besser tun können. Es bedeutet vielmehr, dass der Sozialarbeiter sozusagen der *Regisseur der Problemlösung* ist: er muss sich darum kümmern, dass eine zweckmässige Problemdefinition (mit Einschluss von Lösungszielen und -schritten) unter den lösungswichtigen Personen vereinbart wird, und er muss den Problemlösungsprozess tätig fördern, indem er Kontakte herstellt, Gespräche arrangiert, Informationen beschafft und vermittelt, Problembeteiligte und Dritte instruiert, rechtliche Vorkehren trifft, Dienstleistungen organisiert etc. Der Sozialarbeiter beschränkt sich nicht bloss auf eine betrachtende, analysierende, kommentierende Rolle, sondern gestaltet das Problemlösungsgeschehen aktiv. Er kontrolliert es auch, indem er sich hin und wieder bei den problemrelevanten Personen über den Stand der Dinge informiert und sie nicht einfach sich selbst überlässt. Mancher Sozialarbeiter muss leider wegen seiner Arbeitsüberlastung froh sein, wenn er von einem Problemfall bzw. den daran Beteiligten nichts mehr hört, und er fragt der Angelegenheit nichts mehr nach. Das ist in menschlicher und berufspraktischer Hinsicht verständlich, aber methodisch falsch. Der kompetente, seriöse Sozialarbeiter lässt seine Problemlösungsansätze nicht einfach versanden. Mit seiner Nachfrage, insbesondere bei den problembelasteten Personen, zeigt er den Problembeteiligten Interesse und Teilnahme, erfährt er, wozu das bisher Unternommene geführt, allenfalls warum es fehlgeschlagen hat, und kann er weitere Informationen, revidierte Instruktionen, einen neuen Willensanstoss geben oder zusätzliche Hilfeleistungen anbieten.

Bei all dem geht es nicht um einen Aktivismus im Sinne: je mehr der Sozialarbeiter tut, umso besser. Zum Zwecke der «Problemöffnung» (s. S. 330 ff.) ist unter Umständen sogar *Nichthandeln* das methodisch Richtige – und solches paradoxes sozialarbeiterisches «Handeln» verträgt sich durchaus mit dem Handlungsimperativ. Dieser verlangt ja natürlich keineswegs eine blinde Aktivität des Sozialarbeiters, die möglicherweise gar nicht auf das Problemlösungsziel hin-, sondern weitab von ihm führt. Allerdings haben wir aus dem Prinzip der Wechselwirkung Verstehen-Handeln gelernt, dass sich oft noch kein klares Ziel festlegen lässt, solange nicht ein gewisses sozialarbeiterisches Handeln erfolgt ist. Auch von hier aus ergeht also eine Handlungsaufforderung an den Sozialarbeiter.

Am gebieterischsten ist dieser Imperativ im Falle akuter sozialer Krisensituationen. Hier muss der Sozialarbeiter *sofort handeln*, gleichgültig wieviel er tatsächlich schon vom Problem versteht. Notfalls legt er auch Hand an bei Verrichtungen, die nicht eigentlich zu seinem Beruf gehören, etwa indem er Ordnung in einem Haushalt macht, einen Betrunkenen transportiert oder ein Medikament für einen Kranken holt.

3. Lösungsdynamismus: Der Sozialarbeiter setzt mit seinem Handeln etwas in und zwischen den problemrelevanten Personen in Bewegung, und zwar auf das Problemlösungsziel hin. Er erzeugt im gesamten Problemzusammenhang eine Lösungsdynamik und gibt ihr, solange das erstrebte Ziel nicht erreicht ist, immer wieder neue Impulse. Wenn nötig kämpft er mit Entschiedenheit und resolutem Nachdruck für eine sozial gerechte und wirksame Lösung.

Es geht hier nicht um den Inhalt der Problemlösungsziele oder um die Art, wie diese festgelegt werden, sondern um die *Energie*, welche den Problemlösungsprozess vorwärtstreibt. Es ist der Sozialarbeiter, der sie durch sein Handeln freisetzen und in erheblichem Masse auch selbst mit seinem persönlichen Engagement, seiner Arbeitsleistung liefern muss. Oft wissen die problembeteiligten Menschen wohl, was problemlösend zu tun nötig wäre, doch sie sind aus innern oder äussern Gründen inaktiv. Ohne die Initiative und Tatkraft des Sozialarbeiters geschieht in solchen Fällen nichts.

In andern herrscht zwar durchaus Dynamik, sind Kräfte am Werk, aber so, dass das Problem eher verschärft als gelöst wird. Hier muss der Sozialarbeiter die Handlungsenergien der Problembeteiligten und Dritten in die richtige Richtung lenken, eine negative in eine *positive Dynamik* umgestalten. Eltern etwa, deren Kind grosse Schwierigkeiten macht – z. B. Drogen konsumiert, in der Schule versagt, nicht arbeiten will, kriminelle Handlungen begeht – tun häufig sehr viel, um diese Probleme zu bewältigen: sprechen eindringlich bittend, beschwörend, drohend mit dem Kind, nehmen enorm Rücksicht auf es, geben eine Menge Geld aus für Privatunterricht, Therapieversuche, Schuldenbegleichung u. a., setzen sich bei Arbeitgebern, Amtsstellen, Behörden, Sozialdiensten, Ärzten für ihren Sohn oder ihre Tochter ein, gehen selbst in Einzel- oder Gruppentherapie, um nur einiges zu nennen. Doch all ihre Aktivität, ihr ganzer Aufwand ist zuweilen fruchtlos, weil er im Problemfeld nicht eine Bewegung zum Bessern, sondern eine Dynamik der Problemerhaltung oder gar -verstärkung erzeugt. So wird das Kind aufgrund der elterlichen Anstrengungen beispielsweise immer tiefer in Schuldgefühle, in ein Krankheitsbewusstsein, in Isolation, Entbundenheit von Verantwortung, Verwöhnung, Inaktivität, Fremdbestimmung getrieben, obschon es vielleicht dazu geführt werden müsste, das Gegenteil zu erleben: Schuldentlastung, Normalitätsbewusstsein, Zugehörigkeitsgefühl, Zuerkennen von Verantwortung, Not-Erfahrung, Aktivitätszwang und Selbstbestimmung. Der Sozialarbeiter steht hier vor der Aufgabe, die Energien der Problembeteiligten in Handlungen umzuleiten, die solch funktionelle Erlebnisse ermöglichen und damit eine positive Dynamik im dysfunktionellen Familiensystem schaffen.

Sozialarbeiterischer Lösungsdynamismus enthält auch das *Kampfmoment*. Wo es darum geht, Menschen in sozialer Not zu helfen, genügen kluge Ideen und Vorschläge oft nicht, sondern es muss mit entschlossenem Engagement dafür gekämpft werden. Klienten versperren sich offenkundig vernünftiger Einsicht, Problembeteiligte verharren in alten abträglichen Verhaltensmustern, Angehörige anderer Berufe wollen an der Problemlösung nicht mitmachen, Behörden schrecken davor zurück, die nötigen Entscheidungen zu fällen: mit derlei Schwierigkeiten hat der Sozialarbeiter ständig zu rechnen, und er darf sich ihnen gegenüber nicht passiv oder resignativ verhalten. Insbesondere von den am Problem nicht beteiligten, aber für seine Lösung wichtigen *Drittpersonen* kann nicht angenommen werden, sie seien zum vornherein bereit, gemäss den Intentionen des Sozialarbeiters an der Problemlösung mitzuwirken. Zum Beispiel meint ein Lehrer, die sozialen Belange seiner Schüler brauchten ihn nicht zu kümmern; ein Arzt etwa hat Angst davor, einen problembeteiligten Patienten zu verlieren, wenn er ihn auf seinen übermässigen Alkoholkonsum, seine Psychotherapie-Bedürftigkeit oder sein vermutliches Kranksimulieren anspricht; die Polizei weigert sich aus rechtlichen Bedenken, in private Familienverhältnisse einzugreifen, ohne dass kriminelle Handlungen geschehen sind; ein Verwaltungsbeamter verschanzt sich hinter Paragraphen und ungeklärten Zuständigkeitsfragen; Richter oder Behördemitglieder verschliessen die Augen vor ungewohnten Entscheidungsanforderungen, indem sie auf die bisherige Praxis fixiert bleiben, und was an enttäuschenden Erfahrungen im sozialarbeiterischen Alltag mehr vorkommt. Es sind zum einen Unkenntnis und laienhafte Vorstellungen, beispielsweise über psychologische Gegebenheiten, das Klientenmilieu, soziallogische Mechanismen oder die Methodik der sozialen Problemlösung, denen hier der Sozialarbeiter begegnet, zum andern Mangel an sozialem Verantwortungsbewusstsein. Dezidiert und offen, aber nicht aggressiv, intelligent und taktvoll, allenfalls diplomatisch, aber ohne Trug und Tricks, muss er dagegen kämpfen – nicht gegen die betreffenden Personen wohlverstanden, sondern für die Sache der Problemlösung. Seine Waffen sind das fundierte, stichhaltige *Argument* und der *moralische Appell*. Beides steht einem Fachmann und Helfer zur Behebung sozialer Nöte wohl an. Der Sozialarbeiter soll sich damit – sofern und soweit er überhaupt eine Chance sieht, erfolgreich zu sein – bei Problembeteiligten und Dritten für jene Problemlösungsschritte, die er als notwendig erachtet, voll einsetzen.

4. Positivität: Der Sozialarbeiter sucht, wenn er vor einem sozialen Problem steht, das Positive in den problemrelevanten Personen und sonstigen Gegebenheiten und stützt sein Handeln darauf. Er betont die positiven Faktoren, um die Problembeteiligten aufzurichten und zu ermutigen, und übergeht, wenn immer möglich, das Negative, um sie nicht zu belasten und hoffnungslos werden zu lassen. Er ist bestrebt, in den Problembeteiligten positive Vorstellungen und Gefühle zu wecken, die sie befähigen, aktiv auf die Problemlösung hin zu handeln.

Natürlich muss der Sozialarbeiter, um das soziale Problem zu *verstehen,* die Fehler der Problembeteiligten und die Mängel der Verhältnisse, in denen sie leben, scharf ins Auge fassen; und er darf sich selbst über die Problemlage, die möglicherweise mehr Negatives als Positives enthält, nichts vormachen. Im *Handlungsaspekt* jedoch gilt es, alles Gewicht auf das Positive zu legen: auf die Fähigkeiten, die Stärken, den guten Willen der beteiligten Menschen, die Sympathien zwischen ihnen, die funktionierenden Abläufe und Beziehungen, die vorhandenen nützlichen Hilfsmittel, die günstigen äusseren Gegebenheiten. Die Problembeteiligten konzentrieren sich oft völlig auf das problemverursachende Negative, das Gegenteil des eben Aufgezählten. Sie sehen daher positive Möglichkeiten gar nicht und sind niedergedrückt, verzweifelt, apathisch, aggressiv – wobei das eine das andere wechselseitig fördert. In dieser Situation muss der Sozialarbeiter Lösungshoffnung und Lösungswillen wecken, und das gelingt ihm nur, wenn er den Problembeteiligten – und ebenso Dritten, die nicht mehr glauben, helfen zu können – das Positive vor Augen hält und *Lösungsoptimismus* verbreitet. Dass es, ausnahmsweise, auch einmal nötig sein kann, Zweckpessimismus zu betreiben oder gar die Hoffnungslosigkeit den Problembeteiligten paradox zu verschreiben, wird das methodische Prinzip der Problemöffnung aufzeigen.

Das Positivitätsprinzip zu befolgen, ist zum Beispiel da sehr wichtig, wo der Sozialarbeiter durch *Verhandlung* Konflikte unter Problembeteiligten zu lösen sucht. Die betreffenden Menschen – etwa ein Ehepaar, Vater und Tochter, Arbeitgeber und Angestellter, Pflegeeltern und leibliche Mutter des Pflegekindes, Exmann und Exfrau – sind oft so tief in ihren Streit verstrickt, haben so verzerrte Feindbilder voneinander aufgerichtet, dass ihnen fast jegliche Zuversicht, noch je einmal zur Einigkeit zurückzufinden, abhanden gekommen ist. Sie demonstrieren dem Sozialarbeiter ihre diesbezügliche Hoffnungslosigkeit durch aggressives oder depressives Verhalten – nicht selten auf drastische Art, so dass er natürlicherweise in Gefahr gerät, von ihr angesteckt, in sie hineingezogen zu werden und vor dem Problem zu resignieren. Als professioneller Problemlöser darf er sich jedoch vom Lösungspessimismus der Konfliktbeteiligten nicht beeindrucken lassen. Wenn z. B. ein Ehepaar in seinem Sprechzimmer eine dramatische Streitszene aufführt, heisst das nicht unbedingt, dass er damit von seinen Problemlösungsbemühungen abgeschreckt werden soll. Womöglich wollen ihm diese zwei Menschen nur zeigen, wie es wirklich um ihre Beziehung steht, und testen auf solche Weise zugleich, ob er tatsächlich dazu bereit ist, es mit ihrem Problem aufzunehmen, oder ob auch er – wie sie selbst und eventuell schon andere Helfer vor ihm – kapituliert. Gibt er sich nun nach einer derartigen *Problemdemonstration* (oder nach mehreren) ihnen gegenüber pessimistisch-mutlos, so enttäuscht er ihre geheime (Rest-)Hoffnung, dass er ihnen vielleicht helfen könne, und torpediert damit den wichtigsten persönlichen Antrieb, ja geradezu die motivatorische Grundvoraussetzung des Problemlösungsprozesses.

Offensichtlich wäre dies ein schwerer methodischer Fehler. Solange nicht intensive Verhandlungsbemühungen mit bzw. zwischen den zerstrittenen Problembeteiligten den Sozialarbeiter davon überzeugt haben, dass er ausserstande ist, den Konflikt zu lösen, muss er *konsequent eine positive Linie vertreten.* Das heisst: Er interpretiert aggressives oder depressives Agieren der Problembeteiligten in der Verhandlung ausdrücklich als positiv, z. B. weil es Realität offenbare und Realität die beste Basis für eine wirksame Problemlösung sei, oder weil sich darin tiefe Besorgtheit ausdrücke. Er betreibt konsequente Konvergenzförderung, indem er überall das Gemeinsame, Übereinstimmende, Sich-Ergänzende zwischen den Problembeteiligten hervorhebt und dem destruktiven Negativismus derselben konstruktive Kompromissvorschläge entgegensetzt. Er behauptet überzeugt und unbeirrt, dass jedes soziale Konfliktproblem auf die eine oder andere Weise lösbar ist, wenn die Beteiligten nur den Willen dazu haben – auch dieser individuelle Konflikt, um den es in der betreffenden Verhandlung gerade geht. Und er bekundet mit Nachdruck seine Bereitschaft, sich voll für die Problemlösung einzusetzen, solange die Konfliktbeteiligten dabei ernsthaft mitarbeiten. Derart mag es ihm gelingen, die pessimistisch-negative Streitphase zu überwinden und eine optimistisch-positive Verhandlungsatmosphäre zu schaffen.

5. *Flexibilität: Der Sozialarbeiter passt sich an neue Entwicklungen, Gegebenheiten und Situationen im Bereich eines sozialen Problems an. Er ändert seine Absichten, Einstellungen, Ziele, Entscheidungen und Vorgehensschritte, wenn er damit die Problemlösung realisieren kann. Er ist nicht auf einen Problemlösungsweg fixiert; wenn das eine nichts bringt, versucht er das andere.*

In diesem Prinzip, das vom Sozialarbeiter flexibles Handeln verlangt, drückt sich mitnichten etwas von Unentschiedenheit, Schwäche oder gar Haltlosigkeit aus.

Im Gegenteil: indem der Sozialarbeiter sich anpasst, neu orientiert und Verschiedenartiges probiert, erweist er sich als zielstrebig, entschlossen und zäh in seiner lösungszentrierten Aktivität. Er gibt nicht einfach auf, wenn sich ihm Hindernisse in den Weg stellen und nicht alles so läuft, wie er es sich gedacht hat. Mit beharrlicher Flexibilität und flexibler Beharrlichkeit verfolgt er das Problemlösungsziel.

Was wir über die Natur sozialer Sachverhalte, die Charakteristik der sozialen Problemlösung und insbesondere über die Wechselwirkung des sozialarbeiterischen Verstehens und Handelns gesagt haben, macht ohne weiteres klar, warum vom Sozialarbeiter methodische Flexibilität gefordert ist. Selbst wo er, meist mit viel Aufwand, einen sozialen Zustand geschaffen hat, der ein Problem definitiv, d. h. auf weite Zeit hinaus lösen sollte, z. B. die Plazierung eines Behinderten in einem Heim, die gerichtliche Regelung einer Besuchsrechtsfrage oder einen langfristigen Schuldentilgungsplan, muss er bereit sein, von dieser Lösung – unter Umständen schon bald – wieder abzugehen, wenn sie nicht funktioniert. Der Sozialarbeiter hält nichts, soweit es von ihm abhängt, für unwiderruflich und endgültig. Das Argument «Jetzt ist es einmal so, und weil es so ist, bleibt es auch so!» gibt es für ihn nicht.

6. Effizienz: Der Sozialarbeiter handelt nur dann, wenn seine Handlung die beabsichtigte Wirkung entfalten kann. Handlungen, die mit grösster Wahrscheinlichkeit unwirksam oder vermutlich kontraproduktiv sind, unterlässt er. Er schätzt zum voraus die Effizienzwahrscheinlichkeit seines möglichen Handelns ab, und er achtet darauf, dass der Arbeitseinsatz, den er im einzelnen leistet, in vernünftigem Verhältnis steht zum damit erreichbaren Resultat.

Dass der Sozialarbeiter seine Zeit und Energie effizient verwenden muss, ergibt sich allein schon daraus, dass er in gesellschaftlichem Auftrag arbeitet und aus öffentlichen Geldern entlohnt wird. Wenn ein privat tätiger Ehetherapeut mit einem Paar fünfzig Therapiesitzungen hält, ohne dass sich in der Paarbeziehung etwas Wesentliches verändert, so ist das immerhin insofern «effizient», als der Therapeut damit einen Teil seines Lebensunterhalts verdient. Macht hingegen der Sozialarbeiter dergleichen, verschwendet er gesellschaftliche Ressourcen, denn dazu gehört auch der sozialarbeiterische Arbeitseinsatz. – Um bei diesem Beispiel zu bleiben: Der Sozialarbeiter vereinbart mit dem Paar eine bestimmte Anzahl (z. B. zehn) Gespräche, und dabei wird gleich festgelegt, dass man dieselben nur fortsetzt, falls sie einen gewissen Erfolg gebracht haben. Die Problembeteiligten merken so, dass der Sozialarbeiter von ihnen nicht zu einem beliebigen Zweck gebraucht werden kann, sondern dass es in der Sozialarbeit um wirksame Problemlösung und um nichts anderes geht.

Auch der Sozialarbeiter selbst muss sich dies stets vor Augen halten, z. B. in *administrativen* Belangen, die in der Sozialberatung einen grossen Raum einneh-

238

men. Hier wird durch amtliche oder geschäftliche Mechanik und bürokratische Routine inner- und ausserhalb der Sozialarbeitsinstitution viel Papiermässig-Formales gefordert, und der Sozialarbeiter sollte sich jeweils wohl überlegen, was davon die Problemlösung wirklich fördert und was sinnlos, unnötig oder gar schädlich ist. Dass formales administratives Handeln des Sozialarbeiters nicht allein der direkten fallbezogenen Problemlösung, sondern ausserdem der «sozialarbeiterischen Selbstdarstellung» dient, haben die Soziologen Lau und Wolff scharfsinnig analysiert und mit Recht hervorgehoben.[191] Dieser Aspekt betrifft die generelle Stellung und Funktion des Sozialarbeiters bzw. Sozialdienstes im Geflecht bürokratischer gesellschaftlicher Institutionen, vor allem derjenigen der staatlichen Verwaltung. Wir lassen ihn hier beiseite, wiewohl er indirekt für die Lösungsmöglichkeiten in den einzelnen Problemfällen Bedeutung haben kann. Mit dem Hinweis auf das Effizienzprinzip visieren wir lediglich gewisse fallbezogene administrative Praktiken an, insbesondere die protokollarischen Aufzeichnungen des Sozialarbeiters über den Verlauf eines Problemfalles oder die periodische Berichterstattung an die Behörde, wenn der Sozialarbeiter eine Vormundschaft, Beistandschaft, Erziehungs- oder Schutzaufsicht führt. Dergleichen Routinetätigkeiten nützen der Problemlösung oft sehr wenig oder gar nichts, und wo dies zutrifft, soll der Sozialarbeiter sie auf das formell (z. B. arbeitsorganisatorisch, dienstvorschriftlich, rechtlich) Unumgängliche, minimal Notwendige beschränken.

Fallnotizen bzw. -protokolle müssen die Informationen, Daten und Abmachungen enthalten, welche der Sozialarbeiter selbst nicht vergessen darf und die für seine institutionsinternen Mitarbeiter oder seinen Nachfolger wichtig zu wissen sind. Mehr ist in der Regel unnötig. Fallnotizen sind weder Fallstudien noch das berufliche Tagebuch des Sozialarbeiters, in dem er seine selbstreflexiven Gedanken niederlegt (die Funktion von Fall-Aufzeichnungen im Ausbildungs- und Supervisionsbereich gehört nicht in unser Thema). Wie detailliert sie sein sollen, hängt vom problemindividuellen Verwendungszweck ab. In chronischen Betreuungsfällen, wo der Sozialarbeiter die Verhältnisse seit Jahren genau kennt, braucht er sich, wenn er über ein gutes Gedächtnis verfügt, nur wenig zu notieren. Bei kritischen Problemsituationen hingegen, in denen er mit der Notwendigkeit einer sozialarbeiterischen Intervention zu rechnen hat, tut er gut daran, ausführliche und präzise Aufzeichnungen zu machen. Damit erleichtert er sich selbst die allfällige Aufgabe, sein intervenierendes Handeln oder sein Nichthandeln zu rechtfertigen und tatsachenfundiert Stellung zu nehmen, wenn ihn andere Instanzen, z. B. das Gericht oder die Vormundschaftsbehörde, darum ersuchen.

Für die periodische *Berichterstattung* im Falle von Pflichtklienten gilt grundsätzlich dasselbe wie für die Fall-Notizen, ebenso für jene Berichte und Anträge des Sozialarbeiters, die in Wahrheit bloss Pro-forma-Charakter haben (z. B.

191 Vgl. *Lau/Wolff 1981*

betreffend die Kindeszuteilung infolge Ehescheidung, wenn sich die Eltern problemlos geeinigt haben, oder bei Pflege- und Adoptionsplatzbewilligungen, in denen die Eignungsabklärung bereits seitens anderer qualifizierter Fachleute geschehen ist). Hier muss der Sozialarbeiter nur in knappen Ausführungen das sachlich Wesentliche sagen. Weitschweifige Beschreibungen und Begründungen sind weder erwünscht noch nützlich. Selbst auf sprachliche Sorgfalt und Prägnanz braucht er nicht viel Energie zu verwenden, denn in solchen Fällen steht für die Problemlösung nichts auf dem Spiel.

Das Effizienzprinzip ist durchgängig, in allen sozialarbeiterischen Handlungsarten bedeutsam: Es verbietet dem Sozialarbeiter in der *Beratung* etwa, den Klienten mit Informationen oder Ratschlägen zu versehen, die er nicht zu verstehen bzw. auszuführen vermag. Bei der *Verhandlung* Themen aufzugreifen oder Kompromissempfehlungen zu geben, welche die Konfliktbeteiligten in Angst, Ärger oder Enttäuschung versetzen und sie gegen den Sozialarbeiter als Vermittler aufbringen, widerspricht ebenfalls dem sozialarbeiterischen Grundsatz, effizient zu handeln. Als *Vertreter* seines Klienten muss der Sozialarbeiter es in der Regel vermeiden, aggressiv aufzutreten oder überrissene Forderungen zu stellen, denn dies wirkt sich im sozialen Gesamtaspekt meist negativ für den Klienten aus. Und sozialarbeiterisch ebenso kontraproduktiv ist es z. B., einem Problembeteiligten, der sich infolge eines aufwendigen Lebensstils verschuldet hat, einfach Geld zu *beschaffen*, damit er das Schuldenloch wieder stopfen kann; auf diese Weise lernt der betreffende Mensch vermutlich nichts aus seinen Fehlern im Umgang mit Geld und begeht sie erneut.

Besonders wichtig ist das Effizienzprinzip dort, wo der Sozialarbeiter vor der Frage steht, ob er in einer sozialen Notsituation *intervenieren* solle oder nicht und wenn ja, wie. Nichts ist für die Problemlösung schädlicher als eine missglückte Intervention. Die Problembeteiligten, gegen die sie sich richtete, beispielsweise Eltern, die ihr Kind vernachlässigen, wenden sich feindselig vom Sozialarbeiter ab und geben ihm keinen Zutritt mehr zum Problemsystem, und die Person, die durch die Intervention hätte geschützt werden sollen (im obigen Beispiel das Kind), verliert ihr Vertrauen zum Sozialarbeiter.

Effizient intervenieren heisst einerseits: keine Alibi-Massnahmen treffen, anderseits: nur Massnahmen ergreifen, die machtmässig durchgesetzt werden können. Wenn z. B. eine Mutter ihr Kind misshandelt und der Sozialarbeiter daraufhin nichts weiteres tut, als bei der Vormundschaftsbehörde die Errichtung einer Erziehungsaufsicht, ausgeübt durch das Jugendamt, zu beantragen, ist dies eine *Alibi-Intervention*, denn damit geschieht nichts Wirkungsvolles zum Schutze des Kindes und zur therapeutischen Veränderung der Mutter. Diesbezüglich effiziente Massnahmen wären etwa (je nach der gegebenen Situation), eine intensive Erziehungsberatung oder Familientherapie zu veranlassen, die Mutter durch finanzielle Hilfe vom physischen und psychischen Stress der Erwerbsarbeit zu entlasten, sie in die Erholung zu schicken, dem Kind einen Hortplatz zu verschaffen, es therapeutischer Hilfe zuzuführen, einen Familienhelfer in der Familie einzusetzen[192] oder das Kind aus der Obhut der Mutter bzw. der Eltern zu nehmen. Derartiges Handeln ist tatsächlich geeignet, in der sozialen Notsituation konkret etwas zum Bessern zu verändern und bleibt nicht bei Schein-Problemlösungen stehen.

Gerade weil es in den Fällen, die nach sozialarbeiterischer Intervention rufen, so wichtig ist, reale Wirkung zu erzielen, muss sich der Sozialarbeiter dabei immer überlegen, ob er die *Macht* hat, die geplanten eingreifenden Massnahmen erfolgreich durchzuführen. Die Absicht, einen delinquierenden Jugendlichen durch (Nach-)Erziehung im Heim auf einen gesellschaftlich tolerablen Lebensweg zu bringen, lässt sich unter Umständen nicht realisieren, weil die Eltern dagegen sind. Ihr Einfluss auf den Sohn kann auch, nachdem derselbe zwangsweise ins Heim plaziert worden ist, grösser sein als der Einfluss von Jugendrichter, Sozialarbeiter, Heimpädagogen und Therapeuten zusammen und einen Erfolg der angestrebten Sozialisationsbemühungen vereiteln. Der systemorientierte Sozialarbeiter unterschätzt nicht die *Macht des Systems*, in diesem Falle die Macht familiärer Bindungen und Mechanismen. Aber auch nicht die *innerpsychischen Mächte*, etwa die Macht der Drogensucht über einen Menschen, der gegenüber z. B. rechtliche Interventionsmassnahmen meist wirkungslos bleiben. In Problemsituationen, wo Gewalttätigkeit unter Problembeteiligten herrscht, wo der Sozialarbeiter selbst in Gefahr steht, physisch attackiert zu werden, oder wo ein (z. B. seniler oder depressiv-apathischer) Mensch unumgänglichen Hilfemassnahmen passiven körperlichen Widerstand entgegensetzt, muss sich der Sozialarbeiter, bevor er eingreift, der hiezu nötigen *physischen Macht* versichern, sonst steht er unter Umständen macht- und hilflos da und vermag nichts auszurichten. Diesbezüglichen Beistand findet er, je nach den Gegebenheiten, bei Angehörigen der betreffenden Problembeteiligten, bei Nachbarn, Berufskollegen, Ärzten, Krankenschwestern, Pflegern, Sanitätern und Polizeibeamten.

Im Bereich der *Betreuung* lässt sich besonders gut zeigen, dass dem sozialarbeiterischen Effizienzbegriff nebst dem Grob-Augenfälligen, Handgreiflichen auch eine Subtilität innewohnt, die dem technischen oder wirtschaftlichen Denken fernliegt. Die zur sozialarbeiterischen Betreuung gehörenden «Beziehungshandlungen» des Sozialarbeiters – z. B. ein Krankenbesuch beim, ein Geburtstagsgeschenk für, ein Ausflug oder ein Schachspiel mit dem Klienten – sind nicht, wie es leicht scheint, unnützer Aufwand, sondern sie stärken das persönliche Betreuungsverhältnis wirkungsvoll. Da sie intersubjektiv-symbolischen Charakter haben, kann ein Aussenstehender ihre Effizienz kaum objektiv ermessen, der Sozialarbeiter als Beteiligter aber ist durchaus in der Lage, sie durch Gefühl und Intuition einzuschätzen. Im Raum des Humanen und Sozialen Handlungseffizienz *abzuwägen* und zu beurteilen, fällt allerdings niemandem und nirgends

---

192 Vgl. *Nielsen/Nielsen/Müller*

leicht, und zwar gilt dies für die Sozialarbeit schlechthin, in allen ihren Handlungsarten. Insbesondere ist es schwierig, Effizienzprognosen zu machen (worum es im methodischen Aspekt natürlich vorrangig geht). Es erweist sich in der sozialen Problemlösung oft Unwahrscheinliches als möglich und treten umgekehrt Ereignisse nicht ein, die völlig normal und also hochwahrscheinlich sind. Der Sozialarbeiter muss sich vor allem auf scharfsichtige systemische und soziallogische Überlegungen, gepaart mit sensiblem menschlichen Gespür, stützen, um einigermassen erkennen zu können, ob ein bestimmtes Handeln seinerseits die beabsichtigte Wirkung zu zeitigen bzw. ob diese Wirkung Bestand zu haben vermag.

(b) Primat der sozialarbeiterischen Funktion

Der Sozialarbeiter gibt in all seinem Handeln der Generalfunktion der Sozialarbeit: dem Lösen sozialer Probleme, expliziert je in der mediatorischen, der kompensatorischen, der protektiven und der motivatorischen Funktion, den Vorrang und die Herrschaft. Diesen Primat der sozialarbeiterischen Funktion hält er gegen jegliches an ihn gerichtete Ansinnen, anders als in der sozialarbeiterischen Funktion zu handeln, aufrecht.
Er lässt sich weder durch Problembeteiligte noch durch Dritte, insbesondere nicht durch Angehörige anderer Berufe, zu nicht-sozialarbeiterischem Handeln instrumentalisieren. Aufträge von Gerichten, Behörden oder Amtsstellen, die der sozialarbeiterischen Funktion widersprechen, funktioniert er im Sinne der sozialarbeiterischen Zielsetzung um. Er überprüft sein Handeln ständig daraufhin, ob es tatsächlich dem Zwecke dient, ein soziales Problem zu lösen, und ob es in dieser Absicht effektiv zwischen Menschen vermittelt, Ausgleich schafft, sie schützt oder auf sie motivierend einwirkt.

In der Methodenlehre eines «kolonialisierten», bezüglich seiner gesellschaftlichen Stellung ungesicherten Berufes wie der Sozialarbeit ist dieses Prinzip – eine methodische Selbstverständlichkeit für einen Fachberuf – nötig. Der Sozialarbeiter muss *sozial arbeiten*, nicht verurteilen (wie ein Strafrichter), kontrollieren (wie ein Polizist), verkünden, was man glauben soll (wie ein Pfarrer), das seelisch Unbewusste aufdecken (wie der Psychoanalytiker), Bildung vermitteln (wie der Lehrer) – um einige typologische Vergleiche zu ziehen. Was für Angelegenheiten auch immer vor ihn gebracht werden und gleichgültig, was die Problemzuträger von ihm erwarten, der Sozialarbeiter sucht stets und überall sofort das soziale Problem im betreffenden Sachverhalt und gewinnt so *die sozialarbeiterische Ebene*. Und auf dieser Ebene bleibt und handelt er, das heisst: er strebt danach, das soziale Problem zu lösen. Alles was er tut, ist daraufhin gerichtet.
    Wenn *zum Beispiel* eine Mutter beim Sozialarbeiter erscheint und möchte, dass er ihrer 15jährigen Tochter einmal, gewissermassen von Amtes wegen,

242

deutlich sagt, was sich für ein Mädchen dieses Alters gehört, dass es nicht Haschisch rauchen darf, dass es nachts um zehn Uhr zu Hause sein und überhaupt seinen Eltern noch gehorchen muss, so lässt er sich nicht zu einem solchen Sprachrohr der Mutter instrumentalisieren. Er spielt nicht die Rolle eines Moralpredigers oder eines angstmachenden Erziehungspolizisten. Aber er befasst sich mit der Familie, um zu verstehen, was in diesem Sozialsystem nicht funktioniert, und um den Familienangehörigen zu einem besseren Zusammenleben zu verhelfen. – Ebensowenig willfährt er einem Ehepaar, das zu ihm kommt und nichts anderes als eine Scheidungskonvention von ihm begehrt (weil das beim Sozialdienst nichts kostet). Er ist nicht Rechtsanwalt, sondern sozialer Problemlöser, und als solcher fragt er zuerst, ob denn eine Scheidung das soziale Problem, welches hier offensichtlich besteht, wirklich löst, z. B. ob sie dem Wohl der Kinder entspricht oder ob die Ehepartner psychisch tatsächlich scheidungsreif sind. Der Sozialarbeiter setzt sich mit den Eheleuten bzw. mit der Familie auseinander, um dies zu klären und um ehestabilisierende Versuche zu unternehmen (was beides miteinander zusammenhängt). Erst wenn er sieht, dass angesichts der gegebenen Verhältnisse den problembeteiligten Familienmitgliedern effektiv am besten mit einer Scheidung geholfen wird, engagiert er sich dafür, dieselbe sozial gerecht zu regeln. Dann weiss er ja, dass die Scheidung wahrscheinlich problemlösend wirkt und nicht, was durchaus auch hätte sein können, ein soziales Problem noch vergrössert und verschärft.

Das Prinzip vom Primat der sozialarbeiterischen Funktion hat für den Sozialarbeiter ferner vor allem dort eine herausragende Bedeutung, wo er von einer Behörde oder einem Gericht mit einem *Gutachtens-, Abklärungs- oder Berichtsauftrag*[193] betraut wird. Es geht dabei hauptsächlich um Fragen der Kindeszuteilung, des Besuchsrechts, der Adoption, der Pflegeplazierung oder vormundschaftsrechtlicher Massnahmen. Der Sozialarbeiter darf sich von derlei Aufträgen, auch wenn er zu ihrer formellen Ausführung verpflichtet ist, nicht in eine Rolle drängen lassen, die ihn zur sozialen Problemlösung im betreffenden Fall untauglich macht. Tritt er den beteiligten Menschen z. B. als öffentlicher Kontrolleur, als Spion im Dienste der Behörde oder als vorentscheidender Richter gegenüber (was durchaus einer instrumentalisierenden Absicht der beauftragenden Instanz entsprechen mag), werden sie sich ihm nicht öffnen und ihm kein Vertrauen schenken. Er kann zwar auch so ein Gutachten schreiben, aber das soziale Problem, das im gegebenen Fall möglicherweise (latent oder offenbar) vorliegt, vermag er in solcher sozialarbeitsfremden Funktion nicht oder jedenfalls nicht tiefgreifend zu verstehen. Hiezu ist es vielmehr nötig, dass er es ablehnt, die erwähnten Rollen zu spielen, und statt dessen die *Rolle des sozialen Problemlösers* – seine eigentliche Berufsrolle – übernimmt. Prononciert in die-

---

193 Zur sozialarbeiterischen Berichterstattungs- und Gutachtertätigkeit vgl. insbesondere das Buch von *Arndt/Oberloskamp* und den Aufsatz von *Geiser*.

sem Sinne äussert sich z. B. Baal hinsichtlich der sozialarbeiterischen Gerichts-hilfe-Tätigkeit. Er geht davon aus, dass sechzig Prozent aller Sozialarbeiter in der Bundesrepublik voll oder teilweise damit beauftragt sind, und ist überzeugt, das «die Gerichtshilfen zu einem Lernprozess auf der Basis der Freiwilligkeit umfunktioniert werden können». Dazu müsse der Sozialarbeiter jeweils «sofort seine Kontrollaufgabe zurückstellen und seine Beratungsdienste anbieten»[194]. Speziell bezüglich der Jugendgerichtshilfe insistieren auch Kirchhoff u. a. darauf, dass der Sozialarbeiter den Richter nicht einfach mit Informationen über den Klienten beliefern dürfe, sondern dass er «unter sozialarbeiterischen Gesichts-punkten» die mitgeteilten Tatsachen und Fakten bewerten, zu ihnen Stellung nehmen und sich über die zu ergreifenden Massnahmen aussprechen müsse.[195]

Ganz generell vertreten Arndt/Oberloskamp die richtige These, Gutachten erführen «in der Sozialarbeit nur dadurch ihre Rechtfertigung, dass sie zur Lösung von Problemen der Klienten beitragen».[196] Es gibt sogar *Richter*, die dem völlig zustimmen. Balscheit z. B. betont, dass beide, Richter und Sozialarbeiter, letztlich den selben «sozialen Auftrag» hätten und sich die Macht des Richters «allen Möglichkeiten autonomer Konfliktbewältigung unterordnen» müsse. Der Richter solle dem Sozialarbeiter, den er mit einem Gutachten betraut, «nicht vorschreiben, wie er den Auftrag zu erledigen hat, sondern ihm grösstmögliche Freiheit lassen im Erarbeiten einer möglichst von allen Betroffenen akzeptierten Lösung».[197]

Damit wird nichts anderes als der Primat der sozialarbeiterischen Funktion postuliert. Ihm gemäss handelnd benutzt der Sozialarbeiter Abklärungs- und Gutachtensaufträge als Anlass und Vehikel der sozialen Problemlösung, falls tatsächlich ein Problem gegeben ist, und er deklariert dies offen. In erster Linie berät er die Problembeteiligten und verhandelt er zwischen ihnen; es kann aber auch dazu kommen, dass er ihnen Geld, Sachen oder Dienstleistungen ver-schafft, dass er sie vertritt oder betreuerisch für sie handelt – nötigenfalls sogar, dass er (abgesehen vom allenfalls bereits eingreifenden Charakter des Gutach-tens) auf eigenständige Art und Weise im Problemfall interveniert. Gelingt es ihm dabei, das soziale Problem, welches dem Gutachtensauftrag zugrunde lag, zu lösen, wird das Gutachten viel einfacher oder vielleicht sogar entbehrlich. Gelingt es nicht, so versucht der Sozialarbeiter immerhin, mit dem, was er im Gutachten schreibt, das Gericht bzw. die Behörde zu einer Entscheidung zu bewegen, die am ehesten problemlösende Wirkung hat. Seine Informationen, Argumente und Empfehlungen sind auf diesen Zweck ausgerichtet, wiedergeben also eine *funktionelle Wahrheit* und zielen nicht auf eine Wahrheit an-sich im wissenschaftlichen Sinne. Falls die im Gutachtensauftrag enthaltene Fragestel-

194 *Baal*, S. 111.120
195 *Kirchhoff u. a.*, S. 22.28
196 *Arndt/Oberloskamp*, S. 58
197 *Balscheit*, S. 32.34

lung dem betreffenden sozialen Sachverhalt nicht gerecht wird, indem sie z. B. auf ein einseitig juristisches Denkmuster zugeschnitten ist, weist der Sozialarbeiter ausdrücklich darauf hin (oder er deutet sie, wie Bichsel[198] empfiehlt, sachte um) und rückt seine sozialarbeiterische Verstehens- und Beurteilungsperspektive in den Vordergrund.

Auf analoge Weise hält er den Primat der sozialarbeiterischen Funktion dort durch, wo er als *Vertreter* eines Klienten handelt, z. B. vor Gericht: Er zieht die gesamte soziale Situation, zu welcher auch die Gegenpartei gehört, in Betracht; seine Rechtsbegehren gehen nicht über das hinaus, was als sozial gerecht gelten darf; er enthält sich leerer Parteibehauptungen, wie sie von seiten der Rechtsanwälte gang und gäbe sind, und beschränkt sich auf die sozial relevanten Sachverhalte, die er wirklich kennt; er begründet seine Forderungen mit sozialen Argumenten, weist anhand anschaulicher Details die im Rechtsfall implizierte Soziallogik auf; und er bleibt stets offen für einen Kompromiss, sofern dieser das soziale Problem ebensogut oder besser löst, als es mit dem Durchsetzen des Rechts möglich ist.

c) Prinzip des allseitigen Nutzens

Der Sozialarbeiter bedenkt die Situation, die Interessen und das Wohl sämtlicher Problembeteiligter und strebt nach einer Problemlösung, die allen diesen Personen einen Nutzen bringt, gleichgültig ob sie seine Klienten sind oder nicht. Er setzt sich nicht exklusiv für einen einzelnen Problembeteiligten (Klienten) ein, sondern übt, um eine sozial gerechte und sozialsystemisch funktionierende Problemlösung zu erreichen, ein mehrseitiges Engagement.

Dieses Handlungsprinzip ist nichts anderes als eine generelle methodische Konsequenz aus unserer systemischen Auffassung der Sozialarbeit. Es opponiert dem linearen klientzentrierten Modell sozialarbeiterischen Handelns und stellt fest, was es für den Sozialarbeiter grundsätzlich bedeutet, *Systemorientierung* zu realisieren. Wie sich dieselbe zur Klientschaft verhält, habe ich bei der Erörterung des «Pro-Klient»-Grundsatzes (s. S. 100 f.) bereits dargelegt. Im Zusammenhang mit unserem Klient-Begriff ist uns auch klar geworden, dass der systemisch arbeitende Sozialberater sich zu den Problembeteiligten eines Falles so verhält, dass sich möglichst viele – im Idealfall alle – zum freiwilligen Klienten machen (s. S. 106); und dies entspricht, unter dem Gesichtspunkt der sozialarbeiterischen Klientschaft gedacht, dem, was das Prinzip des allseitigen Nutzens im methodischen Aspekt sagt.

In der Optik systemischer Sozialarbeitstheorie ist ein soziales Problem dann optimal gelöst, wenn die einzelnen Problembeteiligten – ihre Gefühle, ihr Stre-

---

198 *Bichsel 1986a*, S. 25

ben und ihr Handeln – in ein *funktionelles Verhältnis* zueinander gelangt sind. Aus diesem Verhältnis muss allen beteiligten Personen ein *Nutzen* erwachsen; es muss allen zum Vorteil gereichen, sei es auch nur insofern, als es (das Verhältnis) selbst – früher konfliktbelastet – nun ohne Spannung, stabil und psychisch gut erträglich ist. Diesen Gewinn macht immerhin auch derjenige Problembeteiligte, der durch die systemfunktionalisierende soziale Problemlösung bisherige materielle oder machtmässige Vorteile verliert, z. B. ein egoistischer oder tyrannischer Familienvater, der seine Ansprüche gegenüber Frau und Kindern reduzieren, oder ein Arbeitgeber, der einem behinderten Angestellten neu mehr Lohn bezahlen muss. Das Prinzip des allseitigen Nutzens schliesst dergleichen Zurücksetzen des einen Problembeteiligten zugunsten des anderen natürlich nicht aus, denn die soziale Problemlösung will ja sozial gerechte, zumindest *gerechtere* Zustände schaffen und nicht einfach einen faulen Kompromiss herbeiführen, bei dem allen Beteiligten etwas gegeben, aber am grundsätzlich ungerechten, dysfunktionellen Verhältnis zwischen ihnen nichts geändert wird.

Trotzdem, auch dort, wo aus dieser zentralen Zielsetzung heraus der Sozialarbeiter gegen die individuellen Interessen von Problembeteiligten handeln muss, bemüht er sich darum, deren Anliegen und Vorstellungen soweit als möglich zu entsprechen, ihnen den Nutzen begreiflich zu machen, den die angestrebte Problemlösung auch für sie hat, und ihnen Hilfe in ihren Schwierigkeiten zu bieten. Einen Vater, gegen den er als Vertreter des Kindes einen Unterhaltsprozess führt, berät und unterstützt er z. B. dabei, eine neue, besser bezahlte Arbeitsstelle zu finden. Einem gewalttätigen Mann, der aufgrund der sozialarbeiterischen Intervention aus der Wohnung seiner Freundin ausziehen muss, verschafft er eine Unterkunft. Oder er gewährt etwa einer geistig beschränkten Mutter, die ihr Kind so sehr vernachlässigt, dass er gezwungen ist, es ihrer Obhut zu entziehen, umfassende Betreuungshilfe.

Generell hält sich der systemorientierte Sozialarbeiter fern von der Illusion, ein soziales Konfliktproblem lasse sich lösen, indem man maximale Gerechtigkeitspostulate der einen Problembeteiligten gegen die anderen Problembeteiligten durchsetzt. Er kämpft darum, bei den Problembeteiligten die Einsicht zu wecken, dass ihnen allen am meisten geholfen wird, wenn sie gegenseitig die Wünsche und Interessen der andern mitbedenken und mitberücksichtigen.

Obschon sich das Prinzip des allseitigen Nutzens offenkundig zur Hauptsache auf soziale *Konflikt*probleme bezieht, spielt es auch im Bereich *defizitärer* sozialer Problematik eine Rolle. Verschafft der Sozialarbeiter zum Beispiel einem Menschen eine Betreuungsleistung seitens eines Angehörigen, Nachbarn oder freiwilligen Helfers, so muss er stets darauf achten, dass nicht nur der Betreute davon profitiert, sondern auch dem Betreuer, sei es materiell oder immateriell, ein gewisser Vorteil erwächst. Sogar im gesellschaftlichen Systemhorizont gilt das Prinzip: Wenn der Sozialarbeiter die soziale Problemlösung so betreibt, dass die Gesellschaft – repräsentiert diesbezüglich vor allem durch Behörden, Gerichte,

246

die Verwaltung, soziale Vereinigungen, Kirchen, Politiker und die Angehörigen anderer helfender Berufe – darin keinen Nutzen für sich, die sogenannte «Allgemeinheit», sieht, wird ihm derartige Sozialarbeit früher oder später durch gesellschaftliche Instanzen verunmöglicht werden.

3.222 Handlungsprinzipien betreffend das Verhältnis zwischen Sozialarbeiter und Problembeteiligten

Die folgenden Handlungsprinzipien beziehen sich hauptsächlich auf das Verhältnis, in dem der Sozialarbeiter und die Problembeteiligten stehen sollen, genau gesagt: darauf, wie der Sozialarbeiter dieses Verhältnis durch sein Handeln zu gestalten hat. Ein herausragender Aspekt der Beziehung zwischen Sozialarbeiter und Problembeteiligten ist das *Vertrauen,* das diese jenem entgegenbringen. Es gilt uns als so fundamental wichtig für die soziale Problemlösung, dass wir die methodische Frage, wie es sich der Sozialarbeiter bei den problemrelevanten Personen erwirbt, separat unter dem Begriff «Akzeptanz» behandeln werden. Die *Akzeptanzprinzipien* insgesamt (s. S. 346 ff.) lassen sich auffassen als *ein* grosses Handlungsprinzip mit dem Inhalt «Vertrauen». In ihnen allen steckt das methodische *Vertrauensprinzip,* das angesichts der späteren umfassenden Akzeptanz-Darlegungen hier (wo es systematisch hingehören würde) nicht als einzelnes Handlungsprinzip aufgeführt zu werden braucht.

a) Interposition

Der Sozialarbeiter sucht innerhalb des Problemfeldes eine Stellung zwischen den Problembeteiligten auf und bemüht sich, während des ganzen Problemlösungsprozesses darin zu bleiben.
Diese «Interposition» ist grundsätzlicher Art: Den einen problembeteiligten Personen steht der Sozialarbeiter aufgrund rechtlicher, sachlicher oder persönlicher Gründe näher, den andern ferner; aber er liiert sich nicht voll und ganz mit einer von ihnen, auch nicht wenn sie sein Klient ist. Er strebt vielmehr danach, zu jeder in ein Verhältnis zu kommen, dem sowohl das Moment der Nähe wie das der Distanz innewohnt. Die Nähe ermöglicht ihm persönliche Beziehungswirkung, die Distanz gibt ihm Handlungsspielraum und verhindert, dass er sich mit einem Klienten identifiziert und so in all jenen Fällen, wo das Problem Konflikt-Charakter hat, selbst zu einem Problembeteiligten macht.
Der Sozialarbeiter ist sich bewusst, dass bei sozialen Konfliktproblemen Nähe zu einem Problembeteiligten Distanz zum andern erzeugt und umgekehrt. Er

betreibt deshalb, um sich in seiner Interposition zu halten, ein dauerndes funktionelles Nähe/Distanz-Management bezüglich der am Problem beteiligten Menschen.

Aus dem eben erörterten Prinzip des allseitigen Nutzens und aufgrund unseres gesamten systemischen Sozialarbeitskonzeptes versteht sich das methodische Interpositionsprinzip ohne weiteres. Systemfunktionalisierende Sozialarbeit ist ein Handeln *zwischen* den Menschen, ist *Interaktivität*: Der Sozialarbeiter tritt sozusagen unter die Problembeteiligten, positioniert sich in ihrer Mitte, geht zwischen ihnen hin und her, konfrontiert sie einander, verbindet sie, verhandelt zwischen ihnen. Er ist in allem mediatorisch tätig, insbesondere auch, wie wir bereits festgestellt haben (S. 125), im gesellschaftlichen Kontext. Wenn er z. B. einer materiell bedürftigen Familie finanzielle Sozialhilfe verschafft oder in der Bewährungshilfe einen straffälligen Menschen betreut, tut er dies in einer Interposition zwischen den betreffenden problembelasteten Personen einerseits und der Gesellschaft anderseits.

Sozialarbeiterische *Mediatorik* und *Interposition* des Sozialarbeiters gehören zusammen und kennzeichnen zentral die systemische Sozialarbeit. Beides verlangt hohes methodisches Können; denn jeder Problembeteiligte, vor allem wenn er Klient ist, wünscht natürlicherweise, den Sozialarbeiter für sich alleine zu haben, möchte, dass dieser ganz auf seiner Seite steht und ausschliesslich für ihn Partei ergreift. Und wenn der Sozialarbeiter dies auch tatsächlich in einer einzelnen Angelegenheit tut, weil es die soziale Gerechtigkeit sachlich oder der Problemlösungsprozess taktisch erfordert, hat der Klient erst recht Mühe zu akzeptieren, dass der Sozialarbeiter sich nachher wieder aus solcher Verbündung mit ihm löst und in seine prinzipielle Vermittlungsstellung zurückkehrt. Anderseits ist es nicht leicht, als Sozialarbeiter in die Nähe eines Problembeteiligten zu kommen oder in ihr zu bleiben, nachdem man sich aus den eben erwähnten Gründen gegen ihn bzw. seine Interessen hat stellen müssen.

Nähe im hier erörterten positionellen Sinne ist wesentlich (allerdings nicht ausschliesslich) von persönlichem Vertrauen geprägt. In der linearexklusiven «helfenden Beziehung» zwischen Sozialarbeiter und Klient, wie sie das therapeutische Sozialarbeitsmodell charakterisiert, lässt sich hochgradige Nähe realisieren. Ein solches Verhältnis von Sozialarbeiter und Klient ist entsprechend wenig konfliktgefährdet und relativ einfach zu bewältigen; aber der Sozialarbeiter bleibt in ihm gefangen, von den andern problembeteiligten Personen, z. B. dem Ehepartner oder dem Arbeitgeber eines Klienten, weit distanziert. Nach unserer Auffassung mangeln ihm so Einsichts- wie Einflussmöglichkeiten, die er für eine optimale soziale Problemlösung unbedingt braucht. Er ist zu wahrer und wirksamer Interaktivität im gesamten sozialen Problemraum nicht fähig, und dies stellt einen zu hohen Preis dar für die gute oder gar ideale Klientbeziehung. Eberhart weist diesbezüglich darauf hin, dass der Sozialarbeiter, welcher rasch eine ausgesprochen positive persönliche Beziehung zu einem sogenannt erziehungsschwierigen Jugendlichen herstellt, den Eltern damit die averbale Botschaft übermittelt: «Seht ihr, wie leicht man mit eurem Kind in Kontakt kommen kann, wenn man es nur ein wenig geschickt anpackt? Merkt ihr, wie ungeschickt, was für schlechte Eltern ihr seid?» Der Sozialarbeiter, stolz auf seine Beziehungsleistung hinsichtlich des Jugendlichen, müsse sich dann «vielleicht bitter beklagen, wie wenig aktiv die Eltern mitzuarbeiten bereit sind; wie oft sie gutgemeinte Ratschläge ‹vergessen› oder Anordnungen zu hintertreiben versuchen».[199]

Sich des Interpositionsprinzips bewusst zu sein, ist für den Sozialarbeiter vor allem im Anfangsstadium des Falles wichtig, besonders im Moment, wo das soziale Problem an ihn herangetragen wird. Die problemzutragende Person versucht ihn allein schon durch die Art, wie sie das Problem darstellt, erst recht aber mit ihren Hilfeerwartungen und -appellen zu einer bestimmten parteinehmenden Haltung zu bewegen. Nicht nur Problembeteiligte tun dies, sondern meist auch Dritte, denn sie sind in der Regel auf die eine oder andere Art (durch Verwandtschaft, Freundschaft, Kollegialität, Klientschaft, Patientverhältnis etc.) mit einem Problembeteiligten verbunden. Der Sozialarbeiter ist unweigerlich dieser *problemzuträgerischen Suggestionskraft* ausgesetzt. Dem, was dieser Erste erzählt, selbst wenn es ganz einseitig, verzerrt oder gar objektiv falsch ist, vermag er fallindividuell nichts Sachliches entgegenzuhalten, weil er noch keinerlei sonstige Kenntnis über das betreffende Problem besitzt. Jeder erfahrene Sozialarbeiter weiss aber in solcher Erstkontakt-Situation sehr wohl, dass sich ihm das Problem schon völlig anders präsentieren kann, sobald er nur mit *einer* anderen problemrelevanten Person gesprochen hat. Er leistet deshalb der Suggestion des Problemzuträgers sozusagen «inneren Widerstand», indem er sich denkend ständig vor Augen hält: Ich höre hier nur eine, die erste Version des Problems; damit weiss ich noch nichts Sicheres; ich bin erst am Anfang des Problemverstehens. Entsprechend achtet er sorgfältig darauf, keine Äusserungen zu tun, die als definitive Stellung- oder Parteinahme verstanden werden können, sondern er macht dem Problemzuträger im Gegenteil klar, dass derartige erste Informationen ihn, den Sozialarbeiter, noch zu keinem Urteil über das Problem befähigen.

In solcher Reserve zu verbleiben, erweist sich freilich dort als schwierig, wo ausdrückliches sozialarbeiterisches Akzeptanzverhalten gegenüber dem erstkontaktierenden Problembeteiligten nötig ist. Der Sozialarbeiter muss in diesem Falle gemäss dem Prinzip der *Problemannahme* (s. S. 350 ff.) handeln, und das heisst insbesondere: die Problemdefinition des Problemzuträgers vorerst einmal annehmen. Damit gilt für ihn unter dem Akzeptanz-Gesichtspunkt eine methodische Maxime, die in polarem Gegensatz zum Interpositionsprinzip steht. Nur durch eine differenzierte, flexible Kommunikation gelingt es ihm, dem problemzutragenden Menschen so zu begegnen, dass dieser sich mit seinem Anliegen an-

---

199 *Eberhart*, S. 273

und ernstgenommen fühlt und doch zugleich die freie, unabhängige Position des Sozialarbeiters er- und anerkennen kann.

Das methodische Prinzip der Interposition entspricht natürlich der *systemischen* Grundauffassung, dass möglichst viele Problembeteiligte Klienten des Sozialarbeiters sein sollen, ja es ist eine zwingende Folgerung aus dieser Klientschafts-Konzeption. Es mag einen Klienten – vor allem einen Pflichtklienten oder jene Person in einem Problemfall, die sich zuerst zum freiwilligen Klienten gemacht hat – hart ankommen zu sehen, dass auch andere Problembeteiligte Klienten des Sozialarbeiters sind bzw. werden können und dass derselbe nicht einfach eng bei, hinter oder vor ihm, sondern mitten unter den Problembeteiligten steht, einmal näher, einmal weiter weg von ihm. Trotzdem profitiert letztlich auch dieser Klient von der sozialarbeiterischen Interposition, denn nur von ihr aus kann der Sozialarbeiter eine eigentlich systemgerechte, systemfunktionalisierende Problemlösung zustande bringen und damit dem – bzw. eben *den* – Klienten durchgreifende, nachhaltige Hilfe leisten.

b) Handlungsherrschaft

Der Sozialarbeiter achtet darauf, dass er im sozialen Problemlösungsprozess stets die Herrschaft über sein Denken und Handeln behält. Gegenüber allen Problembeteiligten und Dritten beansprucht er die Freiheit, das soziale Problem letztlich nach eigenem Verstehen zu definieren und sein Problemlösungsvorgehen selbst zu bestimmen. Um diese Freiheit nicht zu verlieren, unterlässt er alles, was ihn von problemrelevanten Personen abhängig machen kann.

Das methodische Prinzip der Handlungsherrschaft hat viel zu tun mit dem eben erörterten Interpositionsprinzip und dem Prinzip vom Primat der sozialarbeiterischen Funktion. Ohne dass der Sozialarbeiter Herr seines Handelns ist, vermag er natürlich weder die sozialarbeiterische Funktion durchzusetzen noch eine wahre Interposition innezuhalten. Und solche Handlungsherrschaft ihrerseits besteht nur dann, wenn der Sozialarbeiter *unabhängig* von den Problembeteiligten, aber auch von Dritten ist und bleibt. Diese Unabhängigkeit aufrechtzuerhalten, bedeutet für ihn vor allem: sich nicht durch Schmeicheleien einnehmen, durch Geschenke bestechen, durch Drohungen willfährig und durch unmoralisches Handeln erpressbar machen zu lassen oder sich mit leichtfertigen Versprechungen selbst unnötig zu binden. Offenkundig spielen hier die sozialarbeiterischen Persönlichkeitsqualitäten der Standfestigkeit und der moralischen Integrität eine grosse Rolle.

Am Beispiel der *Geschenke*, die Problembeteiligte dem Sozialarbeiter geben bzw. geben wollen, zeigt sich, wie heikel die methodische Frage hinsichtlich der problembezogenen Unabhängigkeit des Sozialarbeiters sein kann. Es begegnet dem Sozialarbeiter zwar nicht ausgesprochen häufig, aber doch immer wieder, dass ihm ein Klient etwas schenkt. Dem kann eine offensichtliche *manipulative Absicht* innewohnen – bei Ausländern aus fremdem soziokulturellen Milieu unter Umständen verbunden mit der irrigen Meinung, solche materielle Bestechung sei nötig oder gar anständig. Meist freilich ist der «Bestechungsvorsatz», wenn er überhaupt besteht, halb bewusst – halb unbewusst, und überdies vermengt mit andern Motiven wie: Dank bezeugen, einen Selbstwert-hebenden Ausgleich zur Hilfeleistung des Sozialarbeiters schaffen, etwas von sich zeigen (bei selbst hergestellten Dingen), Akzeptanz signalisieren, die Klientbeziehung privatisieren.

Derlei Beweggründe des Schenkens können natürlich auch «rein», d. h. ohne Manipulationstendenz sein. Der Sozialarbeiter muss mit Sorgfalt erspüren, worum es in der gegebenen Situation geht. Empfindet er das Geschenk als etwas, das seine *Handlungsfreiheit* aktuell oder potentiell bedroht, so soll er es jedenfalls nicht für sich persönlich, sondern höchstens für seine Institution annehmen. Bei Geldgeschenken gilt dies ohnehin; denn ein Sozialarbeiter, welcher Geld, das ihm Problembeteiligte schenken, in die eigene Tasche steckt, erscheint sofort als bestechlich oder sonstwie moralisch fragwürdig. Dem manipulationsverdächtigen Geber muss der Sozialarbeiter klarmachen, dass er (der Sozialarbeiter) sich in seinem Handeln durch das Geschenk nicht beeinflussen lässt. Hiezu ist bei sozialdebilen Leuten, die ihn mit Geschenken überhäufen, oder etwa im Falle der erwähnten ausländischen Klienten eine explizite Er- bzw. Aufklärung nötig. Sonst genügt es in der Regel, dass sich der Sozialarbeiter entsprechend eindeutig-unmissverständlich verhält.

Das methodisch richtige Verhalten, durch welches er sich seine Unabhängigkeit von den Problembeteiligten und Dritten bewahrt, sichert dem Sozialarbeiter die Herrschaft über sein problemlösendes Handeln – sein eigenes wohlverstanden, nicht dasjenige anderer Personen. Bedeutung hat dies vor allem im Zusammenhang mit der *sozialarbeiterischen Problemdefinition*. Sie bestimmt die Problemlösung und ist in bezug auf dieselbe das zentrale handlungsleitende Mittel, und zwar nicht nur für den Sozialarbeiter, sondern – idealerweise – für alle am Problemlösungsprozess mitwirkenden Personen. Allein, wenn der Sozialarbeiter auch danach zu streben hat, sich mit diesen Personen auf eine gemeinsame Problemdefinition zu einigen, so darf er doch nie darauf verzichten, selbst zu entscheiden, ob er eine mögliche Problemdefinition als sinnvoll akzeptiert oder ob er sie als ineffizient oder gar kontraproduktiv ablehnt. Diese Freiheit muss er sich vorbehalten; denn *er* ist der Fachmann der sozialen Problemlösung. Gewiss tritt er nicht als arroganter Besserwisser oder machtfreudiger Diktator auf, der autokratisch festlegt, worum es bei einem sozialen Problem geht und was zu tun sei – das würde sämtlichen sozialarbeiterischen Grundsätzen widersprechen. Aber er lässt sich auch nicht von andern eine Problemdefinition und mithin ein Handeln aufdrängen, das er für ungeeignet, ungerechtfertigt oder wirkungslos hält.

Oft können z. B. Problembeteiligte in laienhafter Beschränktheit nur ein massives Eingreifen – die sofortige Wegnahme eines Kindes etwa oder die Bevormundung eines Erwachsenen – als Problemlösungsweg sehen und verlangen vom Sozialarbeiter fast ultimativ, entsprechend ihren Vorstellungen intervenierend zu handeln. Etwas anderes kommt für sie gar nicht in Betracht, und sie sind nicht bereit, an einer Bewältigung des Problems beispielsweise durch Verhandlung oder Betreuung mitzuarbeiten. Hat jedoch ein derartiges nichtintervenierendes Vorgehen in den Augen des Sozialarbeiters Erfolgschancen, so ist eine Intervention fürs erste nicht angebracht (vgl. das Verhandlungsprinzip und das Prinzip des Freiwilligkeitsvorranges). Der Sozialarbeiter wird deshalb die ihm suggerierte unangemessene Problem(lösungs)definition nicht übernehmen, sondern nach seiner eigenen, sachverständigen Auffassung des betreffenden Problems handeln. Desgleichen z. B. da, wo ein Hilfesuchender für nichts anderes Interesse aufbringt als dafür, vom Sozialdienst Geld zu bekommen, obschon damit dem Problem, das ihn betrifft (Alkoholismus, wiederholte Entlassung von der Arbeitsstelle, Unfähigkeit zum finanziellen Haushalten oder ähnliches) nicht wirksam begegnet werden kann und es offensichtlich zweckmässigere, aber für ihn weniger bequeme Lösungsalternativen gibt.

Indem der Sozialarbeiter in solchen Fällen das Problem entgegen der Meinung von Problembeteiligten oder Dritten nach *sozialarbeiterischen* Kriterien definiert, verliert er zwar bei diesen Personen an Akzeptanz, und vermutlich beteiligen sie sich an seinem Problemlösungsvorgehen nicht. Aber er behält seine Handlungsherrschaft: die Freiheit, so zu handeln, wie es sich gemäss seiner beruflichen Aufgabe und Methodik verantworten lässt. Unter Umständen gelingt ihm damit trotz der abträglichen Tatsache, dass die Haltung gewisser lösungswichtiger Personen mit seinem Konzept nicht übereinstimmt, eine wahre und wirkliche soziale Problemlösung.

c) Kommunikationsprinzip (Kontaktprinzip)

Der Sozialarbeiter sucht den Kontakt und die Kommunikation zu bzw. mit jedem Problembeteiligten, er nimmt jegliches Kommunikationsangebot an und ist bereit, alles, was das soziale Problem betrifft, zu besprechen. Er fördert überall die Kommunikation zwischen den Problembeteiligten sowie zwischen diesen und helfenden Dritten, indem er sie in Kontakt zueinander bringt, selbst modellhaft mit ihnen kommuniziert und durch seinen gesamten Umgangsstil ein «kommunikatives Klima» unter ihnen schafft, das sie lockert und dazu ermutigt, sich einander zu öffnen.

Nicht nur weicht er keiner irgendwie signalisierten Bitte einer problembeteiligten Person, mit ihm in Verbindung zu treten, aus, sondern er bemüht sich seinerseits geduldig und hartnäckig, mit Problembeteiligten, die sich ihm zu entziehen suchen, in Kontakt zu kommen.

Dass der Sozialarbeiter seine Aufgabe grundsätzlich kommunikativ angeht, ist aus allem, was wir bereits zum Thema Kommunikation gesagt haben, hinlänglich klar geworden. Unsere Darlegungen über die Sprache als Mittel der Sozialarbeit (S. 182 ff.), über die Kommunikationsfähigkeit des Sozialarbeiters (S. 194 ff.) und über seine Selbstinstrumentalisierung (S. 197 ff.) können als Kommentar zu diesem methodischen Prinzip dienen.

Es handelt sich um ein für den Sozialarbeitsberuf fundamentales Prinzip, das dem Sozialarbeiter sozusagen in Fleisch und Blut eingehen sollte. Wichtig ist, den Begriff der Kommunikation umfassend zu verstehen: dem Sozialarbeiter liegt, indem er kommuniziert, nicht bloss am sachlichen Inhalt der Informationen, die dabei ausgetauscht werden, sondern vor allem auch daran, mit den Problembeteiligten in persönlichen Kontakt zu kommen, eine menschliche Beziehung zu ihnen herzustellen. Das methodische Kommunikationsprinzip ist zugleich ein *Kontaktprinzip*. Die systemische Verstehens- und Handlungsperspektive verlangt, dass der Sozialarbeiter mit jedem Problembeteiligten – mindestens einmal – in kommunikativen Kontakt tritt. Er darf sich durch nichts davon abhalten lassen, einen problembeteiligten Menschen persönlich kennenzulernen und mit ihm, soweit das irgend möglich ist, über das Problem zu sprechen. Vielleicht will jemand nichts mit ihm zu tun haben – z. B. aus schlechtem Gewissen, aus Angst, finanziell belangt zu werden, oder aus einer generellen Abneigung gegen Instanzen der Öffentlichkeit. Einem solchen Menschen muss der Sozialarbeiter «nachsteigen» und ihn – durch geschicktes Akzeptanzverhalten – für wenigstens ein kurzes Gespräch und dabei dann wiederum für weitere Kontakte zu gewinnen suchen.

Oft geschieht es, dass ein Problembeteiligter dem Sozialarbeiter davon abrät, mit einer andern problembeteiligten Person zu sprechen – sei es weil er den Sozialarbeiter von ihr *fernhalten* möchte, sei es aus der ehrlichen Überzeugung heraus, es gelinge ohnehin auch dem Sozialarbeiter nicht, mit jener Person «vernünftig zu reden». So warnt z. B. eine Frau, die von ihrem Freund, mit dem sie zusammenlebt, weggehen will, den Sozialarbeiter davor, mit diesem Mann über das Problem zu sprechen, da er von ihm nichts als verwirrende Lügen vernehmen könne. Oder Eltern einer geistig behinderten Tochter, mit der sie nicht mehr zurechtkommen, sehen keinen Sinn darin, dass der Sozialarbeiter mit dem Mädchen selbst in Kontakt tritt, um seine Meinung kennenzulernen, denn «sie versteht ja sowieso nichts von allem». – Zuweilen wird im Sozialarbeiter Angst vor einer Person geweckt, mit der er nicht kommunizieren soll: sie sei jähzornig, brutal, paranoid-aggressiv, ihm feindlich gesinnt, sagt man ihm beispielsweise; sie habe Drohungen gegen ihn ausgestossen (was, nebenbei bemerkt, jemand erfahrungsgemäss dann tut, wenn man *ihm* mit dem Sozialarbeiter droht!), sie wolle ihn hinterlistig an der Nase herumführen und er stehe nachher blamiert da, oder sie sei höchst schwierig und zugleich anhangend-besitzergreifend, so dass er mit ihr, wenn er sie zu sich heranlasse, «für ewig» eine Last auf dem Buckel habe, auch ausserhalb der Bürozeiten! Solche Warnungen wirken zwangsläufig abschreckend, und der Sozialarbeiter wird durch sie gewiss zu – berechtigter oder unberechtigter – Vorsicht gestimmt. Keinesfalls aber darf er sich von ihnen soweit beeinflussen lassen, dass er auf einen ernsthaften Versuch verzichtet, mit jenem, von andern negativ gestempelten Menschen in Verbindung zu treten.

Was immer andere über Möglichkeit oder Zweckmässigkeit der sozialarbeiterischen Kommunikationsbemühung meinen mögen, der systemorientierte Sozialarbeiter weiss: Nur wenn er mit jedem Problembeteiligten kommunikativen Kontakt hat, kann er zu allen für ihn bedeutsamen Informationen und also zu optimalem Verstehen des sozialen Problems gelangen, und ebenso vermag er nur dann wirksamen problemlösenden Einfluss auf das dysfunktionelle Verhältnis zwischen den Problembeteiligten auszuüben. In manchen Fällen bedeutet allein schon die Kommunikation selbst, insbesondere die, welche er zwischen den Problembeteiligten selbst zustande bringt, eine wesentliche Verbesserung der Problemlage.

Es ist deshalb ausserordentlich wichtig, dass der Sozialarbeiter durch gezieltes *kommunikationserleichterndes und -anregendes Verhalten* die Kommunikation im sozialen Problemsystem fördert. Vor allem muss er, wenn zu Beginn von Verhandlungsgesprächen zwischen den beteiligten Personen Spannung herrscht, die Atmosphäre lockern – beispielsweise indem er sich mit den Gesprächsteilnehmern zuerst einmal über harmlose, das Problem nicht betreffende Dinge unterhält, wobei er wenn möglich etwas Humor spielen lässt; indem er die emotionelle Spannung im Raum zur Sprache bringt und sie damit entschärft; indem er das Gespräch anfänglich auf wenig umstrittene Problempunkte lenkt oder indem er auf das thematisch am nächsten Liegende, sich gerade natürlich Anbietende eingeht. Auch in Situationen, die nicht konfliktbestimmt sind, muss der Sozialarbeiter die Kommunikation oft bewusst erleichtern. Manche Menschen möchten zwar vom Sozialarbeiter Rat und Hilfe empfangen, aber gefühlsmässige Hemmungen oder verbales Unvermögen machen es ihnen schwer, mit ihm ohne weiteres verständlich und sinnvoll zu sprechen. Sie sind darauf angewiesen, dass ihnen der Sozialarbeiter kommunikativ entgegenkommt: z. B. dass er ihnen gute Fragen stellt; dass er Themen anschneidet, die sie nicht vorzubringen wagen; dass er zuerst einmal von sich aus Gesprächsstoff liefert; dass er ihnen auf ihre zaghaften, unsicheren, bruchstückhaften Äusserungen reichlich, betont und wohlwollend Rückmeldungen (verbales und averbales Feedback) gibt; dass er ihnen sprachliche Artikulationshilfe leistet.

Solche Kommunikationsförderung hat auch oft als hauptsächlichen Sinn den der *Kontaktförderung*, typischerweise etwa dort, wo es im sozialarbeiterischen Betreuungsbereich um die Plazierung eines Menschen geht. Dieser Betreuungsklient muss während der Abklärungsphase der Plazierung mit seinen möglichen zukünftigen Betreuern in Kontakt gebracht werden, z. B. ein Pflegekind mit den Pflegeeltern, ein Psychischkranker mit den Mitgliedern einer sozialpsychiatrischen Wohngemeinschaft, ein Geistigbehinderter mit den Sozialpädagogen, der Leitung oder der Wohngruppe eines Heimes. Die betreffenden Menschen kennen sich in der Regel noch nicht, und der Klient ist in der für ihn ungewohnten, ungewissen, von Angst und Hoffnung zwiespältig geprägten Lage meist scheu und wortlos. Auch bei den (potentiellen) Betreuern und den bereits in ihrer Obhut lebenden Personen herrscht in diesem Moment verständlicherweise eine mehr oder weniger starke Befangenheit, und es ist die Pflicht des Sozialarbeiters, durch ein aktives kommunikatives Engagement die beteiligten Menschen miteinander ins Gespräch und in einen Austausch gefühlsmässiger Äusserungen zu bringen. Nur wenn ein solcher kommunikativer Kontakt zwischen Betreuungsklient und möglichen Betreuern hergestellt wird, kann sich erweisen, ob eine Plazierung am gegebenen Ort unter dem Aspekt der persönlichen Beziehung denkbar ist.

d) Gefühlsfunktionalisierung

Der Sozialarbeiter beachtet sorgfältig die Gefühle (Affekte) der Problembeteiligten, geht auf sie ein und bemüht sich, sie in problemlösendem Sinne zu beeinflussen und einzusetzen. Er nimmt den Problembeteiligten negative Gefühle ab, hilft ihnen, ihre affektive Situation zu klären und fördert funktionelle Gefühle.

Soziale Probleme sind menschliche Probleme, und wo immer es um Menschen geht, spielen die Gefühle eine bedeutende Rolle. Dass wir die Sozialarbeit klar von der Psychotherapie abgrenzen, heisst keineswegs, um das Affektive in und zwischen den Menschen brauche sich der Sozialarbeiter nicht zu kümmern. Ganz im Gegenteil: er muss die Gefühle der Problembeteiligten – und darüber hinaus auch seine eigenen und anderer Dritter – wach und sensibel beobachten, in Rechnung stellen und mit ihnen arbeiten.[200] Sie sind oft entscheidende Ursachen sozialer Probleme und mächtige Hemmnisse für deren Lösung. Wenn sie solche negative Wirkung haben, bezeichnen wir sie als *dysfunktionell*; *funktionell* hingegen nennen wir jene Affekte, welche die Problemlösung begünstigen. Manches soziale Problem lässt sich gar nicht lösen, ohne dass dysfunktionelle Gefühle durch funktionelle ersetzt werden. Der Sozialarbeiter muss sich deshalb darum bemühen, die Gefühle der problembeteiligten Personen zu «funktionalisieren».

Dieser Begriff erinnert an unser gesamtes systemisches Konzept der Sozialarbeit, und tatsächlich erweisen sich in der *Systemperspektive* die Affekte eines Menschen als abhängig von seinen Beziehungen zu andern Menschen. Die individuelle psychische bzw. psychophysische Konstitution wirkt sich von innen her bloss in der allgemeinen Gemütsart, dem affektiven Naturell einer Person aus. Die einzelnen, aktuellen Gefühle hingegen werden – auf dieser innerpsychischen

---

200 Vgl. hiezu das treffliche Kapitel «Gefühle in der Sozialarbeit» in *Ziltener 1989* (S. 12–43).

Basis – von aussen durch Faktoren der kulturellen (geistigen) und sozialen Lebenssituation erzeugt, und unter all diesen Faktoren kommt den Mitmenschen die weitaus grösste Bedeutung zu. Affekte sind im wesentlichen menschliche Interaktionsphänomene, und als solche muss der Sozialarbeiter sie unter dem systemischen Gesichtspunkt sehen. Nur so begreift er, woher sie rühren, wie sie sich gegenseitig bedingen, welche Wirkung sie auf die Problemsituation haben und wie sie sein müssen, damit sich das Problem lösen lässt. Und natürlich ist im Affektbereich nicht nur das Verstehen, sondern ebenso das Handeln des Sozialarbeiters systemorientiert: Gefühlsfunktionalisierung geschieht im Kontext der gesamten sozialen Systemfunktionalisierung, die der Sozialarbeiter anstrebt.

Freilich, identisch mit dieser ist sie nicht, denn sie bezieht sich erstens nur auf den *psychischen* Aspekt eines Problemzusammenhanges und zweitens nur jeweils auf den *einzelnen* Problembeteiligten: Soziale Probleme können trotz funktioneller Gefühle aller beteiligter Menschen aus nicht-affektiven, z. B. physischen, finanziellen oder rechtlichen Gründen (weiter)bestehen; und es kommt selbstverständlich auch vor, dass sich im selben Fall durch den Problemlösungsprozess die Gefühle des einen Problembeteiligten zwar günstig verändern, die des andern aber nicht.

Fast alles, was der Sozialarbeiter tut, hat grössere oder kleinere Auswirkungen auf die Affektlage der Problembeteiligten. Eben deshalb muss er ihr überall und durchgehend Aufmerksamkeit schenken, und all sein Handeln soll, soweit immer es möglich ist, die Affekte der Problembeteiligten funktionalisieren.

Im engern Sinne verstanden meint «Gefühlsfunktionalisierung» ein spezielles methodisches Handeln des Sozialarbeiters, das sich in drei methodischen *Subprinzipien* ausdrücken lässt: der Sozialarbeiter nimmt den problembeteiligten Menschen die negativen Gefühle ab, er hilft ihnen bei der Klärung ihrer Gefühle, und er fördert funktionelle Gefühle in ihnen.

1. Abnahme negativer Gefühle

Es ist wichtig, dass die Problembeteiligten im Gespräch mit dem Sozialarbeiter bedrückende, destruktive, aggressive Emotionen wie Trauer, Enttäuschung, Angst, Wut, Hass, Hoffnungslosigkeit äussern und so gewissermassen bei ihm «abladen» können. Derartige Gefühle werden nicht nur verbal, sondern oft auch averbal kundgetan: der affektiv «geladene» Mensch weint zum Beispiel, oder er bleibt stumm, geht unruhig hin und her, hämmert auf den Tisch, starrt vor sich hin etc. Der Sozialarbeiter provoziert solchen Ausdruck unguter Gefühle nicht auf künstliche Weise, wie es Psychotherapeuten in kathartischer Absicht und mit entsprechender Technik tun. Aber wo negative Emotionen offensichtlich sind, erleichtert er es den Menschen durch eine *öffnende Gesprächsführung,* sie «herauszulassen». Dass der Sozialarbeiter diese Gefühle «abnimmt», bedeutet einfach: er hört geduldig und teilnehmend zu, zeigt sich nicht erstaunt, ungehalten oder peinlich berührt von ihnen, sondern gibt den betreffenden Problembeteiligten zu spüren, dass es sich dabei um etwas menschlich Verständliches handelt.

Natürlich kann er niemandem etwas abnehmen, das dieser nicht auch *abgeben* will. Wenn ein Problembeteiligter gerne in seinen Emotionen badet und tatsächlich glaubt, sie seien es, die ihn vorwärts bringen, nützt das beschriebene sozialarbeiterische Verhalten nichts. Viele Menschen wissen aber sehr wohl, dass ihre negativen Gefühle einer Problemlösung im Wege stehen, dass sie mit ihnen ihre eigene Persönlichkeit schwächen und andere Problembeteiligte ungünstig beeinflussen. Für solche Menschen kann es sich als ausgesprochen hilfreich erweisen, wenn ihnen der Sozialarbeiter die Möglichkeit bietet, sich bei ihm affektiv zu entlasten. – Hiezu ein *Beispiel*: Ein Ehemann, der in Scheidung steht, verlangt aus Enttäuschung und Wut über seine Frau und deren Freund ganz und gar Unrealistisches vom Gericht: dass ihm entweder das fünfjährige Töchterchen zugesprochen werde (obschon es an der Mutter hängt und diese gut für das Kind sorgt) oder dass er, falls die Mutter das Kind bekomme, keine Kinderalimente bezahlen müsse, weil er ja dann das Kind sowieso an den Freund der Frau verloren habe. Wenn das Scheidungsurteil ihn gleichwohl zu Unterhaltsbeiträgen verpflichte, werde er – so zum Sozialarbeiter – «mit dem Sturmgewehr aufräumen». Er schimpft und flucht über die Frau, den Freund, die Anwälte und Richter und alle Ämter, das Jugendamt des Sozialarbeiters miteingeschlossen, die sämtlich, wie man sehe und wisse, parteiisch auf der Seite der Frauen stünden. Der Sozialarbeiter lässt den Mann zwei Stunden lang seine von Frustrationen und Ressentiments aufgeladene Version der Ehegeschichte erzählen, hört und nimmt sie ihm ab, die Geschichte und die Gefühle, zeigt Interesse und menschliche Anteilnahme an beidem, urteilt aber nicht über das, was er vernimmt. Im Anschluss daran erweist sich der Mann als ruhig und vernünftig. Er beharrt nicht mehr auf seinen irrealen Forderungen, und der Sozialarbeiter kann mit ihm einen sinnvollen Vorschlag zur Regelung der Kindeszuteilung, des Besuchsrechts und der Unterhaltsbeiträge ausarbeiten.

2. Gefühlsklärung

Auch dadurch, dass er Problembeteiligten hilft, sich über ihre Gefühle klar zu werden, trägt der Sozialarbeiter zur Funktionalisierung der Affekte bei. Oft weiss ein Mensch gar nicht, was für Gefühle er einem Menschen gegenüber hat, insbesondere ist er sich seiner Gefühlsambivalenzen nicht bewusst. So merkt z. B. ein Lehrer, dessen vierzehnjährige Schülerin massive Schwierigkeiten macht, nicht, dass er an sie erotisch gebunden ist; eine Mutter «übersieht», dass sie ihr behindertes Kind nicht nur liebt, sondern auch ablehnt; einem Ehemann, der den Haustyrannen spielt, ist gänzlich fremd, dass er sich seiner Frau gegenüber intellektuell minderwertig fühlt; ein Betreuer im Jugendheim verdrängt seine Angst vor einem aggressiven Jugendlichen; ein straffälliger Mensch verleugnet seine Schuldgefühle, die ihn zu selbstbestrafender neuer Delinquenz treiben; ein dreissigjähriger Mann, der das Elternhaus trotz grosser familiärer Konflikte nie verlassen hat, weiss nichts von seinem Hass gegenüber den Eltern.

Der Sozialarbeiter als aussenstehender Dritter erkennt häufig solche Affekte bei den Problembeteiligten, vor allem dann, wenn er deren Interaktion direkt beobachten kann. In seiner Interposition sieht er auch, wie zwischen den Gefühlen zweier oder mehrerer Problembeteiligter eine Wechselwirkung herrscht, was die betreffenden Personen oft überhaupt nicht bemerken. Das Nichtwissen der Menschen um ihre wirklichen Gefühle beruht entweder auf ihrer psychischen Interessenlage, die ihnen – über unbewusste Mechanismen – verbietet, gewisse Affekte zu anerkennen, oder auf dem Mangel an psychologischen Kenntnissen. Trotz der Popularisierung, welche die Psychologie durch die Massenmedien erfahren hat, sind viele Menschen ausserstande, psychologisches Wissen wirklich zu begreifen, und erst recht nicht, es auf sich selbst anzuwenden. Gerade den typischen Sozialarbeitsklienten fehlt es oft krass an Einsicht in das eigene Innere. Solche *Introspektion*, wenigstens in gewissem Masse, brauchen die Problembeteiligten aber meist, wenn sie ihre affektive Einstellung in funktioneller Weise ändern sollen. Am wichtigsten ist, dass die Problembeteiligten sich der Gefühle, die ihr Verhalten im Problemzusammenhang bestimmen, innewerden und dass sie erkennen, was für eine Wirkung von diesen Gefühlen ausgeht.

Wo Sozialarbeiter und Problembeteiligte gemeinsam darüber nachdenken, kommen sie fast zwangsläufig auch darauf zu sprechen, woher die dysfunktionellen Affekte denn herrühren. Gefühlsklärung hat so nebst dem phänomenalen einen kausalen Aspekt. Wieweit sich der Sozialarbeiter damit befassen darf, soll oder muss, läuft auf die Frage heraus, wo die Trennungslinie zwischen *Sozialarbeit* und *Psychotherapie* liegt. Mit dem sozialarbeitsspezifischen Begriff «Gefühlsklärung» soll eine restriktive Abgrenzung gezogen werden gegenüber der eigentlichen, umfassenden, tiefgreifenden «psychologischen Analyse» bzw. «Diagnose», welche Aufgabe der Psychotherapie ist. Auch die sozialarbeiterische Gefühlsklärung hat zwar psychologisch analysierenden Charakter, doch dem Sozialarbeiter liegt nicht wie dem Psychologen daran, die Psyche des Klienten zu erhellen. Die Problembeteiligten erwarten dies auch nicht von ihm. Manche ziehen sich von ihm zurück, wenn sie ihn als den Psychologen zu spüren bekommen, der sie – so die übliche Meinung der Unterschichtangehörigen – «mit Röntgenaugen bis ins Innerste durchschaut». Psychologische Begriffe wie «Projektion», «Über-Ich», «Symbiose», «Regression» etc. befremden oder erschrekken die typischen Sozialarbeitsklienten; und sie sind auch nicht bereit, sich vom Sozialarbeiter auf artifizielle Weise – etwa mittels Tests oder Fragebogen, durch Traumanalyse oder freies Assoziieren, in Couchlage oder in Partnerübungen – psychologisch untersuchen zu lassen. Sie wissen sehr wohl, dass sie nicht beim Arzt oder Psychologen sind und dass es hier nicht um ihr psychisches Innenleben geht. Wenn sich der *Sozialarbeiter* mit ihren Gefühlen befasst, muss ihm wie ihnen klar sein, dass dies nur soweit geschieht, als es für die soziale Problemlösung nötig, sinnvoll und nützlich ist. Sieht der Sozialarbeiter, dass von der

Persönlichkeit des betreffenden Menschen oder von der Art des sozialen Problems her gefühlsklärende Bemühungen wenig Aussicht auf Erfolg oder keinen wesentlichen Zweck haben, unterlässt er sie.

Und wo er sie unternimmt, tut er es in feinfühliger Zurückhaltung, ohne angreifend, beschuldigend, verletzend, indiskret, vergewaltigend zu wirken. Er sagt den Problembeteiligten gesprächsweise, was er im Affektbereich an ihnen bemerkt, was für Fragen ihm dabei auftauchen, wo er Schwierigkeiten sieht, was für Überlegungen er sich dazu macht, welche Erklärungsmöglichkeiten es gibt. Selbst wenn er in einem Falle eine entschiedene psychologische Meinung hat, äussert er sie lediglich als Frage und Hypothese; denn es geht ihm bei der Gefühlsklärung nicht darum, eine psychologische Diagnose aufzustellen und die Problembeteiligten zu veranlassen, ihr gläubig zuzustimmen. Sie sollen vielmehr *zur Selbstreflexion motiviert und angeleitet* werden. Und wenn der Sozialarbeiter ihnen, falls tunlich, in angemessener Vereinfachung *psychologische Verstehensfiguren* anbietet, geschieht dies nicht als Aufklärungskursus in Psychologie oder zur Indoktrination einer psychologischen Lehrmeinung. Die Problembeteiligten benötigen z. B. die psychoanalytische Verdrängungstheorie, das Kollusions-Konzept neurotischer Partnerbeziehungen[200] oder die kommunikationstheoretische «double bind»-Theorie nicht als *Wissen* und auch nicht als *Glaube*. Doch damit bekanntgemacht zu werden, mag manchem helfen, Klarheit über die eigenen Gefühle und die seiner Bezugspersonen zu gewinnen.

Je weiter und tiefer das psychologische Wissen des Sozialarbeiters reicht, desto mehr solcher Verstehensfiguren, und zwar verschiedenster Provenienz, sind ihm präsent. *Interaktionelle Konzepte* stehen für den systemorientierten Sozialarbeiter im Vordergrund, aber sie genügen im Affektbereich nicht. *Tiefenpsychologisches Denken* ist hier ebenfalls wichtig. Weder in seinem eigenen psychologischen Denken noch in dem, was er an psychologischen Deutungsmustern einem Problembeteiligten gegebenenfalls vorlegt, darf der Sozialarbeiter dogmatisch fixiert sein. In der sozialarbeiterischen Gefühlsklärung befinden wir uns nicht auf dem Feld, wo geprüft, bewiesen und durchgesetzt wird, welche Art Psychologie die wahre und richtige ist. Ob hier ein Mensch aufgrund des einen oder des andern psychologischen Konstruktes oder auch ganz ohne psychologische Begriffe zur Beschäftigung mit sich selbst und zu Einsicht in seine Affekte geführt wird, gilt gleichviel.

Psychisch gestörten Problembeteiligten vermag der Sozialarbeiter mit seinem gefühlsklärenden Handeln oft nicht wesentlich zu helfen. Falls ihre dysfunktionellen Affekte die soziale Problemlösung verhindern, muss er diesen Menschen psychotherapeutische Behandlung verschaffen.

200 Vgl. *Willi*

3. Förderung funktioneller Gefühle

Bei bzw. in den Problembeteiligten funktionelle Gefühle zu wecken und zu stärken, ist gewiss das wichtigste Moment der sozialarbeitsmethodischen Gefühlsfunktionalisierung. *Positive Affekte* wie Liebe, Freude, Hoffnung, Vertrauen, Mut, Gemeinschaftsgefühl etc. haben Wert in sich selbst, d. h. sie stellen einen Endzweck menschlichen Existierens dar und sollen allein schon deswegen gefördert werden. Darüber hinaus begünstigen sie aber in aller Regel auch die soziale Problemlösung – positive Gefühle sind generell-funktionelle Gefühle.

Im speziellen, d. h. in gewissen sozialen Problemkonstellationen, kann allerdings ein positiver Affekt dysfunktionell sein. Gemeinschaftsgefühl in einer kriminellen Clique oder Vertrauen zu einem ausbeuterischen, betrügerischen Partner schaffen und erhalten eher ein Problem, als dass sie es lösen helfen. Desgleichen z. B. die Liebe einer Mutter zu ihrem heroinabhängigen Sohn, wenn dieses positive Gefühl die Mutter immer wieder «schwach werden» lässt und ihr so ein konsequent aversives Handeln gegenüber dem Suchtverhalten des Sohnes verunmöglicht. Auch Hoffnung führt nicht überall zum Guten: eine Frau, verheiratet mit einem schwer persönlichkeitsgestörten, brutal-aggressiven Mann, der sie und die Kinder misshandelt, verlängert nur das Familienelend, das schon jahrelang dauert, wenn sie weiterhin auf eine Heilung, sozusagen eine Verwandlung des Mannes hofft und sich deshalb (noch) nicht von ihm trennt. In derartigen Fällen sind *negative Gefühle* wie Abneigung, Ekel, Wut, Verachtung, Enttäuschung, Hass, Egoismus etc. funktionell – freilich nicht als affektiver Dauerzustand, sondern nur während einer bestimmten Phase des sozialen Problemlösungsprozesses. Den Problembeteiligten helfen, sich darüber klar zu werden, was für Affekte nötig und nützlich für die Problemlösung sind, ist das erste, was der Sozialarbeiter zur Förderung funktioneller Gefühle tut. Selbstverständlich hängt dies eng zusammen mit, ja fliesst geradezu aus dem, was wir eben als «Gefühlsklärung» besprochen haben.

Die Förderung der generell-funktionellen positiven Gefühle ist nichts anderes als ein Aspekt des *Positivitätsprinzips*. Was wir bei dessen Behandlung (S. 236 f.) über die Betonung des Positiven und den ermutigenden Lösungsoptimismus des Sozialarbeiters feststellten, gilt auch hier. Wie der Sozialarbeiter über die einfache Wirkung seiner Persönlichkeit hinaus durch gezieltes methodisches Handeln funktionelle Affekte in den problembeteiligten Menschen wecken, stärken und stabilisieren kann, ist nicht leicht zu sagen. Gefühle lassen sich nicht beliebig «machen», nicht einmal die eigenen – höchstens einigermassen begünstigen und steuern. Im folgenden werden wir in Form eines weiteren Handlungsprinzips erörtern, was der Sozialarbeiter *pädagogisch* zu tun vermag, um das Verhalten der Problembeteiligten zu beeinflussen, und dabei ist die Frage, wie er funktionelle Gefühle methodisch fördert, miteingeschlossen.

e) Pädagogische Verhaltensbeeinflussung

Der Sozialarbeiter wirkt, wenn er beabsichtigt, das Verhalten von Problembeteiligten zu beeinflussen, in pädagogischer Weise auf sie ein. Das bedeutet insbesondere: Er verhält sich modellhaft für die Problembeteiligten, stellt adäquate Forderungen an sie, belehrt sie und leitet sie an, und er reagiert mit Gratifikation, wenn sie sich funktionell, mit Sanktion, wenn sie sich dysfunktionell verhalten.

Alles, was der Sozialarbeiter im Zusammenhang eines sozialen Problemfalles tut, kann das Verhalten der daran beteiligten Personen beeinflussen. Es geht hier aber nicht um das Gesamte des sozialarbeiterischen Handelns, sondern um einen Ausschnitt desselben: die Anwendung bestimmter pädagogischer Prinzipien und Mittel durch den Sozialarbeiter. *Pädagogisch* meint hier einfach: methodisch-erzieherisch, gezielt Lernen fördernd, und zwar bei Menschen jeden Alters.[201] Obschon wir die Sozialarbeit von der Sozialpädagogik typologisch klar unterscheiden und sie nicht als spezifisch pädagogische Tätigkeit auffassen[202], gilt uns als selbstverständlich, dass der Sozialarbeiter in mancher Hinsicht explizit pädagogisch handeln muss. Vieles, was wir bereits – z. B. über die Klientschaft, die Sozialarbeiter-Persönlichkeit, die Kommunikation gesagt haben, enthält in weiterem Sinne pädagogische Thesen und Empfehlungen. Darüber hinaus gibt es aber ein Handeln des Sozialarbeiters, das im *speziellen, engern Sinne* pädagogisch ist, und dieses soll hier zur Sprache kommen. Es lässt sich – was im folgenden geschieht – in vier unterschiedlichen, aber zusammenhängenden Aspekten aufzeigen, die man als *Subprinzipien* des Prinzips pädagogischer Verhaltensbeeinflussung auffassen kann.

1. Modell-Verhalten

Soziale Verhaltensweisen werden grösstenteils anhand persönlicher Vorbilder gelernt. Der Sozialarbeiter muss sich bewusst sein, dass er für die Problembeteiligten, ob er es will oder nicht, ein Modell ist – nebst andern Personen oder Idolen natürlich. Und zwar betrifft seine Modell-Funktion zur Hauptsache die *Art des*

---

201 Unter dem Gesichtspunkt seiner sprachlichen Herkunft (aus dem Griechischen) beschränkt sich der Begriff *Pädagogik* auf das führende, leitende Bemühen um Kinder und heranwachsende Menschen. Insofern hat es jedenfalls einen sprachlogischen Sinn, der «Pädagogik» Ausdrücke wie «Andragogik» und «Gerontagogik» zur Seite zu stellen und den Dachbegriff *Agogik* zu gebrauchen. Es mag dies auch, vor allem im Bereich der Sozialpädagogik, zur theoretischen Differenzierung nützlich sein. Für unseren Zusammenhang hingegen spielen solche Feinheiten keine Rolle und genügt der einfache Ausdruck «Pädagogik» für sämtliche «agogischen» Aspekte.
202 Wie es in einem der neuesten sozialarbeitstheoretischen Konzepte *Baal* tut: Für ihn besteht die Funktion der Sozialarbeit darin, «bei den Bürgern Lernprozesse zu initiieren» (S. 30) und damit deren Sozialisation zu fördern. Die ganze Sozialarbeit wird hier unter dem Aspekt von Lehren und Lernen begriffen.

menschlichen Umgangs, der Kommunikation, der Einstellung und der Reaktionsweise auf humane und soziale Sachverhalte, vor allem auf negative Vorfälle und schwierige Situationen. Hierin wird der Sozialarbeiter genau beobachtet, und entsprechend ist ihm ein wirksames pädagogisches Mittel gegeben, durch vorbildhaftes Verhalten das Verhalten der beobachtenden Problembeteiligten zu beeinflussen. Was dieselben generell sollen an ihm lernen können, haben unsere Ausführungen über den Idealtypus der Sozialarbeiter-Persönlichkeit gezeigt: Offenheit, Eingehen auf den andern, Diskretion, Sachlichkeit, Versöhnlichkeit, Zugeben von Fehlern, Flexibilität, Zuverlässigkeit, Hartnäckigkeit, Optimismus, um nur einiges zu nennen.

Unter Umständen mag der Sozialarbeiter auch in seinem privaten Verhalten als Modell dienen, etwa hinsichtlich seiner Trinkgewohnheiten, seiner Art, das Haushaltgeld zu verwalten, seinem Stil in der Kindererziehung, seiner «Technik», mit der Ehefrau strittige Fragen zu regeln. Hiebei wird freilich in aller Regel das funktionelle Verhaltensmuster vom Sozialarbeiter nicht direkt vorgelebt, sondern bloss durch Sprache reproduziert, d. h. dem Problembeteiligten möglichst anschaulich geschildert.

Der Sozialarbeiter darf das eigene persönliche Leben und soziale Beziehungsgefüge allerdings nicht unreflektiert-naiv als Modell für die Problembeteiligten benützen. Was für *ihn* und die Seinen gut ist, braucht es keineswegs bei andern Menschen zu sein. Was *er* benötigt oder kann, benötigen und können andere vielleicht überhaupt nicht. Ob und inwiefern er selbst ein brauchbares Modell für einen Problembeteiligten abzugeben vermag, muss er stets sorgfältig überlegen.

Ausdrückliches Modellieren durch den Sozialarbeiter geschieht da, wo er jemandem ein Verhalten vordemonstriert. So etwa, wenn er einem unbeholfenen, ängstlichen Menschen vormacht, wie er sich einem Versicherungsvertreter gegenüber benehmen soll, oder wenn er z. B. während eines Partnergesprächs kurz in die Rolle des Mannes schlüpft und diesem zeigt, wie er sinnvoll auf eine bestimmte Äusserung der Frau reagieren könnte.

2. Adäquate Forderungen

Nur wenige soziale Probleme lassen sich vom Sozialarbeiter und andern Drittpersonen allein, sozusagen technisch – mit blossen finanziellen, rechtlichen, informationellen, organisatorischen Massnahmen – lösen. In den meisten Fällen müssen die Problembeteiligten aktiv an der Problemlösung mitarbeiten, sonst kann sich die negative soziale Situation, in der sie sich befinden, nicht wesentlich ändern. Dabei ist oft selbstverständlich klar, was eine problembeteiligte Person zu tun hat, und sie verhält sich auch ohne weiteres so. In andern Fällen hingegen muss der Sozialarbeiter ausdrücklich Verhaltensforderungen an sie stellen.

Diese Forderungen müssen *adäquat,* d. h. den geistigen, psychischen und körperlichen Fähigkeiten sowie der persönlichen Wesensart des betreffenden Menschen angepasst sein. Die Problembeteiligten sollen so viel leisten, wie sie vermögen, aber sie dürfen nicht überfordert werden. Es kann z. B. sinnvoll sein, dass der Sozialarbeiter von einem Klienten verlangt, sich bei einer bestimmten Firma, die Arbeitskräfte sucht, vorzustellen; aber möglicherweise ist der betreffende Mensch überfordert, wenn er dies ganz allein tun muss. Die adäquate Forderung an ihn besteht dann etwa darin, dass er hingehe und sich beim Personalchef vorstelle, nachdem der Sozialarbeiter mit demselben Kontakt aufgenommen, ihm die Situation des Klienten kurz geschildert, diesen empfohlen und einen Termin für das Vorstellungsgespräch vereinbart hat. Oder im Falle einer Schuldensanierung gilt es beispielsweise, sehr genau zu erwägen, wieviel Geld der Klient dem Sozialarbeiter zur Abzahlung der Schulden regelmässig geben kann. Das lässt sich nicht ohne weiteres an abstrakten Skalen, etwa den gerichtlichen Betreibungsansätzen, ablesen, sondern hängt wesentlich ab von der Persönlichkeit des Klienten. Verlangt der Sozialarbeiter einen zu hohen Betrag, bricht die Zahlungsmoral des Klienten vielleicht schon nach kurzem zusammen und die Schuldenregulierung scheitert. Ebenso verhält es sich in bezug auf die Dauer der Schuldenabzahlung.

Der Sozialarbeiter stellt nicht einfach allgemeine Forderungen an die Problembeteiligten, etwa: «Trinken Sie keinen Alkohol mehr!» oder: «Sprechen Sie doch mit Ihrem Mann über die Probleme, die Sie beide miteinander haben! Seien Sie weniger aggressiv mit ihm!» Dergleichen Imperative hat sich der betreffende Mensch schon seit langem selbst oder es haben sie ihm bereits viele andere Leute gegeben. Vom Sozialarbeiter soll er *präzise konkrete Aufgaben* gestellt bekommen wie: «Gehen Sie morgen zu Ihrem Hausarzt und bitten Sie ihn, Sie in einer Klinik zum Alkohol-Entzug anzumelden (oder: eine Antabus-Kur mit Ihnen zu beginnen)! Berichten Sie mir am Montag, was der Arzt meinte!» Oder: «Sagen Sie heute abend Ihrem Mann, dass Sie hier bei mir waren, weil Sie die Ehekonflikte lösen möchten, und bitten Sie ihn, mich nächste Woche anzurufen, damit wir wenn möglich ein gemeinsames Gespräch vereinbaren können!» Derartige Aufgaben sind einfach, klar und zeitlich bestimmt. Wer sie empfängt, weiss genau, was er tun soll, und der Sozialarbeiter vermag hier ohne weiteres zu sehen, ob die Aufgabe erfüllt wird oder nicht. Was die soziale Problemlösung von ihrem Gesamtziel her einem Beteiligten abverlangt, ist für diesen oft sehr viel und sehr schwierig. Der Sozialarbeiter muss deshalb mit seinen Forderungen *Schritt für Schritt* vorgehen, Teilziele anstreben, die dem aktuell gegebenen Leistungsvermögen des betreffenden Menschen entsprechen – dies ist ein fundamentales pädagogisches Prinzip, das selbstverständlich auch für die Sozialarbeitsmethodik gilt.

Zur Pädagogik des Forderns gehört im übrigen, dass die Forderungen auf eine *motivierende* Weise gestellt werden. Die Problembeteiligten dürfen nicht den Eindruck erhalten, es werde ihnen vom Sozialarbeiter etwas befohlen oder die Aufgabe, die sie erfüllen sollten, sei eine Art Strafe dafür, dass sie am Problem «schuld» sind. Der pädagogisch geschickt handelnde Sozialarbeiter bemüht sich primär, die Menschen durch Beziehungswirkung (vgl. die Akzeptanzprinzipien) und kompetente Beratung dazu zu bewegen, die Forderungen anzunehmen, die er an sie richtet.

3. Belehrung und Anleitung

Die Problembeteiligten sollen wenn möglich aus Einsicht, nicht aus Angst oder dem Sozialarbeiter zu Gefallen an der Problemlösung mitarbeiten, und dabei sollen sie auf kluge, verständnisvolle, nicht auf unvernünftige, ungeeignete Weise handeln. Sie brauchen deshalb in mancher Hinsicht Belehrung und Anleitung durch den Sozialarbeiter. Dieser behält sein Berufswissen nicht für sich, sondern teilt es andern mit, wo immer es von der Problemsituation her sinnvoll ist. Er verschafft ihnen Erkenntnisse, z. B. in rechtlichen, finanziellen, psychologischen, gesundheitlichen, kommunikationstheoretischen, verwaltungsorganisatorischen, gesellschaftlichen Belangen, hellt ihnen Zusammenhänge auf, eröffnet ihnen Verstehensperspektiven – und zwar individuell-problembezogen, nicht als allgemeine Wissensvermittlung. *Lehren* geht über das blosse Auskunfterteilen hinaus. Es ist ein *kommunikatives* Geschehen, durch das der Sozialarbeiter im Kommunikationspartner einen Denkvorgang auslösen, ihn zu fortschreitendem Verstehen bewegen und damit zu grösserer menschlicher und sozialer Reife führen will. Natürlich kann der belehrende Sozialarbeiter dieses pädagogische Ziel nur erreichen, wenn er sich der Persönlichkeit des betreffenden Menschen, insbesondere seinem intellektuellen Vermögen, anpasst.

Entscheidend bei allem ist, dass die Problembeteiligten zu einem Verhalten befähigt und motiviert werden, das die Problemlösung begünstigt. Freilich, auch wo einem Menschen aus Belehrung die Einsicht erwächst, was er grundsätzlich tun soll, mag er doch unsicher und unwissend bleiben, wie er dies konkret durchführen kann. Ohne solche praktische Kenntnis nützt alles sonstige Verstehen nichts, und die sozialarbeiterische Belehrung muss deshalb in vielen Fällen zur *Anleitung* werden: zu einer – unter Umständen sehr präzisen – handlungsbezogenen Instruktion. Mit Recht erwarten die Klienten, dass der Sozialarbeiter als Fachmann in den Angelegenheiten der konkreten sozialen Lebensbewältigung ihnen derartige Anleitung zu geben vermag und dass er dazu bereit ist. Auch dies macht er selbstverständlich in offenem kommunikativen Austausch mit dem betreffenden Menschen. Er versorgt den Klienten nicht einfach mit einem Handlungsrezept, sondern erklärt und diskutiert seine Ratschläge, und wo immer die gefühlsmässige Vorliebe und persönliche Meinung des Klienten für die Wahl des einen oder andern Vorgehens Bedeutung hat, legt er ihm Handlungsalternativen und -varianten vor.

Die sozialarbeiterische Beratung ist stark vom belehrenden und anleitenden Moment und mithin pädagogisch geprägt. Whittaker führt ganz richtig als eine der vier wichtigsten Rollen des Sozialarbeiters diejenige des «Lehrers-Beraters» an.[203] Wer diese Rolle deswegen geringachtet oder ablehnt, weil der Sozialarbeiter damit auf moralisch unzulässige Weise Macht ausübe und die Selbständigkeit des Klienten gefährde, übersieht den Unterschied zwischen einem machthierarchischen und einem wissenshierarchischen Verhältnis. In seinem Fachbereich steht jeder Fachmann *wissenshierarchisch* höher als ein Laie, sei dieser ihm machthierarchisch nun unter- oder übergeordnet. Einzig aufgrund des zwischen ihm und dem Laien bestehenden Wissensgefälles ist der Fachmann überhaupt legitimiert und tatsächlich fähig, den Laien zu belehren. Ja, vom ethischen Standpunkt aus verpflichtet das höhere und bessere Wissen den Fachmann sogar, den Laien zu belehren, wenn dieser ihn um Hilfe angeht.

Genau diese Konstellation ist in der Sozialarbeit gegeben. Der Sozialarbeiter muss es deshalb als seine Berufspflicht auffassen, den Problembeteiligten – jedenfalls seinen Klienten unter ihnen – möglichst viel und gute Belehrung zuteil werden zu lassen. Zugleich allerdings muss er sorgfältig darauf achten, dass sein belehrendes, anleitendes Handeln nicht zur manipulativen Machtausübung wird, sondern immer ein echt pädagogisches Tun bleibt – eines, das die Handlungskompetenz und dadurch die persönliche Freiheit des Klienten erweitert, nicht beschneidet.

4. Gratifikation und Sanktion

Der Sozialarbeiter bleibt gegenüber dem Handeln der Problembeteiligten nicht gleichgültig-neutral, sondern er reagiert zielbewusst darauf: Erwünschtes, die Problemlösung förderndes Verhalten bestärkt er, indem er ihm Angenehmes, Vorteilhaftes folgen lässt, und unerwünschtes Verhalten versucht er dadurch zum Verschwinden zu bringen, dass er nachteilige Konsequenzen daran knüpft. Wo das Erstgenannte zutrifft, *gratifiziert* der Sozialarbeiter das Verhalten der betreffenden Person, im zweiten Fall *sanktioniert* er es. Umgangssprachlich würde man von «belohnen» und «bestrafen» reden, und in der Tat liegt der sozialarbeiterischen Gratifikation und Sanktion nichts anderes zugrunde als das elementare pädagogische Prinzip von *Belohnung* und *Bestrafung*, das überall – offenkundig oder sublim – zur Anwendung und Wirkung gelangt, wo es um soziale Verhaltensbeeinflussung geht. Die Begriffe «Lohn» und «Strafe» wecken aber zu sehr die Vorstellung eines Machtverhältnisses, als dass sie für die Beziehung zwischen Sozialarbeiter und Problembeteiligten allgemein geeignet wären. Die machtmässigen Möglichkeiten des Sozialarbeiters, belohnend (gratifizierend) oder bestrafend (sanktionierend) auf problembeteiligte Personen einzuwirken, reichen in der Regel nicht gerade weit. Ethische, rechtliche, sachliche und psychische Schranken verhindern, dass der Sozialarbeiter grossartig zu gratifizieren oder hart zu sanktionieren vermöchte.

Immerhin, einige Mittel hiezu hat er. Im affektiv-kommunikativen Bereich

---

203 *Whittaker*, S. 57 ff. Ebenso *Thomann/Schulz von Thun*, die betonen, dass der beratende, gesprächsmoderierende «Klärungshelfer» notwendigerweise immer auch «Lehrer, Belehrer und Wertvermittler» sei (S. 29).

kann (und soll) er auf funktionelles Verhalten von Problembeteiligten mit Lob, Freude, Anerkennung, Bekundung von Sympathie und dem Ausdruck von Lösungshoffnung reagieren und es so emotionell gratifizieren. Nach verhaltenstherapeutischer Lehre und Terminologie wird damit das betreffende Verhalten «positiv verstärkt», und die hiebei eingesetzten Gefühle bzw. Kommunikationssignale gelten als *positive Verstärker*. Andere, nicht-affektive positive Verstärker, die in der Sozialarbeit eine Rolle spielen, sind Geld, Sachen und Dienstleistungen (auch diejenigen des Sozialarbeiters selbst).

Der Sozialarbeiter kann positive Verstärker sowohl dazu verwenden, Verhalten zu gratifizieren (nämlich indem er sie *gewährt*), wie dazu, es zu sanktionieren (indem er sie *entzieht*). Am Beispiel finanzieller Sozialhilfe gezeigt: Wenn der Sozialhilfe-Klient eine hohe Eigenleistung erbringt, honoriert dies der Sozialarbeiter. Im Falle einer Mutter etwa, die trotz grosser Haushalts- und Erziehungslast noch stundenweise auswärts putzen geht, um auch selbst etwas zu verdienen, rechnet er wenn möglich diesen Nebenerwerb nicht voll als Einkommen an oder er ist grosszügig bei der Vergütung von besonderen Auslagen. Umgekehrt kürzt er beispielsweise einem Sozialhilfe-Empfänger, der durchaus eine teilzeitliche Erwerbsarbeit ausüben könnte, sich aber trotz wiederholter Aufforderung nicht ernsthaft bemüht, eine solche zu finden, die finanzielle Unterstützung.

Auch seine *Gefühle* kann der Sozialarbeiter dazu einsetzen, dysfunktionelles Verhalten von Problembeteiligten zu sanktionieren. Er zeigt sich in diesem Falle befremdet, enttäuscht, entmutigt, verärgert, vielleicht sogar aufgebracht und zornig darüber, macht den betreffenden Menschen Vorwürfe, kritisiert und tadelt sie. Derartige affektive Sanktion muss aber wohl überlegt sein. Sie wirkt im beabsichtigten Sinne nur bei jenen Problembeteiligten, die den Sozialarbeiter akzeptieren (vgl. S. 346 ff. über die sozialarbeiterische Akzeptanz) und denen an einer guten persönlichen Beziehung zu ihm liegt.

Gratifizierendes oder sanktionierendes Handeln ist dem Sozialarbeiter insbesondere dort geboten, wo er einem Problembeteiligten eine *Aufgabe* gestellt oder mit ihm eine *Abmachung* getroffen hat. Es wäre unpädagogisch, als Sozialarbeiter nicht zu beachten, ob und wie die Aufgabe durchgeführt bzw. die Abmachung eingehalten worden ist, und darauf nicht zielorientiert zu reagieren. Schon die methodischen Prinzipien der Lösungsdynamik und der Effizienz verlangen nach einer solchen – sei es positiven, gratifizierenden, sei es negativen, sanktionierenden – Reaktion. Anders fehlt den Problembeteiligten, die sich funktionell verhalten, denen damit aber nicht schon unmittelbar greifbare Vorteile erwachsen sind, der Ansporn, auf dem guten Weg weiterzugehen. Und jene, die sich dysfunktionell verhalten, merken unter Umständen nicht einmal, dass sie es tun – jedenfalls erfahren sie keinen Anstoss und Druck, der sie aus ihrer Passivität, ihrem Egoismus, ihrer Verantwortungsablehnung, ihrer Destruktivität hinausbewegen würde. Im Gegenteil, der Sozialarbeiter stabilisiert ihr unerwünschtes Verhalten noch, wenn er es ohne negative Konsequenz seinerseits geschehen lässt.

Am wirkungsvollsten in den sozialen Problemlösungsprozess eingebaut ist das Gratifikations- und Sanktionsprinzip dort, wo der Sozialarbeiter seine eigenen helfenden Handlungen abhängig macht von vereinbarten *Mitarbeitshandlungen* der Problembeteiligten. Das kann einzelne Angelegenheiten betreffen, beispielsweise das Begehren eines Klienten um Geld für eine bestimmte Auslage: Am angenehmsten ist es für den Klienten, bares Geld vorschüssig in die Hand zu bekommen; und der Sozialarbeiter kann ihm dies gratifizierend gewähren, wenn ihm der Klient seinerseits frühzeitig genug von zuständiger Stelle (Schule, Arbeitgeber, Heimleitung, Arzt etc.) eine Bestätigung verschafft, dass die Auslage nötig oder jedenfalls sinnvoll sei. Hingegen mag der Sozialarbeiter die Vergütung der Kosten, auch nachdem sie tatsächlich angefallen sind, verweigern, wenn sich der Klient nicht darum bemüht, ihm eine solche Bestätigung nachzuliefern, und faktisch läuft dies auf eine Sanktion für mangelnde Mitarbeit hinaus.

In andern Fällen lässt sich überhaupt der *gesamte Problemlösungsprozess* in den Bedingungszusammenhang von Gratifikation bzw. Sanktion bringen. Bei direkten Verhandlungen zwischen zerstrittenen Problembeteiligten etwa macht der Sozialarbeiter mit diesen gewisse, der Situation angepasste Gesprächsregeln ab, zum Beispiel: bestimmte Ereignisse der Vergangenheit dürfen nicht aufgegriffen werden, Fragen müssen beantwortet werden, Schuldzuweisung ist verboten. Und er erklärt zum vornherein, dass er die Verhandlung führen und sich für eine friedliche Einigung zum Wohle aller einsetzen werde, solange die Beteiligten diese Regeln einhalten; dass er jedoch, wenn sie es nicht (mehr) tun und in fruchtloses Streiten zurückfallen, die Gespräche abbrechen werde. Die Gratifikation besteht hier im fortgesetzten sozialarbeiterischen Problemlösungsengagement überhaupt, die Sanktion im Entzug desselben.

Wir sehen übrigens in diesem Falle die Problembeteiligten zum voraus ins Bild gesetzt darüber, welche Konsequenz auf sozialarbeiterischer Seite ihr Verhalten haben wird. Solche *Voraussicht* auf allfällige sozialarbeiterische Gratifikation oder Sanktion zu schaffen, ist ganz allgemein sinnreich. Dies allein schon trägt dazu bei, die betreffenden Personen zu funktionellem Verhalten, zu echter, wirksamer Mitarbeit an der Problemlösung zu motivieren – und um nichts anderes geht es dem pädagogischen Handeln des Sozialarbeiters.

f) Selbständigkeitsförderung

Der Sozialarbeiter achtet, schützt und fördert die Selbständigkeit der Problembeteiligten. Sein Ziel ist es, sie soweit zu bringen, dass sie ihr Leben selbständig führen und die Probleme, die sich dabei stellen, selbst meistern können. Er verlangt von ihnen, aktiv am Problemlösungsprozess mitzuarbeiten, und tut nichts, was sie selbst zu tun imstande sind. Er ermutigt sie, eigenständige Entscheide zu treffen, wozu er insbesondere an ihr Selbstverantwortungsgefühl appelliert und ihr Selbstbewusstsein stärkt.

267

Der Mensch, welcher sein Leben selbst, ohne Beistand professioneller Helfer bewältigt, ist sein eigener Problemlöser. Der Sozialarbeiter darf sich dann für optimal erfolgreich halten, wenn er die hilfebedürftige Person zu ihrem eigenen Problemlöser hat machen können. Das ist freilich nicht immer möglich. Gewisse Klienten, z. B. Chronischkranke oder Geistigbehinderte, benötigen die Hilfe des Sozialarbeiters dauernd. Aber in jedem Problemfall bemüht er sich darum, die Selbständigkeit der Beteiligten zu vergrössern und sich, d. h. die sozialarbeiterische Hilfe, so weit wie möglich überflüssig werden zu lassen. "Hilfe o er Selbsthilfe"

Schon bei der *Aufnahme des Problemfalles* betont er die Selbständigkeit der betroffenen Menschen: Wo ein Dritter als Problemzuträger ihn auffordert, an Problembeteiligte heranzutreten, bei ihnen «nachzusehen», sie «vorzuladen», besteht er primär darauf, dass umgekehrt sie selbst mit ihrem Problem an *ihn* herantreten und dass der Problemzuträger sie zu diesem selbständigen Schritt motivieren solle. Nie gibt er einer problembeteiligten Person den Eindruck, er wolle sie von seinem Beistand und Willen abhängig machen, sie (im negativen Wortsinn) klientifizieren. Auch im Falle der Pflichtklientschaft geht er darauf aus, die soziale Kompetenz der betreffenden Menschen, ihre Fähigkeit zu selbständigem vernünftigen Handeln soweit zu entwickeln und stabilisieren, dass die Pflichtklientschaft aufgehoben werden kann.

Unter dem Positivitätsprinzip sowie dem Prinzip der pädagogischen Verhaltensbeeinflussung haben wir wesentliche sozialarbeiterische Handlungsaspekte aufgezeigt, die beitragen, das Selbstvertrauen, das Verantwortungsgefühl und die Leistungsbereitschaft der Problembeteiligten zu wecken und zu stärken. Ein diesbezüglich eminent wichtiges, noch nicht genanntes methodisches Moment ist die *Kompetenzvermutung*: Der Sozialarbeiter zeigt sich gegenüber den Problembeteiligten überzeugt davon, dass sie fähig sind, selbst sinnreich zu urteilen und zu handeln. Einerseits bezieht sich diese methodische Annahme allgemein auf die Person des Problembeteiligten; sie sagt ihm: Du bist ein vernünftiger, tüchtiger Mensch, du kannst vieles – ganz so wie die andern Menschen! Anderseits hat sie speziellen Charakter, nämlich dort, wo sie hinsichtlich eines bestimmten konkreten Verhaltens sagt: Dies kannst du tun, dazu bist du geeignet und fähig! Das braucht der Sozialarbeiter nicht wörtlich so auszusprechen. Er muss die Kompetenzvermutung überhaupt nicht verbal äussern. Entscheidend ist, dass er sie den Problembeteiligten durch die Art, wie er mit ihnen umgeht, und durch sein Problemlösungvorgehen glaubhaft vermittelt, sie ihnen sozusagen eingibt.

Er lässt einen bevormundeten Klienten selbst eine Stelle suchen und den Arbeitsvertrag abschliessen, ohne als Vormund in Erscheinung zu treten. Er zahlt einer Sozialhilfebezügerin einen monatlichen Pauschalbetrag aus, den sie selbständig verwalten bzw. verwenden soll. Er nennt einem Jugendlichen, der nicht mehr bei den Eltern leben will, die Adresse einer Wohngruppe und rät ihm, sich selbst mit den Leuten dort in Verbindung zu setzen und abzuklären, ob er bei ihnen wohnen könne. Er heisst die Eltern, deren vierzehnjährige Tochter mit einem Burschen davongelaufen und drei Tage später von der Polizei in der 50 km entfernten Stadt aufgegriffen worden ist, selbst hinzufahren und die Tochter abzuholen. Er verlangt von einer Frau, selbst mit ihrem Mann zu reden, um ihn dazu zu bewegen, mit ihr eine Ehetherapie zu machen. Er lässt einen invalide gewordenen Klienten selbst das IV-Anmeldungsformular ausfüllen. – Man könnte eine lange Liste derartiger *Beispiele* (es sind Beispiele, keine allgemeinen Arbeitsregeln!) aufzählen, die zeigen, wie der Sozialarbeiter einem problembeteiligten Menschen die Kompetenz, selbständig zu handeln, zubilligt, zutraut und zuspricht. Was für Handlungen im konkreten Fall und in der speziellen Situation angebracht sind, hängt ganz von den problemindividuellen persönlichen und sachlichen Gegebenheiten und den gerade aktuellen Umständen ab. Generell-methodisch gilt, dass die Problembeteiligten sich stets durch den Sozialarbeiter eingeladen, aufgefordert, für fähig erklärt und ermuntert fühlen sollen, in ihren eigenen Angelegenheiten selbst zu überlegen, zu entscheiden und zu handeln.

Wenn die problembeteiligten Menschen selbständig handeln, kann es natürlich geschehen, dass der Sozialarbeiter das, was sie tun, nicht für sinnvoll hält. In diesem Falle setzt er sich mit ihnen darüber auseinander. Aber in solcher *Auseinandersetzung* kritisiert er nie, dass sie Initiative und Selbständigkeit an den Tag gelegt, sondern immer nur, *wie* sie gehandelt haben. Und auch hierin hält er sich sehr zurück. Solange das betreffende Verhalten nicht gerade andern Menschen Schaden zufügt oder sich hinsichtlich der Problemlösung kontraproduktiv auswirkt, braucht der Sozialarbeiter es nicht zu missbilligen. Dass ein Problembeteiligter *selbständig entscheidet* oder *selbst handelt*, ist oft viel wichtiger, als dass der Sozialarbeiter das gleiche auf bessere Weise oder dass er etwas anderes Klügeres tut. Wenn etwa ein Vater mit seinem Kind, das bei der Ex-Frau lebt und durch sie von ihm ferngehalten wird, selbst den Kontakt aufnimmt, indem er es auf dem Schulheimweg «abfängt», so stellt dies wahrscheinlich nicht die günstigste Art des Vorgehens dar, denn es versetzt das Kind womöglich in Angst und macht die Mutter wütend. Anderseits jedoch ist diese selbständige Handlung viel eher als eine Demarche des Vaters beim zuständigen Jugendamt geeignet, dem Kind zu zeigen, dass sein Vater wirklich Interesse daran hat, es zu sehen, und die Mutter zu überzeugen, dass sie ernsthaft mit Schwierigkeiten rechnen muss, wenn sie den persönlichen Verkehr des Ex-Mannes mit dem Kind weiterhin hintertreibt. Oder der Asylant, welcher sich trotz grosser Sprachschwierigkeit und Unkenntnis der Usanzen allein, ohne sozialarbeiterische Hilfe, um eine Stelle bewirbt, bekommt diese vielleicht gerade deshalb, weil sein selbständiges Auftreten Eindruck macht, während ihm eine noch so beredte und kluge Fürsprache des Sozialarbeiters beim betreffenden Arbeitgeber womöglich nichts nützen würde. Auch wo ganz klar ist, dass er eine Handlung besser ausführen könnte als ein bestimmter problembeteiligter Mensch, muss der Sozialarbeiter wohl überlegen, ob sich nicht doch – besonders auf längere Sicht – eine *effizientere Problemlösung* ergibt, wenn der Problembeteiligte selbst bzw. selbständig handelt. Dies wird in vielen

Situationen allein schon deshalb zutreffen, weil die Handlungsautonomie der Problembeteiligten ohnehin ein Ziel jeglicher sozialen Problemlösung ist.

Daher hat auch die Anordnung einer *Pflichtklientschaft*, durch die einer problematischen Person ein wesentlicher Teil ihrer Selbstverantwortung und ihrer Handlungszuständigkeit entzogen und dem Sozialarbeiter überbunden wird, oft keinen Sinn. Als Bevormundeter verhält sich ein Mensch unter Umständen noch hilfloser oder schwieriger als vorher, da – so wie er es empfindet – sein soziales Kompetenzdefizit durch die Bevormundung offiziell bestätigt worden und nunmehr sozusagen legitimiert ist. Er fühlt sich nicht mehr (oder noch weniger als früher) verpflichtet, selbst für sein soziales Existieren zu sorgen, z. B. sich durch eigene Anstrengung den Lebensunterhalt zu verdienen oder in gutem Einvernehmen mit notwendigen Bezugspersonen zu leben. Er hat ja nun den Sozialarbeiter, der als Vormund verpflichtet und verantwortlich ist, für ihn zu schauen und zu handeln! ...

Es sind keineswegs alle problembeteiligten Menschen erpicht darauf, sich ihrer persönlichen Freiheit zu bedienen und selbständig, eigenverantwortlich tätig zu sein. Manchen ist es nur recht, wenn der Sozialarbeiter an ihrer Statt handelt. Solche Leute sehen ihn gern als ihren *Vertreter* und bieten sich ihm bereitwillig als Vertretungsklienten an (vgl. zur freiwilligen Vertretung S. 432 f.). Der Sozialarbeiter muss in jedem derartigen Problemfall prüfen, ob die Angelegenheit, um die es geht, oder das persönliche Kompetenzdefizit des betreffenden Menschen stellvertretendes sozialarbeiterisches Handeln wirklich erfordert. Wenn keine solche Notwendigkeit besteht, vertritt er den Problembeteiligten nicht, sondern motiviert ihn, selbst zu handeln.

3.223 Handlungsprinzipien betreffend das Problemlösungsvorgehen

a) Instrumentelle Problemdefinition

Der Sozialarbeiter bemüht sich in Zusammenarbeit mit Problembeteiligten und Dritten, dass eine handlungsleitende Problemdefinition zustande kommt, die wenn möglich von allen für die Problemlösung wichtigen Personen bejaht wird. Sie dient als Instrument der sozialen Problemlösung und hat als solches operationellen und konduktiven Charakter.

«Operationell» ist die sozialarbeiterische Problemdefinition insofern, als sie das soziale Problem von den gegebenen Lösungsmöglichkeiten her bestimmt, das Lösungsziel sowie Teilziele festlegt, Handlungsschritte des Sozialarbeiters und der lösungsbeteiligten Personen vorsieht und laufend der veränderten Problemsituation angepasst wird.

270   *konduktiv: leitend, vereinigt, zusammenführend*

Ihr «konduktives» Moment liegt darin, dass sie – falls sie voll gelingt – alle lösungswichtigen Personen auf eine gemeinsame Problemauffassung und ein gemeinsames Lösungskonzept vereinigt, sie zusammenführt (lat. con-ducere!) zu übereinstimmendem Denken und Handeln.

Der Begriff «Problemdefinition» mag den Anschein von etwas Gedanklich-Abstraktem, Präzisen und Starren, etwas Theoretischem, Wissenschaftlichen erwecken. Verstünden wir ihn in der Tat so, müsste die sozialarbeiterische Problemdefinition unter den methodischen Konzeptprinzipien erörtert werden. Allein, sie gilt uns als etwas im Wesen *Praktisches, Handlungsbezogenes,* als das Scharnier oder der Transmissionsriemen, durch das bzw. den die methodische sozialarbeiterische Reflexion, der Inhalt der Konzeptprinzipien sich in methodisches Problemlösungshandeln umsetzt.

Bereits das, was wir sozialarbeiterisches *Verstehen* nennen, ist nichts Abstraktes, theoretisch Deduziertes, sondern, wie wir wissen, in starkem Masse handlungsabhängig, aus der konkreten fallindividuellen Praxis gewonnen. Und die Konzeptprinzipien haben auch klargemacht, dass der Sozialarbeiter das soziale Problem überall im Blick auf die Problemlösung, also in dynamischer, zweckgerichteter Perspektive versteht. Es ist mithin schon das sozialarbeiterische Verstehen keine reine, d. h. Interessen-unabhängige, Wahrheit an-sich wiedergebende, umfassende Erkenntnis, sondern durchaus von Handlungsabsicht geleitet und partiell. Dennoch, es bleibt frei in dem Sinne, dass es ganz beim Sozialarbeiter liegt, ausschliesslich seine Sache ist, dass es erkundungs- und probeweise in verschiedene Richtungen geht und dass es nicht einzig und allein von den realen Handlungsmöglichkeiten diktiert wird. In seinem problemverstehenden Denken kann der Sozialarbeiter nebeneinander unterschiedliche Hypothesen, Handlungsszenarien und Prognosen aufstellen, und vielleicht kommt er dabei sogar zum Schluss, am wahrscheinlichsten sei, dass das Problem sich nicht lösen lasse. Niemand und nichts vermag ihn daran zu hindern, sich frei seine Gedanken zu machen über das Problem, das ihm vorliegt – ja unter dem Verstehensaspekt wird ein differenziertes und weitgreifendes Denken von ihm eben gerade erwartet.

Beim problemlösenden *Handeln* und also bei der Problemdefinition, die ein Instrument dieses Handelns ist, verhält es sich hingegen anders: Die pessimistischen Alternativen, mag ihr Wahrheits- bzw. Wahrscheinlichkeitsgehalt noch so hoch sein, kommen nicht in Betracht oder stehen jedenfalls bloss im Hintergrund; die konkreten Handlungsmöglichkeiten sind allein bestimmend; die lösungswichtigen Personen – ihr Denken, ihre affektive Einstellung, ihre Motive, Absichten, Ideen – üben einen grossen, meist entscheidenden Einfluss aus; die Aufmerksamkeit verengt sich auf *eine* Verstehenshypothese und das ihr entsprechende Handlungsszenarium, und zwar auf diejenige, welche die besten Problemlösungschancen bietet. Die sozialarbeiterische Problemdefinition ist, kurz gesagt, eine konzeptionelle Übereinkunft, in der sich die *lösungswichtigen Personen* (das sind die Problembeteiligten und Dritte, die für die Problemlösung eine wesentliche Rolle spielen) darüber einigen, wie sie das Problem auffassen und wie sie handeln wollen, um es zu lösen. Daraus erhellt der operationelle und konduktive, der ganz und gar praktisch-instrumentelle Sinn der Problemdefinition. Sie ist ein *Motivierungs-, Koordinations- und Steuerungsmittel* für den sozialen Problemlösungsprozess.[204]

Als solches vermag sie umso eher effiziente Wirkung zu entfalten, je mehr lösungswichtige Personen hinter ihr stehen und je grösser die «innere Bejahung», mit der sie es tun, ist. Es geht darum, mit Hilfe der Problemdefinition aus den lösungswichtigen Personen – wenn möglich aus allen – *lösungsbeteiligte Personen* zu machen. Dies kann dem Sozialarbeiter aber nur gelingen, wenn er darauf verzichtet, in der Problemdefinition der «reinen und ganzen Wahrheit» Ausdruck und Nachachtung verschaffen zu wollen. Menschliche Übereinkünfte, die sich auf praktische soziale Zwecke beziehen, können selten zustande kommen, ohne dass gewisse Sachverhalte unerwähnt oder verschleiert werden. Oft beruhen sie sogar – nicht ausschliesslich, aber zum grossen Teil – auf *Fiktionen* und puren Hoffnungen. Klug und geschickt muß auch der Sozialarbeiter damit arbeiten.

Ein *Beispiel*: Eine geschiedene Frau vernachlässigt, weil sie infolge Medikamentenmissbrauchs oft tagelang in Rauschzuständen versunken ist, ihr neunjähriges, bei ihr lebendes Kind in krasser Weise. Der Vater weiss dies, meldet es dem Jugendamt und ersucht es, das Kind der Mutter wegzunehmen und es in bessere Obhut zu geben. Es erweist sich in der Tat, dass dem Kind nur so sicher und nachhaltig geholfen werden kann. Auffälligerweise erklärt sich der Vater aber nicht bereit, es bei sich aufzunehmen, obschon er wieder verheiratet ist, sonst keine Kinder hat und auch nicht triftige äussere Umstände dagegen sprechen. Im Laufe der weiteren Problemabklärung erkennt der Sozialarbeiter, dass die jetzige, zweite Ehefrau dieses Mannes aus unbewältigten Eifersuchtsaffekten gegenüber der ersten Ehefrau und Mutter des Kindes dasselbe gefühlsmässig nicht akzeptieren kann und es deshalb nicht bei sich haben will. Beide Ehepartner wissen dies, reden aber nicht davon. Augenscheinlich würde das Thema, offen ausgesprochen, grosse Spannungen zwischen ihnen erzeugen. Das Maximum, das dieses Paar für das Kind zu leisten vermag, ohne selbst destabilisiert zu werden, ist, das Kind hin und wieder am Wochenende auf Besuch und vielleicht auch einmal eine oder zwei Wochen in die Ferien zu nehmen. Entschieden wenden sich beide, Vater und Stiefmutter, gegen eine Heimplazierung des Kindes, und beide betonen, wie wichtig für das Kind Geschwister seien (was sie ihm

---

204 Eine ähnliche Auffassung vertreten *Oswald/Müllensiefen* (S. 74 ff.) bezüglich der «Familiendiagnose» im Arbeitsfeld der «psycho-sozialen Familienberatung». Diese Diagnose ist, wie die Autoren betonen, «handlungsorientiert», d. h., sie soll «die Frage beantworten, welche konkreten Probleme der Familie sich mit den methodischen Möglichkeiten des Familienberaters bessern oder beheben lassen», und es prägen sie demzufolge methodenbedingte «Selektivität» und problemabhängige «Fokussierung».

ja nicht bieten könnten!). Sie beteuern, nur das Beste für das Kind im Auge zu haben, und das Beste sei ohne Zweifel eine gute Pflegefamilie, in der noch andere Kinder lebten.

Es ist klar, dass der Sozialarbeiter in dieser Situation die Problemlösung nur erschwert, wenn er darauf besteht, das Problem wahrheitsgemäss so zu definieren: «Es gilt, einen Pflegeplatz für das Kind zu suchen, weil die Mutter infolge Medikamentenabhängigkeit ausserstande ist, für es angemessen zu sorgen und weil die Stiefmutter es aus gefühlsmässiger Abneigung nicht bei sich aufnehmen will.» Dies wäre für den Vater und seine zweite Frau *inakzeptabel*, denn eine derart definierte Einstellung gegenüber dem Kind wird gesellschaftlich sehr negativ bewertet. Es könnte geschehen, dass sie unter dem Druck einer solchen Problemdefinition das Kind doch zu sich nehmen und dass dieses in der Folge psychisch tief schädigenden Erfahrungen ausgesetzt wird, wie etwa: es erlebt keine warme mütterliche Liebeszuwendung; es wird in die affektiven Ambivalenzen der Stiefmutter verstrickt; seine Anwesenheit oder sein Verhalten erzeugt Konflikte zwischen seinen Elternpersonen (dem Vater und der Stiefmutter), wofür es sich schuldig fühlt; oder die Elternpersonen suchen ständig Gestörtheiten, Unfähigkeiten, Anomales in der Persönlichkeit und dem Verhalten des Kindes, um zu beweisen, dass es nicht tragbar sei und – wie sie stets gesagt hätten – in eine Familie mit andern Kindern gehöre oder, wenn nicht dahin, dann eben in ein Internat. Und selbst nachdem es ihnen gelungen ist, das Kind tatsächlich an den einen oder andern Ort abzuschieben, verhindern sie womöglich noch, dass es dort gut geht mit ihm, denn so können sie zusätzlich dartun, dass die Schwierigkeiten, welche das Kind zu Hause «gemacht» hat, nicht an ihnen, den Elternpersonen, lagen.

Eine unkluge Problemdefinition – und ist sie noch so wahr! – kann, wie man sieht, eine Kette ungünstiger Folgen auslösen, in diesem Falle dysfunktionelle psychische Reaktionen bei wichtigen Problembeteiligten, wobei, nebenbei gesagt, solche Reaktionen keineswegs bewusst-absichtsvoll sein müssen, sondern unter Umständen ganz unbewusst ablaufen. Am *nützlichsten* für das Kind erweist es sich hier offenbar, wenn der Sozialarbeiter die *fiktive* Begründung des Vaters und dessen Frau, warum sie das Kind nicht bei sich aufnehmen «können», zum Bestandteil der Problemdefinition macht. Diese Menschen werden ihm dafür dankbar sein und deshalb gut mit ihm zusammenarbeiten. Nicht beschuldigt oder unter moralischem Druck gezwungen, eine Aufgabe zu übernehmen, die sie in persönliche Schwierigkeiten stürzt, tun sie vermutlich für das Kind mehr und seelisch Zuträglicheres, als der Sozialarbeiter – oder sie selbst von sich – erwartet hätte(n).

Möglich ist, um bei diesem Beispielfall zu bleiben, dass sich die Mutter aus Angst, das Kind damit definitiv an eine andere Mutterperson zu verlieren, heftig gegen eine Plazierung desselben in eine Pflegefamilie wehrt, sich aber damit einverstanden erklärt, dass es in einem Heim lebt, bis sie selbst von ihrer Medikamentensüchtigkeit geheilt und psychisch stabilisiert ist. Unter solchen Voraussetzungen eine Pflegeplazierung in eine Familie durchzusetzen, wäre unsinnig, denn es würde einen sozial alogischen Zustand schaffen (s. S. 221 ff.). Der Sozialarbeiter muss sich in dieser Situation darum bemühen, den Vater und die Mutter des Kindes und darüber hinaus auch die Behörde, welche die Hauptkosten des Heimaufenthaltes zu tragen hat, auf eine Problemdefinition hin zu einigen, die eine Heimplazierung des Kindes vorsieht. Anders lässt sich offenbar die höchst *lösungswichtige* Mutter nicht zur *lösungsbeteiligten* Person machen. Eine *konduktive* Problemdefinition in solcher Situation kann nur durch subtile Kompromisse erreicht werden, hier etwa dadurch, dass man sich auf ein Schulheim einigt. Das erlaubt dem Vater – der es prestigemässig nur schwer verkraftet, sein Kind im Heim zu haben – immerhin, diesen ihm peinlichen Sachverhalt Dritten gegenüber mit speziellen schulischen Gründen zu rechtfertigen. Und auch die Sozialbehörde, die möglicherweise deswegen für einen familiären Pflegeplatz ist, weil er weniger kostet als ein Heimplatz, kann der Schulheim-Lösung zustimmen, denn dafür leistet die Schulgemeinde bedeutende finanzielle Beiträge.

Aufgrund all dessen, was er über die Persönlichkeit dieser Mutter und die Beziehung zwischen ihr und dem Kind in Erfahrung gebracht hat, hält der Sozialarbeiter es vielleicht für ganz unwahrscheinlich, dass man – bei konsequenter Berücksichtigung des Kindeswohls – das Kind jemals wieder in die Obhut der Mutter wird zurückgeben können. Trotzdem muss in derartigen Situationen das Problem meist so formuliert werden, dass man von einer vorübergehenden Massnahme (hier Heimplazierung des Kindes) spricht, die bloss solange dauert, bis eine erhoffte Veränderung (hier Heilung und Persönlichkeitsstabilisierung der Mutter, Beziehungsverbesserung zwischen Mutter und Kind) eingetreten ist. Diese *Veränderungshoffnung*, so illusionär sie auch erscheinen mag, braucht es oft als Bestandteil der Problemdefinition, wenn man eine bestimmte lösungswichtige Person (hier die Mutter) für ein gemeinsames Problemlösungsvorgehen gewinnen will.

Entsprechend der offenen Prozesshaftigkeit der sozialen Problemlösung (s. S. 135 ff.) ergeben sich im Verlauf der Zeit im Problemfeld – durch den Problemlösungsprozess – *neue Situationen*. Zuweilen entwickelt sich ein problematischer sozialer Sachverhalt in eine ganz andere Richtung, als man anfänglich glaubte, ereignet sich Uneingeplantes, Überraschendes, das eine völlig veränderte Lage schafft. Die Vorstellungen der Problembeteiligten darüber, was das Problem und was zu tun sei, die Problemdefinition also, muss diesen neuen Entwicklungen und Situationen angepasst werden. Beispielsweise könnte sich in unserem Illustrationsfall die Beziehung zwischen dem Kind und der Stiefmutter so tiefgreifend verändern, dass der Vater das Kind nun doch zu sich nach Hause nehmen kann und will und die elterliche Gewalt (Sorgerecht) über das Kind begehrt. Eventuell verwandelt sich dadurch das Problem in einen Kampf zwischen Mutter und Vater um die elterliche Gewalt oder um den Verbleib des Kindes im Heim. Neue lösungswichtige Personen treten dabei auf: Rechtsanwälte, Richter, kinderpsychiatrische Experten, die Pädagogen des Heimes, in dem das Kind lebt, der Psychotherapeut der Mutter, die Vormundschaftsbehörde etc. Die Stellung des Sozialarbeiters verändert sich eventuell insofern, als er vom Gericht um ein Gutachten angegangen oder von der Vormundschaftsbehörde zum Beistand des Kindes ernannt wird. Im Zentrum der ursprünglichen Problemdefinition standen die Erfordernisse, das Kind erstens gegenüber der Mutter zu schützen und es zweitens auf allseits akzeptierte Weise zu fremdplazieren. Inzwischen, nachdem die Heimplazierung geschehen war, hatte sich der problemdefinitorische Schwerpunkt auf die Frage verschoben, wie die familiären Beziehungen des Kindes – einerseits zu seiner Mutter, anderseits zum Vater und zur Stiefmutter – aufrechterhalten und möglichst positiv für alle Beteiligten zu gestalten seien. Und nun, nach Ausbruch des Streits zwischen Vater und Mutter um den «Besitz» des Kindes, tritt die gütliche, dem Wohl des Kindes entsprechende Beilegung dieses Konfliktes in den Vordergrund: Die Eltern und die weiteren lösungswichtigen Personen sollen durch eine konduktive Problemdefinition auf ein Problemlösungsvorgehen geeinigt werden, das dem Kind möglichst wenig emotionelle Belastung bringt und eine Entscheidung der Kindeszuteilungsfrage gewährleistet, welche die seelischen Bedürfnisse des Kindes am besten erfüllt. Vielleicht gelingt dem Sozialarbeiter eine solche Einigung nicht. Im Zusammenhang mit dem Prinzip der Handlungsherrschaft haben wir bereits festgehalten, dass er in solchem Falle eine sinnvolle Problemdefinition auch ohne Zustimmung und Lösungsbeteiligung gewisser lösungswichtiger Personen aufstellen muss (s. S. 251 f.).

Die sozialarbeiterische Problemdefinition entsteht, entwickelt und verändert sich in einem vielseitigen kommunikativen Geschehen. Sie existiert im Bewusstsein der lösungsbeteiligten Personen als ein Denkinhalt und eine Willensintention. In den einen Fällen hat sie *expliziten* Charakter: sie wird absichtlich und klar ausgesprochen, z. B. als Abmachung, als konsultative klärende Festlegung, als Verhandlungsresultat. In anderen Fällen ist die Problemdefinition eine *implizite*: sie ergibt sich sozusagen automatisch als eine unausgesprochene Übereinstimmung der lösungswichtigen Personen hinsichtlich des Problems und des Lösungsvorgehens. Sobald dieses implizite *understanding* unklar, zweifelhaft, brüchig wird, ist es nötig, die Problemdefinition zu diskutieren und explizit zu machen. Eine explizite Problemdefinition lässt sich schriftlich fixieren, beispielsweise in Form eines Briefes, eines Gesprächsprotokolles, einer Aktennotiz, eines Berichtes, einer Vereinbarung. Als eigentliche schriftliche Übereinkunft kann sie allerdings nur gelten, wenn die lösungsbeteiligten Personen den betreffenden Text gelesen und seinem Inhalt – eventuell mit bestätigender Unterschrift – beigepflichtet haben. Eine solche *Kontrakt*-ähnliche Art der Problemdefinition mag in speziellen Situationen sinnreich sein, etwa wenn der Sozialarbeiter mit bestimmten Angehörigen einer Problemfamilie abmacht, bestimmte Themen während einer bestimmten Anzahl von Gesprächen unter Anwendung bestimmter

Gesprächsregeln in Ausrichtung auf ein bestimmtes Ziel zu verhandeln. Indem die Beteiligten, der Sozialarbeiter miteingeschlossen, diese Bestimmtheiten schriftlich festhalten, definieren sie ihr Problemlösungengagement sowohl in verpflichtendem wie in einschränkendem Sinne, und zwar auf besonders demonstrative Weise. Derartigen «Verträgen» eignet nicht eine rechtliche, sondern eine *moralische Verbindlichkeit;* sie haben klärende und motivierende Funktion. Als artifizielles methodisches Element entsprechen sie nicht einem «natürlichen» Interaktionsstil und sind insofern, wie das folgende *Natürlichkeitsprinzip* zeigt, untypisch für das sozialarbeiterische Handeln.

b) Natürlichkeitsprinzip

Der Sozialarbeiter handelt gegenüber den Problembeteiligten in einer natürlichen, nicht-artifiziellen Weise. Interaktionsform und Arbeitssetting[205] der Sozialarbeit sind der alltäglichen Lebenspraxis der Menschen, insbesondere derjenigen von Unterschichtangehörigen angepasst. Sie haben möglichst wenig methodisch-technische Künstlichkeit («Artifizialität»), entsprechen also weitgehend der gewöhnlichen, normalen Art menschlichen Umgangs und sind insofern «natürlich».

Zahlreiche helfende Berufe bedienen sich *artifizieller* Techniken und Rahmenstrukturen, um ihre Aufgabe zu erfüllen: Der Psychoanalytiker z. B. stellt eine völlig künstliche Situation zwischen sich und dem Analysanden her und verlangt von diesem ein ganz ungewöhnliches Verhalten; der Arzt behandelt den Patienten mit Instrumenten, Apparaten und Medikamenten, der Physiotherapeut mit kunstvollen Handgriffen; Psychologen und Berufsberater lassen den Klienten Tests machen; der Lehrer hält die Schüler in einer artifiziellen äusseren Ordnung und bildet sie anhand spezieller «Lehrmittel» und mit «Übungen» aller Art; der Richter schraubt den Rechtsuchenden in die Formen des rechtlich normierten, durch und durch künstlichen Prozessverfahrens ein; und der Pfarrer interagiert mit den Gläubigen in religiösen Ritualen wie Taufe, Abendmahl, Beichte etc., die sich weit abheben vom alltäglichen Verhalten. Im Gegensatz zu diesen beispielshalber angeführten Berufen ist für die Sozialarbeit nicht eine artifizielle Methodik typisch und notwendig, sondern – wie schon aus dem Banalitätsmoment der sozialen Problemlösung erhellt (s. S. 137 f.) – eine *natürliche.*

Was aber meint «Natürlichkeit» in sozialarbeitstheoretischem Sinne? Zum ersten einmal kommuniziert der Sozialarbeiter auf ganz gewöhnliche, natürliche Weise mit den Problembeteiligten: Er spricht mit ihnen. Primär in der Sozialarbeit ist immer das *Gespräch.* Schreiben – etwas wesentlich Künstlicheres als Sprechen – wird nur angewandt, wenn besondere Gründe (die zahlreich vorkom-

205 Zum Begriff «Setting» vgl. Anmerkung 96

men) es verlangen. Und zwar redet der Sozialarbeiter mit den Leuten in der Sprache des Alltags und allermeist ohne irgendwelche formellen Gesprächsregeln. Solche sind in seltenen Fällen bei gewissen Verhandlungsgesprächen angebracht (zur Beschränkung auf bestimmte Themen, zum Schutz vor verbalen Aggressionen, zur Einübung konstruktiven Kommunizierens, zur Aufrechterhaltung der Gesprächsordnung etc.), doch das dergestalt künstlich strukturierte Gespräch ist für die Sozialarbeit atypisch.

Auch die *äussere Gesprächssituation* bleibt natürlich: entweder telefoniert der Sozialarbeiter mit seinen Gesprächspartnern – eine kommunikative Konstellation, welche die Beteiligten in ganz und gar ungezwungener Lage belässt – oder er sitzt mit ihnen zusammen an einem Tisch oder in Sesseln, die man auch in gewöhnlichen Wohnungen findet. Dabei herrscht weder eine formelle Sitzordnung, wie etwa bei einer Zeugeneinvernahme im Gericht, noch eine therapeutisch-technische, wie sie in Familientherapiesitzungen oder Gruppentrainings (unter Umständen mit mehrfachem Wechsel der Plätze während eines Gesprächs) angewandt wird. Der Sozialarbeiter selbst mag sich in seinem Sprechzimmer einen bestimmten Platz vorbehalten, z. B. den, der seinem Arbeitspult, dem Telefon, dem Aktenschrank am nächsten liegt. Und dabei soll er darauf achten, dass er nicht gerade jenen Platz einnimmt, der dem Gesprächspartner den Weg zur Türe, also den «Fluchtweg» hinaus aus dem Sozialarbeiter-Büro, versperrt – niemand darf in diesem Raum das Gefühl bekommen, «gefangen» zu sein.[206] Natürlich geschieht es auch, dass der Sozialarbeiter bei Verhandlungen mit mehreren Beteiligten jemanden bittet, sich auf einen bestimmten Platz zu setzen, damit er (der Sozialarbeiter) oder ein anderer Gesprächsteilnehmer ihn besser sehen oder hören kann und so die Kommunikation verbessert wird. In stark aggressionsgeladenen Gesprächssituationen muss sich der Sozialarbeiter unter Umständen bewusst zwischen problembeteiligte Personen (z. B. einen Vater und seinen Sohn oder zwischen ein zerstrittenes Ehepaar) setzen, um spontane Handgreiflichkeiten während der verbalen Auseinandersetzung zu verunmöglichen. Abgesehen aber von derartigen geringfügigen Sitzordnungsdispositionen, die noch durchaus natürlich sind, macht der Sozialarbeiter seinen Gesprächspartnern keinerlei Vorschriften, wo am Tisch oder in einer Sesselgruppierung sie zu sitzen haben.

Das sozialarbeiterische Gespräch ist auch *nicht durch künstliche Zeitregeln eingeschränkt*. Es kann zehn Minuten dauern oder vier Stunden, je nach der aktuell gegebenen äusseren Problemsituation und der psychischen Verfassung der beteiligten Personen. Sozialarbeitsmethodisch gibt es keinen Grund, irgend eine

---

206 Dies gilt in akut gefährlichen Situationen auch für den Sozialarbeiter selbst. Wenn sich etwa eine Sozialarbeiterin allein einem aggressiv-unbeherrschten Manne gegenüber sieht und befürchten muss, von ihm gewalttätig angegriffen zu werden, tut sie gut daran, ihren Platz im Zimmer so zu wählen, dass sie notfalls ungehindert aus ihm flüchten kann!

Zeitlimite dafür anzugeben, wie lange der Sozialarbeiter mit Problembeteiligten sprechen soll. Die These, das Klientgespräch sei auf etwa eine Stunde zu bemessen, die man vielerorts in der Sozialarbeitsliteratur findet, gründet in therapeutischen Vorstellungen und hat mit den Problemlösungserfordernissen der realen Sozialarbeitspraxis nichts zu tun. Selbst im Bereich der Psychotherapie stellt die Ein-Stunden-Theorie in erster Linie eine Zweckmaxime dar, mit der arbeitsorganisatorische Notwendigkeiten der Therapiepraxis sowie Einkommensbedingungen des Therapeuten (Tarifstruktur der Krankenversicherung!) psychologisch rationalisiert werden. Sobald ein Problem dringliche soziale und psychische Not widerspiegelt, was in der Sozialarbeit typisch ist, kann auch der Psychotherapeut nicht nach sechzig Minuten zu den betroffenen Menschen «Auf Wiedersehen in einer Woche!» sagen. «Der erste – durch die akute Notsituation ausgelöste – Besuch bei den Klienten dauert durchschnittlich 3,3 Stunden», berichten Everstine/Everstine in ihrem ausgezeichneten Krisentherapie-Buch[207], das in seiner aktionistischen Auffassung von «Therapie» der Sozialarbeit näher steht als die therapeutische Sozialarbeitstheorie. In derselben wird, wie Germain/Gitterman es ausdrücken, «die *einwöchentliche 50-Minuten-Stunde* schon fast wie ein unantastbares Ritual gehandhabt». Hierin steckt Kritik, und diese Autoren schlagen denn auch vor, die «zeitlichen Arrangements» hinsichtlich der Gespräche zwischen Sozialarbeiter und Klient «sollten so weitgehend wie möglich auf das Problem abgestimmt sein und sich mehr nach den vereinbarten Zielsetzungen, den zeitlichen Möglichkeiten und nach der Zeitauffassung des Klienten richten als lediglich nach der Bequemlichkeit und Ideologie der Organisation».[208]

Selbstverständlich sollten sie das! Es ist höchst bezeichnend für die therapeutische Sozialarbeitskonzeption, dass so etwas überhaupt explizit gefordert werden muss. Bequemlichkeit und Ideologie dürfen überhaupt keine Rolle (nicht nur eine mindere, wie die zitierte Textstelle suggeriert) spielen. Wenn sich der Sozialarbeiter völlig und konsequent an die *lebenspraktische Situation* und ihre *konkrete Dynamik in der Zeit* anpasst, kann er in den wenigsten Fällen das Behandlungssetting der Therapie anwenden, bei dem der Klient über längere Zeit hinweg in regelmässigen Abständen für zeitlich exakt limitierte «Sitzungen» zu ihm kommt. Dieses Setting ist künstlich, starr, dem realen sozialen Lebensvollzug der Problembeteiligten und insbesondere der Mentalität von Unterschichtangehörigen fremd. Ganz im Gegensatz dazu lässt das sozialarbeitsmethodische Natürlichkeitsprinzip den Sozialarbeiter auf generelle Zeitregeln verzichten. Er gestaltet seinen Kontakt mit den Problembeteiligten in zeitlicher Hinsicht völlig *frei* und *flexibel*: er führt kurze und lange Gespräche, trifft den einen Problembeteiligten wenn nötig mehrmals täglich, den andern (oder den gleichen

---

207 *Everstine/Everstine*, S. 32. *Gluntz u. a.* (S. 369) geben als Dauer des Erstgespräches bei der Beratung von Arbeiterjugendlichen 1 bis 4 Stunden an. Für die Folgegespräche rechnen sie mit 1,5 bis 2,0 Stunden.
208 *Germain/Gitterman 1980*, S. 65 f.

in einer späteren Phase) nur jedes Vierteljahr und macht bei jedem Kontakt neu – entsprechend der Problemlage – mit den betroffenen Personen ab, wann man sich wieder sieht oder telefoniert.

Seine gesamte berufliche Arbeitsmenge sowie fallspezifische *Effizienzgründe* zwingen ihn selbstverständlich dazu, seine Zeit vernünftig einzuteilen; und er tut meist gut daran, die Gesprächspartner zum voraus davon in Kenntnis zu setzen, wieviel Zeit er für sie hat. Das Natürlichkeitsprinzip besagt nicht, der Sozialarbeiter brauche sich keine Zeitüberlegungen zu machen, sondern es gibt ihm die methodische Freiheit, seine zeitlichen Budgets und Arrangements auf bewegliche, situationsangepasste, eben: natürliche Weise zu handhaben.

Zur Natürlichkeit der sozialarbeiterischen Gesprächssituation gehört im übrigen, dass der Sozialarbeiter dabei nicht laufend protokollartige *Aufzeichnungen* macht. Er notiert in Anwesenheit der Gesprächspartner bloss jene Daten und Fakten, die einleuchtender- und also natürlicherweise festgehalten werden müssen.[209] Am Telefon braucht er sich diesbezüglich nicht zurückzuhalten. Allerdings muss er auch hier aufpassen, dass er nicht unversehens in eine unnatürliche (z. B. verschleppende, unaufmerksame, nicht adäquat reagierende) Art des Kommunizierens verfällt, weil er sich, indem er ständig nebenher Notizen macht, vom Gespräch ablenkt. Entscheidend ist, dass sich die Gesprächsbeteiligten nicht durch künstliche Faktoren – dazu zählt beispielsweise auch die Tonband- oder Videoaufnahme des Gesprächs – irritiert fühlen und in ihrem kommunikativen Ausdruck befangen-unnatürlich werden.

Methodische Natürlichkeit kennzeichnet ferner die *Fallaufnahme und -beendigung* in der Sozialarbeit. Jedermann kann ein soziales Problem ohne formelle Einschränkungen und Hindernisse vor den Sozialarbeiter bringen. Der Sozialdienst ist eine offene Dienstleistungsstelle, auf der die Problembeteiligten oder Problemzuträger *ohne Anmeldung* erscheinen dürfen. Wenn dies jemand tut, kann es ihm zwar passieren, dass der Sozialarbeiter im Moment keine Zeit für ein Gespräch mit ihm hat. Aber jeder nicht vorangemeldete Problemzuträger – auch wenn er telefonisch an den Sozialdienst gelangt – wird doch zumindest von einer Sekretärin empfangen, auf die Dringlichkeit seines Anliegens hin befragt und bekommt so rasch als möglich einen Gesprächstermin. Der Sozialarbeiter, der für die Fallaufnahme zuständig ist, sollte, falls nicht eindeutig feststeht, dass die Angelegenheit keine Eile hat, innert einem oder zwei Tagen einen ersten Gesprächskontakt mit dem Problemzuträger herstellen (betr. den Notfall vgl. S. 293 ff.). Längere Wartefristen widersprechen dem Natürlichkeitsprinzip.

Dieses erweist sich auch darin, dass der Sozialarbeiter mit der problemzutra-

---

209 *Ziltener 1984* (S. 27) meint dazu richtig: «Zahlen und wichtige Daten gehören aufgeschrieben. Das leuchtet dem Klienten ein.» Und: «In jedem Fall sollten wir dem Klienten erklären, wozu wir Notizen brauchen. Sogar bei sogenannten Routinefragen. Nicht alles, was uns klar ist, ist auch dem Klienten klar.»

genden Person zuerst einmal *ohne jegliche Formalität* ins Gespräch eintritt. Er stellt sich ihr vor, bittet sie, ihm ihren Namen zu nennen – und schon geht er zur Sache über, d. h. zur Frage, was der Grund ihres Kommens bzw. Anrufes sei. Das Gespräch soll sich ganz natürlich anlassen. Daten, die für die Zuständigkeit des Sozialdienstes von Bedeutung sind, bringt der Sozialarbeiter rasch einmal in Erfahrung; hiefür braucht er nicht gleich mit einer beamtenhaften Befragung, ja gar mit dem Ausfüllen eines Formulars zu beginnen. Eine Fallaufnahme kann auch bei einem zufälligen Kontakt zwischen dem Sozialarbeiter und dem Problemzuträger geschehen, z. B. wenn sich die beiden auf der Strasse, in einem Einkaufszentrum, an einem Sportanlass oder dergleichen begegnen.

Ebenso zufällig-natürlich ergibt sich in manchen Fällen das Ende der sozialarbeiterischen Problemlösungstätigkeit. Ein formeller Akt der *Fallbeendigung* ist zwar bei der Pflichtklientschaft nötig, und auch in manchen sonstigen Problemfällen erweist es sich als sinnreich, dass Sozialarbeiter und Problembeteiligte bewusst feststellen, ihre gemeinsame problemlösende Aktivität sei beendet – etwa wenn ein Klient wegzieht oder an eine andere soziale Institution überwiesen wird, oder um das Gelingen bzw. Scheitern einer Problemlösung zu bestätigen. Vielfach aber erledigt sich ein sozialarbeiterischer Problemfall ganz ohne derartige Absicht und Deklarierung. Er läuft sozusagen natürlich aus, indem der Kontakt zwischen den problembeteiligten Personen und dem Sozialarbeiter einfach aufgehört hat und auch sonst nichts mehr in der betreffenden Angelegenheit geschieht.

Diese Art Fallbeendigung bedeutet nicht eine Nachlässigkeit, wie sie es zweifellos im artifiziellen Setting der Therapie wäre. Im Raum der Sozialarbeit, wo möglichst hohe Natürlichkeit herrschen soll, gilt es grundsätzlich als erwünscht, das helfende Dienstleistungsangebot an (ehemalige) anhängige Problembeteiligte *offen* zu behalten. Solange weder rechtliche noch tatsächliche Gründe einer erneuten Aktivität des Sozialarbeiters zugunsten solcher Menschen im Wege stehen, empfinden es dieselben eher als Ablehnung und Aufkündigung der Hilfebereitschaft, wenn sich der Sozialarbeiter von ihnen quasi offiziell verabschiedet. Dergleichen wirkt als Fremdkörper, als künstliche Zäsur im Fluss des natürlichen sozialen Geschehens. Ob ein soziales Problem und entsprechend ein sozialer Problemlösungsprozess sein endgültiges Ende gefunden hat, braucht meist nicht entschieden zu werden, sondern ergibt sich gewissermassen von selbst «durch das Leben».

Im Sinne des methodischen Natürlichkeitsprinzips liegt es ferner, dass die *Öffnungszeiten* des Sozialdienstes so ausgedehnt wie nur möglich und den Arbeitszeiten der Menschen angepasst sind.[210] Insbesondere ist es nötig, dass sie auch

---

210 *Scherer* qualifiziert (in seinem Buch «Wie Sozialämter Hilfebedürftige abschrecken») eingeschränkte Öffnungszeiten mit Recht als einen «administrativen Filter» (in Form einer «Zwangsbarriere») für potentielle Klienten (S. 50).

abendliche Stunden nach 17 Uhr (mindestens zweimal pro Woche) umfassen. Oft lässt es sich nicht vermeiden, ein sozialarbeiterisches Gespräch über die offizielle Bürozeit hinaus fortzuführen, weil ein Abbruch das natürlich kommunikative Geschehen hemmend beeinträchtigen würde. Es kommt sogar vor, dass der Sozialarbeiter mit den Problembeteiligten einen Termin ausserhalb der Sozialdienstöffnungszeit abmachen muss, weil z. B. eine Mutter nur über Mittag arbeitsfrei und gleichzeitig das Kind im Schulhort hat oder weil ein Ehemann, der auswärts arbeitet, erst um 18.30 Uhr nach Hause kommt und deshalb ein Familiengespräch nicht früher möglich ist. Ja, unter Umständen kann ein solches Gespräch wegen eines auswärts lebenden Familienmitglieds nur an einem Samstag stattfinden.

Der Sozialarbeiter trifft die Problembeteiligten nicht ausschliesslich im Sozialdienst, sondern – wenn es die Problem(lösungs)situation oder die äusseren Umstände als nötig oder sinnvoll erscheinen lassen – auch an ihrem *natürlichen Lebensort*. Hierin liegt ein weiteres, für die Sozialarbeit höchst typisches Merkmal methodischer Natürlichkeit. Sozialarbeit ist kein blosser Büroberuf, sondern findet in erheblichem Masse auch draussen im «sozialen Feld» statt: Der Sozialarbeiter sucht die problembeteiligten Menschen in der Wohnung, im Heim, im Spital, in der Psychiatrischen Klinik, im Gefängnis, in der Kinderkrippe, in der Schule oder am Arbeitsplatz auf, dort also, wo sich ihr Leben abspielt. Dadurch kommt er mit den äusseren Bedingungen dieses Lebens und mit bedeutsamen Bezugspersonen der betreffenden Menschen in Berührung und teilt, wenn auch nur für kurze Zeit, Erfahrungen, welche die Existenz der Problembeteiligten prägen. Einmal den täglichen Arbeitsweg eines Menschen zu gehen, das Treppenhaus seines Wohnblocks hochzusteigen, einen Blick in die Küche oder das Kinderzimmer seines Haushaltes zu werfen, eine halbe Stunde in der heissen Feuchtigkeit eines Bügel-Ateliers oder im Gedröhne eines Fabrik-Maschinensaals zu stehen, eine Gruppenbesprechung im Heim zu erleben, durch die Schliesstüren und Gänge einer Haftanstalt zu schreiten, eine Stunde auf dem Zimmer eines Klienten in der Psychiatrischen Klinik zu verbringen, mit einer Familie in ihrem Wohnzimmer zusammenzusitzen – all dies und ähnliches verhilft dem Sozialarbeiter oft zu tieferem Problemverständnis als lange Besprechungen, Befragungen und Diskussionen fernab von solchen Lebensschauplätzen. Der Sozialarbeiter gewinnt dabei aber nicht nur wesentliche Erkenntnisse (darüber mehr bei der Erörterung des Tatsachenprinzips), sondern er kommt hier den problembeteiligten Menschen ganz konkret und buchstäblich entgegen, er begegnet ihnen im natürlichen Rahmen und findet so in der ihnen vertrauten Umgebung meist einen näheren *persönlichen Zugang* zu ihnen, als es ihm innerhalb der Sozialdienst-Wände allein möglich ist.

Wenn der Sozialarbeiter die Problembeteiligten aufsucht, soll dies als etwas völlig Natürliches wirken, wie wenn der Handwerker vorbeikommt, weil der Kochherd nicht mehr funktioniert, der Hausarzt, wenn ein Patient bettlägerig, oder der Pfarrer, wenn ein Gemeindemitglied von einem Todesfall betroffen ist. Er darf bei den Menschen nicht das Gefühl erwecken, ein für sie gefährlicher Fremder dringe in inspizierender, Macht ausübender Weise in ihre Privatsphäre ein. Im Gegenteil, sie sollen dabei den positiven Eindruck gewinnen, dass der Sozialarbeiter sie ernst nimmt und sich nicht von ihnen bzw. ihrem sozialen Milieu distanziert, sondern einen _lebensnahen, natürlichen Kontakt_ mit ihnen sucht, ein engeres Vertrautsein auch mit ihrer Umgebung. Erfahrungsgemäss intensiviert und verbessert sich die persönliche Beziehung zwischen Sozialarbeiter und Problembeteiligten, wenn bzw. nachdem sie sich im natürlichen Lebens- und Problemraum begegnet sind. Eine Ausnahme davon stellen lediglich Interventionssituationen dar, in denen das Auftreten des Sozialarbeiters an Ort und Stelle bei gewissen problembeteiligten Personen fast zwangsläufig negative Gefühle auslöst.

Der sogenannte _Hausbesuch_ wird in der Sozialarbeitsliteratur vornehmlich unter dem Frageaspekt verhandelt, ob die Wohnung oder das Sprechzimmer des Sozialarbeiters – bzw. in welcher Situation das eine, in welcher das andere – der geeignetere Ort für das sozialarbeiterische Gespräch sei.[211] Je therapeutischer dabei gedacht wird, umso grössere Vorbehalte werden gegenüber dem Hausbesuch angebracht; doch auch die therapieorientierten Sozialarbeitstheoretiker sehen und anerkennen seinen Nutzen. Bezeichnend und aufschlussreich in dieser Hinsicht ist, was der Psychologe Buchholz in seinem Bericht über ein beraterisch tätiges Familienzentrum in einer Trabantenstadt Münchens schreibt: «Wir haben die Erfahrung gemacht, dass Unterschichtsklienten im Gegensatz zu Klienten aus der Mittelschicht das Angebot von Besuchern gern annehmen, dass für Unterschichtsfamilien die häusliche Atmosphäre weniger ängstigend ist und ihnen bessere Möglichkeiten als das Sprechzimmer eines Psychologen bietet zu demonstrieren, wo und in welchem Ausmass sie Hilfe benötigen. Der Therapeut kann sich in der häuslichen Situation nicht so leicht aktuellen Problemen entziehen oder diese umdeuten.» Entsprechend bejaht dieser Autor den Hausbesuch ausdrücklich, aber er stellt zugleich fest, dass «der _Therapeut_ kein Repertoire hat, mit den Familien in deren häuslichen Situation umzugehen. Wir haben uns zu Beginn bei Hausbesuchen nicht sicher gefühlt und sind es auch nach einem Jahr der Arbeit noch nicht.»[212]

Solche Sicherheit muss sich der Sozialarbeiter berufsnotwendig aneignen. Die Befürchtung des Therapeuten, als Gast im privaten Raum der Problembeteiligten die Herrschaft über das Therapiegeschehen zu verlieren, ist berechtigt, denn

---

211 Vgl. z. B. _Kamphuis_ (S. 49 ff.), _Hollis 1964_ (S. 191 f.), _Lattke_ (S. 105 f.), _Koschorke_ (S. 326), _Buchholz_ (S. 82.85 f.), _Hess-Diebäcker_ (S. 206 f.), _Schubert/Scheulen 1981_ (S. 278 f.), _Goldbrunner_ (S. 90 ff.). Auf instruktive, vorbildlich praxisnahe Weise wird in der Zeitschrift _Sozialarbeit, Jg. 20 (1988), Heft 1, (SBS) Bern_, das Für und Wider des Hausbesuches von verschiedenen Sozialarbeitern/innen diskutiert.
212 _Buchholz_, S. 82.83

hier lässt sich ein artifizielles therapeutisches Gesprächssetting nur schwer durchsetzen. Dem Sozialarbeiter jedoch geht es nicht darum – obschon auch das sozialarbeiterische Gespräch von äusseren Störungen und Ablenkungen frei sein sollte und deshalb in manchem Falle das Sprechzimmer im Sozialdienst der weitaus geeignetste Ort dafür ist. Meist begibt sich der Sozialarbeiter bloss zu Anfang des Problemlösungsprozesses hin zu den Problembeteiligten (und auch dies durchaus nicht immer) und in der Folge jeweils nur noch dann, wenn besondere Gründe es als nötig bzw. ausgesprochen sinnvoll erscheinen lassen. Mehr liegt unter den üblichen berufspraktischen Rahmenbedingungen allein vom Arbeitsökonomischen her nicht drin – oft leider viel weniger, als in methodischer Hinsicht angebracht wäre.

Etwas freilich ist eisernes Gebot für den Sozialarbeiter: Wenn Problembeteiligte sich in einer _akuten sozialen Notlage_ befinden, in der ihre psychische oder physische Gesundheit oder ihre existenznotwendigen sozialen Beziehungen auf dem Spiel stehen, muss er unverzüglich zu ihnen hingehen – es sei denn, andere qualifizierte Helfer kümmern sich um die betreffenden Menschen und er vermag ihrer Hilfeleistung im Moment nichts Wesentliches beizufügen. Ein anderes Verhalten angesichts einer solchen Krisensituation wäre exemplarisch unnatürlich.

Das methodische Natürlichkeitsprinzip erhellt – dies als Nachbemerkung – die Offenheit der Sozialarbeit zur Sozialpädagogik hin. Je mehr Natürlichkeit, desto mehr _Alltagsnähe_. Das natürlichste methodische Handeln überhaupt ist die volle Teilnahme an der Lebenswelt, am Alltag der Klienten, und sie charakterisiert ja, wie wir gesehen haben (s. S. 49 ff.) den sozialpädagogischen Beruf. Thiersch unterscheidet idealtypisch zwischen den «alltagsnäheren» Handlungsformen der Sozialpädagogik bzw. Sozialarbeit und den «alltagsdistanzierteren» der Therapie. In diesem Kontrast zum therapeutischen Handeln, der grundsätzlich dasselbe meint wie unser Gegensatzpaar «natürlich/artifiziell», lassen sich Sozialarbeit und Sozialpädagogik berechtigterweise als Einheit sehen. Beide sind in den Worten Thierschs «alltagsorientiert», während die Therapie «gezielte Arrangements anbietet», damit «jenseits des Alltags agiert» und «dessen Interaktionsmuster verfremdend und reduzierend partiell ausser Kraft setzt».[213] Freilich, im Vergleich zum sozialpädagogischen Teilhaben am Klienten-Alltag, das oft ein Aufgehen in demselben ist, nimmt sich die methodische Natürlichkeit des sozialarbeiterischen Handelns als ein bescheidenes Moment von Alltäglichkeit aus. Es wird dabei ersichtlich, dass die Sozialarbeit, diesbezüglich näher ins Auge gefasst, zwischen der Sozialpädagogik und der Therapie liegt.

213 _Thiersch 1978_

c) Sozialökologisches Prinzip

Der Sozialarbeiter löst das soziale Problem primär dadurch, dass er die natürlichen sozialen Beziehungen, in denen die Problembeteiligten leben, die sozialen Netze, wie sie durch Familie, Verwandtschaft, Nachbarschaft, Freundschaft, Arbeitskollegialität, Vereinskameradschaft, persönliches Betreuungsverhältnis, religiöse Gemeinschaft u. ä. organisch gewachsen sind, aktiviert, stärkt, unterstützt und funktionalisiert. Er versucht, für jene Problembeteiligten, denen ein tragfähiges soziales Netz fehlt, ein solches in ihrem natürlichen Lebenskontext aufzubauen. Und wo er in bestehende soziale, z. B. familiäre Lebenszusammenhänge eingreifen muss, tut er es auf sorgfältige und schonende Weise und stets so, dass die natürlichen Beziehungen unter den Problembeteiligten so weit als möglich (d. h. verantwortbar) erhalten bleiben und sich in positivem, funktionellem Sinne entwickeln können.

Der Ökologie-Begriff, durch die überhandnehmende Umweltschutz-Problematik populär und allgegenwärtig, hat seit Beginn der Achtzigerjahre auch in die Sozialarbeitstheorie Eingang gefunden. Im Bereich der praktischen Theorie führten, gemäss ihren eigenen Worten, Germain/Gitterman mit ihrem «Life Model» der Sozialarbeit die «ökologische Perspektive» ein; und mehrere Autoren haben neuerdings zur abstrakten Sozialarbeitstheorie «sozialökologische» oder «ökosoziale» Konzepte beigesteuert.[214] Der Begriff *Sozialökologie* wird in der amerikanischen Soziologie schon seit den Zwanzigerjahren verwendet und zwar für jene Theorie, die sich mit den Zusammenhängen von Raum und Verhalten (Sozialraumanalyse), insbesondere mit der Stadtentwicklung befasst.[215] In der Sozialarbeitsliteratur hingegen hat «Sozialökologie» eine viel allgemeinere Bedeutung: es werden damit dieselben Sachverhalte und Denkvorstellungen namhaft gemacht, die wir in der Terminologie *sozialer Systemik* begriffen und dargelegt haben. Als Sozialarbeiter «sozialökologisch» (bzw.«ökosozial») denken und handeln, läuft in solch weitem Verstehenshorizont darauf hinaus, sozialsystemisch zu denken und zu handeln. Eine Sozialarbeitslehre wie die unsrige, die sich gesamtkonzeptionell auf den Begriff des sozialen Systems stützt, braucht deshalb diesen allgemeinen Sozialökologie-Begriff nicht.

Freilich, im Wort «ökologisch» klingt stets etwas mit, das dem blossen Ausdruck «System» mangelt: das Moment des *Natürlichen*. Und eben auf diese Nuance, diesen typischen Charakter des «Sozialökologischen» kommt es uns an. Einzig seinetwegen und in der Beschränkung auf ihn, den Aspekt des (sozial) Natürlichen, benutzen wir die Ökologie-Metapher und sprechen von einem

---

214 Vgl. insbesondere die Sammelbände von *Mühlfeld u. a.* («Oekologische Konzepte für Sozialarbeit») und *Mühlum u. a.* («Umwelt – Lebenswelt. Beiträge zu Theorie und Praxis ökosozialer Arbeit») sowie *Bourgett u. a., Wendt 1982, Wendt 1990a* und *Oppl.*
215 Vgl. *Hamm*

«sozialökologischen» Prinzip der Sozialarbeitsmethode. Damit fassen wir nicht *alle* sozialsystemischen Bezüge ins Auge, sondern nur gerade jene, die als «natürliche» gelten können: Lebenszusammenhänge sozialer Art, die sich aufgrund biologischer Abstammung, persönlicher Bindung von Mensch zu Mensch, örtlicher oder arbeitsmässiger Verwurzelung, Mitgliedschaft in einer Gruppe und ähnlicher Konstellationen in der alltäglichen sozialen Lebenspraxis gebildet haben, gewissermassen *organisch* gewachsen sind. Dergleichen sozialorganische – oder eben: sozialökologische – Lebenszusammenhänge werden von den Beteiligten und in der Regel auch von der Gesellschaft für selbstverständlich gehalten, für das, was unter den gegebenen Umständen am nächsten liegt, am normalsten erscheint, kurz: das Natürlichste ist. So wie sich der Sozialarbeiter – das haben wir eben gesehen – natürlich verhalten soll, so soll er auch Problemlösungszustände anstreben, die natürlich sind und sich funktionell in *natürliche soziale Lebenszusammenhänge* einfügen. Und er soll immer und überall vorrangig auf die natürlichen sozialen Hilfsquellen, auf die Leistung natürlicher sozialer Netze, auf die Kräfte des Lebens selbst bauen. Dieses besondere Moment sozialsystemischen Denkens und Handelns, diese primäre Ausrichtung auf das Natürliche im sozialen Sachverhalt wollen wir mit dem Begriff «Sozialökologie» zum Ausdruck bringen.

Für den Sozialarbeiter heisst sozialökologisches Handeln zur Hauptsache zweierlei: dass er zum einen das Funktionieren natürlicher sozialer Netze fördert[216] und dass er zum andern nur in einem möglichst geringen Masse in natürliche soziale Lebenszusammenhänge eingreift. Man kann diese beiden Handlungsmaximen als *Subprinzipien* des sozialökologischen Prinzips auffassen: als Prinzip der Aktivierung natürlicher sozialer Netze und als Prinzip des kleinstmöglichen Eingriffs.

1. Aktivierung natürlicher sozialer Netze[217] betreibt der Sozialarbeiter z. B. dort, wo ein Problembeteiligter *Betreuung* benötigt: Für eine betagte Person sucht er primär in Familie, Verwandtschaft oder Nachbarschaft jemanden, der ihr bei der Haushaltführung, der Pflege oder sonstwie in der Alltagsbewältigung hilft. Diese persönlich oder örtlich nahestehenden Menschen sind dem Betagten nicht fremd und kennen seine individuellen Eigenheiten und Bedürfnisse am besten. Er fühlt sich am wenigsten als «Klient» bzw. «Patient», wenn ihm auf solch natürlicher Basis Unterstützung zuteil wird. Gelingt es nicht, derartige Bezugspersonen zu aktivieren, verschafft der Sozialarbeiter dem betreffenden Menschen die Dienstleistungen von ambulant tätigen freiwilligen oder professionellen Helfern (Mahlzeitendienst, Besuchsdienst, Haushalt-Stundenhilfe, Hauskrankenpflege etc.),

---

216 Betreffend das «soziale Netz(werk)» («social network») und seine sozialarbeiterische Relevanz vgl. *Collins/Pancoast*, *Speck/Attneave 1973* und *Germain/Gitterman 1980*, S. 142 ff. 168 ff.
217 Dafür gibt es im Englischen den Ausdruck «networking», zu deutsch «Netzwerkpflege» (*Wendt 1986*, S. 50 ff.) oder einfacher: «Vernetzen» (*Wendt 1990a*, S. 74 ff.).

damit er, der Betagte, weiterhin in seiner Wohnung und seiner bisherigen Umgebung leben kann. Sofern er dort nicht sozial isoliert ist und an Einsamkeit leidet, hat diese Problemlösung den Vorrang vor der sogenannten «Fremdplazierung» (in ein Heim oder eine Klinik), deren Name allein schon das Künstliche, Einschneidende, das ihr innewohnt, zum Ausdruck bringt.

In sozialökologischer Hinsicht kommt der _örtlichen sozialen Verwurzelung_ des Menschen hervorragende Bedeutung zu, und der Sozialarbeiter bemüht sich überall, sie zu fördern und zu bewahren. Begriffe wie «Soziotop», «Milieu», «Nische» oder «Habitat», die in der sozialökologischen Theorie eine zentrale Rolle spielen [218], weisen wörtlich auf den konkreten Raum, die Örtlichkeit des sozialen Existierens hin. Auch im Falle von problembeteiligten Kindern hat dieser Aspekt der lokalen sozialen Einbindung grosses Gewicht, beispielsweise wenn der Sozialarbeiter eine Kindeszuteilungsfrage beurteilen muss: Folgt die richtige Zuteilung nicht schon eindeutig aus der persönlichen Elternbeziehung des Kindes, mag die Tatsache, dass der eine Elternteil dem Kind das Weiterleben am bisherigen Lebensort ermöglicht – etwa in einem Dorf, wo es in Nachbarschaft, Schule, Jugendorganisationen, Freundschaften etc. sozial verwurzelt ist – den Ausschlag zugunsten dieses Elternteils geben. Ebenso sucht der Sozialarbeiter, wenn eine alleinstehende Mutter einen Tagespflegeplatz für ihr Kind benötigt, einen solchen zuerst einmal in der Nachbarschaft, d. h. im selben Haus oder Wohnviertel, wo Mutter und Kind leben.

Es kann sogar eine sozialarbeiterische Kindesschutz-Massnahme einzig dem sozialökologischen Zweck dienen, das Kind an seinem Lebensort zu belassen und so die sozialen Bindungen, insbesondere die _persönlichen Beziehungen,_ die es dort eingegangen ist, zu sichern – z. B. wenn biologische Elternpersonen ihr Kind von einem Familienpflegeplatz oder aus einem Heim, wo es seit mehreren Jahren lebt, wegnehmen, aus seinem Soziotop eigentlich wegreissen und in ein fremdes Milieu verpflanzen wollen.[219] Selbst ein künstlicher Lebensort wie ein Heim, ein Internat oder eine therapeutische Institution wird für einen Menschen, falls er dort beständige und tiefe Gefühlsbindungen zu Betreuungspersonen, Mitbewohnern, Lehrern, Therapeuten etc., vielleicht auch zu Tieren, zum Wohnhaus, zur Landschaft entwickelt hat, zur persönlichen Heimat und muss ihm als solche wenn möglich erhalten bleiben.

2. Das Prinzip des kleinstmöglichen Eingriffs, das zweite Moment sozialökologischen Handelns, verbietet es dem Sozialarbeiter freilich, einen Menschen vor-

---

218 Vgl. z. B. _Germain/Gitterman 1986, Mühlum 1986, Wendt 1986, Wendt 1990a_
219 Vgl. zu dieser Problematik insbesondere die beiden Bücher von _Goldstein/Freud/Solnit_ («Jenseits» und «Diesseits des Kindeswohls»), in denen das psychologisch-juristische Autorenteam mit eindrücklicher Entschiedenheit fordert, dass die familiäre Bindung zwischen Kindern und langzeitigen Betreuungspersonen, die nicht seine leiblichen, aber seine «psychologischen Eltern» sind, geschützt werden müsse gegenüber den Besitzansprüchen von «biologischen Eltern», zu denen das Kind keine kindliche Liebesbindung hat entwickeln können.

schnell, ohne evidente Notwendigkeit aus seinen natürlichen Lebenszusammenhängen hinaus an einen solchen künstlichen Lebensort zu plazieren. Wo es Problemlösungsalternativen gibt, versucht der Sozialarbeiter primär, die sozial natürlichste zu realisieren. So hat, wenn es um die Betreuung eines Kindes geht, die Plazierung in eine Pflegefamilie den *Vorrang* vor der Heimplazierung; die Pflegefamilie, mit der das Kind bereits in positiver Beziehung steht (Verwandte, Bekannte, Nachbarn, Familie eines Freundes etc.), *vor* einer ihm fremden Familie; die Tagespflege (bzw. die Hort- oder Krippenlösung) *vor* dem durchgängigen (Tag- und Nacht-)Pflegeplatz. Desgleichen steht bei einem geistig oder psychisch behinderten Erwachsenen die Unterbringung in einer Familie oder in einer Wohngemeinschaft im Vordergrund, *vor* der Klinik- oder Heimplazierung. Eine altbewährte sozialökologische Problemlösung in derartigen Fällen ist dort verwirklicht, wo der betreffende Mensch in einer Betreuungsinstitution, z. B. einem Altersheim, angestellt und als (meist im Hause lebender) Mitarbeiter zugleich betreut wird. Diese Lebensposition ist relativ natürlich, viel natürlicher jedenfalls als das blosse Pensionärs- oder gar Patientendasein. Sonst sollte der Sozialarbeiter dafür sorgen, dass ein solcher Betreuungsklient auswärts, beispielsweise in einer geschützten Werkstätte, arbeiten kann, denn auch das Hingehen zur Arbeit stellt etwas sozial Natürliches dar und bietet diesem Menschen über den Wohn-Soziotop hinaus die zusätzliche Möglichkeit sozialer Verwurzelung am Arbeitsort (abgesehen vom sozialpädagogischen Training und der Steigerung des sozialen Prestiges, das es mit sich bringt).

Man darf das sozialökologische Prinzip allerdings nicht absolut setzen, sondern muss es insbesondere immer im Zusammenhang mit dem Effizienzprinzip sehen. Wenn z. B. klar ist, dass einem massiv verhaltensgestörten Jugendlichen oder einem misshandelten Kind, mit dessen Eltern private Pflegeeltern nicht zu Rande kommen würden, nur durch eine *Heimplazierung* wirkungsvoll geholfen werden kann, muss dieser starke Eingriff in den natürlichen Lebenszusammenhang selbstverständlich geschehen. Doch auch dabei gilt es, sozialökologische Gesichtspunkte zu berücksichtigen: Das Heim sollte beispielsweise möglichst nahe beim bisherigen Lebensort des Kindes liegen, damit sich der Kontakt zwischen dem Kind und seinen Eltern, Freunden und sonstigen bisherigen Bezugspersonen leicht weiterpflegen lässt. Einen Menschen in ein Heim plazieren, soll nicht heissen: ihn in die Fremde schicken! (Leider allerdings hat der Sozialarbeiter in vielen Fällen gar keine andere Wahl, als eben dies zu tun, weil er in der Nähe keinen freien Platz oder überhaupt keine geeignete Institution für seinen Klienten findet.)[220] Im übrigen bemüht sich der Sozialarbeiter, soviel er vermag, dazu beizutragen, dass das plazierte Kind einerseits im Heim rasch und

---

[220] Unter speziellen Problemumständen kann es freilich auch einmal – aus psychologischen Gründen – angebracht sein, eine erhebliche *örtliche Distanz* zwischen dem plazierten Menschen und seinen bisherigen Bezugspersonen zu schaffen (z. B. bei Drogenabhängigen oder im Falle misshandelter Menschen, die in Angst vor dem Misshandlungstäter leben).

gut Wurzeln fassen kann und anderseits seine Verbindungen zur früheren Lebenswelt nicht einfach abreissen, vor allem dass sich die Beziehung zwischen dem Kind und seinen Eltern sowie allfälligen Geschwistern nicht verschlechtert, sondern im Gegenteil – trotz der geschaffenen Distanz – verbessert.

Systemische Sozialarbeit geht überall darauf aus, den *familiären Zusammenhalt* zu funktionalisieren und zu stärken, auch dort, wo sie zum Schutze eines Kindes in die Familie eingreift. Wir werden diesen Punkt bei der Erörterung der sozialarbeiterischen Intervention noch näher ins Auge fassen. Die Familie entfaltet in der Regel im mikrosozialen Feld – dem zentralen sozialökologischen Raum – die stärksten Kräfte, und deshalb schenkt ihr der kluge Sozialarbeiter auch die grösste Beachtung. Aber auch über sie hinaus, ganz generell achtet und berücksichtigt er die natürliche *soziale Lebensdynamik*. Er passt sich ihr an, gibt ihr Anstösse in eine günstigere Richtung, und wo immer es geht, benützt er sie zur Problemlösung, denn damit erreicht er am ehesten sozial natürliche, soziallogische, also stabile Zustände. Künstlich-technischen Problemlösungen im Sozialen steht der sozialökologisch eingestellte Sozialarbeiter eher skeptisch gegenüber, obschon auch er in gewissen Fällen nicht auf sie verzichten kann. Doch wie alle Ökologen hält er das Leben für höherwertig, vorrangig und letzten Endes mächtiger als die Technik.

d) Verhandlungsprinzip

Der Sozialarbeiter geht das soziale Problem, insbesondere das Konflikt-Problem, primär auf dem Wege der Verhandlung an. In der sozialarbeiterischen Verhandlung verhandeln die problemrelevanten Personen das Problem und seine Lösung mit dem Ziel, sich zu verständigen – «verständigen» im doppelten Wortsinn von Sich-Verstehen einerseits und Sich-Einigen anderseits.

Dieses methodische Prinzip vom Vorrang der Verhandlung enthält im speziellen zwei Subprinzipien: Der Sozialarbeiter trachtet primär danach, in der Verhandlung eine neutrale Interposition und nicht eine Vertreterfunktion für eine problembeteiligte Person zu haben (Vorrang der reinen Verhandlung). Und er bemüht sich primär darum, die problemrelevanten Personen bei der Verhandlung in direkten persönlichen Kontakt zu bringen, statt bloss in der Rolle eines Zwischenträgers zwischen ihnen zu vermitteln (Vorrang der direkten Verhandlung).

1. Vorrang der Verhandlung

Die grundsätzlich mediatorische Funktion systemorientierter Sozialarbeit realisiert sich methodisch zur Hauptsache darin, dass der Sozialarbeiter die Problembeteiligten sowie – je nach den Umständen – auch lösungswichtige Dritte dazu führt, unter seiner vermittelnden Hilfeleistung das sie betreffende Problem bzw. die Problemlösung miteinander zu verhandeln. Bei blossen Defizit-Problemen, wo keinerlei Konflikt-Momente in Form von emotionellen Spannungen, Meinungsverschiedenheiten oder widerstreitenden Handlungen vorliegen, ist das nicht nötig; doch solche Fälle sind eher selten. Meist hat ein soziales Problem – mehr oder weniger ausgeprägt – konflikthafte Züge; bei den eigentlichen Konfliktproblemen ist es eben gerade der Konflikt, der das Problem kennzeichnet. Hier überall versucht der Sozialarbeiter in erster Linie, aus den problemrelevanten Personen – insbesondere den Konfliktbeteiligten – *Verhandlungsteilnehmer* zu machen. Damit schafft er die günstigste methodische Voraussetzung für eine einverständliche Problemlösung, die den Bedürfnissen aller Betroffener Rechnung trägt.

Ein sozialer Konflikt wird am wirksamsten gelöst, ein dysfunktionelles System am besten funktionalisiert, wenn die beteiligten Personen ihre Spannungen, Divergenzen und Antagonismen in verhandelnder Kommunikation klären, reduzieren und ausgleichen. Beschränkt sich der Sozialarbeiter in solchen Situationen darauf, einzig einen der Problembeteiligten – gemäss therapeutischem Modell: seinen Klienten – zu *beraten* (bzw. zu «behandeln»), vermag er keineswegs die gleiche problemlösende Wirkung zu entfalten. Deshalb insistiert der systemisch arbeitende Sozialberater auf der Verhandlung und lehnt es unter Umständen ab, jemandem, der ihm ein Konfliktproblem vorbringt, aber nicht will, dass es darüber mit den andern Beteiligten zur Verhandlung kommt, Beratungshilfe zu gewähren. Er spricht zwar mit einer solchen konfliktbeteiligten Person (vielleicht sogar mehrmals) allein, um bei ihr die Einsicht zu wecken, dass das Problem verhandelt werden muss, wenn es gelöst werden soll, und um sie zu bewegen, sozialarbeiterischen Verhandlungsbemühungen zuzustimmen. Dass es hiefür oft grossen *motivatorischen Einsatz* braucht, weil manche Menschen – gebannt von Feindseligkeit, Enttäuschung, depressiver Hoffnungslosigkeit – nicht an eine einverständliche Konfliktlösung glauben können, haben wir bereits bei der Erörterung des Positivitätsprinzips und des Kommunikationsprinzips gesehen. Allerdings darf sich der Sozialarbeiter, auch wenn es unter solcher Verhandlungsabsicht geschieht, nicht zu lange mit einem Konfliktbeteiligten allein befassen. Je länger er dies tut, desto mehr wird er in die zwangsläufig einseitige Problemversion dieses Menschen hineingezogen, und bald einmal verliert er die für die Verhandlung wichtige *Interposition*, denn der exklusive Kontakt mit einem Konfliktbeteiligten führt denselben rasch zur Meinung, der Sozialarbeiter sei sein parteinehmender Vertreter – und eben für dies halten ihn dann auch die andern potentiellen Verhandlungsteilnehmer.

Wenngleich er seine Rolle gar nicht so definiert, gelingt es ihm in solcher Situation mit Sicherheit weniger gut, alle lösungswichtigen Konfliktbeteiligten verhandlungs- und kompromissbereit zu machen. Im schlimmsten Falle bleibt der Sozialarbeiter, welcher sich zu sehr auf die problemzutragende Person einlässt, sozusagen an ihr hängen: die andern Konfliktbeteiligten wollen, da sie ihn nun zur «feindlichen Partei» zählen, nichts mehr mit ihm zu tun haben, wenn er endlich an sie herantritt. Er gelangt dann nicht zur Verhandlung, bleibt reduziert auf die Beratung des Problemzuträgers, und dies weil er, in *linearer Handlungsperspektive* befangen, einen methodischen Fehler gemacht hat.

Selbstverständlich kommt es auch vor, dass Konfliktbeteiligte, an die der Sozialarbeiter aus einer tadellosen Interposition herantritt, sich *weigern*, das Problem zu verhandeln, aus Gründen, für die der Sozialarbeiter nichts kann. Dann muss er sich faute de mieux auf die Beratung desjenigen Konfliktbeteiligten konzentrieren, der sich ihm anvertraut, und über die Einflussnahme auf diesen Klienten versuchen, konfliktlösende Wirkung zu erzeugen. Eventuell muss er auch, je nach der Problemsituation, in rechtlicher Vertretungsfunktion zugunsten des Klienten handeln oder gar, wenn der Konflikt einen schwerwiegenden sozialen Notzustand schafft, intervenierend in ihn eingreifen. Das Prinzip vom Vorrang der Verhandlung gibt jedoch dieser sozialarbeiterischen Handlungsart als methodischem Konfliktlösungsansatz die *Priorität:* andere Handlungsarten sollen in der Regel erst angewandt werden, wenn die Verhandlung nicht zustande gekommen oder erfolglos verlaufen ist – und natürlich dort, wo sich aufgrund der gegebenen Umstände zum vornherein und offensichtlich ein anderes, nicht-verhandelndes Vorgehen aufdrängt.

2. Vorrang der reinen Verhandlung

Der Unterschied zwischen der reinen und der vertreterischen Verhandlung bezieht sich auf die Position und Funktion des Sozialarbeiters. In der «vertreterischen Verhandlung» verhandelt er als *Vertreter* eines problembeteiligten Klienten, und es sind in ihr infolgedessen die Handlungsarten der Vertretung und der Verhandlung miteinander verbunden, ja in eins vermischt. Dies trifft immer da zu, wo der Sozialarbeiter, z. B. als Vormund oder Beistand, ein Vertretungsamt innehat (sogenannte «Pflichtvertretung»). Als solcher Pflichtvertreter ist er in der Verhandlung zumindest rechtlich-formal Partei, und auch wenn er faktisch eine Interposition anstrebt und weitgehend zu realisieren vermag, kann diese doch nur eine partielle, unvollkommene sein. Desgleichen in der Verhandlung, die der Sozialarbeiter als vom Klienten bevollmächtigter Vertreter führt (sogenannte «freiwillige Vertretung»). Tritt er hingegen *ohne eine Vertretungsfunktion* in der Verhandlung auf und hat er demzufolge die Möglichkeit, als reiner Vermittler in integraler, vollkommener Interposition zu agieren, ist die Situation einer «reinen Verhandlung» gegeben.

Bezeichnend für ihre systemische Denkweise, sprechen Pincus/Minahan von der sozialarbeiterischen Tätigkeit des «Aushandelns» (zwischen dem «Klienten-», «Aktions-» und «Zielgruppensystem») und der entsprechenden *Verhandlungsbeziehung* des Sozialarbeiters und bemerken dabei, dass dieselbe von zweierlei Art sein kann: Entweder wird der Sozialarbeiter «von allen Beteiligten als neutraler, vertrauenswürdiger Mittler betrachtet» oder aber «als Verfechter eines bestimmten Standpunktes angesehen, durch den er dem Klientensystem dazu verhelfen will, dass es im Verhandlungsprozess etwas erwirbt».[221] Damit kommt grob-grundsätzlich zum Ausdruck, worin sich reine und vertreterische Verhandlung praktisch unterscheiden. Und es leuchtet ohne weiteres ein, dass der Sozialarbeiter, dem an einem möglichst freien verhandelnden Austausch zwischen den Konfliktbeteiligten liegt, primär die erstgenannte «Verhandlungs-beziehung» (Begriff von Pincus/Minahan), also die *reine Verhandlung* anstreben muss. Das geht schon aus unseren methodischen Prinzipien des allseitigen Nut-zens, der Interposition und der Selbständigkeitsförderung hervor.

Wo der Sozialarbeiter aufgrund der institutionellen Gegebenheiten, z. B. in einer grossen städtischen Amtsvormundschaft, keinen Einfluss darauf hat, ob eine *Pflichtklientschaft* angeordnet und ihm ein entsprechendes Vertretungsman-dat übertragen wird oder nicht, vermag er freilich nichts zugunsten der reinen Verhandlung zu tun. Wenn ihm aber auf seiner Stelle (etwa auf einem Gemeinde-sozialdienst) oder in seiner Funktion (z. B. als Gutachter) solche Einflussmög-lichkeiten offenstehen, soll er die zuständige behördliche oder gerichtliche Instanz davon abhalten, ihn in einem sozialen Konflikt-Problemfall, in dem durchaus Chancen zur friedlichen Verhandlungslösung bestehen, vorschnell zum Pflichtvertreter eines Beteiligten zu machen. Ein Vater beispielsweise mag bei der Ehescheidung aus Angst davor, dass ihm die Ex-Frau das gemeinsame Kind nicht zum monatlichen Besuch herausgeben werde, einen Beistand für das Kind verlangen. Eine solche rechtliche Massnahme scheint, insbesondere bei starker Verfeindung der Scheidungsparteien, vernünftig zu sein. Tatsächlich aber erhöht sie oft – gemäss einem typischen soziallogischen Muster – die Spannung zwischen den Eltern des Kindes und erzeugt Besuchsrechtsprobleme eher, als dass sie sie verhindert. Der Sozialarbeiter rät deshalb in der Regel von einer solchen Pflicht-klientschaft ab, stellt sich den geschiedenen Eltern als Verhandlungsmittler zur Verfügung und äussert die entschiedene Meinung, dass sie in freier Verhandlung allfällige Konflikte einverständlich zum Wohle des Kindes zu lösen imstande seien.

Besonders im Raum der *freiwilligen Klientschaft* gilt es für den Sozialarbeiter, dem Prinzip vom Vorrang der reinen Verhandlung zu folgen. Hier soll er sich nicht, wie es häufig der instrumentalisierenden Absicht der Klienten entspricht, zum Vertreter eines Konfliktbeteiligten machen lassen, sofern und solange nicht evident ist, dass diese Person in der Verhandlung vertreten sein *muss*. Eine solche freiwillige Vertretung eines Problembeteiligten rechtfertigt sich nur, wenn der-selbe offensichtlich ausserstande ist, seinen Standpunkt und seine Bedürfnisse in der Verhandlung in ausreichendem Masse zur Geltung zu bringen (vgl. S. 270). Selbstverständlich trifft dies für zahlreiche typische Sozialarbeitsklienten zu, doch darf der Sozialarbeiter im individuellen Fall nicht leichtfertig, d. h. ohne ernsthaftes kritisches Überlegen davon ausgehen. Primär soll er die reine Ver-

221 *Pincus/Minahan*, S. 116 f.

handlung unter den Konfliktbeteiligten, nicht den Vertreter-Status für sich anstreben. Die vertretungslose Vermittlerrolle hindert ihn nicht daran, sich in der Verhandlung kraftvoll für bestimmte Anliegen eines Konfliktbeteiligten zu engagieren.

3. Vorrang der direkten Verhandlung

Die sozialarbeiterische Verhandlung lässt sich auf zwei Arten durchführen: Entweder bringt der Sozialarbeiter die Verhandlungsteilnehmer in persönlichen Kontakt miteinander und sie verhandeln das Problem und seine Lösung unter seiner Verhandlungsregie in direkter Kommunikation, oder er betätigt sich als Mittelsmann zwischen ihnen, als Zwischenträger und Makler sozusagen, indem er mit ihnen je einzeln in Verbindung steht, während sie selbst keinen persönlichen Verhandlungskontakt zueinander haben. Ersteres nennen wir «direkte», letzteres «indirekte Verhandlung».

Vergleicht man diese unterschiedlichen Verhandlungsarten, zeigt sich, dass ihnen beiden Vorzüge und Nachteile innewohnen. In der einen Problemsituation erscheint die direkte, in der andern die indirekte Verhandlung als erfolgversprechender. Generell jedoch überwiegen die Vorteile der direkten sozialarbeiterischen Verhandlung klar, und der Sozialarbeiter muss sich deshalb, sofern im konkreten Fall nicht triftige Gründe dagegen sprechen, primär darum bemühen, dass eine direkte Verhandlung unter den problemrelevanten Personen zustande kommt. Die hauptsächlichen *Vorteile der direkten Verhandlung* sind:

- Die wahren Problemgründe treten am raschesten und klarsten zutage (*Abklärungsvorteil*).
- Jeder Verhandlungsteilnehmer wird mit der Einstellung und dem Verhalten des bzw. der anderen konfrontiert und erlebt so die Problemrealität (*Realitätsvorteil*).
- Die Problembeteiligten sind fast zwingend zu Selbstverantwortung – auch im durchaus wörtlichen Sinne des «selbst antworten» – und zu selbständigem Handeln herausgefordert (*Selbständigkeitsvorteil*).
- Lösungsvorschläge können sofort darauf geprüft werden, ob sie bei den lösungswichtigen Personen Zustimmung finden und von daher durchführbar sind (*Prüfvorteil*).
- Problemlösendes Einigungsverhalten zwischen Konfliktbeteiligten lässt sich unter sozialarbeiterischer Instruktion und Kontrolle einüben (*Trainingsvorteil*).

Diese Vorteile leuchten ohne weiteres ein, insbesondere dem Sozialarbeiter, der *systemorientiert* denkt und handelt. Die Angehörigen eines sozialen Problemsystems oder zweier (bzw. mehrerer) problembeteiligter Sozialsysteme in direkte Verhandlung zusammenzuführen, erscheint sowohl im Aspekt des Problemverstehens wie in dem des problemlösenden Handelns als das effizienteste methodische Vorgehen. Nur so, im *kommunikativen Geschehen* des Verhandlungsgesprächs, erlebt der Sozialarbeiter das Problemsystem bzw. die problembeteiligten Systeme in Aktion. Und damit sieht er viel rascher und tiefer hinein in die Struktur und Dynamik des sozialen Problems, als wenn er bloss bilaterale Kontakte zu einzelnen problembeteiligten Personen oder Gruppen hat.

Diesen Abklärungsvorteil erkannten die Sozialarbeiter, jedenfalls hinsichtlich des Sozialsystems der Familie, schon zu Mary Richmonds Zeiten.[222] Der psychoanalytisch fundierten, linear klientzentrierten therapeutischen Sozialarbeitslehre geriet er in der Folge aus dem Sinn, und erst das Aufkommen der systemorientierten *Familientherapie* im psychotherapeutischen Bereich hat ihn den Sozialarbeitern wieder machtvoll zum Bewusstsein gebracht. Noch mehr: die familientherapeutische Konzeption gründet nicht bloss bezüglich der Diagnose, sondern ebenso in der Behandlungsmethodik auf dem kommunikativ-interaktionellen Modell menschlichen Existierens, und entsprechend geschieht Familientherapie in der direkten Kommunikation zwischen den Familienmitgliedern, die sämtlich als Patienten gelten.[223] In solcher Weise lassen sich psychische Probleme im sozialen System der Familie in der Regel am effizientesten therapeutisch angehen – die Erfolge der Familientherapie belegen dies eindrücklich. Und die Sozialarbeitsmethodik kann daraus lernen, wie hervorragend sich das Zusammentreffen und die persönliche kommunikative Auseinandersetzung der Menschen, die an einem gemeinsamen Problem beteiligt sind, zur Problemlösung eignet. Dieses generelle Fazit darf sie zweifellos aus den familientherapeutischen Erfahrungen ziehen, obschon die direkte *sozialarbeiterische Verhandlung* – die sich ja nicht auf familiäre Probleme beschränkt und sich keiner artifizieller Techniken bedient – nicht identisch mit der Familientherapie ist.

Will der Sozialarbeiter im Handlungsraum der Therapie methodische Muster, Erläuterungen oder Legitimationen beziehen, so soll er es in erster Linie bei den systemisch orientierten Familientherapeuten tun.[224] Er wird dabei nicht nur die aufgeführten Vorteile der direkten Problemverhandlung bestätigt finden, sondern auch im Detail zahlreiche nützliche Hinweise für seine verhandelnde Tätigkeit erhalten.

---

222 *Richmond* (S. 137) schreibt: «In some forms of social work, notably family rebuilding, a client's social relations are so likely to be all important that family case workers welcome the opportunity to see at the very beginning of intercourse several of the members of the family assembled in their own home environment, acting and reacting upon one another, each revealing in ways other than words social facts of real significance.»

223 Personifizierend wird auch das ganze Familiensystem als «Patient» betrachtet (vgl. z. B: *Richters* Buchtitel «Patient Familie»).

224 Als Literatur zur Einführung in die Familientherapie kann z. B. empfohlen werden: *Guntern*, *Haley 1976*, *Minuchin*, *Minuchin/Fishman*, *Napier/Whittaker*, *Stierlin u. a.*

Obschon die Vorteile der direkten Verhandlung sozialarbeitsmethodisch den generellen Vorrang dieser Verhandlungsart rechtfertigen, gibt es doch Problemsituationen, in denen sie nicht geeignet oder wo sie ganz einfach unrealisierbar ist, so dass der Sozialarbeiter *indirekt verhandeln* muss. Nur schon äussere Umstände wie grosse örtliche Entfernung zwischen den Verhandlungsteilnehmern oder Terminschwierigkeiten bei Zeitdruck können das Zustandekommen direkter Verhandlung verhindern. Auch simple arbeitsökonomische Überlegungen halten den Sozialarbeiter bei relativ geringfügigen Problemen davon ab, ein Verhandlungsgespräch unter den problemrelevanten Personen zu organisieren – z. B. wenn er sieht, dass er das Problem wahrscheinlich mit zwei, drei kürzeren Telefongesprächen zu lösen vermag. Der häufigste Grund, weswegen es nicht zur direkten Verhandlung eines Konfliktes kommen kann, besteht freilich darin, dass sich manche Menschen trotz motivierender Zusprache des Sozialarbeiters weigern, mit ihren Konfliktgegnern «zusammen an einem Tisch zu sitzen», ihnen also persönlich zu begegnen und selbst mit ihnen zu reden. Wenn der Sozialarbeiter in solchem Falle gleichwohl den Problemlösungsweg der Verhandlung einschlagen will, bleibt ihm nichts anderes übrig, als sich im Sinne indirekter Verhandlung mit den Konfliktbeteiligten einzeln auseinanderzusetzen und als *Mittelsmann* zwischen ihnen einigende Fäden zu spinnen.

Darüberhinaus gibt es aber auch persönliche Konstellationen im Problemfeld, die unabhängig von der Verhandlungswilligkeit der Problembeteiligten indirekte, nicht direkte Verhandlungen nahelegen. Das trifft beispielsweise dort zu, wo Menschen, etwa Ex-Gatten, von so *feindseligen Gefühlen* zueinander beherrscht sind, dass sie sich in der direkten Begegnung höchstwahrscheinlich bloss gegenseitig angreifen und verletzen würden und zu keinem Ansatz der Übereinstimmung finden könnten. Verhandlungsgespräche, die derart allein im Negativen ablaufen, erfüllen die Beteiligten mit Enttäuschung, Bitternis, Hoffnungslosigkeit und Aggression und verschlimmern das Problem eher, als dass sie es lösen. Vor allem wenn die verfeindeten Konfliktbeteiligten eine gute, vertrauensvolle Beziehung zum Sozialarbeiter haben, sind diesem in der Rolle des Mittelmannes, der zwischen ihnen sozusagen hin- und hergeht, also mit der indirekten Verhandlung, grössere Problemlösungschancen gegeben. Hiebei erfährt und erkennt zwar der Sozialarbeiter die schlechten Gefühle und Meinungen, welche die Problembeteiligten gegeneinander hegen, durchaus, diese Personen aber erleben die entsprechenden Äusserungen der Gegenseite nicht, und der geschickt agierende Sozialarbeiter bringt sie ihnen auch nicht zur Kenntnis. Im Gegenteil: bei seinen Verhandlungsbesprechungen mit jeweils der einen Partei stellt er in der Regel die Haltung der andern als besser, d. h. verständiger und kompromissbereiter hin, als sie tatsächlich ist, und mildert, indem er sich nach beiden Seiten hin einer diplomatisch zurückhaltenden Sprache bedient, die aggressive Ausdrucksweise der Kontrahenten.[225] So vermindert er die Spannung

---

225 Zur «Sprache der Diplomatie» und ihrer konfliktbesänftigenden Funktion vgl. *Grewe.*

im Konfliktfeld und fördert er – ganz im Sinne des methodischen Positivitätsprinzips – eine positive Gefühlsdynamik zwischen den Verhandlungsteilnehmern, macht sie also einander (relativ) wohlgesinnt und damit geneigt zur Einigung.

Auch die umgekehrte Taktik lässt sich beim indirekten Verhandeln anwenden: In einer Art *Doppelagent-Rolle* gibt der Sozialarbeiter jeder Konfliktpartei zu verstehen, dass er sich voll und ganz für ihre Anliegen und Forderungen bei der Gegenseite einsetze, dass es aber angesichts der starken Position (oder des eigensinnigen Charakters, der mangelnden Intelligenz etc.) derselben, ihrer weit abweichenden Meinung in der strittigen Angelegenheit sowie der geringen Kompromissbereitschaft, die sie zeige, ausserordentlich schwierig sei, sie mit einem Einigungsvorschlag zu befriedigen. Diese Situationsbeurteilung entspricht den negativen Projektionen, welche die feindseligen Konfliktparteien aufeinander richten, und erscheint ihnen deshalb als zutreffend und glaubhaft. Beide Seiten gelangen so – je für sich – zur Einsicht, dass eine Verhandlungslösung nur möglich ist, wenn sie selbst wesentliche Zugeständnisse machen, und erachten das, was der Sozialarbeiter beim Konfliktgegner «herausgeholt» hat, als ein Optimum. Letzten Endes stimmen sie dem Lösungsvorschlag des Sozialarbeiters sogar mit dem Gefühl zu, für sich gut weggekommen zu sein. Dieses Vorgehen bei der indirekten Verhandlung kann insbesondere da zum Erfolg führen, wo die Konfliktparteien trotz ihrer negativen Affekte gegeneinander ein sachlich zwingendes Interesse haben, sich zu einigen.

Die indirekte der direkten Verhandlung vorzuziehen, empfiehlt sich im übrigen auch dann, wenn zwischen gegnerischen Konfliktbeteiligten ein zu grosses *Kompetenz-Ungleichgewicht* besteht. Ein debiler Mensch beispielsweise ist in einer kämpferischen Verhandlung den geschickten Argumenten eines intelligenten Widersachers nicht gewachsen, und die direkte Begegnung bringt ihm bloss schmerzlich sein Unvermögen zum Bewusstsein. Das gleiche gilt für ein Kind in der verbalen Auseinandersetzung mit einem ihm feindlich gesinnten Erwachsenen. Zu Recht meint Nicholds, es sei «selten klug, in ein Mehrpersonengespräch jemanden mit einzubeziehen, der zwar in der Lage ist, das Gefühlsklima des Gesprächs zu verstehen, sich aber nicht in Worten äussern kann».[226] Häufig verhindert auch ein *Machtgefälle* zwischen den Konfliktbeteiligten – z. B. dasjenige zwischen Lehrer und Schüler, Eltern und Kind, Heimleiter und Heimbewohner, Arbeitgeber und Angestelltem – eine echte, offene Verhandlung im direkten persönlichen Kontakt: Aus Angst vor Nachteilen sagt der Schwächere, Abhängige in Anwesenheit des Stärkeren, Herrschenden nicht, was er wirklich weiss, denkt und fühlt.

Bei solchen ungleichen Verhältnissen bietet die indirekte Verhandlung dem unterlegenen Konfliktbeteiligten Schutz und dem Sozialarbeiter oft mehr Einsicht in die wahren Problemgründe. Auch wo zu befürchten ist, ein Mensch werde

---

226 *Nicholds*, S. 199

in der direkten Verhandlung durch die Aussagen oder das Verhalten anderer Verhandlungsteilnehmer seelisch tief verletzt, sollte man von dieser Problemlösungstechnik absehen – dies gilt es vor allem bei psychisch «angeschlagenen» (z. B. depressiven) Personen zu beachten.

e) Tatsachenprinzip

Der Sozialarbeiter geht in seiner problemklärenden Aktivität darauf aus, das (problemrelevante) Tatsächliche – d. h. das unumstösslich Wirkliche, die evidente konkrete Wahrheit – zu ermitteln und zu erfassen. Er bemüht sich, die Problembeteiligten und die lösungswichtigen Dritten dazu zu führen, den Tatsachen ins Auge zu schauen und sie zu anerkennen, statt illusionären Vorstellungen nachzuhängen. In all seinem problemlösenden Handeln berücksichtigt er die realen problembezogenen Gegebenheiten und baut auf sie.

Soziale Problemlösung hat es mit konkreter Wirklichkeit zu tun und ist entsprechend auf das Moment des Tatsächlichen verwiesen. Weiss der Sozialarbeiter bei einem Problemfall nicht, was für Fakten und Verhältnisse tatsächlich vorliegen, was unter den Problembeteiligten wirklich geschieht bzw. geschehen ist, welche problemlösenden Möglichkeiten es in Tat und Wahrheit gibt und welche nicht, so ist er ausserstande, methodisch optimal zu handeln. Das Konzeptprinzip der Wechselwirkung zwischen sozialarbeiterischem Verstehen und Handeln hat uns zwar klargemacht, dass der Sozialarbeiter nicht zuerst die Problem-Tatsachen eruieren und dann, wenn er sie alle kennt, mit der Problemlösung beginnen kann. Zur Erkenntnis der wirklichen Be- und Gegebenheiten kommt er, wie wir gesehen haben, vielfach erst im Laufe des Problemlösungsprozesses. Das Tatsachenprinzip verlangt aber vom Sozialarbeiter, dass er sein Problemverständnis so rasch wie möglich vom niederen *Erkenntnisniveau* des Vagen, Undurchsichtigen, Unbewiesenen auf die höhere Ebene des Präzisen, Klaren, Bewiesenen hebt, und das heisst: es hauptsächlich auf die Kenntnis von Tatsachen gründet. Nirgends wird dies so sehr betont wie in Mary Richmonds Werk *Social Diagnosis*, mit dem die Sozialarbeitstheorie recht eigentlich begann. Hier dreht sich – jedenfalls im praktischen Aspekt – alles um die Frage, wie der Sozialarbeiter in einem Problemfall die relevanten Fakten *(facts)* ermittelt, die in ihrer Gesamtheit einen sozialen Befund *(social evidence)* ergeben. Von ihm hängt gemäss Richmondschem Denken die soziale Diagnose hauptsächlich ab: je richtiger die Fakten erkannt werden, desto zutreffendere Schlüsse lassen sich für die Diagnose, also das Problemverständnis, ziehen.

Diese sozialarbeitstheoretische Grundthese ist nach wie vor wahr und gültig. Methodisch konkretisiert wird sie in den sozialarbeiterischen *Arbeitsregeln der Problemabklärung,* die das Tatsachenprinzip enthält. Sie fordern zum Beispiel in manchen Fällen, dass der Sozialarbeiter am Lebensort der Problembeteiligten einen *Augenschein* vornimmt. Wenn ein Mann dem Sozialarbeiter erzählt, seine Frau könne keinen Haushalt führen, die Wohnung sei ein Saustall, unakzeptabel für ihn und die Kinder, so diskutiert der Sozialarbeiter nicht lange mit ihm darüber, was mit «Saustall» und «unakzeptabel» gemeint sei, sondern er geht mit ihm nach Hause, um sich die Wohnung anzusehen. Auf diese Weise führt er sich den in Frage stehenden Sachverhalt unmittelbar vor Augen. Vielleicht stimmt, was der Mann über den Haushaltszustand gesagt hat, vielleicht erweist es sich als sehr übertrieben, als eine Behauptung, die vom eigentlichen Eheproblem ablenken soll. Wenn immer äussere Gegebenheiten – z. B. solche des Arbeitsplatzes, der örtlichen Nachbarschaftsumwelt, der Verkehrsverhältnisse (Lärm, Gefährlichkeit für Kinder, Arbeitsweg etc.), des Zimmers im Heim – eine wesentliche Rolle im Problemzusammenhang oder für die Problemlösung spielen, begibt sich der Sozialarbeiter an Ort und Stelle, um sich über die Tatsachen ins Bild zu setzen. Insbesondere tut er dies klugerweise auch dort, wo er einen Haushalt über längere Dauer finanziell unterstützt. Der Einblick in die Wohnverhältnisse gibt ihm wesentliche Hinweise auf die materielle Ausrüstung und den Lebensstil der Problembeteiligten; und darüber muss der Sozialarbeiter Bescheid wissen, wenn er jemandem langfristig Geld für den Lebensunterhalt gewährt.

Ganz allgemein ist bei der sozialarbeiterischen Handlungsart der *Beschaffung* die sorgfältige Tatsachenermittlung von hoher Bedeutung. Ziltener vertritt zu Recht die Meinung, dass hier der Sozialarbeiter beim Klienten «auf klaren Angaben insistieren» müsse, und dass er, wenn er sie nicht erhalte, die Hilfe verweigern solle.[227] Um sich der massgeblichen Tatsachen zu vergewissern, verlangt der Sozialarbeiter von den betreffenden Problembeteiligten Einsicht in *Dokumente* (Personalausweise, Arbeits-, Miet-, Abzahlungs-, Konsumkreditverträge, Versicherungspolicen, Gerichtsurteile, Arztzeugnisse, Offerten, Rechnungen, Quittungen etc.) und er holt – mit stillschweigender oder ausdrücklicher Erlaubnis der Problembeteiligten – mündliche oder schriftliche *Auskünfte* bei Dritten (Familienangehörigen, Betreuungspersonen, Wohnungspartnern, Arbeitgebern, Lehrern, Ärzten, Therapeuten, Amtsstellen u. ä.) ein. Das ist im Bereich der Geld- und Sachhilfe ganz selbstverständlich. Wer soziale Ressourcen beansprucht, muss seine Berechtigung dazu durch Tatsachenfeststellung klären lassen. Auf diese verzichten und sich mit dem Schein der Glaubwürdigkeit begnügen, darf der Sozialarbeiter nur, wenn er jemandem einen geringfügigen, almosenähnlichen Geldbetrag gibt, für den sich genauere Abklärungsbemühungen arbeitsökonomisch nicht lohnen.

Mit der nüchternen, sorgfältigen Erhebung der Tatsachen im Beschaffungsfalle konfrontiert der Sozialarbeiter auch die Problembeteiligten mit der Realität, und solche *Realitätskonfrontation* ist bei manchen Menschen nützlich und nötig, weil sie ihre materielle Lebenslage und ihre diesbezüglichen Möglichkeiten

227 *Ziltener 1984*, S. 93 ff.

nicht wirklichkeitsentsprechend einschätzen. Typische Beispiele dafür sind Personen, die sich für voll arbeitsunfähig halten, ohne dass ihnen dies von ärztlicher Seite bestätigt werden kann, oder solche, die, obschon ohne Arbeit, nicht stempeln gehen und damit Arbeitslosentaggelder verlieren. Desgleichen Leute, die gar keine Ahnung von einem sparsamen Haushaltbudget haben, Problembeteiligte, die private Zuwendungen (beispielsweise der Eltern), selbst regelmässige und erhebliche, nicht als Einkommen betrachten, oder Menschen, die nicht wissen, dass sie für Leistungen, welche sie andern erbringen (z. B. in der Haushaltführung, Pflege, Betreuung, Mithilfe bei einer Arbeit), eine finanzielle Entschädigung verlangen dürfen. Sehr zutreffend bemerken Blocher u. a. in ihrem Sachhilfe-Buch, dass es auch im Interesse des Klienten liegt, wenn sich der Sozialarbeiter anhand «präziser Informationen» ein «klares Bild der sozialen Realität» verschafft: «Erfolgt aufgrund einer solchen exakten Erhebung des Budgets eine finanzielle Unterstützung, so weiss der Klient, dass diese Auszahlung rechtlich begründet ist (z. B. in einem Einkommen unter dem Existenzminimum) und er Anspruch auf diese Hilfe hat. Er nimmt diese mit mehr Selbstbewusstsein in Empfang, als wenn ihm der Helfer einen Betrag hinstreckt mit der Bemerkung, ‹er könne es sicher brauchen›.»[228]

Von grosser Bedeutung ist das Tatsachenprinzip auch bei der sozialarbeiterischen Problemlösung durch *Verhandlung*. Die Konfliktbeteiligten sind sich meist uneins über wichtige problemrelevante Fakten – ja häufig beruht ihr Streit weitgehend auf dieser Uneinigkeit, und wenn es dem Sozialarbeiter gelingt, die Tatsachen hinsichtlich gewisser neuralgischer Konfliktpunkte klarzustellen, hat er bereits einen entscheidenden Schritt zur friedlichen Beilegung der Kontroverse gemacht. Der Sozialarbeiter betreibt deshalb in der sozialarbeiterischen Verhandlung von Anfang an und beharrlich Tatsachenklärung. Er muss die Verhandlungsteilnehmer, indem er sie gezielt befragt und mit ihren Aussagen gegenseitig konfrontiert, dazu führen, sich über wesentliche Tatsachen einig zu werden und sie zu anerkennen. Das kann ihm auch dadurch gelingen, dass *er selbst* ihnen, nachdem er vielleicht bei Dritten Informationen eingeholt hat, sagt, was für ihn die Wahrheit in der betreffenden Tatsachen-Frage ist, und dass sie, weil sie ihn persönlich akzeptieren, diese seine Tatsachenfeststellung annehmen.

Bei finanziellen Konflikten – beispielsweise beim Streit getrennt lebender Ehepartner um angemessene Unterhaltszahlungen des Mannes an Frau und Kinder – gilt es stets, die Problembeteiligten vorerst soweit zu bringen, dass sie von den gleichen finanziellen Zahlen ausgehen (im genannten Falle etwa bezüglich dessen, wieviel der Mann verdient, was seine Freundin an seine Wohnungskosten beiträgt, welchen Nebenverdienst die Frau hat, was die Ausbildung des Sohnes kostet). Aufgrund dieser anerkannten Tatsachen kann man dann die angemessene finanzielle Regelung, hier die Alimente des Mannes, aushandeln.

---

228 *Blocher u. a.*, S. 42

Oft lassen die klargestellten Gegebenheiten dafür gar keinen grossen Spielraum mehr oder die problemlösenden Schlussfolgerungen ergeben sich ohne weiteres aus ihnen, so dass der Kontroverse, welche *vor* der Problemklärung unter den Verhandlungsteilnehmern herrschte, sozusagen von selbst die Nahrung ausgeht.

Dass sozialarbeiterische *Interventionsmassnahmen* durch Tatsachen gerechtfertigt sein müssen, steht ausser Zweifel. Eben in diesem Handlungsbereich erweist sich freilich die Tatsachenabklärung als schwierig – man denke nur an das allbekannte Problem, die Misshandlung (bzw. Vernachlässigung) von Kindern an den Tag zu bringen! Der Sozialarbeiter hat dort, wo der Verdacht auf Kindesmisshandlung vorliegt, mit starkem *Misstrauen der Problembeteiligten* zu rechnen, und wenn er auch durch intensives Akzeptanzverhalten bei ihnen einiges Vertrauen gewinnt, so darf er nicht glauben, auf diesem Weg allein zu allen notwendigen Informationen zu kommen. Er ist vielmehr oft auf Taktiken angewiesen, die von der typisch sozialarbeiterischen Art, mit Menschen umzugehen, abweichen und der kriminalistischen Ermittlungstechnik gleichen: Die Problembeteiligten müssen unbemerkt beobachtet und kontrolliert, eventuell überrascht werden; man muss sie voneinander separieren und sie einzeln befragen, ja unter Umständen recht eigentlich verhören; und es gilt, Drittpersonen (z. B. Nachbarn, Verwandte, Spielkameraden, die Kindergärtnerin, den Lehrer) gewissermassen als Spitzel zur Beobachtung, Auskundschaftung und Berichterstattung einzusetzen.

Will der Sozialarbeiter einen Menschen – sei es ein Kind, sei es ein hilfloser oder sich selbst gefährdender Erwachsener – mit intervenierenden rechtlichen Massnahmen schützen, muss er der Behörde oder dem Gericht Tatsachen vorweisen. Er verfügt keineswegs über eine so grosse professionelle Fachautorität, dass er einzig mit seiner gutachtlichen Meinung Richter oder Behördepolitiker dazu zu veranlassen vermöchte, eingreifende Beschlüsse nach seinem Sinne zu fassen. Gewiss, wie er in seinen Anträgen und Gutachten argumentiert, spielt eine wichtige Rolle, doch was die genannten Entscheidungsträger von ihm in erster Linie erfahren wollen, das sind *Fakten*. Der Sozialarbeiter muss ihnen mit präziser Tatsachenschilderung die Notsituation vor Augen führen, die nach Interventionsmassnahmen ruft – das überzeugt sie am meisten. Und eben hiezu ist er in der Regel besser imstande als psychologische, psychiatrische und medizinische Gutachter. Er kommt mit der Lebenswelt und -wirklichkeit der Menschen in engeren Kontakt als jene. Hier im Bereich des konkret Faktischen liegt seine berufstypische Stärke.

Dem Tatsachenprinzip zu folgen, bedeutet nicht, in jeglichem Punkt, den ein Problemsachverhalt aufweist, die Wahrheit ans Licht zu zerren. Manches, was die problembeteiligten Personen meinen und sagen, kann man ruhig stehen lassen, auch wenn es offensichtlich unrichtig ist. Irrige, unrealistische Vorstellungen, Wünsche und Hoffnungen brauchen nicht notwendig hinderlich für die

Problemlösung zu sein. Nur wo sie ihr effektiv im Wege stehen, muss sie der Sozialarbeiter korrigieren oder zerstören, indem er auf den Tatsachen, auf ihrer Klärung und Anerkennung, beharrt. Das ist oft schon unangenehm, ja schmerzlich genug für die betreffenden Problembeteiligten. Dafür, ihnen auch noch weitere *Illusionen* zu rauben (Illusionen, die ihnen vielleicht das Leben sehr erleichtern!), gibt es keinen sozialarbeitsmethodischen Grund. Der Sozialarbeiter ist kein philosophischer oder wissenschaftlicher Wahrheitssucher und Aufklärer. Als zielorientiert arbeitender Praktiker kümmert er sich einzig um jene Tatsachen, welche für die soziale Problemlösung Bedeutung haben.

f) Konzentration auf die zentralen Problemvariablen

Der Sozialarbeiter konzentriert sich in seinem Handeln auf diejenigen Problemfaktoren, welche praktisch (d. h. unter den gegebenen Umständen und mit den vorhandenen Mitteln) veränderbar sind, d. h. auf die «Problemvariablen». Und zwar auf die zentralen unter ihnen: auf jene, deren funktionelle Veränderung eine wesentliche problemlösende Wirkung hat.
Die praktisch nicht oder nur sehr schwer zu ändernden Problemfaktoren, die «Problemkonstanten», anerkennt er als Realitäten, mit denen es zu leben gilt. Er beachtet und berücksichtigt sie, unternimmt aber keine Anstrengung, sie zu ändern.

Dieses methodische Prinzip präzisiert im Aspekt des Problemvorgehens etwas vom Inhalt des bereits erörterten Effizienzprinzips (vgl. S. 238 ff.). Indem der Sozialarbeiter das soziale Problem an der richtigen Stelle angeht, im *entscheidenden Punkt* eine Veränderung zustandebringt, erreicht er das beste Verhältnis zwischen Arbeitsaufwand und problemlösender Wirkung. «Es ist durchaus möglich, ein Problem als Ganzes zu verstehen, aber es wird sich nur selten als Ganzes bearbeiten lassen,» schreibt Perlman. «Wie in jeder anderen problemlösenden Tätigkeit, so muss auch im Casework das konkrete Vorgehen *partiell*, zielgerichtet und folgerichtig sein, wenn auch das intellektuelle Verständnis und der gedankliche Plan das *ganze* Problem umfassen... Vor die Aufgabe gestellt, mit dem Klienten etwas bezüglich seines Problems zu tun, muss der Caseworker sich daher fragen, welcher Teil des Problems in den Mittelpunkt gestellt werden soll – was kommt zuerst, was ist von primärer Bedeutung, was kann am ehesten geändert werden.»[229]
Diese Aussage einer führenden Casework-Theoretikerin ist wahr und gültig auch für die systemische Sozialarbeit. Sie bringt prägnant die evidente Tatsache zum Ausdruck, dass aus dem ganzheitlichen sozialarbeiterischen Problemverstehen nicht ohne weiteres ein entsprechend umfassendes Problemlösungshandeln

229 *Perlman 1957*, S. 45

des Sozialarbeiters folgen kann. *Denken* und *sozial Handeln* sind zwei ganz unterschiedliche Phänomene. Im Denken gibt es für den Sozialarbeiter keine Grenzen und Restriktionen. Dass er denkend die wahren und wirklichen Problemgründe und -zusammenhänge erkennt, ist immer sinnreich. Keineswegs aber, dass er in bezug auf alle erkannten Problemfaktoren *handelt*. Das hat uns bereits das Prinzip der instrumentellen Problemdefinition vor Augen geführt. Schon worüber der Sozialarbeiter spricht und worüber er nicht spricht, muss er selektiv entscheiden. Die *verbale Kommunikation* mit problemrelevanten Personen ist ein sozialarbeiterisches Handeln, und der Sozialarbeiter handelt durchaus nicht sinnvoll, wenn er beispielsweise eine psychopathische Person ins Gespräch über ihre Persönlichkeitsstörung zieht oder gutwilligen helfenden Dritten alles sagt, was sie falsch machen. Nur wo er eine problemerzeugende oder -erhaltende Gegebenheit, indem er sie zum Gesprächsthema macht, in günstigem Sinne zu verändern vermag, soll er entsprechend verbal kommunizieren.

Und diese Bedingung gilt überhaupt für alles sozialarbeiterische Handeln. Der Sozialarbeiter darf soziale Probleme nicht vergrössern, und just das tut er meist, wenn er an Problemkonstanten – z. B. an Intelligenzdefiziten, sturen Willenseinstellungen, fixierten Gefühlen, psychisch tief verankerten persönlichen Abhängigkeiten, an gesellschaftlich bedingten Machtstrukturen oder an korrekten, wenngleich sozial ungerechten Rechtsverhältnissen – zu rütteln versucht. Gelingt es ihm hingegen, sein Handeln auf eine zentrale Problemvariable (oder auf mehrere) zu beschränken und gezielten Einfluss auf sie auszuüben, kann er *das Problem kleinhalten* und oft mit wenig Aufwand starke problemlösende Wirkung entfalten. Im systemischen Problemzusammenhang stellen gewisse Faktoren und Funktionen – so Wilke – «kritische Variablen» dar, nämlich «Momente oder Beziehungen, auf welche ein System anspricht und die mithin von kritischer Bedeutung für das System sind».[230] Werden solche Variablen verändert, verändert sich das ganze *System*. Das ganzheitliche, systemorientierte Problemverständnis soll dem Sozialarbeiter den Blick dafür öffnen, welches diese kritischen bzw. zentralen Systemgegebenheiten sind, von deren Veränderung eine «günstige Kettenreaktion» ausgeht, wie Perlman es ausdrückt. Diese Autorin verwendet zwar den System-Begriff nicht, sieht aber sehr wohl, dass ein soziales oder emotionelles Problem «ein wucherndes Geflecht von Ursache und Wirkung» ist. Und sie empfiehlt dem Sozialarbeiter – ganz im Sinne unseres hier verhandelten methodischen Prinzips – diese «Verkettung von Ursachen» auszunützen, indem er «durch eine einzige gelungene Anpassung» eine ganze Reihe von Problempunkten in Ordnung bringt.[231]

230 *Willke*, S. 117. Willke bezieht sich dabei auf Herbert Simons «sensitivity analysis», die derselbe im 2. Band von Sociocybernetics, (Greyer u. Zowen) Leiden 1978, S. 113 ff., dargelegt hat.
231 *Perlman 1957*, S. 49 ff.

Um dies knapp zu illustrieren, ein *Beispiel*: Ein 17jähriger, intellektuell schwacher Malerlehrling, der seit vielen Jahren in einer Pflegefamilie lebt, erscheint nicht mehr pünktlich zur Arbeit, benimmt sich dort unbotmässig gegenüber dem Chef, bietet katastrophal schlechte Leistungen in der Berufsschule, «hängt herum» und beginnt dabei, leichte Drogen zu konsumieren, und er hat die Pflegeeltern, indem er zu Hause überall eine Unordnung hinterlässt, Essens- und Heimkehrzeiten nicht einhält und an allem ständig herumnörgelt, bereits soweit gebracht, mit der Kündigung des Pflegeverhältnisses zu drohen. Ein Bündel von Schwierigkeiten liegt hiemit vor, für das es unterschiedliche, kombinierbare *Problemlösungsmöglichkeiten* gibt: Der Sozialarbeiter könnte beispielsweise die Berufseignung und Intelligenz des Burschen abklären lassen, ihm psychotherapeutische Hilfe verschaffen, die Pflegeeltern kontinuierlich beraten, durch Familiengespräche die Problemsituation in der Pflegefamilie zu verbessern suchen, zwischen dem Lehrmeister und dem Lehrling verhandeln, denselben in ein Heim (eventuell mit interner Schulung) plazieren oder vormundschaftsrechtliche Massnahmen für ihn beantragen. Das meiste davon wäre freilich recht aufwendig und einiges insofern risikobehaftet, als es nicht sicher zur Bewältigung, sondern eventuell zur Vergrösserung des Problems führt.

Trotzdem, etwas Problemlösendes muss getan werden. Auf all die aufgezählten Problemlösungsversuche konnte der Sozialarbeiter indes verzichten, weil er *die zentrale Problemvariable* veränderte: Er hatte bemerkt, dass der Bursche in dem grossen Malerbetrieb, wo er als Lehrling in wechselnden Equipen unter verschiedenen Vorgesetzten arbeitete, von denen sich keiner wirklich für ihn verantwortlich fühlte, keinen Halt fand. Einem intelligenten, initiativen, selbstbewussten und selbständigen Lehrling hätte diese Art von Lehrbetrieb mit seiner Abwechslung, Vielseitigkeit und Freiheit Vorteile bringen mögen – diesen geistig beschränkten, innerlich noch wenig gefestigten Burschen jedoch überforderte, verwirrte und frustrierte sie. Der Sozialarbeiter organisierte deshalb für ihn den Übertritt in einen Kleinbetrieb, zu einem Malermeister, der seine Lehrlinge in autoritär-paternalistischer Weise unter seinen Fittichen hielt. In diesem Klima, wo er ständigen engen Kontakt mit dem Lehrmeister hatte, wo er in einem übersichtlichen, gleichbleibenden Rahmen arbeiten konnte, wo strenge, aber klare Forderungen an ihn gestellt wurden und wo man sich mit gleichsam väterlicher Sorge um ihn kümmerte, fühlte er sich viel wohler. Er entwickelte sich hier rasch zu einem tüchtigen Lehrling, verbesserte, da ihm der Lehrmeister bei seinen Hausaufgaben beistand und sie kontrollierte, die Leistungen in der Berufsschule eklatant, benahm sich zu Hause zur grossen Erleichterung der Pflegeeltern bald wieder ganz vernünftig, und auch den Umgang mit Leuten aus Drogenkreisen gab er auf, denn – durch seine beruflichen Erfolge selbstsicherer geworden – trat er nun in den Tischtennisclub ein und verbrachte praktisch alle Freizeit im Training mit seinen Sportkameraden.

Gewiss vermag nicht in allen sozialen Problemfällen eine einzelne, relativ einfache Massnahme eine so günstige *Ausstrahlung* auf sämtliche Aspekte des

Problems zu haben, aber der Sozialarbeiter sollte doch immer, wenn er vor einem breit ausgefächerten Problem steht, prüfen, ob es im Problemganzen einen Punkt gibt, von dem solch weitreichende Wirkung – sei es im negativ problemerzeugenden, sei es im positiv problemlösenden Sinne – ausgeht. Die Suche nach derartigen zentralen Problemvariablen kann freilich, wie wir wissen, nicht allein durch scharfsinniges Überlegen geschehen, sondern der Sozialarbeiter muss dabei auch handeln. Im geschilderten Fall beispielsweise kam er auf die Erkenntnis, dass ein Wechsel an eine anders geartete Lehrstelle nötig sei, erst nach einem Familiengespräch mit den Pflegeeltern und dem Jugendlichen, und nachdem er sich zudem mit dem Chef der (ersten) Lehrfirma sowie mit dem Volksschullehrer besprochen hatte, bei dem der Lehrling (vor seinem Eintritt in die Lehre) jahrelang Schüler gewesen war.

Soziale Sachverhalte können durch mannigfache Faktoren bestimmt sein, und entsprechend gibt es sehr unterschiedliche zentrale Problemvariablen. Im geschilderten Fallbeispiel ging es um die Struktur des Arbeits- bzw. Lehrstellenplatzes. Bei andern sozialen Problemen spielt der *finanzielle Faktor* die entscheidende Rolle – etwa in Ehekonflikten, wo der Mann die Frau damit zu beherrschen sucht, dass er ihr zuwenig Haushaltgeld oder kein Geld für ihre persönlichen Bedürfnisse gibt oder sie das gewährte Geld nicht selbständig verwalten lässt. Geht der Sozialarbeiter nicht auf diesen Punkt ein und gelingt es ihm in der Verhandlung zwischen den Ehepartnern nicht, eine beidseits befriedigende finanzielle Regelung zustande zu bringen, kann er den Ehekonflikt nicht lösen. Anderseits vermag eine solche unspektakuläre Veränderung hinsichtlich der Problemvariable Geld, wenn dieselbe tatsächlich zentral ist, weitreichende funktionalisierende Wirkung im gesamten Familiensystem auszuüben: die Gefühle der Ehepartner zueinander werden verbessert, die Zwistigkeiten über Anschaffungen (und in der Folge über anderes, z. B. die Freizeitgestaltung oder die Kindererziehung) hören auf, die Kinder kommen aus ihrer Unsicherheit über die Stellung und Bedeutung der Mutter heraus, Familienangehörige der Frau verlieren ihre Abneigung dem Mann gegenüber und vermehren ihren Kontakt mit der Familie, etc.
    Desgleichen lässt sich durch die Gewährung finanzieller Sozialhilfe unter Umständen sozusagen mit einem Schlag ein Bündel von Problemen lösen: Eine geschiedene, mit zwei Kindern zusammenlebende Mutter etwa, arbeitsüberlastet, nervös, von Geldsorgen gequält und immer wieder in depressive Stimmungen verfallend, kann so von Erwerbsarbeit entlastet, finanziell abgesichert und seelisch gestützt werden. Und da sie nun wesentlich mehr Zeit hat, sich um die Kinder zu kümmern, verbessern diese auch ihre Schulleistungen, die bereits kritisch schlecht geworden sind, oder geben sie soziales Fehlverhalten – z. B. die Schule zu schwänzen oder in Einkaufszentren herumzulungern und kleine Diebstähle zu begehen – auf.
    In andern Problemfällen ist gerade materielle Hilfe zwecklos und liegt die

zentrale Problemvariable im *Psychischen*: Ein Mensch etwa, der überall quer-liegt: zu seinen Bezugspersonen, zu seiner Arbeit (oder zur Erwerbsarbeit über-haupt), zu allen Ämtern und sonstigen Institutionen, ja zur Gesellschaft schlecht-hin, ein solcher Mensch braucht in intensiver Beratung gefühlsfunktionalisie-rende, pädagogische Beeinflussung – dies und nichts anderes, obschon er vermut-lich vom Sozialarbeiter eben gerade anderes haben möchte, z. B. Geld oder vertreterisches Handeln zu seinen Gunsten. Doch derlei Anderes würde nicht am Kern des Problems ansetzen und vermöchte es daher nicht zu lösen. Es kommt auch vor, dass soziale Not – wiederholte Arbeitsentlassung wegen mangelnder Leistung beispielsweise, aggressive innerfamiliäre Konflikte oder das Verlassen der Kinder in depressiv-suizidaler Stimmung – ihren Grund in der psychotischen Gemütsverfassung eines Problembeteiligten hat. Hier kann es einzig darum gehen, denselben psychiatrisch behandeln, insbesondere durch geeignete Psy-chopharmaka psychisch stabilisieren zu lassen. Solange an dieser zentralen Pro-blemvariablen, dem psychischen Zustand des betreffenden Menschen, nichts geändert wird, haben alle sonstigen Bemühungen des Sozialarbeiters keinen Sinn.

Freilich, solche weiteren sozialarbeiterischen Bemühungen, begleitend zur psychiatrischen Behandlung oder ihr folgend, sind in in einem derartigen Fall unerlässlich. Er führt uns vor Augen, dass sich der Sozialarbeiter nicht nur generell, im gesamten Problem(lösungs)aspekt, sondern ebenso partiell, nämlich bezüglich der darin angestrebten *Teilziele*, auf die zentrale Problemvariable konzentrieren muss – auf jenen Problemfaktor also, der im Zusammenhang mit dem Teilziel die entscheidende Rolle spielt. Insbesondere wenn er intervenie-rend handelt, verändert der Sozialarbeiter oft zuerst einmal etwas zentral Wichti-ges nicht in der Meinung, damit sei das Problem schon gelöst, aber um überhaupt die Bedingung zu schaffen, das Problem lösen zu können. Er stellt z. B. einer vom Ehemann tyrannisierten und misshandelten Frau und ihren Kindern eine Woh-nung zur Verfügung und organisiert in einem günstigen Zeitpunkt den Umzug, die Flucht dieser bedrohten Menschen dorthin, weil er sieht, dass einzig so etwas im Problemsystem *in Bewegung gerät*. Die Beratung der Frau, das Verhandeln zwischen ihr und ihrem Mann oder gar rechtliche Schritte beim Gericht bringen in solchen Fällen oft nichts, denn worauf es hier vorerst einmal ankommt, ist die ganz äusserlich-sachliche Wohnungsfrage. Ein Sozialarbeiter, der dies frühzeitig erkennt und rasch zum entsprechenden Beschaffungshandeln übergeht, kann sich viel ineffizientes Beratungs-, Verhandlungs- oder Vertretungshandeln erspa-ren.

Im übrigen liegt bei sozialen Notsituationen, welche nach sozialarbeiterischem Eingreifen rufen, die zentrale Problemvariable auch häufig im *Rechtlichen*: Wird ein bestimmtes rechtliches Verhältnis, z. B. das Obhutsrecht über ein Kind, nicht verändert oder eine rechtliche Massnahme nicht ergriffen, etwa die Betreibung einer Alimentenforderung oder die Strafanzeige gegen einen Vater wegen fortge-setzten Inzestvergehens, kommt nichts Problemlösendes ins Rollen. Eben dies muss aber geschehen – die Einflussnahme auf die zentralen Problemvariablen ist für den Sozialarbeiter deshalb so wichtig, weil er damit die nötige Lösungsdynamik freisetzen kann.

g) Zeitrichtigkeit

Der Sozialarbeiter achtet aufmerksam darauf, zur richtigen Zeit zu handeln. Zeitrichtiges Handeln bedeutet: nicht zu spät, nicht zu früh und in der richtigen Reihenfolge handeln.

Um kritischen Notlagen zu begegnen, günstige Problemlösungssituationen auszunützen oder drohender sozialer Not zuvorzukommen, handelt der Sozialarbeiter rasch, wenn nötig sofort.

Umgekehrt wartet er – sei es mit Handeln generell, sei es mit bestimmten einzelnen Handlungen – zu, wenn die Problemsituation unklar oder im Flusse oder für seine Handlungsabsicht ungünstig ist und ihm ein späteres Handeln die bessere Problemlösungschance bietet.

Seine Handlungen geschehen unter handlungslogischem Gesichtspunkt in sinnvoller zeitlicher Folge, so dass sie sich nicht widersprechen und behindern, sondern ergänzen, unterstützen und insgesamt den Problemlösungsprozess optimal fördern.

Sozialarbeit vollzieht sich, wie alles menschliche Handeln, in der Zeit, und deshalb stellt sich dem Sozialarbeiter zwingend die methodische Frage nach dem richtigen Zeitpunkt seines Handelns. Dieser ist für zahlreiche sozialarbeiterische Handlungen *relativ unbestimmt* bzw. unbestimmbar: sie können sofort geschehen (wenn der Sozialarbeiter gerade Zeit dazu hat), aber auch einige Tage oder Wochen, vielleicht sogar Monate später – es besteht weder ein besonderer Grund zur Eile noch einer zum Zuwarten. Allerdings, wenn eine Handlung tatsächlich nötig ist, lässt sie sich nicht beliebig lang verzögern. Es kommt möglicherweise nicht darauf an, ob der Sozialarbeiter einen bevormundeten Klienten, der in einem Pflegeheim lebt, im Juni oder im Dezember besucht – einmal im Jahr jedenfalls *muss* er ihn aber besuchen, das gehört zu seiner Betreuungspflicht; und hierin steckt bereits eine zeitliche Bestimmung, eine sehr weitgefasste freilich. Bei näherem Hinsehen indes zeigt sich vielleicht, dass auch sie enger ist, als es uns zuerst scheinen mochte. Hat sich nämlich z. B. im Lauf der Jahre die Tradition ausgebildet, dass der Sozialarbeiter bei seinem Besuch den Klienten im Rollstuhl spazieren führt und mit ihm im Garten eines Ausflugsrestaurants zu Mittag isst, so kommen für diese sozialarbeiterische Beziehungshandlung (vgl. S. 465 f.) nur die Sommermonate und an ihnen nur ein Tag, wo schönes Wetter herrscht, in Frage.

Solche Handlungen, die zeitlich relativ beliebig sind, interessieren uns hier nicht, denn sie erhellen die methodische Zeitrichtigkeitsfrage, die Frage nach dem *zu früh* und dem *zu spät* nicht. Dies geschieht vielmehr in jenen Problemsituationen, wo Entscheidendes davon abhängt, ob der Sozialarbeiter rasch handelt oder zuwartet. Auf sie wollen wir unser Augenmerk richten, und zusätzlich auf jene, wo die zeitliche Folge der sozialarbeiterischen Handlungen eine wesentliche Rolle spielt. Diese drei Aspekte der Zeitrichtigkeit gehören offensichtlich zusammen, denn sie bedingen sich logisch gegenseitig und beziehen sich sachlich allesamt auf die konkret gegebene Problemlage.

1. Rasches Handeln

Die Aufgabe der Sozialarbeit besteht darin, soziale Probleme zu lösen, und es versteht sich daher von selbst, dass vom Sozialarbeiter sehr oft rasches helfendes Handeln gefordert ist – auch da, wo nicht eine ausgesprochene Krisensituation vorliegt. Die typischen Sozialarbeitsklienten melden sich dann auf dem Sozialdienst, wenn sie von einem Problem akut bedrückt sind, und der Sozialarbeiter muss sie rasch, entweder sogleich oder innert ein bis drei Tagen, anhören. Zu Recht halten die Autoren, welche sich mit der sogenannten *Unterschichtberatung* befassen[232], in dieser Arbeit Wartezeiten oder -listen, wie sie z. B. auf psychologischen Beratungsstellen üblich sind, für nicht zulässig. Sie fordern, dass wenn möglich mit jedem Problembeteiligten oder -zuträger, der zum Sozialarbeiter kommt, sofort ein Gespräch stattfinde, weil Unterschichtangehörige in der Regel kurzfristig denken und handeln und sie, wenn man nicht rasch auf ihr Anliegen eintritt, den Eindruck haben, man wolle oder könne ihnen nicht helfen. Dabei mag in sachlicher Hinsicht gar kein Grund zu besonders raschem Handeln des Sozialarbeiters bestehen – das zeitlich Dringende liegt oft einzig in der psychischen Situation.

Emotionen können nicht warten. Sie lassen sich nicht auf eine Stunde irgendwo hinten im Terminkalender des Sozialarbeiters konservieren. Solange Menschen von starken problembezogenen Gefühlen beherrscht sind, schliessen sie sich dem Sozialarbeiter oder andern Problembeteiligten oft viel weiter auf, als sie es nach Abklingen der Emotion, in affektiver Nüchternheit sozusagen, tun würden. Und diese (psychische) Offenheit kann sich in zweierlei günstig auswirken: einerseits indem sie tieferes Problemverständnis erlaubt, anderseits indem der affektiv aufgewühlte Mensch generell suggestibler und deshalb unter Umständen einer Beeinflussung in problemlösendem Sinne leichter zugänglich ist. Der Sozialarbeiter stellt sich daher emotionell erregten Problembeteiligten rasch zur Verfügung. Der Konflikt zwischen zwei Ehepartnern zum Beispiel dauert vielleicht schon jahrelang, und der aktuelle Streit, der die Gemüter bewegt und die Frau veranlasst, aufgebracht mit dem Sozialarbeiter zu telefonieren, würde sich nach einigen Tagen oder Wochen wie viele vorangegangene eheliche Zwistigkeiten wieder legen, beruhigen zu der diese Ehe prägenden – zwar unbefriedigenden,

---

232 Vgl. z. B. *Koschorke* (S. 331) und *Hess-Diebäcker* (S. 204)

aber ziemlich stabilen – Beziehungsnormalität. Vielleicht wäre das kein grosses Unglück, und der Sozialarbeiter könnte es sich (wenn er das Problem bereits kennt) leisten, die Frau zu besänftigen und ihr Mut und Hoffnung zuzusprechen. Will er aber etwas Wirksames tun, um diesen Ehepartnern grundsätzlich zu helfen, so muss er mit ihnen *rasch* ein gemeinsames Gespräch führen, damit ihr Problem, solange der Konflikt zwischen ihnen noch virulent und manifest ist und die Emotionen, die er in ihnen auslöste, noch lebendig sind, verhandelt werden kann. In dieser kritischen Phase ihrer Beziehung geben beide Partner am meisten von ihren persönlichen Gefühlen, Gedanken, Bedürfnissen, Befürchtungen und Hoffnungen preis, sehen sie am ehesten ein, dass sie etwas wesentliches ändern müssen, und ist ihre Bereitschaft am grössten, entsprechende Beschlüsse zu fassen.

Der Sozialarbeiter nützt hier durch rasches Handeln eine im Psychischen günstige Gelegenheit aus; und das gleiche tut er, wenn sich im *Sachlichen* unversehens eine Möglichkeit bietet, in der Problemlösung einen wesentlichen Schritt weiterzukommen. Zum Beispiel wenn er vernimmt, dass eine Wohnung, ein Altersheim- oder ein Hortplatz frei wird und ein Klient schon lange darauf wartet; wenn eine problembeteiligte Person, die er schon lange gerne in direkten Verhandlungskontakt mit einem anderen Problembeteiligten gebracht hätte, plötzlich persönlich auftaucht; oder wenn er zufällig erfährt, dass ein Alimentenschuldner, der seine Unterhaltspflicht in den letzten Jahren nur mangelhaft erfüllt hat, eben durch Erbschaft zu Geld gelangt und also gegenwärtig zu bezahlen imstande ist, was er seiner Ex-Frau und seinen Kindern an Alimentenrückständen schuldet. Auf dergleichen *günstige Gelegenheiten* muss der Sozialarbeiter ein Auge haben und sie ohne Zögern beim Schopfe packen.[233]

In eigentlichen *Notfällen* handelt der Sozialarbeiter sofort, ohne irgend einen Aufschub, auch ausserhalb der normalen Bürozeiten, nachts etwa oder am Wochenende. Der generelle methodische Handlungsimperativ spitzt sich hier zum speziellen Imperativ des *Soforthandelns* zu: Der Sozialarbeiter muss unverzüglich etwas tun, das die soziale Notsituation entschärft. Ob dies genau das Richtige, Korrekte ist, spielt dabei die geringere Rolle, als dass damit – wenn auch nur provisorisch – etwas Problemlösendes geschieht. Eine sorgfältige, detaillierte Problemabklärung ist in solcher Lage unmöglich. Der Sozialarbeiter beschränkt sich darauf, das im Moment notwendige, vordergründig Sinnreiche zu tun.

233 Das gleiche gilt im *therapeutischen* Bereich, z. B. wenn es um die Frage geht, wann ein Jugendlicher, der wegen schizophrenen Verhaltens hospitalisiert ist, aus der psychiatrischen Klinik entlassen werden soll. Haley schreibt hierzu: «Da es in der Therapie Augenblicke gibt, die der Therapeut für das richtige Handeln nutzen muss, ist Vorsicht nicht immer willkommen. Oft gibt es einen *optimalen Augenblick,* wenn etwa die Eltern ein Kind wieder zu Hause aufnehmen würden oder wenn sich eine Arbeitsgelegenheit bietet, und die Therapie kann fehlschlagen, wenn dann nicht gehandelt wird.» (*Haley 1980*, S. 77)

Im *materiellen* Bereich beschafft er beispielsweise einer Familie, die – aus ihrer Wohnung ausgewiesen – auf der Strasse steht, noch gleichentags eine Notunterkunft in einer Baracke, einem Abbruchhaus, einer Notschlafstelle, einem billigen Hotel oder sonstwo. Um dies zu bewerkstelligen, muss er alles andere, womit er gerade beschäftigt ist, liegenlassen. Und selbstverständlich gelingt es ihm nicht, vorgängig oder gleichzeitig bereits zu erkennen, was das eigentliche Problem ist, das diese (ihm bislang fremde) Familie in eine so prekäre äussere Notlage gebracht hat. Ähnlich verhält es sich dort, wo ein Mensch, den er nicht kennt, bei ihm erscheint und ihm sagt, er sei mittellos und hätte nicht einmal mehr genügend Geld, um sich das Essen für den nächsten Tag zu besorgen. Was immer der Sozialarbeiter von dieser Aussage und der Person, die sie macht, hält (er hat durchaus Grund zu Misstrauen!) – sofort handeln muss er auf jeden Fall, besonders wenn der Hilfesuchende am Freitagnachmittag bei ihm vorspricht, unter deutlichem Hinweis auf das bevorstehende Wochenende oder etwa, noch dringender, die anderntags beginnenden Weihnachts- oder Osterfeiertage. Die gröbsten sozialarbeiterischen Abklärungshandlungen zur Überprüfung dessen, was ein solcher Problembeteiligter vorbringt, müssen unverzüglich geschehen: telefonische Kontakte mit seinen Angehörigen, seinem Arzt, seinem (ehemaligen und/oder zukünftigen) Arbeitgeber zum Beispiel oder mit Amtsstellen und anderen Sozialdiensten, die sich schon mit ihm befasst haben oder es gegenwärtig tun. Unter Umständen ist auch ein blitzartig anberaumtes Verhandlungsgespräch zwischen ihm und anderen Problembeteiligten oder ein Augenschein bei ihm zu Hause nötig. Und selbst wenn der Sozialarbeiter durch derlei rasche tatsachenerhebende Aktivität die wahre Problemsituation noch nicht durchschaut, muss er in der Regel doch sofort minimale Beschaffungshilfe leisten, um den elementarsten Existenzbedarf des (der) betroffenen Menschen vorläufig – für die nächsten Tage, in denen das Problem näher abgeklärt werden kann – zu sichern.

Am häufigsten und unzweifelhaftesten ist die Notwendigkeit sozialarbeiterischen Soforthandelns da gegeben, wo Problembeteiligte psychisch oder physisch akut, und zwar schwerwiegend, gefährdet sind. Der Sozialarbeiter muss hier in protektiver Funktion – oft zusammen mit anderen Berufsleuten, vor allem dem Psychiater, dem Arzt oder der Polizei – unverzüglich eingreifen; es geht um *Krisenintervention* im eigentlichen, prononcierten Sinne. Personen beispielsweise, die sich das Leben zu nehmen drohen oder einen entsprechenden Versuch gemacht haben, brauchen auf der Stelle beraterische Hilfe.[234] Eventuell gilt es, ihnen sofortige psychiatrische Betreuung zu verschaffen, gleich wie jenen Men-

---

234 Vgl. die instruktive Fallschilderung bei *Falck* (S. 86 ff.): Die Sozialarbeiterin drängt einen suizidgefährdeten Mann am Telefon, er möge doch sofort und nicht erst (wie es die fallaufnehmende Kollegin mit ihm abgemacht hat) am übernächsten Tag zu ihr kommen. Er erscheint tatsächlich noch gleichentags. Die Sozialarbeiterin spricht mit ihm und verlangt, dass er die geladene Pistole, welche er auf sich trägt, entlade und ihr aushändige. Er tut es, sie verabreden ein weiteres Gespräch, und der Mann sagt zu ihr: «Ich möchte mich bei Ihnen dafür bedanken, dass Sie mein Leben gerettet haben; in zwei Tagen hätten Sie mich bestimmt nicht mehr hier angetroffen.»

schen, die psychotische Krankheitsdurchbrüche erleiden und dabei ziellos umherirren, Mobiliar demolieren oder sich selbst verletzen. Auch den Opfern traumatisierender Erlebnisse: Inzesthandlungen innerhalb der Familie, Sexualdelikte von Aussenstehenden an Kindern, Vergewaltigung, Geiselnahme oder andere Gewaltverbrechen, ferner Unfälle, Natur- oder Technikkatastrophen, das Sterben einer nahen Bezugsperson und ähnliches, muss der Sozialarbeiter, falls er ihnen kurz nach dem schrecklichen Vorkommnis begegnet, sofort Beistand leisten, beratend, betreuend, vertretend, beschaffend – wie es die emotionelle und sachliche Lage gerade erfordert.

In vielen solchen Fällen reicht freilich die sozialarbeiterische Hilfe nicht aus, sondern der betreffende Mensch benötigt zusätzlich psychotherapeutische Behandlung. Dafür zu sorgen, dass sie ihm rasch gewährt wird, ist hier ebenfalls eine wichtige Aufgabe des Sozialarbeiters. Im krisenintervenierenden Handeln sind, charakteristischerweise, sozialarbeiterische und therapeutische Momente eng ineinander verschlungen.[235]

Ein sozusagen klassisches Feld sozialarbeiterischer Intervention stellt die problematische Familie dar, und hier ist Soforthandeln insbesondere dann geboten, wenn ein hilfloses, unterlegenes Familienmitglied – ein Kind, ein Betagter, ein Geistig- oder Körperbehinderter, die Frau (gegenüber dem Mann) – *misshandelt oder schwer vernachlässigt* wird. Ebenso wenn ein Kind von zu Hause wegläuft oder eine Mutter dies tut und dabei betreuungsbedürftige Kinder im Stich lässt. Es geht hier nicht um die Frage, mit was für intervenierenden Handlungen der Sozialarbeiter solchen Problemsituationen begegnen kann und soll sondern bloss um die methodische Feststellung, dass er *ohne Verzug* handeln muss.

Das Vordringlichste hiebei ist in aller Regel: sofort zu den Problembeteiligten – jedenfalls zu demjenigen unter ihnen, der ihn um Hilfe bittet oder der in Gefahr steht – hinzugehen, mit ihnen in Kontakt zu treten, nötigenfalls unter Polizeischutz. Die Mitarbeiter des Emergency Treatment Centers (ETC) in Palo Alto, Kalifornien, sind, wie Diana und Louis Everstine (zusammen mit Arthur Bodin die Gründer des ETC) schreiben, «zu jeder Tages- und Nachtstunde auf dem Posten und bereit, sogleich an den Schauplatz des kritischen Geschehens zu kommen». Sie «ignorieren kein Hilfeersuchen und weisen keinen Hilfesuchenden etwa deshalb ab, weil er nicht laut und deutlich genug darauf hinweist, dass sein Fall dringend ist ... Auch die Mitteilung eines Polizeibeamten, dass in einem bestimmten Fall wohl psychologische Hilfe vonnöten sei, wird immer und ohne Einschränkung akzeptiert.» Die ETC-Therapeuten treffen im Durchschnitt zwanzig Minuten nach der ersten Bitte um Hilfe beim Hilfesuchenden ein, und zwar gehen sie in dessen Wohnung, falls er ihnen die Erlaubnis dazu gibt. Zieht er dagegen einen andern Ort für die Begegnung mit dem Therapeuten vor, kann diese in der Wohnung eines Nachbarn oder Verwandten oder sonstwo stattfin-

235 Vgl. z. B. *Everstine/Everstine, Golan* oder *Rapoport*

den. «Unsere Klienten», so Everstine/Everstine, «haben sich schon in einer Hotelhalle, im Notaufnahmeraum eines Krankenhauses, in einer Bar, auf dem Flughafen, auf einem Parkplatz, im Schnellimbiss oder an der Telefonzelle eines Einkaufszentrums mit ihrem Therapeuten getroffen. Auch Restaurants, welche die ganze Nacht geöffnet haben, sind ein beliebter Treffpunkt, vor allem für Teenager, die vorübergehend von zu Hause fortgelaufen sind, oder für geprügelte Ehefrauen, die sich ihrer blauen Flecken wegen schämen und Angst haben, nach Hause zurückzukehren.»[236] – Was diese *Therapeuten* angesichts der Krisensituation als erstes tun, ist genau das, was auch der *Sozialarbeiter* tun muss, wenn ihn der Hilferuf aus einer akuten menschlichen bzw. sozialen Notlage erreicht.

An Ort und Stelle zeigt sich ihm dann möglicherweise (unter Umständen augenblicklich), dass *sofortige Interventionsmassnahmen* nötig sind: ein Kind muss weg- und mitgenommen, ein Verletzter zum Arzt oder ins Spital gefahren, eine Notunterkunft über die Nacht organisiert, ein Notfallpsychiater und die Ambulanz für eine Klinikeinweisung herbeigerufen, eine Waffe, ein Schlüssel oder noch vorhandene Alkoholika herausverlangt und verwahrt, eine Polizeifahndung veranlasst, ein sofortiger provisorischer Behörde- oder Gerichtsbeschluss erwirkt, ein Bankkonto gesperrt, ein Handwerker (zur Reparatur einer demolierten Beleuchtung etwa oder zum Wechseln des Wohnungstürschlosses) herbestellt werden. Auch die Verhandlung der Krisenlage unter den Problembeteiligten oder die Beratung eines einzelnen von ihnen muss sogleich geschehen. Der Sozialarbeiter darf das *Gespräch mit den krisenbetroffenen Menschen* erst beenden und vertagen, wenn sich die affektive Situation genügend beruhigt hat und die dringlichsten Abmachungen zustande gekommen sind, die gewährleisten, dass niemand mehr in unmittelbarer Gefahr steht.

Selbstverständlich ist rasches sozialarbeiterisches Handeln oft ebenso nötig, um dem Ausbruch einer akuten sozialen oder psychischen Krise und der körperlichen oder seelischen Schädigung eines Menschen zuvorzukommen. *Vorbeugen* ist allemal besser als heilen – auch in der Sozialarbeit. Allerdings fordert es vom Sozialarbeiter wache, sensible Aufmerksamkeit für das, was im sozialen Problemfeld, in einer Familie beispielsweise, oder in einem problembelasteten Menschen vor sich geht, worauf hin sich die Dinge entwickeln. Erkennt er dies früh genug, kann er vorbeugend handeln, z. B. unter konfliktverstrickten Familienmitgliedern Verhandlungsgespräche führen, bevor ein jugendliches Kind von zu Hause wegläuft; einem depressiven Menschen psychotherapeutische Hilfe verschaffen, bevor er einen Suizidversuch unternimmt; ein Kleinkind in eine Pflegefamilie plazieren, bevor es von seiner erzieherisch unfähigen Mutter misshandelt wird; einen senilen Betagten im Altersheim unterbringen, bevor er durch unsachgemässes Heizen seine Wohnung in Brand steckt.

Nicht zu spät zu handeln, das Moment der Zeitrichtigkeit also, welches wir hier

236 *Everstine/Everstine*, S. 27.33

erörtern, spielt unter dem prophylaktischen Gesichtspunkt eine entscheidende Rolle. Und zwar nicht nur im kurzfristigen Aspekt, den wir eben mit dem Blick auf krisenhaftes Notfallgeschehen ins Auge gefasst haben. Auch in *langfristiger* Hinsicht, wo es für einen bestimmten Problemlösungsschritt nicht auf den Monat oder vielleicht nicht einmal auf das Jahr ankommt, gibt es eine Zeitlimite, jenseits derer die betreffende sozialarbeiterische Handlung nicht mehr möglich oder nicht mehr wirksam ist. Ein Alkoholiker muss dann einer Suchtbehandlung zugeführt werden, wenn er noch nicht körperlich ruiniert ist und über genügend gesunde Anteile verfügt, dass eine soziale Rehabilitation noch gelingen kann. Ein verhaltensauffälliges Schulkind, dem es zu Hause an Verständnis, Liebe, erzieherischem Halt und Kontrolle fehlt, darf nicht zu spät, z. B. erst gegen Ende der Schulpflicht, in ein anderes betreuerisches Milieu, ein Heim etwa, versetzt werden. Bereits tief enttäuscht über die Eltern und gewohnt, tun und lassen zu können, was ihm beliebt, ist dieser jugendliche Mensch dann vielleicht gegen jede Zuwendung und Autorität seitens erwachsener Erziehungspersonen «immun» geworden und einer fruchtbaren sozialpädagogischen Betreuung und Leitung nicht mehr zugänglich. Oder ein dreissigjähriger, leicht schizophrener, durch Psychopharmaka apathisch gewordener Patient der Psychiatrischen Klinik: er muss aus dieser herausgebracht werden, bevor er sich zu sehr an das unselbständige, verantwortungsfreie Leben, welches er in ihr führen kann, gewöhnt hat. Ist es einmal soweit gekommen, gelingt es möglicherweise nicht mehr, ihn in natürliche (oder zumindest natürlichere) soziale Zusammenhänge zurück zu integrieren, und er hat das Los eines lebenslänglichen Anstaltsinsassen vor sich.[237] Und schliesslich, um ein letztes Beispiel zu geben, soll der Sozialarbeiter einer überlasteten berufstätigen Mutter und Hausfrau nicht erst dann mit finanzieller Hilfe beispringen, wenn sie daran ist, psychisch und physisch zusammenzubrechen, oder ihre Kinder, weil sie sich nicht genügend um sie kümmern kann, in der Schule versagen und verhaltensauffällig werden.

2. Zuwarten

Der kompetente Sozialarbeiter weiss nicht nur, wann er rasch handeln muss, sondern ebenso, wann Zuwarten am Platze ist. «Zuwarten» im methodischen Sinne meint, dass der Sozialarbeiter Handlungen aktuell nicht vornimmt, sondern auf später verschiebt, und zwar bewusst und überlegt, um nicht zu früh zu handeln. Er wartet nicht zu, weil er ratlos ist, was er tun könnte, oder nicht imstande, es zu tun, sondern weil er den gegenwärtigen Zeitpunkt als zum Handeln ungünstig erachtet.

---

237 Uchtenhagen/Zimmer sprechen diesbezüglich von der Gefahr des «Institutionalismus». Der von ihr betroffene Mensch leidet, weil er zu lange in einer helfenden Institution gelebt hat, an «dauerhaften Autonomiebeschränkungen und -athrophien», die sich, ist er aus der Institution entlassen, als «erhöhte Anfälligkeit für neue Krisen» auswirken (*Uchtenhagen/Zimmer*, S. 38).

Dafür gibt es verschiedene Gründe. Der einfachste ist der, dass der Sozialarbeiter noch nicht über genügend *Einsicht in das Problem* verfügt, um sicher beurteilen zu können, ob eine bestimmte Handlung sinnreich sei. Oft wird er von Problembeteiligten oder Dritten gedrängt, sogleich etwas zu tun (Geld zu geben, rechtliche Schritte zu unternehmen, in bestimmter Weise beraterischen Einfluss auszuüben, protektiv einzugreifen etc.), bevor ihm klargeworden ist, worum es im betreffenden Problemfall tatsächlich geht. Wir wissen zwar, dass er unter Umständen, um zu Verständnis zu gelangen oder dringlicher Not zu begegnen, trotz mangelnder Problemeinsicht handeln muss. Wo dies aber nicht zutrifft, soll er zuwarten: nichts ins Ungewisse hinaus tun, sondern zuerst einmal weitere Abklärungen vornehmen.

In manchen Fällen, auch genügend einsichtigen, gilt es abzuwarten, wie sich die Dinge im Fluss des sozialen Geschehens *entwickeln*. Vor allem wenn Problembeteiligte rasche Entschlüsse fassen, die ihre Lebenssituation gravierend ändern, und auch spontan danach handeln, agiert der kompetente Sozialarbeiter nicht gleich mit. Läuft zum Beispiel ein Jugendlicher von zu Hause weg in die Familie eines Freundes und beteuert, er werde nie mehr zu den Eltern zurückkehren, so ist dies für den Sozialarbeiter zwar ein Anlass, rasch mit denselben zu sprechen und dafür zu sorgen, dass der Konflikt nicht noch eskaliert. Und er bemüht sich gewiss auch, das Problem mit den Beteiligten im gemeinsamen Gespräch zu verhandeln. Wenn keine kindesschützerische Notwendigkeit dazu vorliegt, unternimmt er aber vorderhand nichts in rechtlicher, finanzieller oder beraterisch-motivierender Hinsicht, um diese «Selbst-Fremdplazierung» des Jugendlichen zu fixieren. Vielmehr wartet er zu und beobachtet, was zwischen den Eltern und dem Sohn und ebenso was an dessen selbstgewähltem Unterschlupfs-«Pflegeplatz» in den nächsten Tagen und Wochen geschieht. Vielleicht ist die Familie schon bald wieder einverständlich vereint und möchten alle am liebsten, dass der Sozialarbeiter gar nichts von der Eskapade des Halbwüchsigen erfahren hätte. – Ähnlich verhält es sich, wenn eine Frau nach einem heftigen Streit mit ihrem Mann zum Sozialarbeiter kommt und ihn bittet, ihr sofort bei der Einleitung rechtlicher Schritte für eine Ehetrennung beizustehen. Konflikte im menschlichen Zusammenleben sind ein natürliches soziales Phänomen und werden sehr oft «von selbst», durch das alltägliche Interaktionsgeschehen der Beteiligten «im Lauf der Zeit» gelöst. Professionelle Helfer haben sich davor zu hüten, durch voreilige «Hilfe» *selbstheilende Tendenzen im Problemsystem* zu hemmen. Sie müssen ihnen vielmehr durch Zuwarten Raum gewähren.

Insbesondere gilt es für den Sozialarbeiter, mit Handlungen zuzuwarten, bei denen das *Risiko kontraproduktiver Wirkung* oder negativer Nebeneffekte gross ist. Wenn z. B. ein geschiedener Mann seiner Exfrau aus Wut darüber, dass sie seinem Terminwunsch für Ferien mit dem gemeinsamen Kind nicht stattgegeben hat, keine Alimente mehr überweist, soll nicht gleich zur Betreibung oder gar zur Strafanzeige gegen ihn geschritten werden, wie es die Frau vielleicht möchte. In dieser Phase starker emotioneller Erregung und Sensibilität könnte der Mann dadurch erst recht verstockt und noch feindseliger gestimmt werden – mit allen negativen Auswirkungen für das Kind. Solche rechtlichen Schritte sind zu einem späteren Zeitpunkt immer noch möglich, aber dann vielleicht gar nicht mehr nötig, weil sich der Mann inzwischen beruhigt, mit der Exfrau bezüglich der Ferien verständigt und seine aufgelaufene Alimentenschuld nachbezahlt hat.

Im Zusammenhang mit dem Effizienzprinzip haben wir uns bereits die besonders hohe Gefahr, bei der sozialarbeiterischen Intervention kontraproduktiv zu handeln, bewusst gemacht (s. S. 240 f.). Misserfolge auf diesem Gebiet – dies sei hier angemerkt – ergeben sich oft, weil der Sozialarbeiter *voreilig* handelt. Auf eine Drittmeldung von Kindesvernachlässigung hin sogleich an die betreffenden Eltern heranzutreten, kann beispielsweise völlig unerwünschte Wirkung haben: Momentan ist vielleicht «alles in Ordnung» in der Familie, jedenfalls von aussen betrachtet, und auch Kindergärtnerin und Lehrer, die wichtigsten ausserfamiliären Bezugspersonen der Kinder, sind der Meinung, bei denselben zeige sich seit kurzem eine Entwicklung zum Bessern. Die Eltern sind entrüstet über den Verdacht, sie sorgten nicht recht für die Kinder; und obwohl ihn der Sozialarbeiter nach seinem Kontakt mit ihnen vielleicht intuitiv für begründet hält, vermag er dafür in der gegebenen Situation nichts objektiv Evidentes anzuführen. Der Zeitpunkt der Intervention war verfrüht. Fortan verschliessen sich die Eltern misstrauisch nicht nur dem Sozialarbeiter, sondern auch allen übrigen Personen, welche die Öffentlichkeit repräsentieren, und es wird schwer sein, später, wenn es wirklich nötig ist, an sie heranzukommen.

In derartigen Fällen kann der Sozialarbeiter oft nichts Klügeres tun, als die Familiensituation und das Befinden der Kinder via Drittpersonen im Auge zu behalten und zuzuwarten, bis sich eine *günstige Gelegenheit* zur Problemverhandlung oder Intervention in dieser Familie ergibt. Sie tritt häufig damit ein, dass sich etwas *Krisenhaftes* ereignet: die Familie wird zwangsrechtlich aus der Wohnung ausgewiesen, die Mutter muss wegen eines Nervenzusammenbruchs hospitalisiert werden, der Vater verlässt die Familie und diese ist mittellos, das ältere Kind wird zum Schulpsychologen geschickt, weil es Lehrer und Mitschüler bestiehlt, und dergleichen.

Ganz Analoges gilt, wo ein Betagter, der nicht mehr fähig ist, selbst zu haushalten und sich körperlich zu pflegen, jedoch hartnäckig auf dieser Selbständigkeit besteht, unter institutionelle Betreuung gebracht werden sollte. Auch hier muss in der Regel gewartet werden, bis sich etwas ereignet, was dem intendierten sozialarbeiterischen Eingreifen entgegenkommt – z. B. dass der betreffende Mensch verunfallt, all sein Geld verliert oder auf der Strasse umherirrt und seinen Heimweg nicht mehr findet. Das Ausnützen günstiger Problemsituationen verlangt vom Sozialarbeiter nicht nur, wie wir oben festgestellt haben, rasches Handeln, sondern ebenso wohlüberlegtes Zuwarten. Und zwar nicht nur im Bereich der Intervention. Auch wo der Sozialarbeiter beispielsweise beraterisch handelt, muss er oft, um mit genügender Erfolgsaussicht eine heikle Frage aufwerfen oder einen schwer verdaulichen Rat erteilen zu können, abwarten, bis sich der Klient in einer adäquaten seelischen Verfassung befindet und geeignete äussere Umstände vorliegen.

3. Richtige Handlungsreihenfolge

Wie alle menschlichen Handlungen geschehen auch die des Sozialarbeiters in einem zeitlichen Vor- und Nacheinander, und es hängt vielfach ganz von dieser Handlungsreihenfolge ab, ob er das Beabsichtigte erreicht oder nicht. Dabei geht es nicht eigentlich um die Zeit, den Zeitpunkt des sozialarbeiterischen Handelns, sondern um die sachliche Frage der *Handlungslogik* – bloss, diese Handlungslogik drückt sich zwangsläufig in der *zeitlichen* Relation der Handlungen aus.

Solche Logik leuchtet unmittelbar ein, ja sie erscheint geradezu als trivial. Dies mindert ihre Bedeutung aber keineswegs, im Gegenteil: Handelt der Sozialarbeiter in der falschen Reihenfolge, begeht er einen fundamentalen methodischen Fehler. Sein Vorgehen ist dann in sich widersprüchlich, verwirrend, wirkungslos oder kontraproduktiv. Er muss daher stets achtgeben, dass das Vor- und Nacheinander seiner Handlungen von der Logik regiert wird, die seiner Handlungsintention entspricht. Zur Hauptsache gründet diese Logik darauf, dass viele Handlungen (bzw. ihr Effekt) *irreversibel* sind und dass es Handlungen gibt, deren Sinn darin besteht, zu einem bestimmten Zweck *zusammenzuwirken*, und die sich deshalb in vorgegebener zeitlicher Relation aufeinander beziehen. Ist sich der Sozialarbeiter in der konkreten Handlungssituation bewusst, wo dies zutrifft, wird er ohne weiteres in der richtigen Reihenfolge handeln.

Typische *Beispiele* dafür:
– Er nimmt den Problembeteiligten negative Gefühle ab (s. S. 256 f.), bevor er Sachdiskussionen mit ihnen führt.
– Er bemüht sich um Akzeptanz bei den problemrelevanten Personen, bevor er sie mit unangenehmen Tatsachen konfrontiert und Forderungen an sie stellt.
– Er lässt die Problembeteiligten nach eigenen Problemlösungsideen suchen, bevor er ihnen Ratschläge gibt.
– Er kontrolliert, ob Abmachungen eingehalten worden sind, bevor er Versprechen, die er an diese Einhaltung knüpfte, einlöst.
– Er bringt Mahnungen und Drohungen an, bevor er sanktionierend oder intervenierend handelt.
– Er macht als Vertreter des Klienten Vorschläge zu einer einverständlichen Konfliktregelung, bevor er an das Gericht gelangt.
– Er klärt die massgebenden Tatsachen ab, bevor er jemandem Geld ausbezahlt. (Über die vorläufige finanzielle Nothilfe vgl. S. 308)
– Er vergewissert sich, ob empfangene Informationen wahr sind, bevor er sie an entscheidende Instanzen (Behörden, Gerichte, Versicherungsgremien, Amtsstellen etc.) weitergibt.
– Er spricht sich mit Drittpersonen, an deren problemlösender Kooperation ihm liegt, ab, bevor er selbst handelt.

Die Liste liesse sich beliebig verlängern. In manchem, was bis hieher zur sozialarbeiterischen Methodik gesagt worden ist und noch gesagt werden wird, stecken – wie der Leser unschwer merkt – derartige handlungslogische Zeitfolge-Bestimmungen.

h) Freiwilligkeitsvorrang

Der Sozialarbeiter übt keinen rechtlichen Zwang auf eine problembeteiligte Person aus, solange die Möglichkeit besteht, dass sie notwendige Schritte zur Lösung des Problems freiwillig tut. Auch wo er die Macht hat, seine Problemlösungvorstellung gegen den Willen der davon betroffenen Problembeteiligten durchzusetzen oder dieselben zu einem bestimmten Verhalten zu zwingen, tut er es nur, wenn er einzig dadurch schwerwiegende soziale Not beheben oder die Aufgabe, das Wohl von Pflichtklienten zu fördern, erfüllen kann.
In allen Problemsituationen – auch solchen, die eingreifendes Handeln rechtfertigen – verhält es sich zuerst einmal so, dass die Problembeteiligten sich zu problemlösenden Entschlüssen aus freiem Willen ermutigt und imstande fühlen.

Es geht bei diesem methodischen Prinzip um die Zwanganwendung gegenüber Problembeteiligten: Sie ist nie das erste – der Sozialarbeiter bemüht sich primär stets darum, bei den Problembeteiligten Einsicht und Bereitschaft zu einem freiwilligen Handeln zu schaffen, welches die Ausübung von Zwang unnötig macht. Dabei haben wir lediglich jenen Zwang im Auge, der direkt oder indirekt durch die Handhabung des Rechts geschieht, also den *rechtlichen Zwang*. Mit dem Ausdruck «Zwang» ist im folgenden nur er gemeint. Der Sozialarbeiter übt ihn überall da aus, wo er, gestützt auf rechtliche Bestimmungen und Kompetenzen, so handelt, dass eine problembeteiligte Person gegen ihren Willen zu einem bestimmten Tun und Lassen, insbesondere Zulassen, gezwungen wird. Dies ist auf zweierlei Weise möglich: erstens indem der Sozialarbeiter, z. B. als Vormund oder als Verwalter sozialer Ressourcen dazu befugt, selbst Anordnungen trifft, und zweitens indem er bei den zuständigen Instanzen (Gerichten, Behörden, Ämtern) rechtliche Verfügungen beantragt.

Wie uns bereits im Zusammenhang mit der «freiwilligen» Klientschaft klargeworden ist (s. S. 104), gibt es nebst dem rechtlichen auch einen rechtsirrelevanten *faktischen Zwang*. Ein problembelasteter Mensch, der angesichts der sozialen Not, die ihn bedrückt, keine andere vernünftige Wahl hat, als sozialarbeiterische Hilfe anzunehmen, steht unter solchem faktischen Zwang. Er muss sich den Bedingungen dieser Hilfe unterwerfen: zum Beispiel, wenn er finanzielle Unterstützung erhalten will, gewisse Kontrollen, die Abtretung von Forderungen oder vielleicht sogar eine Lohnverwaltung durch den Sozialarbeiter akzeptieren, im Falle der sozialen Konfliktlösung Einsicht in persönliche Angelegenheiten gewähren und an Verhandlungsgesprächen teilnehmen oder, um betreuerischen Beistand zu bekommen, dem Sozialarbeiter bestimmte Vertretungsvollmachten geben. Sofern solche Bedingungen sozialarbeiterischer Hilfe dem Willen des hilfebedürftigen Menschen zuwider laufen, wirkt der Sozialarbeiter (bzw. die Sozialarbeitsinstitution) mit am faktischen Zwang, der auf ihm, dem Problembeteiligten, liegt. Allerdings, einen *Vorsatz,* Zwang auszuüben, hat der Sozialarbeiter dabei nicht. Dieser faktische Zwang ergibt sich einfach aus den gegebenen Umständen, aus der «Logik der Dinge», nämlich der Not und der Hilfemöglichkeit. Auf ihn beziehen wir uns nicht, wenn wir hier von *Freiwilligkeit* sprechen. Wir meinen damit nicht generell ein von irgendwelchen faktischen Zwängen freies Handeln, sondern enger und einfacher eines, das nicht durch rechtliche Zwanganwendung bewirkt ist.

Auch in diesem beschränkten Raum ist allerdings nicht jede Freiwilligkeit die gleiche. Wir müssen hier eine weitere Unterscheidung treffen: diejenige zwischen der *tatsächlichen* und der *formellen Freiwilligkeit.* Um einen Menschen zu einem bestimmten Verhalten zu veranlassen, kann man ihm mit Zwang drohen, und je nach dem, wie glaubwürdig eine solche Drohung für den Betreffenden ist, übt sie mehr oder weniger zwingende Wirkung auf ihn aus. Unter Umständen – wenn nämlich ohne Zweifel feststeht, dass der angedrohte Zwang (z. B. eine Betreibung) angewandt werden und Erfolg haben wird – ist die *Zwangsdrohung* praktisch identisch mit dem Zwang selbst. Ein Handeln, das unter dem Druck einer ausdrücklichen oder sonstwie offensichtlichen Zwangsdrohung geschieht, nennen wir «formell freiwillig». Es ist im extremsten Fall nur gerade insofern freiwillig, als die angedrohten Zwangsmassnahmen nicht in den Formen des Rechts realisiert werden. Demgegenüber handelt eine Person nach unserem Begriff «tatsächlich freiwillig», wenn sie nicht unter dem genannten Druck steht und also subjektiv das Bewusstsein haben kann, sie sei frei, sich so oder anders zu verhalten.

Diese Differenz zwischen tatsächlicher und formeller Freiwilligkeit ist für den Sozialarbeiter bedeutsam, denn auf sie bezogen präzisiert sich ihm das Prinzip des Freiwilligkeitsvorrangs in zwei klaren *methodischen Maximen.* Die eine heisst: Der Sozialarbeiter soll den Problembeteiligten *vorrangig tatsächliche Freiwilligkeit* ermöglichen. Die andere: Er soll, wenn die Problembeteiligten in tatsächlicher Freiwilligkeit das unbedingt Nötige nicht tun, Zwang nicht sogleich anwenden, sondern ihnen damit drohen und so *Gelegenheit zu formell freiwilligem Handeln geben.*

Dass ein problembeteiligter Mensch *tatsächlich freiwillig* in problemlösender Weise handelt, ist bei weitem das beste, weil ein Verhalten, welches aus eigener selbständiger Entscheidung geschieht, am ehesten dauerhaften Bestand hat, am wenigsten der Unterstützung von aussen bedarf, bei den andern problemrelevanten Personen, sofern sie es begrüssen, positive Gefühle bewirkt und dem Handelnden bei jedermann mehr Achtung einträgt als ein Verhalten, das unter Druck oder gar unter effektiver Zwanganwendung erfolgt. Gerade dieser letztgenannte Punkt, der das *persönliche Prestige* betrifft, ist sozialarbeitsmethodisch von grosser Bedeutung. Zwang hat immer etwas Verletzendes an sich. Der Mensch, an dem Zwang ausgeübt wird, fühlt sich als Unterlegener, Besiegter, Ohnmächtiger, Törichter, Beschämter. Sei es auf die eine oder andere Weise, seine Selbstachtung wird in jedem Falle beeinträchtigt, und dies umso mehr, je offensichtlicher der Zwang ist. Einen Problembeteiligten solcherart zu kränken, liegt aber natürlich keineswegs in der Absicht des Sozialarbeiters; und wenn es sich schon nicht vermeiden lässt, dann versucht er mindestens, den Prestige-Bedürfnissen des betreffenden Menschen möglichst weit entgegenzukommen und so die Kränkung minimal zu halten. Einem geschiedenen Mann zum Beispiel, der seiner Frau die Alimente nicht überweist, nachdrücklich und mit reichlicher Fristansetzung, eventuell mehrmals, die Betreibung der rückständigen Unterhaltsbeiträge anzudrohen, erlaubt diesem Problembeteiligten, sein Gesicht zu wahren, indem er nun doch – unter Druck zwar, aber immerhin formell freiwillig – zahlt. Auch die Betreibungsdrohung freilich macht der Sozialarbeiter erst dann, wenn es ihm nicht gelungen ist, den Mann durch Erklären, Diskutieren und Zureden dazu zu bewegen, seine Alimentenverpflichtung tatsächlich freiwillig zu erfüllen.

Was dieses geringfügige Beispiel in methodischer Hinsicht zeigt, gilt auch in Problemfällen, wo es um schwerer wiegende rechtliche Zwangsmassnahmen geht, etwa um den kindesschützerischen Obhutsentzug, die Zwangseinweisung in eine psychiatrische Klinik, die gerichtliche Entscheidung über eine Erbteilung oder um strafrechtliche Verfolgung. Niemals strebt der Sozialarbeiter primär danach, derartigen Zwang auf jemanden auszuüben. Schon das Verhandlungsprinzip hat klargemacht, dass er soziale Konfliktprobleme vorrangig durch *Verhandlung*, also grundsätzlich auf dem Weg der Freiwilligkeit zu lösen sucht. Verhandeln schliesst zwar das Androhen von Zwang nicht aus, aber der Sozialarbeiter achtet darauf, dass die Verhandlung so lange, als es möglich und sinnreich ist, davon frei bleibt und ihre Teilnehmer somit tatsächliche Freiheit haben.

Hier, wo die eigentlichen Handlungsprotagonisten die Problembeteiligten sind, lässt sich besonders gut erkennen, dass das Prinzip des Freiwilligkeitsvorranges dem Sozialarbeiter nicht nur vorschreibt, *sich selbst* mit Zwangsdrohung oder Zwangsanwendung zurückzuhalten, sondern dass er auch alle *andern* problemrelevanten Personen zur gleichen Zurückhaltung motivieren muss. Damit hat er nicht immer Erfolg; doch soweit es in seiner Macht steht, sorgt er für tatsächliche Freiwilligkeit, indem er in der direkten Verhandlung den Verhandlungsteilnehmern das *Verbot des Drohens* als Gesprächsregel vorschreibt und bei der indirekten Verhandlung Drohungen der einen Seite nicht (jedenfalls nicht in der Drohform) an die andere übermittelt.

Auch in seiner *beraterischen* Tätigkeit muss er Problembeteiligte häufig davor warnen, vorschnell Zwangsmittel gegen Personen, mit denen sie in Konflikt stehen, einzusetzen. Es gibt Leute, die von ihm einfach wissen wollen, wie sie rechtlich gegen jemanden vorgehen können, denn eine andere Art der Konfliktbewältigung kommt ihnen gar nicht in den Sinn oder halten sie zum vornherein für unmöglich. So will z. B. ein Angestellter, der sich um seinen Ferienanspruch betrogen fühlt, den Arbeitgeber stracks vor das Arbeitsgericht ziehen, bevor er die Streitfrage überhaupt mit ihm diskutiert oder einen sachkundigen Abklärer und Vermittler eingeschaltet hat. Oder eine Frau, die vom Ehemann zuwenig Haushaltgeld bekommt, meint, dieses Problem lasse sich nur gerade dadurch lösen, dass der Arbeitgeber ihres Gatten vom Eheschutzrichter verpflichtet wird, einen bestimmten Teil des Arbeitslohnes direkt an sie, die Frau, auszubezahlen. Eine Freundin erzählte ihr von dieser Möglichkeit; der Sozialarbeiter findet aber heraus, dass die Frau ihrem Mann bislang noch gar nie ein Haushaltbudget vorgelegt und eine darauf begründete Haushaltgeld-Forderung gestellt hat. Bei solchen und ähnlichen Sachverhalten, besonders wenn es um Konflikte unter Familienangehörigen geht, rät er dem Beratungsklienten in aller Regel, vorerst einmal ganz von rechtlichen Schritten, auch von der Drohung damit, abzusehen und die strittige Angelegenheit in Ruhe und Vernunft mit dem Kontrahenten zu besprechen – so, dass dieser sich in tatsächlicher Freiwilligkeit zu einem konflikt-lösenden Verhalten oder Kompromiss entschliessen kann. So sehr eilt selten eine rechtliche Massnahme, dass ein derartiger Versuch, den Konflikt auf freiwilliger Basis einverständlich beizulegen, nicht vorgängig möglich wäre.

Selbst im Zusammenhang der sozialarbeiterischen *Intervention* gelten die Maximen des Freiwilligkeitsvorranges. Der intervenierende Sozialarbeiter handelt zwar gegen den Willen oder doch zumindest ohne Einwilligung einer zentralen problembeteiligten Person, doch erstens kann er zu Beginn der Intervention – bevor sie eigentlich geschehen ist – noch tatsächliche Freiwilligkeit für alle Problembeteiligten gewähren, und zweitens erreicht er das Interventionsziel oft schon dadurch, dass er Zwangsmassnahmen bloss androht, ohne sie effektiv zu verwirklichen, und das heisst: indem er den Problembeteiligten formell freiwilliges Handeln ermöglicht.

Als Beispiel für den methodischen Primat der sozialarbeiterischen Funktion habe ich bereits erwähnt, dass der Sozialarbeiter *Gutachtensaufträge* primär in der Rolle des Beraters und Verhandlungsmittlers durchführt, nicht in der des machtausübenden Kontrolleurs und Eingreifers (s. S. 243 ff.). Damit belässt er den betreffenden Menschen zuerst einmal die Chance, in der fraglichen Sache aus freiem Willen jene Entscheidungen zu treffen, die auch er, der Sozialarbeiter, aufgrund seiner Kriterien und der gegebenen Umstände der Behörde oder dem Gericht beantragen müsste. Er hat z. B. einen Adoptionsplatz für ein Drittwelt-Kind zu beurteilen und erlebt im Abklärungsgespräch mit den Eheleuten, die das Kind aufnehmen möchten, dass sie in einer Beziehungskrise stecken und die Adoption ihnen als Mittel dienen sollte, aus dieser Krise herauszukommen oder doch wenigstens von ihr abgelenkt zu werden. Der Sozialarbeiter versucht in solchem Falle, das Paar behutsam zur *Einsicht* in seine Partnerschaftsproblematik zu führen und es dazu zu bewegen, eindringlich darüber nachzudenken, ob ihm und dem fremden Kind wirklich geholfen werden könne, indem dasselbe in diese spannungsvolle und brüchige Lebensgemeinschaft eintritt. Er droht vorerst keineswegs mit einer negativen gutachtlichen Stellungnahme, sondern gibt dem Ehepaar Zeit zum Überlegen, bietet sich ihm als Berater an oder nennt ihm ehetherapeutische Dienste, an die es sich wenden kann. So gelangt es vielleicht aus freiem Willen dazu, sein Adoptionsgesuch zurückzuziehen, und der Sozialarbeiter braucht gar nicht eigentlich zum Schutze des Kindes zu intervenieren. Eine *explizite Drohung* im eben erwähnten Sinne wäre bereits ein Interventionshandeln – sie hätte ohne Zweifel zwanglichen Charakter, denn wenn der Sozialarbeiter der zuständigen Instanz tatsächlich beantragt, die Aufnahme des Kindes durch die gesuchstellenden Eheleute (bzw. seine Einreise zu diesem Zweck) nicht zu gestatten, übt er nach unserem Begriff rechtlichen Zwang aus.

Solche Zwanganwendung oder Zwangsdrohung mag in einem Fall, wo die Problembeteiligten nicht aus freien Stücken zur nötigen Einsicht kommen, unvermeidlich werden. Dem Sozialarbeiter indes, der intensiv motivierend auf die problembeteiligten Menschen einwirkt, gelingt es oft, auch schwere soziale Probleme, die scheinbar unausweichlich nach zwangausübender Intervention rufen, durch freie Beratung oder Verhandlung zu lösen. Sogar in Fällen von *Kindesmisshandlung* ist dies in gewissem Sinne möglich. Es gibt misshandelnde Eltern, die durchaus einsehen, dass ihr Verhalten gegenüber dem Kind moralisch und erzieherisch falsch ist, und die froh sind, wenn sich der Sozialarbeiter damit befasst. Sie lassen sich, ohne dass er expliziten Druck auf sie legt, von ihm beraten und kontrollierend stützen und gehen auf therapeutische Angebote, die er ihnen vermittelt, ernsthaft ein. Tatsächliche Freiwilligkeit liegt hier allerdings nur in mehr oder minderem Masse, nie voll und ganz vor; denn klar oder dumpf wissen alle Eltern in einer solchen Situation, dass der Sozialarbeiter mit Zwangsmitteln gegen sie vorgehen muss, wenn nichts geschieht, das begründeterweise auf eine Änderung ihres Verhaltens hoffen lässt. Trotzdem ist ihre Position anders und besser, als wenn ihnen der Sozialarbeiter Zwangsmassnahmen zum Schutze des Kindes ausdrücklich androht. Tut er dies, bringt er sie in eine wesentlich schärfere Zwangslage: sie können nur noch in formellem Sinne freiwillig handeln.

Eben diese explizite Druckausübung ist typisch für die sozialarbeiterische Handlungsart der Intervention. Haines nennt sie «koerzitives Überzeugen» und hält sie für eine Form direktiver Beeinflussung, die einen «unbequemen, aber unvermeidlichen Aspekt der Rolle des Sozialarbeiters» ausmacht.[238] Der kompetente Sozialarbeiter fährt, auch wenn es um dringend nötigen Schutz von Menschen geht, nicht sogleich mit Zwangsmassnahmen drein, sondern er handhabt vorerst einmal überlegt und geschickt *das Interventionsmittel der Drohung*. Vielleicht genügt subtiles Drohen und entsprechend leiser Druck, um die davon betroffenen Personen zu problemlösendem Verhalten zu bewegen – vielleicht müssen sie zu diesem Zweck vor eine harte Drohung, ein unmissverständliches

---

238 *Haines*, S. 120 ff.

Ultimatum gestellt werden. Das hängt ganz von den konkreten Gegebenheiten des Falles ab. Je weniger *Druck* der Sozialarbeiter bei der Intervention auszuüben braucht, um das Problemlösungsziel zu erreichen, desto besser. Aber auch die massivste Drohung ist, falls sie Erfolg hat, sinnvoller als die effektive Zwanganwendung. Gewisse Menschen tun das Nötige erst, wenn die für sie nachteilige Alternative – z. B. die Einweisung in eine Anstalt für verwahrloste Männer, die Aufhebung des Besuchsrechts gegenüber dem Kinde, die Strafanzeige wegen eines sexuellen Deliktes, der Entzug der elterlichen Gewalt – handgreiflich vor ihnen steht. So muss der Sozialarbeiter etwa dem nichtstuenden, heruntergekommenen Mündel die Versorgungsanstalt zeigen und ihn eventuell sogar für ein, zwei Wochen dort belassen; oder den untätigen, widerspenstigen Eltern muss der fertig geschriebene Antrag auf Entzug der elterlichen Gewalt vor Augen gebracht werden. Die Drohung bekommt für diesen Persönlichkeitstyp erst dann Realität, wenn man sie ihm auf solch drastische Weise demonstriert.

Abschliessend sei darauf hingewiesen, dass das Prinzip des Freiwilligkeitsvorranges auch bezüglich der *Pflichtklientschaft* gilt. Mit der Anordnung einer Vormundschaft, Beistandschaft (BRD: Pflegschaft), Schutzaufsicht (BRD: Bewährungshilfe) etc. für eine Person wird diese einem institutionalisierten Zwang unterworfen, selbst wenn sie damit einverstanden ist. Solange ein Problembeteiligter zur freiwilligen Klientschaft bereit ist und sich dabei in genügendem Masse beraten, vertreten und betreuen lässt, befürwortet der Sozialarbeiter – soweit es auf ihn überhaupt ankommt (vgl. S. 102) – die Errichtung einer Pflichtklientschaft nicht. Es mögen z. B. im Falle eines senilen Betagten die gesetzlichen Voraussetzungen für eine Vormundschaft ohne weiteres erfüllt sein, vertraut sich diese hilfebedürftige Person jedoch dem Sozialarbeiter als (freiwilliger) Klient an und gibt sie ihm die nötigen rechtlichen Vollmachten, damit er ihre Angelegenheiten besorgen kann, so ist jede rechtliche Massnahme, welche diesen Menschen zum Pflichtklienten macht, ein unnötiger und mithin unverhältnismässiger Eingriff in dessen persönliche Freiheit.

Auch wo eine Pflichtklientschaft *besteht* und der Sozialarbeiter entsprechende rechtliche Macht hat, Zwang auf den Klienten auszuüben, schafft er demselben, wo und soweit immer es angeht, Freiwilligkeit. Er kann die Entscheidung in einer bestimmten Sache völlig dem *freien Willen des Pflichtklienten* anheimstellen, und wenn er dies ihm gegenüber deutlich deklariert, hat er ihm Raum zu tatsächlich freiwilligem Handeln gegeben. Dies ist in vielerlei persönlichen oder wenig gewichtigen Belangen möglich. In anderen Fragen, z. B. solchen der finanziellen Existenzsicherung oder des persönlichen Schutzes, ist es nicht zu verantworten, den Pflichtklienten frei entscheiden zu lassen. Aber auch hier konfrontiert ihn der Sozialarbeiter nicht zum vornherein mit einer Handlungsanweisung oder einer ultimativen Drohung, sondern versucht primär, ihn ohne expliziten Druck, durch Beratung, Erklärung und Aufmunterung dazu zu motivieren, aus freien Stücken das Richtige (Problemlösende) zu tun oder zu beschliessen.

i) Kooperationsprinzip

Der Sozialarbeiter sucht aktiv die Zusammenarbeit mit helfenden Dritten und ist überall bereit, mit ihnen zusammenzuarbeiten, wenn sie ihn darum bitten – sofern und soweit er dabei im Sinne der sozialarbeiterischen Aufgabe tätig sein kann. Aufmerksam hält er seinen Blick offen für das, was neben ihm selbst andere nicht-problembeteiligte Menschen helfend für die Problembeteiligten tun; und er ist bestrebt, durch Kooperation mit ihnen nicht nur Doppelspuriges und Gegensätzliches zu beseitigen und zu vermeiden, sondern darüber hinaus die problemlösende Wirkung der einzelnen helfenden Tätigkeiten zu steigern, also synergistische Effekte zustande zu bringen. Entsprechend bemüht er sich motivierend und organisierend um eine konzertierte Problemlösung, in der die lösungsbeteiligten Drittpersonen ihr Handeln auf ein gemeinsames Ziel hin ausrichten und untereinander abstimmen.

Soziale Probleme systemisch anzugehen, bedeutet notwendig, dass der Sozialarbeiter versucht, mit allen lösungswichtigen Dritten zu kooperieren, das heisst: sein und ihr Handeln im Problemzusammenhang derart funktionell zu koordinieren, dass aus dem Problemsystem ein eigentliches *Problemlösungssystem* wird. Das Kooperationsprinzip ist gleich wie das Interpositions- und das Verhandlungsprinzip ein Grundpfeiler der systemischen Sozialarbeitsmethodik.

In der Mittellehre haben wir uns bereits unter den Punkten *2.3 Freiwillige Helfer* und *2.4 Dienstleistungen* – insbesondere mit der Liste sozialer Berufe und Helfer, zu denen spezifische sozialarbeiterische Berufsbeziehungen bestehen (s. S. 163) – vor Augen geführt, mit was für Personen der Sozialarbeiter typischerweise zusammenarbeitet. Zu ihnen kommen noch jene Menschen hinzu, die zwar Angehörige des Problemsystems, aber nicht Problembeteiligte sind und die zum Zwecke der Problemlösung zu helfenden Dritten gemacht werden sollten. Dem systemorientierten Sozialarbeiter ist völlig klar, dass *er allein*, ohne Mithilfe anderer, in den meisten sozialen Problemlösungsfällen nicht viel auszurichten vermag. Selbst einer Casework-Autorin wie Hollis (als sie noch eine linear-therapeutische Theorie vertrat) war bewusst, dass «Verwandte, Freunde, Lehrer und Ärzte oft in einer viel geeigneteren Position sind, dem Klienten unterstützende Hilfe zu geben, als der Sozialarbeiter». Oft auch hätten derartige Drittpersonen «mehr Einfluss auf den Klienten» und seien «für bestimmte Fragen als Ratgeber qualifizierter», meint sie – und sie nennt hiefür zusätzlich den Klubleiter, Pfarrer und Rechtsanwalt, ja sogar das Beispiel einer Haushalthilfe, die zur Stabilisierung einer krisengeschüttelten Ehebeziehung beitrug, indem sie erzieherische Aufgaben in der betroffenen Familie übernahm.[239]

Das sind treffende Bemerkungen. Allerdings stehen sie in Hollis' Casework-Lehrbuch nur am Rande, und es folgt ihnen kein entsprechendes kooperatives

---

239 *Hollis 1964*, S. 133 f.

Handlungskonzept.[240] In der *systemischen Sozialarbeit* verhält es sich diesbezüglich ganz anders. Hier ist es eine zentrale methodische Pflicht des Sozialarbeiters, angesichts eines Problems alle helfenden Kräfte, falls sie noch inaktiv sind, zu aktivieren und sie zu einem effizienten problemlösenden Zusammenwirken zu führen. Drittpersonen in den Problemlösungsprozess einzuschalten, gilt dem systemorientierten Sozialarbeiter als selbstverständlich und in den meisten Fällen unerlässlich. Ebenso, die Absichten und Aktivitäten helfender Dritter, welche ohne sein Zutun im Problemfeld tätig sind, mit den seinen in Übereinstimmung zu bringen. Er fühlt sich durchaus berufen, die *Initiative* zu solcher Kooperation zu ergreifen, und verantwortlich dafür, sie aufrechtzuerhalten. Von sich aus tritt er an die lösungswichtigen Drittpersonen heran, er motiviert sie zur Kooperation, macht ihnen problemdefinitorische und handlungskoordinierende Vorschläge, kümmert sich um das, was sie tun, um den Erfolg oder die Schwierigkeiten, die sie haben, bleibt in kommunikativer Verbindung zu ihnen, organisiert Kontakte mit und unter ihnen und leitet (soweit möglich) gemeinsame Aktionen. Ersuchen ihn Dritte – z. B. ein Psychiater, die Polizei, die Schulpflege, der Personalchef einer Firma – darum, mit ihnen zusammenzuarbeiten, um einem (oder mehreren) Menschen zu helfen, geht er grundsätzlich bereitwillig darauf ein, gleichgültig ob er mit dem betreffenden Problemfall bereits befasst oder ob dieser ihm unbekannt ist. Er muss hier bloss darauf achten, sich nicht von anderen zu Zwecken, die der sozialarbeiterischen Funktion widersprechen, instrumentalisieren zu lassen.

Das Kooperationshandeln hat verschiedene Aspekte. Zuerst und vor allem ist es ein eminent *kommunikatives* Geschehen. Die persönliche Kooperationsfähigkeit fällt, wie wir gesehen haben (s. S. 194 ff.), weitgehend mit der Kommunikationsfähigkeit zusammen; und was das Kommunikationsprinzip (bzw. Kontaktprinzip) vom Sozialarbeiter bezüglich der Problembeteiligten methodisch fordert, gilt mutatis mutandis auch für die sozialarbeiterische Kooperation mit Dritten. Desgleichen spielen hier die *Akzeptanzprinzipien* eine wichtige Rolle, denn die Personen, welche der Sozialarbeiter zur Mithilfe und Zusammenarbeit gewinnen muss, haben dazu vielleicht gar keine Lust, sind oft auf den Sozialarbeiter nicht angewiesen oder halten sich aus Angst, durch Kooperation mit andern ihre Entscheidungs- und Handlungsselbständigkeit zu verlieren, zurück. Professionelle und institutionelle Rivalitäten unter den beruflichen Helfern, hierarchische Distanzbedürfnisse von Behörden oder gesellschaftlich höherrangigen Berufsangehörigen wie Ärzten oder Rechtsanwälten und das Misstrauen von Laienhelfern gegenüber dem Machtanspruch der Fachleute machen es dem Sozialarbeiter

---

240 Ein solches Konzept ist hingegen das im Laufe der Achtzigerjahre in den USA entwickelte *Case Management* (vgl. *Wendt 1991*). Der *Case Manager* ist nichts anderes als ein systemorientierter Sozialarbeiter, der Problemlösungssysteme (vor allem Betreuungssysteme) aufbaut, organisiert, *managed*, kurz: *Kooperation* betreibt.

keineswegs immer leicht, gute Kooperationsbeziehungen mit und unter helfenden Dritten herzustellen. Geschicktes Akzeptanzverhalten ist daher ihnen gegenüber nicht weniger nötig als in bezug auf die Problembeteiligten.

Das Kooperationshandeln des Sozialarbeiters muss in erster Linie als *Informationsmanagement* begriffen werden. Nicht nur in der Zusammenarbeit mit Dritten, aber hier besonders ausgeprägt, fungiert der Sozialarbeiter als Informationszentrale. Er bemüht sich, von anderen Informationen zu bekommen, sammelt, ordnet und verarbeitet sie und gibt seinerseits Informationen an andere ab.

Das Informieren im Raum menschlicher Probleme ist freilich – für alle helfenden Berufe! – ein heikles Unterfangen, weil man damit Gefahr läuft, die Persönlichkeit problembeteiligter Menschen in ihrem Recht auf Geheimnisschutz zu verletzen. Der Schutz der persönlichen Geheimsphäre verlangt nach Diskretion, menschliche Not nach Hilfe, und wo die Hilfe die Zusammenarbeit verschiedener Helfer erfordert, ist es unumgänglich, dass dieselben sich gegenseitig informieren. Die polare Spannung zwischen *Diskretionsbedürfnis* einerseits und *Informationsnotwendigkeit* andererseits lässt sich nicht aufheben. Der Sozialarbeiter muss sich ihrer in seinem Informationsmanagement stets bewusst sein, ja sie zwingt ihn, dasselbe mit grosser Sorgfalt, Klugheit und menschlicher Rücksichtnahme zu betreiben. Zu den diesbezüglichen methodischen Fragen wird das Diskretionsprinzip (S. 378 ff.) mehr und näheres aussagen.

Allerdings, was immer sich von dorther für den Sozialarbeiter ergibt, klar ist, dass alle menschliche Kooperation auf *gegenseitiger* Information gründet. Zum sozialarbeiterischen Informationsmanagement gehört es, dass der Sozialarbeiter einem Kooperationspartner nicht bloss problemrelevante Informationen *gibt*, sondern dass er auch darauf besteht, von ihm entsprechende Informationen zu *erhalten*. Zuweilen möchten Dritte – insbesondere Ärzte, Therapeuten, Richter, Rechtsanwälte, Verwaltungs- oder Bankbeamte – zwar die Hilfe des Sozialarbeiters in Anspruch nehmen und von seiner Seite nicht wenig über den betreffenden Problemfall erfahren, geben sich aber (eventuell unter explizitem Hinweis auf ihr Berufs- oder Amtsgeheimnis) zugeknöpft, wenn der Sozialarbeiter Informationen von *ihnen* begehrt. Der Sozialarbeiter muss ihnen einsichtig machen, dass auf dieser ungleichen Basis keine echte, wirkungsvolle Zusammenarbeit möglich ist. Ein Hauptvorteil der Kooperation besteht ja gerade darin, dass die an ihr beteiligten Personen sich mit ihrem je partiellen Wissen und Problemverstehen gegenseitig bereichern. Indem sie einander das mitteilen, was sie als einzelne in ihrer spezifischen fachlichen Perspektive oder von ihrem – sei es beruflichen, sei es privaten – Standort aus erkennen, erzeugen sie einen *Verstehenssynergismus*, der jedem ein vertieftes und umfassenderes Problemverständnis verschafft.

Dies setzt freilich voraus, dass die Kooperationspartner eine zentrale Kooperationsmaxime befolgen, nämlich die, gegenseitig die besondere Fachkompetenz, die jeder von ihnen hat, anzuerkennen. Das heisst: Gibt einer im konkreten Fall ein Urteil ab bezüglich eines Problemaspektes, der eindeutig in seine fachliche Beurteilungskompetenz gehört, so müssen die andern dieses *verstehende Fachur-*

teil akzeptieren und von ihm ausgehen. Natürlich darf es diskutiert und dabei in Frage gestellt werden, und vielleicht auch modifiziert es die urteilende Fachperson aufgrund der Diskussion. Sobald jedoch eine klare, beständige Meinung dieses Kooperationspartners feststeht, haben die andern sie ernstzunehmen. Ihre Richtigkeit weiterhin in Zweifel zu ziehen, würde eine erfolgreiche Kooperation sabotieren. Jeder Kooperationspartner – auch der Sozialarbeiter – darf und soll von den andern verlangen, dass sie seine problembezogenen fachlichen Verstehensurteile respektieren.

Genauso wichtig wie im Aspekt des Verstehens ist ein offener Informationsaustausch und ein sorgfältiges Hören aufeinander natürlich dort, wo es um das problemlösende *Handeln* geht. Eine kooperative Problemlösung gründet in einer gemeinsamen Problemdefinition der Kooperationspartner. Und weil dafür das Kommunikations- bzw. Informationsmoment so überragende Bedeutung hat, besteht der Sozialarbeiter nicht bloss darauf, von seinen Kooperationspartnern Informationen zu erhalten, sondern er bemüht sich auch darum, Dritte, die mit ihm zusammenarbeiten, über die für sie wesentlichen Problemgegebenheiten ausreichend zu informieren. Diese Arbeitsregel muss er vor allem beachten, wenn er mit Personen kooperiert, die sich nicht ohne weiteres getrauen, Informationen von ihm zu fordern – freiwillige Helfer etwa oder Bezugspersonen von Problembeteiligten (z. B. eine befreundete Familie, Nachbarn, Arbeitskollegen, Schulkameraden, Mitpensionäre).

Was wir über den konduktiven und operationellen Charakter der sozialarbeiterischen Problemdefinition festgestellt haben (s. S. 270 ff.), ist selbstverständlich besonders wichtig im Bereich der Kooperation. Das konduktive und das operationelle Moment müssen sich hier zu einem eigentlich *konzertierten Problemlösungsvorgehen* verdichten: zum einverständlichen, zieleinheitlichen, abgesprochenen und abgestimmten Handeln von Sozialarbeiter und helfenden Dritten. Sind sich diese lösungswichtigen Personen in einem sozialen Problemfall über die Problemdefinition, also darüber einig geworden, wie sie das Problem unter handlungsleitendem Gesichtspunkt verstehen wollen, bleibt ihnen immer noch, ihr tatsächliches Vorgehen, ihr je einzelnes Tun und Lassen koordiniert zu organisieren, eben zu «konzertieren». Dies geschieht hauptsächlich, indem die Kooperationspartner 1. ihre partiellen *Handlungsbeiträge* bestimmen, und zwar so, dass diese sich gegenseitig unterstützen; 2. ihre *Zuständigkeiten* im betreffenden Problemfall abgrenzen und damit die unterschiedlichen Rollen, die sie im Problemlösungsprozess spielen, klärend definieren; 3. die *Reihenfolge* ihrer Handlungen festlegen; und 4. ihre *laufende Kommunikation* im Sinne eines Informations-Regelkreises organisieren.

Derart explizites, präzises Kooperieren ist vor allem dort notwendig, wo es betreuerische oder Interventionsaufgaben zu erfüllen gilt. Nicht nur weil hier die soziale Problematik zumeist ein weites problemlösendes Handlungsspektrum erfordert, aus rein sachlichem Grunde also, sondern oft allein schon damit überhaupt ein effizientes Problemlösungshandeln in Gang kommt. Ohne die Mitwirkung anderer würden manche Helfer (die Sozialarbeiter eingeschlossen) gewisse schwierige oder arbeitsaufwendige Probleme gar nicht anpacken. Dem methodischen Handlungsimperativ (s. S. 233 f.) zu folgen, bedeutet in solchen Fällen für den Sozialarbeiter primär, kooperative Anstrengungen zu unternehmen. Es offenbart sich hierin der starke *motivatorische Aspekt* der Kooperation. Wenn man sich nicht allein, sondern von andern unterstützt fühlt, wenn man nicht alles selber tun und nicht Aufgaben übernehmen muss, für die einem die nötige Ausbildung, Erfahrung oder Eignung fehlt, sondern man darauf zählen kann, dass andere, kompetente Leute neben einem handeln, und wenn die Verantwortung für tiefgreifende Entscheidungen (bei denen unter Umständen sogar das Leben eines Menschen auf dem Spiel steht) geteilt wird, dann ist man viel eher ermutigt und bereit, sich in einer Sache zu engagieren. Diese triviale psychologische Wahrheit kennt jedermann aus seiner privaten Alltagserfahrung. Wo man sie sich auf dem Feld sozialer Hilfe zunutze macht, gelingt es, auch *heikle Interventionen* wie den Schutz misshandelter bzw. misshandlungsgefährdeter Kinder durchzuführen oder *weitreichende Betreuungsvorkehrungen* – etwa solche, die einem behinderten Menschen ein Leben unter normalen sozialen Umweltbedingungen gestatten – zu realisieren.

Betrachten wir das erstgenannte Beispiel, den *Schutz eines misshandelten oder vernachlässigten Kindes*, so sehen wir den Sozialarbeiter mit vielerlei Dritten kooperieren: Schon wenn es für ihn erst darum geht, über die tatsächliche Situation des Kindes Einsicht zu gewinnen, ist er (wie bereits bemerkt, s. S. 299) darauf angewiesen, dass Privatpersonen und Angehörige pädagogischer Berufe, die zum Kind oder zur Familie Kontakt haben, mit ihm zusammenarbeiten. Ergeben sich dabei starke Indizien, dass das Kind in der Obhut seiner Eltern an Körper und/oder Seele erheblichen Schaden leidet, müssen zur näheren Abklärung weitere Dritte eingeschaltet werden, z. B. der Schul-, Haus- oder Kinderarzt, die Kinderklinik, der kinderpsychiatrische Dienst, der Schulpsychologe, die Mütterberaterin (bei Kleinkindern), heilpädagogische Beratungsstellen (bei behinderten Kindern), die Polizei (bei kriminalitätsverdächtigen Eltern). Und sie sind nicht nur für die Problembeurteilung, sondern ebenso für das problemlösende Handeln wichtig.

Zeigt sich, dass dem Kind nur wirksam geholfen werden kann, indem man es der Obhut der Eltern entzieht, versucht der Sozialarbeiter – gemäss dem Prinzip des Freiwilligkeitsvorrangs – zuerst einmal eine sanfte Interventionslösung, etwa die *Plazierung* des Kindes in ein sonderpädagogisches Heim. Um sie in die Wege zu leiten, muss er sich mit dem Lehrer des Kindes, der Schulbehörde und dem Schulpsychologen absprechen, eventuell auch mit Personen aus dem privaten Umfeld der betreffenden Familie, die Einfluss auf dieselbe haben, Grosseltern zum Beispiel oder der Leiter einer religiösen Gemeinschaft, zu der die Familie gehört. Es geht darum, dass sie alle ihre je einzelnen Handlungen auf das

gemeinsame Ziel dieser, wenn möglich freiwilligen, Heimplazierung hin koordinieren: der Lehrer seine Motivierung des Kindes, der Schulpsychologe seine
gutachtlichen Empfehlungen, die Schulbehörde ihre offiziellen Beschlüsse, die
Bezugspersonen der Familie ihr beeinflussendes Gespräch mit den Eltern, der
Sozialarbeiter seine Interventionsdrohung und sein finanzielles Hilfeangebot.
Durch derart konzertiertes Vorgehen wird die gesamte Handlungsenergie der
lösungswichtigen Dritten von verschiedenen Seiten her auf denselben Punkt – die
zentrale (hier allerdings nur schwer änderbare) Problemvariable – ausgerichtet.
Damit lässt sich das angestrebte Ziel am ehesten erreichen.

Vielleicht genügt aber auch diese Konzentration der Kräfte nicht, und es muss
zum Schutze des Kindes *Zwang* angewendet werden. In solchem Falle steht die
Kooperation des Sozialarbeiters mit der Vormundschaftsbehörde oder dort, wo
die kindesschützerische Zuständigkeit beim Gericht liegt, mit Rechtsanwälten
und ferner, wenn Gewalt im Spiel ist, mit der Polizei im Vordergrund. Freilich,
diese Berufsangehörigen bzw. Instanzen haben nicht das allgemein verbreitete
Ansehen, «sozial» oder «helfend» zu sein; sie fungieren nicht selbstverständlich
parallel, einfach als eine andere Art von Helfern, neben dem Sozialarbeiter. Er
muss sich jedoch darum bemühen, sie zu helfenden Dritten zu machen, die mit
ihm und den andern lösungswichtigen Personen kooperieren.

An der Zusammenarbeit des Sozialarbeiters mit der Behörde und an derjenigen
mit der Polizei tritt besonders deutlich der Kooperationsaspekt der *Rollendifferenzierung* hervor. Die *Behörde* stellt eine politische, d. h. formell gesellschaftsrepräsentierende Instanz dar, die von der Gesellschaft beauftragt und ermächtigt
ist, (im Rahmen des Gesetzes) rechtsverbindliche Beschlüsse zu fassen. Sie hat
somit eine Herrschaft ausübende Entscheidungsfunktion, wohingegen dem
Sozialarbeiter eine beratende und durchführende Expertenfunktion zukommt.
Beide Funktionen ergänzen sich: Die Behörde braucht das fachmännische Problemverständnis des Sozialarbeiters, d. h. dessen Unterweisung und Rat, um
sinnvolle problemlösende Entscheide fällen zu können, und überdies seine professionelle Handlungskompetenz und seine Arbeitsleistung, damit ihre
Beschlüsse sachgerecht verwirklicht werden. Anderseits ist der Sozialarbeiter in
zahlreichen sozialen Problemsituationen, in denen er beschaffend, vertretend,
betreuend oder intervenierend handeln möchte, auf den Entscheid der zuständigen Behörde angewiesen. In unserem Kindesschutz-Beispielfall darauf, dass die
Vormundschaftsbehörde beschliesst, den Eltern sei das Obhutsrecht über ihr
Kind entzogen und der Sozialarbeiter habe es, das Kind, andern Personen zur
Betreuung und Erziehung anzuvertrauen. Vielleicht genügt auch, dass die
Behörde den Eltern nur mit einem solchen Entscheid *droht*. Gerade die Handha-
bung der Interventionsdrohung, das balancierende Spiel von behördlichem
Druck einerseits und sozialarbeiterischem Hilfeangebot anderseits, setzt ein
präzis konzertiertes Vorgehen voraus. Dabei treten der Sozialarbeiter und die
Vormundschaftsbehörde, obschon sie genau dasselbe beabsichtigen, nämlich die

Fremdplazierung des gefährdeten Kindes, gegenüber den betreffenden Eltern in *unterschiedlichen Rollen* auf.

Diese Rollendifferenz ergibt sich im Grundsätzlichen ohne weiteres aus den verschiedenen Funktionen von Sozialarbeiter und Behörde, die wir uns eben bewusst gemacht haben; doch im Detail muss sie in manchem Problemfall abgemacht und gewissermassen nach der *vereinbarten Regie* durchgespielt werden. Nur wenn sie deutlich ist und konsequent eingehalten wird, bringt sie den beteiligten Kooperationspartnern wirkliche Entlastung. Der Sozialarbeiter braucht dann den Problembeteiligten nicht als einer zu erscheinen, der Herrschaft ausübt; diese Rolle übernimmt die Behörde. Dafür kann die Behörde dem Sozialarbeiter das konkrete (abklärende und Massnahmen durchführende) Handeln im Problemfeld, insbesondere den Umgang mit den Problembeteiligten überlassen.

Weitere Rollen der konzertierten Problemlösung im vorliegenden Fall sind die des psychologischen oder ärztlichen Gutachters und die der Polizei. Der *Gutachter* gibt sein fachmännisches, wissenschaftlich (psychologisch bzw. medizinisch) fundiertes Urteil ab – zum Beispiel: das Kind leide an psychischen Störungen, seine persönliche Entwicklung führe ins Krankhafte, den Eltern fehle die Fähigkeit zu seiner Erziehung, oder: die Verletzungssymptome am Körper des Kindes rührten von Misshandlungen her, die Gesundheit des Kindes sei gefährdet. Ferner stellt er fest, was für Massnahmen aus medizinischen oder psychologischen Gründen zum Wohle des Kindes sinnvoll und nötig sind. Zu mehr oder anderem ist er nicht verpflichtet, für den Inhalt des Gutachtens aber voll verantwortlich. Damit übt der Psychologe bzw. Arzt eine präzise definierte Rolle im Problemlösungsprozess aus, die sich deutlich von derjenigen anderer Kooperationspartner unterscheidet. Und just diese *prägnante Rollendifferenz* verleiht seinem Beitrag das Ansehen von unabhängiger, sachlicher Objektivität und macht ihn deshalb besonders wirksam. In der konzertierten Problemlösung gilt es stets, das Prestige eines Berufes oder einer Institution durch scharfe Rollendifferenzierung zu schützen, zu fördern und demonstrativ zur Geltung zu bringen – und ebenso, falls es im gegebenen Problemzusammenhang nützlich ist, das Image, welches sie haben.

Bei der Kooperation mit der *Polizei* tritt die Image-Frage besonders deutlich zutage. Dass sich der Sozialarbeiter und die Polizei oft und manchenorts schwertun mit ihrer Zusammenarbeit, ist offenkundig. Der Grund dafür liegt in einer Art *Berührungsangst:* man befürchtet, vom Image – im eigenen Verständnis: vom Odium – des andern angesteckt, kontaminiert zu werden. Der Sozialarbeiter möchte unbedingt vermeiden, mit Momenten wie Ordnung, Vorschrift, Kontrolle, Durchsuchung, Verfolgung, Befehl, Strafe, Gewalteinsatz, die das Image der Polizei zur Hauptsache prägen, in Verbindung gebracht, beruflich mit ihnen irgendwie identifiziert zu werden. Und umgekehrt empfindet der Polizeimann eine Abneigung gegen die helferische, persönlich teilnehmende Attitüde, die soziale Toleranz, die psychologische Verständnisbereitschaft und die anpassungsbetonte «weiche» Umgangsart, die als zentrale Kennzeichen der Sozialarbeit gelten. Derartige reziproke Reserve des einen Berufsstandes gegen den andern ist kein besonders auffälliges Phänomen. Allein, sie darf nie so weit gehen, dass gewichtige Tatsachen nicht mehr gesehen und anerkannt werden. Im Verhältnis Sozialarbeit-Polizei ist eine solche Tatsache, dass der Sozialarbeiter und der Polizist oft mit denselben Personen (Problembeteiligten) zu tun haben und vor den gleichen Notsituationen stehen. Man denke nur etwa an die Kinder und Jugendlichen, welche stehlen, an die Familien, in denen Gewalttätigkeit herrscht, an die sozialdebilen Menschen mit Hang zum Betrügerisch-Deliktischen, an die Heroinabhängigen, die zur Beschaffungskriminalität gezwungen sind, oder an die Untersuchungshäftlinge und ihre Familienangehörigen. Sozialarbeiter und Polizei müssen in solchen Fällen, wollen sie ihre Berufsaufgabe optimal erfüllen, miteinander kooperieren.

Wir können hier nicht auf die Möglichkeiten, wie sich diese Zusammenarbeit institutionalisieren lässt, eingehen[240], sondern richten unseren Blick nur auf die *ad hoc-Kooperation* zwischen Sozialarbeiter und Polizei im einzelnen Problemfall. Zum Beispiel in demjenigen des kindesschützerischen Eingreifens gegen die Eltern, der uns als Illustrationsleitfaden dient: Die Polizei wird vielleicht von Nachbarn notfallmässig herbeigerufen, weil in der Wohnung der betreffenden Problemfamilie gewalttätige Auseinandersetzungen stattfinden. Bittet die Polizei in solcher Situation – und auch in irgendeiner anderen – den Sozialarbeiter, mit ihr zu den Problembeteiligten hinzugehen oder, wenn sie selbst sich bereits bei ihnen befindet, auf den Platz zu kommen, soll der Sozialarbeiter dies immer und ohne Zögern tun. Das ist eine wichtige methodische Arbeitsregel der sozialarbeiterischen Kooperation. Wenn schon die *Polizei* in einer kritischen Lage sozialarbeiterische Hilfe für notwendig oder nützlich erachtet, dann muss der Sozialarbeiter annehmen, solche Hilfe sei nach seinen eigenen Kriterien erst recht angebracht. Umgekehrt möchte er ja auch damit rechnen dürfen, dass ihm die Polizei ohne Wenn und Aber Beistand gewährt, sobald *er* darum ersucht, sei es weil Problembeteiligte Schutz vor der Gewalttätigkeit anderer benötigen, sei es weil er selbst von einer problembeteiligten Person körperlich bedroht ist. Ebenso braucht er die Unterstützung der Polizei dort, wo es eine Interventionsmassnahme gegen den physischen Widerstand eines Problembeteiligten durchzusetzen gilt – etwa wenn der Vater in unserem Beispielfall droht, jeden «umzulegen», der es wagen sollte, gemäss dem behördlichen Entscheid seinen Sohn bei ihm aus der Wohnung zu holen.

Worum immer es in der Zusammenarbeit von Sozialarbeiter und Polizei geht, die Rollendifferenz zwischen diesen Kooperationspartnern muss stets und über-

---

240 Vgl. darüber den von *Kreuzer/Plate* herausgegebenen Sammelband «Polizei und Sozialarbeit», in dem verschiedene reale Beispiele, welche als Modell dienen können, beschrieben sind. Zur Ergänzung vgl. auch *Rothschuh/Schütz*.

all strikt durchgehalten werden. Anders lässt sich die erwähnte Image-Problematik, die Gefahr des *unerwünschten Image-Transfers* vom einen auf den andern, nicht bewältigen und auch der *synergistische Entlastungseffekt* auf beiden Seiten nicht erzielen. Einen Problembeteiligten (oder seine Wohnung) durchsuchen, ihn verfolgen, festnehmen, abführen, einvernehmen, Dinge von ihm beschlagnahmen, in irgendeiner Weise Gewalt gegen ihn anwenden – derlei ist allein Aufgabe der Polizei. Der Sozialarbeiter als deren Kooperationspartner darf sich solcher Handlungen völlig enthalten, obschon er von ihnen profitiert. Er vermag so selbst im Falle harten Intervenierens seine berufsspezifische helfende Funktion einigermassen rein, wenig getrübt vom Moment des physischen Zwanges zu bewahren. Und diese bewusste Distanz zwischen seiner und der polizeilichen Rolle bietet ihm bei den Problembeteiligten einen akzeptanzfördernden Image-Vorteil. Eben einen solchen kann sich aber auch die Polizei verschaffen, wenn sie in ihre eingreifende Aktion den Sozialarbeiter einschaltet. Sie hat z. B. vor, die heroinabhängigen, in den Drogenhandel verwickelten Eltern von zwei Kleinkindern zu verhaften: Indem sie den Sozialdienst zum voraus darüber in Kenntnis setzt und noch eine Weile zuwartet, damit der Sozialarbeiter eine möglichst gute vorübergehende Betreuung der Kinder für die Zeit der Untersuchungshaft organisieren kann, zeigt sie Verständnis und Verantwortungsbewusstsein für soziale und psychische Belange und erscheint ihr (vom kriminalistischen Standpunkt aus richtiges) Vorgehen weniger brutal. Zugleich braucht die Polizei sich, sobald ein Sozialarbeiter im Problemfeld ihres Einsatzes tätig ist, nicht selbst um die sozusagen «menschlichen Nöte» der Betroffenen zu kümmern – das heisst: sie muss keine beraterische oder betreuerische Funktion übernehmen, die ihr nicht liegt oder die angesichts der andersgearteten hauptsächlichen Funktion, welche sie auszuüben hat, eine *Rollenüberlastung* bedeuten würde. Gerade dadurch, dass sich der Sozialarbeiter und der Polizeibeamte, wenn sie zusammenarbeiten, je auf ihre eigene Funktion, ihre spezifische Berufsrolle beschränken, wird ihre Kooperation problemlos möglich und nützlich für beide.

Überhaupt gelingt sinnvolle Kooperation nicht, indem der eine Kooperationspartner seine berufsspezifische Tätigkeit mit derjenigen des andern vermischt, derart dass ein *Funktions- und Rollenmischmasch* entsteht, welcher die Handelnden in ihrer Identität und die Problembeteiligten in ihrer Orientierung verwirrt; sondern dies vielmehr kennzeichnet sie: dass jeder das Seine tut, aber im ständigen Hinblick und unter sorgfältiger Rücksichtnahme auf das Handeln des andern.

Verfolgen wir in unserm Beispielfall weiter, was nach der Wegnahme des Kindes von den Eltern geschieht, sehen wir im sozialarbeiterischen Handeln das intervenierende Moment zurück- und das *betreuerische* in den Vordergrund treten. Das Kind muss unter andere, bessere Obhut gebracht werden, und entsprechend gilt es für den Sozialarbeiter nun, je nach den Umständen mit Pflegeplatz-Vermittlungsstellen, Pflegeeltern, Verwandten des Kindes, Eltern von sozialpädagogischen Grossfamilien, mit den Leitern, Sozialpädagogen, Lehrern, Therapeuten und Administratoren von Heimen, Internaten und Therapiestationen zusammenzuarbeiten. Alles Handeln im Bereich der sozialarbeiterischen Plazierung (die auch die Versorgerfunktion umfasst) hat kooperatives Gepräge. Das Zusammenarbeiten des Sozialarbeiters mit Betreuern bzw. mit dem Personal von Betreuungsinstitutionen ist aus der Natur der Sache heraus notwendig, oft eng und intensiv und dauert in manchen Fällen über viele Jahre.

Auch die Betreuung eines nichtplazierten Klienten stellt häufig ein ausgesprochen kooperatives Unterfangen dar. Geht es zum Beispiel um eine schwer körperbehinderte berufstätige Person, muss der Sozialarbeiter ein ganzes *Betreuungssystem* einrichten, in dem verschiedene helfende Dritte zusammenarbeiten: Familienangehörige, Nachbarn, Hauspflege, Gemeindekrankenschwester, Rotkreuzhelfer, Arzt, Physio- und Ergotherpeut, Invalidenversicherung, Arbeitgeber, Büro- oder Werkstattchef, Arbeitskollegen etc. Wir werden dieses betreuungssystemische Handeln weiter unten (S. 466 ff.) näher erörtern. Es soll uns hier lediglich noch dazu dienen, abschliessend auf den *organisatorischen Aspekt* der sozialarbeiterischen Kooperation hinzuweisen. Ein Betreuungsnetz aufbauen und funktionstüchtig aufrechterhalten ist zuerst einmal eine Organisationsaufgabe. Kooperation muss organisiert werden. Schon indem sich der Sozialarbeiter als, wie wir gesagt haben, «Informationszentrale» für die Kooperationsbeteiligten zur Verfügung stellt, ist er organisierend tätig. Desgleichen wenn er sich planend um ein Konzept bemüht, das den koordinierten Einsatz der helfenden Dritten regelt. Und am ausgeprägtesten tritt das Organisationsmoment im Kooperationshandeln dort in Erscheinung, wo der Sozialarbeiter fallbezogene Kooperationskonferenzen durchführt, an denen die lösungswichtigen Drittpersonen in direktem, mehrseitigem Kontakt die Ziele und das Vorgehen ihrer Zusammenarbeit miteinander beraten und absprechen. Konzertierte Problemlösung in komplexen Problemfällen erfordert derartige Konferenzen[241], und es ist eine wichtige methodische Aufgabe des Sozialarbeiters, dieselben zu organisieren und zu leiten.

k) Problemöffnung

Der Sozialarbeiter versucht, das soziale Problem, wenn es sich dem üblichen Problemlösungsvorgehen verschliesst, durch spezielles Handeln zu öffnen, d. h. der Lösung aufzuschliessen. Die problemöffnenden Techniken, welche er zu diesem Zwecke anwendet, haben paradoxen Charakter: der Sozialarbeiter

---

241 Vgl. als Beispiel die von *Eastman* (S. 110 ff.) geschilderte «Fallkonferenz», welche die Angehörigen zahlreicher helfender Berufe in jenen Problemfällen vereinigt, wo Betagte misshandelt werden.

handelt bzw. hilft nicht, er greift problembelastete Personen an, er löst eine Krise aus, er bestärkt negatives Verhalten oder verlangt Unmögliches.

Aus dem, was wir über die sozialarbeiterische Aufgabe und Methodik gesagt haben, ist klargeworden, dass der Sozialarbeiter immer schon im ersten Ansatz danach strebt, das soziale Problem im *Lösungsaspekt* zu verstehen und es konzeptionell wie praktisch auf die Lösung hin zu organisieren. Vor allem sein Verhalten gegenüber den problemrelevanten Personen bezweckt von Anfang an und ständig, dieselben zu funktionellem problemlösenden Verhalten bereit und fähig zu machen. Zahlreiche methodische Prinzipien der Sozialarbeit – ganz besonders die noch folgenden Akzeptanzprinzipien – beschreiben, auf welche Weise er dabei verfährt. Was immer der Sozialarbeiter tut, als lösungszentriertes Handeln lockert es den sozialen Problemkomplex auf, strukturiert ihn lösungsgerecht um und erschliesst ihn damit problemlösenden, systemfunktionalisierenden Einflüssen.

Im Normalfall zumindest geschieht dies – das Problem ist hier im Prinzip *offen,* das übliche problemlösende Handeln kann an ihm sozusagen Griff finden, es anpacken und tatsächlich auf es einwirken. Im Gegensatz dazu gibt es aber auch Fälle, wo der Sozialarbeiter mit seinen Bemühungen an Ort tritt oder im Kreise herum geführt wird, wo er bei den Problembeteiligten auf harte Panzer oder glitschige Oberflächen stösst oder wo er sich in ihrem abwehrenden Spiel verfängt. Er kommt nicht vorwärts, nicht an das Problem heran. Er steht mit seinen üblichen methodischen Mitteln, die im allgemeinen durchaus angemessen und effizient sind, ohnmächtig wie vor einer Mauer, vermag mit ihnen nichts – jedenfalls nicht das, was er möchte – zu erreichen, ja bewirkt vielleicht gar das Gegenteil des Erstrebten. Das Problem ist verschlossen, eine Nuss, die es zu knacken gilt, und sie lässt sich, wenn überhaupt, nur durch besonderes Handeln, durch sogenannte *problemöffnende Techniken* knacken. Davon, von diesem speziellen, nur ausnahmsweise nötigen und sinnvollen sozialarbeiterischen Handeln ist hier die Rede.

Im problemöffnenden Verhalten des Sozialarbeiters steckt naturgemäss etwas *Paradoxes,* zumindest wenn man den Paradoxie-Begriff weit versteht, so dass er nicht nur das echte logische Paradoxon, sondern auch den blossen Widerspruch zum Erwarteten, das, was als widersprüchlich *erscheint*, umfasst. Das psychische Geschehen im Individuum und die Interaktionen zwischen den Menschen sind in vielfältiger Hinsicht inkohärent, von Ambivalenzen und Gegensätzen beherrscht, unter dem Gesichtspunkt rationaler Folgerichtigkeit widersinnig. Wo sich diese – bis zu einem gewissen Ausmass natürliche – Widersprüchlichkeit zu komplex verschlungener und affektiv massiv bestärkter Paradoxie steigert, kann ein Individuum in pathologische Verwirrung geraten und ein Sozialsystem mit eng verketteten Angehörigen scheinbar ausweglos in verhängnisvoller Dysfunktion fixiert werden. Schizophrenietherapeuten und -forscher wie Bateson,

Jackson, Haley, Weakland, Searles, Laing und andere[242] haben derartige *interaktionelle Paradoxie-Muster* mit hochpathogener Wirkung vor allem im Familienbereich herausgearbeitet und beschrieben. Die Theorie des «double bind» beispielsweise ist eine Frucht dieser Untersuchungen. In der Folge gelang es Watzlawick/Beavin/Jackson in ihrem meisterlichen Werk «Pragmatics of Human Communication» (1967), die Ergebnisse der interaktionsorientierten Schizophrenieforschung in Bezug zu setzen mit Erkenntnissen der philosophischen Semantik, der mathematischen Logik, der technischen Kommunikationstheorie, der allgemeinen Systemtheorie, der Psychotherapie und der literarischen Kunst und dabei die elementaren Strukturen menschlich-kommunikativer Paradoxie freizulegen, zu erhellen sowie systematisch zu begreifen. Auch darauf, dass *pathologischen Phänomenen*, welche in fundamentalen interaktionellen Paradoxien gründen, oft nur effizient mit paradoxem therapeutischen Handeln wirksam begegnet werden kann, hat dieses Autorenteam hingewiesen. In den Mittelpunkt gerückt, ausführlich dargestellt und mit eindrücklichen Fallbeispielen illustriert worden sind dann *paradoxe Therapietechniken* insbesondere von Haley in seinem Buch über die Arbeitsweise des genialen Psychotherapeuten Milton E. Erickson und in demjenigen über die Therapie schizophrener Jugendlicher[243], von Selvini/Boscolo/Cecchin/Prata 1975 mit der Beschreibung ihrer Methode zur Therapie von schizophren gestörten Familien (der Titel «Paradoxon und Gegenparadoxon» sagt treffend, worum es geht) und von Watzlawick/Weakland/Fisch, die in ihrer Studie über den menschlichen Wandel (1974) aufzeigten, wie derselbe durch paradoxe «Lösungen zweiter Ordnung» herbeigeführt werden kann.

All diese Autoren sind Therapeuten und haben ihre Erfahrungen mit paradoxen Interventionen im Rahmen therapeutischer Praxis, und zwar im Umgang mit massiv gestörten Patienten, gemacht.[244] Es ist klar, dass der Sozialarbeiter keineswegs einfach solche paradoxen Verhaltensweisen aus dem *Therapie*-Raum in den Bereich *sozialer Problemlösung* übertragen darf. Er kann aber aus jener Art therapeutischer Literatur, wie ich sie hier angeführt habe, viel Grundsätzliches lernen über die Wirkung paradoxen Verhaltens, insbesondere über dessen problemöffnende und -lösende Wirkung. Watzlawick/Weakland/Fisch halten ihre Konzeption, Wandel durch paradoxe Lösungen zweiter Ordnung zu erzielen, für

242 Vgl. *Bateson/Jackson/Haley/Weakland* (1956), *Haley 1959*, *Searles* (1959), *Laing* (1965), alle enthalten in «Schizophrenie und Familie» (*Bateson u. a.*, 1969), und ebenso die übrigen (fast sämtlich amerikanischen) Beiträge dieses instruktiven Sammelbandes.
243 *Haley 1973* und *Haley 1980*. Tiefschürfende Überlegungen über den implizit paradoxen Charakter verschiedenster Psychotherapie-Methoden und die Wirkung expliziter *therapeutischer Paradoxe* hatte dieser Autor schon in seinem Buch «Strategies of Psychotherapy» (*Haley 1963*) angestellt.
244 Explizit paradoxe Methoden sind im Psychotherapie-Bereich übrigens schon früher angewandt worden. Die genannten Autoren haben zum Beispiel die Symptomverschreibung nicht erfunden. Frankl, bei dem sie «paradoxe Intention» heisst, wandte sie bereits in den Dreissigerjahren zur Überwindung phobischer und zwangsneurotischer Symptome an (vgl. etwa *Frankl 1956*, S. 159 ff., oder *Frankl 1977*, S. 56 ff.).

«allgemein auf menschliche Probleme anwendbar». Sie böten dem Leser damit im Grunde «Uraltes in einer etwas moderneren Definition», bemerken sie, denn schliesslich habe sich «die Herbeiführung überraschender, scheinbar vernunftwidriger Lösungen in Politik, Diplomatie und Krieg seit Jahrtausenden bewährt»[245].

Der problemöffnende Effekt paradoxen Handelns beruht – so die Quintessenz dieser Aussage – nicht auf einem besonders raffinierten logischen bzw. antilogischen Kalkül, sondern auf der Sprengkraft des *Verblüffenden*. Selbst Mara Selvini, die (in Teamarbeit) paradoxe familientherapeutische Interventionen höchst scharfsinnig und minutiös reflektierte, vorbereitete und durchführte, erklärte 1982 in einem Interview, sie bezwecke mit diesem Vorgehen einfach, «die Familie mit etwas völlig Neuem, völlig Unerwartetem zu konfrontieren». Der Familie, meinte sie, «zu etwas raten, was ihr beispielsweise auch die Concierge raten könnte, hat überhaupt keine therapeutische Wirkung. Also ist es notwendig, ihr einen *Schock* zu versetzen . . . Es ist unmöglich auszumachen, was in der Therapie paradox ist und was nicht. Ich ziehe es heute vor herauszufinden, was unerwartet oder so versteckt, doch zugleich für die Familie so desorganisierend ist, dass es deren starre oder dysfunktionale Organisation zum Einsturz bringt.»[246]

Diese Worte offenbaren, was helfendes Handeln paradoxer Art im Kern schlicht und einfach ist und wozu es im sozialsystemischen Kontext prinzipiell dient: Die Nuss muss geknackt, das verschlossene Problem – sei es ein psychisches, sei es ein soziales, oder sei es beides zugleich – durch ein überraschendes Manöver geöffnet werden. Der Helfer versucht, die Problembeteiligten mit einem methodischen Kunstgriff, einem verwirrenden Trick aus der starren Bahn ihres negativen (krankhaften, sozial schädlichen) Verhaltens hinauszuwerfen. Er deutet mit seinem paradoxen Problemöffnungshandeln die zementierte, dysfunktionell equilibrierte Problemsituation – von der er selbst vielleicht ein Teil geworden ist! – radikal um und befreit so, falls er Erfolg hat, die verstrickten Problembeteiligten (und oft auch sich selbst) aus ihrer problemerzeugenden und -erhaltenden Fixierung. Allerdings darf der Sozialarbeiter so nur vorgehen, wenn ganz klar geworden ist, dass alles andere (konventionelle) Handeln nichts fruchtet, gewisse problembeteiligte Menschen aber unter dem Problem stark leiden und er eine Chance sieht, ihnen auf paradoxe Weise helfen zu können. In jedem Falle erheischen diese Taktiken *Umsicht und Sorgfalt*. Sich ihrer zu bedienen, ist stets risikobehaftet – selbst ein berufserfahrener Sozialarbeiter vermag ihre Wirkung nicht sicher abzuschätzen. (Ein Berufsanfänger sollte sich deshalb nicht – oder wenn, dann nur unter enger supervisorischer Beratung und Kontrolle – auf sie einlassen.)

Selbstverständlich sind die *problemöffnenden Techniken der Sozialarbeit* mitnichten so artifiziell, tiefsinnig und spektakulär wie etwa diejenigen, welche das

245 *Watzlawick/Weakland/Fisch*, S. 186
246 *Barrows*, S. 262

Autorenteam Selvini u. a. in ihrem oben genannten Buch beschrieben hat, sondern *natürlich, schlicht* und *einfach,* durchaus banal dem Anschein nach. Ich zähle sie im folgenden auf, und zwar unter fünf Stichworten, die namhaft machen, worin sie im wesentlichen bestehen.

1. Nichthandeln (Nichthelfen)

Der Sozialarbeiter unterlässt Handlungen, die Problembeteiligte und eventuell auch Dritte von ihm erwarten. Er «hilft nicht» in den Augen dieser Personen, und dieses Nichthelfen erscheint, da der Sozialarbeiter ein professioneller Helfer ist, als paradox. Ebenso dass er, obschon er doch unter dem methodischen Handlungsimperativ (s. S. 233 ff.) steht, in einer ungelösten sozialen Problemsituation, angesichts offenbarer Not untätig bleibt. Tatsächlich verhält sich der Sozialarbeiter nur dann so, wenn er klar erkennt, dass die Hilfe, die man von ihm erwartet, nicht hilft, dass sein Handeln das Problem nicht löst, sondern stabilisiert. Dies merkt er meist erst, nachdem er in der *erwarteten* Weise bereits ausgiebig gehandelt hat. Problemöffnendes Nichthandeln bzw. Nichthelfen ist in der Regel ein *Nicht-mehr*-Handeln, *Nicht-mehr*-Helfen. Der Sozialarbeiter realisiert, dass er durch das, was er im Problemkontext tut, faktisch zu einem Problembeteiligten geworden ist, und er entzieht sich dieser dysfunktionellen Rolle, indem er aufhört, weiter so zu «helfen», wie er es bisher getan hat – zur Überraschung derjenigen Personen, die sich an seine «Hilfe» gewöhnt und auf irgendeine Weise von ihr profitiert haben.

Jahrelang hat er sich z. B. von einem Ehepaar als verhandelnder Friedensstifter in dessen chronische Streitigkeiten hineinziehen lassen, und er ist zuerst vielleicht noch stolz darauf gewesen, dass es ihm dabei immer wieder gelungen war, die Lage zu beruhigen. Mit der Zeit aber hat er erkannt, dass sich das Paar seine Zwistigkeiten gerade deshalb leisten konnte, weil er, der Sozialarbeiter, ja immer bereitstand, um das Schlimmste zu verhüten. Seine Konfliktlösungsvorschläge konnten angenommen und befolgt werden, sofern und soweit es einem passte, man konnte sie aber auch ohne weiteres wieder verwerfen, denn schliesslich stammten sie ja von *ihm* und nicht von einem selbst, und *er* vermag ja natürlich das ganze Problem nicht eigentlich zu verstehen... In solchem Falle wird die Hilfe des Sozialarbeiters zu einem einkalkulierbaren *Konfliktstabilisator*, der das Problem zuschliesst statt löst. Wenn sich der Sozialarbeiter weigert, weiterhin den pazifierenden Vermittler zwischen den Ehepartnern zu spielen, zwingt er sie dazu, entweder mit ihren Streitereien aufzuhören und sorgfältiger miteinander umzugehen oder sich in eskalierenden, nicht mehr von aussen besänftigten Auseinandersetzungen der Grundsatzfrage zu stellen, ob sie noch zusammenleben sollen.

Im Beschaffungsbereich besteht problemöffnendes Handeln vorwiegend darin, dass der Sozialarbeiter einer Person, obschon sie Geld benötigt, keines gibt. Er trifft zuweilen auf Menschen, die zwar durchaus imstande sind, regelmässig zu arbeiten und selbst für ihren Lebensunterhalt aufzukommen, dies aber solange nicht tun, als sie damit rechnen können, von ihm finanzielle Hilfe zu erhalten. Sie präsentieren sich ihm immer wieder in Geldnot und bringen dafür Gründe vor, die nicht zu überzeugen vermögen. Erst wenn er ihnen – entgegen seinem üblichen Handeln – klarmacht, dass es ihm gleichgültig ist, ob sie Geld haben oder nicht, und er ihnen nichts mehr gibt, erfahren sie ihre Notlage ernsthaft und wirklich, werden sie auf sich selbst, ihre Selbstverantwortung geworfen und dazu aufgerüttelt, sich bezüglich Gelderwerb und Geldverbrauch sozial vernünftig zu verhalten. Sozialarbeiterisches Nichthandeln zum Zwecke der Problemöffnung stösst die Problembeteiligten von der Hilfsquelle weg. Es stellt eine drastische Art von *Selbständigkeitsförderung* dar in jenen Fällen, wo die Problemlösung deshalb scheitert, weil Problembeteiligte im Vertrauen auf das helfende Einspringen des Sozialarbeiters immer wieder dieselben Verhaltensfehler begehen oder in Untätigkeit verharren.

Insbesondere im Bereich der Betreuung, etwa bei der Bewährungshilfe, kann es vorkommen, dass der Sozialarbeiter sich in eine *dysfunktionelle Helferbeziehung* hineinverwickelt, in der er – bildlich gesprochen – bloss aufräumt, in Ordnung bringt und wiederauffüllt, was der Klient wegwirft, durcheinanderbringt, zerstört und verschleudert. In dieser Rolle erleichtert er soziales Problemverhalten, statt dass er es erschwert. Nur durch eine scharfe Verhaltensänderung, nämlich konsequentes Nicht(-mehr-)Helfen, vermag er eine solche *negative Verhaltenskollusion* aufzuheben und, soviel an ihm liegt, den Betreuungsklienten zum Besseren zu bewegen. Auch Dritte, z. B. Verwandte, ein Amt oder eine Behörde, die in einem sozialen Problemfall Verantwortung übernehmen und problemlösend handeln sollten, jedoch untätig bleiben, lassen sich unter Umständen dadurch aktivieren, dass der Sozialarbeiter seinerseits untätig wird. Das Problem, der Alkoholismus etwa eines Menschen mit seinen negativen sozialen Folgen, beginnt so erst eigentlich auf diese lösungswichtigen Drittpersonen zu fallen und Handlungsdruck auf sie auszuüben. Sie beklagen und rügen dann zwar vielleicht die Unfähigkeit des Sozialarbeiters, der ja gar nichts tue bzw. die Sache aufgegeben habe; doch er hat die beabsichtigte problemöffnende Wirkung erreicht, wenn sie – was immer sie über sein Nichthandeln denken – ihrerseits aktiv werden und das Nötige tun.

Abschliessend sei vermerkt, dass der erfahrene Sozialarbeiter auch imstande ist zu erkennen, wo er *zum vornherein* nicht handeln, auf ein Hilfeersuchen nicht eintreten soll. Das trifft nur selten zu, nämlich dann, wenn jemand ein Problem an ihn heranträgt und von ihm einzig eine bestimmte Art Hilfe verlangt und anzunehmen bereit ist, die er indes für ineffizient, zur Problemlösung untauglich oder gar für schädlich hält. So etwa entspricht der Sozialarbeiter der Bitte eines Heroinabhängigen um finanzielle Unterstützung nicht, wenn derselbe, obwohl er an der Spritze hängt, meint, er brauche nichts anderes als bares Geld, und es ablehnt, auf andersartige helfende Angebote (z. B. körperlicher Entzug in einer

335

Klinik, Therapie, Beratung, Sachhilfe, Arbeitsvermittlung) einzugehen. Offenbar muss dieser Mensch (noch) tiefer in die Fixer-Not hineingeraten, um zur inneren Bereitschaft zu kommen, an wirklich erfolgversprechenden Problemlösungsbemühungen mitzuarbeiten. Die Abweisung durch den Sozialarbeiter mag nicht nur ihm, sondern auch Dritten hart erscheinen – trotzdem, derartige *Hilfe durch Nichthelfen* ist in solchen und ähnlichen Problemsituationen das methodisch richtige Handeln: Der Sozialarbeiter agiert nicht mit bei der Problemverschleierung, sondern stellt den Süchtigen vor eine klare Alternative. Jedes andere Handeln würde auf eine indirekte Förderung der Sucht hinauslaufen und wäre ein illusionäres Helfen, das die Problemlösung nur hinauszögert.

2. Problembelastete angreifen

Einen problembelasteten Menschen anzugreifen (verbal – nur darum geht es hier), ist das gerade Gegenteil dessen, was man vom Sozialarbeiter erwartet; namentlich widerspricht es krass den so wichtigen methodischen Akzeptanzprinzipien. Der Sozialarbeiter hilft, wenn er es tut, der betreffenden Person (in ihrer Optik!) nicht nur nicht, sondern er benimmt sich ihr gegenüber wie ein Gegner. Tatsächlich will er natürlich auch ihr helfen, aber um dies effektiv tun zu können, bleibt ihm nichts anderes übrig, als sie aus einer Position bzw. Rolle hinauszustossen, die das Problem im Gleichgewicht hält und damit zuschliesst.

Zum *Beispiel* hat sich das gefühlsmässige Verhältnis zwischen einem zum Teenager herangewachsenen Pflegekind und seinen Pflegeeltern so sehr verschlechtert, dass offensichtlich alle Beteiligten leiden und eine Umplazierung des Jugendlichen ins Auge gefasst werden muss. Die Pflegemutter ist jedoch, obschon sie den Pflegesohn dauernd beschuldigt und ihn im Grunde nur noch als Last empfindet, in der Fiktion befangen, ihm wie ihren eigenen Kindern eine gute Mutter zu sein, und bildet sich insbesondere unbeirrt ein, dass auch der Sozialarbeiter sie dafür halte und dass er, ohne Zweifel auf ihrer Seite stehend, ihre negative Meinung über den (ziemlich verhaltensauffällig gewordenen) Burschen teile. Sie glaubt, demselben müsse bloss vom Sozialarbeiter der Kopf gründlich zurechtgesetzt werden, dann werde es schon wieder mit ihm klappen. Diese abwehrende Einstellung der Pflegemutter verhindert, dass das Problem in seinem wahren Gepräge zutage tritt und offen verhandelt werden kann. Es bricht erst auf, als der Sozialarbeiter demonstrativ Partei nimmt für den Jugendlichen und die Pflegemutter angreift, indem er ihr explizit ihre erzieherischen Fehler und ihre negativen Gefühle gegenüber dem Pflegesohn vorwirft. Damit zerreisst er ihre Illusionen und deblockiert er ihre echten Affekte. Enttäuscht und wütend über seinen «Verrat» an ihr und seinen Undank ist sie nun imstande, vor sich selbst zuzugeben und – in Form eines Gegenangriffs auf den Sozialarbeiter, der sich ja mit dem Pflegesohn verbündet hat – zu äussern, dass sie diesen nicht mehr erträgt und ihn nicht weiter bei sich behalten will.

336

Wie hier exemplifiziert, greift der Sozialarbeiter eine problembelastete Person meist dadurch an, dass er eine *Koalition* mit einem anderen Problembeteiligten eingeht. Solche Koalitionen sind *taktischer* Natur: der Sozialarbeiter verlässt seine Interposition zu einem bestimmten Zweck, nämlich um eine verhängnisvolle Homöostase im sozialen Problemsystem ins Wanken zu bringen. Ist ihm dies gelungen, d. h. die angegriffene Person bzw. ihre Position genügend geschwächt worden, so dass sie wirksamen Problemlösungsbestrebungen nicht mehr im Wege steht, hebt der Sozialarbeiter die Koalition sofort wieder auf und kehrt in die Interposition zurück.

Die Attacke des Sozialarbeiters auf eine problembelastete Person hat stets zum Ziel, dieselbe in ihrer problemverschliessenden Haltung zu schwächen. Es kommt vor, dass man einen Menschen – besonders wenn er in einen Konflikt mit andern verwickelt ist – nur aus seiner Selbstsicherheit, Verblendung oder Verstocktheit herausbringen kann, indem man ihm an den Karren fährt, ihn unsanft anfasst und schüttelt, eine Bombe vor ihm platzen lässt, so dass er ordentlich *erschrickt*. Dies sind Bilder für ein verbales, affektiv unterstütztes Kommunikationshandeln des Sozialarbeiters. Es erweist sich nicht überall als das gleiche, sondern ist von durchaus unterschiedlicher Art. Im einen Fall erhebt der Sozialarbeiter sachliche, objektiv überprüfbare Vorwürfe, im andern unterhöhlt er die selbstsicher aufrechterhaltene dysfunktionelle Einstellung eines Menschen mit entlarvenden tiefenpsychologischen Deutungen, in einem dritten greift er zur moralischen Schelte, tadelt unverblümt und kräftig asoziales Verhalten, und schliesslich darf nicht übersehen werden, dass auch ein demonstrativer Wutausbruch des Sozialarbeiters effizient problemöffnend zu wirken vermag. Es braucht allerdings starke *intuitive Urteilskraft*, um in der konkreten Situation die Erfolgsaussicht eines derart aussergewöhnlichen sozialarbeiterischen Vorgehens abschätzen zu können. Und selbstverständlich muss der Sozialarbeiter, wenn er einen problembelasteten Menschen angreift, immer die *Kontrolle* über dieses sein Handeln haben. Es geht hier keineswegs darum, spontane Verhaltensfehler des Sozialarbeiters rationalisierend zu rechtfertigen, sondern um ein reflektiertes, absichtliches, gezieltes, kurz: ein *methodisches* Handeln – ein ganz spezielles und entsprechend seltenes freilich.

3. Eine Krise auslösen

Im allgemeinen versucht der Sozialarbeiter, sozialen Krisenzuständen, da ihnen ein hohes Mass an Not innewohnt, vorzubeugen. Anderseits hat die Krise den Vorteil, dass in ihr das Problem offensteht, so offen wie nie sonst. Es leuchtet deshalb ohne weiteres ein, dass der Sozialarbeiter, indem er eine Krise auslöst, problemöffnend handelt. Diese Technik empfiehlt sich ihm namentlich dort, wo eine unerfreuliche soziale Lage andauert, durch ihn mit konventionellen Mitteln nicht ausschlaggebend zu beeinflussen ist und sich auch nicht von selbst auf die eine oder andere Seite hin wesentlich verändert. Alle sozialarbeiterischen Problemöffnungsmassnahmen können eine Krise im Problemfeld bewirken. Wenn wir hier im speziellen von «Krisenauslösung» sprechen, meinen wir die besondere Taktik des Sozialarbeiters, durch subtiles, sozusagen *drahtzieherisches* Handeln im Hintergrund die Weichen innerhalb des Problemsystems so zu stellen, dass es zur Krise – zur Offenlegung des Problems, zur unausweichlichen Entscheidungssituation – kommen muss.

Er weiss z. B., dass es einem Kind aus geschiedener Ehe zu Hause bei Mutter und Stiefvater schlecht ergeht, diese aber einer Diskussion des Problems nicht zugänglich sind. Um eine Krise herbeizuführen, vereinbart er mit dem (wiederverheirateten) Vater des Kindes, dass er dieses, sollte es zu ihm flüchten, bei sich aufnehmen werde, macht mit der zuständigen Vormundschaftsbehörde ab, dass sie, falls nötig, einen sofortigen provisorischen Beschluss fassen würde, um eine solche Obhut des Vaters über das Kind vorläufig rechtlich abzusichern, und ermutigt sodann das Kind, indem er ihm über den Lehrer diese Vorkehren mitteilen lässt, dazu, von zu Hause wegzulaufen in die Familie des Vaters. Läuft das Kind wirklich weg, ist die Krise da – *das Problem kann von niemandem mehr negiert werden.* Auch indem er das Gegenteilige tut, vermag der Sozialarbeiter eine Krise auszulösen: er rät z. B. einer Schlummermutter, der bei ihr wohnenden achtzehnjährigen Lehrtochter, die sich chronisch nicht an Abmachungen betreffend die Küchen- und Badezimmerbenützung hält, das Zimmer zu kündigen. Oder einem Altersheimleiter, einen Pensionär, der trotz vieler Ermahnungen und Drohungen immer wieder betrunken nach Hause kommt und die Mitpensionäre belästigt, auf die Strasse zu stellen. Nur so, in die konkrete Notlage versetzt, erwachen diese Menschen offenbar und werden sich des sozialen Problems, an dem sie zentral beteiligt sind, bewusst.

Das Auslösen einer Krise hat manchmal etwas *Macchiavellistisches* an sich, insbesondere wenn der Sozialarbeiter den Problembeteiligten Ratschläge erteilt, die sie gegeneinander aufbringen. Beispielsweise in folgender Problemlage:

Das Kind eines verwitweten Vaters lebt bei seiner Tante, der Schwester des Vaters. Zu Anfang der Plazierung, nach dem Tode der Mutter, war ein Pflegegeld vereinbart und seither vom Vater bezahlt worden, das dieser eigentlich als zu hoch, die Tante indes als zu niedrig erachtete. In die Beurteilung beider sind verwandtschaftsbedingte persönliche und erbrechtliche Überlegungen verflochten. Über all dies wird jedoch zwischen ihnen nichts geredet – wohl aber zum Sozialarbeiter, der eine Erziehungsaufsicht über das Kind ausübt. Er merkt, dass immer wieder vorfallende Konflikte um das Kind hauptsächlich in dieser unausgesprochenen finanziellen Uneinigkeit zwischen Vater und Tante (bzw. Bruder und Schwester) gründen. Ob den letztern mehr am Kind oder mehr am Geld liegt, weiss er nicht sicher. Er sieht aber, dass das oberflächlich gediegen-harmonische, latent jedoch spannungsvolle Verhältnis zwischen den beiden Elternpersonen des Kindes geklärt und – auf die eine oder andere Seite hin – bereinigt werden muss. Da in den bisherigen gemeinsamen Gesprächen mit dem Vater und der Pflegemutter diese beiden das finanzielle Problem stets in vornehmer Zurückhaltung voreinander negiert haben, greift er zur problemöffnenden Technik der *Krisenauslösung:* Er veranlasst die Pflegemutter bei der nächsten Gelegenheit, wo sie sich bei ihm über die hohen Kosten des Kindes und die Knausrigkeit ihres Bruders beklagt, demselben eine minutiöse Rechnung über jene Nebenauslagen für das Kind, welche ihrer Meinung nach durch das Pflegegeld nicht gedeckt sind, zu stellen. Sie tut es, und wie erwartet entrüstet sich der Vater sogleich beim Sozialarbeiter über diese unverschämte Geldforderung seiner Schwester und fragt ihn, wie er auf sie reagieren solle. Der Sozialarbeiter rät ihm, sie nicht zu bezahlen, da er (der Vater) sie ja für ungerechtfertigt halte. Der Vater befolgt diesen Rat, die Pflegemutter kann natürlich ihren explizit gemachten finanziellen Anspruch an ihn nicht einfach fallen lassen, und so kommt es zur Krise: zum *Streit* zwischen den beiden, zur freimütigen Auseinandersetzung um das Pflegegeld – und das Problem ist geöffnet.

Die Rolle, welche hier der Sozialarbeiter mit seinen gegenläufigen Ratschlägen an die Problembeteiligten gespielt hat, mag dem Moralisten einigermassen fragwürdig erscheinen. Sie wird ihm vermutlich auch von den betroffenen Personen nachteilig ausgelegt, wenn sie, da sie nun miteinander über die Angelegenheit reden, davon erfahren. Allein, das darf ihn nicht beirren. Wenn der Sozialarbeiter tatsächlich Grund dazu hat, ein Problem durch paradoxes Verhalten zu öffnen, muss er bereit sein, selbstinstrumentell dergleichen *professionelle Opfer* (vgl. S. 201) zu erbringen.

Eine effiziente Taktik der Krisenauslösung besteht ferner darin, eine *neue Person* in ein dysfunktionelles soziales Problemsystem einzuführen. So können z. B. zwei alte, innerlich verfeindete Eheleute ihre jahrelangen, dem Aussenstehenden wenig durchsichtigen problemerhaltenden und -verschleiernden Spiele gegeneinander nicht mehr weiterspielen, nachdem der Sozialarbeiter die Gemeindekrankenschwester eingeschaltet hat und dieselbe täglich etwa eine Stunde lang – offiziell zur Pflege des Mannes, tatsächlich darüber hinaus zur Regelung des Haushaltes – bei ihnen in der Wohnung ist. Sie geraten mit ihrem bisherigen Interaktionsmuster in eine Krise, da die Krankenschwester sich ihm nicht anpasst, sondern in ihrer objektiven Sachlichkeit zu ihm quersteht. Entweder tritt nun das gegenseitig feindselige Verhalten von Mann und Frau offen zutage oder die beiden müssen es, wenn sie am Bild einer intakten Ehe festhalten wollen, aufgeben.

4. Negatives Verhalten bestärken

Bei dieser Problemlösungstechnik handelt der Sozialarbeiter konträr zum Positivitätsprinzip, ja scheinbar gegen die Lösungszentriertheit schlechthin. Er lobt das dysfunktionelle Verhalten der Problembeteiligten und fordert sie auf, es beizubehalten oder gar zu intensivieren; er nimmt negative Absichten auf, bezeichnet sie als erstrebenswerte Ziele und arbeitet auf sie hin; er äussert sich pessimistisch über die Problemlösungschancen und erklärt sich für ohnmächtig zu helfen. Dergleichen ist sozialarbeitsmethodische ultima ratio dort, wo psychische Widerstände im hilfebedürftigen Menschen (meist unbewusste) diesen hindern, sich selbst zu helfen oder sich von jemandem, eben z. B. vom Sozialarbeiter, helfen zu lassen.

Unter den paradoxen Interventionspraktiken der Psychotherapeuten ist die sogenannte *Symptomverschreibung* die wichtigste: Dem Patienten wird nicht, wie er es erwartet, vom krankhaften Verhalten abgeraten, es wird nicht an ihn appelliert, dasselbe zu bekämpfen, mit ihm aufzuhören, sondern man legt ihm ganz im Gegenteil nahe, es weiter zu praktizieren, verschreibt es ihm sozusagen als ärztliches, therapeutisches Rezept. Die betreffende Person (oder Personengruppe, z. B. Familie) kann nun das Symptomverhalten nicht mehr als Widerstand gegen den Therapeuten verwenden. Ist sie auf solchen *Widerstand gegen den Helfer* fixiert, bleibt ihr nichts anderes übrig, als das von diesem vorgeschriebene krankhafte Tun und Lassen aufzugeben – und damit den Therapiezweck zu erfüllen.

Das selbstschädigende Verhalten kann aber auch hauptsächlich darin gründen, dass sich im kranken Individuum bzw. im dysfunktionellen Sozialsystem kein Eigenwiderstand gegen es aufgebaut hat. Nur Aussenstehende, vor allem Helfer, wandten sich seit je dagegen und tun es auch jetzt noch; doch eben dies hat bloss eine gewisse Beschränkung des Symptoms bzw. des sozialen Problems gebracht: die Helfer halten es in einem erträglichen Rahmen und mithin – paradoxerweise – aufrecht. An einem solchen symptom- bzw. problemstabilisierenden Gleichgewicht ändert sich etwas Wesentliches erst dann, wenn der Helfer – Therapeut oder Sozialarbeiter – aufhört, Widerstand gegen das negative (krankhafte, dysfunktionelle) Verhalten auszuüben. Indem er es im Gegenteil positiv bewertet, es den betreffenden Menschen gewissermassen lässt, ja auflädt, erfahren diese erst eigentlich, dass es hier um *ihr* Leiden, um *ihr* Problem geht, stehen sie erstmals allein und direkt vor ihm, realisieren sie, was es tatsächlich für sie (und niemanden anders) bedeutet, spüren sie seine volle Last auf ihnen selbst. Das hat unter Umständen eine verblüffend heilsame Wirkung auf sie: die Augen gehen ihnen auf über den Ernst der Lage, über den Schaden, den sie sich selbst bereiten, und sie *entwickeln eigene Kräfte* gegen ihr dysfunktionelles Verhalten, um der unerträglichen Aussicht, Helfer-los dem Leiden ausgeliefert zu sein, zu entrinnen.

Ein für die Sozialarbeit typisches *Beispiel*: Es gibt Frauen, die sich beim Sozialarbeiter immer wieder über ihren Ehemann beklagen, der ihnen durch seine Trunksucht, seine Brutalität, seine Beziehungen zu andern Frauen, seine Geldverschwendung oder anderes Fehlverhalten das Leben schwermacht. Obschon offensichtlich eine gravierende soziale Problematik vorliegt und die Frau – vielleicht auch der Mann – erheblich leidet, unternimmt diese Art Klientin nichts, was die Situation grundsätzlich ändern könnte. Weder trennt sie sich vom Mann noch lässt sie zu, dass der Sozialarbeiter etwas Effizientes zur Problemlösung tut, z. B. in Partnergesprächen mit ihr und ihrem Mann das Problem verhandelt oder in vertreterischer Funktion rechtliche Eheschutzmassnahmen in die Wege leitet. Sie begnügt sich damit, von ihm moralische Unterstützung und seelischen Beistand zu bekommen. Seine Ratschläge, sie solle sich gegenüber dem unliebsamen Tun und Lassen des Mannes entschieden aversiv verhalten und konsequent dabei bleiben, befolgt sie nicht. Sie wird immer wieder schwach, verzeiht dem Mann, opfert sich ihm erneut auf. Die Misere dauert so chronisch an, und der Sozialarbeiter kann zu ihrer Beendigung höchstens noch dadurch beitragen, dass er sein bisheriges konventionelles Helferverhalten drastisch ändert und zur paradoxen Problemöffnungstaktik schreitet, das dysfunktionelle Verhalten der Frau zu loben und es ihr zur Pflicht zu machen. Er sagt dann etwa zu einer solchen Klientin, er habe nun eingesehen, dass sie intuitiv viel besser wisse als er, was ihr Mann von ihr benötige, worin der eigentliche Sinn ihrer Ehe bestehe. Was sie für ihren Mann tue, sei ein einzigartiges, der Aussenwelt unverständliches, aber nur umso wertvolleres Opfer, das ihr zwar Leiden bringe, aber gerade hiezu sei sie offensichtlich bestimmt. Dieses Leiden durch ihr Leben zu tragen, mache eben die tiefere Bedeutung, ja den geheimen Reichtum ihrer Existenz aus, und nachdem auch er, der Sozialarbeiter, dies nunmehr begriffen habe, liege es ihm ferne, sie unsinnigerweise von diesem Lebensweg abhalten zu wollen. Ganz im Gegenteil, mit Hochachtung verfolge er ihr hingebungsvolles Verhalten ihrem Manne gegenüber; er könne ihr nichts Besseres empfehlen, als damit fortzufahren und noch tiefer in es hineinzuwachsen, und er wolle sie, soweit es in seinen Kräften stehe, dabei unterstützen.

Indem er eine derartige Attitüde einnimmt, definiert der Sozialarbeiter nicht nur die Lebenssituation der Frau, sondern zugleich das (in diesem Falle ineffiziente) bisherige Helfer-Klient-Verhältnis um. Die Klientin kann ihn fortan nicht mehr dazu benützen, in ihrem innerpsychischen Haushalt die Balance zu ihren selbstschädigenden Opfern herzustellen. Und sie wird schonungslos mit ihrer Lebensrealität, ihrem Leiden, mit dem Verursachungsanteil, den sie daran hat, und mit ihrer *Eigenverantwortung* für ihr Leben konfrontiert. Gut möglich, dass sie dies als heilsamen Schock erfährt und der Sozialarbeiter an ihr schon bald eine ganz andere (gesündere, Wandel ermöglichende) Haltung gegenüber dem Ehemann bzw. Problem, das sie zusammen haben, feststellen kann. Vielleicht auch erscheint die Frau, nachdem er ihr auf solch paradox helfende Weise begegnet ist, nicht mehr bei ihm. Das heisst aber keineswegs, dass seine problemöffnende Aktion gescheitert sein muss. Sie kann durchaus *langfristigen Erfolg* haben. «Wir haben den Eindruck, dass die paradoxe Intervention langsam arbeitet», sagt Mara Selvini. Manchmal erscheine es dem Mailänder Therapeutenteam, als gehe es dem Patienten nach Abschluss der paradoxen Behandlung «eben erst ein wenig besser, aber doch nicht so viel» – doch «dann, nach ein paar Jahren, telephonieren wir, und die Familie hat sich ganz enorm verändert»![247]

247 *Barrows*, S. 261

Ähnlich wie in diesem Beispielfall mag der Sozialarbeiter problemöffnende Wirkung da erzielen, wo Eltern ihr schwaches, inkonsequentes Erziehungsverhalten gegenüber ihrem Kind (meist im Teenager-Alter, manchmal darüber hinaus) nicht aufgeben und infolgedessen von ihm chronisch missachtet, ausgebeutet oder terrorisiert werden. Negatives Verhalten zu bestärken, empfiehlt sich ihm auch in *Konfliktverhandlungen*, die deshalb nicht vorwärts führen, weil jedes Lösungschancen bietende Entgegenkommen der einen Seite sogleich von der andern sabotiert wird, so dass die Problembeteiligten in dysfunktioneller Kollusion für die Problemhomöostase sorgen, während er, der Sozialarbeiter, sich ohne Erfolg damit abmüht, eine positive Dynamik in den Verhandlungsprozess hineinzubringen. Steht fest, dass dieses sein Bestreben fruchtlos bleibt, tut er gut daran, den Konfliktbeteiligten ausdrücklich mitzuteilen, dass er unfähig, gänzlich ausserstande ist, ihnen zu helfen.

Indem er eine solche *Ohnmachtserklärung* abgibt, verlässt er zugleich seine Rolle als Verfechter des Positiven und vertritt – völlig ungewohnt für die Verhandlungsteilnehmer – einen pessimistischen Standpunkt. Er sagt ihnen, er habe keine Hoffnung mehr, dass sie sich jemals würden einigen können, und beendet entweder die Verhandlung oder nimmt die negative Lösungsvariante – das, was die Problembeteiligten ohnehin in ihrer Auseinandersetzung immer wieder als «einzigen Ausweg» andeuten oder womit sie einander offen drohen – zum neuen Verhandlungsziel. Wo er das letztere tut, wendet er sich von den Vorschlägen gütlicher Einigung ab und widmet sich bloss noch der Frage, wie der Konflikt auf negative Weise liquidiert werden kann. So bespricht er nun z. B. mit dem streitenden Ehepaar die Scheidung – und zwar in allen ihren Aspekten (Kinderzuteilung, Besuchsrecht, Unterhaltsbeiträge, Wohnungszuteilung, Mobiliar- und Vermögensaufteilung) – oder mit den Eltern und der jugendlichen Tochter, die sich in ihrer Familienproblematik unversöhnlich gegeneinander zeigen, die Unterbringung des Mädchens in einem Heim; mit dem Lehrmeister und dem Lehrling, wenn sie von ihren antagonistischen Konfliktpositionen nicht abrücken, den Wechsel an eine andere Lehrstelle; mit dem Leiter eines Behindertenwohnheims und dem Pensionär die Umplazierung in eine andere Betreuungsinstitution. Er suggeriert den Problembeteiligten damit eine *pessimistische Problemdefinition* und führt ihnen, indem er die konkreten Details der zu treffenden Massnahmen in die Diskussion zieht, vor Augen, was die negative Alternative zu einem konstruktiv-versöhnlichen Verhalten (an dem sie es mangeln lassen) tatsächlich ist. Werden sie hiebei der Nachteile gewahr, die ihnen diese negative Alternative etwa in persönlicher, lebenspraktischer, finanzieller oder rechtlicher Hinsicht bringt, treten sie womöglich doch noch auf den Weg der positiven Problemlösung.

Das ist auch die letzte Hoffnung des Sozialarbeiters dort, wo er seine Verhandlungsbemühungen nach der Ohnmachtserklärung einfach *beendet*. Allerdings darf er nicht den Fehler machen, sogleich wieder die alte (methodisch normale) Rolle des Positivitätsträgers aufzunehmen, wenn sich bei den Konfliktbeteiligten, die bislang im Negativen verharrten, nun endlich positive Tendenzen zeigen. Bei solchen Menschen muss das positive Bemühen offenbar ganz aus eigenem Impuls, aus ihnen selbst kommen, es darf ihnen keineswegs abgenommen werden. Der Sozialarbeiter fördert es paradoxerweise am ehesten, indem er ihm zwar Wohlwollen, aber weiterhin pessimistische Skepsis entgegenbringt, die dazu aufstachelt, das Gegenteil zu beweisen.

Diese Absicht, durch Pessimismus die gesunden, zu sozialem Funktionieren tauglichen Willenskräfte im Menschen zu *provozieren* (wörtlich: «hervorzurufen»!), verfolgt der Sozialarbeiter auch, wenn er beispielsweise einem therapieunwillige Suchtkranken, einem Oberstufenschüler, der nur noch Unsinn treibt in der Schule und zu Hause die Eltern drangsaliert, oder einem Erwachsenen, welcher nicht mehr arbeitet und verwahrlost, eine düstere Zukunft voraussagt, ihm ausdrücklich eine *hoffnungslose Lebensprognose* stellt. Er sieht, dass er mit seinen Ermahnungen und Ermunterungen zum Positiven keinen Einfluss auf den Problembeteiligten auszuüben vermag, und gibt diesem deshalb eine pessimistische Verschreibung mit auf den Lebensweg. Ist die betreffende Person gleichgültig, abgestumpft, faul oder sozialdebil, soll ihr der Sozialarbeiter das Elend, welches sie und – je nach den Umständen – ihre Angehörigen erwartet, einprägsam schildern und es als eine offenbar unabänderliche Tatsache, die es zu ertragen gilt, bedauern. Gehört der Problembeteiligte indes zum Persönlichkeitstyp, der auf Widerstand gegen den Helfer festgenagelt ist, empfiehlt es sich, seinen selbstschädigenden Lebensstil zwar ebenfalls für unwandelbar zu erklären, ihn aber positiv zu bewerten. Der Sozialarbeiter zeigt dann beispielsweise Bewunderung dafür, wie originell, unabhängig von andern Menschen, frei von gesellschaftlichen Zwängen, materiell bedürfnislos und somit moralisch und lebensphilosophisch überzeugend hier das Dasein bewältigt werde. Er disqualifiziert nicht das Verhalten dieses problembelasteten Menschen, sondern ganz umgekehrt die doch recht spiessbürgerliche Art, in der er (der Sozialarbeiter) selbst sein Leben friste. Anschaulich vergleicht er die beiden Existenzweisen und rät der problembeteiligten Person nachdrücklich, sich nicht an *ihm* ein Beispiel zu nehmen, sondern vielmehr unbeirrt auf ihrem *eigenen*, von ihr selbst gewählten und eingeschlagenen und daher zweifellos genau für sie passenden Lebensweg fortzuschreiten.

5. Unmögliches verlangen

Eine letzte problemöffnende Technik besteht darin, von dem (den) Problembeteiligten etwas Unmögliches zu fordern. Dieses «Unmögliche» ist entweder tatsächlich unmöglich oder es erscheint bloss so – nämlich gewissen Personen, nicht aber dem Sozialarbeiter.

Er verlangt das *scheinbar Unmögliche* insbesondere da, wo er einen Problembeteiligten, der sich selbst oder den die Umwelt für (körperlich oder psychisch) krank oder für geistesschwach hält und der sich entsprechend benimmt, als gesunde, normale, kompetente Person behandelt. Er geht z. B. auf die «Invalidität» einer Klientin, die ihr – wie sie, ihre Angehörigen und ihr Freund meinen – völlig verunmögliche, Arbeit aufzunehmen, nicht ein, unternimmt diesbezüglich weder in medizinischer noch finanzieller Hinsicht etwas, sondern heisst die Frau, eben gerade das «Unmögliche» zu tun, nämlich zu arbeiten. In einem andern Falle lässt er einen bevormundeten, unter tiefen Minderwertigkeitsgefühlen leidenden Alkoholiker, von dem alle Welt glaubt, dass er jeden Franken in seiner Hand vertrinke, selbst sein Haushaltgeld verwalten. Oder er verschafft einem jungen, leicht debilen Mann, den seine Eltern zu Hause unter ihren Fittichen behalten, da er ihres Erachtens ohne sie gänzlich lebensunfähig ist, ein möbliertes Appartement in der nächstgelegenen Stadt und setzt ohne weiteres voraus, dass er dort selbständig wohnen und seinen Haushalt besorgen kann.

Der Sozialarbeiter reagiert in diesen Problemsituationen auf eine *Krankheits- und Unfähigkeitsannahme,* die das soziale Problem zumauert, mit einer verblüffenden *Normalitäts- und Fähigkeitsvermutung,* welche «Unmögliches» verlangt, aber gerade damit geeignet ist, das Problem zu öffnen. Natürlich darf er solches nur tun, wenn er die betreffenden Personen gut kennt und er einigermassen sicher sein kann, dass er sie in Wirklichkeit nicht überfordert.

Gerade umgekehrt liegen die Verhältnisse dort, wo der Sozialarbeiter von jemandem etwas *tatsächlich Unmögliches* verlangt. Diese paradoxe Taktik empfiehlt sich ihm nämlich dann, wenn Problembeteiligte irrealen Plänen nachhängen, ihre eigenen Kräfte und Fähigkeiten völlig überschätzen und auf konventionellem Wege nicht davon abzubringen sind. Sie benützen ihre Illusionen dazu, realistischen Vorschlägen zur Problemlösung auszuweichen, und verschliessen damit das Problem. Einer solchen Art von Widerstand kann der Sozialarbeiter unter Umständen mit Erfolg dadurch begegnen, dass er auf die *utopischen Vorhaben* der betreffenden Menschen eingeht und die *wirklichkeitsfremden Wunschvorstellungen,* welche sie von sich selbst haben, teilt.

Ein junges Mädchen z. B., wegen mangelnden Einsatzes im Geschäft und ungenügender Leistungen in der Berufsschule vor Lehrabschluss aus der Verkäuferinnenlehre ausgeschieden, fühlt sich zu Höherem berufen und hat sich in den Kopf gesetzt, die Maturität zu erlangen und anschliessend Psychologie zu studieren. Dass darüber alle Erwachsenen den Kopf schütteln und sich die Eltern weigern, Geld für diesen Plan, der die geistigen Fähigkeiten des Mädchens weit übersteigt, auszugeben, bestärkt letzteres bloss darin, an ihm starrsinnig festzuhalten. Aus Trotz arbeitet es einfach nichts mehr, liegt faul und griesgrämig zu Hause herum, und die Angelegenheit wird zum sozialen Problem. Angesichts dieser Sachlage übernimmt der beigezogene Sozialarbeiter – in der Absicht, das Problem zu öffnen – fraglos die Selbsteinschätzung des Mädchens und bestärkt es in seinem ehrgeizigen beruflichen Vorhaben. Er bespricht mit ihm alle Möglichkeiten, das gesteckte Ziel, vorerst die Matura, zu erreichen, gibt ihm Unterlagen von entsprechenden Ausbildungsinstituten, rechnet mit ihm aus, wie es bei teilzeitlicher Erwerbstätigkeit und mit Stipendien finanziell (sehr eingeschränkt natürlich) zu Rande kommen kann, arbeitet einen (selbstverständlich prall gefüllten, nahezu Freizeit-losen) Stundenplan für die vorgesehenen Jahre des Lernens aus und heisst das Mädchen, sich zu den in Frage kommenden Schulen hinzubegeben, um sich über das Unterrichtsprogramm genau ins Bild zu setzen. Überraschend sieht es sich so vor dem konkreten Anforderungsberg stehen, den seine frustrationsbedingten Wunsch- und Tagträume aufgerichtet haben, den es aber, wie es ohne weiteres spürt, niemals wird erklimmen können. Die *unmögliche Leistungszumutung*, die nun paradoxerweise der Sozialarbeiter, ein vernünftiger Helfer, an es stellt, wird ihm geradezu zur *Last*. Sehr rasch erlischt sein Interesse an der Studienkarriere, es geht als Hilfskraft auf eine Versicherung arbeiten und zieht von zu Hause weg in eine eigene Wohnung.

In analoger Weise mag es dem Sozialarbeiter auch etwa gelingen, einen kaufmännisch ganz unbeholfenen Handwerker von der fixen Idee abzubringen, mit seinem geringen Ersparten eine Handelsfirma zu gründen (womit er seine Familie unweigerlich binnen kurzem in finanzielle Not stürzen würde). Oder er schreibt Eltern, deren Kind eklatante Verhaltensstörungen zeigt, die sich aber von niemand Aussenstehendem – weder von Berufsleuten wie dem Lehrer, dem Schulpsychologen oder dem Kinderarzt noch von Verwandten oder Freunden – irgend etwas raten oder konkret helfen lassen, die Aufgabe, Kompetenz und Verantwortung zu, ganz *allein* dafür zu sorgen, dass das Kind wieder normal wird. Er verlangt, da alles andere nur auf Ablehnung stossen würde, das Unmögliche von diesen Eltern, ihr Kind isoliert im Schosse der Familie, «ungestört» von Dritten zu heilen. Dabei nimmt er mit demonstrativer Selbstverständlichkeit an, was sie so offenbar selbst glauben: dass sie als Eltern zwingenderweise das bessere Wissen, die tiefere Einfühlung und das grössere Verhaltensgeschick bezüglich ihres Kindes haben müssen als irgendwer sonst. Durch diese taktische Zumutung des Sozialarbeiters werden die Eltern wahrscheinlich bald der entsprechenden irrealen Zumutung inne, die *sie selbst* an sich stellen; und sie können nun wohl vor sich und dem Sozialarbeiter – der sie ja in ihrer pädagogischen Fähigkeit hoch eingeschätzt, in keiner Weise disqualifiziert hat – zugeben, dass sie Hilfe benötigen. Tun sie dies, ist das Problem geöffnet.

3.23 Akzeptanzprinzipien

3.231 Die sozialarbeiterische Akzeptanz

Seine Aufgabe, soziale Probleme zu lösen, wird dem Sozialarbeiter ausserordentlich erleichtert, wenn ihn die problemrelevanten Personen – in erster Linie die Problembeteiligten, aber auch die Dritten, vor allem jene, mit denen er kooperieren möchte – als Helfer akzeptieren. In vielen Fällen, z. B. bei der (tatsächlich) freiwilligen Klientschaft, hängt alles davon ab. Mit dem Begriff «Akzeptanz» meinen wir hier in der Sozialarbeitstheorie ein spezifisches Phänomen menschlicher Beziehung, nämlich das persönliche *Vertrauen*, welches der Sozialarbeiter bei einer problemrelevanten Person findet, bzw. – von ihr aus gesehen – das sie ihm schenkt. Die Tätigkeit des Sozialarbeiters basiert weitgehend auf solchem Vertrauen; der Sozialarbeiter ist in hohem Masse Vertrauens- oder eben, wie wir es nennen, *Akzeptanz-bedürftig*.

Dabei geht es um zweierlei: zum einen um das Vertrauen in die *Persönlichkeit* des Sozialarbeiters, vor allem in seinen aufrichtigen Willen zu helfen, und zum andern um das Zutrauen in bzw. den Glauben an seine *Problemlösungsfähigkeit*. Beide Akzeptanz-Momente sind nötig: hat ein Problembeteiligter zwar eine positive persönliche Einstellung zum Sozialarbeiter, hält ihn aber nicht für kompetent, das Problem zu verstehen und zu lösen, ist Akzeptanz sowenig gegeben wie im umgekehrten Falle.[248]

Obschon der Begriff *Akzeptanz* im Wesen dasselbe ausdrückt wie «Vertrauen», ziehen wir ihn diesem Wort vor. Er ist weniger gefühlsbetont und verführt nicht so leicht zum Missverständnis, es sei von den problemrelevanten Personen eine im Persönlichen, Affektiven besonders engagierte Einstellung zum Sozialarbeiter erwartet. Dass dies nicht zutrifft, haben bereits unsere Überlegungen zur Klientbeziehung (S. 111 ff.) deutlich werden lassen. Im übrigen erlaubt der rational technische Ausdruck «Akzeptanz» eher die Vorstellung von etwas Machbarem – und eben darum, um die Erzeugung oder doch mindestens Förderung von Vertrauen durch zielgerichtetes Handeln des Sozialarbeiters geht es hier bei den *Akzeptanzprinzipien*. Dies ist der ausschliessliche oder hauptsächliche Zweck des sozialarbeiterischen Verhaltens, das sie beschreiben, und inso-

---

248 Treffend sagt Hollis: «Gleich zu Beginn der Begegnung sollte sich der Sozialarbeiter bemühen, den Ruf, ein Mensch zu sein, dem man vertrauen kann, durch sein tatsächliches Verhalten zu rechtfertigen. Dieses Vertrauen wird hauptsächlich aus zwei Quellen gespiest: der Achtung vor dem Wissen und Können des Sozialarbeiters und dem Glauben an seinen guten Willen.» (*Hollis 1964*, S. 113 f.)

fern gehören sie, als eine spezielle Gruppe von methodischen Handlungsprinzipien, zusammen. Ja sie können in ihrer Gesamtheit, wenn man will, als die Subprinzipien eines einzigen umfassenden Akzeptanzprinzips (oder «Vertrauensprinzips», vgl. S. 247) aufgefasst werden – eines Handlungsprinzips von so herausragender Bedeutung, dass sich seine gesonderte Erörterung aufdrängt.

Systematisch-formell freilich erscheint es als korrekter, die methodische Akzeptanz-Frage in einzelnen selbständigen Prinzipien darzustellen; denn obschon der zentrale Inhalt aller dieser Prinzipien die *Akzeptanzförderung* ist und dieselbe im folgenden im Vordergrund der Betrachtung steht, haben doch einige unter ihnen keineswegs bloss in der Perspektive der Akzeptanz, sondern daneben auch unter anderen methodischen Gesichtspunkten Sinn und Gewicht. Das Prinzip der Problemannahme beispielsweise im Horizont des Problemverstehens, das Erklärungsprinzip unter der Zielsetzung, die problemrelevanten Personen zu problemlösendem Verhalten zu befähigen, oder das Diskretionsprinzip im Aspekt des funktionellen Informationsmanagements. Anderseits steckt selbstverständlich auch in manchen andern methodischen Prinzipien das Moment der Akzeptanzförderung – man denke nur etwa an das soziallogische Prinzip, das Positivitätsprinzip, die Prinzipien des allseitigen Nutzens, der Abnahme dysfunktioneller Gefühle, der Selbständigkeitsförderung oder an das Natürlichkeits- und das sozialökologische Prinzip.

Der Sozialarbeiter muss der Akzeptanz durchgängig, in all seinem Tun und Lassen Beachtung schenken. In zeitlicher Hinsicht gilt für ihn sogar die methodische *Priorität der Akzeptanz*: im Anfangsstadium der sozialen Problemlösung ist die Herstellung von Vertrauen bei den problemrelevanten Personen zwar nicht seine einzige, aber seine vorrangige, wichtigste Absicht, denn zu einem optimalen Problemverständnis gelangt er nur, wenn ihm vertraut wird. (Lediglich in jenen Fällen, wo die Problemlage notfallmässiges Hilfehandeln erfordert, ist nicht immer die Akzeptanz das erste, das er zu realisieren hat.) Darüber hinaus muss der Sozialarbeiter im Fortgang des Problemlösungsprozesses *laufend* darum bemüht sein, sich die einmal bei einer lösungswichtigen Person erworbene Akzeptanz zu bewahren und sie wenn möglich zu vertiefen und zu festigen. Die Bereitschaft eines Problembeteiligten zu problemlösender Mitarbeit bzw. eines Dritten zur Kooperation lässt sich nicht ein für allemal erwirken und fixieren, sondern muss durch vertrauensförderndes sozialarbeiterisches Verhalten fortwährend genährt werden.

Dass im übrigen der systemorientierte Sozialarbeiter in jedem Problemfall, insbesondere bei Konflikt-Problemen, nach *allseitiger* Akzeptanz strebt, versteht sich aufgrund unserer bisherigen methodischen Ausführungen von selbst.

Das spezifische Akzeptanzverhalten ist ein *taktisches* sozialarbeiterisches Handeln, und zwar in zweierlei Hinsicht. Erstens richtet es sich nicht direkt auf das eigentliche Problemlösungsziel, sondern auf ein taktisches Teilziel oder, wie Hackney/Cormier es in ihrem Buch über Beratungsstrategien und -ziele nennen, ein «Prozessziel». Der angestrebte Zustand, das Vertrauen der problemrelevanten Personen in den Sozialarbeiter, hat im Kontext der sozialarbeiterischen Berufsaufgabe keinen Sinn an-sich. Prozessziele dienen vielmehr, in den Worten von Hackney/Cornier, «dem Herstellen hilfreicher Bedingungen als Voraussetzung dafür, dass überhaupt gewünschte Veränderungen möglich werden».[249] Das andere taktische Moment des Akzeptanzverhaltens liegt darin, dass der Sozialarbeiter dabei häufig nicht das, was er in bzw. bei sich fühlt und denkt, zum Ausdruck bringt, sondern sich den betreffenden Menschen gegenüber, von denen akzeptiert zu werden er anstrebt, auf eine wohlüberlegte, absichtsvoll berechnende Weise benimmt – so natürlich freilich, dass sie es nicht merken.

Akzeptanzverhalten ist mithin in hohem Masse *selbstinstrumentelles Handeln* und als solches oft (im strikten, engen Sinne) unecht. Der Sozialarbeiter *zeigt* dabei den angesprochenen Personen Entgegenkommen, Bejahung, positive Einstellung – dass er tatsächlich entsprechend empfinde, ist nicht von ihm verlangt und auch nicht wesentlich. Akzeptanzverhalten hat vielfach *Vorschuss-Charakter* und muss nicht selten einer durchaus negativen (misstrauischen, betrügerischen, feindseligen, aggressiven) Haltung auf seiten des Adressaten entgegensteuern. Es fehlt ihm, wo dies zutrifft, durchaus der natürliche, spontane Grund und Anlass; als «Privatmensch» würde sich der Sozialarbeiter wahrscheinlich ganz anders: zurückhaltend, ebenfalls misstrauisch, abweisend oder gegenaggressiv verhalten. In seiner beruflichen Rolle indes hat er sich professionell, d. h. allein auf die Problemlösung ausgerichtet und diesbezüglich methodisch effizient, konsequent *funktionell* zu benehmen.

Gerade im Kontakt mit sogenannt schwierigen oder hochgradig erregten Menschen tritt zutage, wie wichtig gekonntes Akzeptanzverhalten ist. Im Normalfall, bei psychisch gesunden Problembeteiligten, die sich in ruhiger Verfassung befinden und zum vornherein zur Klientschaft bereit sind, oder bei ohne weiteres kooperationswilligen Dritten braucht es kein intensives akzeptanzförderndes Handeln, und soweit es geboten ist, fällt es dem Sozialarbeiter weder persönlich schwer noch erweist es sich als besonders heikel. Wo er es jedoch mit *persönlichkeitsgestörten* Menschen, vor allem mit solchen paranoiden Einschlags (beispielsweise mit Querulanten) zu tun hat, mit Neurotikern, welche vor menschlicher Bindung zurückschrecken oder die Position des Tieferstehenden (Hilfebedürftigen) nicht ertragen können, oder mit Personen, die unter starkem psychischem Stress stehen, der sie zu gewalttätigen Handlungen hinzureissen droht – hier, diesen Leuten gegenüber muss der Sozialarbeiter ein *sorgfältiges, exaktes Akzeptanzverhalten* zeigen. In aggressivgeladenen, gefährlichen Krisensituationen kann alles – ob ein Unglück geschieht oder sich die Lage entspannt – davon abhängen, wie geschickt der Sozialarbeiter diesbezüglich handelt. So sind denn auch die präzisen Verhaltensanweisungen, welche Everstine/Everstine dem Kri-

---

249 *Hackney/Cormier*, S. 107. Die Lösungsziele, in denen die «gewünschten Veränderungen» zum Ausdruck kommen, heissen bei diesen Autoren «Ergebnisziele».

sentherapeuten für den Umgang mit extrem agitierten selbst- oder fremdgefährdenden Menschen geben, in erster Linie scharf durchdachte Akzeptanzmaximen. Sie beruhen auf den Erfahrungen einer überzeugenden Kriseninterventionspraxis und erhellen in eindrücklicher Klarheit, dass der Akzeptanz des Helfers durch die Problembeteiligten desto grössere Bedeutung zukommt, je gespannter, psychisch belastender, aktuell-bedrohlicher eine soziale Problemsituation ist.

Unter *Akzeptanzverhalten* meinen wir ein Verhalten des Sozialarbeiters gegenüber den problemrelevanten Personen, das dieselben dazu bewegt (bzw. bewegen will), ihm zu vertrauen. Das Methodik-Element, welches unsere systemische Sozialarbeitslehre damit zum Ausdruck bringt, ist demnach im Grundsätzlichen etwas ganz anderes als das «Akzeptieren» in der *Casework-Theorie*. In ihr meint das englische Wort «Acceptance»: Der Sozialarbeiter akzeptiert den Klienten. Und dieses *Annehmen des Klienten* macht die helfende (bzw. therapeutische) Beziehung zwischen Sozialarbeiter und Klient, wie sie das Casework kennzeichnet, ganz wesentlich aus. Was solches Akzeptieren im Sinne des Casework in etwa bedeutet, ist einleitend zu unserer Erörterung der Klientbeziehung angetönt (vgl. S. 111 f.). Den «Annahme»-Begriff klar zu bestimmen, fällt freilich sogar den Casework-Autoren schwer.[250] Wir brauchen darauf aber nicht näher einzugehen, sondern können uns mit der Kurzdefinition von Hollis begnügen. «Wohlwollendes Annehmen» meint nach ihr «eine gleichbleibende Haltung der Wärme und des guten Willens gegenüber dem Klienten, gleichgültig ob sein Auftreten gesellschaftlich gesehen annehmbar ist oder nicht und ob es dem Sozialarbeiter persönlich liegt oder nicht».[251]

Interessant im Zusammenhang mit unserem Akzeptanz-Begriff ist nun, dass auch die Theoretiker des Casework das Phänomen der *wechselseitigen Akzeptanz* sehen. Maas bringt es am prägnantesten zum Ausdruck: «Wenn der Sozialarbeiter den Klienten akzeptiert, sollte der Endeffekt darin bestehen, dass der Klient ihn seinerseits akzeptiert.»[252] Das *Casework* hat zwar, wo es von «Annahme» spricht, die Einstellung des Sozialarbeiters zum Klienten im Auge, die *systemische Sozialarbeitslehre* mit dem Begriff «Akzeptanz» hingegen umgekehrt die Einstellung der problemrelevanten Personen zum Sozialarbeiter – doch beiden Theorien ist die Interdependenz dieser akzeptierenden Einstellungen bewusst: Eine wahrhaft helfende, therapeutische Beziehung nach Casework-Kriterien

---

250 Man vergleiche diesbezüglich *Biestek*, S. 71 ff. Unter den von ihm postulierten sieben Grundsätzen der Casework-Methodik widmet er demjenigen der *acceptance* den grössten Raum; doch seine Ausführungen vermögen keineswegs das Urteil zu erschüttern, welches er selbst eingangs (S. 71) abgibt, nämlich: «acceptance» bleibe «eine der unbestimmtesten Bezeichnungen unserer Fachsprache».

251 *Hollis 1964*, S. 30. Das «wohlwollende Annehmen» und der «Glaube an die Selbstbestimmung des einzelnen» sind für Hollis «die zwei Hauptmerkmale des Verhaltens der Sozialarbeiter gegenüber ihren Klienten» (a. a. O.).

252 *H. Maas*, S. 75

besteht nur dann, wenn auch der Klient den Caseworker als Helfer akzeptiert[253]; und was unsere Akzeptanzprinzipien vom Sozialarbeiter methodisch verlangen, ist weitgehend (allerdings nicht ausschliesslich) ein Handeln akzeptierender Art gegenüber den Problembeteiligten und den lösungswichtigen Dritten.

Freilich, im Unterschied zum Caseworker, der den Klienten «annimmt», will der systemorientierte Sozialarbeiter mit seinem Akzeptanzverhalten nicht direkte helfende (therapeutische) Wirkung auf problembeteiligte Personen ausüben – obschon ihm ein solcher (Neben-)Effekt selbstverständlich willkommen ist. Es geht ihm, wenn er gegenüber einem Menschen akzeptierend handelt, nicht um eine an-sich heilende persönliche (Gefühls-)Beziehung zu ihm und auch keineswegs darum, ethische (z. B. «partnerschaftliche», «demokratische») oder religiöse Maximen betreffend den Mitmenschen zu erfüllen, wie sie für das Casework eine fundamentale Rolle spielen. Seine Absicht dabei ist, wie bereits gesagt und anders als die des Caseworkers, taktisch. Akzeptierendes Akzeptanzverhalten ist (wie alles Akzeptanzverhalten) Mittel zum Zweck, es hat instrumentellen Charakter, man könnte es ein *taktisches Annehmen* nennen. Der «Angenommene» merkt freilich diese Taktik nicht, sofern der Sozialarbeiter sich natürlich gibt – und so besteht zwischen dem systemorientierten Sozialarbeiter, der Akzeptanzverhalten akzeptierender Art übt, und dem Caseworker, der den Klienten «annimmt», praktisch-phänomenal kein grosser Unterschied.

3.232 Die akzeptanzfördernden methodischen Prinzipien

a) Problemannahme

Der Sozialarbeiter nimmt das Problem, welches die Problembeteiligten an ihn herantragen, an: er schreckt nicht vor ihm zurück, wendet sich nicht von ihm ab, weicht ihm nicht aus, verniedlicht, negiert, dramatisiert oder disqualifiziert es nicht. Vielmehr geht er auf es ein, lässt es sich darlegen, nimmt es ernst und zeigt sein Bemühen, es zu verstehen.

Insbesondere nimmt er die problemdefinitorischen Vorstellungen und Vorschläge der lösungswichtigen Personen auf, indem er sie nicht sogleich verwirft oder kritisiert, sondern ihnen Beachtung schenkt, sie vorerst einmal, soweit es möglich ist, akzeptiert, in den Mittelpunkt stellt und bei den anfänglichen Problemklärungs- und -lösungsschritten von ihnen ausgeht.

253 Vgl. z. B. *Bang* in ihrem Buch über die «helfende Beziehung» (1964, S. 100): «Es ist sehr wichtig, sich bewusst zu machen, dass nicht nur der Helfende den Hilfebedürftigen ‹akzeptieren› muss, sondern dass es in allen Fällen unbedingt notwendig ist, dass das Kind, der Jugendliche oder der Erwachsene den Fürsorger oder Erzieher ebenfalls akzeptiert.»

Die systemische Sozialarbeitslehre spricht nicht von der «Annahme» des *Klienten*, wohl aber von der des *Problems*. Die hilfebedürftigen Menschen im Raum des sozialarbeiterischen Helfens sind von einem sozialen Problem betroffen, und das zeitlich erste, was der Sozialarbeiter tun muss, um ihr Vertrauen zu erwerben, ist, sich auf dieses Problem wirklich einzulassen. Das ist, vergegenwärtigt man sich die sozialarbeiterische Berufsaufgabe, eine selbstverständliche Forderung, doch keineswegs eine geringe. Der Sozialarbeiter wird meist unvorbereitet und innert eines ganz kurzen Zeitraums – manchmal in einem Gespräch von wenigen Minuten – vor ein soziales Problem gestellt, und zwar kann dasselbe eine höchst schwerwiegende menschliche Notlage sein. Es geschieht in diesem Moment der *Problemaufprall* auf ihn, und er muss ihm standhalten. Selbst wenn dem Sozialarbeiter das Problem als schlicht unlösbar erscheint (was im Augenblick des Problemaufpralls gar nicht selten vorkommt!), darf er vor ihm nicht sozusagen weglaufen. Das macht vielleicht ein Laienhelfer, der nur jene Probleme bzw. Hilfeaufgaben auf sich zu nehmen braucht, die er für sich persönlich als tragbar empfindet. Der Sozialarbeiter hingegen, ein professioneller Problemlöser, stellt sich jedem sozialen Problem.

Er zeigt den Problembeteiligten, dass er vor den Nöten und Schwierigkeiten, die sie vor ihn bringen, *nicht zurückweichen* will. Das tut er allein schon, indem er sie, wenn sie zu einem abgemachten Termin auf dem Sozialdienst erscheinen, nicht lange warten lässt, sondern pünktlich zum Gespräch mit ihnen bereit ist. Durch die Art seiner Begrüssung gibt er ihnen deutlich zu spüren, dass er sie erwartet und sich auf sie eingestellt hat und es gut findet, dass sie gekommen sind. Ruhig und mit *aktivem Interesse* hört er sich sodann ihre Schilderung der Problemlage an. Durch sein konzentriertes Zuhören und verständnisklärendes Fragen zeigt er ihnen, dass er alles, was sie ihm sagen, sei es noch so seltsam, peinlich oder hässlich, entgegennimmt. Er urteilt nicht in negativem, insbesondere nicht in moralisch abwertendem Sinne darüber. *Zweifel* an der Wahrheit dessen, was ihm mitgeteilt wird, äussert er nur dann, wenn es zum Problemverständnis nötig ist, und wo dies zutrifft, tut er es auf eine nüchtern sachbezogene Art, ohne den Menschen, welcher ihm vermutlich Unwahres erzählt, dafür zu kritisieren. Es wirkt tief verunsichernd und vertrauensschädigend auf die hilfesuchende Person, wenn ihr der Helfer ohne triftigen Grund nicht glaubt, einfach weil das Berichtete ihm aufgrund des gesunden Menschenverstandes unwahrscheinlich erscheint oder aus unbewusster Abneigung dagegen. Eklatant tritt dies bei den kindlichen oder jugendlichen Opfern innerfamiliärer Inzesthandlungen und bei vergewaltigten oder vom Ehemann misshandelten Frauen zutage – hier kommt solche Nichtannahme des Problems bekanntlich am häufigsten vor.[254]

Das Problem anzunehmen, bedeutet vor allem auch, es *nicht zu verniedlichen*, sondern die Grösse, Schwere, Bedrohlichkeit oder Schwierigkeit, welche es für

---

254 Vgl. hiezu die umfassende wissenschaftliche Untersuchung von *Weis* in bezug auf die Vergewaltigung und ihre Opfer.

die Problembeteiligten hat, anzuerkennen. Natürlich darf diese Anerkennung nicht bloss still im Kopf oder Herzen des Sozialarbeiters geschehen, wenn sie akzeptanzfördernd wirken soll. Die betroffenen Personen müssen sie als seelische Wohltat spüren können; es ist also nötig, dass der Sozialarbeiter sie ihnen gegenüber ausdrücklich äussert. Dies gilt ganz generell: das Akzeptanzverhalten muss den Menschen, an die es sich richtet, *demonstriert*, d. h. mit Absicht klar wahrnehmbar vor Augen geführt werden.

Dass der Sozialarbeiter das Problem nicht bagatellisieren oder gar negieren soll, meint indes mitnichten, das Gegenteil davon: es aufzubauschen und zu dramatisieren, sei sinnvoll. Handelt der Sozialarbeiter nach dem Prinzip der Problemannahme, macht er *kein Aufheben* vom Problem. Er reagiert auf das, was ihm davon zur Kenntnis gebracht wird, nicht in laienhafter Weise mit Erschrecken, Widerwillen, Bestürzung, fassungslosem Erstaunen, ungläubiger Entrüstung und ähnlichen negativen Emotionen, welche die Problembeteiligten zur Meinung verleiten, ihr Problem sei ausserordentlich gross, schwierig oder verwerflich, sie stünden mit ihm weit und breit als einzige da, es sei im Grunde nicht akzeptabel oder offenbar unlösbar. Dies würde das Vertrauen in den Sozialarbeiter keineswegs fördern. Akzeptanz schafft ihm vielmehr die wahrhaft professionelle Haltung des beruflichen Helfers, auch solchen Notlagen, die dem Mann auf der Strasse als unerhört, ausweglos oder abscheulich erscheinen, mit *Gelassenheit* gegenüberzutreten, sie als letzten Endes verstehbare Phänomene zu behandeln – als etwas, das zwar schwerwiegend schädlich und unter Umständen gesellschaftlich intolerabel ist, sich aber doch in den Zusammenhang des Menschlichen, Sozialen einordnen und so die Beteiligten nicht aus ihm herausfallen lässt.

Angesichts schockierender, verwirrender Probleme nüchternen Gleichmut zu bewahren, bedeutet – das sei betont – nicht, gleichgültig zu sein gegenüber dem Leiden der problembelasteten Menschen. Diese professionelle Haltung erlaubt dem Sozialarbeiter durchaus, *teilnehmende Gefühle* zu zeigen, wie unter dem Gesichtspunkt der Akzeptanz ebenfalls von ihm gefordert ist.

Ein weiteres Moment der methodischen Problemannahme bezieht sich auf die *Weiterverweisung*. An eine andere Institution weiterverwiesen zu werden, erleben manche Hilfesuchende – wie Wirth zutreffend bemerkt[255] – als Ablehnung; und es wenden sich denn auch zahlreiche weiterverwiesene Problembeteiligte gar nicht (mehr) an die Stelle, welche ihnen der Sozialarbeiter angibt. Everstine/ Everstine z. B. berichten, dass gemäss einer Untersuchung der staatlichen kalifornischen Polizeibehörde «nicht einmal 15 Prozent der Bürger, die von den für die Krisenintervention zuständigen Mitarbeitern an die verschiedenen psychohygienischen Einrichtungen und Beratungsstellen überwiesen worden waren», sich tatsächlich dort gemeldet hätten.[256] Gerade mit *Unterschichtangehörigen* (den

255 *Wirth*, S. 108
256 *Everstine/Everstine*, S. 108

typischen Klienten der Sozialarbeit also), für die es meist schon eine besondere Leistung ist, freiwillig auf einen Sozialdienst oder zu einer ähnlichen Einrichtung zu gehen, muss man bezüglich des Weiterverweisens vorsichtig und sorgfältig verfahren. Gräning/Troscheit empfehlen, solche Menschen wenn möglich gar nicht weiterzuverweisen, «um sie nicht zu vertrösten und abzuschieben». Auf alle Fälle müsse «jedem Ratsuchenden zu jedem Problem eine kurze erste Beratung» gegeben werden, und wenn man um die Weiterverweisung nicht herumkomme, sei es oft nötig, die betreffende Person zu der anderen Stelle hinzubegleiten.[257] Selbstverständlich hat der Sozialarbeiter die Problembeteiligten an jene helfende Institution bzw. Person weiterzuverweisen, die aufgrund rechtlicher Zuständigkeit oder fachlicher Kompetenz überhaupt als einzige oder doch eindeutig besser als er oder seine Institution geeignet ist, das Problem zu lösen. Befolgt er aber das Prinzip der Problemannahme, tut er dies nicht vorschnell, sondern erst nachdem sich die Notwendigkeit oder Richtigkeit der Überweisung klar ergeben hat. Das heisst: er lässt die problemzutragende Person das Problem erst einmal genügend ausführlich darlegen und befasst sich mit ihm bzw. mit den Problembeteiligten so weit, dass er die wesentliche Eigenart und Dimension des problematischen Sachverhaltes deutlich zu erkennen vermag.[258] Die Problembeteiligten (oder Dritten) empfinden dann die Überweisung nicht als ein Ausweichen und Abwimmeln durch den Sozialarbeiter, und er kann ihnen überzeugend verständlich machen, warum sie nötig und sinnvoll ist.

Dass die sozialarbeiterische Problemdefinition, die den Problemlösungsprozess bestimmt, nicht vom Sozialarbeiter allein festgelegt, den Problembeteiligten und Dritten nicht einfach diktiert wird, bringt das Prinzip der instrumentellen Problemdefinition deutlich zum Ausdruck. Um möglichst alle lösungswichtigen Personen zur Mit- bzw. Zusammenarbeit an der Problemlösung zu bewegen, geht der Sozialarbeiter, wie wir wissen, in hohem Masse auf ihre problemdefinitorischen Meinungen und Vorstellungen ein. Dieses methodische Handlungselement, das wir unter den Begriff der *konduktiven Problemdefinition* gebracht haben, ist zugleich ein bedeutender Bestandteil des Problemannahme-Prinzips. Wir fassen davon an dieser Stelle im speziellen den *Beginn der Problemklärung* ins Auge, die Phase der ersten Kontakte zwischen den problemrelevanten Personen und dem Sozialarbeiter. Weil in ihr die Akzeptanzprinzipien eine vorrangige Rolle spielen, kommt hier der Sozialarbeiter den Problembeteiligten bezüglich

---

257 *Gräning/Troscheit*, S. 341
258 *Schubert*, die sich ausführlich mit der Überweisungsfrage befasst, weist nachdrücklich darauf hin, dass *mehr* an Abklärung in dieser präliminaren Phase der Problembehandlung unangebracht ist. Zutreffend bemerkt sie, dass sich ein Problembeteiligter «mit Recht betrogen und getäuscht fühlen kann, wenn er ermutigt wird, ausführlich über seine Sorgen zu berichten, nur um am Ende des Gespräches zu erfahren, dass die Institution ihm nicht helfen kann und er seine Geschichte woanders noch einmal erzählen muss» (S. 20 f.). Wo dies geschieht, verfehlt die Problemannahme offensichtlich ihren Zweck.

der Problemdefinition besonders weit entgegen. Er nimmt ihre Problemsicht und Lösungsvorstellungen vorerst einmal als *Hypothese* an, akzeptiert sie als Ausgangspunkt des weiteren Problemklärungs- bzw. -lösungsprozesses, um als Helfer von ihnen, den Problembeteiligten, akzeptiert zu werden.

Natürlich kann er so nur in dem Masse verfahren, als es die gegebene Notlage erlaubt. Muss z. B. ein psychisch verwirrter Mann, der sich selbst oder andere gefährdet, sofort unter psychiatrische Kontrolle gebracht werden, darf der Sozialarbeiter selbstverständlich nicht auf inadäquate problemdefinitorische Vorschläge, die ihm dieser Mensch macht (etwa: das Problem bestehe darin, dass seine Ehefrau ihn vergiften wolle; die Lösung sei, sie verhaften zu lassen), eingehen. Falls es ohne Schaden möglich ist, sollte er sich allerdings auch mit derartigen, in krankhaften Seelenzuständen begründeten Problemdarstellungen befassen. Unter Umständen gelingt es ihm nur so, das Vertrauen einer psychisch gestörten Person zu erwerben.

Wie in der Psychotherapie das pathologische Meinen und Verhalten eines Menschen zuerst einmal «akzeptiert», aber sogleich Schritt für Schritt auf das Gesunde hin verändert wird, zeigt sich eindrücklich an der therapeutischen Taktik *Milton H. Ericksons*.[259] Von ihr kann der Sozialarbeiter bezüglich der methodischen Problemannahme viel lernen, und zwar nicht nur für den Umgang mit besonders schwierigen Personen. Auch psychisch ganz normale Problembeteiligte tragen – aus mangelndem Verständnis, aus gefühlsmässigen Neigungen bzw. Abneigungen, aus Angst vor Nachteilen, aus Scham u. ä. – problemdefinitorische Vorstellungen an ihn heran, die dem wirklichen problematischen Sachverhalt nicht gerecht werden. Haines spricht in diesem Zusammenhang von «Darbietungsproblemen», welche die Menschen dem Sozialarbeiter offerieren, solange sie zu ihm noch keine Vertrauensbeziehung entwickelt haben.[260] Bewusst oder unbewusst testen sie ihn damit. Ein arbeitsloser älterer Mann, der keine Stelle mehr findet und deswegen in Geldnot geraten ist, kommt z. B. mit rechtlichen Fragen betreffend seine Krankenversicherung zum Sozialarbeiter und äussert nichts über die finanziell prekären Verhältnisse, in denen er lebt. Oder eine Frau möchte vom Sozialarbeiter Beratung hinsichtlich des Haushaltbudgets, über das sie und ihr Ehemann nicht einig seien; dass der Mann seit einem Jahr eine Freundin hat und sich nicht mehr um sie und die Kinder kümmert, erzählt sie ihm nicht. In diesen und ähnlichen Fällen wird dem Sozialarbeiter ein geringfügiges, nebensächliches oder scheinbares *Testproblem* vorgelegt; und die Person, die es tut, will erfahren, wie er darauf reagiert, insbesondere ob er rücksichtsvoll mit ihr um- und verständnisvoll auf sie eingeht, ob er tatsächlich hilfsbereit ist und ob ihm die Fähigkeit eignet, soziale Schwierigkeiten zu begreifen und ihnen erfolgversprechend zu begegnen.

---

259 Vgl. *Haley 1973*. Haley hält diese (wie er es nennt) *Methode des Akzeptierens* für «Eriksons fundamentalen Ansatz bei menschlichen Problemen» (S. 25).
260 Vgl. *Haines*, S. 52 ff.

Sich in diesem *Akzeptanztest* richtig zu verhalten, ist nicht leicht. Sicher darf der Sozialarbeiter das Testproblem nicht beiseiteschieben – selbst dann nicht, wenn er binnen kurzem merkt, dass es im wesentlichen nicht um es, sondern um etwas anderes geht. Er muss es vielmehr annehmen, d. h. beachten und sich mit ihm befassen. Um seine Hilfsbereitschaft und -kompetenz zu demonstrieren, handelt er sogar oft sehr rasch zugunsten der hilfesuchenden Problembeteiligten in einer Weise, welche sie als *nützliche Hilfe*, als konkrete Zuwendung und Unterstützung empfinden. Er richtet sich dabei im wesentlichen nach ihren Wünschen und lässt das methodische Prinzip der Selbständigkeitsförderung ausser acht. So erkundigt er sich in unserem erstgenannten Beispielfall etwa telefonisch bei der Krankenkasse über gewisse statutarische Bestimmungen und informiert den Mann, der ihn um Hilfe bat, über das, was man ihm gesagt hat, obschon dieser durchaus imstande wäre, sich mit seinen Fragen selbst an die Kasse zu wenden. Oder er stellt der Frau aus der krisenhaften Ehe wunschgemäss ein Haushaltbudget auf, das ihr sowohl für ihre Geldeinteilung wie in der Auseinandersetzung mit dem Ehemann nützt. Es sind relativ geringfügige Dienstleistungen, manchmal nur kleine Gefälligkeiten – ob sie zur Lösung des eigentlichen Problems viel, wenig oder nichts beitragen, spielt vom Gesichtspunkt der Akzeptanz aus, unter dem sie hauptsächlich geschehen, keine Rolle.

Im Umgang mit *Unterschichtangehörigen* erweist sich solches sozialarbeiterisches Akzeptanzverhalten oft als fundamental wichtig. Wie Gräning/Troscheit in ihrem Bericht über die Beratungsstelle für Unterschichtfamilien in Berlin-Kreuzberg festhalten, traten die Menschen meist mit «ganz konkreten Fragen» (z. B. Rechtsauskunft, Möbeltransport, Unterkunftsbeschaffung) an die Berater heran und gaben denselben erst später Einblick in «umfassendere Problemzusammenhänge». Es ging ihnen anfänglich einmal darum, «sich ernst genommen und verstanden zu fühlen». Blieben seitens der Berater «dieses Verständnis und vor allem auch konkrete Möglichkeiten, wirklich zu unterstützen, aus, geschah es nicht selten, dass Ratsuchende nach ersten Kontaktgesprächen fernblieben». Das Vertrauen der Leute erwarben sich die Berater insbesondere, indem sie ihnen praktische Hilfe – auch handfest anpackende – leisteten.[261]

Freilich, so wichtig es ist, dass der Sozialarbeiter auf Testprobleme eingeht und auf sie bezogen demonstrativ Hilfe gewährt, er darf nicht an ihnen hängenbleiben. Der Problembeteiligte, der ein Testproblem vorbringt, ist zwar enttäuscht und vielleicht beleidigt, wenn der Sozialarbeiter es nicht beachtet, sogleich als unbedeutend auf die Seite stellt oder als uneigentlich entlarvt und ihn dazu drängt, zum eigentlichen Problem zu kommen. Trotzdem wünscht er sich auch nicht einen Helfer, der die wahren, entscheidenden Schwierigkeiten, in denen er steckt, nicht zu erkennen vermag, ja der sich möglicherweise gar an das dargebotene kleine Problem klammert, um dem noch verschwiegenen grossen Problem

261 *Gräning/Troscheit*, S. 340

auszuweichen. Der arbeitslose Mann mit den versicherungsrechtlichen Fragen, von dem wir beispielshalber sprachen, möchte durchaus, dass letztlich die finanzielle Notlage, die ihn bedrängt, vom Sozialarbeiter realisiert wird und dass ihm dieser Geld verschafft. Und die erwähnte Ehefrau ist gewiss mit dem Haushaltbudget nicht vollauf zufriedengestellt, sondern hofft vielmehr, dass der Sozialarbeiter Interesse an ihrer Familie, vor allem ihrer Ehe zeigt und ihr dadurch Gelegenheit gibt, ihm die hier bestehende Krise zu schildern, und dass er seine Bereitschaft erklärt, sich mit dieser Krise problemlösend (z. B. mittels Partnergesprächen) zu befassen. Die subtile Kunst sozialarbeiterischer Problemannahme liegt darin, das Testproblem anzunehmen und doch den Hilfesuchenden *taktvoll zum eigentlichen Problem hinzuführen* – durch das Testproblem hindurch. Gerade indem der Sozialarbeiter auf das wirklich bedrängende Problem der Problembeteiligten zugeht, sich ihm öffnet, noch bevor sie es ihm offenbart haben, geschieht das, was wir «Problemannahme» nennen, im prägnantesten, tiefsten Sinne.

b) Freundliche Teilnahme

Der Sozialarbeiter verhält sich freundlich zu den problemrelevanten Personen und zeigt ihnen – unter Umständen durch spezifische Beziehungshandlungen – seine gefühlsmässige Teilnahme an ihrem Leiden, ihren Schwierigkeiten, ihrem Erfolg und Wohlergehen.

Das Akzeptanzprinzip der freundlichen Teilnahme enthält die zwei Momente der *Freundlichkeit* und der *Teilnahme*. Sie bestimmen und qualifizieren einander gegenseitig. Zum einen handelt es sich nicht nur um eine formelle, sozusagen geschäftsmässige Allerweltsfreundlichkeit, sondern um ein freundliches Verhalten, in dem ein echtes persönliches Anteilnehmen am Geschick des betreffenden Menschen zum Ausdruck kommt. Und anderseits geht diese sozialarbeiterische Teilnahme nicht über das hinaus, was (wahre) Freundlichkeit verlangt. Von einem gefühlsintensiven und lebensweltlichen Teilnehmen, wie es im Bereich der privaten persönlichen Beziehungen oder – in gewissem Ausmass – in der sozialpädagogischen Praxis (vgl. S. 50) geschieht, ist hier nicht die Rede.

Im Prinzip der freundlichen Teilnahme erscheint einiges vom *Casework-Grundsatz des Annehmens*. Um eine helfende Beziehung im Sinne des Casework aufzubauen, gilt es nach Bang, zuerst «ein günstiges Arbeitsklima herzustellen», und hiezu muss der Sozialarbeiter dem Klienten ein, wie diese Autorin sagt, «emotionelles Angebot» machen, das durch Wohlwollen, Sorge, Interesse und Anteilnahme gekennzeichnet ist.[262] Die Haltung bzw. das Handeln, das wir «freundliche Teilnahme» nennen, entspricht in etwa solchem «emotionellen

---

262 *Bang 1964*, S. 97 ff.

Angebot». Allerdings, in der systemischen Sozialarbeit sind die Adressaten nicht nur die Klienten, sondern überhaupt alle Problembeteiligten und nicht zuletzt auch die lösungswichtigen Dritten, insbesondere Beziehungspersonen der problembeteiligten Menschen und freiwillige Helfer.

Will der Sozialarbeiter bei diesen Personen Akzeptanz finden, muss er – das braucht keine weitere Erklärung – auf sie *freundlich* wirken. Das heisst nichts anderes, als dass er die *humane Tendenz*, die seine Persönlichkeit prägen sollte (vgl. S. 192 ff.), im Kontakt mit den Menschen sicht- und spürbar zur Geltung bringt. Idealerweise strahlt der Sozialarbeiter Freundlichkeit aus dem Innern seiner Person, aus einem «freundlichen Wesen» aus. Das hindert ihn keineswegs, sachlich zu sein. Es gehört eben zur kommunikativen Kunst des Sozialarbeiters, dass er auch dort, wo er dezidierte Sachlichkeit zeigt, freundlich ist bzw. bleibt.

Berufsmethodisch Freundlichkeit zu verlangen, verleitet allerdings leicht zu einem unnatürlichen Benehmen; und so evident die akzeptanzfördernde Wirkung eines echt freundlichen menschlichen Umgangs ist, so einfach leuchtet ein, dass *affektierte* Freundlichkeit gerade den gegenteiligen Erfolg hat. Davor muss sich der Sozialarbeiter – stets eingedenk des Natürlichkeitsprinzips – hüten. Namentlich gegenüber Personen, die ihn manifest angreifen, z. B. mit Vorwürfen überhäufen, bedrohen oder beleidigen, und die sehr wohl wissen, dass sie es tun, kann er kaum freundlich sein, ohne unglaubwürdig, schwach oder gar lächerlich zu erscheinen. In solchen Situationen reduziert sich die sozialarbeitsmethodische Freundlichkeitsforderung auf die Verhaltensmaxime, *höflich* oder doch *anständig*, zumindest aber *korrekt* zu bleiben. Eine gegenaggressive Reaktion des Sozialarbeiters kommt nur in Ausnahmefällen in Frage: da, wo sie – im Sinne oder ähnlich der Problemöffnung durch Angriff (vgl. S. 336 f.) – als Aufrüttelung, Realitätskonfrontation oder Abschreckung mit grosser Wahrscheinlichkeit positive Wirkung verspricht.

Der Sozialarbeiter darf sich freilich nicht vorschnell von der methodischen Pflicht, freundlich zu sein, entbunden erachten. Manche Menschen, mit denen er zu tun hat, sind aggressiv aus Angst, Enttäuschung, Ohnmachts- oder Minderwertigkeitsgefühlen, aus Beziehungsgestörtheit oder sonstigen neurotischen Gründen. Sie bemerken eventuell überhaupt nicht, wie negativ sie sich verhalten, oder sie bemerken es zwar durchaus, aber wollen gar nicht so sein bzw. handeln und leiden darunter, sich nicht beherrschen zu können. Gerade *sie* sind auf unbeirrte freundliche Zuwendung angewiesen und besonders dankbar, wenn sie ihnen der Sozialarbeiter (anders meist als die sonstige Umwelt) trotz ihrem unangenehmen Verhalten gewährt. Es gibt auch kaum einen menschlichen Kontakt, der zu geringfügig oder zu unbedeutend wäre, als dass sich das Bemühen, freundlich zum Kommunikationspartner zu sein, für den Sozialarbeiter lohnen würde. Schon dadurch, dass er z. B. beim simplen telefonischen Auskunfteinholen auf einem Amt sich dem dortigen Beamten als sympathischer Mensch einprägt, vermag er einem Problembeteiligten – sei es in direkter persönlicher Wirkung, sei es auf dem assoziativen Wege des Image-Transfers – zu helfen.

Sympathie ist ein Schlüsselwort zur Kennzeichnung der teilnehmenden Freundlichkeit. Der Sozialarbeiter zeigt den problemrelevanten Personen, deren Akzeptanz er erwerben will, wo immer möglich seine Sympathie: nicht nur für ihre Person, sondern ebenso beispielsweise für ihre Familie, ihre Sprache (etwa einen seltenen, schönen Dialekt), ihr Land (bei Ausländern), ihre Religion, die ideellen Ziele einer Vereinigung, der sie angehören, ihren Beruf oder ihr Hobby. Es äussert sich hierin Interesse und ein gewisses *solidarisches Mitempfinden:* ein Mitfühlen, Mitleiden, Mitfreuen mit und an dem, was den betreffenden Menschen nahesteht und was sie bewegt. Das setzt voraus bzw. schliesst ein, dass sich der Sozialarbeiter mit den problemrelevanten Personen auch über Dinge unterhält, die zum Problem und seiner Lösung keinen oder bloss einen unwesentlichen Bezug haben. Er darf sich natürlich nicht darin verlieren oder unnötig Zeit damit vergeuden. Stets hat er abzuwägen, wie weit auf solche nebensächlichen (genau: aussersächlichen) Themen einzugehen aus Akzeptanzgründen sinnvoll ist und wo der Punkt liegt, an dem er die Unterhaltung über derartiges beenden und zur eigentlichen Sache, dem Problem, überleiten muss.

Das gleiche gilt für jenes akzeptanzfördernde Verhalten, mit dem der Sozialarbeiter an einem Stückchen Lebenswelt von problembeteiligten Menschen teilnimmt. Er spielt z. B. mit einem Kind, lässt sich von einem Jungen eine selbstgebastelte Funkanlage demonstrieren, schaut zu Hause bei einer Familie mit ihr zusammen die TV-Übertragung eines Skirennens an (bevor er das Familiengespräch beginnt), isst in einem Heim mit der Wohngruppe, betrachtet mit einer betagten Frau Fotos aus ihrer früheren Lebenszeit, hört sich bei einem Teenager dessen Lieblings-LP an, etc. Es sind dies sogenannte *Beziehungshandlungen*, wie sie speziell in der sozialarbeiterischen Betreuung vorkommen (vgl. S. 465 f.) – dort freilich in wesentlich ausgedehnterem Masse als bloss unter dem Gesichtspunkt der Akzeptanz. Zu ihnen gehört insbesondere auch das Verhalten, mit dem der Sozialarbeiter auf bedeutende, einschneidende Ereignisse im Leben problembeteiligter Menschen oder helfender Dritter teilnehmend reagiert: die Nachfrage, wie es jemandem, der erkrankt ist, gesundheitlich ergeht, die Gratulation bei der Geburt eines Kindes oder nach dem Bestehen einer Diplomprüfung, die Beileidsbezeugung im Todesfalle, die Präsenz an einem Begräbnis, ein Geburtstagsgeschenk und ähnliches mehr. Derlei Beziehungshandlungen tragen dem Sozialarbeiter bei den Personen, an die sie sich richten, Dankbarkeit und Sympathie ein und haben mithin hohen akzeptanzfördernden Wert.

Am natürlichsten ergibt sich die Gelegenheit zu teilnehmendem Verhalten für den Sozialarbeiter dort, wo er problemrelevanten Personen *ausserhalb des beruflichen Kontextes* – meist zufällig – begegnet: auf der Strasse, im Bus oder Zug, im Restaurant, auf dem Kinderspielplatz, an einer Schulveranstaltung oder einem Volksfest, im Strandbad, auf dem Gemüsemarkt, im Einkaufszentrum, in der Wartekolonne vor dem Postschalter. Wohnt z. B. der Sozialarbeiter eines Gemeindesozialdienstes in dieser Gemeinde, trifft er in seinem Privatleben häufig Klienten und andere Leute an, mit denen er beruflich zu tun hat. Hier ist *die Situation selbst* eine teilnehmende, und der Sozialarbeiter braucht sich, um dem Prinzip der freundlichen Teilnahme zu entsprechen, bloss so zu verhalten, wie sich jeder freundliche, kommunikativ begabte Mensch benimmt, wenn er irgendwo auf einen Bekannten stösst. Auf alle Fälle grüsst er den andern, wechselt – je nach den Umständen – einige Worte oder plaudert vielleicht sogar ausgiebig mit ihm. Niemals dürfen Problembeteiligte oder lösungswichtige Drittpersonen den Eindruck erhalten, der Sozialarbeiter wolle als Privatmensch nichts von ihnen wissen, sie sozusagen nicht kennen, sich von ihnen distanzieren. Damit kann er sie in ihrem Selbstwertgefühl empfindlich verletzen und viel an Akzeptanz bei ihnen verlieren.

Natürlich ist es in solchen ausserberuflichen Begegnungssituationen auch möglich, dass der Sozialarbeiter jemandem in der Art gewöhnlicher zwischenmenschlicher Hilfe einen *kleinen Dienst* erweist, z. B. einen guten Rat erteilt, etwas tragen hilft, kurz auf ein Kind achtgibt, einen Weg begleitend zeigt, eine Sache ausleiht. Hierin realisiert sich in eklatanter Weise persönliche Teilnahme, und ebenso – was nicht übersehen werden darf – dort, wo der Sozialarbeiter seinerseits von andern Menschen eine derartige Hilfe und Handreichung dankend annimmt.

c) Anpassungsprinzip

Der Sozialarbeiter passt sich in seinem Auftreten und Umgangsstil sowie im Arbeitssetting den Problembeteiligten an, um die persönliche Distanz zwischen ihm und ihnen so klein wie möglich zu halten.

Unsere ganze Methodenlehre fordert vom Sozialarbeiter zahlreiche und vielfältige Anpassungsleistungen – ich erinnere namentlich an die Prinzipien (bzw. Subprinzipien) des problemindividuellen Verstehens, des soziallogischen Denkens, der Flexibilität, der Abnahme negativer Gefühle, der Selbständigkeitsförderung, der Zeitrichtigkeit, des Freiwilligkeitsvorranges, an das konduktive Moment der Problemdefinition, das Kommunikations-, das Natürlichkeits- und das Kooperationsprinzip und an die eben erörterten Akzeptanzprinzipien der Problemannahme und der freundlichen Teilnahme. Hier überall kommt zum Ausdruck, dass der Sozialarbeiter in seinem Bestreben, das soziale Problem optimal zu lösen, auf das Alter, die persönliche Entwicklungsstufe, psychische Verfassung und aktuelle Gefühlslage, die Intelligenz, das Bildungsniveau, die Moralvorstellungen, Verhaltensmuster, Wünsche und Hoffnungen, auf die kulturelle Eigenart sowie die äusseren Lebensumstände der Problembeteiligten eingeht, sie berücksichtigt, sein Handeln auf sie abstimmt. Man kann diesbezüglich von einer *generellen*, das sozialarbeiterische Verstehen und Handeln durchgängig prägenden Anpassung des Sozialarbeiters sprechen.

Wenn wir uns indes hier unter dem Gesichtspunkt der Akzeptanz *speziell* mit dem Phänomen sozialarbeiterischer Anpassung beschäftigen, fassen wir nur einen bestimmten beschränkten Bereich ins Auge: das *Verhältnis zwischen dem Sozialarbeiter und den Problembeteiligten.* Die letzteren gehören meist einem andern gesellschaftlichen Milieu an als der Sozialarbeiter, und es herrscht zwischen ihm und ihnen, wie uns bei der Erörterung der Klientbeziehung (S. 111 ff.) bewusst geworden ist, ein Kompetenz- und Machtgefälle. Beides erzeugt persönliche Distanz; und wiewohl in jeder professionell gestalteten Klientbeziehung ein Moment der *Distanz* notwendig enthalten ist, dürfen sich doch der Sozialarbeiter und die problembeteiligten Menschen nicht persönlich zu fern stehen, so fern, dass sie einander nicht «erreichen». Ein eigentlicher menschlicher Kontakt, eine echte Kommunikation – die Basis allen sozialarbeiterischen Handelns – könnte dann nicht gelingen. Der Sozialarbeiter muss sich deshalb bemühen, den problemrelevanten Personen (auch den lösungswichtigen Dritten!) entgegenzukommen, sich in ihre *Nähe* zu begeben, um die persönliche Distanz zu ihnen zu verringern. Die hierauf gerichteten methodischen Bestrebungen fassen wir unter den Begriff der sozialarbeiterischen *Anpassung.*

Zum einen geht es um ein Anpassungsverhalten, das sich *allgemein* auf die problembeteiligten Personen im Raum der Sozialarbeit, auf die psychischen Charakteristika und soziokulturellen Eigenheiten der Unterschichtangehörigen, der typischen Sozialarbeitsklienten also, bezieht. Zum andern ist die Anpassung eine *individuelle*: sie richtet sich auf die Persönlichkeit eines bestimmten Menschen oder die spezifischen Gegebenheiten eines Falles.

Wie man die *Räumlichkeiten des Sozialdienstes* akzeptanzfördernd ausstattet und gestaltet, hängt von der Art der Klienten generell, nicht von einem einzelnen Klienten ab. Mit ihrem äusseren Stil kann die Sozialarbeitsinstitution den Menschen, mit denen sie hauptsächlich zu tun hat, «atmosphärisch» wirksam entgegenkommen. Selbstverständlich muss ein Sozialdienst für Drogenabhängige, eine spezielle subkulturelle Gruppe, anders aussehen als eine Beratungsstelle für Rheumakranke, im Durchschnitt ganz gewöhnliche Leute jeden Alters und Standes. Im Gegensatz zu dieser raumgestalterischen Anpassung allgemeiner Natur ist die *Sprachanpassung* eine individuelle: variabel je auf den einzelnen Problembeteiligten oder Dritten ausgerichtet. Wir haben sie schon im Kapitel über die Sprachkompetenz des Sozialarbeiters (S. 184 ff.) behandelt. Es zeigte sich dort insbesondere, dass vom Sozialarbeiter eine hohe Sprachflexibilität gefordert ist, und es bleibt uns hier bloss zu betonen, welch hervorragende Bedeutung, ja zwingende Wichtigkeit der plastischen sprachlichen Anpassung zukommt. Der verbale Austausch ist das Zentrum der sozialarbeiterischen Kommunikation, und eben im Kommunikativen liegen die grössten Anpassungsmöglichkeiten für den Sozialarbeiter.

In noch weiterem Blickwinkel betrachtet geht es um den sozialarbeiterischen *Umgangsstil* schlechthin. Natürlich hat der Umgangsstil jedes einzelnen Sozialar-

360

beiters sein eigenes individuelles Gepräge, das der Persönlichkeit dieses Sozialarbeiters entspricht. Insofern wohnt ihm konstante Bestimmtheit inne. Anderseits aber muss der Sozialarbeiter mit jeder problemrelevanten Person auf eine Weise, die speziell zu ihr passt, umgehen. Er muss sie so «nehmen», dass ein wirklicher persönlicher Kontakt zwischen ihm und ihr, eine Annäherung und emotionelle Anwärmung entsteht, nicht etwa das Gegenteil: Befremden, Distanzgefühl, kühle Beziehungslosigkeit. In unseren Ausführungen zur Kommunikations- und Kooperationsfähigkeit des Sozialarbeiters (S. 194 ff.) und zum Kommunikationsbzw. Kontaktprinzip (S. 252 ff.) ist das Wesentliche darüber bereits gesagt.

Die Menschen sind sowohl als *Typen* wie als *Individuen* verschieden. Dass der Sozialarbeiter beispielsweise anders mit einem Geistesschwachen umgehen muss als mit einer intelligenten Person, mit einem Jugendlichen anders als mit einem Betagten, einem Psychischkranken anders als mit einem seelisch gesunden, stabilen Menschen, versteht sich von selbst. Doch auch wo er es mit demselben Personentypus zu tun hat, trifft er auf ganz unterschiedliche Persönlichkeiten, die unter dem Aspekt der sozialarbeiterischen Anpassung einen entsprechend unterschiedlichen Umgangsstil verlangen. So etwa ist der eine Jugendliche schüchtern, gehemmt und unbeholfen, ein anderer hingegen selbstbewusst, vorlaut, ja frech. Dem ersten muss der Sozialarbeiter «weich», d. h. freundschaftlich ermutigend, schützend begegnen, dem zweiten «hart»: Widerstand leistend, Grenzen setzend.

Die Persönlichkeit jedes einzelnen Problembeteiligten benötigt, um es pointiert zu sagen, einen anderen Sozialarbeiter: Der Sozialarbeiter muss, will er auf sie passen, eine *individuell adäquate Rolle* spielen. Zum Beispiel gilt es in einem Falle, als beschützender Vater oder als wärmespendende Mutter, im andern als engagierter Partner, in einem dritten als objektiver Berater und Lehrer aufzutreten. «Auftreten» ist das treffende Wort; denn es führt das Bedeutungsmoment des Beginnens, des Anfanges mit sich, und eben darum geht es hier vor allem, um den anfänglichen kontaktschaffenden Umgang des Sozialarbeiters mit den problemrelevanten Personen. Im Laufe des Problemlösungsprozesses mag sich dann die vorerst vom Akzeptanzzweck beherrschte Rolle des Sozialarbeiters ändern – oft muss sie dies sogar, wenn das Lösungsziel erreicht werden soll.

Das *Auftreten* einer Person hat immer auch eine äussere Komponente: Kleider, Schmuck und sonstige Dinge, mit denen sich der Sozialarbeiter umgibt, tragen wesentlich dazu bei, wie er auf die Problembeteiligten wirkt. Allgemein – bezüglich der typischen Sozialarbeitsklienten, also im Aspekt der Unterschichtorientierung – läuft die Anpassung in derartigen Belangen auf eine *gewisse Bescheidenheit* hinaus. Das Berufsfeld der Sozialarbeit ist nicht der Ort, wo man den Mitmenschen besonders elegante, mondäne Kleidung, auffällig kostbaren Schmuck oder sonstige teure Accessoires und auch nicht etwa ein Luxusauto vorführt. Damit würde die persönliche Distanz zwischen dem Sozialarbeiter und den allermeisten Problembeteiligten (die sich weder gesellschaftlich noch finanziell eine solche Ausstattung leisten können) vergrössert. Je nachdem, was für Klienten er hauptsächlich hat, muss der Sozialarbeiter aus Anpassungsgründen seinen *Bekleidungsstil* in der einen oder andern Richtung positionieren: Arbeitet er z. B. mit älteren Leuten, soll er nicht gerade in extravaganter Kleidung vom letzten modischen Schrei auftreten, sonst befremdet er sie. Und ist er in der Jugendarbeit tätig, trägt es ihm eher Argwohn als Vertrauen ein, wenn er sich korrekt-konventionell, zeitlos klassisch kleidet. Hier fördert er seine Akzeptanz bei den Klienten am besten durch eine ungezwungene, originelle, im Modetrend liegende Bekleidung.

Selbstverständlich ist nicht die Rede davon, der Sozialarbeiter müsse bei solcher Anpassung seine eigene Persönlichkeit verleugnen, sich sozusagen verkleiden, sich gleich anziehen wie die Klienten oder eine Art sozialarbeiterische Berufsuniform tragen. Auch wenn er dem Anpassungsgesichtspunkt in der Kleiderfrage die notwendige Beachtung schenkt, steht ihm ein weites Spektrum an Bekleidungsmöglichkeiten offen, das ihm erlaubt, seine Individualität, sein eigenes Bild von sich selbst auszudrücken. Er muss in diesen Dingen aber grundsätzlich *flexibel* sein. Umso mehr, als einzelne Situationen und problemrelevante Personen von ihm über die allgemeine Anpassung (an die institutionstypischen Klienten) hinaus immer wieder individuelle Anpassungsleistungen erheischen. Am gleichen Tag verteidigt er beispielsweise vormittags einen Klienten vor Gericht, und am Nachmittag sucht er einen anderen an seinem Arbeitsplatz draussen auf einer Grossbaustelle auf. Um an beiden Orten im Äusserlichen optimal akzeptanzfördernd aufzutreten, kann er kaum umhin, sich je *milieuadäquat*, also unterschiedlich anzuziehen.

Insbesondere wenn er mit Dritten zusammenkommt, bei denen er etwas zu Gunsten der Problemlösung erreichen möchte, muss er sich überlegen, in welcher Bekleidung er von ihnen wohl akzeptiert wird und in welcher er riskiert, auf Ablehnung zu stossen. Diese Personen – z. B. Behördemitglieder, Verwaltungsbeamte, Arbeitgeber, Wohnungsvermieter – gehören oft nicht zur gleichen sozialen Schicht wie seine Klienten und stehen denselben nicht selten reserviert, manchmal sogar mit entschiedener Antipathie oder offener Verachtung gegenüber. Indem sich der Sozialarbeiter bei ihnen durch gewisse äusserliche Anpassungsbemühungen ein *positives Image* erwirbt, vermag er sie unter Umständen wohlwollend zu stimmen – zwar sicher nicht damit allein, aber ohne diese Imagebemühung gelänge es ihm vielleicht nicht. Selbst die Eltern eines ausgeflippten Jugendlichen, sogar wenn derselbe zu Hause wohnt, gehören – klar gesehen – einem ganz anderen gesellschaftlichen Milieu an als ihr Kind, und der Sozialarbeiter darf ihnen weder in seinem äusseren Auftreten noch im kommunikativen Umgang auf gleiche Art begegnen wie jenem.

Dass er sich, wo immer er bewusste methodische Anpassung übt, *selbstinstrumentell* verhält, seine Person, wie wir es genannt haben, «flexibel-plastisch einsetzt» (vgl. S. 197 ff.), ist evident. Seine eigene Persönlichkeit steht dabei im Hintergrund. Es geht nicht um sie, sondern um den taktischen Akzeptanzzweck.

Auch bezüglich des *Arbeitssettings* macht der Sozialarbeiter anpassende Konzessionen. Vor allem im Anfangsstadium der Problemabklärung setzt er nicht einfach seine äusseren Vorgehensmaximen durch, sondern er richtet sich, soweit es aus Akzeptanzgründen nützlich und in problemlösender Hinsicht gangbar ist, nach den Wünschen bzw. Abneigungen der Problembeteiligten. So sucht er z. B. jemanden, der vorerst nicht auf dem Sozialdienst erscheinen möchte, zu Hause auf oder trifft ihn in einem Café. In einem andern Fall verzichtet er auf ein sofortiges Verhandlungsgespräch, das ihm zweifellos am einfachsten und raschesten Problemeinsicht verschaffen würde, und lässt die hilfebegehrende Person zuerst einmal allein mit ihm reden, bis sie genügend Vertrauen zu ihm gefasst hat. (Dass er freilich die Verhandlung nicht zu lange hinauszögern darf, wurde uns oben S. 289 f., wo wir den methodischen Verhandlungsvorrang erörterten, klar.) Er gewährt Problembeteiligten einen für sie günstigen Gesprächstermin ausserhalb der offiziellen Öffnungszeit des Sozialdienstes, lässt die Arbeit liegen und spricht mit ihnen, wenn sie unangemeldet bei ihm erscheinen, obschon die Problemlage es durchaus gestattete, sie auf einen späteren Termin aufzubieten, oder er erlaubt ihnen, ihn zu Hause anzurufen. Dergleichen Vergünstigungen sind bewusste *Ausnahmen* – der Sozialarbeiter macht sie in taktischer Anpassungsabsicht und hört damit auf, sobald die Beziehung zwischen ihm und den Personen, zu deren Gunsten sie geschehen, gefestigt ist.

Schliesslich sei noch auf die sozialarbeiterische Anpassung *im Formellen* hingewiesen. Gegenüber der Verwaltung z. B. befleissigt sich der Akzeptanz suchende Sozialarbeiter, in administrativen Dingen (Berichterstattung, Rechnungstellung, Fristbeachtung, Einholen von Genehmigungen etc.) einwandfrei korrekt zu verfahren. Er hält sich an Usanzen der Verwaltungsbürokratie und der Justiz, selbst wenn sie ihm sinnlos erscheinen und sich, falls er es nicht täte, kein materieller Nachteil für ihn bzw. seine Klienten ergeben würde. Was er damit bezweckt, ist, bei diesen lösungswichtigen Instanzen nicht unnötigerweise anzuecken, sondern im Gegenteil als angenehmer Kooperationspartner zu gelten. Umgekehrt spielt er bei gewissen Problembeteiligten, um sie nicht kopfscheu zu machen, das Formelle herunter. Statt ihnen das umständliche Formular unter die Nase zu halten, das die Verwaltungsbürokratie in ihrem Falle vollständig und exakt ausgefüllt verlangt, füllt er es selbst mit den Angaben aus, die er im lockeren Gespräch mit der betreffenden Person oder auf anderem Wege in Erfahrung gebracht hat. Oder er beschafft selbst Unterlagen (Dokumente, Bescheinigungen u. ä.), welche aus formell-administrativen Gründen benötigt werden, ohne von den Problembeteiligten zu verlangen, sich darum zu kümmern.

Die sozialarbeiterische Anpassung im Formellen erstreckt sich bis in die *Gestaltung von Schriftstücken:* ein Gesuch um Schuldenreduktion an eine Bank z. B. oder eine Klage an das Gericht sollen tadellos in der Manier zeitgemässer Geschäftskorrespondenz dargestellt sein. Anderseits würde gerade ein Brief in solch offiziellem Stil gewisse Problembeteiligte oder helfende Dritte kränken, und der Sozialarbeiter muss an sie vielleicht sogar handschriftlich, auf nichtamtlichem Papier schreiben, um die betont persönliche Beziehung zu ihnen adäquat auszudrücken.

d) Präsumption des guten Willens

Der Sozialarbeiter nimmt an, dass die Problembeteiligten den guten Willen haben, das Problem zu lösen bzw. an einer Lösung, soweit es in ihren Kräften steht, mitzuarbeiten. Er demonstriert ihnen diese positive Präsumption, macht ihnen deutlich, dass er von ihrer generell guten Motivation ausgeht.

Nichts bringt einen Menschen dem andern persönlich näher, als wenn er weiss, dass dieser andere von ihm eine positive Meinung hat. Sich so gesehen zu fühlen, fördert und stärkt ganz enorm sowohl das Selbstvertrauen wie das Vertrauen zu der Person, von der man die Bejahung und Anerkennung empfängt. Es ist deshalb unter dem Gesichtspunkt der Akzeptanz fundamental wichtig, dass der Sozialarbeiter den Problembeteiligten zum vornherein seine Annahme, sie seien guten Willens, zeigt. Wir verwenden für sie in Anlehnung an die juristische Terminologie den präzisen Begriff der *Präsumption*. Damit kommt dreierlei zum Ausdruck: erstens dass es sich bloss um eine Vermutung handelt; zweitens dass sie unabhängig von der «privaten Meinung» des Sozialarbeiters besteht; und drittens dass ihr Inhalt tatsächlich gilt, und zwar solange, bis seine Unrichtigkeit erwiesen ist.

Durch die Präsumption des guten Willens nimmt der Sozialarbeiter vermutend vorweg, die Problembeteiligten oder Dritten seien ehrlich daran interessiert, das Problem vernünftig, gerecht und auf faire Weise zu lösen, sie strebten nach Frieden, dächten nicht egoistisch nur an sich selbst, sondern berücksichtigten auch die anderen, seien bereit, aktiv am Problemlösungsprozess mitzumachen und dabei notwendige Mühen auf sich zu nehmen. Ob es sich *in der Tat* so verhält, weiss der Sozialarbeiter meist nicht. Die Präsumption des guten Willens geschieht als ein Schritt auf den Problembeteiligten zu: der Sozialarbeiter schenkt ihm *vorschüssig* Vertrauen, und zwar in der Absicht, dadurch selbst bei ihm Vertrauen zu erwerben. Ausserhalb des Akzeptanzhorizontes dient sie dazu, die problemrelevanten Personen im Sinne des Positivitätsprinzips positiv zu motivieren, sie nach der Dynamik der *selffulfilling prophecy* zu einer günstigen Einstellung zu ermutigen und zu problemlösender Mitarbeit zu bewegen.

Ein solches *positives Vorurteil* ist methodisch nicht nur sinnvoll, sondern schlicht notwendig. Man vergegenwärtige sich bloss, wie das persönliche Verhältnis zwischen Sozialarbeiter und Problembeteiligten aussähe, wenn der Sozialarbeiter das Gegenteil tun, den Problembeteiligten gegenüber also zum vornherein Skepsis und Misstrauen zeigen würde! Welchen nützlichen Effekt könnte es haben, eine Mutter, die ihr Kind misshandelt, merken zu lassen, man halte dafür,

364

sie wolle gar keine gute Mutter sein? – einen Alkoholkranken, er wolle gar nicht von seiner Sucht geheilt werden; einen rebellierenden Jugendlichen, er wolle gar keine Anerkennung in der Gesellschaft finden; einen Arbeitslosen, er wolle gar nicht arbeiten; ein zerstrittenes Ehepaar, es wolle gar nicht harmonisch zusammenleben; eine geldverschleudernde Hausfrau, sie wolle gar nicht vernünftig haushalten? Selbst wenn er einigen Anlass zu derlei Verdacht hat, erreicht der Sozialarbeiter, indem er ihn äussert, bloss, dass die betreffenden Menschen von ihm enttäuscht sind, sich von ihm abwenden, ihm Widerstand entgegensetzen oder ihn angreifen, statt vertrauensvoll mit ihm zusammenzuarbeiten.

Die Problembeteiligten leiden in der Regel unter der Vorstellung, wegen des sozialen Problems, an dem sie teilhaben, minderwertig zu sein. *Sie wissen, dass sie Fehler machen.* Umso wichtiger ist es, dass *ihr guter Wille* nicht in Zweifel gezogen, sondern im Gegenteil betont, herausgehoben, bestätigt, anerkannt und bekräftigt wird. Er dient als ein zentraler *psychischer Pfeiler* – auf ihn bezogen kann der Sozialarbeiter der problembeteiligten Person Achtung bezeugen, an ihn Lösungshoffnungen knüpfen, von ihm funktionelle Verhaltensforderungen herleiten und stützen lassen. Wenn dieser Pfeiler bei einem Menschen brüchig ist (was in manchen Fällen und Situationen zutrifft), hilft die sozialarbeiterische Präsumption des guten Willens, ihn wieder fest und stark zu machen.

Als *taktisches* Handeln ist die Präsumption des guten Willens weitgehend unabhängig von dem, was der Sozialarbeiter aufgrund seiner Ahnungen, Abschätzungen oder seines bereits erworbenen Wissens im betreffenden Fall über die Problembeteiligten denkt. Mag er auch auf Grund seiner Verstehensbemühungen an den positiven Motiven eines problemrelevanten Menschen zweifeln, der Sozialarbeiter hält die Annahme, jener beabsichtige das Gute, aufrecht – solange als er die Chance hat, mit ihr eine günstige Wirkung zu erzeugen. Erscheint die Präsumption des guten Willens allerdings, weil das Gegenteil offenkundig geworden ist, als *unglaubwürdig*, lässt er sie fallen. Ebenso dann, wenn sich ein Schaden ergäbe, falls er sie beibehalten würde. Er darf z. B. nicht einfach unter Berufung auf sie jemandem, der Sozialhilfe-Gelder wissentlich unsachgemäss verwendet hat, erneut Geld aushändigen. Wenn die Dinge so stehen, gilt methodisch für ihn, von der Präsumption des guten Willens abzurücken und statt dessen im Sinne des Tatsachenprinzips sowie des Erklärungsprinzips (das wir weiter unten behandeln werden) offen sein *begründetes Misstrauen* zu äussern.

Der Sozialarbeiter zeigt dem Adressaten die Präsumption des guten Willens durch sein ganzes kommunikatives Verhalten, vor allem natürlich durch das, was er zu ihm sagt. Er kann sie ihm aber auch *indirekt* zur Kenntnis bringen, indem er jemand anderem, etwa einem Familienangehörigen oder einem Arbeitskollegen seine positive Meinung über ihn äussert – in der sicheren Erwartung, dieser andere erzähle jenem, um den es geht, davon. Auf solche Weise kommuniziert wirkt die Präsumption des guten Willens besonders echt und suggestiv.

Sie kommt ferner dort zum Ausdruck, wo der Sozialarbeiter über negatives, bezüglich der Problemlösung dysfunktionelles Verhalten eines Problembeteiligten geflissentlich hinweggeht, so als sei es versehentlich passiert und vom betroffenen Menschen gar nicht eigentlich gewollt.

Wichtig ist vor allem auch, dass der Sozialarbeiter die *prätendierte positive Motivation* einer problemrelevanten Person vorbehaltlos annimmt, solange er es glaubwürdig tun kann. Wenn jemand ihm gegenüber seine Einsatzbereitschaft und seine positive Einstellung beteuert und ihm konkrete Versprechungen, an der Problemlösung mitzuarbeiten, macht, schenkt er dieser verbalen Bekundung guten Willens ostentativ Glauben. Damit gibt er dem betreffendem Menschen, selbst wenn nicht gerade viel objektiver Grund für solchen Glauben besteht, eine Chance, die sich selbst attestierte erfreuliche Einstellung durch die Tat zu beweisen, spornt ihn an, ja setzt ihn geradezu moralisch unter Druck, es zu tun. Brächte der Sozialarbeiter der prätendierten positiven Motivation statt dessen Misstrauen entgegen, würde er meist nur den guten Willen und das Selbstbewusstsein der Problembeteiligten (jedenfalls das, was davon bei ihnen vorhanden ist) schwächen. Gerade das Gegenteil muss aber geschehen: die problemrelevanten Personen sollen sich vom Sozialarbeiter in ihren – vielleicht noch durchaus schwankenden, unsicheren – guten Vorsätzen unterstützt und bestärkt fühlen.

Typisch für das sozialarbeiterische Bemühen, dies zu bewirken, ist nebst all dem, was wir hier schon erwähnt haben, auch die bewusst *motivierende Gestaltung schriftlicher Abmachungen* zwischen Problembeteiligten. Hat der Sozialarbeiter beispielsweise zwischen Eheleuten, die sich im Scheidungsprozess gegenüber stehen und um die Zusprechung der Kinder und das Besuchsrecht streiten, eine einverständliche Regelung zustande gebracht, fasst er die diesbezügliche Scheidungskonvention möglichst so ab, dass die Beteiligten durch den Text, den sie unterschreiben, im Willen gefestigt werden, bei der getroffenen Abmachung zu bleiben und sie, nachdem sie rechtskräftig geworden ist, einzuhalten. Er vermeidet juristische Ausdrücke, welche die Beteiligten verletzen und widerständig machen könnten: Statt «Klägerin» und «Beklagter» schreibt er z. B. «Mutter» und «Vater», statt von «Parteien» spricht er von «Vertragspartnern», und wo immer es geht, «verpflichtet» der Vereinbarungstext die Unterzeichner nicht, sondern «berechtigt» sie zu etwas. Darüber hinaus streut der Sozialarbeiter in ihn *emotional getönte Ausdrücke und Wendungen* ein, welche die seelischen Bedürfnisse der betroffenen Menschen anklingen lassen und den Abmachungspartnern damit den Vertragsinhalt gefühlsmässig nahebringen, ihnen auch zugleich einen guten Willen unterstellen und sie moralisch motivieren, dem Vereinbarten aus freien Stücken nachzuleben. So leitet er die erwähnte Scheidungskonvention betreffend die Kindeszuteilung und das Besuchsrecht beispielsweise mit einer motivierenden Präambel ein – etwa dieses Wortlauts: «Wir, Vater und Mutter von Markus und Katrin, vereinbaren nach reiflicher Überlegung – im gemeinsamen Bestreben, das Wohlergehen unserer Kinder, auch nachdem wir auseinandergegangen sind, mit besten Kräften zu fördern und ihnen eine unbelastete, von

Liebe getragene Beziehung zu jedem von uns zu gewährleisten – das Folgende.»
Mit einer solchen schriftlichen Präsumption des guten Willens erhebt der Sozialarbeiter beide Elternteile gleichermassen auf die Höhe wahrer elterlicher Verantwortung und verleiht er ihrer Entscheidung Würde. Und er kann sicher sein, dass sie ihm dafür dankbar sind.

e) Nichtbeschuldigung

Der Sozialarbeiter beschuldigt und verurteilt die Problembeteiligten nicht, wenn bzw. weil sie sich negativ verhalten. Er beurteilt ihr Verhalten im nur neb *Hinblick auf die Funktionalität sozialer Zusammenhänge und am Massstab der sozialen Werte, enthält sich aber jeglicher Kritik aufgrund sonstiger, z. B. religiöser oder politisch-ideologischer Normen.*
Explizite Kritik an problemrelevanten Personen äussert er ihnen gegenüber nur dann, wenn sie unter den gegebenen Umständen problemlösende Wirkung zu haben verspricht. Dabei misst er nicht Schuld zu, sondern er will bei den betreffenden Menschen Einsicht in ihre problemverursachenden, lösungshindernden Verhaltensweisen schaffen und sie zu positivem Verhalten bewegen.

Dieses methodische Prinzip ist eng verwandt mit der eben besprochenen Präsumption des guten Willens. Letztere bezieht sich vor allem auf das *zukünftige*, erwartete und erwünschte *positive* Verhalten der Problembeteiligten, während es bei der Nichtbeschuldigung um *vergangenes* oder gegenwärtig geschehendes *negatives* Tun und Lassen problemrelevanter Personen geht. Dass der Sozialarbeiter auf solches Verhalten im Sinne des Nichtbeschuldigungsprinzips reagieren solle, hat die gleichen Akzeptanz- und Problemlösungsgründe wie die Präsumption des guten Willens, und wir brauchen sie deshalb nicht (nochmals) anzuführen.

Im Zentrum steht hier die Frage der *persönlichen Schuld* und somit die des moralischen Wertes bzw. Unwertes. Wir haben uns mit den sozialen Werten, welche für die Sozialarbeit massgebend sind, in der Aufgabenlehre (s. S. 123 f.) befasst, und ihre methodische Bedeutung wurde uns durch das sozialethische Prinzip (S. 227 ff.) klargemacht. Es lässt sich von einer *sozialen Moral* sprechen, die den Sozialarbeiter bei der sozialen Problemlösung leitet und die er in der Zusammenarbeit und Auseinandersetzung mit den problemrelevanten Personen vertritt. Wo er dies tut, kommt zwangsläufig *implizite Kritik* gegenüber negativem Verhalten, das den sozialen Werten zuwiderläuft, zum Ausdruck. Und falls er annehmen darf, es fördere die Problemlösung, kritisiert der Sozialarbeiter Problembeteiligte und Dritte offen, also *explizit*. Eine aufrichtige Kommunikation, wahrheitsoffenbarende Tatsachenkonfrontation und effiziente Verhaltensbeeinflussung wären in manchen Situationen anders gar nicht möglich.

Kritik am Tun und Lassen problemrelevanter Personen gehört somit ohne Zweifel zur sozialarbeiterischen Problemlösungstätigkeit und lässt sich nicht generell, indem man idealistisch praxisfern theoretisiert, aus ihr ausschliessen. In methodischer Sicht müssen jedoch in bezug auf sie *dreierlei Einschränkungen* angebracht werden – und sie eben machen den Inhalt des Nichtbeschuldigungsprinzips aus:

1. Jede Kritik, sei sie noch so berechtigt, wird vom Kritisierten als Angriff auf seine Person erlebt und schafft zuerst einmal Distanz zwischen ihm und dem Kritiker. Wer jemanden kritisiert, riskiert, dass sich dieser von ihm ab- oder gar gegen ihn wendet. Der Sozialarbeiter übt deshalb, solange er noch keine *Akzeptanz* bei einer lösungswichtigen Person gefunden hat, sondern erst dabei ist, ihr Vertrauen zu erwerben, keine explizite Kritik an ihr. Und er achtet während dieser Phase sorgfältig darauf, seine (unumgänglichen) implizit kritischen Äusserungen in einer betont wohlwollenden Weise an den betreffenden Menschen zu richten, so dass dieser durch sie nicht persönlich verletzt wird.

2. Dass nach sozialarbeiterischen Kriterien – also im Hinblick auf soziale Werte und das Funktionieren sozialer Zusammenhänge – ein Verhalten kritisiert werden *kann,* heisst nicht, der Sozialarbeiter *solle* oder *müsse* dies tun. Ganz im Gegenteil, kritische Bemerkungen und Vorwürfe macht er nur dort, wo er das (von vernünftiger Überlegung und intuitiver Einsicht gestützte) sichere Gefühl hat, die angesprochene Person werde dadurch im Sinne des Problemlösungszieles *positiv beeinflusst.* Begegnet ihm oder vernimmt er Tadelnswertes, erwägt er zuerst einmal, ob dasselbe bezüglich der Problemlösung eine erhebliche Rolle spielt, und trifft dies nicht zu, übergeht er es stillschweigend. Aber auch wenn es etwas ist, das offensichtlich den Problemlösungsprozess hemmt, das Problem verschärft, Fortschritte vereitelt oder schon Erreichtes wieder zunichte macht, braucht der Sozialarbeiter darüber keineswegs immer ein explizites kritisches Urteil, einen offenen Tadel zu äussern. Im allgemeinen darf er davon ausgehen, dass die Menschen, wo sie falsch, schlecht, unklug, selbstschädigend oder asozial handeln, dies sehr wohl selbst wissen. Warum sollte man einer Mutter, die ihr Kind aus unbeherrschter Wut mit Fusstritten traktiert, einem Alkoholiker, der sich sinnlos betrinkt, einem Schulkind, das die Schule schwänzt, einem Drogenabhängigen, der seine Geschwister und Kollegen bestiehlt, einem Familienvater, der aus Wut über seinen Chef seine Arbeitsstelle von einem Tag auf den andern verlässt und nun arbeitslos dasteht – warum sollte man solchen Menschen noch ausdrücklich sagen, ihr Verhalten sei sozial negativ und zu rügen? Das ist ihnen mit Sicherheit ohnehin klar. Der kluge Sozialarbeiter zeigt ihnen lediglich, dass er selbstverständlich voraussetzt, er und sie seien sich in der (negativen) Beurteilung dieses Verhaltens einig, und er bemüht sich, die Aufmerksamkeit und das Streben der Problembeteiligten auf die Frage und Aufgabe zu konzentrieren, wie die abträglichen Folgen ihres Fehlverhaltens beseitigt oder gemindert und wie das Fehlverhalten selbst überwunden werden kann. So erspart er ihnen explizite Kritik und das damit verbundene Gefühl, als unfähig und schuldig dazustehen

und persönlich blossgestellt zu sein. Dass dies seine Akzeptanz bei ihnen fördert, leuchtet ohne weiteres ein.

Freilich, derartiges *Nichtthematisieren fehlerhaften Verhaltens* ist ihm nur da erlaubt, wo er an der selbstkritischen Einsicht der betreffenden Problembeteiligten nicht zweifeln muss. Ist das Umgekehrte der Fall, darf er sich der *offenen Auseinandersetzung* mit dem Menschen, der gravierende soziale Fehler gemacht hat bzw. macht, nicht entziehen. Das trifft insbesondere bei sozialdebilen Personen zu (vgl. S. 114 ff.), die oft nicht erkennen, dass und inwiefern sie in sozialer Hinsicht falsch, dumm oder unmoralisch handeln. Desgleichen bei Menschen, die, beherrscht von negativen Affekten (Enttäuschung, Neid, Hass, Minderwertigkeitsgefühlen etc.), blind sind für das, was sie selbst in bezug auf andere tun. Vor allem wenn es um subtilere Verhaltensfehler geht, nicht um so offensichtliche, wie wir sie oben nannten, ist es häufig nötig, dass der Sozialarbeiter eine problemrelevante Person durch Kritik recht eigentlich aufklärt und zu einem feineren sozialmoralischen Bewusstsein führt.

3. Die sozialarbeiterische Kritik an Problembeteiligten und Dritten beschränkt sich streng auf die Sphäre des Sozialen. Eine andere als die *soziale* Moral – die sozialen Werte also, die ein gerechtes, friedliches Zusammenleben der Gesellschaftsangehörigen im kleinen wie im grossen gewährleisten – hat der Sozialarbeiter nicht zu vertreten. In diesem Sinne verstanden stimmt die allgemein verbreitete Berufsmaxime, der Sozialarbeiter dürfe «nicht moralisieren». Es ist ihm in der Tat nicht erlaubt, ein Verhalten aus z. B. religiösen, philosophischen, politischen oder ökologischen Gründen zu kritisieren, denn diese Beurteilungskriterien sind für seine berufliche Aufgabe unmassgeblich. Und wo er an jemandem richtigerweise aufgrund anerkannter sozialer Werte (bzw. sozialer Normen, die ihnen entsprechen) Kritik übt, richtet er sie immer nur auf das *Verhalten,* nicht auf den gesamten Menschen selbst. Er gibt in seiner Kritik dem Problembeteiligten zu verstehen: Dass du so *gehandelt* hast, ist schlecht; nie jedoch: weil du so gehandelt hast, bist *du* schlecht! Er trennt die *Person an-sich* von ihrem Verhalten und schützt sie so vor seiner Kritik. Wie wir wissen, setzt er den guten Willen der Person (und damit auch die Willensfreiheit) voraus. Seine Kritik, strikt auf das negative Verhalten bezogen, bringt immer zugleich das Positive zum Ausdruck: Du kritisierter Mensch, du musst nicht so (negativ) handeln, du bist nicht an-sich so, du kannst dich anders, nämlich positiv verhalten. Und dies eben ist ja der Zweck der sozialarbeiterischen Kritik, ihr *einziger* Zweck: dass der Angesprochene sein Verhalten zum Bessern ändert.

Keineswegs geht es dem Sozialarbeiter darum, einen Menschen zu *beschuldigen*, d. h. Schuld auf ihn zu legen, ihn schuldig zu sprechen, moralisch zu verurteilen, durch die Einpflanzung von Schuldgefühlen zu bestrafen. Und niemals darf der Sozialarbeiter eine Person auf eine Weise kritisieren, dass sie den erniedrigenden Eindruck bekommen muss, von ihm persönlich geringgeachtet, ja verachtet zu werden. Wir stimmen in all dem voll überein mit der Meinung Biesteks, die er in seinem fünften Grundsatz der Casework-Beziehung, demjenigen von der «nichtrichtenden Haltung» des Sozialarbeiters gegenüber dem Klienten, niedergelegt hat.[263] Nicht die Schuld, das Schuldigsein der Problembeteiligten ist in der Sozialarbeit das Thema. Auch wo die Problembeteiligten selbst auf die Schuldfrage fixiert bleiben – sei es in unfruchtbarer Selbstbeschuldigung, sei es indem sie in der Konfliktverhandlung nicht über gegenseitige Schuldzuweisungen hinauskommen –, zeigt der Sozialarbeiter sich entschieden desinteressiert an ihr. Er versucht, den problemrelevanten Personen klarzumachen, dass nichts gewonnen ist, wenn Schuldige feststehen, wohl aber wenn erkannt wird, wo die *Ursachen eines sozialen Problems* liegen, in was für Verhaltensfehlern es gründet. Seine Kritik will bei den Betroffenen Verständnis für den Problemzusammenhang wecken, ihnen selbstkritische Einsicht in ihren eigenen ursächlichen Beitrag dazu verschaffen, sie in sozialmoralischer Hinsicht aufrütteln und positiv motivieren. Sie greift nicht beschuldigend an, sondern analysiert und baut auf.

f) Kompetenzprinzip

Der Sozialarbeiter zeigt den Problembeteiligten und Dritten seine professionelle Kompetenz: Die Fähigkeit, soziale Probleme zu verstehen und sie – im Rahmen des faktisch überhaupt Möglichen – zu lösen. Er beansprucht ihnen gegenüber hinsichtlich der sozialen Problemlösung fachliche Autorität und macht deutlich, dass er die entsprechende Handlungsverantwortung auf sich nimmt.

In unseren einleitenden Bemerkungen zur sozialarbeiterischen Akzeptanz haben wir festgestellt, dass dieselbe notwendig auf zweierlei beruht: zum einen auf dem Vertrauen in die Persönlichkeit des Sozialarbeiters, in seinen echten Helferwillen, zum andern auf dem Zutrauen in seine Problemlösungsfähigkeit. Das methodische Kompetenzprinzip bezieht sich auf dieses zweitgenannte Akzeptanzmoment.

«Der Berater wird um seiner Kompetenz willen aufgesucht, die ihn vom Ratsuchenden unterscheidet», hält Thiersch klipp und klar fest[264]; und dass er dies im Hinblick auf die Sozialarbeit (Thiersch spricht von «sozialpädagogischer Beratung») betont, hat seinen guten Grund. Mancher Sozialarbeiter ist nämlich von der irrigen Meinung beherrscht, um Vertrauen zwischen ihm und einer problembeteiligten Person zu schaffen, genüge es, eine positive menschliche Beziehung, einen intensiven Gefühlsaustausch auf partnerschaftlicher Ebene herzustellen. Je näher man sich «von Mensch zu Mensch» komme, umso besser – davon hänge letztlich alles ab. Dabei übersieht er, dass die Problembeteiligten

263 Vgl. *Biestek*, S. 91 ff.
264 *Thiersch 1977*, S. 126

von ihm in erster Linie Hilfe in einer schwierigen, notvollen Lebenssituation erhoffen und es für sie entscheidend wichtig ist, dass sie bei ihm auf eine fachlich tüchtige Person treffen, welche ihnen wirklich helfen kann. Natürlich sind sie froh, wenn er ihnen in einer menschlich ansprechenden Weise begegnet, ihnen warme Gefühle entgegenbringt und sich die persönliche Beziehung zu ihm erfreulich gestaltet. Doch das reicht nicht aus. Sie brauchen nicht einfach einen guten Menschen, sondern einen *kompetenten Problemlöser*. Warum sollten sie ihm *vertrauen*, und das bedeutet: sich ihm öffnen, vor ihm ihre Schwierigkeiten, Fehler und Nöte blosslegen, ihm ein Handeln in ihren Lebensangelegenheiten erlauben, solange sie nicht wissen, dass er ein fähiger Fachmann in ihrer Sache ist?

Auch der Sozialarbeiter selbst (als Privatperson) «vertraut» zum Beispiel seinem Supervisor, Zahnarzt, Coiffeur, Anlageberater, Rechtsanwalt, Sanitärinstallateur, Klavierlehrer oder Bergführer nicht, wenn er an dessen beruflicher Kompetenz Zweifel hegt, mag er in einem noch so freundschaftlichen Verhältnis zu ihm stehen. Er hat, während er die Dienste einer solchen Person in Anspruch nimmt, ein unsicheres, ungutes Gefühl, beachtet ihren Rat oder ihre Anweisungen nicht zuverlässig, trägt nicht alle seine einschlägigen Fragen, Wünsche oder Aufträge an sie heran, wendet sich nebenbei an andere Fachleute und erwägt insgeheim, von ihr abzuspringen. Den Hilfebedürftigen in sozialen Problemfällen kann es in bezug auf den Sozialarbeiter ganz gleich ergehen, bloss dass ihnen mangels einer Alternative meist gar nichts anderes übrigbleibt, als sich auf ihn (den Sozialarbeiter) einzulassen. Allein, *wie weit* sie dies tun, hängt wesentlich davon ab, in welchem Masse sie Zutrauen zur Problemlösungsfähigkeit des Sozialarbeiters haben. Effizienten problemlösenden Einfluss vermag dieser häufig nur dann auszuüben, wenn ihm die problemrelevanten Personen *fachliche Autorität* zubilligen, ihn als kompetenten Fachmann anerkennen. Er muss sich diese Anerkennung deshalb so rasch wie möglich verschaffen, muss innerhalb des Problemfeldes in die Position einer fachkompetenten Autorität gelangen. Erst wo er dies erreicht hat, ist er im Sinne des sozialarbeiterischen Begriffes voll «akzeptiert». Sogar für eine Casework-Autorin wie Perlman ist die «berufliche Beziehung» zwischen Caseworker und Klient wesentlich durch das Element der *Autorität* geprägt: Der Zweck dieser Beziehung sei, sagt sie, die Problemlösung, und man erwarte vom Sozialarbeiter, dass er «das Wissen, die Fähigkeit und die Autorität» habe, sie zu befördern – ja gerade der Klient selbst wünsche, «dass der Caseworker eine Autorität besitzt, die der Beziehung Sicherheit und Festigkeit gibt und die ihm (dem Klienten) hilft, sich seiner (des Caseworkers) Führung anzuvertrauen».[265]

Das methodische Kompetenzprinzip verlangt vom Sozialarbeiter, sich bewusst so zu verhalten, dass die problemrelevanten Personen sich in eine *komplementäre*

---

[265] *Perlman 1957*, S. 88 f.

Beziehung zu ihm hineinbegeben, in der sie seine Fachkompetenz betreffend die soziale Problemlösung akzeptieren. Das kann nichts anderes bedeuten, als dass er ihnen seine Kompetenz von Anfang an *zeigt* – beispielsweise indem er kluge Fragen stellt, gut auf Gespräche und Besprechungen vorbereitet die Problemdetails im Kopf hat und die Übersicht über die ganze Problemlage besitzt, scharfsichtige Problemdeutungen gibt, präzise sachliche Informationen sowie einschlägiges Fachwissen vermittelt und Sicherheit im sozialethischen Urteil beweist. Ebenso dadurch, dass er überzeugende Problemlösungsvorschläge macht, gegenüber emotionellen Ausbrüchen Ruhe bewahrt, objektiv-unparteiisch bleibt, furchtlos auftritt, mit schwierigen Menschen geschickt umgeht, am richtigen Ort offen und am richtigen Ort diskret zurückhaltend ist, die Herrschaft über die Gesprächssituation souverän ausübt, zielgerichtete Direktiven gibt, effiziente Massnahmen ergreift, mit den tatsächlich massgebenden Instanzen Kontakt aufnimmt oder rasch konkrete Hilfe leistet.

Unter Umständen – wenn er merkt, dass zum vornherein an seiner Kompetenz gezweifelt oder dass sie gar nicht zur Kenntnis genommen wird – muss er sie recht eigentlich *demonstrieren*. Er zitiert dann etwa einen Gesetzestext, streut absichtlich fachspezifische (z. B. psychologische, soziologische, ökonomische) Begriffe in sein Reden oder Schreiben ein, legt eine problemrelevante Theorie dar, verweist auf Fachliteratur, lässt erkennen, dass er für ein bestimmtes Handeln speziell ausgebildet ist (z. B. familientherapeutisch für die Arbeit mit Familien oder durch einen höheren kaufmännischen Diplomabschluss für die Vermögensverwaltung), stellt explizit fest, dass er wichtige Personen, Instanzen, Institutionen oder Vorgehensweisen kennt, in dieser und jener Hinsicht vielfache oder langjährige Erfahrung besitzt, über gewisse soziale Verhältnisse und Abläufe (z. B. im Drogenbereich oder auf dem Arbeitsmarkt) bestens Bescheid weiss. Vielleicht muss er sogar einmal, um sich Autorität zu verschaffen, zu jemandem frei heraus sagen: «Das weiss (verstehe, kann) *ich*, und Sie wissen (verstehen, können) es offensichtlich *nicht*!» Derart dramatisches Kompetenz-Demonstrieren sollte freilich nur selten vorkommen. Das Kompetenzprinzip will den Sozialarbeiter keineswegs zum Auftrumpfen und Sich-Überheben animieren; damit würde der Akzeptanzzweck verfehlt. Aber für einen Beruf wie den der Sozialarbeit, der sich noch keinen allgemein anerkannten Platz in der Gesellschaft und unter den etablierten Professionen errungen hat und dessen Vertreter, von beruflichen Minderwertigkeitsgefühlen angenagt, zum Understatement bezüglich des eigenen professionellen Könnens neigen, ist die methodische Maxime, Kompetenz zu zeigen, unerlässlich.

Sie gilt insbesondere auch gegenüber andersberuflichen *Drittpersonen* und gegenüber Behörden, Amtsstellen sowie sonstigen Instanzen, mit denen der Sozialarbeiter kooperieren will oder muss. Nicht selten wird er von solchen Dritten nicht ohne weiteres, wie es normal wäre, als eigenständiger Fachmann anerkannt – zum Schaden einer effizienten Kooperation. Indem der Sozialarbeiter diese Nichtakzeptanz stillschweigend duldet, nützt er weder den Hilfebedürftigen im betreffenden Problemfall noch der Sozialarbeit generell. Das Kompetenzprinzip ermutigt ihn vom Methodischen her, in seinem sozialarbeiterischen Aufgabenbereich fachliche Autorität zu beanspruchen und, um diesen Anspruch zu rechtfertigen, seine beruflichen Fähigkeiten vorzuzeigen.

Dazu fordern ihn die Problembeteiligten übrigens gelegentlich durch *Fragen* über seine Ausbildung und seine Berufs- oder Lebenserfahrung – sei es direkt, sei es einigermassen verschlüsselt – heraus. Der Sozialarbeiter soll auf derartige Fragen hin, sofern sie nicht die Grenzen seiner persönlichen Privatsphäre überschreiten, kurz und sachlich zutreffend Auskunft erteilen. Richtig rät Schubert dem Sozialarbeiter davon ab, dem Frager gegenüber ein Wissen oder eine Erfahrung vorzutäuschen, die er gar nicht hat, oder in ausführlichen Erklärungen beschränkte Kompetenz aufzubauschen oder zu entschuldigen.[266]

Gibt ein (potentieller) freiwilliger Klient dem Sozialarbeiter unmissverständlich kund, dass er an dessen Fähigkeit, das Problem zu verstehen und adäquat anzugehen, zweifelt, reagiert der Sozialarbeiter am klügsten so, dass er diesem Problembeteiligten explizit die *Vertrauensfrage* stellt: Lässt du dich auf mich als Helfer ein, zumindest für die nächsten begrenzten Problemlösungsschritte? Gewährst du mir hiefür einen Vorschuss an Kompetenz-Zutrauen und damit eine Chance (eine Chance auch für dich!), meine tatsächliche Tüchtigkeit zu beweisen? Ja oder Nein? – In diesem Sinne mit der Akzeptanzfrage konfrontiert, muss sich der skeptische Problembeteiligte entscheiden, ob er Klient des Sozialarbeiters sein will oder nicht. Freiwilliger Klient sein kann er nur, indem er Vertrauen in die Kompetenz des Sozialarbeiters setzt (vgl. dazu S. 103 ff.).

Ein anderer Weg, sich vorgängig der Fähigkeiten des Sozialarbeiters zu vergewissern, besteht für die Problembeteiligten darin, ihm ein *Testproblem* vorzulegen. Wie er sich dabei verhalten soll, haben wir bereits im Zusammenhang mit dem Prinzip der Problemannahme erörtert (s. S. 354 ff.). Was wir unter jenem methodischen Gesichtspunkt als richtig erkannten, ist es auch im hier thematisierten Kompetenzaspekt. Testprobleme werden vom Sozialarbeiter zur Kompetenzdemonstration verwendet – einerseits indem er sich kompetent mit ihnen befasst, andererseits indem er sie als Testprobleme durchschaut und durch sie hindurch zum eigentlichen Problem vorstösst.

Gerade das letztere ist kennzeichnend für das Kompetenzprinzip. Die bisher behandelten Akzeptanzprinzipien zeigten, wie der Sozialarbeiter den problemrelevanten Personen bezüglich ihrer Befürchtungen, Sensibilitäten, Vorstellungen und Wünsche entgegengeht. Er tut dies, um in ihre Nähe zu kommen, sie gewissermassen dort abzuholen, wo sie stehen. Allein, er darf hiebei nie so weit gehen, dass er als *inkompetent* erscheint: als lieber Mensch zwar, doch reichlich naiv, schwach oder gar dumm, als einer, der es gut meint, dem aber Durchblick und Stärke fehlen, so dass man ihn einfach hinters Licht führen, persönlich

---

266 Vgl. *Schubert*, S. 34 ff.

einnehmen, für die eigenen Interessen einspannen, wenn nicht schlicht ausnutzen kann. Wo er merkt, dass sein Akzeptanzverhalten einen derartigen Eindruck hervorruft (gleichgültig, ob zu Recht oder nicht), muss der Sozialarbeiter unverzüglich damit aufhören und statt dessen Kompetenz demonstrieren. Es wäre töricht und sinnlos, wenn er darauf verzichtete, von einer Person als kompetenter Fachmann geachtet zu werden, um bei ihr als gutwilliger Helfer zu gelten. Akzeptanz in unserem Sinne erwirbt er sich so nicht.

Offensichtlich steht das Kompetenzprinzip, indem es vom Sozialarbeiter verlangt, das Akzeptanzmoment der *Kompetenzzubilligung* (seitens der Problembeteiligten und Dritten) zur Wirkung zu bringen, in einer gewissen Polarität zu den Akzeptanzprinzipien der Problemannahme, der freundlichen Teilnahme, der Anpassung, der Präsumption des guten Willens und der Nichtbeschuldigung, die hauptsächlich (allerdings nicht ausschliesslich) auf die Herstellung einer *positiven persönlichen Beziehung* hinzielen. Der Sozialarbeiter muss im Umgang mit den problemrelevanten Personen sorgfältig darauf achten, wie viel er einerseits an guter Gesinnung, Anpassung, Freundlichkeit etc., anderseits an Kompetenz und Autoritätsanspruch zeigen darf, damit er sowohl auf die eine wie auf die andere Weise Akzeptanz findet. Wenn er in der einen Hinsicht übertreibt, verscherzt er sich die Akzeptanz in der andern. Es erweist sich hier einmal mehr, was für die Anwendung der methodischen Prinzipien schlechthin gilt: dass der Sozialarbeiter nur zum Ziel kommt, wenn er klug abwägt, wo er diesem und wo er jenem Prinzip folgen und wie weit er es tun soll, und wenn er in seinem Handeln die verschiedenen Prinzipien nach den Erfordernissen der gegebenen Situation lösungsadäquat ausbalanciert.

g) Erklärungsprinzip

Der Sozialarbeiter anerkennt das Bedürfnis und das Recht der problembeteiligten Menschen, zu wissen und zu verstehen, was in ihrem Problemfall von sozialarbeiterischer Seite her geschieht. Er erklärt ihnen seine problemdefinitorischen Vorstellungen und Absichten, die grundsätzliche Art des sozialarbeiterischen Vorgehens und seine einzelnen Handlungen in ihrer Sache.

Den Angehörigen prestigereicher Professionen – z. B. den Professoren, Ärzten, Rechtsanwälten, Ingenieuren – billigen die meisten Menschen zum vornherein Autorität zu. Wegen ihrer gesellschaftlich hochrangigen Position und ihres akademischen Nimbus' wird das, was sie sagen und tun, im allgemeinen ohne weiteres akzeptiert. Ja, ein gut Teil des Einflusses, den sie auf andere Menschen auszuüben vermögen, beruht eben gerade auf dieser ihnen zuerkannten apriorischen Autorität. Sie erlaubt ihnen, das Denken anderer zu bestimmen, ihnen Verhaltensdirektiven zu geben und in ihren persönlichen Belangen zu handeln, ohne sich dafür bei ihnen angelegentlich mit Erklärungen zu rechtfertigen.

Dem Sozialarbeitsberuf fehlt es an solchem gesellschaftlichen Prestige, und der Sozialarbeiter kann deshalb nicht damit rechnen, dass die Problembeteiligten sein Handeln in ihrem Falle einfach unbefragt für richtig halten, es sozusagen gläubig annehmen. Er findet Akzeptanz nicht dadurch, dass er sich auf ein höheres, dem Laienverstande unerreichbares Fachwissen beruft und die Autorität beansprucht, gleichgültig ob die Betroffenen etwas davon begreifen oder nicht, nach diesem speziellen Expertenwissen zu handeln. Als Fachmann fordert er zwar, wie wir gesehen haben, von den problemrelevanten Personen, dass sie seine spezifische professionelle Kompetenz anerkennen, doch er muss sich diese Anerkennung in jedem Problemfall *erwerben*. Und ein bedeutsames methodisches Mittel hiezu ist, dass er sein Handeln *erklärt*, es den Problembeteiligten, so gut es geht, verständlich macht. (Wir sprechen hier bloss von den Problembeteiligten. Dass der Inhalt des Erklärungsprinzips auch bezüglich der Drittpersonen gilt, hat bereits das Kooperationsprinzip zum Ausdruck gebracht.)

Die problembeteiligten Menschen werden vom Sozialarbeiter als *Verstehensfähige* behandelt und als solche, die verstehen *wollen*, nämlich: verstehen, was er in ihrer Sache tut. Entsprechend bemüht er sich, es ihnen zu erklären. In bezug auf das *Grundsätzliche* – z. B. die Zuständigkeit und Aufgabe seiner Institution sowie seine rechtliche Stellung und Funktion im betreffenden Problemfall, die Problemdefinition, die Art und Weise, wie das Problem im Prinzip sozialarbeiterisch angegangen wird, die unabdingbaren Abklärungshandlungen und die zentralen Lösungsschritte – lässt er die Problembeteiligten nie im Ungewissen. Von sich aus klärt er sie darüber auf, nicht nur weil dies unter dem Gesichtspunkt ihrer Mitarbeit an der Problembewältigung notwendig ist, sondern (und dies steht hier im Vordergrund) damit sie sich von ihm ernstgenommen und in der Beziehung zu ihm sicher fühlen.

Auch sein Handeln *im einzelnen* erläutert er den Problembeteiligten, wenn sie ihn danach fragen oder wenn er annehmen muss, sie könnten beunruhigt werden, weil sie nicht wissen oder nicht verstehen, was vorgeht. Er erklärt dann etwa, warum er mit einer Amtsstelle Rücksprache genommen oder was er mit einer andern problembeteiligten Person besprochen hat, selbst wenn es nur etwas Geringfügiges oder Unwesentliches war. Muss z. B. ein Formular ausgefüllt werden, verlangt er nicht einfach die nötigen Angaben von der betreffenden Person, sondern er sagt ihr auch, wozu das Formular dient und weswegen es die geforderten Daten braucht.

Nicht immer freilich weiss der Sozialarbeiter in jedem Punkte, den ein Problembeteiligter erklärt haben möchte, Bescheid. Indes, dass er erklärt, er könne etwas *nicht* erklären, ist durchaus auch eine Erklärung – keine sachliche zwar, aber eine persönliche, die unter Umständen, was die Klientbeziehung angeht, völlig befriedigt, während das nichterklärende Schweigen des Sozialarbeiters bei Gegebenheiten, die er selbst nicht versteht, leicht Unsicherheit und Misstrauen erzeugt.

Vor allem dort, wo der Sozialarbeiter *Macht* ausübt – offensichtlich etwa im Falle der Pflichtklientschaft, bei vertreterischem, intervenierendem oder beschaffendem Handeln –, spielt das Erklärungsprinzip eine grosse Rolle. Dass er befugt ist, *vertreterisch* anstelle eines Klienten zu handeln, bedeutet keineswegs, er brauche dieser Person sein Handeln nicht zu erläutern. Ganz im Gegenteil, je grössere Bestimmungsmacht er über sie hat, umso rücksichtsvoller, sorgfältiger und intensiver muss er auf ihr (oft unausgesprochenes) Erklärungsbedürfnis eingehen. In erhöhtem Masse gilt dies, wenn Problembeteiligte den Eindruck haben, der Sozialarbeiter handle gegen sie, ja sei ihr Feind, was naturgemäss am häufigsten dort vorkommt, wo er zum Schutze einer Person *interveniert*. Durch geduldiges Erklären mag es ihm z. B. gelingen, alkoholkranke Eltern davon zu überzeugen, dass in der gegebenen Situation die Fremdplazierung des Kindes die beste Hilfe nicht nur für das Kind, sondern ebenso für sie selbst ist.

Auch wenn er jemandem Sozialhilfe gewährt (bzw. bei der Behörde entsprechenden Antrag stellt), übt der Sozialarbeiter Macht aus in einer Angelegenheit, welche für die Problembeteiligten zentral wichtig ist. Er darf nicht naiv annehmen, dieselben seien ihm auf jeden Fall für seine *Beschaffungshilfe* dankbar, da er ihnen damit ja etwas *gebe*. Er gibt zwar, das stimmt, aber sie haben vielleicht mehr oder (bei Sachhilfe) etwas anderes erwartet und argwöhnen, der Sozialarbeiter *nehme* ihnen mit dem, was er gibt, auch etwas, nämlich etwas von ihrem rechtmässigen Anspruch auf materielle Hilfe. Sie sagen ihm dies selten geradeheraus, da sie nicht als undankbar oder unbescheiden erscheinen möchten und befürchten, seinen Missmut auf sich zu ziehen, wenn sie ihn kritisieren. Ihr Misstrauen äussert sich eher dadurch, dass sie ungenaue oder unrichtige (für sie günstigere) Angaben machen, gewisse Daten verschweigen, Änderungen in ihren finanziellen Verhältnissen nicht melden und sich der Kontrolle des Sozialarbeiters entziehen. Der kluge Sozialarbeiter beugt solchen unterschwelligen Akzeptanzproblemen vor, indem er den Problembeteiligten von sich aus, ohne von ihnen besonders dazu herausgefordert zu werden, erklärt, wie er die finanzielle Unterstützung berechnet hat, auf welchen Grundlagen (Rechtsbestimmungen, Regelsätzen, Richtlinien, Budgettabellen, Vergleichszahlen etc.) sie beruht, was für Überlegungen hinter der speziellen Art und Weise, in der er die Beschaffungshilfe in ihrem Falle durchführt, stecken. So gewinnt sein Helfen Transparenz und ergibt sich darüber, falls die Betroffenen damit nicht zufrieden sind, am ehesten eine offene Diskussion.

Im Hinblick auf die sozialarbeiterische Akzeptanz ist es fast immer am besten, wenn der Sozialarbeiter gegenüber Problembeteiligten, denen missfällt, was er tut, *Offenheit* an den Tag legt und sein Handeln erklärt, selbst wo er dabei einem Menschen etwas sagen muss, das für diesen persönlich unangenehm ist. Mit Grund nimmt er z. B. in einem Problemfall an, dass eine bestimmte Person ihn anlügt oder sich im Problemfeld ganz anders verhält, als sie vorgibt, und er handelt dementsprechend. Die betreffende Person weiss aber nicht, was er über sie weiss, und hat deshalb das Gefühl, er behandle sie aus Antipathie oder

Parteilichkeit ungerecht. Die Beziehung zwischen ihr und ihm ist dadurch zwangsläufig von gegenseitigem Misstrauen geprägt, und es besteht die Gefahr, dass dieses sich in einem dysfunktionellen Interaktionszirkel noch steigert. Erklärt der Sozialarbeiter in solcher Situation dem Problembeteiligten behutsam, ohne verletzende Beschuldigung, aber in offener, ehrlicher Haltung, was für nachteilige Kenntnisse er von ihm hat, mit welchem Fehlverhalten er bei ihm aus diesen und jenen Gründen rechnet, beseitigt er zumindest falsche negative Meinungen, die jener über ihn, den Sozialarbeiter, hegt, und schafft er *Klarheit* im Verhältnis zu ihm. Das ist oft sehr viel; denn nicht selten trägt ihm gerade dies, dass er einem Menschen in heiklen Punkten aufrichtig begegnet und ihm beweist, dass er zwar seine Schwächen kennt, ihm aber trotzdem zu helfen bereit ist, dessen Achtung und Vertrauen ein.[267]

Zum Schluss, damit das methodische Erklärungsprinzip nicht falsch verstanden wird, noch die folgenden *drei Bemerkungen*:
1. Es geht hier nicht darum, was alles der Sozialarbeiter den Problembeteiligten mitteilen, also: worüber er sie informieren, worauf er sie hinweisen, in welchem Ausmass er ihnen belehrend Einsicht verschaffen soll. Diese Frage lässt sich nicht in einem einzelnen methodischen Prinzip behandeln, sondern muss in der konkreten Situation jeweils im umfassenden Horizont der Problemlösung schlechthin gestellt und unter Berücksichtigung aller relevanten Prinzipien entschieden werden. Das Erklärungsprinzip bezieht sich vielmehr bloss auf Gegebenheiten im Problemlösungskontext, die den Problembeteiligten ganz oder zum Teil *bekannt* sind (gleichgültig aus welchem Grunde, z. B. auch weil sie der Sozialarbeiter darüber in Kenntnis gesetzt hat), die sie jedoch nicht voll, nicht richtig oder überhaupt nicht verstehen. Und auch unter diesen den Problembeteiligten bekannten Umständen, Vorgängen, Verhältnissen oder Handlungen fallen lediglich jene unter das Erklärungsprinzip, welche in irgendeiner Weise mit dem, was der *Sozialarbeiter* tut oder getan hat, in Zusammenhang stehen. Nur für sie trägt der Sozialarbeiter unter dem Gesichtspunkt der Akzeptanz eine *Erklärungspflicht* gegenüber den problemrelevanten Personen.
2. Um jemandem eine Gegebenheit im sozialarbeiterischen Bereich erklären zu können, ist es oft nötig, ihn über Gefühle, Meinungen, Handlungen, Lebensumstände und Angelegenheiten einer anderen Person zu informieren. Tut der Sozialarbeiter dies tatsächlich, läuft er allerdings Gefahr, den Anspruch eben dieses Menschen auf Schutz der persönlichen Geheimsphäre zu verletzen und damit sein Vertrauen zu verlieren. Das Erklärungsprinzip steht in solchem Falle in Spannung zum *Diskretionsprinzip* (das wir anschliessend erörtern werden). Der Sozialarbeiter muss abwägen, wie weit er dem einen zu Lasten des anderen folgen darf – wo das Erklären am Diskretionsbedürfnis anderer Personen seine Grenze findet, auch wenn es dadurch unvollständig bleibt.

---

267 Über den Umgang mit Klienten, die lügen, vgl. *Ziltener 1984*, S. 31 ff.

3. Das Erklärungsprinzip verlangt vom Sozialarbeiter keineswegs, sein Handeln allen Problembeteiligten, immer, überall und unbedingt zu erklären. Er muss Umfang und Art seiner Erläuterungen vielmehr auf das *Erklärungsbedürfnis* und das *Verstehensvermögen* des einzelnen ausrichten. Jemandem Erklärungen in Dingen aufzudrängen, für welche er offensichtlich keine begehrt, ist ebenso unsinnig, wie Erklärungen zu geben, die der Adressat – z. B. ein Kind, ein intelligenzschwacher Erwachsener, ein seniler Betagter – gar nicht verstehen kann. Auch erklärende Aussagen, die geeignet sind, den Angesprochenen persönlich zu verletzen, widersprechen dem Akzeptanzzweck. Steht dieser im Vordergrund, kommen sie nicht in Frage, obschon sie gerade bei den besonders verletzlichen, den sogenannt «schwierigen Personen» am häufigsten angebracht wären. Unter Umständen muss sich der Sozialarbeiter, wenn er zur Erklärung herausgefordert, aber nicht willens ist, das Risiko eines Akzeptanzverlustes einzugehen, extrem «diplomatisch» äussern. Was den Problembeteiligten freilich erlaubt, die in Watte verpackten Erklärungsinhalte, soweit sie ihnen nicht behagen, gar nicht zur Kenntnis zu nehmen . . .

h) Diskretionsprinzip

Der Sozialarbeiter wahrt hinsichtlich dessen, was er aus der persönlichen Geheimsphäre eines Problembeteiligten weiss, grösstmögliche Diskretion. Er informiert andere Personen über solche Dinge nur dann, wenn die soziale Problemlösung, zwingende rechtliche Verpflichtung, Gegebenheiten seiner Institution oder der Schutz seiner eigenen Person (bzw. der Institution) es erfordern. Und wo dies zutrifft, gibt er nur das wirklich Nötige preis.
Allgemein äussert er sich über die Persönlichkeit, das Verhalten, die Beziehungen und Lebensumstände eines Menschen in diskreter Weise: Er verschweigt Negatives oder bauscht es jedenfalls nicht auf, sondern bringt es mit zurückhaltenden, schlicht-neutralen, eher mildernden Worten zum Ausdruck. Stets behält er das Bedürfnis der betreffenden Person, bei andern ein gutes Ansehen zu haben, im Auge, und er bemüht sich dementsprechend, ihren Ruf wenn möglich nicht zu schädigen.

Persönliches Vertrauen und Diskretion hängen im Raum professionellen Helfens eng zusammen. Dass eine hilfebedürftige Person dem Helfer *vertraut*, bedeutet zu einem wesentlichen Teil: sie ist bereit, ihm die Kenntnis von Dingen aus ihrer persönlichen Geheimsphäre *anzuvertrauen* – im Glauben, er behandle dieses Wissen *vertraulich*, gebe es also ohne ihr Einverständnis an niemanden weiter, und wenn er es weitergebe, dann wohlüberlegt einzig zu ihrem Nutzen.

Nach unserem Begriff umfasst die *persönliche Geheimsphäre* eines Menschen alle zu seiner Person und seinem Leben gehörenden Gegebenheiten, welche nicht allgemein zugänglich, nicht für jedermann, der sie wissen will, einsehbar sind. Dass jemand z. B. körperlich behindert und zur Fortbewegung auf den Rollstuhl angewiesen ist, fällt, da allgemein erkennbar, nicht in seine persönliche Geheimsphäre, wohl aber woher seine Behinderung herrührt, wie er sie medizinisch behandeln lässt, was für Versicherungsleistungen er ihretwegen erhält etc., denn die Kenntnis dieser Dinge lässt sich auf bestimmte Personen beschränken. Und im höchsten Masse «persönlich geheim» sind die Empfindungen, Gefühle und Gedanken, die der betreffende Mensch durch bzw. über seine Behinderung hat: er kann sie ganz für sich behalten (falls er sich zu beherrschen vermag), er braucht sie niemandem zu offenbaren.

Der Sozialarbeiter ist wie jeder professionelle Helfer berufsethisch – und oft auch rechtlich – verpflichtet, die persönliche Geheimsphäre eines Menschen, mit dem er beruflich zu tun hat, zu schützen, indem er in bezug auf sie *Diskretion* wahrt. Aber auch abgesehen vom ethischen und rechtlichen Gesichtspunkt, allein im methodischen Aspekt, nämlich aus Akzeptanzgründen, muss er sich diskret verhalten. Dabei geht es ganz überwiegend um sein Wissen über Angelegenheiten von *Problembeteiligten*, und nur von ihnen ist deshalb hier die Rede. Es sei jedoch angemerkt, dass sich die Frage der Diskretion zuweilen auch bezüglich problemrelevanter Dritter stellen kann (z. B. bei Behördemitgliedern oder freiwilligen Helfern, die der Sozialarbeiter persönlich näher kennt) und dass in solchen Fällen das Diskretionsprinzip natürlich ebenso gilt.

Das *Diskretionsbedürfnis* der Problembeteiligten und der Sinn der sozialarbeiterischen Diskretion leuchten ohne weiteres ein und verlangen keine nähere Erläuterung. Das Schwierige – für den Theoretiker wie den Praktiker – ist festzustellen, wie weit sich im Raume der Sozialarbeit Diskretion tatsächlich *realisieren* lässt.

Der Sozialarbeiter arbeitet mit Informationen, sie sind sein Material; laufend bekommt und gibt er Informationen. Das gilt ganz besonders für die systemische Sozialarbeit, in der sich der Sozialarbeiter als ein Vermittler zwischen den problemrelevanten Personen versteht. Was wir bereits hinsichtlich der sozialarbeiterischen Kooperation gesagt haben: dass der Sozialarbeiter als «Informationszentrale» tätig sei und dass man sein Handeln in erster Linie als *Informationsmanagement* begreifen müsse (s. S. 323), trifft überhaupt auf die ganze systemorientierte Sozialarbeitspraxis zu. Da sich hier der Sozialarbeiter in die Mitte des Problemlösungsgeschehens stellt und als sein Regisseur fungiert, liegt ihm keineswegs primär daran, empfangene Informationen still in sich zu verwahren, sondern er will sie – zielgerichtet verarbeitet – im Problemfeld einsetzen, d. h. andere Personen damit informieren, um sie zu einem bestimmten (lösungsfördernden) Verhalten zu bewegen. Umgekehrt verlangen Dritte von *ihm* Informationen, sei es weil sie auf irgendeine Weise von einem Problemfall tangiert oder an seiner Lösung beteiligt sind, sei es aus allgemeinen Gründen, die mit der öffentlichen Funktion der Sozialarbeit oder mit der Institution, in welcher der Sozialarbeiter angestellt ist, zusammenhängen. Nicht ausschliesslich, aber sehr oft betreffen diese Informationen, die der Sozialarbeiter von sich aus abgibt oder die man von ihm fordert, Angelegenheiten aus der persönlichen Geheimsphäre von Problembeteiligten. Der Sozialarbeiter steht deshalb häufig im *Spannungsfeld gegensätzlicher Gebote:* einerseits der Gebote, funktionell, d. h. effizient lösungsfördernd zu informieren, rechtlicher Auskunftspflicht nachzukommen und Informationsbedürfnissen, die im öffentlichen Interesse liegen, Genüge zu tun, anderseits des Gebotes, durch Nicht-Information die persönliche Geheimsphäre der Problembeteiligten zu schützen. Die methodische Frage der sozialarbeiterischen Diskretion ist die Frage, wie der Sozialarbeiter in diesem Spannungsfeld handeln soll: Wo muss er den *Informationserfordernissen* den Vorrang geben gegenüber dem *Diskretionsgebot,* und wie weit darf er dabei gehen? Und wann gilt das Umgekehrte?

Angesichts der Berufsaufgabe, der beruflichen Rahmenbedingungen und der rechtlichen Position des Sozialarbeiters ist klar, dass er den Problembeteiligten keine absolute, sondern nur eine *relative Diskretion* zusichern kann. Eine *absolute Diskretion* zu gewähren, vermag beispielsweise ein privat praktizierender Psychiater, der ausschliesslich psychoanalytisch arbeitet. Zielsetzung und Methode seiner Behandlung sind exklusiv auf die individuelle Persönlichkeit des Patienten ausgerichtet und machen die Information von Drittpersonen ganz unnötig, und die berufliche Eigenständigkeit sowie der gesetzliche Schutz seines Berufsgeheimnisses verhindern, dass dieser berufliche Helfer sich aus andern Gründen gezwungen sieht, jemandem etwas mitzuteilen, was er über den Klienten weiss. Im Vergleich mit einer derartigen totalen Verschwiegenheit ist die sozialarbeiterische Diskretion lediglich eine *grösstmögliche* Verschwiegenheit: im einen Problemfall kann der Sozialarbeiter eine vollkommene Diskretion realisieren, im andern bloss eine sehr beschränkte. Bestimmte Gegebenheiten setzen ihm bei der Diskretionswahrung *Grenzen* – zuerst und allgemein einmal, wie bereits gesagt, die Methodik sozialer Problemlösung überhaupt, dann im speziellen die Organisation der Sozialarbeitsinstitution, die Berichterstattungs- und die Anzeigepflicht, die Pflicht zur Zeugenaussage und Aktenedition, Gutachtensaufträge sowie der Selbstschutz des Sozialarbeiters (bzw. seiner Institution).

Unter diesen sechs unterschiedlichen Aspekten wollen wir im folgenden die Frage der sozialarbeiterischen Diskretion ins Auge fassen und uns vergegenwärtigen, welche methodischen Maximen für den Sozialarbeiter hier im Spannungsfeld von Informations- und Diskretionsforderungen gelten.

1. Wirksame soziale Problemlösung: Lässt sich ein soziales Problem, das an den Sozialarbeiter herangetragen wird, rein durch Beratung der Problembeteiligten lösen, braucht der Sozialarbeiter in der Regel niemand Aussenstehendem etwas über die betroffenen Personen und den Problemsachverhalt mitzuteilen. Er soll sogar darauf verzichten, Aktennotizen zu machen, wenn jemand sehr ängstlich und misstrauisch hinsichtlich der Diskretionswahrung durch ihn oder die Sozialarbeitsinstitution ist. Allerdings kann er oft nur dann sinnvolle Beratungshilfe leisten, wenn er auch von Dritten – z. B. einem Arbeitgeber, einer Amtsstelle, einem Arzt – Informationen bekommt, und meist bekommt er sie nur, nachdem er selbst diesen Personen gewisse Informationen über den Problemfall gegeben hat. Hier stellt sich, obschon es bloss um das *Einholen von Auskünften* geht, bereits die Frage der Diskretion. Und fassen wir, die Beratung verlassend, die anderen sozialarbeiterischen Handlungsarten ins Auge, zeigen sich noch viel dringlichere und weitergehende Informationsbedürfnisse und -forderungen Dritter. So erhält der Sozialarbeiter z. B. von keiner Fürsorgebehörde oder gemeinnützigen Stiftung Unterstützungsgelder für seinen Klienten, ohne dass er den entsprechenden *Antrag begründet;* und dabei erwartet man von ihm, dass er die notvolle Lebenslage der hilfebedürftigen Person (bzw. Familie) schildert und erklärt, wieso es dazu gekommen ist. Ganz gleich verhält es sich, wenn er in Vertretung des Klienten oder im Falle der Intervention eine gerichtliche oder behördliche Instanz um einen bestimmten Entscheid bzw. den Beschluss einer Schutzmassnahme ersucht. Hier muss er den zuständigen Stellen häufig Dinge aus der persönlichen Geheimsphäre der Problembeteiligten offenbaren, welche ein negatives Licht auf diese Personen werfen und von ihnen gewiss lieber geheimgehalten werden möchten.

Das trifft auch sonst überall zu, wo der Sozialarbeiter auf die Zusammenarbeit mit Drittpersonen angewiesen ist, um ein Problem zu lösen, beispielsweise bei der Betreuung eines hilfebedürftigen Menschen. *Kooperation* basiert, wie wir wissen, auf gegenseitiger Information, und der Sozialarbeiter darf dabei nicht einfach zum vornherein aus Diskretionsgründen heikle Punkte in der Persönlichkeit von Problembeteiligten oder in ihren Lebensverhältnissen verschweigen. Derart von ihm über lösungsrelevante Tatsachen in Unkenntnis belassen, laufen seine Kooperationspartner Gefahr, sich falsch, d. h. dysfunktionell zu verhalten. Und sie würden, merkten sie, dass ihnen der Sozialarbeiter wichtige Informationen vorenthält, das Vertrauen zu ihm verlieren. (In der Informations-/Diskretionsfrage können sich, wie man sieht, unterschiedliche Akzeptanzerfordernisse gegenüberstehen!)

Selbst wenn der Sozialarbeiter im Gespräch mit Problembeteiligten ein Problem *verhandelt,* also gar keine Drittperson im Spiele ist, kommt er zuweilen nicht darum herum, das Diskretionsgebot zu durchbrechen, um die Verhandlung vorwärts zu bringen: Er sieht, wie ein Verhandlungsteilnehmer eine Tatsache aus der eigenen persönlichen Geheimsphäre konstant verschweigt, die ihm (dem Sozialarbeiter), nicht aber den anderen Verhandlungsteilnehmern bekannt ist, dass diese sie jedoch wissen müssen, wenn sich eine realistische Problemdiskussion und -lösung ergeben soll. Gelingt es ihm nicht, durch die Art seiner Gesprächsführung den Verschweiger zu veranlassen, den andern das bislang Geheimgehaltene zu offenbaren, macht er selbst es ihnen, dem Tatsachenprinzip folgend (vgl. S. 298), kund – auf zurückhaltend-sachliche Weise, wenn möglich beiläufig, im Sinne einer notwendigen Information, ohne die es selbstverständlich zwecklos wäre, das Problem zu verhandeln.

Die methodischen Handlungsrichtlinien, welche sich unter dem generellen Aspekt wirksamer sozialer Problemlösung auf die sozialarbeiterische Diskretionshandhabung beziehen, nennen wir *allgemeine Diskretionsmaximen.* Sie gelten grundsätzlich auch unter den übrigen, den *speziellen* diskretionsrelevanten Aspekten, auf die wir nachher (unter den Punkten 2 bis 6, S. 385 ff.) eingehen werden.

Nehmen wir ein typisches Beispiel zur Veranschaulichung dieser Maximen: Der Sozialarbeiter weiss von einem problembeteiligten Mann, dass er alkoholabhängig ist. Gemäss der allgemeinen *Diskretionsmaxime des überwiegenden Nutzens* darf er einen solchen Sachverhalt Dritten nur dann mitteilen, wenn der Nutzeffekt dieser Information für den betreffenden Problembeteiligten selbst oder für das Problemsystem, dem er angehört, eindeutig grösser ist als die abträgliche Wirkung. Profitiert der Alkoholiker von der Information direkt, z. B. dadurch, dass ihm der Sozialarbeiter dank ihr finanzielle Hilfe oder persönliche Betreuung verschaffen kann, leuchtet diese Maxime ohne weiteres ein. In der Optik systemorientierter Sozialarbeit ist eine diskretiondurchbrechende Information aber auch dort gerechtfertigt, wo sie dem problembelasteten *Sozialsystem*, z. B. der Familie des Alkoholikers, einen überwiegenden Gesamtnutzen bringt, gleichgültig ob sich der Problembeteiligte, auf den sie sich bezieht (hier der alkoholkranke Familienvater), durch sie geschädigt fühlt. Wie uns das Prinzip des allseitigen Nutzens gezeigt hat (vgl. S. 245 ff.), schlägt die allgemeine Verbesserung der Familiensituation letztlich ohnehin auch jenem Familienmitglied zum Vorteil aus, das zuerst einmal, vordergründig betrachtet, durch die systemfunktionalisierende Handlung des Sozialarbeiters in Nachteil versetzt erscheint.

Aufgrund der Maxime des überwiegenden Nutzens darf der Sozialarbeiter ferner in aller Regel sein Wissen über jene persönlichen Angelegenheiten eines Problembeteiligten, welche allgemein als *positiv* gelten, Dritten ohne Bedenken mitteilen. Freilich muss er stets die konkret gegebene Problemsituation beachten; doch nur äusserst selten können Informationen über Positives (z. B. dass jemand eine berufliche Weiterbildung macht oder dass er mit einer überall geachteten Person befreundet ist) dem Betreffenden schaden.

Die zweite allgemeine Diskretionsmaxime verlangt vom Sozialarbeiter, sich auf das Notwendige zu beschränken, wenn er aus Problemlösungsgründen Dritte über Dinge aus der persönlichen Geheimsphäre eines Problembeteiligten informiert (*Maxime der Notwendigkeitsbeschränkung*): Es ist zwar vielleicht nötig, dass er einen neuen Arbeitgeber über das Alkoholproblem seines Klienten aufklärt, aber durchaus unnötig, dass er dabei auch hässliche Einzelheiten, z. B. in Trunkenheit begangene Gewalttätigkeiten gegenüber der Ehefrau, erwähnt.

Besitzt der Sozialarbeiter seitens des Problembeteiligten die Erlaubnis, einer Drittperson etwas Bestimmtes über ihn mitzuteilen, so begeht er, wenn er es tut, keine Diskretionsverletzung, mag es sich beim Inhalt dieser Information um eine noch so intime Angelegenheit des Problembeteiligten handeln und sei nun die Wirkung nützlich oder schädlich für denselben. Dieser selbstverständliche Sachverhalt begründet die dritte allgemeine Diskretionsmaxime: die der *Informationserlaubnis*. Sie gebietet dem Sozialarbeiter, sich – sofern es möglich ist – des Einverständnisses desjenigen Problembeteiligten zu versichern, in bezug auf den er eine diskretiondurchbrechende Mitteilung machen will. Meist erhält er diese Erlaubnis *implizit*, indem die betreffende Person der sozialarbeiterischen Problem(lösungs)definition beipflichtet oder ihm, wenn sie sich als sein freiwilliger Klient versteht, eine generelle problemlösende Rollenerlaubnis gibt (vgl. S. 105). Biestek, der die sozialarbeiterische Diskretion als siebten Grundsatz der Casework-Beziehung (Prinzip der «confidentiality») ausführlich und klug behandelt, meint völlig zutreffend, die Zustimmung des Klienten könne «vernünftigerweise vorausgesetzt werden, wenn klar ist, dass die Bekanntgabe der verantwortlichen Information erforderlich ist, um dem Klienten die Unterstützung zu geben, um die er bat»[258].

Manchmal erscheint freilich dem Sozialarbeiter und dem Klienten nicht dasselbe als klar: Das Kind des Alkoholikers zeigt z. B. Leistungsstörungen in der Schule, und der Vater ist damit einverstanden, dass der Sozialarbeiter darüber mit dem Lehrer spricht. Der Sozialarbeiter hält es für selbstverständlich, dass dabei das Alkoholproblem des Vaters (mit seinen negativen Auswirkungen auf die Familie) zur Sprache kommt; der Vater hingegen sieht keinen Zusammenhang zwischen dem schulischen Verhalten des Kindes und seiner Alkoholabhängigkeit und wirft dem Sozialarbeiter Indiskretion vor, weil er den Lehrer über sie informiert hat. Offenbar hätte hier der Sozialarbeiter gut daran getan, den Vater ausdrücklich zu fragen, ob er sich bewusst sei, dass er, der Sozialarbeiter, nicht um diese Orientierung des Lehrers herumkomme, und ob er sie billige.

Wichtig ist ein solches *explizites* Um-Erlaubnis-Fragen vor allem auch dort, wo der Sozialarbeiter von jemandem über eine andere Person Informationen erhält, die er – etwa zur Begründung eingreifenden Handelns – weitergeben möchte. Tut er dies, ohne dass der Informant es weiss, und erfährt derselbe nachträglich davon, riskiert er (der Sozialarbeiter), dass dieser Mensch sich von ihm verraten fühlt und ihm nicht mehr vertraut.

Ist der Sozialarbeiter gezwungen, Negatives von einem Problembeteiligten zu offenbaren, macht er es auf zurückhaltende, wie man sagt: «diskrete» Weise. Er folgt dabei der allgemeinen Diskretionsmaxime der *Euphemisierung*. Wörtlich (aus dem Griechischen) bedeutet «eu-phēmi»: ich sage etwas auf gute Art aus. Der Sozialarbeiter bemüht sich, Negatives aus der privaten Geheimsphäre eines

268 *Biestek*, S. 127

Menschen, wenn er es andern schon mitteilen muss, «gut» zu sagen: so, dass die betreffende Person in ihrem moralischen Ansehen möglichst wenig geschädigt wird. Der Informationsempfänger soll zwar die Wahrheit erfahren (es geht hier nicht im Sinne des üblichen Euphemismus-Begriffes um eine Beschönigung, welche die Tatsachen in ein falsches Licht rückt!), aber er darf nicht den Eindruck erhalten, der Sozialarbeiter wolle den Menschen, über den er spricht, blossstellen, erniedrigen, in Diskredit bringen. Ganz im Gegenteil, die Äusserungen des Sozialarbeiters sollen so ausfallen, dass der durch sie informierte Dritte, wenn ihn der betroffene Problembeteiligte hinterher danach fragt, bezeugen kann, der Sozialarbeiter habe eigentlich gar nicht schlecht, sondern im Grunde gut, d. h. verständnisvoll, besorgt und hilfsbereit von ihm gesprochen.

Solche Euphemisierung negativer Aussagen geschieht vor allem dadurch, dass der Sozialarbeiter sachlich-objektive Wörter verwendet, ein gewisses emotionelles Understatement betreibt (also seine Gefühle der Enttäuschung, des Ärgers oder Degouts nicht – jedenfalls nicht drastisch – zeigt), sich moralischen Verurteilens enthält und der Tatsachen-Information *soziallogische oder psychologische Erklärungen* hinzufügt, die beitragen, das mitgeteilte Negative zu verstehen. Es macht einen grossen Unterschied, ob der Sozialarbeiter frisch drauflos von einem «seit seiner Jugendzeit haltlosen Menschen und heute unverbesserlichen Trinker» spricht, der sich «ohne Rücksicht auf Frau und Kind immer wieder vollaufen lässt und sich dann, stockbesoffen, zu Hause ekelhaft benimmt», oder ob er in diskreter Euphemisierung sagt: «Dieser Mann ist alkoholkrank und psychisch instabil, was einen nicht erstaunt, wenn man weiss, wie er aufwachsen musste. Sporadisch erleidet er im Umgang mit dem Alkohol einen totalen Kontrollverlust, wobei es zu extremen negativen Begleiterscheinungen kommt. Sie sind für seine Familienangehörigen unzumutbar, und er selbst bedauert sie hinterher sehr.» Beide Aussagen informieren über denselben Sachverhalt. Trotzdem wird die zweite ohne Zweifel sowohl vom Adressaten wie vom Betroffenen als die wesentlich rücksichtsvollere und mithin viel akzeptablere Diskretionsdurchbrechung empfunden.

Da die Problembeteiligten von sich aus wenig Einblick und entsprechende Sicherheit haben können, ob sich der Sozialarbeiter in ihrem Falle diskret verhält, ist es aus Akzeptanzgründen wichtig, dass dieser ihnen seine Diskretion zeigt (*Maxime der Diskretionsdemonstration*): Er telefoniert z. B. mit einer Drittperson bewusst in Anwesenheit der Problembeteiligten, um die es geht, damit sie selbst hören, was er dem andern über sie *nicht* mitteilt. In der gleichen Absicht kann er einer Person einen Brief oder einen Bericht, den er in ihrer Sache geschrieben hat, zu lesen geben. Oder er verschweigt gegenüber Bezugspersonen eines Klienten absichtlich Dinge, welche diesen betreffen und die angesichts der gegebenen Umstände durchaus genannt werden dürften. Die entsprechende Unkenntnis der Bezugspersonen bestätigt dem Klienten sodann, wie ernst es der Sozialarbeiter mit der Diskretionswahrung nimmt. Auch darin, dass er das Zeugnis vor Gericht oder die Herausgabe von Akten an Dritte verweigert, liegt eine Diskretionsdemonstration, und zwar eine sehr eindrückliche.

Biestek sagt, der Sozialarbeiter müsse für den Klienten bzw. für den Casework-Prozess eine «Atmosphäre des Vertrauens» schaffen, und dies, hält er fest, geschehe durch «eine Reihe von Kleinigkeiten», zum Beispiel «das Nichtnennen des tatsächlichen Absenders auf Briefen der sozialen Dienststelle an den Klienten; die Vorsicht, mit welcher der Sozialarbeiter es vermeidet, im Wartezimmer den Namen eines Klienten laut zu nennen; das instinktive Senken der Stimme während eines Gesprächs, sobald die Möglichkeit des Mithörens besteht». Mit all dem demonstriert der Sozialarbeiter Diskretion, und Biestek hat völlig recht, wenn er die Bedeutung betont, die solches sozialarbeiterisches Verhalten für das «Vertrauen zum Sozialarbeiter» – die *Akzeptanz* also – hat.[269]

Nachdem wir die Diskretionsfrage erstens in der Perspektive der sozialen Problemlösung generell betrachtet und uns dabei die allgemeinen Maximen der Diskretionshandhabung bewusst gemacht haben, wollen wir in den folgenden Punkten erörtern, was sozialarbeiterische Diskretion im besondern, unter bestimmten Einzelaspekten bedeutet. Die methodischen Feststellungen, welche hiebei anfallen, gelten uns als *spezielle Diskretionsmaximen.*

2. *Organisation der Sozialarbeitsinstitution*: Der Sozialarbeiter ist Angestellter einer Institution, und es gibt somit, selbst wenn diese Institution ein Ein-Mann-Betrieb ist, eine Aufsichtsinstanz oder mindestens eine Aufsichtsperson über ihm, die in gewissem Masse Einsicht in seine Tätigkeit hat. Institutionsintern arbeitet er zudem meist mit *Sekretariatspersonal*, oft überdies mit *Kollegen* zusammen, und wo das letztere zutrifft, untersteht er in der Regel einem *Leiter* des Sozialdienstes (ausser er selbst ist dieser Leiter). Vielleicht auch hat er einen *Ausbildungspraktikanten.* Alle diese auf dem Sozialdienst beschäftigten Personen können aus betrieblichen Gründen auf die eine oder andere Weise etwas von den persönlichen Angelegenheiten der problembeteiligten Menschen, mit denen der Sozialarbeiter zu tun hat, erfahren – sei es durch Fallbesprechungen im Mitarbeiter-Team oder mit dem Leiter, sei es indem der Praktikant anhand der Problemfälle des Sozialarbeiters instruiert und an dessen Problemlösungstätigkeit beteiligt wird, oder sei es weil das Sekretariatspersonal vom Sozialarbeiter verfasste Briefe und Berichte oder Aktennotizen schreibt, die Buchhaltung besorgt und sonstige administrative Arbeiten erledigt, welche die Problembeteiligten betreffen. Diese letzteren müssen damit rechnen und es hinnehmen, dass manches, was der Sozialarbeiter aus ihrer persönlichen Geheimsphäre weiss, aufgrund der institutionsinternen Organisation – der Art, wie ein Sozialdienst arbeitet – innerhalb desselben auch zur Kenntnis anderer Personen kommt,

---

269 *Biestek*, S. 132 f.

Personen freilich, die der gleichen Diskretionspflicht unterliegen wie der Sozialarbeiter.

Allein, dies berechtigt den letztern mitnichten, institutionsintern ohne sachliche Notwendigkeit – etwa zur Unterhaltung der andern, um ihre Neugierde zu stillen oder um sich bei ihnen wichtig zu machen – Dinge auszuplaudern, die zweifellos des Diskretionsschutzes bedürfen. Teilt jemand dem Sozialarbeiter etwas Persönliches von sich mit und bittet ihn ausdrücklich: «Aber sagen Sie es niemandem!», so ist damit höchstwahrscheinlich gemeint: auch niemandem auf dem Sozialdienst. Entweder weist in dieser Situation der Sozialarbeiter darauf hin, er könne dies aus dem oder jenem Grunde nicht zusichern; oder er verspricht die erbetene völlige Diskretion und gibt wirklich *niemandem,* auch nicht Leuten seiner Institution, etwas von dem ihm Anvertrauten zu wissen. Das bedeutet dann zum Beispiel, dass er gar keine Aktennotiz macht, einen Brief selbst auf der Schreibmaschine schreibt, bei der mündlichen Falldarstellung den betreffenden Sachverhalt beiseite lässt oder, wenn er auf ihn bezogen gefragt wird, antwortet: «Ich will nichts darüber sagen, weil ich dies Frau Müller ausdrücklich versprochen habe.» Derartige *institutionsinterne Verschwiegenheit* soll er, sofern möglich, auch dort wahren, wo er selbst – ohne explizit darum ersucht zu werden – merkt, dass etwas, was er von einer Person weiss, dieser sehr peinlich ist und sie gewiss nicht möchte, dass irgend jemand anders davon erfährt. Hier, wie bei der Diskretionshandhabung überhaupt, muss der Sozialarbeiter sensibel sein für die Gefühle der Problembeteiligten und taktvoll auf sie Rücksicht nehmen.

Was die *Aufsichtspersonen* der Sozialarbeitsinstitution (hohe Beamte, Direktoren, Mitglieder von Behörden oder Stiftungsräten, Vereinspräsidenten etc.) angeht, gilt folgende Diskretionsmaxime – nicht rechtlich (die Verhältnisse sind diesbezüglich sehr verschieden), aber aus sozialarbeiterischer Sicht: Der Sozialarbeiter soll Aufsichtspersonen keinen Einblick in diskretionsgeschützte Angelegenheiten von Problembeteiligten geben, ohne dass diese letzteren damit einverstanden sind. (Ein solches Einverständnis liegt z. B. implizit vor, wenn eine problembeteiligte Person sich bei der Aufsichtsinstanz des Sozialdienstes über den Sozialarbeiter beschwert.) Die Aufsichtsperson hat hingegen das Recht, vom Sozialarbeiter *generell, ohne Nennung von Namen,* orientiert zu werden, mit was für Problemfällen er sich beschäftigt. Dabei dürfen, sofern die betreffende Person für die Aufsichtsperson nicht identifizierbar ist, auch intime, hoch diskretionsbedürftige Dinge zur Sprache kommen.

3. *Berichterstattungspflicht*: In Fällen der Pflichtklientschaft ist dem Sozialarbeiter als Vormund, Beistand, Erziehungsaufsichtsorgan, Bewährungshelfer etc. durch Behörde oder Gericht eine allgemeine oder eine bestimmte einzelne Aufgabe überbunden, und er muss – sei es periodisch, sei es einmalig nach Erfüllung des Auftrags – an die zuständige Instanz Bericht erstatten über den Klienten und über das, was er (der Sozialarbeiter) in dessen Sache getan hat.

Diese Berichte sind meist bedeutungslos für die Problemlösung und könnten vom Klienten aus ohne weiteres unterbleiben. Nicht nur er, sondern auch seine Bezugspersonen sind jedenfalls froh, wenn im Bericht des Sozialarbeiters möglichst nichts steht, das geeignet ist, ihr Ansehen zu vermindern, oder das sie als ihre intime Privatsache betrachten. Und entsprechend soll der Sozialarbeiter auch tatsächlich verfahren. Es genügt, von einem betagten Mann, der geistig leicht verwirrt ist, hin und wieder in die Hosen macht und die schmutzige Unterwäsche versteckt, zu berichten, er leide an «Altersbeschwerden». Dass ein junges Mädchen eine Abtreibung vorgenommen hat, kann und soll unerwähnt bleiben, falls sich eine Mitteilung nicht im Hinblick auf problemlösende Massnahmen aufdrängt. Und psychische Nöte oder Partnerkonflikte eines Klienten konkret zu schildern, ist meist unnötig; der Sozialarbeiter braucht bloss unbestimmt von «persönlichen Schwierigkeiten», «Eheproblemen» und dergleichen zu schreiben.

Die Gefahr, in Routineberichten mehr zu offenbaren, als die (formelle) Sache erfordert, ist beträchtlich: Der Sozialarbeiter möchte, vielleicht ohne sich dessen bewusst zu sein, zeigen, wie viel und wie Intimes er von seinem Klienten weiss – als Beweis seiner nahen Beziehung zu ihm, seines scharfsichtigen Problemverständnisses und seines intensiven Sich-Bekümmerns um den Fall. Das Diskretionsprinzip will dieser Tendenz entgegensteuern. Es hält dem Sozialarbeiter vor Augen, dass beim Berichten die Diskretionsinteressen der Problembeteiligten schwerer wiegen als sein Wunsch nach Selbstdarstellung.

4. Anzeigepflicht: Hat der Sozialarbeiter den Status eines Beamten, untersteht er nach den meisten Rechtsordnungen einer *allgemeinen Anzeigepflicht*: er muss gesetzwidriges Verhalten, das ihm in seiner beruflichen Tätigkeit zur Kenntnis kommt, den zuständigen staatlichen Stellen melden. Abgesehen davon gibt es eine *spezielle Anzeigepflicht* im einzelnen Problemfall – da nämlich, wo der Sozialarbeiter von einem Gericht oder einer Behörde damit betraut ist, das Verhalten von Problembeteiligten zu überwachen. So lautet etwa sein Auftrag in einem bestimmten Erziehungsaufsichtsfalle, die Vormundschaftsbehörde über erneute Vorkommnisse, die auf Kindesvernachlässigung hinauslaufen, zu orientieren, damit sie schärfere Massnahmen gegenüber den betreffenden Eltern ergreifen könne. Oder ein Bewährungshelfer muss kontrollieren, ob sein unter Schutzaufsicht stehender Klient nicht wieder Drogen konsumiert, und falls dies tatsächlich geschieht, die Justizbehörde davon in Kenntnis setzen. Kommt der Sozialarbeiter einer solchen allgemeinen oder speziellen Anzeigepflicht nach, offenbart er meist Dinge aus der persönlichen Geheimsphäre von Problembeteiligten, und es erhebt sich somit an diesem Punkte laut und dringlich die Diskretionsfrage.

Grundsätzlich soll sich der Sozialarbeiter angesichts der Anzeigepflicht auf den *Primat der sozialarbeiterischen Funktion* (s. S. 242 ff.) berufen, d. h. nur dann die

Meldung machen (und also die Diskretion durchbrechen), wenn damit die Problemlösung gefördert wird. Ist das Gegenteil zu erwarten, soll er die Anzeigepflicht lediglich da befolgen, wo er es aufgrund der gegebenen rechtlichen und institutionellen Umstände ohne nachteilige Konsequenzen für ihn persönlich oder für seinen Sozialdienst nicht unterlassen kann. Die allgemeine Anzeigepflicht ist fast überall ein «gesetzlicher Papiertiger». In der Praxis wird ihre Nichtbeachtung, wo sie nicht geradezu als Begünstigung strafbarer Handlungen erscheint, so gut wie nie geahndet. Und auch im Falle der speziellen Anzeigepflicht darf der Sozialarbeiter damit rechnen, bei den zuständigen Stellen Verständnis zu finden, wenn er aus überzeugenden sozialarbeiterischen Gründen eine geschuldete Meldung nicht gemacht hat.

Klug ist es, sich für solches paranormales Handeln (vgl. S. 140 f.) bei Kollegen, dem Sozialdienstleiter, dem Supervisor oder bei der Aufsichtsinstanz der Institution Rückendeckung oder mindestens moralische Unterstützung zu holen.

Falls die Umstände es erlauben, soll der Sozialarbeiter ferner, bevor er etwas anzeigt, mit dem betroffenen Problembeteiligten darüber sprechen und versuchen, ihn dazu zu bewegen, die Sache selbst oder gemeinsam mit ihm, dem Sozialarbeiter, zu melden. So entgeht er am ehesten dem Vorwurf, mit der Diskretionsdurchbrechung Vertrauen zu missbrauchen und gegen den Klienten zu arbeiten.

5. Pflicht zur Zeugenaussage und Aktenedition, Gutachtensaufträge: Lädt ein Gericht oder eine Strafuntersuchungsbehörde den Sozialarbeiter als Zeuge vor, wird von ihm die Herausgabe von Fall-Akten verlangt oder ersucht man ihn um ein Gutachten, stellt sich die Frage der sozialarbeiterischen Diskretion in besonderer Schärfe. Aussagen, die der Sozialarbeiter in solchem Rahmen macht, fallen ja meist hinein in eine strittige Auseinandersetzung zwischen Problembeteiligten, die sich z.B. im Zivilprozess als Parteien gegenüberstehen, können im Strafverfahren Einfluss haben auf etwas so Schwerwiegendes wie die Schuldzuweisung und Bestrafung eines Menschen oder mögen im Verwaltungsverfahren eine Behörde zu Massnahmen bewegen, die tief in das Leben eines Menschen eingreifen. Selten darf der Sozialarbeiter davon ausgehen, seine Auskünfte und Beurteilungen zuhanden gerichtlicher und behördlicher Instanzen würden von allen betroffenen Personen begrüsst. Am ehesten ist dies dort der Fall, wo er in einer Strafsache mit seiner Aussage einen Angeklagten *entlastet* (ohne dadurch jemanden anders zu belasten oder im Ansehen herabzusetzen). Niemand wird ihm in solchem Falle das Durchbrechen der Diskretion vorwerfen. Meist indes muss er damit rechnen, dass eine der problembeteiligten Personen enttäuscht, wütend oder erbittert ist über das, was er als Zeuge ausgesagt oder in einem Gutachten geschrieben hat, weil sie sich dadurch *geschädigt* fühlt. Und wo dies geschieht, verliert der Sozialarbeiter nicht nur die Akzeptanz jener Person, sondern er läuft auch – da dieselbe ihre negative Meinung über den Sozialarbeiter kaum still für sich behält – Gefahr, von weiteren Leuten nicht mehr als vertrauenswürdig eingeschätzt zu werden. Sie sagen sich: «Anscheinend muss man aufpassen, was man diesem Sozialarbeiter mitteilt; denn wer weiss, ob er es nicht eines Tages als Zeuge oder Gutachter dem Gericht oder der Behörde preisgibt! Offenheit ihm gegenüber kann einem schaden.»

Zusätzliche Brisanz fliesst im Falle des Zeugnisses, der Herausgabe von Akten und der Gutachtertätigkeit in die sozialarbeiterische Diskretionsfrage ein durch die *Rechtslage*, in der sich der Sozialarbeiter, wenn es um dergleichen geht, befindet. Sie kann ihn einerseits zur Auskunftserteilung über persönliche Angelegenheiten von Problembeteiligten *zwingen*, ihm aber auch gerade umgekehrt solches Informieren *verbieten*. Begriffe wie «Amtsgeheimnis», «Berufsgeheimnis», «Zeugnispflicht», «Zeugnisverweigerungsrecht», «Entbindung vom Amtsgeheimnis», «Erlass der Zeugenaussage», «Verletzung des Amtsgeheimnisses (bzw. Berufsgeheimnisses)», «amtliches Gutachten», «Pflicht zur (bzw. Verweigerung der) Aktenedition» stehen im Zentrum all der rechtlichen Fragen, die sich hier erheben. Wir können nicht näher auf sie eingehen – die Materie ist zu komplex. Sie besteht zur Hauptsache aus prozess-, verwaltungs- und strafrechtlichen Normen, die sich teils ergänzen, teils widersprechen. Wozu ein Sozialarbeiter hinsichtlich Zeugenaussage, Aktenherausgabe und Gutachtenserstattung verpflichtet, was ihm diesbezüglich verboten und welcher Spielraum ihm gewährt ist, sein Handeln selbst zu bestimmen, hängt von verschiedenem ab: vom Zivil- und Strafprozessrecht sowie vom Strafuntersuchungsrecht, welches am Ort seiner beruflichen Tätigkeit gilt[270]; von der Trägerschaft seiner Institution und von seinem Anstellungsstatus (ob er Beamter ist oder Hilfsperson eines in seinem Berufsgeheimnis geschützten anderen Fachmannes oder nichts von beidem); von allgemeinen Verwaltungsrechtsbestimmungen (falls er in einem staatlichen Sozialdienst arbeitet); davon, wie spezielle Gesetze (z. B. das Sozialhilfe- oder das Jugendschutzgesetz) seine institutionsspezifischen Aufgaben festlegen; von der Haltung seiner Aufsichtsinstanz bezüglich der sozialarbeiterischen Diskretion und von der Praxis der Gerichte dort, wo es um das Zeugnis von Angehörigen vertrauensbedürftiger Berufe geht.[271]

Je nachdem befindet er sich beispielsweise in der komfortablen Lage, als Beamter dem Amtsgeheimnis und zugleich einer Behörde zu unterstehen, die, wenn sie im konkreten Fall entscheiden muss, ob er von der Schweigepflicht zu entbinden sei, stets seinen Wünschen und Argumenten folgt. Oder aber er ist, etwa als Angestellter eines privaten, nicht mit staatlichen sozialen Aufgaben betrauten Vereins auf das Verständnis und Wohlwollen des Gerichts (bzw. der Strafuntersuchungsbehörde) angewiesen, wenn er nicht als Zeuge aussagen möchte – eine wesentlich ungünstigere Position natürlich. Dafür besteht für diesen Sozialarbeiter vermutlich keine Pflicht, einen gerichtlichen Gutachtens-

---

270 In der Schweiz hat jeder der 26 Kantone seine eigene Zivil- und Strafprozessordnung!
271 Vgl. darüber (in bezug auf die schweizerischen Verhältnisse) M. *Hess*, *Bischof* und *Häfeli*.

auftrag anzunehmen, während der vom Staat (z. B. auf dem Jugendamt oder einem Sozialdienst der Justizverwaltung) angestellte Sozialarbeiter sich einem solchen Auftrag meist nicht entziehen kann.

Unter dem *sozialarbeitsmethodischen* Gesichtspunkt spielen diese Unterschiede bloss eine sekundäre Rolle. Sie betreffen rechtliche Rahmenbedingungen des sozialarbeiterischen Handelns, die es dem Sozialarbeiter – je nach den Gegebenheiten – erleichtern oder erschweren, seine speziellen Diskretionsmaximen betreffend Zeugenaussage, Aktenedition und Gutachtensaufträgen zu realisieren. Diese methodischen Maximen, gültig für jeden Sozialarbeiter unabhängig von seiner Rechtsposition, sind das Primäre. Es handelt sich dabei um die folgenden *Arbeitsregeln:*

Der Sozialarbeiter soll es vermeiden, als *Zeuge* auszusagen. Eine Ausnahme von diesem Grundsatz rechtfertigt sich nur in zwei Situationen: Zum einen dort, wo das Zeugnis des Sozialarbeiters offensichtlich nötig ist, damit ein soziales Problem (ein soziales, nicht ein juristisches!) gelöst werden kann. Und zum andern, wenn alle von der Rechtssache betroffenen Personen damit einverstanden sind, dass der Sozialarbeiter als Zeuge auftritt, und sich dabei über das, was er aussagen wird, nicht im Irrtum befinden. Um zu einem Urteil zu kommen, ob diese Bedingungen erfüllt sind, muss der Sozialarbeiter von der Instanz, welche ihn zum Zeugnis auffordert, verlangen, ihm zum voraus das Beweis- bzw. Untersuchungsthema bekanntzugeben.

Zeigt sich, dass es an den genannten methodischen Voraussetzungen für die Zeugenaussage fehlt, soll der Sozialarbeiter das Zeugnis verweigern oder, wenn das nicht möglich ist, sich darum bemühen, dass die Vorladung zur Zeugeneinvernahme umgewandelt wird in einen *Gutachtens- bzw. Berichtsauftrag*. In der Gutachter-Rolle hat der Sozialarbeiter eine ganz andere Stellung als in der des Zeugen. Als Zeuge ist er einer Aussagesituation unterworfen, deren formelles Setting ihn eng einschränkt und die nicht durch ihn, sondern durch andere Personen (Richter, Rechtsanwälte als Parteivertreter, Untersuchungsbeamte, Ankläger, Verteidiger) bestimmt wird. Als Gutachter hingegen liegt es weitgehend in seiner Hand, was er vorbringen will und was weglassen, was betonen und was in den Hintergrund stellen, was miteinander verbinden und was trennen. Insbesondere hat er hier die Möglichkeit, die von ihm mitgeteilten Geschehnisse und Fakten zu erläutern, zu beleuchten und zu deuten, wie es ihm nach sozialarbeiterischen Kriterien, also im Hinblick auf die soziale Problemlösung sinnvoll erscheint. Ja, ein Gutachtensauftrag verlangt sogar von ihm, dies zu tun, denn ein «Gutachten» enthält notwendig fachmännische Interpretation und Wegweisung. Dadurch unterscheidet es sich vom «Bericht», der lediglich Tatsachen mitteilt.

Selten erstattet der Sozialarbeiter bloss einen *Bericht*. Auch wenn formell nur ein solcher von ihm gefordert wird, liefert er meist ein eigentliches Gutachten, denn damit vermag er in der Regel mehr problemlösenden Einfluss auszuüben. Dass er sich überdies als Gutachter vorrangig gar nicht auf die Abfassung des

Gutachtens konzentriert, sondern darauf, in direktem Kontakt mit den betroffenen Personen das vorliegende soziale Problem zu lösen, haben wir uns bereits bewusst gemacht (vgl. S. 243 ff.). Ist der Sozialarbeiter rechtlich nicht verpflichtet, das erbetene Gutachten zu erstatten, übernimmt er den betreffenden Auftrag nur, wenn die Personen, um deren persönliche Angelegenheit es geht, ihr Einverständnis dazu geben oder wenn sich ein gravierendes soziales Problem anders nicht lösen lässt. Im übrigen hält er sich bei seiner Gutachtertätigkeit an die oben erwähnten allgemeinen Diskretionsmaximen (vgl. S. 382 ff.).

Die *Aktenedition* steht, was den Aspekt der sozialarbeiterischen Diskretion anlangt, zwischen der Zeugenaussage und dem Gutachten. Der Sozialarbeiter soll in der Regel die Schriftstücke, welche für die Herausgabe in Frage kommen, den massgeblich betroffenen Personen vorlegen und dem Gericht (bzw. der Behörde) nur diejenigen aushändigen, mit deren Edition sie einverstanden sind. Akten, in die er den Betroffenen keine Einsicht gewähren will (z. B. seine Fallnotizen), soll er auch nicht an aussenstehende Instanzen herausgeben – es sei denn, dies dränge sich aus sozialarbeiterischen Interventionsgründen auf.

6. Selbstschutz: Es kommt vor, dass Problembeteiligte oder Dritte Unwahres erzählen und der Sozialarbeiter bzw. die Sozialarbeitsinstitution dadurch in Gefahr geraten, bei bestimmten Personen oder öffentlich in ihrem Ruf geschädigt zu werden. Obschon der Sozialarbeiter darauf gewiss nicht zu empfindlich reagieren darf, muss er doch nicht alles, was sein persönliches Ansehen und das Image seiner Institution beeinträchtigt, aus Diskretionsgründen stillschweigend dulden. Weigern sich jene Personen, die ihn mit schwerwiegenden unwahren Behauptungen belasten, diese zu berichtigen, können sie ihm keinen Vorwurf machen, wenn er selbst es tut und dabei die Diskretion – unter Umständen sogar in einer öffentlichen Verlautbarung – durchbricht. Ein solches Recht der Selbstverteidigung muss der Sozialarbeiter allein schon deshalb in Anspruch nehmen, um nicht bei anderen (auch eventuellen zukünftigen) Problembeteiligten und lösungswichtigen Dritten an Akzeptanz zu verlieren.

3.3 Die sechs Handlungsarten der Sozialarbeit

Mit der Beschreibung der sozialarbeitsmethodischen Prinzipien habe ich die Methodik der systemischen Sozialarbeit im wesentlichen dargelegt. Dabei sind uns immer wieder die sechs sozialarbeiterischen Handlungsarten der *Beratung, Verhandlung, Intervention, Vertretung, Beschaffung* und *Betreuung* begegnet; und zwar haben sie uns als theoretische Kategorien dazu gedient, die Vielfalt der methodischen Momente nach prägnant unterschiedlichen Gesichtspunkten zu analysieren, zu ordnen und zu bündeln. Ohne eine solche Einteilung des sozialarbeiterischen Handlungsspektrums würde sich die Methodik des Sozialarbeitsberufes nicht genügend scharf und anschaulich begreifen lassen. Die Handlungsarten sind als erkenntnisleitende, systematisierende Begriffe für die sozialarbeiterische Methodenlehre genau so wichtig wie die methodischen Prinzipien – dass ich in diesem Buch die Methodenlehre zur Hauptsache anhand der Prinzipien entfalte, hat bloss Darstellungsgründe.

Im einleitenden Kapitel über das Wesen der sozialarbeiterischen Methodik habe ich die Handlungsarten ganz knapp definiert (vgl. S. 209 f.); zum Abschluss und zur Vervollständigung unserer methodischen Einsicht gilt es nun, sie näher ins Auge zu fassen. Es geht darum, den Begriff jeder einzelnen Handlungsart zu bestimmen, aufzuzeigen, was mit ihr konkret gemeint ist, ihre sozialarbeitsspezifischen Merkmale zu nennen und die für die systemische Sozialarbeit besonders bedeutsamen Aspekte hervorzuheben. Wir vergegenwärtigen uns dabei lediglich das Grundsätzliche und lassen uns nicht auf Details ein. In manchen Punkten brauche ich nur gerade auf die methodischen Prinzipien hinzuweisen, welche die betreffende Handlungsart zentral charakterisieren.

Mit dem *Begriff «sozialarbeiterische Handlungsart»* wird, wie der Ausdruck sagt, eine bestimmte Art, sozialarbeiterisch zu handeln, bezeichnet, nicht eine bestimmte Art von sozialem Problemfall. In den allermeisten Fällen betätigt sich der Sozialarbeiter in mehreren Handlungsarten. Dabei gibt es Verbindungen, die fast regelhaft sind, zum Beispiel: Vertretung-Betreuung, Beschaffung-Beratung oder Intervention-Betreuung. Oft freilich ist eine Handlungsart stark dominant und prägt den Problemfall, d. h. das Handeln des Sozialarbeiters in ihm, so sehr, dass man durchaus – in typologischem Sinne – von einem «Beratungsfall», «Beschaffungsfall», «Vertretungsfall» etc. sprechen darf.

Anderseits ist nicht immer völlig klar, zu welcher Handlungsart man ein bestimmtes Tun des Sozialarbeiters in einer bestimmten Situation zu zählen hat – z. B. ob es bloss betreuerisch oder schon intervenierend sei oder, wenn es etwa um Dienstleistungen Dritter für eine problembeteiligte Person geht, ob damit sozialarbeiterische Beschaffung oder Beratung stattfinde. Bedenkt man, wie vieldeutig soziale Sachverhalte und das menschliche Verhalten sind, überrascht solche gelegentliche Unsicherheit nicht. Die theoretischen Kategorien der Handlungsarten zerteilen ja nicht das reale Kontinuum sozialarbeiterischer Tätigkeit in Stücke, sondern sind *Denkinstrumente,* mit denen der Sozialarbeiter die komplexe Handlungswirklichkeit seiner Praxis analytisch erhellen und hiebei eben auch ihre Mehrseitigkeit und Vielschichtigkeit erkennen kann.

3.31   Beratung

a) Begriff

Wir haben den Ausdruck «Beratung» bereits in der Wortkombination *Sozialberatung* für den gesamten beruflichen Tätigkeitsbereich, der Gegenstand dieses Buches ist, nämlich für die Sozialarbeit im einzelnen Problemfall, verwendet (vgl. S. 48 ff.). Er steht dabei für viel mehr, als er selbst eigentlich richtigerweise beinhaltet. Der sachlich zutreffende, angemessen eingeschränkte Bedeutungsinhalt, verstanden im spezifisch sozialarbeiterischen Sinne, gelangt *hier* zum Ausdruck, wo wir die *Handlungsart der Beratung* beschreiben. Dass es gerade sie ist, welche das Ganze des Berufes im Begriff der «Sozialberatung» repräsentiert, hat insofern eine gewisse Berechtigung, als der Sozialarbeiter praktisch in jedem Problemfall, gleichgültig welche Handlungsart darin dominiert, *auch* eine beraterische Funktion ausübt. Beratung ist sozusagen allgegenwärtig in der Sozialarbeit – und so wollen wir sie denn auch als erste ins Auge fassen.

In der sozialarbeiterischen Beratung bespricht der Sozialarbeiter mit einem oder mehreren Problembeteiligten das Problem und seine Lösung. Sind es mehrere Problembeteiligte, darf das Problem nicht in einem Konflikt oder einem Beziehungsdefizit zwischen ihnen begründet oder davon in erheblichem Masse mitbestimmt sein. Wo dies der Fall ist und sich der Sozialarbeiter (wie es systemischer Methodik entspricht) nicht nur mit *einem* der betreffenden Problembeteiligten, sondern mit zwei oder mehreren in Kommunikation befindet, sprechen wir von «Verhandlung», nicht von «Beratung». Es kommt jedoch oft vor, dass mehrere Problembeteiligte – z. B. die Eltern eines behinderten Kindes oder die Angehörigen und Nachbarn eines wegen Senilität störend gewordenen Betagten – nicht kontrovers, sondern parallel in einer Problemsituation stehen und sich gemeinsam vom Sozialarbeiter beraten lassen.

Beratung setzt nicht zwingend *Klientschaft* voraus, aber in der Regel erachtet sich, wer Beratungshilfe erhält, als Klienten des Sozialarbeiters. Selbstverständlich berät der Sozialarbeiter auch seine Pflichtklienten – ja dies ist eine seiner wichtigsten Aufgaben. Der Einfachheit halber sprechen wir im folgenden, weil es der Sozialarbeiter in der Beratungssituation meist mit Klienten und am häufigsten mit bloss einem einzelnen zu tun hat, von «dem Beratungsklienten».

Das Medium der Beratung ist das *Gespräch*, optimalerweise das Gespräch von Angesicht zu Angesicht, vielfach aber – aus arbeitsökonomischen Gründen – dasjenige per Telefon. Zusätzlich, doch praktisch nie ausschliesslich, kann Beratung durch schriftlichen Verkehr mit dem Klienten erfolgen (vgl. dazu S. 186 ff.). Die Beratung hat zum *Ziel,* Klarheit zu schaffen darüber, worin das Problem besteht, und den Klienten zu befähigen, sich so zu verhalten, dass es gelöst wird.

Kennzeichnend für die *sozialarbeiterische* Beratung ist, dass sie sich auf soziale Sachverhalte, also auf soziale Bedürfnisobjekte (s. S. 81 ff.) bezieht und nicht, wie es im therapeutischen Raum zutrifft, auf die Persönlichkeit an-sich. So ist sie im einzelnen Fall – je nachdem wo dessen sachlicher Schwerpunkt liegt – beispielsweise Budget- oder Konsumberatung, Schuldnerberatung[272], Rechtsberatung (etwa betreffend Scheidung, Arbeitsvertrag, Mietrecht, Versicherungsfragen), Erziehungs- oder Beziehungsberatung, Suchtberatung etc. Die *Psyche,* der innere Zustand des Klienten, wird vom Sozialarbeiter nie für sich betrachtet, sondern immer im Zusammenhang mit dem problematischen sozialen Sachverhalt: als Element, das ihn mitkonstituiert, und als möglicher lösungswichtiger Einflussfaktor. Der systemorientierte Sozialarbeiter hat, auch wenn er in der Beratungssituation bloss mit einem einzelnen Menschen spricht, stets die *dysfunktionellen sozialen Systemzusammenhänge* im Auge, durch die jener negativ betroffen ist. Sie stehen im Mittelpunkt der Problemanalyse, die er mit dem Beratungsklienten durchführt. Diesem soll durch die Beratung nicht zu einer isolierten Selbstreflexion, sondern zur Einsicht in seine soziale Lage verholfen werden – und allenfalls dazu, zu verstehen, wie diese soziale Lage durch seine Persönlichkeit, sein Fühlen und Verhalten mitbedingt ist.

Entsprechend bemüht sich der Sozialarbeiter, *abwesende Problembeteiligte,* mit denen der Beratungsklient in Konflikt steht, im Gespräch einigermassen anwesend zu machen, indem er ihre vermutliche Problemsicht, ihre Interessen und Gefühle miteinbezieht. Unter Umständen tritt er geradezu als ihr Sprecher in einen problemerhellenden Dialog mit dem Klienten und bringt hiedurch ein gewisses Verhandlungsmoment in das Beratungsgespräch hinein. Dass die Beratung grundsätzlich eine sekundäre Rolle spielt gegenüber der Handlungsart der Verhandlung und wenn möglich in diese hinüberführen soll, hat uns das Verhandlungsprinzip (Vorrang der Verhandlung, vgl. S. 288 ff.) klargemacht.

Über die systembezogene Einsicht hinaus will die sozialarbeiterische Beratung den Klienten zu *systemfunktionellem Verhalten* bringen – sei es dass er lerne, sich innerhalb eines Sozialsystems (z. B. am Arbeitsplatz) oder gegenüber einem

---

272 Die allgemeine Verbreitung des Konsumkreditwesens hat bewirkt, dass der Sozialarbeiter heute auf fast jedem Posten mit Problembeteiligten zu tun hat, die von einer übergrossen Schuldenlast bedrückt sind. Es ist klar, dass er das soziale Schuldenproblem nicht allein auf sozusagen technische (finanzielle und rechtliche) Weise, sondern – in einem ganzheitlichen Ansatz – zugleich auch beraterisch angehen muss (vgl. *Groth* und *Reis*).

System (z. B. einem Amt) adäquat zu verhalten, sei es dass er sein Verhalten ändere, um das Funktionieren eines Problemsystems (z. B. der Familie) oder eine negative Systembeziehung (etwa zwischen der eigenen Verwandtschaft und derjenigen der Ehefrau) zu verbessern. Im einen Falle geht es um die *Systeman-passung* des Beratungsklienten, im andern um *Systemveränderung* durch ihn. Hier wie dort muss er in der Problemeinsicht gefördert, affektiv günstig beeinflusst, zu problemlösendem Tun oder Unterlassen motiviert, bezüglich seines Verhaltens instruiert, in Selbstbewusstsein und Eigenverantwortung gefestigt werden. Das zentrale Ziel des Casework: die Ich-Stärkung des Klienten, dessen persönliches Wachstum derart, dass er seine Lebensprobleme zu bewältigen vermag, ist somit auch für den systemorientierten Sozialarbeiter, wenn er beratend handelt, eine der wichtigsten Absichten. Es soll, könnte man sagen, die *soziale Persönlichkeit* des Beratungsklienten entwickelt, gestärkt und gestützt werden.

Nirgends lässt sich der Sozialarbeiter so weitgehend vom methodischen Prinzip der Selbständigkeitsförderung leiten wie bei der Beratungstätigkeit. Gleichwohl muss festgehalten werden, dass dieselbe oft mit gewissen *Betreuungshandlungen* einhergeht. Es mag sich um geringfügige Dienstleistungen handeln, wie sie bereits im Zusammenhang mit dem Akzeptanzprinzip der Problemannahme (vgl. S. 355) erwähnt worden sind: Der Sozialarbeiter holt für den Beratungsklienten Informationen ein, bringt ihn in Kontakt mit einer ihm nützlichen Drittperson bzw. Stelle, orientiert einen anderen Problembeteiligten über seine Situation, verfasst ein Schreiben für ihn, hilft ihm, ein Formular auszufüllen, erledigt an seiner Statt eine administrative Angelegenheit im Verkehr mit einem Amt oder etwas Finanzielles mit einer Versicherung – und ähnliches mehr. Dass dem Klienten, falls nötig, derlei begleitende konkrete Hilfe geleistet wird, stellt ein typisches Merkmal der sozialarbeiterischen Beratung dar. Es bringt zum Ausdruck, dass diese Handlungsart nicht weniger als die andern von dem gekennzeichnet ist, was die Sozialarbeit durchgängig charakterisiert: die zugriffige Nähe zur sozialen Lebenswirklichkeit.

b) Natürliche Form

Der eben genannte enge Realitätsbezug bedingt und erklärt die natürliche Form der sozialarbeiterischen Beratung. Diese passt sich den gegebenen Alltagsumständen und dem Fluss der fallspezifischen Lebensereignisse an. Sie lässt sich in ausgeprägter Weise vom methodischen *Natürlichkeitsprinzip* bestimmen und unterscheidet sich diesbezüglich von den psychotherapeutischen Verfahren. Den letztern nämlich wohnt wesensmässig eine gewisse Künstlichkeit inne – den einen (z. B. der Psychoanalyse oder der Gestalttherapie) in hohem, den andern (etwa der Rogerschen Gesprächstherapie oder der Daseinsanalyse) in geringem Masse.

Natürlichkeit kennzeichnet erstens einmal das sozialarbeiterische *Beratungs-setting*; ich verweise hiezu auf die Ausführungen S. 277 ff. Freilich kann es im einen oder andern Falle sinnvoll und richtig sein, mit dem Klienten eine Serie von regelmässigen, zeitlich fixierten und in der Dauer zum voraus limitierten Gesprächen zu vereinbaren und hiemit einen artifiziellen Beratungsrahmen zu schaffen. Der Sozialarbeiter hält sich jedoch nie starr an derlei äussere Schemata, sondern ändert sie, sobald sie vom inneren Verlauf des Beratungsprozesses her nicht mehr optimal sind.

Im weitern gilt das Natürlichkeitsprinzip für die ganze Art und Weise, wie der Sozialarbeiter mit dem Klienten in der Beratungssituation umgeht, insbesondere wie er das *Gespräch* mit ihm führt. Es ist zwar durchaus nützlich, wenn er artifizielle Psychotherapiemethoden kennt und weiss, wie ein Individuum sich unter dem Einfluss bestimmter künstlicher Kommunikationstechniken (verbaler oder körperlicher) wandeln kann. Er mag auch, wo es ihm speziell angezeigt erscheint, gewisse Elemente solcher Therapietechnik in sein beraterisches Handeln einbauen, und selbstverständlich muss er psychisch stark beeinträchtigten (z. B. suizidgefährdeten, angstvoll erregten oder paranoiden) Personen gegenüber in mancher Hinsicht spontan-natürliche Reaktionen unterdrücken und sich insofern professionell-«künstlich», nicht anders als jeder kompetente Therapeut benehmen. Doch davon abgesehen und im eigentlichen Wesen ist das sozialarbeiterische Beratungsgespräch ein ausgesprochen natürliches Geschehen, wie dies bereits unsere Überlegungen zur Sprachkompetenz und zur Kommunikationsfähigkeit des Sozialarbeiters (vgl. S. 184 ff. und S. 194 ff.) deutlich gemacht haben. Typischerweise verzichtet denn auch jene Gesprächsliteratur, welche die reale sozialarbeiterische Praxis – sei es zentral, sei es neben dem Therapiebereich – im Auge hat, weitgehend auf artifizielle Arrangements. Es wird darin zur Hauptsache ein freier, natürlicher Umgang mit dem Beratungsklienten beschrieben, und zwar von Autoren mit durchaus unterschiedlichen theoretischen Standorten.[273]

Um nicht missverstanden zu werden, zwei Bemerkungen:

1. Dass eine Gesprächsmethode in unserem Wortsinne «natürlich» ist, bedeutet keineswegs, sie sei *qualitativ* weniger wert als eine, die wir «künstlich» nennen. Hochartifizielle Therapieverfahren sind natürlicheren nicht grundsätzlich überlegen – sie haben keine generell höhere Erfolgsquote.

2. Dass sich die sozialarbeiterische Beratung durch ihre ausgesprochen natürliche (äussere und innere) Form von der Psychotherapie unterscheidet, hindert sie nicht, *therapeutische Wirkung* auf den Klienten auszuüben. Es kommt vor, dass der Sozialarbeiter einem Menschen in wenigen Beratungsgesprächen zu mehr psychischer Gesundung verhilft, als es (beispielsweise) der Psychoanalytiker in vielen Therapiestunden zu tun vermochte.

---

273 Vgl. z. B. *Bang 1968, Garrett, Junker, Lattke, Musaph, Rogers 1942, Rogers 1983, Schubert, Thomann/Schulz von Thun, Weber, Weinberger* und die gesamte Casework-Literatur, die ja fast ausschliesslich Beratungsmethodik enthält.

c) Flottierenlassen und Strukturieren des Gesprächs

Der Sozialarbeiter bringt, im grossen betrachtet, zweierlei Bewegung ins Beratungsgespräch: eine öffnende, ausdehnende zum einen und eine eingrenzende, verengende zum andern. Er lässt das Gespräch anfänglich *flottieren*, sich ausbreiten in verschiedene Themenbereiche hinein, und zieht es sodann, indem er es immer stärker *strukturiert*, zusammen, konzentriert es nach und nach auf die problem- und lösungsrelevanten Punkte. Die Dynamik des Gesprächs hat so, bildlich gesprochen, die Gestalt eines Trichters.

Natürlich kann man die Phase des Flottierenlassens und die des Strukturierens in der Realität, im konkreten Gespräch nicht scharf voneinander trennen. Sie laufen ineinander über; oft muss schon früh strukturiert werden, damit der Klient in der Beratungssituation Boden unter die Füsse kriegt; oder es kommt erst später, nachdem bereits gewisse Ergebnisse feststehen, zur Ausdehnung des Gesprächs auf weitere Gegenstände. Desungeachtet ist es möglich und sinnvoll, diese beiden Gesprächsphasen bzw. *Gesprächsbewegungen* theoretisch klar zu unterscheiden. Wir wollen uns die intentionalen und methodischen Momente, durch die sie bestimmt sind, im folgenden kurz vergegenwärtigen.

Das *Flottierenlassen* des Gesprächs dient einerseits dazu, abtastend zu erkunden, wo das (eigentliche) Problem liegt, womit es zusammenhängt, wohin und wie weit es reicht. Anderseits gibt diese Gesprächsweise dem Beratungsklienten die Gelegenheit, frei zu äussern, was er denkt und fühlt, und sich durch solchen spontanen, weitgehend ungehinderten Ausdruck – Sprechen vor allem, aber auch Schweigen oder Weinen oder sogar tobendes Schreien – seiner selbst zu vergewissern. Das allein schon kann ihm grosse affektive Entlastung verschaffen (vgl. S. 256 f. über die Abnahme negativer Gefühle und S. 350 ff. über die Problemannahme seitens des Sozialarbeiters) und ihn möglicherweise bereits vollumfänglich zu den Einsichten führen, die er benötigt, um problemlösend zu handeln. Der Sozialarbeiter verhält sich in dieser Phase gewährend und aufnehmend. Er fliesst sozusagen mit den Äusserungen des Klienten mit – in aufmerksamem, interessiertem, reflektiert empathischem Zuhören, bestrebt, sich gefühlsmässig und gedanklich ganz auf ihn einzulassen und ihn zu verstehen. Er folgt dem Klienten thematisch, wohin er durch ihn geführt wird, und bleibt dabei für alles offen, selbst wenn es ihm eher abseitig und nebensächlich erscheint.

Auch wo der Klient averbal Gefühle ausdrückt, z. B. wenn er weint oder verwirrt schweigt, verweilt der Sozialarbeiter einfühlend bei diesen Emotionen seines Gegenübers. Er greift nicht sofort ein, um den Klienten so rasch als möglich wieder in den psychischen Normalzustand, gewissermassen «zur Vernunft» zu bringen, sondern lässt das Gespräch auch *affektiv flottieren* – freilich nur solange, als dadurch keine offensichtliche Peinlichkeit in der Beratungssituation aufkommt.

Das flottierende Gespräch macht, oberflächlich betrachtet, einen ziemlich unbestimmten, ziel- und richtungslosen Eindruck, und der Sozialarbeiter scheint dabei eine passive Rolle zu spielen. In Tat und Wahrheit ist es aber auch während dieser Erkundungsphase von ihm gefördert und gelenkt, allerdings sanft und zurückhaltend, auf nahezu versteckte Weise.

Wie der Berater die *Selbstexploration des Klienten* höchst subtil und präzise unterstützen kann, insbesondere indem er die emotionalen Erlebnisinhalte des Klienten geschickt verbalisiert, demonstriert eindrücklich Carl Rogers' Methode der nichtdirektiven, klientzentrierten Gesprächstherapie[274]. Von ihr kann der Sozialarbeiter zweifellos viel lernen, obgleich in der sozialarbeiterischen Beratung das Gespräch, auch das flottierende, meist eine Führung verlangt, die um einiges kräftiger ist. Die Sozialarbeitsklienten sind in der Regel auf mehr kommunikationserleichternde und -anregende *Hilfe des Beraters* (vgl. S. 254 f.) angewiesen als jene Personen, welche in Psychotherapie gehen. Über sich selbst und über persönliche Beziehungen zu sprechen, fällt ihnen oft schwer, weil sie es nicht gewohnt sind und ihnen hiezu ein differenziertes Vokabular fehlt. Zudem müssen, wo es gilt, ein soziales Problem abzutasten, sehr unterschiedliche (psychische, familiäre, rechtliche, finanzielle, sachliche) Bereiche ins Auge gefasst werden, und dafür zu sorgen, dass dies geschieht, ist eine Hauptaufgabe des Sozialarbeiters. Er lenkt das Gespräch in der flottierenden Phase auf verschiedene Punkte, die der Klient von sich aus gar nicht berührt hätte, weil sie ihm überhaupt nicht eingefallen wären oder weil er sie für unwichtig hält. Und zwar tut er dies auf sachte Art, indem er beispielsweise mit geschickten Bemerkungen ein neues Thema antippt, beiläufige Fragen stellt, Andeutungen über Zusammenhänge macht und den Klienten durch demonstratives Anteilnehmen dazu bewegt, einen Gesprächsfaden weiterzuspinnen.

Der Klient darf bei all dem nicht den Eindruck bekommen, ausgehorcht, untersucht, geprüft und getestet zu werden. Vielmehr soll er das Gefühl haben, an einem entspannten, freien und *spontanen Kommunikationsgeschehen* teilzunehmen, das sich kaum von der Unterhaltung mit irgendeinem interessierten Menschen, dem er in seinem Alltagsleben begegnet, unterscheidet.

Nachdem auf solche Weise das Problemfeld erkundet und Konturen für eine mögliche Problemdefinition erkennbar geworden sind, nimmt der Sozialarbeiter das Gespräch zunehmend in den Griff. Er *strukturiert* und *lenkt* es, wo nötig mit energischer Entschiedenheit, um die wesentlichen problemkonstitutiven Tatsachen klar herauszuarbeiten und die Lösungsbemühungen auf die zentralen Problemvariablen zu konzentrieren. Wie Schatzmann/Strauss in ihrer berühmten Untersuchung «Social Class and Modes of Communication» (1955) eindrucksvoll

---

274 Vgl. *Rogers 1942*, *Rogers 1983*, *Weinberger*. Nützliche Hinweise für die Förderung der «Selbstklärung» (des Klienten) durch den «Klärungshelfer» finden sich bei *Thomann/Schulz von Thun*, S. 71 ff.

398

gezeigt haben[275], brauchen vor allem *Unterschichtangehörige*, die typischen Sozialarbeitsklienten also, viel gesprächsleitende Unterstützung, wenn ein fremder Kommunikationspartner durch ihre Aussagen von einem einigermassen komplexen Sachverhalt ein klares Bild gewinnen will.

Eben danach strebt der Sozialarbeiter – hartnäckig beharrt er in der späteren Phase des Beratungsgesprächs darauf, Klient und Problem zu verstehen. Sein Verstehens- bzw. Klärungsimpetus nötigt ihn zu aktiver Gesprächsstrukturierung und -steuerung, und dieselbe wird erst recht da erforderlich, wo es darum geht, aus der Problemanalyse heraus gedanklich und emotional weiterzuschreiten zu produktiven, effizient problemlösenden Konsequenzen. Solch *strukturierendes Handeln* geschieht namentlich dadurch, dass der Sozialarbeiter Themen vorgibt, Hypothesen aufstellt, Aussagen des Beratungsklienten vervollständigt, klärend umformuliert, zusammenfasst, mit andern in Verbindung bringt oder aus ihnen Folgerungen zieht, Emotionsäusserungen begrenzt, das Reden über ein Thema abbricht oder von ihm abbiegt, den Klienten zur Erörterung eines bestimmten Problemaspektes auffordert, ihn mit Tatsachen oder Behauptungen konfrontiert und so zur Stellungnahme veranlasst, Präzisierungen oder Erläuterungen von ihm erbittet – und vor allem: dass er Fragen an ihn richtet.

Das entscheidende gesprächsleitende Instrument des Sozialarbeiters sind seine *Fragen*; und so sehr es stimmt, dass er ein aufmerksamer, geduldiger Zuhörer sein muss, so wichtig ist seine Fähigkeit, geschickt zu fragen. Davon hängt es in erster Linie ab, ob er zu einem adäquaten Problemverständnis gelangen, wirklich Tatsachen in Erfahrung bringen, den Beratungsklienten in ein produktives Mitdenken hineinziehen und die gangbaren Lösungswege erkennen kann. Er darf sich nicht scheuen, wenn nötig auch direkte, präzise und inhaltlich harte Fragen zu stellen, muss aber zugleich imstande sein, ganz subtil, diffus weit, indirekt, fast unmerklich zu fragen. In seinen Fragen soll Anteilnahme am Ergehen des Klienten und Interesse an der Problemlösung zum Ausdruck kommen, nicht Neugierde oder etwa gar Lust am Aufdecken des Schlechten. Wo immer der Sozialarbeiter einen Menschen befragt, muss es *taktvoll* geschehen – und dies ist auch dann möglich, wenn es sich um eine unbequeme Frage handelt.

Hervorragend wichtig für die Gesprächsstrukturierung sind im übrigen die *Zusammenfassungen*, mit denen der Sozialarbeiter von Zeit zu Zeit in kurze, eindeutig verständliche Worte fasst, was gesprochen (oder sonstwie geäussert) und was dabei erkannt worden ist. Er kann unter Umständen das Gemeinte auch zusätzlich mit einer Skizze, auf ein Blatt Papier geworfen, einprägsam machen.

---

275 Es handelt sich um die soziolinguistische Auswertung von 340 Interviews mit erwachsenen Einwohnern von Gemeinden, welche ein Wirbelsturm verwüstet hatte. Die Interviews werden dabei auf spezifische Merkmale des sprachlichen Ausdrucks einerseits von Unter-, andererseits von Oberschichtangehörigen hin analysiert, und es ergeben sich diesbezüglich beträchtliche, insbesondere auch für die Gesprächsführung des Interviewers bedeutsame Unterschiede.

Diese Resümees folgen sich gegen das Ende des Beratungsgesprächs immer dichter und werden zunehmend bestimmter, genauer und sachlich enger. Der Sozialarbeiter steuert durch sie auf eine klare instrumentelle *Problemdefinition* hin. Mit ihr, oder zumindest mit einer vorläufigen problemdefinitorischen Hypothese, sollte ein erstes Beratungsgespräch enden – weitere Gespräche sodann mit ihrer vertiefenden, präzisierenden, modifizierenden Fortentwicklung.

Dem Gespräch einen *konstruktiven Abschluss* zu verschaffen, gehört ebenso wie das bereits Aufgezählte zur Strukturierungsaufgabe des beratenden Sozialarbeiters. Der Klient soll, nachdem das Gespräch zu Ende ist, die berechtigte positive Empfindung haben, durch es zu einem Ergebnis gelangt zu sein: zu gedanklichem Problemverständnis, Gefühlsklarheit (vgl. S. 257 ff.) und problemlösenden Willensentscheidungen. Dieses Ergebnis mag bruchstückhaft ausfallen, beurteilt man es von dem her, was die Problemlösung im ganzen erfordert. Wesentlich ist in jedem Falle, dass der Sozialarbeiter durch die Art, wie er das Gespräch abschliesst, dem Klienten bewusst macht, wo er (der Klient) nun steht, wie weit er im Gespräch auf dem Weg zur Problemlösung vorwärtsgekommen ist und welche Schritte als nächste getan werden müssen. Aus einem kompetent geführten und beendigten, nicht durch Widerstand des Klienten misslungenen Beratungsgespräch geht der Klient, auch wenn er darin mit Schwerem und Schwierigem konfrontiert worden ist, in grösserer innerer Klarheit, gefühlsmässig erleichtert und mit mehr Lösungshoffnung hervor.

d) Ratgeben

Eine typische Eigenheit der sozialarbeiterischen Beratung besteht darin, dass in ihr das Informieren des Klienten, die Vermittlung von Wissen an ihn, das Ratgeben eine grosse Rolle spielen. Ich habe dies bereits im Zusammenhang mit dem methodischen Prinzip der pädagogischen Verhaltensbeeinflussung erläutert (vgl. S. 264 f. das Subprinzip der Belehrung und Anleitung). Würde der Sozialarbeiter auf derartiges Handeln verzichten, vermöchte er dem Beratungsklienten in vielen Fällen keine wirksame Hilfe zu leisten.

Ihn mit *problemrelevanten Informationen* zu versehen, ist selbstverständlich überall nötig, wo es um Sachfragen – sei es als Hauptthema, sei es als Teilaspekt des Problems – geht. Aber auch in *persönlichen Lebensfragen*, welche seine familiären oder sonstigen Beziehungen, seinen Beruf, sein psychisches und körperliches Befinden, sein Geld und ähnliches betreffen, erwartet der Klient vom Sozialarbeiter Rat. Er kommt zu einem Fachmann in sozialer Problemlösung, nicht zu einem Psychotherapeuten, und ist selten motiviert, sich von ihm «bloss» in das eigene Innere führen zu lassen, auf dass er dort durch intensive Selbstreflexion den gesuchten Rat selbst finde. Nimmt der Sozialarbeiter, von eben dieser Absicht geleitet, eine betont nichtdirektive, Belehrung und Rat vermeidende Haltung ein, stösst er beim typischen Sozialarbeitsklienten auf Unverständnis.

400

Durch solches Beraterverhalten fühlen sich Unterschichtangehörige, wie Jacobs richtig bemerkt, «hängengelassen». Sie entwickeln Feindseligkeit gegen den Berater, und dieser riskiert, dass sie nicht mehr bei ihm erscheinen.[276]

Natürlich müssen persönliche Fragen letztlich vom fragenden Menschen *selbst* beantwortet werden. Allein, auch um zu dieser Antwort, oft: zu einer Entscheidung angesichts verschiedener Handlungsmöglichkeiten, zu gelangen, braucht der Beratungsklient Hilfe, und der Sozialarbeiter vermag sie ihm beispielsweise dadurch zu bieten, dass er ihm rät, mit bestimmten Personen zu sprechen, bestimmte Dinge als Beurteilungskriterien zu nehmen, etwas Bestimmtes abzuwarten etc.

Häufig weiss der Sozialarbeiter nicht sogleich, was er raten soll. Sicher beweist er, wo dies zutrifft, seine Kompetenz nicht, indem er sich zu einem vorschnellen Ratschlag verleiten lässt, sondern ganz im Gegenteil indem er dem Klienten sagt, er könne einen verantwortbaren Rat erst geben, nachdem er mehr in Erfahrung gebracht oder die ganze Angelegenheit nochmals gründlich überdacht habe, und er werde deshalb seine Meinung erst später äussern.

Einer problembeteiligten Person *Rat zu verweigern*, obschon sie ihn begehrt und er von der Sachlage her möglich wäre, rechtfertigt sich in der sozialarbeiterischen Beratung methodisch nur dann, wenn diese Person aus psychischen Gründen den Rat, der ihr gegeben werden müsste, offensichtlich nicht verstehen oder ertragen kann – insbesondere dort (und in diesem Falle generell), wo der betreffende Mensch neurotisch auf Widerstand gegen den Helfer fixiert und ausserstande ist, irgendeinen Rat, gleichgültig welchen, anzunehmen.

Die grundsätzliche Bereitschaft des Sozialarbeiters, Rat zu erteilen, bedeutet freilich nicht, dass man sich bei ihm auf simple Weise Ratschläge beschaffen kann – etwa so wie man in der Apotheke ein Medikament holt. Sozialarbeiterisches Ratgeben ist stets eingebettet in den Beratungsprozess und hängt bezüglich *Art* und *Zeitpunkt* ganz von ihm ab. Dem Zeitrichtigkeitsprinzip kommt hier grosse Bedeutung zu: im einen Fall muss die Zeit, oder besser: der Klient, zuerst reif werden für einen Rat, im andern gilt es, rasch das dringlich Nötige zu raten, bevor es dafür zu spät ist. Die *Intensität* des sozialarbeiterischen Rates kann weit variieren: vom beiläufig angetönten Vorschlag bis zur nachdrücklichsten, beschwörenden Empfehlung.

Handelt es sich um «Rat» im reinen Sinne, bleibt der Klient (von seiten des Sozialarbeiters) völlig *frei*, ob er ihn befolgen will oder nicht. Findet Beratung jedoch im Zusammenhang mit andern sozialarbeiterischen Handlungsarten statt, hat es für den betreffenden Problembeteiligten möglicherweise negative Konsequenzen, wenn er sich nicht nach dem Rat des Sozialarbeiters richtet: Zum Beispiel verweigert dieser seine weiteren Dienste als verhandelnder Vermittler,

---

276 *Jacobs*, S. 43 f. Dieser Autor empfiehlt deshalb für die Alkoholberatung von Unterschichtklienten, denselben bereits in der ersten Sitzung «direkte Ratschläge» zu erteilen (S. 93 f.).

oder er schreitet zu Interventionsmassnahmen, sieht sich ausserstande, als Vertreter des Klienten gewisse Forderungen gegenüber Dritten aufrechtzuerhalten, kann gewünschte Beschaffungs- oder Betreuungshilfe nicht gewähren. Offensichtlich enthält ein solcher Rat mehr oder weniger ausgeprägt das Merkmal der Mahnung, der Drohung oder gar des Ultimatums, und je stärker es ist, desto mehr verliert das sozialarbeiterische Gespräch an Beratungscharakter. Die *reine* Beratung bleibt ohne jegliche Druckausübung auf den Klienten.

e) Soziales Training

Es gibt Beratungsfälle, wo der Klient durch den Sozialarbeiter lediglich in dem, was er bereits tut, bestätigt wird oder wo er Hilfe dabei erfährt, sich mit einer nicht änderbaren sozialen Tatsache innerlich abzufinden, d. h. sich psychisch an sie anzupassen. Hier ergehen keine Aufforderungen an den Beratungsklienten, etwas (Neues) zu tun. Auch dort nicht, wo jemand sich einfach einmal beim Sozialarbeiter über einen Sachverhalt (z. B. seine versicherungs- oder familienrechtliche Situation, gewisse finanzielle Verhältnisse, die Hilfeleistungen anderer Institutionen oder eine psychologische Frage) ins Bild setzen will und sich genügend beraten fühlt, wenn ihm der Sozialarbeiter die betreffenden Informationen verschafft, bzw. die bestehenden Möglichkeiten aufgezeigt hat. Überall sonst jedoch – und das heisst: in den meisten Fällen – ergibt sich aus der Beratung, dass der Klient *ausserhalb der Beratungssituation* in bestimmter Weise *handeln* muss, wenn das Problem, das ihn belastet, wirklich gelöst werden soll.

Eben dies letztere bezweckt der Sozialarbeiter. Wiederholt Gespräche mit einer problembeteiligten Person zu führen, die immer wieder die Wohltat erfahren will, über ihre Lebensschwierigkeiten mit jemandem zu reden, aber keinerlei Bereitschaft zeigt, diese Probleme tatsächlich anzugehen, ist für ihn, von der sozialarbeiterischen Aufgabe her, sinnlos. Das sozialarbeiterische Beratungsgespräch hat stets das reale Leben des Klienten im Auge und will in dasselbe hineinwirken. Und zwar vollzieht sich dieser *Transfer ins Reale* durch den Klienten: es liegt an ihm, in seinen konkreten Lebensbezügen so zu handeln, wie es sich gemäss der erarbeiteten Problemdefinition als sinnreich und nötig, nämlich problemlösend herausgestellt hat. Der Sozialarbeiter kann es nicht für ihn tun, aber er kann ihn darin unterstützen, indem er ihn vor Forderungen stellt, ihn anleitet, motiviert und kontrolliert.

Wo sich der Klient so weit in den Beratungsprozess einlässt, dass der Sozialarbeiter ihm gegenüber auf diese Weise zu handeln vermag, gewinnt die sozialarbeiterische Beratung den Charakter eines *sozialen Trainings*. Der Beratungsklient wird dabei auf ein bestimmtes soziales Persönlichkeitsziel hin trainiert: die Mutter mit Erziehungsproblemen zu einer guten Erzieherin ihrer Kinder, der junge Mann mit einem Berg von Schulden zu einem ökonomisch haushaltenden Geldverwalter, der Alkoholabhängige zu einem abstinent lebenden Menschen, die leicht debile Frau, die wegen ihres «unmöglichen» Benehmens bislang jede Arbeitsstelle verloren hat, zu einer Person, die auf akzeptable Weise mit andern umzugehen weiss. Dies bloss einige typische Beispiele – der Sozialarbeiter versucht, das Trainingsmoment überall in die Beratung einzubringen, wo die Problemlösung vom Klienten eine grundsätzliche, subjektiv anspruchsvolle Verhaltensänderung verlangt.

«Soziales Training» im eigentlichen Sinne kann nur geschehen, wenn das Beratungsverhältnis sich über einige Zeit erstreckt, während welcher Sozialarbeiter und Klient sich wiederholt sehen (oder miteinander telefonieren) – sei es regelmässig, sei es ad hoc je nach dem Lauf und Stand der Dinge. Bei bloss kurzer Beratungsdauer oder gar nur einem einzigen Beratungsgespräch lassen sich höchstens vereinzelte Trainingselemente (z. B. eine präzise Verhaltensinstruktion oder ein einübendes Rollenspiel) einflechten, es fehlt aber das, was ein Training wesentlich ausmacht: die kontinuierliche, fördernde und kontrollierende *Begleitung* des Klienten.

Im methodischen Prinzip der pädagogischen Verhaltensbeeinflussung (S. 261 ff.) sind die einzelnen Funktionen, welche die Rolle des sozialen Trainers prägen, unter den Stichworten *Modell-Verhalten*, *adäquate Forderungen*, *Belehrung und Anleitung* sowie *Gratifikation und Sanktion* dargestellt, so dass wir hier nicht näher auf sie einzugehen brauchen. Entscheidend ist, dass der Sozialarbeiter die Handlungsanforderungen an den Klienten in die Form klar festgelegter *Aufgaben* bringt, die der Klient bis zum nächsten Beratungsgespräch oder Kontrollkontakt zu erfüllen verspricht. Nur so lassen sich Problemlösungswille und Leistungskraft des Klienten prüfen und allfällige Gratifikationen oder Sanktionen einsehbar rechtfertigen.

Indem ein freiwilliger Klient den Sozialarbeiter als seinen sozialen Trainer akzeptiert, setzt er grosses Vertrauen in ihn. Entsprechend intensiv ist in diesem Falle das *beraterische Engagement* des Sozialarbeiters: Er steht eng neben und hinter dem Klienten und nimmt an dem, was er im Problembereich tut, lebhaft Anteil, ermutigend, anfeuernd, moralisch stützend, warnend und kritisierend – mit Enttäuschung und Trauer, aber auch Trost beim Misserfolg und mit Freude und Lob beim Erfolg.

3.32 Verhandlung

a) Begriff

Im Unterschied zur Handlungsart der Beratung steht der Sozialarbeiter bei der Verhandlung *zwischen mehreren* (mindestens zwei) Problembeteiligten und verhandelt mit ihnen ein Problem, welches ihr Verhältnis betrifft. Dabei geht es entweder um einen sozialen Konflikt, in dem die Meinungen und/oder das Verhalten der problembeteiligten Personen aufeinanderstossen, oder das Problem liegt in einem sozialen Defizit: es fehlt eine sozial nötige Beziehung zwischen den Problembeteiligten, jedenfalls eine genügende. Hier wie dort betätigt sich der Sozialarbeiter als *aktiver Vermittler*. Verhandlungsfördernd und -leitend strebt er danach, die Spannung zwischen den Problembeteiligten zu mindern, bei ihnen gegenseitiges Verständnis zu wecken, sie zu einigen und ein sozial gerechtes Verhältnis zwischen ihnen herzustellen – systemisch gesehen: das dysfunktionelle Problemsystem, dem sie angehören, zu funktionalisieren oder die negative Systembeziehung, von der sie betroffen sind, in eine positive umzuändern.

Im einzelnen kann seine Rolle differieren, je nachdem ob er in der Verhandlung zugleich eine Vertretungsfunktion für einen Klienten ausübt oder nicht (*vertreterische* und *reine Verhandlung*) und ob er die Verhandlungteilnehmer in unmittelbaren persönlichen Kontakt zueinander bringt oder lediglich als Mittelsmann je einzeln mit ihnen kommuniziert (*direkte* und *indirekte Verhandlung*). Darüber wissen wir bereits aufgrund des Verhandlungsprinzips (S. 288 ff.) Bescheid. In ihm sind überhaupt die wichtigsten Wesenszüge der sozialarbeiterischen Verhandlung enthalten, so dass ich hier generell auf es verweise.

Indem es den grundsätzlichen *Vorrang der Verhandlung* postuliert, stellt es diese Handlungsart ins Zentrum der systemischen Sozialarbeitsmethodik. Fragt man, woran der systemorientierte Sozialarbeiter in erster Linie zu erkennen sei, so heisst die Antwort: daran, dass er verhandelt. Wo immer möglich, selbst in einem Problemlösungsfalle, der aus sachlichen Gründen von einer anderen Handlungsart dominiert wird, bemüht er sich, unter den Problembeteiligten eine Verhandlungsrelation zu schaffen und Verhandlungsmomente in den Problemlösungsprozess einzuflechten.

Je nach Problemart gibt es unterschiedliche *Verhandlungsteilnehmer*: Ehe- oder Konkubinatspartner; Eltern und Kinder; getrenntlebende oder geschiedene Partner bzw. Eltern; Betagte und ihre Angehörigen; Pflegeeltern und leibliche Eltern (meist Mutter) des Pflegekindes; Jugendliche und Heimbetreuer; erwachsene Heimpensionäre und Heimleitung; Angestellte und Arbeitgeber; Lehrlinge, Eltern und Lehrmeister; Schüler, Eltern, Lehrer und Schulbehörde-Mitglieder; Ärzte, Oberschwestern, Verwalter medizinischer Institutionen und Patienten; Versicherte und Repräsentanten der Versicherung; Problembeteiligte irgendwelcher Art und Verwaltungsbeamte, Behördemitglieder, Angehörige helfender Berufe, etc. Das brauchen nicht notwendig problembeteiligte Personen zu sein. Auch problemrelevante *Dritte* werden vom Sozialarbeiter in das Verhandlungsgeschehen miteinbezogen. Es ist typisch für die systemische Verhandlungsmethodik, dass der Sozialarbeiter Personen in die Verhandlung einschaltet, die aufgrund ihrer Beziehung zu den Problembeteiligten imstande sind, die Verhandlung zwischen ihnen zu erleichtern und zu fördern oder vielleicht überhaupt erst zu ermöglichen – z. B. den Leiter einer religiösen Gemeinschaft, zu der eine Problemfamilie gehört, oder die ehemalige Wohngruppenbetreuerin eines problembeteiligten jungen Menschen, der zwar nicht mehr in der Wohngruppe lebt, aber von sich aus den persönlichen Kontakt mit dieser Sozialpädagogin aufrechterhält.

Die direkte Verhandlung findet als *Verhandlungsgespräch* statt, das wir *Konferenz* nennen, wenn wegen der Anzahl der Teilnehmer oder wegen ihrer Zusammensetzung (z. B. Anwesenheit von Behördevertretern, die eine eigentliche «Sitzung» erwarten) eine formelle Verhandlungsleitung durch den Sozialarbeiter nötig ist. Im speziellen lässt sich von einem «Ehe-» oder «Partnergespräch», einem «Familien-», «Nachbarschafts-», «Heimgespräch» u. ä. reden. Was wir über das Beratungsgespräch festgestellt haben, gilt grösstenteils auch für das Verhandlungsgespräch. Dieses ist allerdings viel komplexer als jenes: der Sozialarbeiter muss in ihm mit mehreren Personen gleichzeitig umgehen, und zwar oft mit Menschen, die als Persönlichkeiten sowie in ihrem sozialen Status völlig verschieden sind und zudem antagonistische Gefühle hegen und gegenteilige Meinungen vertreten. Entsprechend hoch sind die methodischen Kompetenzanforderungen, die ihm das Verhandlungsgespräch stellt – bedeutend höher als im Falle der (bloss bilateralen) Beratung.

Im folgenden werden die wichtigsten Merkmale der sozialarbeiterischen Verhandlung aufgezählt. Dabei halten wir uns ihre vorrangige Form, die *reine* Verhandlung, und zwar die *direkte*, vor Augen – konkret also: das Verhandlungsgespräch, in dem der Sozialarbeiter zwischen den Problembeteiligten vermittelt. Was von unseren Ausführungen gleichermassen für die *indirekte* Verhandlung zutrifft (vgl. S. 294 ff.) und was im Gegenteil für sie wegen des grundsätzlich andern Arbeitssettings nicht gelten kann, wird ohne weitere Erklärung einleuchten.

b) Verhandlungsteilnahme

Im Äusseren beherrscht und charakterisiert das *Natürlichkeitsprinzip* die sozialarbeiterische Verhandlung genauso, wie es bei der Beratung der Fall ist. Das zeigt sich im besondern daran, dass der verhandelnde Sozialarbeiter ohne Rücksicht auf irgendwelche starren methodischen Vorschriften *frei und flexibel* jeweils jene Zusammensetzung von Gesprächsteilnehmern wählt oder akzeptiert, die nach den aktuellen Umständen am sinnreichsten und praktisch überhaupt möglich ist: Er bespricht das Problem mit jenen Problembeteiligten, welche tatsächlich zum Verhandlungsgespräch erscheinen (was nicht ausschliesst, dass er sich energisch darum bemüht, Abwesende zur Teilnahme an einem folgenden Gespräch zu bewegen); er verhandelt im gleichen Problemfall mit wechselnden Kombinationen von problemrelevanten Personen, flicht dazwischen beraterische Einzelgespräche ein, geht von der direkten zur indirekten Verhandlung über oder tut das Umgekehrte; und er zieht im Laufe des Problemlösungsprozesses neu lösungswichtige Personen in die Verhandlung hinein, während er bisherige Verhandlungsteilnehmer, die irrelevant für die Problemlösung geworden sind, aus ihr ausscheidet.

In der Regel besteht das effizienteste Vorgehen darin, möglichst alle Personen, deren Verhalten und/oder Ansichten in einem Problempunkt bedeutsam sind, an einem Tisch zur Problemverhandlung zu versammeln. So mag es unter Umständen zu Konferenzen mit sieben, acht oder mehr Verhandlungsteilnehmern kommen. Allein, nicht immer ist die von der Teilnehmerzahl her maximale Gesprächsrunde die sinnvollste: Ergibt sich damit eine sehr heterogene personelle Zusammensetzung, kann dies ein produktives Problemverhandeln hemmen und das Problem sogar vergrössern. Eine methodische These analog der von einigen Familientherapeuten vertretenen Maxime: «Entweder kommen alle Familienmitglieder zur familientherapeutischen Sitzung, oder dieselbe findet nicht statt», ist deshalb in der Sozialarbeit nicht am Platz.

c) Mehrseitiges Engagement

Als Fundamentalgrundsätze für die sozialarbeiterische Verhandlungsmethodik haben das Prinzip des allseitigen Nutzens (S. 245 ff.) und das Interpositionsprinzip (S. 247 ff.) zu gelten. Vermag der Sozialarbeiter sich nicht in einer *Mittelstellung* zwischen den Problembeteiligten zu halten, so kann er die mediatorische Funktion, die im Zentrum der sozialarbeiterischen Verhandlungsabsicht liegt, nicht optimal erfüllen.

Als aktiver Mittler muss er, um die Verhandlungsteilnehmer zu konstruktiver Mitarbeit an seinen Einigungsbemühungen zu gewinnen, ein mehrseitiges Engagement betreiben. Das bedeutet erstens (unter dem Gesichtspunkt genereller Vertrauensbildung): allen diesen Personen gegenüber mit gleicher Ernsthaftigkeit und gleicher Intensität Akzeptanzverhalten zu zeigen – und zweitens (im Hinblick auf die verhandelte Problemmaterie und die Verhandlungssituation): sich im einen Punkte für diesen Verhandlungsteilnehmer einzusetzen, im andern für jenen, sich je nach dem Stand der Dinge wechselnd mit den Gefühlen, Meinungen und Vorschlägen der verschiedenen anwesenden Personen zu solidarisieren, ja wo einer von ihnen bezüglich der Hauptsache im Unrecht ist, bewusst danach suchen, inwiefern er immerhin in einem Nebenaspekt unterstützt werden kann. Es handelt sich dabei nicht um ein Balancieren aus Neutralität, Unsicherheit oder Angst vor klarer Stellungnahme. Ganz im Gegenteil, mit seiner gezielten *punktuellen Parteinahme* will sich der Sozialarbeiter gemäss dem Prinzip des Lösungsdynamismus aktiv für eine sozial gerechte Problemlösung – und zwar eine Problemlösung, die auf Einsicht und gegenseitiger Verständigung der Beteiligten beruht – engagieren.

Oft muss er dabei mit seinen Argumenten und seinem persönlichen Einfluss die Position eines sozial schwachen Konfliktbeteiligten stärken. Das verschärft zwar unter Umständen den Konflikt, bringt aber häufig überhaupt erst die entscheidende Streitfrage, von der eine wirkliche Problemlösung abhängt, auf den Tisch.[277] Übt der Sozialarbeiter das mehrseitige Engagement sachlich fundiert und methodisch konsequent, so spüren die Verhandlungsteilnehmer, dass ihm ernsthaft an einem gerechten Verhandlungsergebnis liegt und dass er sich nicht manipulieren und zur Parteilichkeit verleiten lässt. Nur so können sie ihn als überzeugenden, eigenständigen Vermittler anerkennen, auf dessen Verhandlungskompetenz sie berechtigterweise Hoffnung setzen dürfen.

d) Verhandlungsleitung

Die primäre Aufgabe des Sozialarbeiters bei der direkten Verhandlung besteht darin, das Verhandlungsgespräch (bzw. die Konferenz der Verhandlungsteilnehmer) zu leiten. Er tut dies – im Bestreben, die Kommunikation möglichst natürlich zu belassen – so zurückhaltend, als die Situation es erlaubt. Je gespannter sie ist, je schwieriger (z. B. aggressiv, ausweichend, uninteressiert, gehemmt) sich die oder einzelne Verhandlungsteilnehmer verhalten und je mehr Personen anwesend sind, desto manifester, eingreifender wird die sozialarbeiterische Verhandlungsleitung notgedrungen. Was wir über die Trichterform des sozialarbeiterischen Beratungsgespräches: das anfängliche Gesprächsflottieren und die zunehmend aktivere, straffere Gesprächsstrukturierung bzw. -steuerung durch den Sozialarbeiter, gesagt haben (vgl. S. 397 ff.), gilt grundsätzlich ebenso für das Verhandlungsgespräch.

Für die sozialarbeiterische Verhandlungsleitung typisch ist die *Ordnungsfunktion*, welche der Sozialarbeiter im Verhandlungsgespräch auszuüben hat: Er muss dafür sorgen, dass jeder Verhandlungsteilnehmer zu Wort kommt, dass jeweils bloss einer spricht und nicht mehrere durcheinander, dass aggressive Impulse gegen anwesende Personen nicht körperlich, sondern ausschliesslich verbal geäussert werden und auch verbal nur auf akzeptable Weise.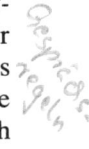

Das Grundlegendste überhaupt, was der Sozialarbeiter für die Verhandlung leisten muss, ist, jede teilnehmende Person soweit vor Attacken zu schützen, dass sie, auch wenn sie angegriffen wird, das Verhandlungsgespräch nicht verlässt und

---

277 Vgl. *Deutsch*, S. 185 f. 190. 199 f.

selbst fähig bleibt, kontrolliert und im wesentlichen angstfrei ihre Gefühle und Gedanken zum Ausdruck zu bringen. Kommunikationsförderndes und -erleichterndes Handeln bedeutet in der Verhandlung also zuerst einmal, eine einigermassen *sachliche Gesprächsatmosphäre* herzustellen und zu sichern. Der Sozialarbeiter macht deshalb jedem Gesprächsteilnehmer klar, dass ihm im sozialarbeiterischen Verhandlungsgespräch nicht erlaubt ist, einen andern Gesprächsteilnehmer zu beschimpfen, zu verspotten oder einzuschüchtern, ihn am freien Reden zu hindern oder sonstwie absichtlich zu verletzen und zu stören. Als eine Art «Kommunikationspolizist» greift der Sozialarbeiter freundlich, aber bestimmt, nötigenfalls sehr energisch ein, wenn sich jemand in solch abträglicher Weise verhält. Um fruchtlosem Streiten unter Konfliktbeteiligten zu begegnen, tut er zuweilen sogar gut daran, spezielle *Gesprächsregeln* aufzustellen; und dann muss er natürlich auch dafür sorgen, dass sie eingehalten werden.[278]

Selbstverständlich geht er die Aufgabe, feindliche Affektäusserungen im Verhandlungsgespräch zu begrenzen, nicht nur repressiv an, sondern ebenso indem er nach dem Prinzip *der Abnahme negativer Gefühle* (s. S. 256 f.) verfährt. Dabei versucht er jedoch zu erreichen, dass sich der emotionsbelastete Konfliktbeteiligte mit aggressiven Gefühlsausbrüchen an ihn, den Sozialarbeiter, als an eine Art Klageinstanz wendet und nicht andere Verhandlungsteilnehmer damit überhäuft.

e) Problemanalyse und Konvergenzförderung

Die sozialarbeiterische Verhandlung bezweckt ein Doppeltes: erstens die lösungswichtigen Personen auf eine operationelle und konduktive Problemdefinition zu vereinigen und zweitens aus ihr heraus konkrete Problemlösungschritte auszuarbeiten und abzumachen – im weiteren Verlauf auch, sie zu überprüfen, zu modifizieren und zu ergänzen. Dabei muss (wie in jeder problemlösenden Tätigkeit) einerseits das Problem analysiert, auf seine wahren Gründe hin untersucht werden und anderseits gedanklich wie handelnd etwas Produktives, Positives zu seiner Lösung geschehen.

Weder das eine noch das andere ist leicht zu bewerkstelligen. Es bietet sich dem Sozialarbeiter im Verhandlungsgespräch zwar die günstige Gelegenheit, die Problembeteiligten einander direkt zu konfrontieren[279] und so meist rasch und sicher die entscheidenden problematischen Tatsachen ans Licht zu heben. Allein,

---

278 *Deutsch* (S. 191 f.) spricht in diesem Zusammenhang von «Normen für eine rationale Interaktion», die den Konfliktparteien – insbesondere wenn dieselben «unerfahrene Streiter» sind – helfen, «fair zu kämpfen».

279 Eventuell in versteckter, formell indirekter Weise nach der speziellen familientherapeutischen Technik des *zirkulären Fragens*, bei der ein Familienmitglied veranlasst wird, sich darüber zu äussern, wie es das Verhältnis zwischen zwei anderen Angehörigen der Familie sieht (vgl. *Selvini u. a. 1980* sowie *Penn*).

diese Tatsachen sind vielfach solcher Art, dass sich anwesende Beteiligte durch sie moralisch belastet oder seelisch verletzt fühlen; und der Sozialarbeiter riskiert deshalb, betreibt er die *Problemanalyse* zu forsch, dass die Verhandlungsteilnehmer nicht mehr primär nach einer objektiven Problemklärung streben, sondern sich auf gegenseitiges Beschuldigen, insbesondere die Verteidigung mittels (Gegen-)Beschuldigung, verlegen und dabei auf Vergangenes und sachlich weit Entferntes abschweifen. Das Problem wird dadurch vergrössert statt verringert, und Hoffnungslosigkeit greift Platz anstelle des notwendigen Lösungsoptimismus'.

Einer solchen unerwünschten Wirkung der Problemanalyse steuert der Sozialarbeiter erstens dadurch entgegen, dass er *das Verhandlungsthema eingrenzt* auf das Konkrete, Bestimmte, Faktische und Aktuelle – darauf, was hier und jetzt im einzelnen das Problem ausmacht.[280] Und zweitens gibt er der Verhandlung schon im Anfangsstadium, wo das analysierende, Negatives aufdeckende Moment dominiert, aufbauende, konsensbetonende, Hoffnung erzeugende Impulse. Die ganze sozialarbeiterische Verhandlung ist so vom methodischen Aspekt der *Konvergenzförderung* durchzogen – anfänglich eher beiläufig als taktische Balance zur Problemanalyse, dann immer mehr aus sachlichem Grunde den Verhandlungsprozess bestimmend und schliesslich, wenn es um konkrete Vereinbarungen geht, völlig beherrschend.

Sozialarbeiterische Konvergenzförderung in der Verhandlung geschieht durch vielerlei. Sie beginnt schon da, wo der Sozialarbeiter sich darum bemüht, die Problembeteiligten vom Sinn eines (ersten) Verhandlungsgesprächs zu überzeugen (vgl. S. 236 f. 289). Sodann in der *kommunikativen Verständigunghilfe*, die er den Verhandlungsteilnehmern gewährt. Im Verhandlungsgespräch konzentriert sich der Sozialarbeiter nicht nur darauf, selbst zu verstehen, was ein Problembeteiligter mit seinen Worten und seinen averbalen Signalen sagt oder sagen möchte, sondern er beobachtet auch aufmerksam, ob das Gemeinte bei den andern Gesprächspartnern «ankommt»: ob sie realisieren, was ihnen der Sprechende mitteilen will. Bemerkt er, dass dies nicht der Fall ist, «übersetzt» er die Aussage des einen Verhandlungsteilnehmers für den nichtverstehenden anderen[281] oder er veranlasst den erstgenannten, sie nochmals präziser, lauter, einfacher, anschaulicher, geordneter etc. zu äussern, damit sie den Adressaten wirklich erreicht. Sind Kinder, fremdsprachige, schwerhörige, geistig schwache oder ver-

---

280 *Deutsch* (S. 179) betont, dass durch eine derartige *Kontrolle der Streitfrage* die Grösse der letzteren reduziert und ein «destruktiver Verlauf des Konflikts» verhindert werden könne. «Hierjetzt-dies»-Konflikte, die «durch Ort und Zeit festgelegt und auf besondere, eingeengte Handlungen und ihre Folgen begrenzt» sind, seien «viel leichter konstruktiv zu lösen als Konflikte, die sich auf Prinzipien, Präzedenzfälle, Rechtsfragen etc. beziehen».

281 Vgl. hierzu die von *Thomann/Schulz von Thun* (S. 108 ff.) beschriebene Technik des «Doppelns», bei welcher der Klärungshelfer in die Rolle des unverstandenen Gesprächsteilnehmers schlüpft und an seiner Statt zum nichtverstehenden andern spricht.

langsamte Personen oder Menschen aus völlig unterschiedlichem soziokulturellen Milieu am Gespräch beteiligt, muss die Kommunikation unter den Verhandlungsteilnehmern vom Sozialarbeiter oft laufend derart unterstützt werden.

In ähnlicher Weise verständnisfördernd handelt er, wenn eine Person aus innerer Abwehr das, was ein anderer Verhandlungsteilnehmer sagt, offensichtlich nicht verstehen *will*. Der Sozialarbeiter hält einen solchen Verhandlungsteilnehmer dazu an, die Äusserungen des anderen in ihrem tatsächlichen Sinne zur Kenntnis zu nehmen, und er bietet sich diesbezüglich als Modell dar, indem er ein besonders intensives Bemühen zeigt, zu verstehen, was jeder der Kontrahenten mit seinen Worten meint. Umgekehrt besteht er dort, wo in bewusster oder unbewusster Absicht wirr, undurchsichtig und vieldeutig geredet wird, mit Nachdruck auf klaren, eindeutigen Aussagen.

Konvergenz fördert er im übrigen auch dadurch, dass er sorgfältig darauf achtet, worin die Verhandlungsteilnehmer übereinstimmen, und indem er es – sei es auch etwas Geringfügiges und nur tendenziell Gegebenes – herausstreicht, ihm weiter nachgeht, es positiv bewertet. Obschon ihm unter dem Aspekt der Problemklärung daran liegt zu erkennen, was für *Divergenzen* die Problembeteiligten voneinander trennen, zieht er doch das *Konvergente* überall vor. Zu seinem gesprächsstrukturierenden Handeln gehört es, von Zeit zu Zeit die Gesprächsfäden zu bündeln, das Wesentliche einer Gesprächssequenz zusammenzufassen und den Stand der Verhandlung festzuhalten. Dabei rückt er stets die konvergenten Phänomene in den Vordergrund.

Wenn z. B. der Vater und die Mutter eines verhaltensschwierigen Kindes darüber streiten, wie dasselbe richtigerweise erzogen werden müsse, und sich gegenseitig beschuldigen, es sei deshalb missraten, weil sie bei ihren je eigenen pädagogischen Bemühungen vom andern dauernd im Stich gelassen, ja sabotiert würden, stellt der Sozialarbeiter sein *verhandlungsstrukturierendes vorläufiges Fazit* nicht unter den negativen Aspekt der Diskrepanz zwischen diesen Eltern – mag sie noch so offensichtlich und eindrücklich das Gespräch beherrschen. Er greift vielmehr den konvergenten Sachverhalt, der in der Diskussion zum Ausdruck gekommen ist, heraus, nämlich: dass sowohl der Vater wie die Mutter der Meinung sind, bei ihnen beiden liege die Verantwortung für die Erziehung des Kindes und sie müssten, um als elterliche Erzieher erfolgreich zu sein, *gemeinsam* handeln. Dieses positive Faktum ist den beiden vermutlich gar nicht bewusst – zu sehr sind sie auf ihren Antagonismus fixiert. Indem der Sozialarbeiter es vorweg konstatiert und zum leitenden Gesichtspunkt erhebt, von dem aus die gegensätzlichen Meinungen der Konfliktbeteiligten bloss als sekundäre Störungen, Pannen sozusagen, erscheinen, definiert er die Verhandlungssituation positiv um: Im Zentrum des Gesprächs steht nun die Frage, wie eine vorrangige grundsätzliche Einigkeit der Gesprächspartner im täglichen Leben verwirklicht werden kann. Analysierend die Divergenzen zu verhandeln, hat diesen konstruktiven Zweck und keinen anderen. Das konfliktverschärfende Thema der Schuldzuweisung wird, ganz im Sinne des Nichtbeschuldigungs- und des Positivitätsprinzips, zur

410

Seite gestellt und der Blick der Verhandlungsteilnehmer auf die Problemlösung, die konvergenten Bestrebungen ausgerichtet.

Zu diesen Bestrebungen trägt der Sozialarbeiter mit *Kompromissvorschlägen* aktiv bei. Jede einverständliche Problemlösung durch Verhandlung ist in irgendeiner Weise ein Kompromiss. Und oft gelingt die Verhandlungslösung nur, wenn ein durchaus unkonventioneller, sogenannt «schöpferischer Kompromiss» hat gefunden werden können. Der Sozialarbeiter überlegt sich während des Verhandlungsgesprächs dauernd, wo in der gegebenen Problemsituation Kompromissmöglichkeiten liegen: Arrangements, welche jedem Problembeteiligten gemäss dem Prinzip des allseitigen Nutzens einen Gewinn verschaffen. Sie liegen nicht selten ausserhalb der vernünftigen Sachlogik und werden vom vermittelnden Sozialarbeiter mehr durch Intuition als auf dem Weg rationaler Schlussfolgerung erkannt.[282] Die konfliktverstrickten Menschen selbst haben oft nicht die geringste Idee, was den Graben zwischen ihnen überbrücken könnte, und sind völlig darauf angewiesen, dass ihnen der Sozialarbeiter – als professioneller Problemlöser geübt im kreativen Denken auf sozialem Gebiet (vgl. das Kreativitätsprinzip, S. 229 ff.) – Einigungsvorschläge macht. Häufig lehnen sie Vorschläge, die von der Gegenseite kommen, zum vornherein und durchweg ab (selbst wenn sie ihnen Vorteile versprechen!), gehen indes auf die vermittelnden Empfehlungen des Sozialarbeiters ein, weil er eine neutrale Position einnimmt und weil sie ihn persönlich akzeptieren.

Um überhaupt eine gewisse Konvergenzdynamik in den Verhandlungsprozess hineinzubringen, muss der Sozialarbeiter die Konfliktbeteiligten unter Umständen – vor allem wenn sie sich starr feindlich gegenüberstehen – vorerst einmal zu expliziter Übereinstimmung in bloss nebensächlichen, wenig umstrittenen Punkten führen. Allerdings, dies darf ihn nicht den eigentlichen Konfliktgrund und jene Faktoren aus dem Auge verlieren lassen, welche für die wirkliche Problemlösung entscheidend sind. Eine seiner wichtigsten verhandlungsleitenden Aufgaben ist es gerade, die Aufmerksamkeit und den Handlungswillen der Gesprächsteilnehmer auf die *zentralen Problemvariablen* hinzulenken und ihn dort festzuhalten. Wo in der Verhandlung um den Brei herumgeredet, ständig vom Hauptthema abgeschweift, lösungsrelevante Fakten negiert, kurz: auf die eine oder andere Weise den wesentlichen Fragen und notwendigen Entschlüssen ausgewichen wird, lässt sich der Sozialarbeiter nicht beirren und ablenken. Geduldig und beharrlich weist er auf diese entscheidenden Punkte hin und verlangt von den Problembeteiligten unverdrossen, sich mit ihnen auseinanderzusetzen und das zu tun, was offensichtlich nötig ist. Je weiter die Verhandlung fortschreitet, desto

---

282 Auch im Bereich der Diplomatie sind, wie *Wildener* (S. 204) betont, die Verhandlungslösungen oft «unlogisch». Einen Mittelweg zu finden, um widerstreitende Interessen zu versöhnen, sei in der Politik «vor allem eine Sache des Instinkts, des Gefühls», meint dieser vielerfahrene Diplomat.

hartnäckiger wird dieses sozialarbeiterische Bemühen. Hat er damit keinen Erfolg, können weder eine effiziente gemeinsame Problemdefinition noch sinnreiche, lösungswirksame Abmachungen unter den Verhandlungsteilnehmern zustande kommen.

f) Abmachungen

Jedes sozialarbeiterische Verhandlungsgespräch strebt auf eine problemdefinitorische Übereinkunft und die Vereinbarung konkreter Problemlösungsschritte zu. Es besteht, sofern es gelingt, nicht bloss darin, dass sich die Problembeteiligten offen über das Problem aussprechen und dann wieder auseinandergehen. Dies, die freimütige *Aussprache* allein, kann zwar bereits positive Spontanwirkungen im Problemfeld erzeugen, doch darauf darf sich der Sozialarbeiter nicht verlassen. Ihm geht es in der Verhandlung um ein zielbewusstes *Verändern sozialer Sachverhalte,* und er will deshalb in jedem einzelnen Verhandlungsgespräch die Teilnehmer dazu bringen, dass sie ausdrücklich und klar feststellen, worin sie übereinstimmen, und untereinander abmachen, was jeder von ihnen als nächstes für die Problemlösung tun wird.

Verhandlungsabmachungen sind entweder *umfassende Regelungen* (z. B. eine Scheidungskonvention, ein Pflegevertrag, eine Heimplazierung, eine Verhaltensvereinbarung über das partnerschaftliche Zusammenleben eines Ehepaares) oder sie betreffen einen *einzelnen Problempunkt* (ein Haushaltbudget, die innerfamiliäre «Ausgangsordnung» für einen Jugendlichen, die Modalitäten einer Arbeitsvertragskündigung etc.). Häufig gelingt es vorerst bloss, etwas abzumachen, das selbst noch keine eigentliche problemlösende Entscheidung darstellt, eine solche jedoch abzuklären, zu testen oder sonstwie vorzubereiten hilft: Ein Verhandlungsteilnehmer verspricht zum Beispiel, Unterlagen oder Daten zu beschaffen, mit einer aussenstehenden Person über einen Problempunkt zu reden oder probeweise ein bestimmtes Verhalten zu ändern, um einen unversöhnlichen andern Problembeteiligten zu Kompromissbereitschaft zu bewegen.

Haben sich die Teilnehmer eines Verhandlungsgesprächs zu keinerlei Abmachung in der Sache durchringen können, so sollten sie doch immerhin vereinbaren, die Verhandlung in irgendeiner Form (direkt oder indirekt) weiterzuführen und inzwischen die Problemlösungsvorschläge zu überdenken, welche im Gespräch – zumindest vom Sozialarbeiter – vorgebracht worden sind. Kommt es nicht einmal dazu, ist die Verhandlung gescheitert.

Die Abmachungen der sozialarbeiterischen Verhandlung müssen *realistisch, klar, vorteilversprechend* und *kontrollierbar* sein.

Der Sozialarbeiter anerkennt illusionäre Versprechungen – oft ein Versuch der Problembeteiligten, sich der Lösung des Problems zu entziehen! – nicht und wirkt so auf die Verhandlungsteilnehmer ein, dass sie nur etwas abmachen, das einzuhalten für jeden von ihnen ohne übermächtige Schwierigkeiten möglich ist. Indem er mit ihnen bespricht, wie sie das Vereinbarte im Detail durchführen wollen bzw. können, verweist er sie auf die *Lebenswirklichkeit* und die ihr immanente Soziallogik und drängt er sie vom bloss Deklamatorischen zur realen Erfolgsabsicht.

Wo vage Zusagen gemacht oder mehrdeutige Regelungen getroffen werden, besteht der verhandlungsleitende Sozialarbeiter auf *Präzisierung,* bis der Inhalt der Absprache unmissverständlich klar ist, und zwar jedem einzelnen Beteiligten. Unklare Abmachungen schaffen Verwirrung, erzeugen verfehlte Erwartungen und als Folge davon Enttäuschungen und Vorwürfe. Meist setzen sie den Stärkeren in Vorteil.

Die beste Gewähr dafür, dass eine Abmachung eingehalten wird, ist dort gegeben, wo ihre Durchführung allen Beteiligten etwas nützt. Der Sozialarbeiter bemüht sich deshalb, dem Prinzip des allseitigen Nutzens folgend, in die Vereinbarung *reziproke Momente* einzubringen, d. h. durch die Verhandlungsteilnehmer gegenseitige Leistungen festlegen zu lassen, so dass jeder, der etwas geben muss, auch etwas bekommt.

Zu einer erfolgversprechenden Abmachung gehört ferner das Element der *Kontrolle.* Entweder vergewissern sich die Abmachungspartner selbst wechselseitig, ob das Beschlossene tatsächlich ausgeführt wird, oder es ist der Sozialarbeiter, der als Kontrollinstanz fungiert: Er fragt nach, es muss ihm berichtet werden, oder er überprüft in einem folgenden Verhandlungsgespräch, ob und wie die Abmachung eingehalten worden ist und, je nach dem, warum nicht oder warum so und nicht anders. Wenn mehrere Verhandlungsgespräche stattfinden, gilt es in jedem Folgegespräch als erstes auf diese Frage einzugehen und, falls hiebei in bezug auf das Ausführen des Abgemachten Unzulänglichkeiten, Schwierigkeiten oder offenkundige Verweigerung zutage treten, bei ihr zu bleiben und sie in den Mittelpunkt der Diskussion zu rücken.

Dem Natürlichkeitsprinzip entsprechend werden in der sozialarbeiterischen Verhandlung Abmachungen meist formlos, d. h. mündlich getroffen, sofern sie nicht rechtsverbindlichen Charakter haben sollen (und können). Ist letzteres der Fall, fasst der Sozialarbeiter sie *schriftlich als Vertrag* ab und verwendet dabei, soweit nötig, die einschlägigen juristischen Begriffe. Auch wo es darum geht, einer (nicht rechtsverbindlichen) Übereinkunft besonderen Nachdruck zu verleihen oder sie möglichst sicher und genau zu bestimmen, empfiehlt es sich, sie in irgendeiner Weise schriftlich niederzulegen, z. B. in einem bestätigenden Brief oder einem Gesprächsprotokoll. Ausnahmsweise mag es nützlich sein, sogar solchen Abmachungen, die das Zusammenleben von problembeteiligten Menschen regeln, die Form des schriftlichen Vertrags zu geben – analog der verhaltenstherapeutischen Contracting-Technik[283]. Es werden dabei die Ansprüche und

---

283 Vgl. dazu *Eberhard/Kohlmetz* (mit mehreren Fallbeispielen), ebenso *Hoffmann/Frese*, S. 89 ff.

Verpflichtungen, welche die Problembeteiligten aneinander stellen dürfen bzw. eingehen müssen, wenn das Sozialsystem, dem sie angehören, zweckvoll funktionieren soll, präzise festgeschrieben. Insbesondere wird die Interdependenz dieser zuerkannten Rechte und abgeforderten Leistungen deutlich gemacht, indem man gratifizierende und sanktionierende Mechanismen der Verhaltensregulierung fixiert. Die Bestimmungen eines derartigen Verhaltensvertrags sind zwar meist nicht rechtlich durchsetzbar, doch vermögen sie eine erhebliche moralische Verpflichtung zu bewirken.

g) Vertreterisches Verhandeln

Was wir hier über die Methodik der sozialarbeiterischen Verhandlung gesagt haben, gilt voll für die reine Verhandlung, hingegen nur beschränkt für jene, in welcher der Sozialarbeiter als Vertreter eines Klienten auftritt.

Auch in der vertreterischen Verhandlung strebt der Sozialarbeiter freilich, soweit es ihm sachlich möglich ist, eine *vermittelnde Rolle* an, wie er sie in der reinen Verhandlung hat. Es gibt Verhandlungskonstellationen, die ihm trotz seiner Vertretungsfunktion erlauben, tatsächlich eine unbeeinträchtigte Interposition einzunehmen – z. B. wo er als Vormund eines Mannes mit diesem und seiner Ehefrau zusammen finanzielle Streitfragen verhandelt, die ihren Haushalt betreffen. Auf der andern Seite muss er als Vertreter natürlich oft entschieden für seinen Klienten Partei nehmen und in der Verhandlung energisch und klug für dessen Ansprüche gegen andere Problembeteiligte kämpfen. Die letztern sind in solchem Falle eindeutig seine *Gegenpartei*, und sein methodisches Vorgehen unterscheidet sich daher wesentlich von demjenigen der reinen Verhandlung. Wir werden dieses dezidiert parteinehmende Verhandeln des Sozialarbeiters unter dem Handlungsaspekt der sozialarbeiterischen Vertretung (vgl. S. 436 ff.) ins Auge fassen.

3.33 Intervention

a) Begriff

In der sozialarbeitstheoretischen Literatur wird der Ausdruck «Intervention» häufig ganz allgemein für jegliches helfende Handeln des Sozialarbeiters verwendet. Im Gegensatz dazu ist unser Interventionsbegriff viel enger: er bezeichnet eine bestimmte, abgegrenzte Art sozialarbeiterischen Handelns in bezug auf eine spezifische soziale Problemkonstellation. Dieselbe hat zweierlei Gestalt. Zum einen geht es um Menschen, welche sich durch ihr eigenes Verhalten in massiver Weise schädigen oder gefährden, zum andern um solche, die seitens anderer Personen, in deren rechtlicher, physischer, psychischer oder materieller Abhängigkeit sie stehen, erheblich geschädigt bzw. gefährdet werden. Sowohl im Falle der *Selbstgefährdung* wie in dem der *Fremdgefährdung* sind die gefährdeten Menschen ausserstande, durch eigenständiges Handeln ihre notvolle Lebenssituation zu verändern. Als Selbstgefährder sind sie ihren schädlichen psychischen Impulsen oder Unfähigkeiten unterworfen, als Fremdgefährdete stehen sie in der Macht der schädigenden Person(en), und zwar so sehr, dass sie – im einen wie im andern Falle – als praktisch *hilflos* gelten müssen.

Diese ihre Hilflosigkeit angesichts schwerwiegender Gefährdung ihres persönlichen (körperlichen, seelischen, sozialen) Wohls ist die notwendige Bedingung für jenes sozialarbeiterische Handeln, das wir *Intervenieren* nennen. Der Sozialarbeiter greift dabei zum Schutze des gefährdeten Menschen in den Problemzusammenhang ein, indem er rechtliche oder faktische Massnahmen, welche die Schädigung verhindern, trifft oder den *Interventionsadressaten* (das sind die selbst- oder fremdgefährdenden Personen) solche Massnahmen explizit oder implizit androht.

Er übt damit auf sie rechtlichen oder faktischen *Zwang* aus – das Element des Zwanges wohnt allem intervenierenden Handeln des Sozialarbeiters inne. Fehlt es, das heisst: spielen nicht Massnahmen, die in das Selbstbestimmungsrecht eines Problembeteiligten eingreifen, vorder- oder hintergründig eine wesentliche Rolle, haben wir es nicht mit einer «Intervention» zu tun. Es gehört zum Begriff derselben, dass die Interventionsadressaten diesen angedrohten oder durchgeführten Massnahmen nicht, jedenfalls nicht aus freien Stücken, zustimmen – sei es aus Widerstand, sei es aus Willenlosigkeit.

Sozialarbeiterisches Intervenieren ist einzig dort erlaubt, wo ein hilfloser Mensch vor offensichtlicher Gefährdung nicht anders geschützt werden kann. Wobei wohlgemerkt aus der Sicht der Sozialarbeit ein legitimes protektives Ziel auch darin vorliegt, zu verhindern, dass gegen problembeteiligte Menschen polizeilich vorgegangen werden muss, dass man sie in eine Strafuntersuchung zieht oder dass es zu (verteidigender, vergeltender) «Privatjustiz» gegen sie kommt.

415

b) Schutzbedürftige Personen – *Selbstgefährdung*

Bei denjenigen Personen, die vor *Selbstgefährdung* geschützt werden müssen, handelt es sich um psychisch stark beeinträchtigte Menschen, die – in schizophrene, depressive (namentlich suizidale) oder manische Zustände versunken oder infolge Intoxikation durch Rauschmittel oder Medikamente, wegen Debilität oder altersbedingter Demenz (um das Wichtigste zu nennen) – ausserstande sind, in einem minimalen Sinne verantwortlich für ihr physisches und soziales Existieren zu sorgen. Ein solcher Mensch irrt z. B. verängstigt und orientierungslos umher oder liegt, allein in seiner Wohnung, nur noch apathisch im Bett, ohne überhaupt noch etwas zu essen; er droht, sich das Leben zu nehmen, verwüstet in einem aggressiven Anfall seine Wohnung oder bringt sie in totale Unordnung, führt den Haushalt nicht mehr, bis alles in Dreck erstarrt, geht mit Kochherd und Heizung derart um, dass es jederzeit zur Brandkatastrophe kommen kann, zieht nicht aus der Wohnung aus, obschon ihm schon längst rechtskräftig gekündigt worden ist, niemand mehr im Hause lebt und bereits die Bulldozer davor stehen, um es abzubrechen; er hat aufgehört, sich selbst irgendwie zu pflegen, so dass er hygienisch und in seiner Bekleidung verkommt und sich jedermann vor ihm ekelt; oder er belästigt in seiner Verwirrung andere Personen, ja bedroht sie gar aus paranoider Angst heraus.

Durch derlei Verhalten setzt er sich – je nach dem gegebenen Sachverhalt – der Gefahr aus, bleibenden körperlichen Schaden zu nehmen (z. B. durch Unterernährung oder Wärmemangel), umzukommen, sich durch unerlaubte Handlungen strafbar zu machen, alle menschlichen Kontakte zu verlieren, Verachtung und Aggression anderer Menschen auf sich zu ziehen oder die materiellen Lebensgrundlagen (Wohnung, Arbeit, Geld) zu verlieren.

Fremdgefährdete Personen, zu deren Schutz der Sozialarbeiter interveniert, sind vor allem Kinder oder betagte, behinderte, kranke und psychisch gestörte Menschen, die vernachlässigt, misshandelt, sexuell missbraucht, finanziell oder arbeitsmässig ausgebeutet, an der Ausübung ihrer persönlichen Rechte gehindert oder in der Freiheit, das eigene Leben selbst zu gestalten und sich individuell zu entwickeln, ungebührlich eingeschränkt werden oder denen eine solche Schädigung ernsthaft droht.

Als Interventionsadressaten kommen hier vor allem *Obhutspersonen* in Frage: Eltern, Pflegeeltern, Tagesmütter, erwachsene Kinder von betagten oder behinderten Eltern, Verwandte, Betreuerinnen in Krippen und Horten, Leiter, Erzieher, Betreuer und Lehrer in Heimen, Internaten und therapeutischen oder sozialpädagogischen Wohngemeinschaften, Ärzte und Pflegepersonal in Spitälern, psychiatrischen Kliniken und sonstigen medizinisch-pflegerischen Institutionen, und schliesslich private Pensiongeber. Bei Kindern können zudem Volksschullehrer, bei Jugendlichen Lehrmeister, bei Behinderten und Psychischkranken Arbeitgeber oder Vorgesetzte am Arbeitsplatz eine Rolle spielen, die sie zu eigentlichen (teilzeitlichen) Obhutinhabern macht.

In einem *Obhutsverhältnis* ist die behütete Person begriffsnotwendig von der Obhutsperson abhängig und übt diese über jene Macht aus. Der behütete Mensch ist oft von sich aus, ohne Zutun der Obhutsperson, *hilflos* (z. B. ein Kleinkind, ein bettlägriger Schwerkranker oder ein dementer Betagter), er kann aber auch durch die Obhutsperson(en) bzw. durch dysfunktionelle Interaktionen im Obhutssystem dazu gemacht werden. Beispiele dafür: Eltern manipulieren ihr Kind, statt es zur Selbständigkeit zu führen, emotionell derart, dass es völlig an sie gebunden und von ihnen abhängig bleibt. – Eine betagte Frau, die im Haushalt ihrer Tochter lebt, wird von dieser und dem Schwiegersohn bei Meinungsverschiedenheiten so schroff und drohend behandelt, dass sie sich schliesslich in alles, was das junge Paar will, widerstandslos schickt, selbst in Angelegenheiten, für die ihr allein das Entscheidungsrecht zusteht, z. B. die Verwaltung ihrer Altersrente und ihres Vermögens.

Obhutsverhältnisse enthalten natürlicherweise jene sozialen Strukturelemente, die gegeben sein müssen, damit ein Mensch so geschädigt oder gefährdet werden kann, dass sozialarbeiterisches Intervenieren nötig ist. Dieses geschieht denn auch meist als Eingreifen in ein dysfunktionelles Obhutssystem. Dabei wird entweder das Obhutsverhältnis aufgehoben oder eingeschränkt oder – unter dem ständigen Druck der Aufhebungs- bzw. Einschränkungsdrohung – durch geeignete Bemühungen des Sozialarbeiters, der Problembeteiligten und helfender Dritter funktionalisiert. In den Fremdgefährdungsfällen macht die Massnahme der *Obhutsaufhebung oder -einschränkung* den Kern der sozialarbeiterischen Intervention aus, gleichgültig ob sie nun effektiv vollzogen wird oder lediglich als Drohung, vielleicht nur als stillschweigend-latente, dasteht und ihre Wirkung entfaltet.

Auch ausserhalb von Obhutsverhältnissen kommt es vor, dass ein Mensch von einem andern abhängig ist und Misshandlung, Ausbeutung oder Freiheitsbeschränkung durch ihn erleidet, ohne sich dagegen wehren zu können. Man denke nur an jene Frauen, die mit einem *gewalttätigen Ehemann oder Freund* zusammenleben, der sie brutal misshandelt und so im Banne der Angst gefügig hält. Ebenso ist *psychische* Misshandlung unter Ehegatten möglich (durch Nichtbeachten, Isolieren, Herabsetzen, Lächerlichmachen, Blossstellen, Beschimpfen, Bedrohen etc.), die den belasteten Partner in Depression und Suizidalität zu treiben vermag. Oder der Mann verletzt die Rechte seiner Frau – gibt ihr z. B. kein Geld für den Haushalt, bezahlt ihre Arztrechnungen nicht, verbraucht ihren Lohn oder ihr Vermögen für sich, fällt Entscheide über die Kinder oder die Wohnung ohne sie, verbietet ihr, allein auszugehen oder ihre Verwandten zu besuchen, und ähnliches. Wegen der Kinder, der finanziellen Abhängigkeit vom Mann und der rechtlichen Bindungen der Ehe (präziser: den schwerfälligen juristischen Mechanismen, sie zu verändern oder aufzuheben) sitzt eine derart bedrängte Frau unter Umständen wie in einer Falle und muss, obschon sie keineswegs unter der «Obhut» ihres Gatten steht, als ganz von ihm beherrscht, seinem verletzenden Verhalten gegenüber eigentlich hilflos gelten.

Andere Beispiele von *schwachen, abhängigen Menschen*, die der Sozialarbeiter eingreifend schützt, ohne dass ein Obhutsverhältnis vorliegt: Ein sprach- und rechtsunkundiger Asylbewerber, der in einem Hotel als Hausbursche angestellt ist, wird vom Arbeitgeber um erhebliche Lohnbeträge und Ferienansprüche betrogen und mit falschen rechtlichen Informationen sowie undurchsichtigen, angsteinflössenden Drohungen davon abgehalten, sich dagegen zu wehren. – Eine debile, unattraktive Frau hängt sich in sexueller Bedürftigkeit an einen alleinstehenden Rentner, der in der Nachbarschaft wohnt. Sie wird ihm aufgrund der sexuellen Beziehung sogenannt «hörig», und er benützt dies dazu, sie gewissermassen als Magd zu halten: Er braucht ihr bloss zu pfeifen, und sie kommt und macht alles für ihn, was er ihr aufträgt. Sie kauft mit ihrem eigenen Geld für ihn ein, und er bezahlt ihr nichts dafür; ganz im Gegenteil, sie muss ihm sogar häufig bei einer Heimarbeit, die er zu seinem Nebenerwerb betreibt, helfen, ohne dass sie je etwas von dem Lohne sieht, den er hiefür erhält. – Ein pensionierter, sich tief minderwertig fühlender Mann, der einen beachtlichen Betrag auf seinem Bankkonto zusammengespart hat, wird von «guten Freunden», die ihm im Wirtshaus Gesellschaft leisten, sukzessive um dieses Ersparte gebracht. Um sich und den andern zu zeigen, dass er auch jemand ist, trägt er stets viel Geld auf sich, und in der Stimmung weinseliger Verbrüderung vermag er den «Kreditbegehren» seiner Stammtischkollegen nicht zu widerstehen. Er verteilt wiederholt Darlehen an sie, fühlt sich dabei als gross und anerkannt, kriegt jedoch nie auch nur einen Franken zurück, ja wagt gar nicht, die «Freunde» zur Rückzahlung zu mahnen. – Ein älteres Ehepaar wird durch den dreissigjährigen Sohn terrorisiert: Er arbeitet nur unregelmässig, logiert und isst bei ihnen, ohne dafür ein Kostgeld zu entrichten, betrinkt sich häufig und randaliert dann in der Wohnung. Machen ihm die Eltern Vorhaltungen oder heissen sie ihn, aus der Wohnung auszuziehen, beginnt er zu toben, zerstört Mobiliar und droht den Eltern, sie niederzuschlagen, so dass sie, in Angst und Schrecken versetzt, von allen ihren Forderungen abstehen und ihn bzw. sein missliches Tun und Lassen weiterhin dulden.

c) Interventionsmethodik

Die Intervention ist die schwierigste sozialarbeiterische Handlungsart: Schwierig ist die *Abklärung* des Problems, weil es um peinliches, verpöntes, oft auch strafrechtlich ahndbares Verhalten von Problembeteiligten geht. Schwierig ebenfalls ist die *Bewertung* des Problemsachverhaltes, die Antwort auf die Frage: darf, d. h. muss hier eingegriffen werden? (Dürfen und Müssen fallen hier in eins zusammen!) Schwierig ist es sodann zu entscheiden, welches die richtigen *Massnahmen und Hilfeleistungen* sind – jene, die das Problem lösen können. Und schliesslich ist schwierig das effektive *Durchsetzen* der Intervention, vor allem da, wo Eingriffsmassnahmen vollzogen werden müssen.

Diese Schwierigkeiten vermag der Sozialarbeiter nicht allein zu meistern. In

418

jedem der vier genannten Aspekte muss er eng und intensiv mit anderen Fachleuten zusammenarbeiten, um zu einem angemessenen Problemverständnis und einem sinnreichen, erfolgversprechenden Lösungshandeln zu gelangen. Wie hervorragend wichtig das *kooperative Moment* der Intervention ist, haben wir uns bereits bei der Erläuterung des Kooperationsprinzips anhand eines Beispiels einlässlich vor Augen geführt (vgl. S. 325 ff.). Dem entspricht, dass vom Sozialarbeiter, welchem Interventionsaufgaben obliegen (z. B. auf dem Jugendamt, dem Gemeindesozialdienst, der Beratungsstelle für Suchtmittelabhängige), ein besonders klares, sicheres und in den typischen Interventionsbelangen differenziertes, weitreichendes Wissen über psychopathologische, therapeutische, rechtliche und institutionelle Gegebenheiten gefordert wird. Mit sozialarbeiterischem Basiswissen, gewöhnlicher Lebenserfahrung, persönlicher Einfühlungsgabe und gesundem Menschenverstand allein kommt er nicht durch, wenn es um Probleme geht wie die Selbstdestruktion eines depressiven medikamentensüchtigen Menschen oder die Misshandlung wehrloser Familienangehöriger.

Die *Misshandlungsproblematik* steht beim eingreifenden Schutze vor Fremdgefährdung ganz eindeutig im Vordergrund. Sie stellt für die Sozialarbeitsmethodik einen exemplarischen Problemsachverhalt dar, von dem her und auf den hin sich alle wesentlichen Merkmale der sozialarbeiterischen Interventionsmethodik aufzeigen lassen. Wenn ich die letztere im folgenden kurz charakterisiere, geschieht dies zur Hauptsache im Blick auf das Phänomen bzw. die Problemlösungsaufgabe der Misshandlung.

Wo nichts anderes gesagt wird oder sich aus dem Kontext ergibt, verwenden wir den Begriff der «Misshandlung» in einem weiten Sinne, der auch die «Vernachlässigung» miteinbezieht. *Misshandlung* geschieht demnach da, wo jemand eine Person, die sich in seiner Obhut befindet, körperlich verletzt oder nachhaltig psychisch schädigt oder sexuell missbraucht oder, in Nichterfüllung der Obhutspflicht, schwerwiegenden psychischen oder emotionellen Schaden nehmen lässt – und zwar *nicht-zufällig* (wenn auch nicht notwendigerweise absichtlich). Ich kann hier nicht auf Einzelheiten dieses vielschichtigen psychologischen, medizinischen, soziologischen und rechtlichen Fragenkomplexes eingehen, sondern muss vorweg auf die einschlägige Literatur verweisen.[284] Es ist mir bloss möglich, anhand des Misshandlungsproblems die zentralen interventionsspezifischen Methodikelemente zu nennen und damit Hinweise zu geben, wie der Sozialarbeiter den Schwierigkeiten des intervenierenden Handelns begegnen kann und soll.

---

284 Zum Problem der Kindesmisshandlung vgl. vor allem die umfassenden Darstellungen von *Zenz* und von *Engfer*, die Sammelbände von *Helfer/Kempe* und von *Haesler*, die Dokumentationen von *Trube-Becker*, *Biermann*, *Lechleiter* und *Schreiber*, und speziell zum Interventions- bzw. Behandlungsaspekt *Kempe/Kempe*, *Goldstein/Freud/Solnit 1979*, *Mues* sowie *Everstine/Everstine*.
Betreffend die Misshandlung von Ehefrauen vgl. *Pizzey* und den Sammelband von *Haffner*, zur Betagtenmisshandlung das Buch von *Eastman* sowie die kriminologische Untersuchung von *Schreiber*.

1. Die Abklärung des Problems

Bei der Abklärung möglicher Interventionssituationen steht der Sozialarbeiter nur schon einmal vor der Frage, wie er Zugang zu den Problembeteiligten findet, denn oft sind es nicht sie, sondern Dritte, welche ihn auffordern einzugreifen. Er muss entscheiden, ob er den Problemsachverhalt vorerst _indirekt abklären_ will, d. h. über Mittelsleute, die Kontakt mit den Problembeteiligten oder sonstwie Einsicht in die fraglichen Verhältnisse haben (vgl. S. 299), oder ob es besser ist, wenn er gleich selbst – in _direkter Abklärung_ – bei den problembeteiligten Personen als Ermittler in Erscheinung tritt. Obwohl er sich ihnen allen stets als Helfer anbietet und sich möglichst weit vom Image eines «Sozialpolizisten» entfernt hält, muss er doch damit rechnen, auf konsequente _Problemverleugnung_ durch Schweigen, Vertuschen, Lügen, Abschirmen, Aus-dem-Wege-Gehen etc. zu stossen, wenn er sich daranmacht, so peinliche Dinge wie die Misshandlung eines Kindes oder das persönliche Versumpfen im Alkohol zu untersuchen. Er läutet in solchen Fällen vergeblich an Wohnungstüren; das Telefon (wenn es überhaupt eines gibt) wird nicht abgenommen oder man hängt es ihm auf, sobald er heikle Fragen stellt; Briefe werden nicht beantwortet oder, falls er sie eingeschrieben schickt, nicht abgeholt; zum abgemachten Gesprächstermin erscheint niemand auf seinem Büro, und versprochene Besuche z. B. beim Arzt oder auf dem kinderpsychiatrischen Dienst unterbleiben.

Mit andern Worten: in potentiellen Interventionsfällen stellen sich dem Sozialarbeiter, namentlich wenn seine Institution Amtscharakter hat, ausserordentlich grosse _Akzeptanzprobleme,_ und sie können schon dort, wo es bloss um ein Sondieren hypothetischer Problemsachverhalte geht, eine erfolgreiche direkte Abklärung unmöglich machen. In der Regel bedient sich der Sozialarbeiter deshalb, nachdem ihm das Problem von Dritten zugetragen worden ist, vorerst einmal bloss der indirekten Abklärung (die selbstverständlich nur durch eine gute Kooperation gelingen kann), und er tritt nur dann direkt an die Problembeteiligten heran, wenn das, was er auf indirektem Wege in Erfahrung gebracht hat, ein solches Herantreten sinnreich oder notwendig erscheinen lässt.

Anders freilich, wo der dringende Verdacht besteht, ein Mensch sei akut und schwerwiegend gefährdet. Hier geht der Sozialarbeiter, wie wir wissen (vgl. S. 308 ff.), ohne Verzug zu den Problembeteiligten hin und greift, falls notwendig, sofort schützend ein.

Immer auch muss sich der Sozialarbeiter darüber klar werden, ob _protektive Interventionsmassnahmen_ allein schon aus _Abklärungsgründen_ (gemäss dem methodischen Prinzip der Wechselwirkung Verstehen-Handeln, s. S. 217 ff.) erforderlich sind. Besteht ernstlicher Verdacht, ein Kind werde von einer Obhutsperson misshandelt, aber weder es selbst (falls es überhaupt schon sprechen kann) noch die beteiligten Erwachsenen geben glaubwürdige Auskunft auf die entsprechenden Fragen, so muss es mindestens vorübergehend aus dem betreffenden Obhutsverhältnis herausgenommen werden. Nur so kann die Wahrheit ans Licht treten. Der Sozialarbeiter hat dafür zu sorgen, dass das Kind in kompetente *ärztliche* Hände (am besten in eine Kinderklinik) kommt, wo es genau untersucht wird – insbesondere neurologisch und röntgenologisch[285]. Darüber hinaus braucht das misshandelte Kind die Atmosphäre sicherer Geborgenheit weitab vom Misshandlungsort, um seine Angst vor der misshandelnden Person und sein tiefes Misstrauen gegenüber den Erwachsenen schlechthin überwinden und wahrheitsgemäss erzählen zu können, was ihm angetan worden ist.

Ein Kind, das von seinen Eltern vermutlich wiederholt misshandelt worden ist, über diese Misshandlungen zu *befragen*, ohne ihm *zuzusichern, es müsse nicht mehr nach Hause zurückkehren*, falls es mit seinen Aussagen die Eltern belaste, ist hochproblematisch. Das Kind wird damit vor eine qualvolle Alternative gestellt: Sagt es die Wahrheit und belastet es hiedurch die misshandelnden Elternpersonen, so hat es zwar eher eine Chance, rechtlichen Schutz zu finden, aber es riskiert zugleich, wenn man es doch wieder den Eltern zurückgibt, deren Vergeltungsaffekten ausgeliefert und noch mehr misshandelt zu werden. Verleugnet es jedoch die Misshandlung, entgeht es zwar dieser speziellen erhöhten Gefahr, trägt aber so selbst dazu bei, die Wahrscheinlichkeit, dass etwas zu seinem Schutze geschieht, zu vermindern. Dazu kommt, dass das Kind, verstrickt zumeist in höchst ambivalente Gefühle gegenüber der misshandelnden Elternperson, durch die Befragung in eine schwere Loyalitäts- bzw. Schuldproblematik gestürzt wird. Es weiss nämlich sehr wohl, dass es mit wahren Aussagen schlechte Taten seiner Eltern ans Licht bringt und sie damit der Verachtung der anderen Leute aussetzt.

Weil der Sozialarbeiter, der Kinderpsychiater, die Polizeiassistentin oder wer sonst immer, der im Gespräch mit dem Kind den Misshandlungsverdacht aufhellen möchte, dem Kind die psychologisch nötige *Sicherheitsgarantie* und *moralische Entlastung* oft nicht zu geben vermag, erweist sich diese Art von Problemklärung als sehr schwierig. Der abklärende Gesprächsführer muss sich dabei die innere und äussere Situation des Kindes ganz deutlich vergegenwärtigen, er muss alles tun, um eine persönliche Verbindung zum Kinde herzustellen und ihm emotionell nahezukommen, und er muss mit präziser Sensibilität das Hinter- und Untergründige in dessen Aussagen, Gefühlsäusserungen und Verhalten erkennen.[286] Das Kind mit direkten Fragen zu bedrängen, wenn es offensichtlich nicht reden will, geht nicht an. In solchem Falle sollen *psychologische Tests* mit ihm gemacht werden, die ihm erlauben, sich vom Unbewussten her, also unbefangen und «unschuldig» zu äussern. Das elternbelastende Testergebnis ist dann – gleich wie bei der medizinischen Untersuchung – der wissenschaftliche Befund einer Fachinstanz, für den das Kind nichts kann.

285 Über die hervorragende Bedeutung, welche die Röntgendiagnostik im Falle der Kindesmisshandlung hat, vgl. *Silverman*.
286 Vgl. hierüber *Hetzer* und *Schläpfer*. Zum Umgang mit sexuell missbrauchten Kindern und Jugendlichen vgl. *Everstine/Everstine*, S. 159–205.

Auch Abklärungsgespräche mit *misshandelten Frauen oder Betagten* sind meist diffizil. Ein starkes wahrheitsverdunkelndes Hemmnis ist hier die *Scham* dieser Menschen, als Erwachsene – und zudem ausgerechnet von nahen Angehörigen: dem Ehemann, der eigenen Tochter, dem eigenen Sohn, der Schwiegertochter etc. – brutal behandelt und gedemütigt zu werden. Anderseits muss der Sozialarbeiter, wo nicht evidente Verletzungssymptome oder sonstige überzeugende Misshandlungsindizien vorliegen, auch darauf gefasst sein, dass sich ihm erwachsene Personen als Misshandlungsopfer von Familienangehörigen, mit denen sie in Konflikt leben, präsentieren, dass aber tatsächlich ihre Art, mit jenen Bezugspersonen umzugehen, genauso aggressiv oder extrem aggressionsprovozierend ist. In solchen Fällen geht der Sozialarbeiter das Problem vorerst einmal verhandelnd oder beraterisch, nicht intervenierend an.

Unnötig festzuhalten im übrigen, dass es intensiver akzeptanzfördernder Bemühungen bedarf, um an Leute heranzukommen, die sich selbst gefährden. Wären sie willens oder imstande, die Hilfe des Sozialarbeiters anzunehmen, brauchte es ja gar kein «Eingreifen» seinerseits. Weil es sich dabei regelmässig um psychisch stark gestörte Menschen handelt, erfordert die Abklärung des Problems oft eine *psychiatrische Begutachtung*, und diese muss meist erzwungen werden, z. B. indem man den betreffenden Interventionsadressaten behördlich in eine Klinik einweisen lässt. Auch hier also setzt die (eventuelle) Lösung des sozialen Problems durch intervenierendes Handeln bereits – nämlich unter dem Gesichtspunkt des Problemverstehens – den Vollzug einer eingreifenden Massnahme voraus.

Natürlich richtet der systemorientierte Sozialarbeiter sein Augenmerk nicht einseitig auf die geschädigte bzw. gefährdete Person, sondern ebenso auf die übrigen Problembeteiligten. Er fasst bei innerfamiliären Misshandlungsereignissen stets *das gesamte betroffene Familiensystem* ins Auge und stellt dabei z. B. fest, dass in einem Vater/Tochter-Inzestfall die «ahnungslose» Mutter durch ihr Verhalten gegenüber Ehemann und Tochter den sexuellen Missbrauch der letzteren erst eigentlich ermöglicht, ja geradezu gefördert hat.[287] Oder dass eine Mutter, die ihr Kind brutal schlägt, nicht nur Misshandlungstäterin, sondern auch Misshandlungsopfer ist, da sie selbst in einem lieblosen Milieu unter ständigen Prügeln hat aufwachsen müssen. Und der besorgte, hilfsbereite, jedoch hilflose Gatte einer schwer trunksüchtigen Frau mag sich, wenn der Sozialarbeiter die Interaktion dieses Paares näher abklärt, als eindeutiger Ko-Alkoholiker erweisen: als Partner, der – ohne es zu wissen – den Alkoholismus seiner Frau stützt und stabilisiert.

---

287 Dem erfahrenen Therapeutenpaar Ruth und Henry Kempe ist «noch kein einziger Fall von seit langer Zeit praktiziertem Inzest (sc. zwischen Vater und Tochter) vorgekommen, in dem die Mutter unschuldig war»! (Vgl. *Kempe/Kempe*, S. 67 ff.)

2. Die Bewertung des Problemsachverhaltes

Bei der Bewertungsfrage geht es um die Entscheidung, ob der gegebene Problemsachverhalt intervenierendes Handeln *erlaubt bzw. notwendig erfordert.* Wann darf in das Selbstbestimmungsrecht einer Person, in das Sorgerecht von Eltern, in irgendein anderes Obhuts- oder ein sonstiges Abhängigkeitsverhältnis unter Privatpersonen eingegriffen werden? Unter was für Umständen ist es richtig und angemessen, auf organisch gewachsene, oft rechtlich oder moralisch legitimierte menschliche Beziehungen, Lebenszusammenhänge und -situationen mit Zwang einzuwirken: Massnahmen anzudrohen oder durchzuführen, welche diese Beziehungen, Zusammenhänge und Situationen verändern, beschränken oder gar aufheben? Wo bzw. wann hat soziale Not ein solches Mass erreicht, dass der Sozialarbeiter intervenieren muss?

Unter dem Gesichtspunkt des sozialethischen Prinzips haben wir uns bewusst gemacht, dass der Sozialarbeiter, wenn er vor der Interventionsfrage steht, *Werte abzuwägen* hat, und ich habe einige allgemeine Grundsätze, die ihm hiefür als Leitlinie dienen, genannt (s. S. 229). Hinsichtlich der Kindesmisshandlung beispielsweise gilt, dass das Kindeswohl die Elternrechte überwiegt. Theoretisch ist dieser Grundsatz unbestritten, doch was er im konkreten Fall bedeutet, ob er tatsächlich ein Einschreiten gegen vermutetes oder festgestelltes elterliches Verhalten, das dem Kind Schaden zufügt, verlangt, kann nur jeweils *problemindividuell* entschieden werden. Das ist nicht schwierig, wenn ein Kind massive körperliche Verletzungen aufweist, die dringenden Misshandlungsverdacht aufkommen lassen, oder wenn es offensichtlich vernachlässigt (ausgehungert, verdreckt, mit unbehandelten Hautausschlägen übersät, ohne die nötige Kleidung etc.) ist. Liegen dagegen bei einem Kind «bloss» Symptome emotioneller Misshandlung (bzw. Vernachlässigung) vor, insbesondere wo es solche der Wohlstandsverwahrlosung sind,[288] oder auch nur schon wenn die Anzeichen möglicher physischer Misshandlung nicht gerade ins Auge stechen, erweist sich die Bewertung des Problems – die Frage, ob sozialarbeiterisches Einschreiten gerechtfertigt sei – als ausgesprochen heikel.

Dass heute in Psychologie und Soziologie überall die Überzeugung herrscht, die Familie, die familieninternen Beziehungen eines Individuums seien für dessen persönliche Entwicklung fundamental wichtig, verschafft durchaus kein eindeutiges Entscheidungskriterium. Denn wenn es z. B. zutrifft, dass das Kind psychisch auf die Mutter angewiesen ist und dass die *Mutter/Kind-Beziehung* die Persönlichkeit und seelische Gesundheit des Kindes tiefgreifend bestimmt und präformiert, so lässt sich daraus zweierlei folgern: Zum einen dass man das Kind nicht von der Mutter trennen darf, und zum andern dass man es, sobald der mütterliche Einfluss schädlich ist, von ihr wegnehmen muss. Diese beiden

---

288 Über dieses heutzutage weitverbreitete Phänomen vgl. *Bettschart.* Dieser Kinderpsychiater spricht z. B. vom «Syndrom der alleingelassenen Jugend».

Schlüsse überschneiden sich, bildlich gesprochen, in einem Punkt, und es bleibt die schwierige Frage, wo er liegt.

Mit seinen beiden (zusammenhängenden) Büchern «Diesseits des Kindeswohls» (1973) und «Jenseits des Kindeswohls» (1979) hat das Autorenteam J. Goldstein (Jurist und Psychoanalytiker), A. Freud (Kinderpsychoanalytikerin), A. Solnit (Kinderpsychiater) den einzigartigen, mutigen Versuch unternommen, im Bereich des Familien- und Kindesschutzes diesen Punkt oder besser: die Linie, welche die *Interventionsgründe* von den *Gründen der Nichtintervention* scheidet, festzulegen. Man findet hier präzise Überlegungen und Empfehlungen darüber, unter welchen Problembedingungen zum Schutze des Kindes in die Elternrechte eingegriffen werden darf (und muss) und wo – auch wenn das Wohl des Kindes beeinträchtigt ist – nicht. Es liegt den Autoren einerseits daran zu verhindern, dass Interventionen geschehen, welche die Situation des Kindes gar nicht zu verbessern vermögen und bloss die betroffene Familie belasten; und anderseits wollen ihre strikten Richtlinien gewährleisten, dass die kindesschützerische Intervention, wo sie nötig ist, wirkungsvoll und konsequent durchgeführt wird.

Wir können hier die scharf durchdachten Definitionen und Regeln, welche Goldstein/Freud/Solnit sowohl zur Begrenzung wie zur Effizienzsicherung intervenierenden Handelns aufstellen, nicht darlegen und diskutieren. Sie sind, ob man ihnen im einzelnen beipflichtet oder nicht, ausserordentlich hilfreich für jedermann, der an Interventionsentscheidungen im Kindesschutz-Bereich mitwirkt: für den Kinderpsychologen, Familientherapeuten, Arzt, Sozialarbeiter, Rechtsanwalt, Richter und Behördevertreter, um die wichtigsten zu nennen.[289]

Generell, in jedem sozialen Problemsachverhalt, den der Sozialarbeiter auf die Interventionsfrage hin bewerten muss, gilt: Solange die Chance besteht, das Problem lasse sich lösen, *ohne* dass interveniert wird, fällt eine Intervention ausser Betracht (vgl. das Prinzip des Freiwilligkeitsvorranges).

Im übrigen stellt sich der Sozialarbeiter bei potentiellen Interventionsfällen hauptsächlich die folgenden *Fragen:*

- Wie stark leidet der gefährdete Mensch (vgl. S. 86)?
- Was ist sein tatsächlicher Wille und Wunsch, bzw. was würde er als Wille und Wunsch äussern, wenn er dazu imstande und frei von Angst wäre?
- Wie hoch ist das Ausmass der objektiven Gefahr? Was würde passieren, falls keine Intervention geschähe?

289 Mit ihrem fiktiven «Gesetz über die Unterbringung von Kindern» (*1973*, S. 81 ff.; *1979*, S. 161 ff.) haben *Goldstein/Freud/Solnit* ihre Definitionen und Interventionsregeln in die klare, systematische Form rechtlicher Bestimmungen gebracht – wohl wissend, dass die Interventionsentscheidung letztlich auf juristischem Boden gefällt bzw. bestätigt werden muss.
Eindrückliches Beispiel dafür, wie ein Richter die Intentionen von Goldstein/Freud/Solnit für seine Untersuchungs- und Urteilspraxis übernimmt, ist das – auch für den Sozialarbeiter sehr nützliche – Buch von *Klussmann* (1981).

- Welche Möglichkeit hat die gefährdete Person, sich selbst zu helfen bzw. sich aus eigenen Kräften, durch selbständiges Handeln zu wehren?
- Wie gross ist der Verlust, wie schwerwiegend die persönliche Beeinträchtigung, die dem (bzw. den) Interventionsadressaten durch den Eingriff widerfährt?
- Was für langfristige Problemlösungsaussichten ergeben sich aus der allfälligen Intervention?
- Wie beurteilt die öffentliche Meinung den vorliegenden Sachverhalt sozialer Not? Hat er strafrechtliche oder ordnungspolizeiliche Bedeutung?

Die Antworten auf diese Fragen bieten Indizien für oder gegen eine Intervention. Das zentrale Bewertungskriterium ist unzweifelhaft dasjenige der *alternativen Prognose*: Nicht auf die Beurteilung des Vorgefallenen und der gegenwärtig gegebenen Situation kommt es entscheidend an, sondern auf den Vergleich der wahrscheinlichen zukünftigen Entwicklung im Falle der Intervention einerseits und der Nichtintervention anderseits. Sowohl der eine wie der andere Weg wird Nachteiliges, Verlust und Leiden bringen. Im Sinne der «Optimierung im Negativen» (s. S. 139 f.) muss der Sozialarbeiter denjenigen einschlagen, der – wie Goldstein/Freud/Solnit es ausdrücken – *die am wenigsten schädliche Alternative* ist.

Es versteht sich von selbst, dass er diese nur zu erkennen vermag, wenn er die Bewertungsfrage, die sich bei der Intervention stellt, zusammen mit der Frage nach den möglichen Eingriffsmassnahmen und Hilfeleistungen und nach deren Durchführbarkeit bedenkt.

3. Massnahmen und Hilfeleistungen

Die sozialarbeiterische Intervention ist in aller Regel ein komplexes Handlungsgefüge. Jene Handlungen, denen, indem sie angedroht oder durchgeführt werden, das *Eingriffsmoment* innewohnt, nennen wir «Massnahmen», die anderen «Hilfeleistungen».

Beides, Massnahmen wie Hilfeleistungen, dient der Problemlösung. Auch die *Massnahmen*, z. B. die Zwangsunterbringung eines gänzlich verwirrten Menschen in der psychiatrischen Klinik oder die Wegnahme eines misshandelten Kindes aus der elterlichen Obhut, bringen den Problembeteiligten – zumindest demjenigen, den sie schützen – Hilfe. Doch nebst diesem Positiven bewirken sie wesensmässig auch etwas Negatives: den Entzug oder die Einschränkung elterlicher oder selbstbestimmender Rechte, die Aufhebung eines Obhutsverhältnisses, das Durchbrechen der privaten Geheimsphäre (bei Kontrollmassnahmen), die Unterbindung einer zwischenmenschlichen Beziehung, das Nichtgewähren einer Pflege- oder Adoptionsbewilligung, die Beendigung einer materiell profitablen Situation und dergleichen. Die Interventionsadressaten werden dadurch – meist in empfindlichen persönlichen Belangen – benachteiligt; und es ist ihre Furcht vor dieser Benachteiligung, ja Verletzung, die intervenierendes Handeln so schwierig macht, zugleich aber auch ermöglicht, oft allein mit der Massnahme*drohung* grossen problemlösenden Effekt zu erzielen. Dass sich der intervenierende Sozialarbeiter, wo immer es die Verhältnisse erlauben, darauf beschränkt, Eingriffsmassnahmen (explizit oder implizit) anzudrohen, statt sie real durchzuführen, haben wir bereits im Zusammenhang mit dem methodischen Prinzip des Freiwilligkeitsvorranges festgestellt (vgl. S. 318 ff.).

Auch wo die Massnahmen selbst positive Hilfe (z. B. Betreuung unter neuer Obhut, Entlastung von einer überfordernden Erziehungsaufgabe, Pflege in einer Klinik) bringen, genügen sie allein selten, um das gegebene soziale Problem zu lösen. Weitere helfende Bemühungen müssen hinzutreten, und zwar solche, die für sich genommen nicht intervenierender Art sind, sondern ebensowohl bei anders gelagerten Problemen oder ausserhalb der Sozialarbeit Anwendung finden. Im Kontext der sozialarbeiterischen Intervention bezeichnen wir diese zusätzlichen helfenden Bemühungen kurz (und vereinfachend) *Hilfeleistungen*.

Soweit sie vom Sozialarbeiter selbst erbracht werden, können sie in jeglichem beratenden, verhandelnden, vertreterischen, beschaffenden oder betreuenden Sozialarbeitshandeln bestehen. Daneben sind es mannigfache Dienstleistungen anderer Personen und Institutionen, die der Sozialarbeiter vermittelt oder organisiert oder auch bloss mit seinen und anderweitigen problembezogenen Aktivitäten koordiniert. Es geht dabei hauptsächlich um medizinische Behandlung und Pflege, um (voll- oder teilzeitliche) Betreuung, um Haushalt- und Freizeithilfe, Erziehungsberatung, Psycho-, Ehe-, Familien- oder Gruppentherapie, um heilpädagogische Hilfe und spezielle schulische Förderung, um zwischenmenschlichen Kontakt, emotionelle Stützung und lebenspraktische Hilfe von Verwandten, Nachbarn, freiwilligen Helfern sowie in Selbsthilfegruppen, in kirchlichem Bereich oder in Vereinen, um Arbeitsvermittlung, Ausbildungshilfe, finanzielle Unterstützung und Beschaffung einer adäquaten Wohnung oder anderer notwendiger Sachen und schliesslich um Beistand (Beratung oder Vertretung) in rechtlichen Angelegenheiten. Bezugspersonen der Problembeteiligten, Laienhelfer, Fachleute, private Gruppen und Vereinigungen, Kliniken, Heime, Tagesstätten, Beratungsdienste, Ämter, Behörden, Gerichte etc. wirken hier – je nach der Art der Hilfeleistung – an der Problemlösung mit.

Die Frage, welche *eingreifende Massnahme* in einem Interventionsfalle angewandt, ob sie bloss angedroht oder tatsächlich vollzogen – und wenn vorerst einmal angedroht, wann doch vollzogen – werden soll, ist eng verknüpft mit derjenigen nach den Hilfeleistungen, die im gegebenen Problemzusammenhang möglich und sinnvoll sind. Die Entscheidungen in diesem ganzen Fragenkomplex kann und darf der Sozialarbeiter nicht allein treffen. Sie müssen vielmehr in enger *Kooperation* insbesondere unter den problemrelevanten Fachleuten (zu denen der Sozialarbeiter selbst gehört) und sodann mit den zuständigen Behörden (bzw. Gerichten) seriös reflektiert, eingehend diskutiert und (wenn nicht formal, so doch in sachlicher Hinsicht) gemeinsam gefällt werden. Worum es dabei gehen kann, sei im folgenden am *Beispiel der Kindesmisshandlung* gezeigt.

Aus systemischer Sicht ist klar, dass dem misshandelten *Kind* optimal zu helfen bedeutet: der *Familie* zu helfen – den Eltern nicht weniger als dem Kind, und ebenso dessen Geschwistern. Das Kind ist wirksam vor weiteren Misshandlungen zu schützen; meist muss es hiezu vorerst einmal aus dem Misshandlungsmilieu herausgenommen und in sichere, Geborgenheit bietende Obhut gebracht werden. Es soll aber wenn immer möglich seine Eltern nicht verlieren, sondern wieder zu ihnen zurückkehren können. Das setzt voraus, dass dieselben *therapeutische Behandlung* bekommen und in ihr befähigt werden, sich dem Kinde gegenüber nicht mehr gewalttätig zu verhalten und kindgemässe Bedürfnisse, vor allem die emotionellen, im mindestnotwendigen Masse zu erkennen, zu verstehen, zu akzeptieren und zu befriedigen. Auch das Kind selbst braucht (nebst medizinischer Betreuung) Therapie, um sein seelisches Misshandlungstrauma zu verarbeiten – und desgleichen oft seine Geschwister. Unter Umständen ist Familientherapie angezeigt. Die Familie muss kontinuierlich psychisch, häufig auch materiell gestützt werden, und zugleich gilt es, ihre internen Interaktionen zu überwachen.

Solches zu realisieren, ist alles andere als leicht. *Misshandelnde Eltern* kann man zwar erfolgreich therapieren – das haben Steele/Pollock sowie (zusammen mit ihnen) Davoren in ihren epochemachenden Beiträgen (1968) und später Kempe/Kempe (1978) eindrücklich gezeigt. Solche Behandlung erfordert jedoch besondere therapeutische Kompetenz, hohen Zeitaufwand, die Mithilfe engagierter, belastungsfähiger Laienhelfer und in manchen Fällen spezielle stationäre Einrichtungen, in denen, mindestens zeitweise, mit Eltern und Kindern gemeinsam gearbeitet werden kann. Für die Eltern muss ständig ein Therapeut oder sonstiger Helfer erreichbar sein. Die Therapie dauert oft über mehrere Jahre.

Freilich, nicht alle misshandelnden Eltern erweisen sich als behandlungsfähig. Nach Kempe/Kempe lassen sich ungefähr 20 Prozent unter ihnen, da sie psychisch zu schwer gestört sind, in ihrer Misshandlungsneigung nicht verändern.[290] Das misshandelte Kind (oder jedes Kind überhaupt) bleibt in ihrer Obhut schwer gefährdet – körperlich (unter Umständen bis zur Lebensgefahr) und psychisch.

Auch die *Rückgabe des Kindes* an therapeutisch behandelte (bzw. in Behandlung stehende) Eltern, nachdem es ihnen aus Sicherheitsgründen weggenommen worden ist, muss in wohlabgewogenen Schritten und unter sorgfältiger Begleitung, Stützung und Kontrolle und, wenn sie schliesslich definitiv ist, mit langfristiger Nachbetreuung erfolgen. Dabei vermögen insbesondere freiwillige Helfer (Kempe/Kempe sprechen von «Laientherapeuten») oder sozialpädagogische Familienhelfer[291] eine hervorragende Rolle zu spielen. Ebenso wichtig kann hier materielle Beschaffungshilfe sein, welche die Eltern von psychisch erschöpfen-

---

290 Vgl. *Kempe/Kempe*, S. 97 ff.142 ff.150
291 Vgl. *Nielsen/Nielsen/Müller* (mit zahlreichen konkreten Einsatzbeispielen)

den Anstrengungen und Sorgen entlastet und die Lebensverhältnisse der Familie verbessert.

In Kindesmisshandlungs- oder in andern Interventionsfällen darüber zu befinden, welche Massnahmen zu treffen und was für Hilfeleistungen anzubieten, wie sie aufeinander abzustimmen und im Verlauf des Problemlösungsprozesses zu verändern sind, wann sie verschärft bzw. intensiviert werden müssen und wann sie gelockert, verringert, wann schliesslich aufgehoben bzw. beendigt werden können, ist eine höchst anspruchsvolle Aufgabe. Soweit es am Sozialarbeiter liegt, sie zu erfüllen oder an ihr mitzuwirken, haben dafür in erster Linie (nebst den schon erwähnten Prinzipien der Kooperation und des Freiwilligkeitsvorranges) die folgenden sozialarbeitsmethodischen Prinzipien Bedeutung: der Handlungsimperativ, das Effizienz- und das Zeitrichtigkeitsprinzip, das Prinzip der Konzentration auf die zentralen Problemvariablen, das des allseitigen Nutzens und das sozialökologische Prinzip. Von ihnen sind denn auch die sozialarbeiterischen Handlungsentscheidungen im Bereich der Intervention hauptsächlich geprägt – müssen es sein, wenn der Sozialarbeiter zum bestmöglichen Problemlösungsergebnis kommen will.

4. Das Durchsetzen der Intervention

Die notwendigen eingreifenden Massnahmen und Hilfeleistungen erfolgreich zu verwirklichen, ist deshalb besonders schwierig, weil die Intervention gegen den Willen oder doch zumindest ohne das Einverständnis der Interventionsadressaten geschieht. Die Durchführung der Intervention ist mithin recht eigentlich ein *Durchsetzen* – das haben wir schon oben unter dem Abklärungsaspekt erkannt. Die Hilfeleistungen werden mit der Massnahmedrohung mehr oder minder stark erzwungen, und wo es gilt, Eingriffsmassnahmen tatsächlich zu vollziehen, geht es oft nicht ohne rechtliche oder physische Zwanganwendung ab.

Rechtlichen Zwang übt bereits die Massnahme selbst aus, sofern sie – was meist zutrifft – Rechtscharakter hat. Unter Umständen braucht es aber, damit der eingreifende Entscheid einer Behörde oder eines Gerichtes im realen Leben Wirklichkeit wird, *zusätzliche* rechtliche Schritte, etwa das Begehren um ein gerichtliches Hausverbot oder den Herausgabebefehl für Mobiliar und persönliche Habe, die Betreibung geschuldeter Unterhaltsleistungen, den Antrag an die Vormundschaftsbehörde, ein elterliches Besuchsrecht vorläufig aufzuheben, die Verzeigung bei einer Busseninstanz oder den Strafantrag beim Untersuchungsrichter.

Dergleichen kann sich auch hinterher als nötig erweisen, nachdem faktische Interventionsmassnahmen geschehen sind, und zwar um diese zu sichern. Beispiel: Eine suizidgefährdete Person ist, ohne sich aktiv dagegen zu wehren, vom Sozialarbeiter (in Kooperation mit dem Arzt) in die psychiatrische Klinik verbracht worden. Nach einigen Tagen jedoch verlangt sie, obschon sich ihr seelischer Zustand keineswegs gebessert hat, dass man sie nach Hause entlasse. Unter diesen Umständen muss ein nachträglicher fürsorgerischer Freiheitsentzug durch die zuständige Rechtsinstanz geschehen, wenn die Intervention erfolgreich fort- und durchgesetzt werden soll.

Wo in einem Interventionsfalle die Anwendung *physischen Zwanges* unumgänglich ist stellt sich die Frage nach dem, was wir *helfenden Körpereinsatz* nennen wollen. Wir meinen damit jene drängende und zwingende physische Machtausübung, die einem Helfer wie dem Sozialarbeiter gerade noch erlaubt ist. Sie hat nichts Gewalttätiges an sich – der Sozialarbeiter lässt seine Körperkraft höchstens sozusagen «einfliessen» in ein Ensemble von Handlungen, das zur Hauptsache aus verbalen, affektiv verstärkten Motivierungs- und Akzeptanzbemühungen besteht. Am häufigsten geht es darum, dass ein Mensch (etwa ein verwirrter Betagter, ein verhaltensgestörtes Kind, eine selbst- oder fremdgefährdende alkoholisierte Person) dazu gebracht werden muss, einen Ort, z.B. seine Wohnung oder sein Zimmer, zu verlassen und mit dem Sozialarbeiter oder sonst einem helfenden Dritten, meist im Auto, zum Arzt oder in eine Betreuungsinstitution zu gehen. Oder es gilt, den Widerstand einer anderen Person, die sich solchem Weggehen in den Weg stellt oder die eine Sache nicht herausgeben will, zu überwinden. Umgekehrt muss zuweilen jemand am blinden Weglaufen, an Selbstverletzung oder an Gewalttätigkeit gegenüber einem andern Menschen gehindert werden.

In derartigen kritischen Situationen sind die Problembeteiligten meistens emotionell sehr erregt, und das Wichtigste, was der Sozialarbeiter dabei zu tun hat, ist ruhig zu bleiben und durch seine ganze Haltung *beruhigend* zu wirken. Dies auch in seinem eventuell nötigen Körpereinsatz, der keinesfalls den Charakter eines streitenden Mitagierens auf dem Problemfeld annehmen darf. Er ist immer nur ein Letztes. Intensives verbales Akzeptanzverhalten geht ihm voraus und begleitet ihn, und er geschieht in ruhigen, schlichten Handlungen, durch welche sich auch körperlich die Absicht des Helfens und Schützens mitteilt. Wenn der Sozialarbeiter ein Kind mit starker Hand festhält oder den Arm auf die Schultern einer widerstrebenden senilen Frau legt und sie durch sanfte Gewalt zum Aufstehen und Mitkommen nötigt, so verbindet sich in einem solchen Akt der *physische Zwang* mit der *helfenden Gebärde*, oder pointierter noch: das Aggressive mit dem Liebevollen – und eben hierin liegt das Eigentümliche des helfenden Körpereinsatzes.

Je stärker der betreffende Interventionsadressat die physische Berührung durch den Sozialarbeiter, die dabei geschieht, als menschliche Zuwendung erlebt, umso eher ist es dem Sozialarbeiter (z.B. bei einem aufgeregten, verzweifelt auf seinen Sohn einschlagenden Vater) möglich, auch mit körperlichen Eingriffshandlungen Erfolg zu haben, die allein vom Physischen her niemals genügen würden, sondern eher symbolische, Beziehung schaffende Gesten sind.

Oft braucht es, um eine intervenierende Massnahme real durchzusetzen, das *Mitwirken helfender Dritter* – seien es Angehörige oder sonstige Bezugspersonen des Interventionsadressaten, seien es Berufsleute wie der Hausarzt, der Notfallpsychiater, die Gemeindeschwester, die Sanitäter der Ambulanz oder die Polizei. Wo in eine massiv gewalttätige Konfliktsituation eingegriffen oder mit heftigem gewaltsamem Widerstand gegen die Eingriffsmassnahme gerechnet werden muss, ist die enge sozialarbeiterische Kooperation mit der *Polizei* (vgl. S. 327 ff.)[292] und mit dem *Arzt* unumgänglich. Dem letztern stehen in Form von Beruhigungspharmaka, der Polizei mit ihrer körperlichen Kampfkraft und ihrer technischen Ausrüstung (miteinbegriffen ihre Waffen) jene Zwangsmittel zu Gebote, die jeden physischen Widerstand, sofern er nicht gerade selbstdestruktiv-verbrecherisch ist, zu überwinden vermögen.

Da bei der intervenierenden Problemlösung mit Durchsetzungsschwierigkeiten zu rechnen ist, kommt es zuweilen vor, dass die zuständigen Verwaltungsbeamten, Behördemitglieder oder Richter davor zurückschrecken, die nötigen Massnahmen zu beschliessen, und dass sich lösungswichtige Fachleute der Aufgabe, an der Intervention mitzuwirken, zu entziehen versuchen. Der Sozialarbeiter muss sich in solchem Falle, bevor es um die Durchsetzung gegenüber den Interventionsadressaten geht, zuerst einmal bei diesen entscheidungs- und kooperationsunwilligen Drittpersonen durchsetzen. Er muss dafür kämpfen, dass sie den Ernst des Problems und die Notwendigkeit des Eingreifens erkennen und ihre diesbezügliche Handlungspflicht und -verantwortung wahrnehmen. Auch hierin tritt das *Moment des Kampfes,* des entschlossenen, hartnäckigen Engagements um die Problemlösung zutage, das die sozialarbeiterische Intervention durchgängig prägt und auszeichnet.

---

292 Darüber, wie konzertierte Krisenbewältigung durch Zusammenarbeit von Therapeuten und Polizei vor sich geht, informieren *Everstine/Everstine.*

3.34 Vertretung

a) Begriff

Als «Vertreter» fungiert der Sozialarbeiter, wenn er in einer Angelegenheit oder einem Bereich rechtlichen Charakters, der sogenannten *Vertretungsmaterie*, an Stelle einer anderen Person handelt. Diese Person ist begriffsnotwendig Klient des Sozialarbeiters. Wir sprechen hier vom *Vertretungsklienten*, während wir jene Personen (Problembeteiligte oder Dritte), denen gegenüber der Sozialarbeiter den Klienten vertritt, *Vertretungsadressaten* nennen. Entweder liegt eine Pflichtklientschaft vor (vgl. S. 101 ff.) und der Sozialarbeiter hat das Amt eines Vormundes, Beirates, Beistandes oder Pflegers (BRD) der vertretenen Person inne, oder es hat sich dieselbe freiwillig zum Klienten gemacht.

Der sachliche Grund für die sozialarbeiterische Vertretung ist im einen wie im andern Falle eine *soziale Schwäche* des Vertretungsklienten: Es fehlt ihm die Fähigkeit, durch eigenes selbständiges Handeln sich das zu beschaffen, was ihm rechtens zusteht, oder zu erhalten und zu verteidigen, was er an materiellem Besitz oder an Rechten hat. Dadurch, dass der Sozialarbeiter ihn vertritt, wird sein Kompetenzdefizit hinsichtlich dieser Dinge ausgeglichen. Es geht also bei der sozialarbeiterischen Vertretung (sieht man von einigen seltenen Fällen der Pflichtvertretung ab) nicht um eine Machtausübung über den Klienten, sondern vielmehr darum, das Machtverhältnis innerhalb des durch die Vertretungsmaterie konstellierten Sozialsystems zugunsten des Klienten zu verändern, so dass derselbe eine faire Chance hat, seine berechtigten Ansprüche und Positionen zu realisieren. Hierin erfüllen sich insbesondere die kompensatorische und die protektive Funktion der Sozialarbeit.

b) Pflichtvertretung

Bei der Pflichtvertretung wird dem Sozialarbeiter die Vertretungspflicht, -aufgabe, -befugnis und -verantwortung durch die Behörde überbunden bzw. verliehen. Das kann aus *Interventionsgründen* geschehen, und solange der volljährige Vertretungsklient selbst oder beim minderjährigen dessen Eltern gegen die Vertretungsfunktion des Sozialarbeiters eingestellt bleiben, behält das sozialarbeiterische Vertretungshandeln den intervenierenden Charakter. In der Regel aber fehlt der sozialarbeiterischen Pflichtvertretung das Eingriffsmoment (in unserem spezifischen Sinne): Der Klient ist einfach ausserstande, selbst seine finanziellen Angelegenheiten zu besorgen und seine Rechte wahrzunehmen – sei es wegen geistiger Behinderung, psychischer Störung, physischer Krankheit oder Altersschwäche, sei es weil er als Minderjähriger gar nicht über die nötige rechtliche Handlungsfähigkeit verfügt. Die Vormundschaft für Vollwaisen und debile

Erwachsene oder die sogenannte «Altersbeistandschaft»[293] sind typische Beispiele hiefür. Das Vertretungsamt des Sozialarbeiters wird von den betreffenden Klienten und ihren Angehörigen meist dankbar als *hilfreiche Dienstleistung* akzeptiert, nicht selten von ihnen selbst bei der zuständigen Behörde erbeten.

Ferner kommt es vor, dass der Sozialarbeiter lediglich deshalb zum Vertreter einer Person ernannt wird, damit den *Formen des Rechts* Genüge getan ist. Er hat beispielsweise ein Kind, das durch einen Autounfall verletzt wurde, den seine Eltern verschuldeten, gegenüber denselben – als den (nicht vorsätzlichen) Schädigern des eigenen Kindes – zu vertreten. (Natürlich verzichtet er in einem solchen Falle darauf, eine Bestrafung der Eltern zu begehren – das weiss auch die Strafuntersuchungsbehörde, welche diese Pflichtvertretung verlangt.) Oder es braucht für eine Erbteilung, die in der Sache unstrittig und offensichtlich korrekt ist, die rechtsgültige Zustimmung eines an Altersdemenz leidenden und deshalb handlungsunfähigen Erben, und sie kann nur durch einen behördlich bestellten Vertreter gegeben werden.

In derartigen Fällen liegt eine eng *limitierte* Vertretungsmaterie vor: es geht nur um eine einzelne rechtliche Angelegenheit, die in kurzer Zeit erledigt ist, im Gegensatz etwa zur *umfassenden,* unbefristeten Vertretungsaufgabe, die der Sozialarbeiter als Vormund eines Erwachsenen zu erfüllen hat. Auch wo er als Beistand für ein aussereheliches Kind die Vaterschaft regeln und den Unterhaltsanspruch gegenüber dem Vater verfechten muss, beschränkt sich sein vertreterisches Handeln auf eine sachlich und zeitlich begrenzte Materie.

c) Freiwillige Vertretung

Anders als die Pflichtvertretung gründet die freiwillige Vertretung darauf, dass der Sozialarbeiter zu ihr vom Klienten selbst bevollmächtigt wird. Und entsprechend kann sie auch nur so lange dauern, wie der freiwillige Vertretungsklient ihm diese spezielle Form problemlösender Rollenerlaubnis (vgl. S. 105) gewährt. In der Regel ist eine schriftliche *Vollmacht des Klienten* nötig. Ihr Inhalt muss vom Sozialarbeiter mit dem Klienten abgesprochen und in rechtlich eindeutige und haltbare Sätze gefasst werden. In kleineren Angelegenheiten, insbesondere wenn sich Sozialarbeiter und Vertretungsadressat persönlich kennen, braucht es oft gar kein bevollmächtigendes Dokument. Ja, es ist erstaunlich, wie viele Leute, nicht zuletzt auch auf Amtsstellen, die Vertreterrolle des Sozialarbeiters, ohne dass er sich über ihre Rechtmässigkeit ausweist, akzeptieren. Manchmal freilich erheischt nicht das Aussenverhältnis zum Vertretungsadressaten, sondern das Innenverhältnis zum Klienten eine schriftliche Vollmacht – da nämlich,

---

293 Gemeint ist damit nicht ein spezielles Rechtsinstitut, sondern die in der Praxis häufige Beistandschaft für Betagte, welche ihre laufenden finanziellen Angelegenheiten nicht mehr zu besorgen vermögen.

wo der Sozialarbeiter dem Klienten eventuell einmal nachweisen können muss, dass und wozu er von ihm bevollmächtigt worden ist.

Auch in Pflichtklientschaftsfällen kommt die freiwillige Vertretung durch den Sozialarbeiter vor, beispielsweise wenn der Klient seinen Bewährungshelfer damit betraut, in rechtlichen Dingen als sein Vertreter zu handeln, oder wenn der Sozialarbeiter, obschon er nur eine Erziehungsaufsicht über das Kind einer geschiedenen Mutter ausübt, von dieser in Sachen Alimenteninkasso zum Vertreter des Kindes (gegenüber dem Vater) gemacht wird.

Die Vertretungsmaterie in Fällen der freiwilligen Vertretung kann alles betreffen, was auch bei der Pflichtvertretung in Frage kommt. Hauptsächlich geht es dabei um folgendes: allgemeine Vermögens- und/oder Einkommensverwaltung; Schuldensanierung; Privatkonkurs; Alimenteninkasso; Leistungsansprüche des Klienten gegenüber Versicherungen (AHV, IV, ALV, Krankenkasse, Unfall-, Mobiliar-, Haftpflichtversicherung etc.), gegenüber dem Arbeitgeber, staatlichen Einrichtungen (in bezug auf AHV/IV-Zusatzleistungen, Stipendien, Sonderschulungsbeiträgen u. dgl.) und sonstigen Dritten; Erfüllung oder Abwehr von Forderungen, die an den Klienten gestellt werden (z. B. vom Wohnungsvermieter, vom Steueramt, von Obhutspersonen oder -institutionen, von Handwerkern und Warenfirmen); Erbschaftsangelegenheiten (Nachlassverwaltung, Erbteilung); Gestaltung familienrechtlicher Verhältnisse (Ehetrennung oder -scheidung mit ihren Nebenfolgen hinsichtlich Kinderzuteilung, Besuchsrecht, Unterhaltsbeiträgen); Strafsachen (insbesondere Haftfragen und Verteidigung vor dem Strafrichter).

Wo der Sozialarbeiter aufgrund einer generellen Vollmacht sämtliche finanziellen und rechtlichen Angelegenheiten eines freiwilligen Klienten besorgt (was namentlich bei chronisch psychischkranken, geistigbehinderten und altersschwachen Menschen vorkommt), unterscheidet sich der Umfang seiner Vertretungsaufgabe nicht von demjenigen in einem Vormundschaftsfalle.

d) Restriktive und extensive Momente

Das sozialarbeiterische Vertretungshandeln hat, hintergründig-implizit oder formell-explizit, *rechtlichen Charakter,* und es ist deshalb von all dem, was über das Recht als Mittel der Sozialarbeit gilt (vgl. S. 167 ff.), zentral geprägt. Nirgends trifft denn auch die Rede vom Sozialarbeiter als dem «Anwalt» des Klienten, wie man sie häufig hört, besser zu als hier – der Hinweis auf die Berufstätigkeit des Rechtsanwaltes erhellt in der Tat fundamentale Elemente der sozialarbeiterischen Vertretung. Freilich, die Eigenart derselben lässt sich mit ihm allein nicht erfassen. Diese tritt vielmehr eben dort zutage, wo man – ausgehend von der grundlegenden Gemeinsamkeit des *anwaltlichen* und des *sozialarbeiterischen* Vertretungshandelns – den Unterschied zwischen beidem bedenkt. Das soll im

433

folgenden geschehen, allerdings bloss in knappen Ausführungen, die keineswegs beanspruchen, den Beruf des Rechtsanwaltes vollständig und gültig zu definieren. Sie verwenden lediglich einige Merkmale der anwaltlichen Hauptfunktion, nämlich der Interessenvertretung für einen auftraggebenden Kunden (Klienten), dazu, als Kontrast die spezifischen Momente der sozialarbeiterischen Vertretung hervorzuheben.

Bei diesem Berufsvergleich fällt zuerst einmal auf, dass der Sozialarbeiter seine Vertreterrolle zum einen restriktiv, zum andern extensiv auffasst und praktiziert. *Restriktiv* vor allem insofern, als er gar nicht nach der Vertreterrolle *strebt* (wie der Rechtsanwalt, der von dieser Tätigkeit lebt), sondern gemäss dem methodischen Prinzip der Selbständigkeitsförderung verfährt und, wo immer es geht, den Klienten selbst handeln lässt. Seine Zurückhaltung zeigt sich sowohl bei der Frage, ob er überhaupt Vertreter sein soll (vgl. S. 270 und S. 290 ff), als auch in der Art, wie er die Vertretung ausübt. Es liegt ihm – in pädagogischer Absicht – daran, nur dort an die Stelle des Klienten zu treten, wo es rechtlich oder sachlich notwendig ist, selbst wenn er, etwa als Vormund, umfassende Vertretungsbefugnis hat. Dass er sich nicht einfach wie ein Rechtsanwalt von einer problembeteiligten Person mit der Vertretung ihrer Interessen, so wie *sie* diese sieht, beauftragen und damit für ihre persönlichen Zwecke instrumentalisieren lässt, hat das Prinzip vom Primat der sozialarbeiterischen Funktion (S. 242 ff.) klargemacht. Es ist letztlich immer der Sozialarbeiter selbst, der entscheidet, ob er jemanden freiwillig vertritt oder nicht, und er beurteilt diese Frage einzig und allein nach sozialarbeiterischen Problemverständnis- und Problemlösungskriterien.

Ein weiteres restriktives Moment der sozialarbeiterischen Vertretung besteht darin, dass der Sozialarbeiter schwierige Vertretungsaufgaben, die seine beruflichen Fähigkeiten übersteigen, nicht auf sich nimmt. Es fehlt ihm in der Regel die Ausbildung und Erfahrung dafür, ausserhalb des spezifisch sozialarbeiterischen Bereiches juristische Fragen – wenn sie nicht ausgesprochen einfach sind – sicher zu beurteilen und in bezug auf sie fehlerlos zu prozessieren. Ebenso grosse Vermögen durch fachgerechte Geldanlage optimal zu verwalten, einen komplexen Nachlass (z. B. ein landwirtschaftliches Gut) korrekt unter die Erben aufzuteilen, eine Firma (etwa einen Handwerksbetrieb) möglichst günstig zu liquidieren oder auf Sachgebieten, die ihm beruflich oder persönlich fernliegen, risikobehaftete Geschäfte souverän abzuwickeln. Solches zu tun, überlässt er dem betreffenden Fachmann: dem Rechtsanwalt (mit dem eben wir ihn hier vergleichen), dem Treuhänder, der Bank oder einer einschlägig branchenkundigen Person. Trägt er als Vormund, Beirat oder Beistand für Angelegenheiten, wie wir sie aufgezählt haben, die *Vertretungsverantwortung,* so *delegiert* er sie in sachlicher Hinsicht an diese Spezialisten. Und an dieselben weist er auch alle sonstigen Problembeteiligten, die in derlei Dingen Vertretung brauchen.

Unter anderem Aspekt hinwiederum geht der Sozialarbeiter als Vertreter seines Klienten weit über das hinaus, was für den Rechtsanwalt üblich ist, und interpretiert er also seine Vertreterrolle *extensiv*: Er beschränkt seine Aufmerksamkeit nicht auf die Vertretungsmaterie, das blosse Rechtliche, Finanzielle des Falles, sondern befasst sich mit der *gesamten sozialen Situation* des Klienten und leistet ihm zusätzlich zur vertreterischen auch andersartige, z. B. beraterische Hilfe. Die sozialarbeiterische Vertretung geschieht stets unter dem umfassenden Gesichtspunkt der sozialen Problemlösung – und zwar nicht etwa nur, wenn der Sozialarbeiter Vormund des Klienten ist (und mithin ein Amt innehat, das zum vornherein mehr enthält als bloss die Vertretungsaufgabe), sondern ebenso in jedem andern Pflichtklientschaftsfalle.

Muss er beispielsweise die Vaterschaft eines ausserehelichen Kindes regeln, wirft er immer auch ein Auge darauf, wie es dem Kind und der Mutter geht, und wenn sie seine Hilfe ausserhalb der rechtlichen Vaterschaftsfrage benötigen, gibt er sie ihnen; unter Umständen greift er sogar gegen den Willen der Mutter zum Schutze des Kindes ein. Desgleichen bei der freiwilligen Vertretung. So etwa übt der Sozialarbeiter, wo er auf die Bitte eines Betagten hin dessen Finanzen verwaltet, regelmässig auch gewisse betreuerische Funktionen für diesen aus. Oder wenn er eine geschiedene Frau mit Kindern gegenüber dem Ex-Mann vertritt, der ihr die geschuldeten Unterhaltsbeiträge nicht zahlt, so vergewissert er sich, wie die Familie ohne Alimente materiell dasteht, und beschafft ihr, sofern nötig, finanzielle Unterstützung. Es widerspräche der generellen sozialarbeiterischen Berufsaufgabe, würde der Sozialarbeiter einem problembeteiligten Menschen zwar in bestimmten rechtlichen, insbesondere finanziellen Dingen vertreten, sich aber im übrigen nicht um dessen Wohl kümmern.

Dieser ins allgemein Betreuerische laufenden Ausdehnung der sozialarbeiterischen Vertretung entspricht eine weitere extensive Eigenheit der letztern: Die Vertretungsadressaten, ja die gesellschaftliche Meinung überhaupt, sehen im Sozialarbeiter viel eher einen *persönlichen Repräsentanten* des vertretenen Menschen, als sie es im Falle der rechtsanwaltlichen Vertretung tun. Selbst wo die Innenbeziehung zum Klienten tatsächlich nur sehr locker und formell ist, erscheint der Aussenwelt der Vormund eines Kindes als eine Art Vater (bzw. Mutter) oder der Beistand einer betagten Frau in der Rolle etwa eines erwachsenen Sohnes, der für die hilfebedürftig gewordene Mutter sorgt. Und auch bei der freiwilligen Vertretung wird dem Sozialarbeiter meist persönliche Nähe zum Klienten zugedacht, in gewisser Weise ein Vertretungsstatus zugebilligt, wie er einem Angehörigen zukommt.

Dies hängt weniger von der effektiven Klientbeziehung im konkreten Problemfall ab als vom generellen Image, das die Sozialarbeit in der Gesellschaft hat (vgl. S. 153 ff.). Dasselbe ist nach wie vor von ausgeprägten *Fürsorge*-Vorstellungen beherrscht, und wenngleich es damit der wahren Funktion der Sozialarbeit in mancher Hinsicht widerspricht und die sozialarbeiterische Berufsrolle einseitig sieht, erleichtert es dem Sozialarbeiter doch, seine Aufgabe im Handlungsbereich der Vertretung zu erfüllen. Allerdings auferlegt es ihm die methodische Pflicht, sich stets bewusst zu sein, dass er seine Klienten nicht strikt restriktiv bloss im rechtlichen Sinne vertritt, sondern sie in gewisser Weise und mehr oder minderem Masse immer auch persönlich repräsentiert.

e) Vertreterische Verhandlung

Der fundamentalste Unterschied zwischen rechtsanwaltlicher und sozialarbeiterischer Vertretung tritt in dem zutage, was die Gegensatzbegriffe *parteiliche Interessenvertretung* und *systemorientierte Problemlösungsvertretung* zum Ausdruck bringen. Idealtypisch, kurz und knapp gesagt, besteht die Aufgabe des Anwaltes darin, die Interessen des Klienten, so wie dieser, sein Kunde und Auftraggeber, sie sieht, zu vertreten, und zwar einseitig auf die Bedürfnisse und Absichten desselben ausgerichtet (was Kompromisse mit der andern Seite, sofern sie dem Klienten das Maximum des Erreichbaren verschaffen, nicht ausschliesst). Der Anwalt nimmt offen und konsequent Partei für seinen Klienten, er muss dies tun, niemand erwartet etwas anderes von ihm. Sein berufliches Handeln erweist sich dementsprechend wesensmässig und durchgängig als *linear-klientzentriert.*

Die Aufgabe der Sozialarbeit hingegen ist, gemäss unserem systemischen Konzept, etwas grundsätzlich anderes, nämlich: *systemfunktionalisierende soziale Problemlösung unter der Leitidee der sozialen Gerechtigkeit.* Dies gilt auch für die Handlungsart der Vertretung; wir sind darauf schon mehrmals zu sprechen gekommen. So haben wir festgestellt, dass der «Pro-Klient»-Grundsatz den Sozialarbeiter nicht zu einer linearen Problemsicht und entsprechend einseitig klientzentrierten Interessenvertretung verleiten darf, sondern im Rahmen des sozialarbeiterischen Gesamtzieles der sozialen Systemfunktionalisierung und vom übergeordneten Gesichtspunkt aus, sozial gerechte Verhältnisse zu schaffen, verstanden werden muss (s. S. 100 f.). Das methodische Prinzip des allseitigen Nutzens (S. 245 ff.) machte deutlich, dass der Sozialarbeiter immer die Situation, Bedürfnisse und Wünsche des Vertretungs*adressaten* mitberücksichtigt und ihnen, soweit möglich, entspricht – und dass er sich bemüht, einer Person, gegen deren Meinung, Stellung oder Verhalten er in der Vertretungsmaterie kompromisslos kämpfen muss, doch wenigstens auf anderem Gebiet einen hilfreichen Dienst zu erweisen. Er sucht also auch die Vertretungsadressaten zur Klientschaft zu führen (vgl. S. 106) und unter den Problembeteiligten, wiewohl er einen von ihnen vertritt, in eine *Interposition* zu gelangen (und sie zu bewahren), die ihm erlaubt, eine vermittelnde Rolle zu spielen (vgl. S. 247 ff.).

Dies erweist sich vor allem darin, dass der systemorientierte Sozialarbeiter, ganz im Sinne des *Verhandlungsprinzips*, jede Vertretungsaufgabe – selbst wenn er sicher ist, sie mit rechtlichen Mitteln zu seinen (bzw. des Klienten) Gunsten entscheiden zu können – zuerst einmal auf dem Verhandlungswege angeht. Wir sprechen in diesem Falle, wo er als Vertreter eines Klienten mit andern Problembeteiligten verhandelt, von der «vertreterischen Verhandlung» – im Gegensatz zur «reinen Verhandlung», in der er als Vermittler zwischen den Problembeteiligten steht (vgl. S. 290 ff.).

Der Sozialarbeiter muss sich in der *vertreterischen Verhandlung* zum einen für die sozial berechtigten Ansprüche des Vertretungsklienten einsetzen, sie geltend machen und sie verteidigen, und zum andern eine Einigung mit dem (oder den) Vertretungsadressaten, den andern Problembeteiligten also, anstreben. Nur wenn eine solche Einigung resultiert, und zwar eine, durch die der Vertretungsklient nicht zu kurz kommt, ist die Verhandlung erfolgreich gewesen.

1. Vermittlungsstreben

Die Erfolgschancen der vertreterischen Verhandlung sind umso höher, je besser es dem Sozialarbeiter gelingt, sich auch hier die Stellung eines Vermittlers zu erwerben. In eine reine Interposition kann er zwar nicht gelangen, denn auch im günstigsten Falle bleibt er als Klientvertreter zumindest einer formellen Parteilichkeit verhaftet. Durch gezieltes, kluges Vorgehen vermag er tatsächlich aber oft – ohne dass dies allen Beteiligten völlig bewusst zu werden braucht – eine *vermittelnde Funktion* auszuüben. Förderlich hiefür ist insbesondere, dass er sich an die folgenden drei methodischen Arbeitsregeln hält:

1.) Der Sozialarbeiter sucht als Vertreter die *direkte Verhandlung*. Das heisst zum einen, dass er in persönlichen Kontakt zu den problembeteiligten Vertretungsadressaten tritt, und zum andern, dass er den Vertretungsklienten am Verhandlungsgespräch mit teilnehmen lässt. Natürlich tut er dies nur, wenn die gegebene Problemsituation und die Persönlichkeit des betreffenden Menschen es zulassen, die Problemlösung dadurch also nicht erschwert wird. Direkten Kontakt mit einem Problembeteiligten aufzunehmen, der einen Anwalt als Vertreter hat, ist dem Sozialarbeiter deshalb möglich, weil ihn die Standesregeln der Rechtsanwälte (die einen solchen Direktkontakt verbieten) nicht binden. Allerdings kommt es auch oft vor, dass sich mit dem Anwalt (oder einem sonstigen Vertreter) eines Problembeteiligten viel besser verhandeln lässt als mit diesem Vertretungsadressaten selbst. Der Sozialarbeiter ist in solchem Falle froh, sich allein an dessen Anwalt halten zu können, und hofft, dieser vermöge einen günstigen Einfluss auf seinen eigenen Klienten auszuüben.

Den Vertretungsklienten direkt an der Verhandlung zu beteiligen, sofern er hiezu imstande und es arbeitsökonomisch zu verantworten ist, verlangen schon das methodische Prinzip der Selbständigkeitsförderung und dasjenige vom Vorrang der direkten Verhandlung. Dass dadurch im speziellen auch dem Sozialarbeiter, der als Vertreter verhandelt, grössere Möglichkeit gegeben wird, vermittelnd zu agieren, leuchtet ohne weiteres ein. Zieht er zum Beispiel den Klienten, wenn es um strittige Lohnansprüche desselben geht, zur Verhandlung mit dem Arbeitgeber bei, rückt er fast automatisch – sofern er sich nicht sehr ungeschickt benimmt – in eine mittlere Position zwischen diesen beiden Konfliktbeteiligten.

2.) Gegenüber den Vertretungsadressaten, mit denen er verhandelt, zeigt der Sozialarbeiter ein ausgeprägtes *Akzeptanzverhalten*. Sie sollen nicht den Eindruck bekommen, er sei ihr Gegner oder gar «Feind». Sein Bemühen muss sich vielmehr darauf richten, bei ihnen persönliches Vertrauen zu erwerben, so dass sie geneigt werden, ihm, obschon er der Vertreter der andern Partei ist, eine vermittelnde Funktion zuzugestehen.

3.) Auch als Vertreter nimmt der Sozialarbeiter in der Verhandlung einen *übergeordneten Standpunkt* ein – unter Umständen auf durchaus demonstrative Weise. Er zeigt damit sowohl den Vertretungsadressaten wie dem Vertretungsklienten, dass er eine unabhängige Position hat und das Problem nach allen Seiten hin verstehen, objektiv beurteilen und sozial gerecht lösen will. Die gesellschaftliche Aufgabe und Stellung der Sozialarbeit und ihr Image erlauben dem Sozialarbeiter in manchem Falle, eine eigentlich schiedsrichterliche Rolle unter den Problembeteiligten zu spielen, wenn er nur die spezifisch sozialarbeiterischen Berufsmomente und sein systemisches Problemlösungskonzept nachdrücklich genug betont.

Als Pflichtvertreter muss er oft auch klarmachen, dass er keineswegs einfach der verlängerte Arm der *Behörde* ist, die ihn mit dem Vertretungsamt beauftragt hat. Die Behörde ist Teil des Problemlösungssystems – ebenso wie der Sozialarbeiter. Sie beide hängen auf rechtliche Art zusammen, zum einen institutionell als vormundschaftliche Organe, zum andern durch das, was zwischen ihnen in den Formen von Auftrag, Weisung, Berichterstattung, Antrag und Genehmigung geschieht. Dem Vormund, Beistand etc. steht indes immer ein erheblicher Handlungsspielraum offen, oft sogar ein sehr weiter. Entsprechend dem Ausmass desselben vermag der Sozialarbeiter, der ein solches Vertretungsamt innehat, Distanz zur vormundschaftlichen Behörde zu schaffen und also auch in bezug auf sie eine *Interposition* einzunehmen. Vor allem Pflichtklienten, welche gegen die Behörde eingestellt sind, sollen merken, dass der Sozialarbeiter nicht mit dieser identisch ist, sondern dass er dadurch, wie er seine Vertretungsaufgabe ausübt, nicht nur zwischen Klient und Vertretungsadressat, sondern in gewisser Weise auch zwischen Klient und Behörde vermittelt. Auch bei den Vertretungsadressaten stärkt es das Vermittlungsprestige des Sozialarbeiters, wenn er ihnen ins Bewusstsein ruft, dass es noch – hinter oder über ihm – die Bestimmungsmacht der Behörde gibt, und er ihnen glaubhaft zu machen versteht, dass er, der Sozialarbeiter, zwischen ihr und ihnen sachlich eine mittlere Linie verfolge und sie, die Vertretungsadressaten, gewiss weniger gut wegkämen, wenn sie allein, ohne ihn, der Behörde gegenüberstünden.

2. Taktik parteinehmender Klientvertretung

Es kommt vor, dass die Vertretungsadressaten durch ihr Verhalten dem Sozialarbeiter, obschon er sich geschickt und nachhaltig darum bemüht, nicht ermöglichen, in der vertreterischen Verhandlung eine vermittelnde Rolle zu spielen. Er muss dann, um seine Vertretungsaufgabe zu erfüllen, die Verhandlung aus der Position des einseitig parteinehmenden Klientvertreters führen und dabei klug und entschieden für die Ansprüche seines Klienten kämpfen. In solchem Falle ist die Verhandlung natürlich etwas ganz anderes, als was wir sie (unter dem Begriff der *reinen Verhandlung*) als typisch sozialarbeiterische Handlungsart beschrieben haben. Ein wesentlicher Unterschied zur anwaltlichen Interessenvertretung besteht hier nicht mehr. Im Gegenteil, der Sozialarbeiter muss einiges von der Verhandlungtechnik der Rechtsanwälte, der Geschäftsleute und der Diplomaten lernen, will er in dieser parteinehmenden Stellung und Funktion erfolgreich sein.

Insbesondere die *Taktik des diplomatischen Verhandelns* erweist sich für ihn als lehrreich, denn ähnlich wie der Sozialarbeiter, nur noch ausgeprägter, ist auch der Diplomat in gesellschaftlichem Auftrag tätig, berücksichtigt er stets den gesamten sozialen Kontext (in seinem Falle: in der grössten, nämlich der internationalen Dimension) und muss er sich doch voll und ganz für die Interessen seines «Klienten», nämlich seines Landes einsetzen. Wo der Sozialarbeiter als klarer und blosser Parteivertreter mit Vertretungsadressaten verhandelt, soll er wie ein tüchtiger Diplomat vorgehen. Er wird dabei Subtilität und Schroffheit, Entgegenkommen und Druckausübung, Flexibilität und Härte, Aktivität und Passivität gleicherweise – abwechselnd oder (was schwieriger ist) in einem – praktizieren müssen, je nach dem erstrebten Ziel (bzw. Teilziel) und der gegebenen Verhandlungssituation. Interessant sind hier vor allem die betont *scharfen, harten* diplomatischen Verhandlungtaktiken. Es seien im folgenden einige, die vom Sozialarbeiter angewandt werden können, in der Form stichwortartiger Handlungsmaximen aufgezählt[294]:

Vorschläge/Forderungen
- Den ersten Vorschlag der Gegenpartei annehmen, um die Verhandlung rasch zu beendigen, bevor die Gegenpartei merkt, wie schwach die eigene Position (die des Sozialarbeiters bzw. seines Klienten) – z. B. in rechtlicher Hinsicht – ist.
- Am Anfang bescheidene Forderungen stellen (z. B. in einem wenig strittigen Problempunkt), um überhaupt die Verhandlung in Gang zu bringen. Später, wenn der Einigungswille der Gegenpartei stärker geworden ist, die Forderungen erhöhen.
- In quantitativen Belangen höhere Forderungen stellen, als man sie tatsächlich

---

294 Ich stütze mich dabei auf *Wildener*, *Iklé* und *Deutsch*.

439

hat, um Angeboten der Gegenpartei, die zu niedrig sind, entgegenzusteuern und einen Raum für das Feilschen auf einen akzeptablen Kompromiss hin zu schaffen.

- Die Gegenpartei «in einem Netz von Vorschlägen einfangen, so dass sie schliesslich glaubt, einen von ihnen annehmen zu müssen» (Formulierung Iklés).
- Umfassende, detailliert ausgearbeitete und sprachlich schon perfekt abgefasste Vorschläge präsentieren, die den Eindruck einer fertigen, nicht mehr angreifbaren Problemlösung suggerieren.

Versprechungen/Drohungen

- Die Gegenpartei durch Versprechungen und Drohungen beeinflussen. Dabei die Versprechungen den Drohungen vorziehen. Drohungen eher als Warnungen verkleiden als sie offen im Sinne eines Ultimatums anbringen.
- Nichts versprechen oder androhen, was man nicht einhalten bzw. durchführen kann. Den Inhalt von Versprechungen und Drohungen präzise angeben.
- Keine unangemessenen Versprechungen machen, die bei der Gegenpartei den Eindruck hervorrufen, bestochen zu werden.
- Drohungen unter natürlichem Hinweis auf die legitimen Bedürfnisse und Rechte des Klienten explizit rechtfertigen.

Festlegungen

- Die Verhandlungsfrage entsprechend der eigenen Problem(lösungs)sicht definieren. Eigene Annahmen als gesicherte Verhandlungsgrundlagen hinstellen. Die Erfüllung eigener Forderungen zur Bedingung der Verhandlung machen.
- Den eigenen Standpunkt für unverrückbar erklären unter Hinweis auf berufliche, institutionelle, rechtliche Gegebenheiten, die Zugeständnisse verunmöglichen (bei Pflichtklientschaftsfällen namentlich mit dem Argument, die vormundschaftliche Behörde würde ein weiteres Entgegenkommen niemals billigen).
- Behauptungen hartnäckig wiederholen, so dass die Gegenpartei annehmen muss, man könne von der Überzeugung, sie seien wahr und richtig, nicht abgebracht werden.

Widerstand

- Bestimmte Behauptungen, Vorschläge oder Forderungen (insbesondere Ultimaten) der Gegenpartei ignorieren. Sich an bestimmten Verhandlungsthemen desinteressiert oder an der Verhandlung insgesamt nur wenig interessiert zeigen.
- Sich durch das Hinhalten, die Drohungen und die Lösungsobstruktion der Gegenpartei nicht zermürben lassen, sondern geduldig, gleichmütig, auf den eigenen Forderungen beharrend weiterverhandeln.
- Die Verhandlung unterbrechen, d. h. sich weigern weiterzuverhandeln,

solange die Gegenpartei keine «vernünftigere» – gemeint: entgegenkommendere – Haltung einnimmt. (Dies wenn die Gegenpartei am Verhandeln interessiert sein muss.)

Gefühlseinsatz
- Durch affektbetonte Appelle das Ehrgefühl der Gegenpartei und ihren guten Willen zugunsten einer Einigung mobilisieren. Den «gemeinschaftlichen Geist», der die Verhandlungsteilnehmer «im Grunde eint», beschwören, um eine emotionelle Konvergenzdynamik auszulösen.
- Scharf auf die Gefühlsbedürfnisse, vor allem die emotionellen Schwächen der gegenparteilichen Verhandlungsteilnehmer achten und sie ausnützen. Das heisst: diesen Bedürfnissen und Schwächen durch das eigene Umgangsverhalten betont und ausgeprägt entsprechen und sich so die betreffenden Menschen (eventuell ohne dass es ihnen bewusst wird) affektiv geneigt machen.
- Entrüstung, Beleidigtsein, Ärger und ähnliche Affekte äussern, um emotionellen Druck zu erzeugen. Behauptungen und Argumentationen dramatisieren, um ihre affektive Eindringlichkeit zu verstärken.

Ob der Sozialarbeiter als Vertreter solche und ähnliche Taktiken des harten Verhandelns anwendet und welche unter ihnen, hängt von der Verhandlungsmaterie, den gesamten Umständen des Problemfalles, den Verhandlungsteilnehmern und der aktuellen Verhandlungssituation ab. Ist die Gegenpartei eine *Institution,* z. B. eine Versicherung, eine Bank, eine Immobiliengesellschaft, irgend sonst eine Kollektiv-Firma, eine Behörde oder ein Amt, braucht er weniger Hemmungen zu haben, derart zu verhandeln, als wenn er einer Privatperson gegenübersteht, die persönlich vom strittigen Verhandlungsthema betroffen ist.

So oder so freilich, mit wem immer er verhandelt, stets paart er seine «harten» Verhandlungtaktiken mit «weichem» *Akzeptanzverhalten* – gleich wie es der Diplomat tut, dessen Verhandlungsstil geradezu als exemplarisch für diese Mischung von Härte und Weichheit gelten darf. Und selbstverständlich geht der Sozialarbeiter im Taktieren nie über die Grenze hinaus, die ihm das Gebot, seine berufstypische moralische Integrität zu bewahren und das Image der Sozialarbeit nicht zu schädigen, in allem Tun und Lassen setzt. Er muss zwar fähig und bereit sein, mit Festigkeit, Vehemenz und Klugheit (die bis ins Raffinierte hineinreicht) zugunsten des Vertretungsklienten zu kämpfen, doch darf er sich dabei keiner unmoralischen Praktiken bedienen. Die Gegenpartei zu beschimpfen, zu belügen, zu erpressen, ihr Unwahres zu unterstellen, sie (etwa mit falschen Versprechungen) in die Irre zu führen oder sie mit offensichtlich sinnlosen Argumenten, endlosem Hinhalten, abrupten Verhandlungsunterbrüchen und ähnlichen Zermürbungstechniken «fertigzumachen», kommt für den Sozialarbeiter nicht in Frage.

f) Prozessführung

Das eben Gesagte gilt auch dort, wo der Sozialarbeiter mit dem Vertretungs-adressaten vor Gericht oder im Verwaltungsverfahren prozessiert. Geschieht dies aus blosser rechtlicher Notwendigkeit, ohne dass eine sachliche Uneinigkeit besteht (was z. B. häufig in Ehescheidungs- oder Vaterschaftsfällen zutrifft), herrscht nach unserem Begriff kein *Rechtsstreit* zwischen dem Sozialarbeiter und der Gegenpartei. Er muss hier einfach – nicht anders als ein Rechtsanwalt – das formellrechtlich Nötige und Richtige tun, damit die unstrittige (meist auf dem Verhandlungsweg vereinbarte) Problemlösung Wirklichkeit wird. Steht er hingegen als prozessführender Parteivertreter tatsächlich im Streit mit der Gegenpartei, so führt er diesen Rechtsstreit betont anständig, keineswegs in der aggressiven Weise, die den *Prozessierstil* mancher Anwälte prägt.

Denselben zu kopieren, verschafft dem Sozialarbeiter weniger Vorteil, als wenn er vor dem Gericht (bzw. der Verwaltungsbehörde) durch sein Verhalten und Argumentieren die ihm eigene berufliche Stellung und Aufgabe hervorkehrt (auf welche Weise, vgl. S. 245). Tut er dies, so bringt er dem *Richter,* der wie der Sozialarbeiter uneigennützig handelt, gesellschaftlich beauftragt und grundsätzlich der Idee der sozialen Gerechtigkeit verpflichtet ist, eine gewisse, vorweg gegebene Nähe und Übereinstimmung mit ihm, dem Sozialarbeiter, zu Bewusstsein – eine untergründige Kollegialität sozusagen hinsichtlich Berufssinn und gesellschaftlicher Funktion. Dadurch wird der Richter am ehesten veranlasst, auf den Sozialarbeiter zu hören und dessen Problemsicht zu übernehmen.

Problemsicht ist der treffende Ausdruck, denn die Anträge und Begründungen des Sozialarbeiters in dieser Situation laufen viel mehr auf eine sozialarbeiterische Problemanalyse und Problemlösungsempfehlung hinaus als auf eine juristische Gefechtsaktion gegen die andere Partei. Das heisst: auch als Parteivertreter tritt der Sozialarbeiter vor Gericht so auf, als wäre er Gutachter, ein objektiver *beratender Fachmann.* Er gewinnt damit eine Art Interposition und sucht jene Rolle, die ihm bei Richtern und Behördemitgliedern am meisten Prestige und Einflussmacht verleiht.

3.35 Beschaffung

a) Begriff

Von «Beschaffung» sprechen wir da, wo der Sozialarbeiter einer Person oder Personengruppe (z. B. einer Familie) *Geld*, eine *Sache, Arbeit, Ausbildung* oder irgend eine *Dienstleistung* verschafft. Er kompensiert damit ein soziales Defizit, und zwar eines, das sich auf die Bedürfnisobjekte Unterkunft, Nahrung, Gebrauchsdinge, Geld, Erwerbsarbeit oder Betreuung bezieht (vgl. S. 81 ff.). In der Lehre von den Mitteln der Sozialarbeit ist bereits detailliert aufgezählt worden, was alles Problembeteiligte in dieser Hinsicht durch den Sozialarbeiter erhalten können – ich erinnere an die Ausführungen über institutionsinterne Ressourcen (S. 152 ff.), über Geld- und Sachhilfe (S. 156 ff.), über freiwillige Helfer (S. 159 ff.) und über Dienstleistungen (S. 163 ff.). Es kommt in jenen Darlegungen auch sonst vieles zur Sprache, das den Begriff der Handlungsart Beschaffung erhellt, so dass ich, um Wiederholungen zu vermeiden, ausdrücklich auf sie verweise.

Ebenfalls aus der Mittellehre wissen wir, dass die allermeisten Beschaffungsobjekte nicht in der direkten *Verfügungsgewalt* des Sozialarbeiters (bzw. der Sozialarbeitsinstitution) stehen. Selbst wenn es sich um Mittel seiner Trägerorganisation handelt, entscheiden in der Regel andere Personen (ausserhalb des Sozialdienstes) darüber, ob sie dem Hilfebedürftigen gewährt werden oder nicht. Sozialarbeiterisches Beschaffen ist deshalb fast immer – also typischerweise – ein Beschaffen von dritter Seite her: Der Sozialarbeiter bewirkt, dass z. B. ein Amt, eine Behörde, die Kirche, eine gemeinnützige Vereinigung oder Stiftung, eine Dienstleistungsinstitution, eine Versicherung, eine Firma oder eine Privatperson dem bedürftigen Problembeteiligten etwas Bestimmtes gibt oder für ihn tut.

Solche Instanzen, Institutionen oder Einzelpersonen nennen wir im Zusammenhang mit der sozialarbeiterischen Beschaffung *gebende Dritte*. Sie lassen sich unterteilen in 1. jene, deren Leistung an den Hilfebedürftigen nicht oder nur symbolisch entgolten wird (Behörden, charitative Organisationen, freiwillige Helfer etc.), 2. professionelle, bezahlte Helfer (s. S. 49) und 3. gewöhnliche, nicht spezifisch helfende Dritte (z. B. Wohnungsvermieter, Arbeitgeber, Lehrmeister, Rechtsanwälte), die für ihre Leistung eine wertentsprechende Gegenleistung (Mietzins, Arbeitsleistung, Honorar) erhalten. Vermietet eine Immobilienfirma jemandem, weil sich der Sozialarbeiter bei ihr dafür eingesetzt hat, eine Wohnung und kommt die Sozialbehörde für die Mietkosten auf, so sind in bezug auf dieses eine Beschaffungsobjekt zwei gebende Dritte vorhanden: die Immobilienfirma und die Sozialbehörde. Ebenso verhält es sich dort, wo der Sozialarbeiter einem Problembeteiligten die entgeltliche Dienstleistung eines Dritten und zugleich deren Bezahlung durch einen anderen verschafft.

Geschieht die Hilfeleistung, durch den Sozialarbeiter in die Wege geleitet, direkt vom Dritten zum Bedürftigen, ohne dass der Sozialdienst dabei weiter beteiligt ist, sprechen wir von *beschaffender Vermittlung*. Sozialarbeiterische Beschaffung beschränkt sich oft auf diese bloss vermittelnde Tätigkeit, namentlich wenn eine Wohnung, ein Altersheimplatz, eine Arbeitsstelle oder eine (z. B. therapeutische, pflegerische, rechtsanwaltliche) Dienstleistung beschafft wird. Eine mediatorische Funktion erfüllt der beschaffende Sozialarbeiter aber auch überall sonst, wo er die Hilfe nicht aus eigenen Ressourcen des Sozialdienstes leistet. Dem entspricht, dass er zum Zwecke der Beschaffung nicht selten recht eigentlich zwischen dem bedürftigen Problembeteiligten und dem gebenden Dritten verhandelt. Geht es dabei um rechtliche Forderungen (beispielsweise gegenüber einer Sozialversicherung), spielt auch das vertreterische Handlungsmoment mit.

Im Zeitaspekt erweist sich sozialarbeiterische Beschaffungshilfe – je nach der Problemlage – als sehr unterschiedlich: Im einen Falle braucht es eine *sofortige Notbeschaffung* (vgl. S. 308), im andern hingegen kann das beschaffende Handeln sorgfältig geplant werden. Während sich das eine Mangelproblem mit einer *einmaligen* punktuellen Beschaffungsaktion lösen lässt, erheischt das andere eine Hilfeleistung, die andauert – entweder über eine bestimmte, befristete Zeitspanne als sogenannte *Überbrückungshilfe* oder unbefristet in eine noch nicht absehbare Zukunft hinaus. Dies letztere nennen wir *permanente Beschaffungshilfe*. Sie kann sich über viele Jahre, ja (im Falle behinderter Menschen) über Jahrzehnte hinziehen.

Sozialarbeiterische Beschaffungstätigkeit verlangt nicht zwingend *Klientschaft* auf der Empfängerseite. Der Sozialarbeiter mag durchaus einer Person etwas verschaffen, ohne dass die Beziehung zwischen ihm und ihr alle vier Momente (freien Willen, Vertrauen, Mitarbeit und problemlösende Rollenerlaubnis) enthält, die insgesamt das freiwillige Klientschaftsverhältnis ausmachen. Derartige Fälle sind sogar recht häufig. In der Regel freilich, vor allem bei langdauernder Beschaffungshilfe, versteht und verhält sich der Hilfeempfänger als Klient des Sozialarbeiters, so dass wir von ihm (dem Empfänger, nicht etwa bereits dem Hilfebeansprucher!) vereinfachend als vom «Beschaffungsklienten» reden dürfen.

Im Handlungsraum der Beschaffung sieht sich der Sozialarbeiter vor die *methodischen Fragen* gestellt, wie er die Bedürftigkeit bzw. den Bedarf beurteilen kann, wie er mit den Problembeteiligten umgehen muss, wie sich mögliche gebende Dritte von ihm dazu bewegen lassen, das Erforderliche zu gewähren, und wie er eine laufende Beschaffungshilfe unter Kontrolle zu halten vermag. Diese Fragen haben einerseits einen *psychologischen,* anderseits einen *vorgehenstechnischen* Aspekt. Wenn wir im folgenden auf sie eingehen, so tun wir es unter diesen beiden unterschiedlichen, aber sachlich zusammenhängenden Gesichtspunkten.

Sozialarbeitsmethodische Beschaffungskompetenz wird im breitesten Masse da gefordert, wo es um materielle Unterstützung aus staatlichen Mitteln geht, sowie dort, wo es gilt, einem Problembeteiligten einen Betreuungsplatz zu verschaffen. Die letztgenannte Art von Beschaffung werden wir im nächsten Kapitel aus der Perspektive sozialarbeiterischen Betreuungshandelns erörtern. Hier konzentrieren wir uns auf die öffentliche, d. h. staatlich getragene Geld- und Sachhilfe, die wir – in verengter, vereinfachender Terminologie – *Sozialhilfe* nennen. Daran, wie der Sozialarbeiter sie handhabt, lassen sich die typischen Merkmale der sozialarbeiterischen Beschaffung exemplarisch aufzeigen; und es betreffen deshalb die folgenden Ausführungen, wenn sie nicht offensichtlich etwas anderes im Auge haben, den Beschaffungsbereich der Sozialhilfe.

b) Psychologische Implikationen der Beschaffungshilfe

Der Umstand, dass es bei der Sachhilfe um Geld und Sachen geht, mag den Anschein erwecken, der Sozialarbeiter bewege sich hier auf einem Feld der objektiven Fakten und seine Aufgabe erschöpfe sich darin, in Hinsicht auf dieselben sachlich und administrativ korrekt zu handeln. Psychische Gegebenheiten, also das Persönliche, Gefühls- und Willensmässige, spielten bloss am Rande mit und müssten dementsprechend vom Sozialarbeiter viel weniger beachtet werden, als dies etwa bei der Beratung oder der Verhandlung gefordert ist. Eine solche Meinung übersieht, welch hohe *psychologische Problematik* dem Vorgang der Sozialhilfe-Beschaffung innewohnt – eine Problematik, die sich in vielfältiger Weise äussert. Gerade ihretwegen braucht es zu einer effizient problemlösenden Sozialhilfe den Sozialarbeiter als Fachmann. Anders könnte man diese Aufgabe dem Verwaltungsbeamten überlassen.

Der kompetente Sozialarbeiter ist sich der psychologischen Implikationen der Beschaffungshilfe bewusst, laufend reflektiert er das Psychische, das in ihr mitgeschieht und sie positiv oder negativ mitbestimmt, er reagiert darauf und zieht es in sein Handeln mit ein. Dazu im folgenden einige Hinweise – einerseit zentriert auf die Persönlichkeit der Sozialhilfe-Bedürftigen und anderseits unter dem motivatorischen Gesichtspunkt.

1. Auseinandersetzung mit den Problembeteiligten

Der Sozialarbeiter trifft im Bereich der Sozialhilfe auf ganz unterschiedliche problembeteiligte Menschen, und er muss sich mit ihnen auseinandersetzen, will er zu einem klaren, richtigen Urteil gelangen, ob, wie und in welchem Masse er ihnen beschaffend beistehen soll. Die innere Einstellung und die Verhaltensmuster, mit denen sie sozialen Anforderungen begegnen und das Leben zu bewältigen versuchen, kurz gesagt: ihre *Lebenshaltung*, spielen hiefür eine entscheidende Rolle. Sozialarbeiterisches Problemabklären darf sich, wo jemand Sozialhilfe begehrt, keineswegs bloss darauf beschränken, die gegenwärtige materielle Situation der betroffenen Person(en) und ihre sachlichen, d. h. persönlichkeitsunabhängigen Ursachen festzustellen. Der Sozialarbeiter bemüht sich vielmehr stets darum, zusammen mit den Problembeteiligten auch die lebensgeschichtlichen und persönlichkeitsbedingten Gründe der aktuellen Notlage zu eruieren; denn sie bestimmen das sozialarbeiterische Lösungshandeln im einzelnen Problemfall ganz erheblich.

Die *Fragen*, um die es in der Auseinandersetzung mit den Problembeteiligten im Sozialhilfebereich geht, lassen sich unter drei Gegensatz-Stichworte fassen, nämlich:

subjektive Bedürftigkeitseinschätzung – objektive Bedürftigkeit
selbstverschuldete Bedürftigkeit – unverschuldete Bedürftigkeit
Begehrlichkeit – schamhafte Zurückhaltung

1) Subjektive Bedürftigkeitseinschätzung – objektive Bedürftigkeit: Ob jemand in der Tat Sozialhilfe braucht oder nur meint, er benötige sie, hängt grundsätzlich davon ab, wie das Problem definiert wird, und entscheidet sich im übrigen an den gesellschaftlich anerkannten Kriterien sozialer Not (vgl. S. 84 f.). Die letzteren sind zwar durchaus flexibel, aber es ist doch möglich, dass allein von ihnen aus die materiellen Ansprüche eines Problembeteiligten als zu hoch gelten müssen und ihm sozialarbeiterische Beschaffungshilfe überhaupt nicht oder nur in geringerem Umfange, als er es wünscht, gewährt werden kann.

Meist freilich besteht, wenn jemand um Sozialhilfe ersucht, tatsächlich eine Mangelsituation. Es fehlt z. B. einer Familie das Geld, um den Haushalt (Essen, Kleider, tägliche Gebrauchsdinge) auch nur halbwegs auf dem Sozialhilfe-Niveau, dem sogenannten «sozialen Existenzminimum», zu führen. Die subjektive Bedürftigkeitseinschätzung dieser Problembeteiligten ist völlig begreiflich. Im Kontext der *umfassenden Problemdefinition* indes mag sich gleichwohl zeigen, dass keine objektive Bedürftigkeit, jedenfalls nicht auf längere Sicht, vorliegt: Es werden beispielsweise aus dem Gehalt des Vaters hohe Ratenzahlungen zur Rückerstattung eines Konsumkredites gemacht, die sich soweit senken lassen, dass das Haushalt-Budget wieder ins Gleichgewicht kommt. Oder es führt das Elternpaar zusammen einen Laden, in den es viel Geld und Kraft investiert hat, der aber schlicht nicht rentiert, und es gilt, die beiden zu der bittern, aber unausweichlichen Einsicht hinzuleiten, dass der ständig erhoffte Durchbruch zum unternehmerischen Erfolg nie eintreten wird und sich das Familieneinkommen im notwendigen Masse erhöht, wenn sie das Geschäft liquidieren und eine Lohnarbeit annehmen.

Manche Problembeteiligte beanspruchen Sozialhilfe aus dem Gefühl heraus: «Jahrelang habe ich Steuern bezahlt, von denen andere profitierten – jetzt, wo ich finanziell in der Tinte stecke, soll mir der Staat auch einmal helfen!» Wenn dann der Sozialarbeiter bestreitet, dass sie objektiv Sozialhilfe-bedürftig sind, und ihnen nicht Geld gibt, sondern anderswie, z. B. beratend oder verhandelnd, Hilfe leisten will, sind sie enttäuscht und aufgebracht. Nur falls es ihm gelingt, sie in eine echte, intensive Auseinandersetzung über ihre soziale Situation hineinzuziehen, wird er sie von seiner Problembeurteilung überzeugen können.

2) *Selbstverschuldete Bedürftigkeit – unverschuldete Bedürftigkeit:* Es gibt Problembeteiligte, die ihre Hilfebedürftigkeit selbst verschuldet haben, und andere, die nichts für sie können. In unserem Zusammenhang macht das Adjektiv «verschuldet» ein problemerzeugendes oder -verschärfendes Verhalten namhaft, für das der problembelastete Mensch in erheblichem Masse verantwortlich ist. Solches Verhalten setzt eine Handlungsabsicht bei angemessener Einsichtsfähigkeit und psychischer Willensfreiheit voraus: Bedingungen, von denen man in manchem Falle – dessen müssen wir uns bewusst sein – nicht sicher zu wissen vermag, ob und wie weit sie tatsächlich erfüllt sind oder (bezüglich vergangener Handlungen) waren.

Worauf es in der Sozialarbeit beim Selbstverschulden ankommt, ist nicht das negative Phänomen der moralischen oder rechtlichen Schuld (vgl. hiezu das Prinzip der Nichtbeschuldigung, S. 367 ff.), sondern das positive Moment der *Eigenverantwortlichkeit*. Erkennt ein Sozialhilfe-Bedürftiger, der seine Bedürftigkeit zur Hauptsache selbst herbeigeführt hat und sie womöglich durch sein Verhalten dauernd weiter verursacht, dieses sein eigenes negatives Tun und Lassen nicht und gesteht er sich nicht ein, dass er dafür verantwortlich ist, wird er seine Fehler wiederholen und die Sozialhilfe dient ihm just zur Bestätigung dafür, dass es «so ja auch geht». Einen solch abträglichen, der echten Problemlösung entgegenstehenden Effekt darf die sozialarbeiterische Beschaffung nicht haben. Es spielt deshalb eine grosse Rolle, ob ein Sozialhilfe-Beanspruchen seine Bedürftigkeit durch eigenes veränderbares Verhalten erzeugt (hat) oder ob sie von Faktoren abhängt, die er nicht zu beeinflussen vermag (vermochte). Trifft das letztere zu, sprechen wir von «unverschuldeter Bedürftigkeit».

Nehmen wir den *Beispielfall,* wo ein Problembeteiligter wegen Arbeitslosigkeit finanzielle Hilfe benötigt: Findet er trotz intensiver Stellensuche keine Arbeit weil es allgemein zuwenig Arbeitsplätze gibt, weil er zu alt oder weil er geistig oder psychisch behindert ist, so gilt uns seine Bedürftigkeit als unverschuldet. Hat er indes frühere Arbeitsstellen leichtfertig verlassen oder, da er faul, unzuverlässig und nicht kooperationsbereit war, verlassen müssen und will ihn deshalb niemand mehr bei sich beschäftigen, liegt ein Selbstverschulden vor. Desgleichen wenn er durch eigenes Verhalten dafür sorgt, dass man ihn nirgends anstellt – z. B. indem er beim Anstellungsgespräch alles in den Vordergrund rückt, was Zweifel an seiner Fähigkeit für die betreffende Arbeit nährt, oder indem er gewisse körperliche Beeinträchtigungen überbetont und aus ihnen unerfüllbare Arbeitsplatz-Erfordernisse ableitet oder auch einfach dadurch, dass er deutlich zu erkennen gibt, wie wenig Lust zum Arbeiten er hat.

Ob, inwiefern und wie weit jemand für seine Sozialhilfe-Bedürftigkeit selbst verantwortlich, diese also selbstverschuldet ist, lässt sich meist nicht auf den ersten Blick konstatieren. Wo, um beim angeführten Beispiel zu bleiben, hohe generelle Arbeitslosigkeit im Lande herrscht, braucht der Sozialarbeiter im einzelnen Falle meist nicht lange der individuellen Verschuldensfrage nachzugehen. Besteht hingegen Vollbeschäftigung und weiss man allgemein, dass jeder, der will und nicht erheblich behindert ist, irgend eine Arbeit findet, drängt sich diese Frage naturgemäss viel eher auf. Der Sozialarbeiter kann dem Sozialhilfe-Beansprucher die Auseinandersetzung mit ihr vor allem dann nicht ersparen, wenn die äusseren Fakten, welche in der Problemabklärung an den Tag gekommen sind, ein fehlerhaftes Verhalten dieses Problembeteiligten vermuten oder sogar als gewiss erscheinen lassen.

Die meisten Menschen lieben es freilich nicht, den Blick auf die Fehler zu richten, die sie machen oder gemacht haben, und sich mit ihnen zu befassen. Erst recht nicht, wenn sie merken, dass es dabei gar nicht um ein verbales Schuldeingeständnis geht (das dem Sozialarbeiter gegenüber nicht allzuviel kostet!), sondern um eine konkrete *Verhaltensänderung*. Der Handlungsraum der sozialarbeiterischen Beschaffung wird deshalb in gewissen Fällen zu einem eigentlichen Kampffeld, auf welchem der Sozialarbeiter mit dem Hilfebeansprucher hart um die Fragen der sozialen Anforderungen, der Lebenseinstellung und der Willensmöglichkeiten ringt.

3) Begehrlichkeit – schamhafte Zurückhaltung: Die sozusagen klassischen Risiken materiell hilfebedürftig zu werden: Alter, Invalidität, Krankheit, Unfall, Schwangerschaft, Tod, Arbeitslosigkeit, Militärdienst, Ausbildung, sind im modernen Wohlfahrtsstaat für die meisten Menschen durch obligatorische oder allgemein übliche Versicherungen oder nicht-versicherungsmässige staatliche Leistungen gedeckt. Wir nennen sie *normierte Hilfen*, da sie zur Hauptsache in präzise festgelegten Geldbeträgen (Renten, Rentenzulagen, Taggeldern, Kostenübernahmen oder -beiträgen, Stipendien u. dgl.) bestehen, auf die der Bedürftige einen eindeutigen Rechtsanspruch hat.[295] Als Empfänger von *Sozialhilfe* kommen nur Problembeteiligte in Frage, denen keine normierten Hilfen zustehen oder für deren Bedürftigkeit sie nicht ausreichen.

Unter diesen Personen gibt es Leute, deren moralisches Ansehen in der Gesellschaft durch die Art ihrer Bedürftigkeit nicht beeinträchtigt ist (z. B. geschiedene Frauen mit Kindern oder Kranke, denen eine ausreichende Lohnausfallversicherung fehlt). Ein erheblicher Teil der Sozialhilfe-Klienten aber fällt unter Personen- bzw. Problemkategorien, deren Zugehörige von einer grossen Bevölkerungsmehrheit geringgeachtet werden: Drogensüchtige, Alkoholiker, neurotische, sozialdebile oder sonstwie persönlichkeitsgestörte Menschen, die als Sonderlinge, Arbeitsscheue, Lebensuntüchtige gelten, leicht schwachsinnige Personen, Eltern, deren Kinder wegen massiver Erziehungsprobleme ins Heim plaziert werden mussten, Aids-Kranke, entlassene Strafgefangene, Obdachlose,

---

295 Vgl. hierüber in bezug auf die Schweiz *Wagner 1985*, S. 162 ff.

Asylbewerber, verschuldete Personen etc.[296] Die vorherrschende negative Meinung über sie färbt ab auf die andern Sozialhilfe-Empfänger und erzeugt die weit verbreitete generalisierende Ansicht, Sozialhilfe zu beziehen, sei an-sich etwas, das der *persönlichen Ehre* Abbruch tue, es stemple einen zum minderwertigen Menschen. Daher schämen sich oft auch Personen, die Sozialhilfe aus einem Grunde benötigen, der keineswegs ehrenrührig sein kann, sie zu beanspruchen. Sie halten es für etwas vom Schlimmsten, ein «Sozialfall» zu werden; und der Sozialarbeiter muss ihnen helfen, ihre diesbezüglichen Schamgefühle zu überwinden. Ja es gibt Fälle, wo er – z. B. einer überlasteten geschiedenen Mutter – Sozialhilfe wenn nicht gerade aufdrängen, so doch nachdrücklich anbieten und empfehlen muss, weil die bedürftige Person starken inneren Widerstand gegen sie empfindet, sich aber einzig durch diese Art von Unterstützung das Problem wirklich lösen lässt.

Gleich handelt der Sozialarbeiter da, wo Problembeteiligte sich aus dem Bewusstsein und der Scham heraus, ihre Bedürftigkeit selbst verschuldet zu haben, nicht getrauen, ihn um Sozialhilfe anzugehen. Hier gilt es unter Umständen, sich sorgsam mit den *Schuldgefühlen* des Klienten auseinanderzusetzen.

Sozialhilfe zu verlangen, ist im übrigen vielen Menschen auch deshalb peinlich, weil sie sich dabei als *Bittsteller* vorkommen. Das rührt daher, dass sie nicht sicher wissen können, ob ihnen überhaupt Sozialhilfe zusteht und wie viel allenfalls. Der Rechtsanspruch auf Sozialhilfe ist durch pauschal formulierte Gesetzesbestimmungen zwar weit, aber bloss vage definiert; und in quantitativer Hinsicht legen Reglemente oder Richtlinien lediglich gewisse Basis-Geldbeträge (mehr oder weniger verbindlich) fest. So herrscht sowohl im Grundsätzlichen wie im Detail grosses Ermessen bei der Sozialhilfe-Gewährung, und in diesem Ermessensraum fühlt sich der bedürftige Problembeteiligte ohne sicheren Halt, als Machtloser, dem Urteil und Wohlwollen des Sozialarbeiters (oder der hinter ihm stehenden Behörde) ausgeliefert. Sich in solcher Lage zu befinden, beeinträchtigt seinen persönlichen Stolz, sein Selbstbewusstsein; und es gibt zwei unterschiedliche Weisen, wie er auf diese psychische Schwierigkeit reagieren kann: Entweder getraut er sich in schamhafter Zurückhaltung nicht, seine wirklichen Bedürfnisse und Wünsche vorzubringen, oder er tritt gerade umgekehrt selbstsicher fordernd, mit einer schamlos wirkenden Begehrlichkeit auf. In Wirklichkeit liegt allerdings nur in seltenen Fällen, vornehmlich bei sozialdebilen Menschen, Schamlosigkeit vor. Die meisten Sozialhilfe-Beanspruchser, ob sie sich begehrlich oder zurückhaltend benehmen, kämpfen innerlich mit dem Scham- bzw. Ehrproblem, das ihnen die Bittsteller-Position schafft.

Die Auseinandersetzung, welche der Sozialarbeiter mit den Sozialhilfe-Klienten über diese Fragen führt, drehen sich meist um jene Bedarfsposten des

<hr>

296 Zur Frage, was für Personen typischerweise Sozialhilfe benötigen bzw. erhalten, vgl. die empirische Untersuchung von *Bluntschli u. a.*

Lebensunterhaltes, die zu den regelhaft feststehenden Basisbeträgen *hinzukommen*. Die materiellen Bedürfnisse beispielsweise einer Familie in der westeuropäischen Wohlstands- und Konsumgesellschaft sind sehr vielgestaltig, und es gibt in jedem einzelnen Belange (Wohnung, Kleidung, Kommunikation durch Telefon und Transportmittel, Kinderbetreuung, Sport, Bildung, Medienausstattung, Therapie, Ferien etc.) sowohl quantitativ wie qualitiv eine grosse Bandbreite von Ansprüchen. Welcher über die physischen Grundbedürfnisse hinausgehende Bedarf entspricht einem «sozialen Menschenrecht» und muss durch Sozialhilfe gedeckt werden, und was ist «Luxus», der ausser Betracht fällt? Darüber mit den Klienten zu diskutieren, stellt durchaus auch für den *Sozialarbeiter persönlich* ein heikles Problem dar: Er selbst hat in aller Regel viel mehr Geld zur Verfügung, als er seinen Klienten zu verschaffen vermag – im Vergleich mit ihnen lebt er im Luxus. Bedürfnisbefriedigungen, die er ihnen absprechen muss, weil sie nach Sozialhilfe-Kriterien «unnötig» sind (z. B. ein Auto zu haben, Auslandsferien zu machen, ein kostspieliges Hobby zu betreiben), kann er sich ohne weiteres leisten.

Der sozial sensible Sozialarbeiter weiss, dass die Gesellschaft, in deren Auftrag er seinen Beruf ausübt, wie alle anderen von fundamentalen Ungerechtigkeiten geprägt ist und dass zudem Wohlstand oder materielles Unglück eines Menschen oft von schicksalhaften Gegebenheiten abhängen, für die der Betroffene nichts kann. Nicht selten, wenn er sich mit einem Sozialhilfe-Klienten auseinandersetzt, muss er sich eingestehen, wie *zufällig* (im lebensphilosophischen Aspekt) oder *ungerecht* (aus gesellschaftskritischer Sicht) es im Grunde ist, dass er selbst auf dieser Seite des Beratungstisches und jener auf der andern Seite sitzt. Wahrscheinlich denkt oder fühlt der Klient das Gleiche. Ein kompetenter Sozialarbeiter weicht den schwierigen psychologischen Implikationen dieser Auseinandersetzung nicht aus, indem er sich auf das rein Sachliche beschränkt und hinter Rechtsvorschriften und finanziellen Tabellen verschanzt. Er geht vielmehr auf diese Fragen, wo sie den Klienten sichtlich beschäftigen, offen und ehrlich ein und anerkennt ihm gegenüber, wenn es angebracht ist, die Irrationalität bzw. Ungerechtigkeit seiner Lebenslage. Das Gespräch stösst damit auf Grundthemen der menschlichen Existenz, und es mag dem Klienten so über die Finanz- oder Sachhilfe hinaus auch eine gewisse gedankliche und seelische Hilfe zur Daseinsbewältigung zukommen.

2. Motivatorische Handlungsmomente

Sozialarbeiterische Beschaffung darf nicht die Bereitschaft des Hilfeempfängers schwächen, Selbstverantwortung zu empfinden und aus eigener Kraft für sich zu sorgen. Insbesondere kann es keineswegs das Ziel öffentlicher materieller Unterstützung sein, einen Menschentypus zu schaffen, der sich an die Sozialhilfe gewöhnt hat, eine Existenz ohne sie, also auf eigenen Beinen, gar nicht mehr erstrebt und als hauptsächliche «soziale Kompetenz» die Fähigkeit entwickelt, chronische Hilfebedürftigkeit zu demonstrieren, um dauernd unterstützt zu werden. Wo man Sozialhilfe gibt, ohne zu bedenken, welche *psychischen Wirkungen* sie auf den Empfänger hat, fallen gewisse Klienten sehr rasch in solch eine passive, abhängige Haltung, und es ist schwierig, sie wieder zu aktivieren – beispielsweise sie dazu zu bringen, auf Arbeit auszugehen, eine besser bezahlte Arbeitsstelle zu suchen, mehr zu arbeiten, sich auf einen Arbeitsversuch einzulassen, einen nebenamtlichen Hauswart-Posten anzunehmen, ein Zimmer zu untervermieten, in eine billigere Wohnung umzuziehen, sich in Therapie zu begeben, um wieder arbeitsfähig zu werden, als Hausfrau und Mutter von kleinen Kindern zum Nebenerwerb noch ein Tagespflegekind zu betreuen oder später, wenn die Kinder grösser sind, einen Teilzeitjob auszuüben.

Wo immer sich der Bedürftige auf derartige Weise selbst helfen kann, muss er vom Sozialarbeiter ermutigt, bewegt, ja gedrängt werden, es zu tun. Der Sozialhilfe-Klient soll nie zur Meinung gelangen, Sozialhilfe zu beziehen, sei das Normale, und wenn er selbst auch etwas an seinen Existenzbedarf beitrage, sei dies ein im Grunde nicht geschuldetes Entgegenkommen seinerseits. Eine derartige Einstellung entspräche einem «falschen Bewusstsein» – gemessen an dem, was die *moderne Leistungsgesellschaft* vom einzelnen Gesellschaftsangehörigen erwartet. Jeder hat hier, soweit es ihm irgend möglich ist, durch eigene Leistung für sich selbst (und seine Kinder) aufzukommen; und wenn dies aufgrund der sozialen und wirtschaftlichen Verhältnisse alle Menschen, die dazu fähig sind, tun können und auch tatsächlich tun, funktioniert das Gesellschaftssystem (nach dem herrschenden gesellschaftlichen Selbstverständnis) am besten.

Für den Sozialarbeiter, der generell im Auftrage der Gesellschaft tätig ist und, wo er Sozialhilfe beschafft, im speziellen soziale Ressourcen individuell zuteilt (s. S. 124 ff. u. S. 130 f.), sind diese Leistungsanforderungen massgebend. Er bringt sie in seiner Arbeit mit Sozialhilfe-Klienten durch bewusstes motivatorisches Handeln zur Geltung. Sofern nicht offensichtlich eine unveränderbare Hilfebedürftigkeit vorliegt, betont er in der Beschaffungshilfe von Anfang an und laufend das Moment der Eigenverantwortung und *Eigenleistung* des Klienten. Der Tendenz desselben, in begehrliche Passivität zu verfallen, sucht er problem-definitorisch entgegenzusteuern, indem er dem ganzen Problemlösungsprozess das Ziel der völligen *Verselbständigung* des Klienten, konkret: der Beendigung der Sozialhilfe, setzt – falls es dafür irgend eine Realisierungschance, und sei sie noch so langfristig, gibt.

Damit handelt er keineswegs etwa einseitig im Interesse des Staates. Indem die Sozialarbeit verhindert, dass leistungsfähige Gesellschaftsangehörige zu chronischen Sozialhilfe-Empfängern absacken, also indem sie Systemfunktionalisierung im gesellschaftlichen Rahmen betreibt, hilft sie durchaus auch den betreffenden Problembeteiligten. Deren persönliches Ansehen hängt ja wie das aller Individuen von den allgemein gültigen gesellschaftlichen Beurteilungskriterien ab – und entsprechend auch ihr *Selbstwertgefühl.* Je mehr ein Mensch selbst leistet, je lebenstüchtiger er sich erweist, desto besser steht er in den Augen der Umwelt da und umso höher ist infolgedessen auch seine Selbstachtung. Was Wohltätigeres aber kann man einem Menschen tun, als ihm helfen, ein positives Bild von sich selbst, ein gutes Selbstbewusstsein zu gewinnen? Er erfährt damit die wichtigste, wertvollste psychische Hilfe. Der Sozialarbeiter handelt hier offensichtlich an einem Punkt, wo die *soziale Systemkategorie* und diejenige der *Persönlichkeit* miteinander verbunden sind; und seine motivatorischen, selbständigkeitsfördernden Bemühungen wollen eine *kongruente Systembeziehung* zwischen der Persönlichkeit des Klienten und dem Gesellschaftssystem zustande bringen (vgl. S. 71 f.).

Den Beschaffungsklienten zu Selbstverantwortungsgefühl und möglichst hoher Eigenleistung zu motivieren, vermag der Sozialarbeiter hauptsächlich, wenn er die folgenden Handlungsmaximen befolgt:

1) Eigenressourcen des Klienten ausschöpfen. Der Klient ist sich vielleicht gewisser Einkommensquellen, über die er selbst gegenwärtig verfügt, gar nicht bewusst, und der Sozialarbeiter muss sie mit ihm ausfindig machen und ihm behilflich sein, sich daraus (einmalig oder laufend) Einkünfte zu schaffen. Beispiele: Der Klient hat noch nicht eingebrachte Forderungen gegenüber einem Dritten (Versicherung, Arbeitgeber etc.); er kann für etwas, das er bisher gratis leistete, eine finanzielle Entschädigung verlangen (Kostgeld, Miete, Pflegegeld, Spesenvergütung, Entgelt für Haushaltführung, Arbeitslohn); es lässt sich etwas Wertvolles, das ihm gehört und das er nicht braucht, verkaufen (z. B. teure Hobbyartikel oder Stilmöbel, die mit Konsumkreditgeld angeschafft worden sind); oder es steht ihm eine Anwartschaft zu, und die Eltern (oder die sonstigen zukünftigen Erblasser) erlauben ihm, daraus Vorausbezüge zu tätigen.

2) Die Erwerbsmöglichkeiten des Klienten sorgfältig abklären und ihm helfen, sie zu nutzen. Oben (S. 451) ist angedeutet, worum es hier geht. Unter Umständen muss der Sozialarbeiter dem Klienten eine Arbeit (z. B. eine teilzeitliche, einen Nebenverdienst oder eine Heimarbeit) beschaffen, einen Arbeitstest für ihn organisieren, ihm beim Stellenwechsel beistehen oder sich beim Arbeitgeber für ihn einsetzen, damit er einen besser bezahlten Posten oder am bisherigen Posten mehr Lohn erhält. So kann der Klient zu einem höheren Erwerbseinkommen oder überhaupt zu irgendeinem Eigenverdienst kommen.

3) Massnahmen finanzieren, welche den Klienten erwerbsfähig machen oder seine Erwerbsfähigkeit steigern. Es handelt sich zum einen um unmittelbar wirksame Massnahmen, zum andern um solche, die sich erst in Zukunft auszahlen. Unmittelbar wirksam kann z. B. sein: Einer Mutter einen Krippen-, Schulhort- oder privaten Tagespflegeplatz für ihr Kind zu verschaffen; dem Klienten das Mietzinsdepot für eine neue Wohnung, von welcher aus er eine bestimmte Arbeitsstelle erreichen kann, zu bezahlen; die Kosten eines Motorfahrzeugs, das der Klient für den Arbeitsweg oder die Arbeit selbst benötigt, zu tragen. Längerfristige, zukunftsgerichtete Hilfeleistungen bestehen insbesondere darin, dass eine Ausbildung (Nachholen einer Berufslehre, ein Umschulungskurs u. ä.), eine Therapie oder ein Arbeitstraining (z. B. in einer geschützten Werkstätte) in die Wege geleitet und finanziert wird.

4) Kosten, die den Klienten belasten, senken. Zum Beispiel: eine billigere Wohnung suchen, unnötige Versicherungen aufheben, teure Mietware (vor allem Apparate der Unterhaltungselektronik) zurückgeben, das Auto abschaffen, mit Rauchen aufhören. Derlei Massnahmen kommen die Betroffenen hart an und werden nur widerstrebend durchgeführt. Mit ihnen kann der Klient aber zur Verbesserung seiner materiellen Notlage beitragen, und die Tatsache, dass seine finanzielle Belastung, nachdem er sich solche Selbstbeschränkung abgerungen hat, geringer ist, ermutigt ihn.

Auch durch eine Schuldensanierung – eine administrativ sehr aufwendige Hilfeleistung[297] – lässt sich ein hoffnungslos und apathisch gewordener Problembeteiligter psychisch wieder aufrichten und zu vermehrter Eigenleistung motivieren. Allerdings muss der Sozialarbeiter den betreffenden Menschen gut kennen, um abschätzen zu können, ob bei ihm der (Teil-)Erlass von Schulden diesen günstigen Effekt haben oder ob er nicht viel eher das Gegenteil bewirken, nämlich die Unbedachtheit, wenn nicht gar Liederlichkeit in Geldangelegenheiten noch verstärkt wird.

5) Hohe Eigenleistungen des Klienten mit Vorteilen, ungenügende mit Nachteilen verbinden. Hiezu haben wir schon bei der Erörterung des pädagogischen Subprinzips von Gratifikation und Sanktion je ein Beispiel angeführt (s. S. 266). Am besten berechnet man in einem permanenten Sozialhilfe-Fall den monatlichen Sozialhilfe-Betrag nach einem dynamischen Modus, der – von einer Durchschnittsnorm ausgehend – jede Mehrleistung des Klienten automatisch finanziell belohnt und Minderleistungen entsprechend bestraft.

Die Sozialhilfe-Limiten gehen wesentlich über das hinaus, was ein Mensch zum reinen Überleben hinsichtlich Nahrung, Bekleidung und Obdach braucht. Von daher besteht ein recht weiter Spielraum, die Sozialhilfe in sanktionierendem Sinne einzuschränken. Personen, die – mit der weichen, charitativen Haltung des Sozialarbeiters rechnend – offensichtliche *Leistungsverweigerung* betreiben und in eine eigentliche Bettel-Attitüde verfallen, können meist nicht mit gutem Zureden und vernünftigen Gründen, sondern, wenn überhaupt, nur mit einschneidender Reduktion oder Einstellung der Sozialhilfe zu einem angemessenen Eigenbeitrag an ihre Lebenskosten bewegt werden.

---

297 Detaillierte Instruktionen dafür geben z. B. das ausgezeichnete Buch von *Groth* und der Sammelband von *Reis.*

Der Sozialarbeiter kennt sehr wohl das soziallogische Muster, nach dem Gesprochenes oder Geschriebenes – und seien es noch so ernsthafte Mahnungen, Drohungen, ja rechtskräftige Gerichtsbeschlüsse – (noch) nichts bedeutet und erst die nackte, sinnenhaft spürbare Realität: das Auf-der-Strasse-Stehen (nach der Wohnungsausweisung), das leere Portemonnaie (beim Einkaufen im Lebensmittelladen) oder der Zwang, aus Geldmangel das Motorrad oder den TV-Apparat verkaufen zu müssen, ein wirkkräftiges Argument darstellt. Menschen, deren Lebensweise von dieser Logik geprägt ist, darf er unter Umständen überhaupt *keine materielle Unterstützung* geben, wenn er will, dass sie ihr Verhalten ändern (vgl. S. 334 f. betreffend das problemöffnende Nichthelfen im Beschaffungsbereich). In gewissen Fällen sieht der erfahrene Sozialarbeiter sogar schon nach kurzem Gespräch mit dem Sozialhilfe-Beansprucher (und eventuell ein, zwei zusätzlichen Auskünften von dritter Seite), dass er es mit einer Person dieses Typus' zu tun hat; und er steht dann vor der Entscheidung, entweder zum vornherein die Gewährung (bzw. Beantragung) von Sozialhilfe zu verweigern oder zum vornherein einen sozialarbeitsmethodischen Fehler zu machen. Der Fehler bestünde darin, durch materielle Hilfeleistung den *Problemdruck* von diesem Menschen zu nehmen oder ihn doch immerhin zu lockern. Wo freilich die druckerzeugende soziale Notlage auch auf Kindern oder andern nicht-verantwortlichen Personen lastet, kann der Sozialarbeiter nicht mit derart einfacher, drastischer Konsequenz vorgehen, sondern er muss sich in solchem Falle – selbst unter «Helfensdruck» gesetzt – eines differenzierteren Verfahrens (in der Weise, wie er die Sozialhilfe berechnet und ausrichtet) bedienen, um den beabsichtigten verhaltenssteuernden Effekt zu erzielen.

In der anderen, der *gratifizierenden* Richtung hat der Sozialarbeiter zahlreiche Möglichkeiten, besondere Anstrengungen des Sozialhilfe-Klienten dadurch zu belohnen, dass er ihm etwas verschafft, das zwar sinnreich und erwünscht, aber nicht unbedingt existenznotwendig ist, oder indem er bei gewissen Einkünften bewusst ein Auge zudrückt, d. h. sie (wenn sie geringfügig sind) ausser Acht lässt, nur einen Teil von ihnen anrechnet oder jedenfalls einen günstigen (höchstwahrscheinlich zu niedrigen) Durchschnittswert für sie annimmt.

6) *Dem Klienten Selbständigkeit im Haushalten gewähren.* Wo immer möglich soll dem Sozialhilfe-Klienten ein periodisch feststehender (in der Regel monatlicher) Unterstützungsbetrag ausbezahlt werden, und er soll ihn selbständig verwalten, gleich wie es ein gewöhnlicher Erwachsener mit seinem Lohn tut. Auch wenn der Sozialarbeiter einige Bedenken hegt, ob hiemit das Geld in jeder Hinsicht sachgemäss und haushälterisch verwendet wird, darf er nicht einfach durch Anweisungen, Kontrollen, Geldrückbehalt und Direktzahlungen (an Dritte) den Finanzhaushalt des Klienten faktisch selbst übernehmen. Er enthebt den Klienten damit der Verantwortung in eigenen (hier materiellen) Angelegenheiten und bringt ihn in eine Position infantiler Abhängigkeit. Vielleicht findet so das Sozialhilfe-Geld seine korrekte Verwendung, aber gewiss nicht der Sozialhilfe-

Empfänger zu selbständiger Lebenstüchtigkeit. Dies zweite jedoch ist, langfristig gesehen, wichtiger. Indem er mit dem Geld, das ihm gesamthaft zur Verfügung steht, selbst haushalten darf und muss, es also selbst einteilt, die Rechnungen für Wohnungsmiete, Versicherungen, Energie etc. selbst bezahlt, selbst bestimmt, was er kauft und was nicht, macht der Klient – sofern er es überhaupt nötig hat – nützliche (zum Teil gewiss harte, ernüchternde) Erfahrungen, und durch sie lernt er, in materiellen Dingen kompetent zu handeln. Hiezu kann der Sozialarbeiter im übrigen mit Budgetberatung und Tips, wo und wie man dies und das günstig erhält, beitragen.[298]

Eine scharfe Kontrolle, welche die Selbständigkeit des Sozialhilfe-Empfängers eng einschränkt, ist nur da am Platze, wo sich klarer Missbrauch von Unterstützungsgeldern nicht anders verhindern lässt.

c) Beschaffungstechnik

Ob der Sozialarbeiter jemandem staatliche Sozialhilfe oder ob er ihm materielle Unterstützung aus anderer Quelle verschafft, in jedem Falle trägt er dabei eine hohe Verantwortung gegenüber den Steuerzahlern, den Mitgliedern von Kirchen und gemeinnützigen Institutionen sowie ihren Spendern und gegenüber allen sonstigen Personen, aus deren Mitteln das letztlich stammt, was er bedürftigen Problembeteiligten gibt. Nichts an seiner Berufstätigkeit wird von der Bevölkerung mehr beachtet und mit grösserer Kritikbereitschaft bedacht als die Art und Weise, wie er Beschaffungshilfe leistet, das heisst: einzelnen Gesellschaftsangehörigen unentgeltlich soziale Ressourcen zuteilt. Behörden, Verwaltungsbeamte, Vereinsvorstände, Fonds- und Spendgutverwalter, welche rechtlich über diese Ressourcen verfügen und formell entscheiden, ob aus ihnen Hilfe gewährt wird, haben – soweit ihr Blick reicht – ein skeptisches und wachsames Auge auf das, was der Sozialarbeiter in diesem Handlungsbereich tut, und beurteilen sein berufliches Können weitgehend danach. Schon deshalb muss er die Beschaffungshilfe umsichtig, klug und sorgfältig durchführen, nicht zuletzt in rechtlicher und administrativer Hinsicht. Ganz abgesehen davon, dass ein methodisch einwandfreies Vorgehen auch von seiten der Problembeteiligten erforderlich ist, will der Sozialarbeiter nicht riskieren, immer wieder einmal hinters Licht geführt und ausgenutzt zu werden.

Wir sprechen diesbezüglich von der *beschaffungstechnischen* Kompetenz des Sozialarbeiters. Sie erweist sich vor allem unter den drei Aspekten: *Bedarfsabklärung, Handeln gegenüber gebenden Dritten, Sicherung/Kontrolle.* Im folgenden sei angedeutet, worum es dabei geht.

298 Richtig stellt *Danckwerts* (S. 56) fest, dass das sozialarbeiterische Berufshandeln «zu grossen Teilen in der Vermittlung materieller Leistungen besteht», der «Einsatz materieller Mittel» durch den Sozialarbeiter aber immer «zielgerichtet» geschieht und stets eine *erzieherische Funktion* erfüllt.

1. Bedarfsabklärung

Methodisch fundamental für die Feststellung dessen, ob und was der Sozialhilfe-Beansprucher objektiv benötigt, ist das Tatsachenprinzip. Die Bedarfsbeurteilung muss auf *Fakten* beruhen. Wie der Sozialarbeiter sie erheben soll (durch Augenschein, Prüfung von Dokumenten, Einholen von Auskünften bei Drittpersonen, Realitätskonfrontation der Problembeteiligten) haben wir uns bereits bewusst gemacht (vgl. S. 296 ff.). Er darf in dieser Ermittlungtätigkeit durchaus eine beamtenhafte Attitüde einnehmen, was nicht ausschliesst, dass er sich, wenn es einen heiklen, persönlich belastenden Punkt zu erhellen gilt, einfühlend und taktvoll verhält.

Der Sozialarbeiter klärt insbesondere stets ab, ob dem Bedürftigen nicht etwa eine normierte Hilfe (z. B. Stipendien, Alimentenbevorschussung, Krankentaggeld, vgl. S. 448) zusteht. Oder ob sich für ihn möglicherweise eine Taxreduktion (beim Aufenthalt in Kliniken, Heimen, Wohngemeinschaften), ein günstigerer Honoraransatz (etwa bei zahnärztlichen oder psychotherapeutischen Leistungen) oder eine Verminderung, wenn nicht der völlige Erlass von Steuern oder Gebühren erwirken lässt. Damit kann der Sozialhilfe-Bedarf gesenkt werden, und das Bestreben danach ist beschaffungsmethodisch stets vorrangig.

Die Bedarfsfrage stellt sich erst einmal *im Grundsätzlichen*: Womit wird das Problem am ehesten und am besten gelöst? Indem man Geld gibt? Oder eine bestimmt Sache? Oder indem man eine Dienstleistung verschafft – und welche? Die prinzipielle Antwort auf diese prinzipielle Frage hat der spanische Humanist und Armenpflege-Theoretiker Juan Luis Vives bereits im 16. Jahrhundert mit dem trefflichen Satz geliefert: «Nicht was einer fordert, sondern was ihn fördert, muss man geben.»[299] Das *Förderungsziel* ist, wie wir wissen, die Selbsterhaltung oder immerhin, wo sich diese nicht erreichen lässt, eine möglichst hohe Eigenleistung des Hilfeempfängers – und falls er, gänzlich invalid, überhaupt nichts beizutragen vermag, eine optimal sinnvolle Daseinsweise für ihn ausserhalb des Erwerbsaspektes. Vor allem wenn der Klient krank, geistig behindert, psychisch gestört oder in schwierige Rechtsprobleme verwickelt ist, muss der Sozialarbeiter mit den dafür zuständigen Fachleuten *kooperieren*, um sicher zu erkennen, mit welcher Art von Beschaffung er am effizientesten helfen kann.

Und das erweist sich oft auch dort als notwendig, wo es die *Details* der Bedarfsfrage zu entscheiden gilt – die Fragen nach Qualität und Quantität der Hilfe: Ist Einzel- oder Gruppenpsychotherapie angezeigt? Für eine bestimmte Anzahl von Sitzungen oder auf unbeschränkte Zeit hinaus? – Braucht es einen Kuraufenthalt in einer ärztlich geführten Klinik oder bloss Erholungsferien? Wie lange? – Genügt eine freiwillige Helferin oder muss eine Hauspflegerin organi-

---

299 In Vives' lateinischer Formulierung: «Non enim dandum cuique est quod expetit, sed quod ei expedit». (Zitiert nach *Scherpner*, S. 106)

siert werden? – In was für Sparten der Kranken- und Unfallversicherung gilt es einen Klienten zu versichern und wie hoch? – Ist blosse Rechtsberatung bei einem Juristen oder Vertretung durch einen Rechtsanwalt nötig? – Welche Eigenschaften muss ein bestimmter Bedarfsgegenstand, z. B. der Lehnstuhl eines behinderten Betagten, aufweisen? Lässt sich Gebrauchtware anschaffen oder ist dies bei gewissen Sachen zu riskant? – In solchen und ähnlichen Fragen weiss der Sozialarbeiter natürlich nicht immer selbst Bescheid und er ist auf Information und Belehrung durch kompetente Dritte angewiesen, vor allem auch weil die Hilfebedürftigen nicht selten mit Forderungen an ihn herantreten, die ihm als unsachgemäss oder übertrieben erscheinen.

In manchen Belangen freilich lässt sich der Bedarf nicht anhand fachlicher Quantitäts- und Qualitätskriterien eindeutig bestimmen. Wie viel Geld ein Mensch für Bedarfskosten wie Essen, Kleider, Verkehr, Bildung, Ferien, Taschengeld oder zur Anschaffung eines einzelnen Gegenstandes (z. B. eines Brillengestells, eines Möbelstücks, eines Fahrrades für den Schulweg) braucht, hängt von seinem Anspruchsniveau ab. Man kann für derartige Dinge sehr viel ausgeben, aber auch mit wenig auskommen. Die Bedarfsbeurteilung bleibt hier von der Sache her höchst arbiträr und würde dem Sozialarbeiter eine übergrosse Entscheidungslast aufbürden, gäbe es nicht Sozialhilfe-Richtlinien oder -Regelsätze und analoge *quantitative Standards* im Bereich der normierten Hilfen.

An ihnen findet er ein Mass, und wenn sie nicht grundsätzlich zu hoch oder zu tief sind, tut er gut daran, sie, selbst wo sie für ihn nur Empfehlungscharakter haben, genau anzuwenden. Es sei denn, problemindividuelle Besonderheiten machten ein Abweichen von ihnen erforderlich – aber auch in der Abweichung bezieht sich der Sozialarbeiter auf diese Normbeträge. Wo es für einen Bedarfsposten an derartigen allgemeinen Kriterien fehlt, muss der Sozialarbeiter bzw. der Sozialdienst selbst *Regeln* aufstellen – beispielsweise dafür, wie viel Geld er in einem Sozialhilfe-Fall pro Monat für Kleideranschaffungen gewährt, abgestuft nach Erwachsenen und Kindern und bei diesen eventuell wiederum differenziert nach Alterskategorien. Jede einzelne Bedarfsentscheidung muss *generalisierbar* sein, übertragbar auf alle anderen gleichartigen Fälle. Ohne solche *Bemessungsrationalität* bleibt das Beschaffungshandeln des Sozialarbeiters dem Vorwurf der Subjektivität und Willkür ausgesetzt und lässt sich nicht überzeugend rechtfertigen.

2. Handeln gegenüber gebenden Dritten

Dass die gebenden Dritten den Hilfebedürftigen das gewähren, worum der Sozialarbeiter sie ersucht, hängt wesentlich von dessen Berufsbeziehungen (s. S. 165 f.) und seiner geschickten Art ab, mit diesen Personen umzugehen. Handelt es sich um Private, denen keine rechtliche oder berufsethische Hilfepflicht obliegt, ist das *fürsprecherische Engagement* des Sozialarbeiters zugunsten seiner Klienten besonders wichtig. Will er beispielsweise für jemanden eine Wohnung oder eine Arbeitsstelle bekommen, gilt es, einerseits die hilfebedürftige Person beim angesprochenen Vermieter bzw. Arbeitgeber durch intensives Akzeptanz-verhalten möglichst positiv zu repräsentieren und anderseits in diesem potentiell gebenden Dritten das «soziale Gewissen», den mitmenschlichen Helfensimpetus zu wecken. Oft auch muss der Sozialarbeiter ihm das Gewähren der erbetenen Hilfe *erleichtern,* indem er ihm Kostengutsprache oder einen finanziellen Vor-schuss leistet, den Klienten ihm gegenüber vertritt (z. B. allen Zahlungsverkehr über den Sozialdienst abwickeln lässt) oder sich bereit erklärt, als Berater und Vermittler zu fungieren, wenn es mit dem Hilfeempfänger (Mieter, Arbeitneh-mer, Lehrling, Patient, Internatsschüler, Pflegekind, Pensionär etc.) zu Schwie-rigkeiten kommen sollte.

Das sozialökologische Prinzip befolgend sucht der Sozialarbeiter Beschaf-fungsprobleme primär so zu lösen, dass er Ressourcen im natürlichen sozialen Lebenskontext des Hilfebedürftigen mobilisiert. Insofern spielen Privatperso-nen eine vorrangige Rolle als gebende Dritte. Allerdings, wo es um Geldbe-schaffung geht, fallen sie – sieht man von der Unterstützung durch Eltern oder erwachsene Kinder ab – kaum in Betracht. Hier wendet sich der Sozialarbeiter, wenn keine normierte Hilfen erhältlich sind, an die Amtsstellen und Behörden, welche formell über die Sozialhilfe-Gewährung entscheiden, oder an die Organe wohltätiger Institutionen. Hohe Geldbeträge, etwa den vollen Unter-haltsbedarf einer mittellosen Familie über längere Zeit hinweg, bekommt er nur als Sozialhilfe.

Wesentlich in allen diesen Fällen ist, dass der Sozialarbeiter über eine effi-ziente *Beantragungstechnik* verfügt. Er soll seine *Sozialhilfe-Gesuche* der Ent-scheidungsinstanz stets schriftlich einreichen, auch wenn er die Sache mit ihr bereits vorbesprochen hat oder sie noch (beispielsweise an der Sozialbehördesit-zung) mündlich erläutern wird. Die Schriftform drängt ihn dazu, das Problem knapp und klar darzulegen, schlüssig zu argumentieren, finanzielle Berechnun-gen genau durchzuführen und übersichtlich zu präsentieren und eindeutige Anträge zu stellen. Das stärkt die Überzeugungskraft des Gesuchs. Und im besondern steigert der Sozialarbeiter sie, wenn er mit seinen Ausführungen jene Problemmomente hervorhebt, welche die Hilfebedürftigkeit des (der) Problem-beteiligten evident machen, Fragwürdiges hingegen, sofern es sachrelevant ist, zwar nicht verschweigt, aber im Hintergrund behält und verständnisfördernd kommentiert, und vor allem indem er das positive Ziel, das mittels der Beschaf-fung angestrebt wird, den Gesuchsadressaten eindringlich vor Augen stellt. Er rückt hiemit den ganzen Problemfall in ein Licht, das die beantragte Hilfeleistung als einleuchtend, ja – unter sozialem Gesichtspunkt – als geradezu logisch zwin-gend erscheinen lässt. Zu Recht betont Bichsel (der die Beschaffungshilfe von beiden Seiten her, als sozialarbeiterischer Antragsteller und als bewilligendes Mitglied geldgebender Institutionen kennt), der Sozialarbeiter müsse in seinen

Gesuchen *selektiv informieren* – «wenn wir andern alles sagen, was wir über unsere Klienten wissen, können wir diesen direkt schaden!»[300]

3. Sicherung/Kontrolle

Wo jemandem Sozialhilfe verschafft wird, sind gewisse Sicherungs- und Kontrollmassnahmen vonnöten. Der Sozialarbeiter darf sich hier nicht einfach auf die Versprechungen und den behaupteten guten Willen der Hilfeempfänger verlassen.

Diese müssen ihm *unterschriftlich bestätigen,* dass ihre Angaben zu den Punkten, über die er sie befragte, vollständig und wahr sind, und sich verpflichten, alle Änderungen ihrer Lebenslage, die eine Bedarfsverminderung zur Folge haben, zu melden. Damit besitzt er ein Dokument in den Akten, aufgrund dessen er (bzw. die Behörde) Sozialhilfe, die durch Unehrlichkeit des Empfängers erwirkt wurde, zurückfordern kann. Erhält eine Person vom Sozialdienst finanzielle Unterstützung, es stehen ihr aber noch nicht ausbezahlte Versicherungstaggelder, Alimente, Lohn u. ä. für den Zeitraum der Hilfe und vorher zu, so muss sie in der Regel diese Ansprüche, unter Umständen auch zukünftige, in rechtlich gehöriger Form an den Sozialdienst *abtreten* (maximal im Umfang der gesamten gewährten Sozialhilfe). Ist zweifelhaft, ob der Sozialhilfe-Klient wichtige periodische Zahlungen (z. B. für die Wohnungsmiete, die Krankenkassenprämie, den elektrischen Strom) tatsächlich immer ausführen wird, vereinbart der Sozialarbeiter mit den Gläubigern, dass sie ihn *benachrichtigen,* wenn sie das Geld nicht erhalten. Kommt eben dies vor und bessert der Klient sein Verhalten nicht, überweist der Sozialarbeiter die betreffenden Beträge fortan direkt an die Gläubiger. In extremen Fällen, etwa bei suchtabhängigen, sozialdebilen oder geistig stark abgebauten Sozialhilfe-Empfängern erweitert sich diese Sicherungsmassnahme zur eigentlichen *finanziellen Haushaltverwaltung* (unter Abtretung allfälligen Lohnes), bei welcher der Klient sämtliche Ausgaben, ausser denjenigen des Taschengeldes, zu belegen hat.

Auch wenn sich keine besonderen Schwierigkeiten zeigen, muss der Sozialarbeiter den Sozialhilfe-Fall unter Kontrolle halten: hie und da, wo sich ihm gerade die Gelegenheit bietet, ein Auge darauf werfen, wie der Klient lebt und was er tut; periodisch (mindestens jährlich) die gesamte Problem- und Bedarfssituation in einer ordentlichen *Revision* überprüfen und ausserordentlicherweise immer dann, wenn bedarfsrelevante Änderungen eingetreten sind; den *Endtermin* der Hilfeleistung (bzw. eines bestimmten Teiles derselben) fixieren, ihn dem Klienten deutlich machen und dafür sorgen, dass die Hilfe auch wirklich zu diesem Zeitpunkt eingestellt wird; überwachen, ob abgetretene Guthaben oder vereinbarte Rückerstattungen tatsächlich beim Sozialdienst eingehen und, falls sie das nicht tun, ihr *Inkasso* betreiben.

300 *Bichsel 1986,* S. 11. Vgl. auch *Bichsel 1986a* (über die Illusion, der sozialarbeiterische Bericht könne «objektiv» sein).

3.36 Betreuung

a) Begriff

Dass der Sozialarbeiter Klienten «betreut», ist eine geläufige Redeweise, und es steht hinter ihr die Vorstellung eines sehr weiten Tätigkeitsspektrums, das vieles von dem miteinschliesst, was wir unter den fünf Handlungsarten Beratung, Verhandlung, Intervention, Vertretung und Beschaffung aufgeführt und beschrieben haben. Selbstverständlich müssen wir in unserem Bemühen um eine aussagekräftige methodische Theorie der Sozialarbeit den Betreuungsbegriff wesentlich enger fassen, als es dieser alltägliche Wortgebrauch unreflektiert-implizit tut. «Betreuung» meint bei uns eine *spezifische,* abgegrenzte Art sozial-arbeiterischen Handelns.

Freilich, sie mit ein paar Worten generell zu bestimmen, ist schwierig. Nur die nähere Erläuterung vermag unserem Betreuungsbegriff Inhalt und Kontur zu geben. Im Vergleich zur stetigen und intensiven Betreuung im sozialpädagogischen und pflegerischen Sinne erweist sich die sozialberaterische Betreuungstätigkeit als durchaus eingeschränkt, bruchstückhaft, punktuell. Grob gesagt geht es darum, dass der Sozialarbeiter einer Person in ihrer alltäglichen Lebensbewältigung beisteht, indem er für sie finanzielle und andere Angelegenheiten, die ihre materielle Existenz betreffen, erledigt, Entscheidungen für sie trifft, ihr kleinere Hilfsdienste leistet, ein Auge darauf hat, wie es ihr ergeht, Kontakt zu ihr unterhält und ihr in persönlichen Belangen eine Stütze ist – und im speziellen, dass er einem Menschen, der dies benötigt, umfassende Betreuung durch Dritte, sei es in familiärem, sei es in institutionellem Rahmen, verschafft.

Sachliche und persönliche Momente sind dabei eng ineinander verflochten; die Verbindung dieser beiden Aspekte ist ein typisches Merkmal der Betreuung. Deren eigentümliche Qualität, die sich schwer benennen lässt, gelangt am ehesten und besten im Begriff der *Fürsorge* zum Ausdruck. Mit ihm wurde lange Zeit das Ganze der Sozialarbeit überhaupt bezeichnet, was uns heute als unangemessen erscheint. Das Element des Fürsorglichen durchzieht indes ohne Zweifel weite Teile der sozialarbeiterischen Tätigkeit, und zwar in allen Handlungsarten. In der Betreuung aber kommt es zur stärksten Entfaltung; das, was wir mit dem Begriff «Betreuung» namhaft machen, ist voll und durchgängig Fürsorge: Grundintention und Grundgestus des betreuerisch handelnden Sozialarbeiters erweisen sich als ein *Sorgen* für den (der Besorgung bedürftigen) Klienten.

Fast immer ist der betreute Problembeteiligte, sofern die Betreuung eine gewisse Zeit andauert, *Klient* des Sozialarbeiters. Dies trifft einzig dort nicht zu, wo der Sozialarbeiter in Interventionsfällen eine hilflose Person, die nicht Pflichtklient ist, ohne ihre Zustimmung betreut. Betreuungsaufgaben im Bereich der Pflichtklientschaft stellen sich dem Sozialarbeiter insbesondere, wenn er mit dem Amt eines Vormundes oder Bewährungshelfers betraut ist oder mit demjenigen des Beistandes (bzw. Pflegers) für ein Kind, das nicht bei seinen Eltern lebt. Freiwillige Betreuungsklienten können irgendwelche Menschen sein, die ihr Alltagsleben – sei es im ganzen, sei es in einigen speziellen Belangen – nicht allein zu bewältigen vermögen. Ihr Kompetenzdefizit ist begründet in Kindesalter, geistiger Behinderung, psychischer Gestörtheit, mentaler Altersschwäche, Sozialdebilität, Landes- und Sprachunkenntnis, gesellschaftlicher Aussonderung und ähnlichem.

Wo der Sozialarbeiter einen Menschen betreut, *vertritt* er ihn auch meist in rechtlichen und finanziellen Belangen. Die Pflichtklientschaft braucht es in der Regel aus Vertretungs-, nicht aus Betreuungsgründen. Nur wenn die Betroffenen gegen notwendige Betreuungshandlungen Widerstand leisten, erfordert die Betreuung selbst, dass die betreuungsbedürftige Person durch behördlichen Beschluss zum Pflichtklienten gemacht wird – womit dann in die betreuerische Problemlösung ein mehr oder weniger ausgeprägtes Interventionsmoment einfliesst.

Es gibt zweierlei Betreuungsklienten: selbständige und unselbständige. *Selbständig* nennen wir die, welche einen eigenen Haushalt selbst (allein oder zusammen mit einem Partner) führen, *unselbständig* jene Menschen, die unter der Obhut anderer Personen leben und von diesen im alltäglichen Leben kontinuierlich betreut werden. Auf solche Betreuungspersonen wenden wir hier den speziellen Begriff *Betreuer* an. *Private Betreuer* sind Pflegeeltern, erwachsene Kinder von betreuungsbedürftigen Betagten, Verwandte oder sonstige Personen (z. B. ein Arbeitgeber oder ein Wohnkollektiv), die einen Menschen in ihren Haushalt aufnehmen und ihn durch Pflege, Besorgung im Materiellen, Erziehung, Lebensanleitung oder das Erledigen sozialer Angelegenheiten betreuen. Geschieht derartige Hilfeleistung in einem Heim, einem Hort, einem Spital, einer therapeutischen Einrichtung, einer sozialpädagogischen Wohngemeinschaft, einer Tagesklinik oder -schule u. dgl., wird sie von *institutionellen Betreuern* (Erziehern, Krankenschwestern, Therapeuten, hauswirtschaftlichem Personal etc.) ausgeübt. Diese Personen sind in aller Regel berufliche Helfer, die privaten Betreuer hingegen Laien.

Die Betreuung am privaten oder institutionellen *Betreuungsplatz* variiert in ihrem Umfange und ihrer Intensität sehr – sie reicht von der «Totalbetreuung» des physisch und geistig völlig hilflosen Menschen bis zur Pensionsgewährung «mit Familienanschluss» für einen normalen Jugendlichen. Allein, auch wo sie relativ geringfügig ist, geht sie doch weit über die betreuerische Tätigkeit des Sozialarbeiters hinaus, und wir bezeichnen sie deshalb in Abgrenzung zur letztern als *umfassende Betreuung*. Eine solche liegt auch da vor, wo der Betreute nicht beim Betreuer lebt, sondern umgekehrt der Betreuer beim Betreuten – wie etwa im Falle des Familienhelfers, der ständigen Privatkrankenpflegerin oder der Tochter, die im elterlichen Hause für ihren alten Vater sorgt.

461

Nebst jenen Betreuungspersonen, die in unserer spezifischen Terminologie «Betreuer» heissen, gibt es zahlreiche weitere, die *betreuerische Funktionen* in einem Rahmen und einem Masse erfüllen, der (bzw. das) nicht einer umfassenden Betreuung, wie wir sie eben definiert haben, entspricht. Es handelt sich vor allem um Angehörige, Nachbarn, Vorgesetzte, Lehrer, Seelsorger, Therapeuten, Gemeindekrankenschwestern, Hauspflegerinnen, freiwillige Helfer und Berater verschiedenster Art: helfende Dritte, die einem betreuungsbedürftigen Menschen in der einen oder andern Weise, mehr oder weniger oft und aufwendig, beistehen. Auch der *betreuende Sozialarbeiter* gehört sachlich gesehen zu ihnen. Im Kontext unserer Theorie jedoch gilt uns er, das theoretische Sozialarbeitersubjekt, von dem aus wir identifikatorisch denken, nicht als «Betreuungsperson» (wohl aber jeder sonstige Sozialarbeiter, der in einem konkreten Problemfall neben ihm, als Dritter also, betreuerisch tätig ist).

Was der Sozialarbeiter unmittelbar für den oder mit dem Betreuungsklienten tut, nennen wir *direktes Betreuungshandeln*. Alle jene Aktivität hingegen, die er in bezug auf die Betreuungspersonen, auf das von ihnen, dem Klienten und ihm selbst konstellierte «Betreuungssystem» entfaltet (insbesondere auch die «Plazierung»: das Unterbringen des Klienten an einem Betreuungsplatz, und die mit ihr zusammenhängende sozialarbeiterische «Versorgerfunktion»), ist *indirekte* Betreuungsarbeit.

b) Direktes Betreuungshandeln

Wir haben hier, im Gegensatz zum indirekten Betreuungshandeln, nur den Sozialarbeiter und den Klienten – allenfalls (etwa bei einer betreuungsbedürftigen Frau mit minderjährigen Kindern) die Klientengruppe – im Auge. Die Methodik der direkten sozialarbeiterischen Betreuungstätigkeit ist durchaus linearer Art und in der Regel stark vom persönlichen Beziehungsmoment geprägt (vgl. S. 89 ff. über die Klientbeziehung). Schwerpunkte des direkten Betreuungshandelns sind die Geldverwaltung, das Entscheiden und die sachliche Hilfeleistung für den Klienten sowie das persönliche Neben-dem-Klienten-Stehen.

1. Geldverwaltung: Vor allem als Vormund, aber auch in Fällen freiwilliger Betreuung (z. B. derjenigen mental abgebauter Betagter, die oft auf eine «faktische Vormundschaft» hinausläuft) hat der Sozialarbeiter die Aufgabe, das Vermögen und das Einkommen des Klienten zu verwalten. Zum einen trägt diese Tätigkeit Vertretungscharakter, zum andern aber ist sie ausgesprochen betreuerischer Art. Im besondern da, wo der Sozialarbeiter den Lohn, die Alters- oder Invalidenrente oder sonstige Einkünfte des Klienten einnimmt, für ihn die Haushaltzahlungen an Dritte macht und ihm für den laufenden Lebensunterhalt periodisch oder für spezielle Anschaffungen und Aufwendungen einmalig Geld gibt. Oft verbindet sich damit beschaffendes Handeln und ebenso die Beratung des Klienten in finanziellen Dingen. Wenn der Klient teilweise von seinem Vermögen leben muss, obliegt dem Sozialarbeiter, einen Plan für den Vermögensabbau aufzustellen (und allenfalls von der Vormundschaftsbehörde genehmigen zu lassen), und natürlich hat er Sorge dafür zu tragen, dass das Vermögen sicher und zu gutem Zinse angelegt ist.

Offensichtlich besitzt er damit beträchtliche *soziale Macht* über den Klienten – zu Recht stellt Ziltener fest, dass der Sozialarbeiter, «solange er entscheidet, ob, wann, wieviel und unter welchen Umständen Geld an den Klienten kommt, ein Machtinstrument in der Hand hat»[301]. Der Gefahr, es ungewollt zu missbrauchen, steuert er selbst entgegen, indem er sich an das Prinzip der Selbständigkeitsförderung und das Erklärungsprinzip hält, die betreute Person also möglichst weit mitbestimmen lässt und ihr seine eigenen Überlegungen und Entscheidungen erläutert. Durch offene Budgetierung und indem er dem Klienten regelmässig fixe Pauschalbeträge aushändigt, macht er seine «Haushaltpolitik» für jenen berechenbar und bewahrt er sich selbst vor einer willkürlichen finanziellen Betreuungspraxis.

Freilich, stur rational darf er dabei auch nicht verfahren. Schliesslich handeln die wenigsten Menschen beim Geldausgeben völlig vernünftig. Vor allem wenn der Betreuungsklient über ausreichende Geldmittel verfügt, soll der Sozialarbeiter grosszügig auf seine Wünsche eingehen. Dass ihn die Behörde mit der finanziellen Betreuungsaufgabe oft deshalb betraut, um das Vermögen des Klienten vor rasantem Verfall oder sein Einkommen vor missbräuchlicher Verwendung zu schützen, kann aus sozialarbeiterischer Sicht nicht bedeuten, der Klient sei daran zu hindern, von seinem Geld in angemessener Weise zu profitieren, wie es die andern Leute auch tun.

2. *Entscheiden für den Klienten:* Der Sozialarbeiter lässt die Problembeteiligten, auch seine Pflichtklienten, wo immer möglich selbst über ihre persönlichen Angelegenheiten bestimmen – das haben die methodischen Prinzipien der Selbständigkeitsförderung und des Freiwilligkeitsvorranges unmissverständlich klargemacht. In den typischen Betreuungsfällen kommt es aber oft vor, dass er, weil dem Klienten in gewissen Dingen aus intellektuellen oder psychischen Gründen die Urteils- oder Willenskraft mangelt, für ihn entscheiden muss. *Für ihn* im doppelten Sinne, nämlich: an Stelle des Klienten und zu seinem Besten. Es geht dabei hauptsächlich um Fragen wie: Wo wohnen (Wohnung, Wohngemeinschaft, Heim, Notunterkunft)? Weggehen vom gegenwärtigen Betreuungs- oder Arbeitsplatz? In welchem Bereich und wie Arbeit suchen? Welche Ausbildung machen? Zum Arzt, in Therapie, in eine Erholungskur gehen? In eine Klinik eintreten? Mobiliar (z. B. einen Elektrofahrstuhl) kaufen? Etwas verkaufen (Möbel, Bilder, Land etc.)? Eine Versicherung abschliessen? Sich bei der Invali-

---

301 *Ziltener 1984*, S. 92

denversicherung anmelden? Kontakt zu Verwandten (wieder)aufnehmen? Mit Problembeteiligten verhandeln? Was für Ferien machen? Sich im Tagesheim, von der Gemeindekrankenschwester oder der Hauspflege betreuen lassen? Einen Handwerker herbestellen und welchen? Wo das Geld aufbewahren bzw. anlegen? Nach dem Tode des Betreuungsklienten unter Umständen auch: Was tun mit hinterlassenen Gegenständen (oder Haustieren), um die sich die Erben nicht kümmern?

Manche Entscheidungen, die der Sozialarbeiter in solchen und ähnlichen Angelegenheiten für den Betreuungsklienten trifft, erscheinen, wenn ein beratendes Gespräch mit diesem möglich ist, als ein Ratgeben. Beide, Klient wie Sozialarbeiter wissen aber meist sehr wohl, wer *faktisch* entschieden hat – und darum geht es hier. Mag auch in Pflichtklientschaftsfällen die rechtliche, also *formelle* Bestimmungskompetenz in einer Sache vollständig und unbestreitbar beim Sozialarbeiter liegen, häufig entscheidet doch ganz allein der Klient, weil der Sozialarbeiter ihm die Freiheit dazu gewährt. Und umgekehrt fehlt dem Sozialarbeiter in bezug auf viele freiwilligen Betreuungsklienten jede rechtliche Befugnis, und trotzdem nimmt er ihnen die Entscheidung, zu der sie nicht fähig sind, ab und bestimmt für sie, was geschehen soll.

Dabei hält er sich in jedem Falle konsequent an den «*Pro-Klient*»-*Grundsatz* (S. 100 f.). Eine andere Legitimation für die betreuerische Entscheidungsübernahme als die, das Wohl des betreuten Menschen zu fördern und zu sichern, gibt es nicht. Der «Pro-Klient»-Grundsatz leitet den Sozialarbeiter insbesondere auch dort, wo er gegen den Willen eines Pflichtklienten entscheiden muss. Das kommt natürlich vor, aber geschickte Betreuungsarbeit erweist sich nicht zuletzt darin, dass der Sozialarbeiter der betreuten Person seine Entscheidungen nahezubringen und sich mit ihr schliesslich doch zu einigen vermag, so dass er nicht gezwungen bleibt, manifest gegen sie aufzutreten.

3. Sachliche Hilfeleistung: Hie und da ist der Sozialarbeiter dem Betreuungsklienten mit kleineren Dienstleistungen bei der konkreten Lebensbewältigung behilflich. Er transportiert ihn beispielsweise mit dem Auto zum Arzt oder an einen Ferienplatz, steht ihm beim Wohnungsumzug tatkräftig bei, repariert ihm einen Gegenstand oder richtet ihm etwas in der Wohnung ein (falls er das entsprechende handwerkliche Know-how besitzt), legt, wenn er krank ist, im Haushalt beim Nötigsten Hand an und macht die dringlichsten Einkäufe für ihn. Oder er schreibt ihm einen Brief an ein Amt, füllt ihm ein Formular (z. B. die Steuererklärung) aus, bringt dies und das in Ordnung für ihn, indem er Drittpersonen über etwas informiert, bei ihnen eine Auskunft verlangt oder sie um etwas bittet. Er sorgt dafür, dass Kinder in ein Ferienlager gehen, Musikunterricht nehmen oder im Fussballklub mitmachen können; er kümmert sich, wenn ein Klient vorübergehend seine Wohnung aufgeben muss, darum, dass die Möbel sachgerecht eingelagert werden; oder er trifft in einem Todesfalle die nötigen Vorkehren in bezug auf die Beerdigung und den Nachlass.

Dergleichen fürsorgerische Betreuungshandlungen sachlicher Art geschehen wohlverstanden *ad hoc* und *sporadisch,* nicht als dauernde oder regelmässig ausgeübte Dienstleistungen. Ist letzteres nötig, organisiert der Sozialarbeiter – auch dies eine typisch betreuerische Tätigkeit – helfende Dritte für den Klienten. Bei all dem achtet er darauf, sich von demselben nicht ausnützen und manipulieren zu lassen und nichts für ihn zu tun, was er selbst zu tun vermag.

4. Persönliches Neben-dem-Klienten-Stehen: Mit diesem Ausdruck soll etwas namhaft gemacht werden, das die sozialarbeiterische Klientbeziehung zu einem spezifischen Betreuungsverhältnis qualifiziert, sich aber nur schwer sprachlich fassen lässt. Es geht weniger um ein Handeln als um ein Sein: das *Da-Sein* des Sozialarbeiters für den Klienten und das hiemit konstituierte *Anhängig-Sein* des Klienten beim Sozialarbeiter. Dieser ist bereit, dem Klienten, sobald es nötig wird, beizustehen – beratend, verhandelnd, intervenierend, vertretend, beschaffend oder mit irgend einer betreuerischen Dienstleistung; und der Klient weiss es und fühlt sich dadurch emotionell und sozial gestützt und gesichert. Er hat «seinen» Sozialarbeiter, an den er sich jederzeit wenden kann und der sich um ihn kümmert, wenn er «ein Problem hat».[302]

Manche Personen, die bezüglich sozialer Kompetenz leicht beeinträchtigt sind, vermögen das Leben im grossen und ganzen leidlich selbständig zu meistern, brauchen hiezu aber einen andern, ihnen überlegenen Menschen, welcher in der genannten Weise neben ihnen steht. Das muss nicht ein Sozialarbeiter sein. Ist er es, hat der betreffende Klient offenbar keine solche stützende Bezugspersonen in seinem natürlichen sozialen Umfeld gefunden. In vielen Fällen nimmt der Betreuungsklient die Hilfe des Sozialarbeiters nur selten *tatsächlich* in Anspruch. Es genügt ihm das Wissen und Empfinden, durch sein Anhängigsein beim Sozialarbeiter nicht allein im Leben zu stehen. Das ist für manchen – etwa für einen verwitweten Betagten oder einen Strafentlassenen – das wichtigste.[303]

Es realisiert sich diese Art von «Begleitung im Lebensalltag» übrigens oft eben gerade in konkretem *Begleiten,* indem der Sozialarbeiter mit dem Klienten zum Arzt, Therapeuten, Jugendanwalt, einem möglichen Zimmervermieter oder Arbeitgeber, einer Amts- oder Beratungsstelle oder sonstwo hingeht oder indem er dabei ist, wenn der Klient z. B. eine wichtige Sache einkauft, an einer Gerichtsverhandlung teilnehmen muss oder ins Spital eintritt.

Sein betreuerisches Zur-Seite-Stehen kann der Sozialarbeiter dem Klienten besonders eindrücklich durch das zeigen, was wir *Beziehungshandlungen* nen-

---

302 Eine derartige Funktion schreiben z. B. auch *Oswald/Müllensiefen* (S. 176 ff.) und *Oswald* (S. 121) dem *Familienberater* dort zu, wo er sich in der Arbeitsweise des *stützenden Langzeitkontaktes* betätigt: «Er ist als Bezugsperson für die Familienangehörigen präsent. Sie wissen, dass jemand ‹da ist›, an den sie sich im Notfall wenden können», sagt Oswald.

303 Vgl. z. B. *Kosubek,* der in seinem instruktiven Buch über die Straffälligenhilfe betont, wie sehr der strafentlassene Mensch allein schon aus psychischen Gründen die Beziehung zu einem Helfer benötigt.

nen. Ich habe dafür bereits (auf S. 241 und S. 358) einige Beispiele gegeben. Die bedeutendsten Beziehungshandlungen sind: Sich mit dem Klienten gesprächsweise unterhalten, ihn besuchen (zu Hause, im Spital, im Gefängnis etc.), ihn beschenken (z. B. auf den Geburtstag, auf Weihnachten, bei der Geburt eines Kindes), an besonderen Ereignissen in seinem Leben Anteil nehmen (durch Interessebekundung, Glückwünsche, tröstenden Zuspruch oder Anwesendsein an einer Feier) und schliesslich: etwas Gemeinsames mit ihm machen (ein Spiel, einen Ausflug, einen Besuch im Zirkus, mit ihm essen gehen u. ä.). Für beziehungsarme Menschen, die vereinsamt in ihrer Wohnung oder ohne Verbindung mit der Aussenwelt in einem Heim oder einer psychiatrischen Klinik dahinleben, kann derartiger persönlicher Kontakt und Umgang mit dem Sozialarbeiter eine starke seelische Stütze bedeuten.

Wo der Sozialarbeiter als Bewährungshelfer, Erziehungsaufsichtsorgan oder in ähnlichen Funktionen tätig ist sowie in allen tatsächlichen oder potentiellen Interventionsfällen hat das Neben-dem-Klienten-Stehen auch einen *Kontrollaspekt*: Der Sozialarbeiter behält die betreute Person, indem er die persönliche Beziehung zu ihr pflegt, zugleich im Auge. Eine ihm rechtlich obliegende oder sachlich notwendige Kontrollaufgabe fasst er grundsätzlich als Betreuungsaufgabe auf, und er übt sie, soweit es ihm die betroffene Person möglich macht, in betreuerischer, hilfreich beistehender Weise aus (vgl. S. 133 f.).

c) Indirektes Betreuungshandeln

In aller Regel – namentlich wo eine umfassende Betreuung (s. S. 461) nötig ist – spielen in einem Betreuungsfall jene Dritten, die wir *Betreuungspersonen* nennen, eine viel wichtigere Rolle als der Sozialarbeiter. Sie sind es, die den Klienten im Eigentlichen: im konkreten Alltag, in seiner Lebenswelt betreuen. Der systemorientierte Sozialarbeiter sucht deshalb nicht in erster Linie, selbst in eine betreuende Beziehung zum betreuungsbedürftigen Menschen zu gelangen, sondern er geht primär darauf aus, diesen in Bezug zu Betreuungspersonen zu bringen, für ihn ein *soziales Betreuungssystem* aufzubauen und funktionstüchtig zu erhalten. Sein Betreuungshandeln besteht vor allem darin, für den Klienten Betreuung durch andere zu erwirken.

Alles, was er zu diesem Zwecke tut, ist *indirektes* Betreuungshandeln und vom systemischen Gesichtspunkt beherrscht. Ich erläutere die *betreuungssystemische Tätigkeit* des Sozialarbeiters im folgenden unter den drei zentralen Begriffen «Betreuungsdelegation», «Betreuungskooperation» und «Funktionalisierung des Betreuungssystems». Vor den diesbezüglichen, generell gültigen Ausführungen werfen wir aber einen Blick auf das besondere Phänomen der sogenannten Plazierung, dem in Hinsicht auf das indirekte Betreuungshandeln eine herausragende Bedeutung zukommt.

1. Plazierung

Wird ein Mensch vom Sozialarbeiter aus seinem bisherigen Lebensort heraus unter die *Obhut privater oder institutioneller Betreuer* gebracht, geschieht eine sozialarbeiterische «Plazierung». Sie ist für den Betreuungsklienten ein einschneidendes Ereignis, das sein Leben umfassend und weitgehend bestimmt – und in minderem, doch stets beträchtlichem Masse gilt dies auch für die betreffenden Betreuer. Der Sozialarbeiter muss daher die beiden Fragen, ob eine Plazierung grundsätzlich sinnvoll und, wenn ja, welcher Betreuungsplatz geeignet und (im Vergleich zu andern) optimal sei, sorgfältig prüfen. Er lässt sich hiebei insbesondere vom sozialökologischen Subprinzip des kleinstmöglichen Eingriffs (vgl. S. 286 ff.), dem Effizienzprinzip sowie den Prinzipien der Zeitrichtigkeit und der Selbständigkeitsförderung leiten.

Die Indikation intervenierender Plazierung haben wir bei der Darlegung der sozialarbeiterischen Intervention erörtert. Setzt der Sozialarbeiter hier die Plazierung unter Umständen gegen den Willen der betroffenen Personen durch, so widersteht er ihr anderseits in gewissen anderen Situationen – vor allem wenn Problembeteiligte (z. B. Verwandte eines Betagten oder der Lehrer eines schwierigen Schülers) mit ihr einen belastenden Menschen vorschnell entfernen möchten. In einer so schwerwiegenden Angelegenheit, wie sie die Plazierung ist, bemüht er sich ferner stets mit besonderem Nachdruck darum, den Betreuungsklienten, die übrigen Problembeteiligten und die lösungswichtigen Dritten zu einer gemeinsamen Problemdefinition zu führen und sie für das geplante Betreuungsvorhaben positiv zu motivieren. Lässt er es daran fehlen, kann die Plazierung bzw. das durch sie geschaffene Betreuungsverhältnis an der mangelnden Mitarbeit, ja eventuell gar an sabotierendem Verhalten des Klienten oder anderer problemrelevanter Personen scheitern.

Die methodisch richtig durchgeführte sozialarbeiterische Plazierung geht möglichst natürlich, sanft, ohne abrupte Wechsel vor sich. Der Betreuungsklient und die Betreuer dürfen nicht am Tage X, z. B. dem Eintrittstag ins Altersheim oder dem offiziellen Beginn eines familiären Pflegeverhältnisses, unvorbereitet – mit all ihren positiven Erwartungen, ihren Hoffnungen und Ängsten – aufeinanderstossen. Es lassen sich im *Ablauf der Plazierung* (nachdem feststeht, dass sie angezeigt ist) grob folgende vier Phasen unterscheiden: 1. Vorabklärung des Betreuungsplatzes durch den Sozialarbeiter allein, 2. Abklärungskontakt zwischen Betreuungsklient und Betreuern (vgl. S. 254 f.), 3. Probeaufenthalt des Betreuungsklienten am Betreuungsplatz (vgl. S. 219) und 4. definitive Übersiedlung des Betreuungsklienten an den Betreuungsplatz. Der Sozialarbeiter spielt dabei eine aktive, nämlich vermittelnde, beratende, begleitende, konkret helfende Rolle – jedenfalls in den Phasen 1 bis 3. In Phase 4 können, wenn er das Vorige umsichtig durchgeführt hat, statt seiner auch andere Personen dem Betreuungsklienten beistehen.

Die meisten Plazierungen, bzw. die durch sie geschaffenen Betreuungsverhältnisse müssen rechtlich und finanziell ermöglicht und gesichert werden. Es gehört zur betreuerischen Aufgabe des Sozialarbeiters, diese sogenannte *Versorgerfunktion* zu erfüllen, sei es als Vertreter des Klienten gegenüber den privaten Betreuern oder der Betreuungsinstitution, sei es als Vermittler zwischen ihnen – dies letztere allenfalls auch zusätzlich in bezug auf Eltern, Behörden oder sonstige Personen und Instanzen, die Rechtskompetenzen über den Klienten haben oder dessen Betreuung (mit)finanzieren.

Eine *konstitutive Versorgerfunktion* übt der Sozialarbeiter beispielsweise da aus, wo er mit Pflegeeltern den Pflegevertrag abschliesst, die Pflegeplatzbewilligung einholt und, wenn nötig, die Vormundschaftsbehörde dazu veranlasst, zur Sicherung des Pflegeverhältnisses Massnahmen gegenüber den leiblichen Eltern des Kindes anzuordnen (Obhutsentzug, Besuchsrechtsanordnungen). Bei einem privaten Betreuungsplatz gilt es meist, die Modalitäten des Betreuungsverhältnisses, insbesondere auch die *finanziellen Fragen,* individuell auszuhandeln, und es liegt hier am Sozialarbeiter als dem Fachmann, Vorschläge zu machen, die beiderseits akzeptabel sind, sowie das Vereinbarte in rechtsadäquate Form zu bringen. Geht es hingegen um eine Plazierung in einem Heim, einer Klinik, einer therapeutischen Wohngemeinschaft u. ä., so sind die Betreuungsbedingungen in aller Regel durch Reglemente und Tarife der Betreuungsinstitution vorherbestimmt; dem Versorger bleibt höchstens, unter eventuellen Varianten zu wählen und Detailabmachungen zu treffen. Seine wichtigste Versorgeraufgabe ist in diesem Falle, einerseits der Betreuungsinstitution Kostengutsprache zu leisten und andererseits die erforderlichen Geldmittel, wenn sie nicht bereits vorhanden sind, zu beschaffen.

Diese rechtlich und finanziell vertreterische oder vermittelnde Tätigkeit setzt der Sozialarbeiter für den Betreuungsklienten und die Betreuer als sogenannte *laufende Versorgerfunktion* so lange fort, als das Betreuungsverhältnis dauert. Die Betreuungsinstitution bzw. die privaten Betreuer schicken ihre periodischen Pensionsrechnungen an ihn, machen mit ihm Vertragsänderungen ab, holen bei ihm Kostengutsprache für spezielle Auslagen ein, lassen von ihm Versicherungsfragen der betreuten Person regeln, wenden sich an ihn, wenn zu deren Schutze rechtliche Massnahmen nötig werden – kurz: er bzw. der Sozialdienst ist in all diesen verwaltungsmässigen Dingen ihre *Anlaufstelle* und ihr Stützpunkt.

Wobei der Sozialarbeiter natürlich nicht *mehr* tut, als die psychische und geistige Verfassung des Klienten erfordert. Ein junger Mensch in einer sozialpädagogischen Wohngemeinschaft sollte beispielsweise, um auf das selbständige Leben trainiert zu werden, die Krankenkassen-Angelegenheiten selbst erledigen und selbst an ihn, den Sozialarbeiter herantreten, wenn er von ihm für etwas Ausserordentliches (eine grössere Anschaffung, Ferien, den Besuch eines Kurses etc.) Geld haben möchte.

Das Gegenteil der Plazierung ist die *Entplazierung:* die Aufhebung des Betreuungsverhälnisses an einem bestimmten Betreuungsplatz. Sie kann aus verschiedenen Gründen nötig werden: weil der Klient nicht mehr betreut zu werden braucht; weil Betreuungsinstitution und Betreuungsaufgabe einander nicht mehr entsprechen (ein Jugendlicher, der aus der Schule in eine Lehre kommt, passt z. B. nicht mehr in ein Schulheim, oder ein schwer pflegebedürftig gewordener Betagter nicht mehr in ein Altersheim ohne Pflegeabteilung); weil eine Betreuungsinstitution geschlossen wird, ein betreuender Angehöriger schwer erkrankt ist oder Pflegeeltern ins Ausland übersiedeln; und schliesslich weil Betreuungsprobleme entstanden und trotz ernsthafter Lösungsversuche so gross geworden sind, dass der Betreuungsklient oder die Betreuer oder sie beide – unter Umständen auch keiner von ihnen, aber der Sozialarbeiter (etwa als Vormund eines unglücklich plazierten Kindes) – dem Betreuungsverhältnis ein Ende setzen wollen.

In jedem Falle muss die Entplazierung, gleich wie die Plazierung, sorgfältig vorbereitet werden und sollte sich optimalerweise in Stufen vollziehen, die eine *natürliche Ablösung* vom Betreuungsplatz, eine nicht traumatisierende persönliche Trennung zwischen dem betreuten Menschen und seinen Betreuern ermöglichen. Hiezu tragen zum einen hauptsächlich Regelungen bei, welche den Betreuungsklienten schon vor dem Verlassen des Betreuungsplatzes fortschreitend unabhängiger von den Betreuern machen, und zum andern die Einrichtung einer *Nachbetreuung* des Klienten durch die Betreuungsinstitution – oder irgendwelche andere Abmachungen, die einen gewissen persönlichen Kontakt zwischen dem Klienten und seinen ehemaligen Betreuern (jedenfalls demjenigen, dem er am nächsten stand) auch über den Zeitpunkt der physischen Entplazierung hinaus gewährleisten.

Dies ist dann problematisch oder gar unmöglich, wenn das Betreuungsverhältnis wegen Beziehungsschwierigkeiten unter den Beteiligten aufgelöst wird. In solchem Falle geht es meist um eine *Umplazierung*, und zwar um eine probleminduzierte. Sie mit möglichst geringem psychischen Schaden für die betroffenen Menschen zu bewerkstelligen, ist eine höchst anspruchsvolle sozialarbeiterische Aufgabe. Geschicktes Akzeptanzverhalten nach allen Seiten wird dabei vom Sozialarbeiter ebenso gefordert wie das selbstinstrumentelle Opfer, unangenehme Entscheidungen, die beim einen oder andern Betroffenen Abneigung erzeugen, auf sich zu nehmen.

Auch ohne derartige erschwerende Umstände ist eine Umplazierung ein heikles Unterfangen, und der Betreuungsklient braucht in dieser krisenanfälligen Übergangzeit seinen Sozialarbeiter ganz besonders als persönliche Stütze und als Garanten der Betreuungskontinuität.

2. Betreuungsdelegation und -kooperation

Das indirekte Betreuungshandeln des Sozialarbeiters ist geprägt von den Momenten der Delegation und der Kooperation, und zwar sind diese eng miteinander verbunden.

Überall dort, wo der Sozialarbeiter betreuerische Verantwortung trägt für einen Menschen und er Betreuungsfunktionen einem oder mehreren Dritten übergibt, sprechen wir von *Betreuungsdelegation.* Sie ist nicht eine vertikale vom Vorgesetzten zum Untergebenen im Sinne der innerbetrieblichen Organisations- und Führungstheorie, sondern eine *horizontale, kooperative Delegation.* Der Sozialarbeiter teilt mit den betreffenden Betreuungspersonen die betreuerische Aufgabe, Zuständigkeit und Verantwortung – sei es durch rechtliche Vereinbarung oder Satzung (Pflegevertrag, Heimreglement, Betreuungskonzept einer Wohngemeinschaft, generelle Rechtsbestimmungen über Kliniken und Heime u. ä.), sei es durch informelle Absprache oder auch nur in einer stillschweigenden Übereinkunft. Was andere besser zu tun vermögen als er, delegiert der Sozialarbeiter an sie, und erst recht natürlich das, was er in seiner Berufsrolle gar nicht zu leisten imstande ist.

Im Betreuungsbereich kann dies sehr viel sein – die «umfassende Betreuung» geschieht ja, wie wir wissen, nicht durch den Sozialarbeiter selbst. Wenn er beispielsweise als Vormund seinen betagten Klienten in ein Pflegeheim plaziert, delegiert er damit das allermeiste, was dieser Mensch an Betreuung braucht, an die dortigen institutionellen Betreuer. Lebt hingegen ein (freiwilliger) Betreuungsklient unter der Obhut von Angehörigen, und zwar schon bevor der Sozialarbeiter sich mit ihm zu befassen begonnen hat, so liegt keine Betreuungsdelegation vor. Hier erweitert der Sozialarbeiter, indem er sich betreuerisch engagiert, einfach das bereits bestehende Betreuungssystem oder er erfüllt in ihm bestimmte Funktionen, die von anderen Personen aufgegeben worden sind.

Wie (ob rechtlich, moralisch oder sachlich-faktisch) und wie weit der Sozialarbeiter im einzelnen Falle für die Betreuung eines Menschen verantwortlich ist, hängt vom gegebenen Klientschaftsverhältnis und dem konkreten Problemsachverhalt ab. Übt er z. B. das Amt eines Bewährungshelfers, eines kindesschützerischen Beistandes oder eines Vormundes aus, so hat seine *Betreuungsverantwortung* den Charakter einer rechtlichen Verpflichtung. In anderen Fällen beruht sie allein auf dem persönlichen Zutrauen, dem Sich-Anvertrauen des Klienten ihm gegenüber – unter Umständen aber auch unabhängig davon einfach auf der notvollen Situation, dem beruflichen Helfensethos der Sozialarbeit und deren gesellschaftlichem Auftrag, nämlich da, wo eine betreuungsbedürftige Person dringend intervenierender Hilfe bedarf.

So oder so, wenn immer der Sozialarbeiter, auf die eine oder andere Weise, Betreuungsverantwortung trägt, darf er sie zwar teilen, aber nicht einfach abschieben. Es bleibt ihm in jedem Falle die Pflicht, sich darum zu kümmern, wie delegierte Betreuungsaufgaben erfüllt werden, vor allem wie es dem Klienten in der Obhut seiner Betreuer ergeht. Systemtheoretisch gesagt: der Sozialarbeiter hat die Funktionalität des Betreuungssystems immer wieder zu *überprüfen*. Das geschieht auf ganz natürliche Weise, indem er hie und da persönlich in Kontakt tritt mit dem Klienten und die Verbindung zu den betreuerischen Kooperationspartnern lebendig erhält. In besonders kritischen Problemsituationen kann es aber auch nötig werden, dass der Sozialarbeiter die delegierten Betreuungsverhältnisse recht eigentlich inspiziert und untersucht.

Wichtiger noch als dieser Kontrollaspekt ist bei der Betreuungsdelegation das *Motivieren und Unterstützen* der Betreuungspersonen – namentlich wenn es sich bei ihnen um freiwillige Helfer oder andere Laien handelt, aber auch überall sonst, wo sie keine berufliche oder familiäre Verpflichtung zu betreuerischem Engagement haben und wo die Betreuungsaufgabe erhebliche Schwierigkeiten bietet.

Gemäss dem sozialökologischen Subprinzip der Aktivierung natürlicher sozialer Netze (S. 285 f.) sucht der Sozialarbeiter in erster Linie, mit bzw. aus den *Bezugspersonen* des Klienten ein Betreuungssystem aufzubauen. Manchmal muss er nahen Verwandten, die auswärts wohnen und die Lage der betreuungsbedürftigen Person gar nicht kennen, geradezu «nachsteigen», sie ins Bild darüber setzen und ihnen eventuell auch, wenn sie zögern zu helfen, ihre moralische Beistandspflicht bewusst machen.

Freilich, auch wo in einem Betreuungsfall natürliche Bezugspersonen des Klienten die Hauptlast der Betreuung tragen, lässt sich meist doch nicht alles an sie delegieren, sondern es gilt, zusätzlich professionelle oder freiwillige Helfer beizuziehen. Der Sozialarbeiter sorgt dafür, dass dies geschieht – ebenso wie er einer Person, die in institutionellem Rahmen umfassend betreut wird, die psychosozial notwendigen betreuerischen Aussenbeziehungen schafft, vor allem zu ihren Angehörigen, aber auch indem er sich z. B. darum bemüht, dass sie Ferien in einem Behindertencamp machen kann, eine ständige Kontaktfamilie hat, regelmässig von einer freiwilligen Helferin besucht oder von einem Dorfverein zu seinen Aktivitäten eingeladen wird. In einem optimalen, differenzierten *Betreuungssystem* arbeiten zahlreiche Betreuungspersonen zusammen: institutionelle und ambulante Helfer, Laien und Berufsleute, natürliche Bezugspersonen des Betreuten und Aussenstehende. Sie alle in eine *funktionell rollenteilige, koordinierte* Aktivität zu Gunsten des Klienten zu bringen und sie darin zu halten, ist die betreuungssystemische Hauptaufgabe des Sozialarbeiters. All sein kooperationsmethodisches, nicht zuletzt organisatorisches Können wird von ihr gefordert. Was dies handlungsmässig bedeutet, haben wir anhand des Kooperationsprinzips (S. 321 ff.) erörtert, und wir brauchen es hier nicht zu wiederholen.

Charakteristisch für die sozialarbeiterische Betreuungsdelegation und -kooperation ist im übrigen, dass sie in vielen Fällen *Sozialarbeiter* und *Sozialpädagogen* in enge berufliche Beziehung zueinander bringt. In dieser Praxis gemeinsamer sozialer Problemlösung, in der sie sich gegenseitig beraten und unterstützen, lernen sie die spezifische Denk- und Handlungsweise des je anderen Berufsbereiches kennen und verstehen und üben sie Einfluss aufeinander aus. Man kann daher sagen, dass wir hier den bemerkenswerten Ort im Auge haben, wo – pointiert ausgedrückt – die *Soziale Arbeit* als ganze (durch integrierte sozialarbeiterisch-sozialpädagogische Tätigkeit) handelt.

3. Problemlösung im Betreuungssystem

Betreuungsverhältnisse sind recht oft labile soziale Gebilde, wegen äusserer oder beziehungsmässiger Schwierigkeiten konfliktbelastet und krisenanfällig. In ihrer Anfangsphase treten hauptsächlich deshalb Probleme auf, weil sich der Betreute und die Betreuungspersonen noch nicht genügend aneinander angepasst oder Betreuungspersonen ihre Tätigkeiten noch nicht optimal koordiniert haben. Anderseits können auch Betreuungsverhältnisse, die lange Zeit problemlos waren, in eine Krise geraten, denn sowohl die individuelle Persönlichkeit an-sich wie die Beziehungen unter den Menschen ändern sich fortwährend – und desgleichen ihre sachliche Umwelt.

So wird denn der Sozialarbeiter immer wieder mit *Problemen in Betreuungssystemen* konfrontiert, sei es dass der Klient, eine Betreuungsperson oder sonst ein Dritter sich damit an ihn wendet, sei es dass er selbst durch seine Kontakte mit den Beteiligten darauf stösst. Pflegeeltern z.B. kommen mit gewissen Verhaltensweisen ihres Pflegekindes nicht zurecht (oder umgekehrt: das Kind nicht mit den ihrigen); eine hochbetagte Frau, von ihrer Schwiegertochter betreut, entwikkelt paranoide Gedanken gegen dieselbe und macht ihr daraus heraus unerträgliche hässliche Szenen; die Schwester eines Klienten, der in einer psychiatrischen Klinik lebt, beschwert sich, dass ihr Bruder dort bloss mit Medikamenten vollgestopft, im übrigen aber ohne Therapie gelassen und obendrein physisch vernachlässigt werde, so dass er langsam, aber sicher verkomme statt gesunde; die Ehefrau eines pflegebedürftigen Mannes will der Gemeindeschwester, die ihn täglich besucht, plötzlich den Zutritt zur Wohnung verweigern, da diese Helferin ihren Mann gegen sie aufhetze; die Betreuer in einem Schulheim vermögen der Aggressivität eines Vierzehnjährigen, der die ganze Gruppe terrorisiert, nicht Herr zu werden; diejenigen einer Wohngemeinschaft für Jugendliche drohen, den Betreuungsklienten wegzuweisen, weil er Drogen ins Haus gebracht hat; der Leiter eines Kinderheims wirft einem Elternpaar vor, sie brächten ihr Kind, wenn es an den Besuchswochenenden bei ihnen zu Hause ist, ganz durcheinander, so dass es hinterher jeweils lauter Schwierigkeiten mache; leibliche Mutter und Pflegemutter eines Kleinkindes geraten in Streit miteinander, weil Abmachungen nicht eingehalten werden, die Erziehungsstile verschieden sind oder aus sonst einem Grunde (der eigentliche, tiefere Grund ist meist Konkurrenzangst); ein Arzt steht in Konflikt mit einer freiwilligen Helferin, die seinen Patienten (den Klienten des Sozialarbeiters) zu Hause betreut, sich aber nicht an die ärztlichen Anweisungen hält; usw. – die Liste solcher Beispiele liesse sich lange fortsetzen.

Eine der wichtigsten Funktionen des Sozialarbeiters im Bereich indirekten Betreuungshandelns ist es, derartige Betreuungsprobleme zu lösen. Der Betreuungsklient und die Betreuungspersonen – diese vor allem, wenn der Sozialarbeiter selbst ihnen die Betreuungsaufgabe delegiert hat – sollen wissen, dass er bereitsteht, ihnen zu helfen, wo immer die Betreuung sie vor Schwierigkeiten stellt. Auch wenn er Vormund und Versorger des Klienten ist und insofern Macht über ihn und das Betreuungsverhältnis besitzt, tritt er (ausser in Interventionssituationen) nie als Chef auf, der kommt, um zum Rechten zu sehen, sondern als *helfender Problemlöser.* Und zwar als systemorientierter Problemlöser. Er versteht Betreuungsprobleme primär als eine spezifische konkrete Form von *System-Dysfunktionalität:* Das Betreuungssystem ist zu einem sozialen Problemsystem geworden, es funktioniert nur noch mangelhaft. Und er, der Sozialarbeiter, bemüht sich, es wieder zum Funktionieren zu bringen.

Wie er diese *systemfunktionalisierende Aufgabe* angeht, darüber braucht der Leser, welcher durch unsere ganze Sozialarbeitslehre bis hierher gelangt ist, keine Erläuterung mehr. Er kennt die Prinzipien des allseitigen Nutzens und der Interposition, das Kommunikations-, das Verhandlungs- und das Kooperationsprinzip, das sozialökologische Prinzip, das Prinzip der Konzentration auf die zentralen Problemvariablen sowie das konduktive Moment der sozialarbeiterischen Problemdefinition – jene Methodikelemente, die das systemische Problemlösungshandeln des Sozialarbeiters zur Hauptsache bestimmen.

Er weiss auch, unser Leser, wie diese Art sozialarbeiterischen Handelns sich mit dem Grundsatz, überall das Wohl des Klienten zu fördern, nicht nur verträgt, sondern ihn – in einem wahrhaft sozialen Sinne – recht eigentlich verwirklicht. Für den betreuungsbedürftigen Klienten vermag der Sozialarbeiter nichts besseres zu tun, als ihn in ein stabiles, gut funktionierendes Betreuungssystem einzufügen, von dem sämtliche Beteiligten einen Nutzen haben und in dem sie sich seelisch wohl fühlen. Wenn immer eine Chance besteht, dass aus einem problembelasteten wieder ein solches positives Betreuungssystem werden kann, setzt sich der Sozialarbeiter dafür mit all seinen Kräften ein.

Vermittelndes Handeln ist das eine und erste, was hier wie andernorts die soziale Problemlösung erfordert. Doch der Sozialarbeiter muss auch bereit sein, klare Meinungen zu äussern und Entscheidungen zu treffen, die gewissen Betreuungspersonen oder dem Betreuungsklienten nicht passen. Oft wird er eben deshalb an einen Betreuungsplatz, z. B. in ein Heim, gerufen, weil man dort in einer konfliktbehafteten Frage seine Beurteilung bzw. seinen Beschluss hören will. Man billigt ihm dabei häufig eine *schiedsrichterliche Rolle* zu, auch wenn er gar keine rechtliche Entscheidungskompetenz in der betreffenden Sache besitzt – einzig weil er als Aussenstehender und doch Zugehöriger die geeignete Person dafür ist. Hat er wirklich entschieden (über eine Besuchsregelung, eine Anschaffung, das Taschengeld, eine Freizeit- oder Bildungsaktivität etc.), entspannt sich die Lage meist und funktioniert das Betreuungssystem bald wieder normal.

Freilich, nicht immer gelingt es seinen Bemühungen, ein problematisch gewordenes Betreuungsverhältnis zu retten, und es muss aufgehoben werden. Sozialarbeit ist ein menschliches Werk, ein Arbeiten mit und unter Menschen und darum stets und überall vom *Scheitern* bedroht. Kein methodisches Wissen und Können vermag das soziale Geschehen in sicheren Griff zu nehmen und voll berechenbar zu machen. Eine praktisch fundierte und sorgfältig differenzierte Sozialarbeitsmethodik, wie ich sie in diesem Buch zu geben versucht habe, hilft dem Sozialarbeiter jedoch, seine Aufgabe, soziale Probleme zu lösen, auf optimal erfolgversprechende Weise zu erfüllen. Und sie ermutigt ihn, wenn er trotzdem gescheitert ist, wieder neu anzufangen.

Literaturverzeichnis

Dieses Verzeichnis enthält die im Text und in den Anmerkungen angeführte Literatur. Die Zitat- oder Hinweisstellen für einen Autor sind im Personenregister (S. 499 ff.) angegeben.

Arndt, Joachim / *Oberloskamp*, Helga: Gutachtliche Stellungnahme in der sozialen Arbeit; (Müller) Heidelberg 1983

Baal, Josef: Sozialarbeit. Lernprozess zwischen Anpassung und Widerstand; (Praxisnahes Lernen e. V.) Münster 1986

Bader, Kurt: Viel Frust und wenig Hilfe. Die Entmystifizierung sozialer Arbeit; (Beltz) Weinheim/Basel 1985

Balscheit, Peter: Was erwartet der Richter vom Sozialarbeiterbericht?; in: *Sozialarbeit*, Jg. 18, Heft 9, S. 32 ff., (SBS) Bern 1986

Bang, Ruth (1964): Die helfende Beziehung als Grundlage der persönlichen Hilfe; (Reinhardt) München 1964

Bang, Ruth (1968): Das gezielte Gespräch. Bd. 1: Gespräche als Lehr- und Heilmittel, Bd. 2: Gesprächsanalysen; (Reinhardt) München 1968/69

Barrows, Susan E.: Interview mit Mara Selvini-Palazzoli und Giuliana Prata; in: *Familiendynamik*, Jg. 8, S. 252 ff., (Klett-Cotta) Stuttgart 1983 (Original in: The American Journal of Family Therapy, Vol. 10, S. 60 ff., New York 1982)

Bartlett, Harriett M.: Grundlagen beruflicher Sozialarbeit; (Lambertus) Freiburg 1976 (Original: The Common Base of Social Work Practice; Washington 1970)

Bateson, Gregory / *Jackson*, Don D. / *Haley*, Jay / *Weakland*, John H.: Auf dem Weg zu einer Schizophrenie-Theorie; in: *Bateson u. a.*, 1969 (Original: Towards a Theory of Schizophrenia; in: Behavioral Science, Vol. 1, S. 251 ff., Ann Arbor, USA 1956)

Bateson u. a.: Schizophrenie und Familie. Beiträge zu einer neuen Theorie von Gregory Bateson u. a.; (Suhrkamp) Frankfurt 1969

Bäuerle, Wolfgang: Sozialarbeit und Gesellschaft; (Beltz) Weinheim 1970 (2. Aufl.)

Berger, Giovanna: Die ehrenamtliche Tätigkeit in der Sozialarbeit – Motive, Tendenzen, Probleme. Dargestellt am Beispiel des Elberfelder-Systems; (Lang) Frankfurt 1979

Bernhauser, Johannes / *Heyden*, Manfred: Arbeit mit ausländischen Schülern. Berufsfeld: Schulische Sozialarbeit; in: *Kerkhoff* Bd. 2, 1981

Bertalanffy, Ludwig von (1949): Zu einer allgemeinen Systemlehre; in: *Biologia Generalis*, Bd 19, Heft 1, S. 114 ff., (Springer) Wien 1949

Bertalanffy, Ludwig von (1972): Vorläufer und Begründer der Systemtheorie; in: *Kurzrock*, R. (Hg.): Systemtheorie; (Colloquium) Berlin 1972

Bettschart, Walter: Vernachlässigte Kinder – Kinder ohne Hilfe; in: *Haesler*, 1983

Beugen, Marinus van: Agogische Intervention. Planung und Strategie; (Lambertus) Freiburg 1972 (Original: Sociale technologie ent het instrumentele aspect van agogische actie; Assen 1971)

Bichsel, Ernst (1986): Sachhilfe und Beratung sind keine Gegensätze – Methodische Gedankensplitter; in: *Sozialarbeit*, Jg. 18, Heft 3, S. 4 ff., (SBS) Bern 1986

Bichsel, Ernst (1986a): Der «objektive» Bericht – eine Illusion; in: *Sozialarbeit*, Jg. 18, Heft 9, S. 20 ff., (SBS) Bern 1986

Biermann, Gerd: Kindeszüchtigung und Kindesmisshandlung. Eine Dokumentation; (Reinhardt) München/Basel 1969

Biestek, Felix: Wesen und Grundsätze der helfenden Beziehung in der Sozialen Einzelhilfe; (Lambertus) Freiburg 1977 (Original: The Casework Relationship; Chicago 1957)

Bischof, Markus: Zeugnisverweigerungsrecht der Sozialarbeiter und Psychologen im Zivilprozess mit Berücksichtigung des Strafprozesses; (Wesemlin) Luzern 1979

Blocher, Judith / *Fässler*, Peter / *Kuhn*, Ursula / *Rindlisbacher*, Linette / *Vogel-von Passavant*, Christina: Sachhilfe als integraler Bestandteil der Sozialarbeit; (SBS) Bern 1977

Bluntschli, Franz / *Höhn*, Rudolf / *Mönig*, Elisabeth / *Wolfensberger*, Lorenz / *Hauser*, Jörg: Empirische Aspekte der Fürsorgebedürftigkeit am Beispiel des Kantons Zürich; (Haupt) Bern/Stuttgart 1980

Boer, Jo: Gemeinwesenarbeit – Community Organization – Opbouwwerk. Einführung in Theorie und Praxis, übers. u. bearb. von Kurt Utermann; (Enke) Stuttgart 1970 (Original: Opbouwwerk; Arnhem, 2. Aufl. 1968)

Bollinger, Heinrich: Sozialarbeit im Krankenhaus – Probleme inter- und intraprofessioneller Zusammenarbeit; in: *Kreuter*, 1982

Bourgett, Jörg / *Preusser*, Norbert / *Völkel*, Rainer: Kommunale Sozialpolitik, Sozialökologie und Verwaltungshandeln in der Jugend- und Sachhilfe; in: *Müller/Otto*, 1980

Brack, Ruth: Professionalisierung als Beitrag zu emanzipatorischem und solidarischem Handeln; in: *Staub u. a.*, 1983

Brack, Ruth / *Giovanelli-Blocher*, Judith / *Steiner*, Rudolf: Freiwillige Tätigkeit und Selbsthilfe aus der Sicht beruflicher Sozialarbeit; (Haupt) Bern / Stuttgart 1986

Brandon, David: Zen in der Kunst des Helfens; (Kösel) München 1983 (Original: Zen in the Art of Helping; London 1976)

Buchholz, Wolfgang: Therapie mit Unterschichtfamilien – Ein Praxisbericht; in: *Sozialarbeit und Therapie*, 1978

Buddeberg, Claus: Sexualberatung. Eine Einführung für Ärzte, Psychotherapeuten und Familienberater; (Enke) Stuttgart 1983

Camenzind, Heinrich: Sozialarbeit im Neuland der sozialen Krankenversicherung; in: *Staub u. a.*, 1983

Capra, Fritjof: Wendezeit. Bausteine für ein neues Weltbild; (Scherz) Bern etc. 1983 (Original: The Turning Point. Science, society and the rising culture; New York 1982)

Collins, Alice / *Pancoast*, Diane: Das soziale Netz der Nachbarschaft als Partner professioneller Hilfe; (Lambertus) Freiburg 1981 (Original: Natural Helping Networks. A Strategy for Prevention; Washington 1976)

Cramer, Manfred: Psychosoziale Arbeit; (Kohlhammer) Stuttgart 1982

Danckwerts, Dankwart: Zur Theorie der Sozialarbeit und Sozialpädagogik; in: *Kerkhoff* Bd. 1, 1981

Davoren, Elizabeth: Die Rolle des Sozialarbeiters; in: *Helfer/Kempe*, 1974

Degwart, Ingeborg: Themenzentrierte Interaktion (nach Ruth C. Cohn). Ansatz für emanzipatorische Sozialarbeit/Sozialpädagogik?; in: *N. Hoffmann* (Hg.), 1977

Deutsch, Morton: Konfliktregelung. Konstruktive und destruktive Prozesse; (Reinhardt) München/ Basel 1976 (Original: The Resolution of Conflicts; New Haven, USA 1973)

Dewe, Bernd / *Ferchhoff*, Wilfried / *Peters*, Friedhelm: Professionelle Kompetenz im Wandel: alte und neue falsche Propheten?; in: *Müller u. a.* Bd. 2, 1984

Doorn, Jacques van: Probleme der Professionalisierung in der Sozialarbeit; in: *Otto/Utermann*, 1971

Dörr, Pablo Adolfo: Human Social Functioning; in: *N. Hoffmann* (Hg.), 1977

Dreisbach, Dieter: Zur bürokratischen Organisation der Sozialarbeit; in: *Otto/Schneider* 2. Halbband, 1973

Dumas, Brigitte / *Fischbacher*, Elisabeth / *Santschi*, Ernst: Soziale Berufe; in: *Handbuch Sozialwesen Schweiz* 1987

Eastman, Mervyn: Gewalt gegen alte Menschen; (Lambertus) Freiburg 1985 (Original: Ald Age Abuse; Grossbritannien 1984)

Eberhard, Kurt / *Kohlmetz*, Gudrun: Contracting – eine strategische Alternative für den Sozialarbeiter; in: *N. Hoffmann* (Hg.), 1977

Eberhart, Herbert: Systemtheorie und Arbeit mit Einzelnen; in: *Staub u. a.*, 1983

Engelke, Ernst: Soziale Arbeit als Wissenschaft. Eine Orientierung; (Lambertus) Freiburg 1992

Engfer, Anette: Kindesmisshandlung. Ursachen – Auswirkungen – Hilfen; (Enke) Stuttgart 1986

Everstine, Diana Sullivan / *Everstine*, Louis: Krisentherapie; (Klett) Stuttgart 1985 (Original: People in Crisis, New York 1983)

476

Falck, Hans S.: Das Membership-Prinzip in der Sozialarbeit; in: *Mühlfeld u. a.*, 1986
Federn, Ernst: Das Verhältnis von Psychoanalyse und Sozialarbeit in historischer und prinzipieller Sicht; in: *Aigner*, J. Chr. (Hg.): Sozialarbeit und Psychoanalyse. Chancen und Probleme in der praktischen Arbeit; (Wiss. Gesellschaft Österreichs) Wien 1985
Fiedler, Peter A. / *Hörmann*, Georg (Hg.): Therapeutische Sozialarbeit. Diskussionsbeiträge zu Grundlagen, zur Methodenintegration und zu Ausbildungsfragen am Beispiel der Verhaltenstherapie; (Dt. Gesellschaft f. Verhaltenstherapie) Münster 1976
Frankl, Viktor E. (1956): Theorie und Therapie der Neurosen. Einführung in Logotherapie und Existenzanalyse; (Reinhardt) München/Basel 1983 (5. erw. Aufl., 1. Aufl. 1956)
Frankl, Viktor E. (1977): Das Leiden am sinnlosen Leben – Psychotherapie für heute; (Herder) Freiburg etc. 1977
Friedländer, Walter A.: Allgemeine Prinzipien der Sozialarbeit; in: *Friedländer/Pfaffenberger*, 1966
Friedländer, Walter A. / *Pfaffenberger*, Hans (Hg.): Grundbegriffe und Methoden der Sozialarbeit; (Luchterhand) Neuwied 1969 (2. Aufl.) (Original: Concepts and Methods of Social Work; New York 1958)
Friedrich, Jürgen: Soziologie und Kybernetik. Zum Verhältnis von Naturwissenschaften, Sozialwissenschaften und Systemwissenschaften; (Lang) Frankfurt 1980
Frommann, Anne: Sozialarbeit – Beratung – Therapie; in: *Sozialarbeit und Therapie*, 1978

Garrett, Annette: Gesprächsführung. Grundsätze und Methoden; (Schweiz. Vereinigung Sozialarbeitender) Zürich 1954 (Original: Interviewing, its Principles and Methods; New York 1942)
Gastiger, Sigmund: Die Bedeutung des Rechts in der sozialen Arbeit; (Lambertus) Freiburg 1983
Geiser, Kaspar: Der Bericht in der Sozialarbeit; in: *Sozialarbeit*, Jg. 18, Heft 9, S. 2 ff., (SBS) Bern 1986
Geiser, Kaspar / *Spörri*, Dorothea: Strukturmerkmale des ambulanten Sozialwesens; in: *Handbuch Sozialwesen Schweiz*, 1987
Gerbis, Elisabeth: Das klientzentrierte Konzept und seine Integration in die soziale Einzelhilfe; in: *N. Hoffmann*, (Hg.), 1977
Germain, Carel: Soziale Einzelhilfe und Wissenschaft; eine historische Auseinandersetzung; in: *Roberts/Nee*, 1970
Germain, Carel / *Gitterman*, Alex (1980): Praktische Sozialarbeit. Das «Life Model» der sozialen Arbeit; (Enke) Stuttgart 1983 (Original: The life Model of Social Work Practice; New York 1980)
Germain, Carel / *Gitterman*, Alex (1986): Ökologische Sozialarbeitsforschung in den USA; in: *Mühlfeld u. a.*, 1986
Giese, Dieter: Zur Kompatibilität von Gesetz und Sozialarbeit; in: *Otto/Schneider* 1. Halbband, 1973
Gluntz, Uwe / *Harris*, David / *Nohara*, Erik / *Troscheit*, Peter: Beratung für Arbeiterjugendliche in Westberlin; in: *Wege zum Menschen*, Jg. 27, S. 363 ff., (Vandenhoeck & Ruprecht) Göttingen 1975
Golan, Naomi: Krisenintervention: Strategien psychosozialer Hilfen; (Lambertus) Freiburg 1983 (Original: Treatment in Crisis Situations; New York 1978)
Goldbrunner, Hans: Arbeit mit Problemfamilien. Systemische Perspektiven für Familientherapie und Sozialarbeit; (Grünewald) Mainz 1989
Goldstein, Joseph / *Freud*, Anna / *Solnit*, Albert J. (1973): Jenseits des Kindeswohls; (Suhrkamp) Frankfurt 1974 (Original: Beyond the Best Interest of the Child; New York 1973)
Goldstein, Joseph / *Freud*, Anna / *Solnit*, Albert J. (1979): Diesseits des Kindeswohls; (Suhrkamp) Frankfurt 1982 (Original: Before the Best Interest of the Child; New York 1979)
Gräning, Ursula / *Troscheit*, Karin: Familienberatung in Kreuzberg. Konzept und Praxis einer Beratungsstelle für Unterschichtfamilien; in: *Wege zum Menschen*, Jg. 27, S. 336 ff., (Vandenhoeck & Ruprecht) Göttingen 1975
Grewe, Wilhelm G.: Die Sprache der Diplomatie; (Freie Akademie der Künste) Hamburg 1967
Groth, Ulf: Schuldnerberatung. Praktischer Leitfaden für die Sozialarbeit; (Campus) Frankfurt 1984
Guntern, Gottlieb: Systemtherapie; in: *Guntern*, G. (Hg.): Die Transformation von Humansystemen; (ISO-Stiftung) Brig 1981

Hackney, Harold / *Cormier*, Sherilyn: Beratungsstrategien – Beratungsziele; (Reinhardt) München 1982 (Original: Consulting Strategies and Objectives; New York, 2. Aufl. 1979)

Haesler, Walter T. (Hg.): Kindesmisshandlung; (Rüegger) Grüsch, Schweiz 1983

Häfeli, Christoph: Rechtliche Aspekte der Aktenführung in Sozialdiensten unter besonderer Berücksichtigung der Geheimhaltungspflicht des Sozialarbeiters; in: *Sozialarbeit*, Jg. 13, Heft 11, S. 2 ff., (SBS) Bern 1981

Haffner, Sarah (Hg.): Frauenhäuser. Gewalt in der Ehe und was Frauen dagegen tun; (Wagenbach) Berlin 1976

Haines, John: Interventionsprozesse in der sozialen Arbeit; (Lambertus) Freiburg 1979 (Original: Skills and Methods in Social Work; London 1975)

Haley, Jay (1959): Die Interaktion von Schizophrenen; in: *Bateson u. a.*, 1969 (Original: An Interactional Description of Schizophrenia; in: Psychiatry, Vol. 22, S. 321 ff., Washington 1959)

Haley, Jay (1963): Gemeinsamer Nenner Interaktion. Strategien der Psychotherapie; (Pfeiffer) München 1978 (Original: Strategies of Psychotherapy; New York 1963)

Haley, Jay (1973): Die Psychotherapie Milton H. Ericksons; (Pfeiffer) München 1978 (Original: Uncommon Therapy. The Psychiatric Techniques of Milton H. Erickson, M.D.; New York 1973)

Haley, Jay (1976): Direkte Familientherapie. Strategien für die Lösung von Problemen; (Pfeiffer) München 1977 (Original: Problem-Solving Therapy. New Strategies for Effective Family Therapy; San Francisco 1976)

Haley, Jay (1980): Ablösungsprobleme Jugendlicher. Familientherapie – Beispiele – Lösungen; (Pfeiffer) München 1981 (Original: Leaving Home. The Therapy of Disturbed Young People; New York 1980)

Hamm, Bernd: Sozialökologie: Eine Theorie der Stadtentwicklung; in: *Schweiz. Ztschr. f. Soziologie*, Jg. 2, S. 71 ff., Genf 1976

Hämmerle, Andrea: «Neustart». Ein Modellversuch der Straffälligenhilfe; (Sauerländer) Aarau/ Frankfurt 1980

Handbuch Sozialwesen Schweiz (Hg.: Fehlmann, Maja / Häfeli, Christoph / Wagner, Antonin u. a.); (Pro Juventute) Zürich 1987

Hartfiel, Günter / *Hillmann*, Karl-Heinz: Wörterbuch der Soziologie; (Kröner) Stuttgart 1982

Hearn, Gordon (Hg.): The General System Approach. Contributions Toward an Holistic Conception of Social Work; (Council on Social Work Education) New York 1969

Helfer, Ray E. / *Kempe*, C. Henry (Hg.): Das geschlagene Kind; (Suhrkamp) Frankfurt 1978 (Original: The battered Child; Chicago/London, 1. Aufl. 1968, 2. veränd. Aufl. 1974)

Heraud, Brian J.: Soziologie und Sozialarbeit – Perspektiven und Probleme; (Lambertus) Freiburg 1973 (Original: Sociology and Social Work. Perspectives and Problems; Oxford 1970)

Hess, Max: Zur Geheimhaltungspflicht des Sozialarbeiters; in: *Ztschr. für öffentliche Fürsorge*, Jg. 72, S. 51 ff., (Orell Füssli) Zürich 1975. Ebenso in: *Ztschr. für Vormundschaftswesen*, Jg. 31, S. 84 ff., (Schulthess) Zürich 1976

Hess-Diebäcker, Doris: Deklassierte Arbeiterfamilien. Handlungsansätze zur Veränderung ihrer Lebensverhältnisse; (Sozialpolitischer Verlag) Berlin 1980

Hetzer, Hildegard: Psychologische Begutachtung misshandelter Kinder; in: *Ztschr. für angewandte Psychologie u. Charakterkunde*, Jg. 50, S. 209 ff., (Barth) Leipzig 1936

Hoffmann, Nicolas (1977, Hg.): Therapeutische Methoden in der Sozialarbeit; (Müller) Salzburg 1977

Hoffmann, Nicolas (1977a): Der verhaltenstherapeutische Ansatz in der Sozialarbeit; in: *N. Hoffmann* (Hg.), 1977

Hoffmann, Nicolas / *Frese*, Michael: Verhaltenstherapie in der Sozialarbeit; (Müller) Salzburg 1979 (3. Aufl.)

Hoffmann, Ute: Sozialarbeit im Gesundheitsbereich zwischen fürsorgerischem Zuarbeiterberuf und psychosozialem Expertenberuf; in: *Kreuter*, 1982

Hollis, Florence (1964): Soziale Einzelhilfe als psychosoziale Behandlung; (Lambertus) Freiburg 1971 (Original: Casework. A Psychosocial Therapy; New York/Toronto 1964)

Hollis, Florence (1970): Die psychosoziale Arbeitsweise als Grundlage Sozialer Einzelhilfe-Praxis; in: *Roberts/Nee*, 1970

478

Hollstein, Walter (1973): Sozialarbeit im Kapitalismus. Themen und Probleme; in: *Hollstein/Meinhold*, 1973

Hollstein, Walter (1973a): Hilfe und Kapital. Zur Funktionsbestimmung der Sozialarbeit; in: *Hollstein/Meinhold*, 1973

Hollstein, Walter / *Meinhold*, Marianne (Hg.): Sozialarbeit unter kapitalistischen Produktionsbedingungen; (Fischer) Frankfurt 1973

Hollstein-Brinkmann, Heino: Soziale Arbeit und Systemtheorien; (Lambertus) Freiburg 1993

Iklé, Fred Charles: Strategie und Taktik des diplomatischen Verhandelns; (Bertelsmann) Gütersloh 1965 (Original: How Nations Negotiate; New York 1964)

Jacobs, Michael R.: Beratung Alkoholabhängiger. Therapeutische Möglichkeiten im ambulanten Bereich; (Hippokrates) Stuttgart 1981 (Original: Problems Presented by Alcoholic Clients; Toronto 1981)

Jehu, Derek / *Hardiker*, Pauline / *Yellow*, Margaret / *Shaw*, Martin: Verhaltensmodifikation in der Sozialarbeit/Sozialpädagogik; (Lambertus) Freiburg 1977 (Original: Behaviour Modification in Social Work; Chichester GB 1972)

Jensen, Stefan: Systemtheorie; (Kohlhammer) Stuttgart 1983

Junker, Helmut: Das Beratungsgespräch. Zur Theorie und Praxis kritischer Sozialarbeit; (Kösel) München 1978 (2. Aufl.)

Kamphuis, Marie: Die persönliche Hilfe in der Sozialarbeit unserer Zeit. Eine Einführung in die Methode der Einzelfallhilfe für Praxis und Ausbildung; (Enke) Stuttgart 1973 (Original: What is social casework?; Niederlande, 10. umgearb. Aufl. 1973)

Kasakos, Gerda: Familienfürsorge zwischen Beratung und Zwang. Analysen und Beispiele; (Juventa) München 1980

Kempe, Ruth S. / *Kempe*, C. Henry: Kindesmisshandlung; (Klett-Cotta) Stuttgart 1980 (Original: Child Abuse; London 1978)

Kerkhoff, Engelbert (Hg.): Handbuch Praxis der Sozialarbeit und Sozialpädagogik, Bd. 1: Grundlagen und berufsfeldorientierte Schwerpunkte. Bd. 2: Praktische Sozialarbeit und Sozialpädagogik; (Schwann) Düsseldorf 1981

Kirchhoff, Claudia / *Kirchhoff*, Gerd / *Goertz*, Johannes: Die Arbeit der Jugendgerichtshilfe; in: *Kerkhoff*, Engelbert (Hg.): Alltagssituationen in der Sozialarbeit; (Quelle & Meyer) Heidelberg 1978

Klussmann, Rudolf W.: Das Kind im Rechtsstreit der Erwachsenen. Wegweiser für Eltern und Jugendämter, Richter und Psychologen; (Reinhardt) München/Basel 1981

Knapp, Wolfgang (Hg.): Die wissenschaftlichen Grundlagen der Sozialarbeit und Sozialpädagogik; (Kohlhammer) Stuttgart etc. 1980

Knieschewski, Elmar: Sozialarbeiter und Klient. Eine empirische Untersuchung; (Beltz) Weinheim/Basel 1978

Koschorke, Martin: Zur Praxis der Beratungsarbeit mit Unterschichtfamilien; in: *Wege zum Menschen*, Jg. 27, S. 315 ff., (Vandenhoeck & Ruprecht) Göttingen 1975

Kosubek, Siegfried: Praxis der Straffälligenhilfe; (Klett-Cotta) Stuttgart 1978

Kreuter, Hansheinz (Hg.): Sozialarbeit im Krankenhaus. Gesetzlicher Auftrag und Selbstverständnis; (Haag + Herchen) Frankfurt 1982

Kreuzer, Arthur / *Plate*, Monika (Hg.): Polizei und Sozialarbeit. Eine Bestandesaufnahme theoretischer Aspekte und praktischer Erfahrungen; (Akadem. Verlagsgesellschaft) Wiesbaden 1981

Kutter, Peter: Sozialarbeit und Psychoanalyse; (Vandenhoeck & Ruprecht) Göttingen 1974

Laing, Ronald D.: Mystifizierung, Konfusion und Konflikt; in: *Bateson u. a.*, 1969 (Original: Mystification, Confusion and Conflict; in: Boszormenyi-Nagy, Ivan / Framo, James L.: Intensive Family Therapy; New York 1965)

Lattke, Herbert: Das helfende Gespräch; (Lambertus) Freiburg 1973 (2. Aufl.)

Lau, Thomas / *Wolff*, Stephan (1981): Bündnis wider Willen – Sozialarbeiter und ihre Akten; in: *Neue Praxis*, Jg. 11, S. 199 ff., (Luchterhand) Neuwied 1981

479

Lau, Thomas / *Wolff*, Stephan (1982): Wer bestimmt hier eigentlich, wer kompetent ist? – Eine soziologische Kritik an Modellen kompetenter Sozialarbeit; in: *Müller u. a.* Bd. 1, 1982

Lechleiter, Georg: Das Kind als Gegenstand und Opfer krimineller Misshandlung (Lang) Bern/ Frankfurt 1971

Lippmann, Christa: Sozialarbeit und Sozialpolitik im Betrieb; (Kohlhammer) Stuttgart etc. 1980

Lotmar, Paula: Gedanken zur Definition und Funktion der Sozialen Arbeit; (Schweiz. Arbeitsgemeinschaft Sozialer Schulen) Zürich 1963

Lotmar, Paula / *Tondeur*, Edmond: Führen in sozialen Organisationen. Ein Buch zum Nachdenken und Handeln; (Haupt) Bern / Stuttgart 1989

Luhmann, Niclas: Soziale Systeme. Grundriss einer allgemeinen Theorie; (Suhrkamp) Frankfurt 1984

Lukas, Helmut: Sozialpädagogik/Sozialarbeitswissenschaft. Entwicklungsstand und Perspektiven einer eigenständigen Wissenschaftsdisziplin für das Handlungsfeld Sozialarbeit/Sozialpädagogik; (Spiess) Berlin 1979

Lüssi, Peter: Atheismus und Neurose. Eine Untersuchung im Bereiche der Tiefenpsychologie über die (Mit-)Verursachung neurotischer Krankheitszustände durch religiöse Glaubenslosigkeit; (Vandenhoeck & Ruprecht) Göttingen 1979

Maas, Henri S.: Soziale Einzelhilfe (Social Casework); in: *Friedländer/Pfaffenberger*, 1966

Maas, Udo (Hg.): Sozialarbeit und Sozialverwaltung. Handeln im Konfliktfeld Sozialbürokratie; (Beltz) Weinheim/Basel 1985

Maòr, Harry: Soziologie der Sozialarbeit; (Kohlhammer) Stuttgart etc. 1975

Mehl, Hans Peter: Versuch einer bürgernahen Sozial- und Jugendverwaltung; in: *Müller/Otto*, 1980

Melzer, Gerhard (1978): Methoden und Gesprächsführung in der Beratung; in: *Giese*, Dieter / *Melzer*, Gerhard: Die Beratung in der sozialen Arbeit; (Kohlhammer) Stuttgart etc. 1978 (2. überarb. Aufl.)

Melzer, Gerhard (1979): Familientherapie und klientzentrierte Gesprächsführung in der Sozialarbeit; (Kösel) München 1979

Minuchin, Salvador: Familie und Familientherapie. Theorie und Praxis struktureller Familientherapie; (Lambertus) Freiburg 1977 (Original: Families and Family therapy; Cambridge, Mass. 1976)

Minuchin, Salvador / *Fishman*, Charles H.: Praxis der strukturellen Familientherapie; (Lambertus) Freiburg 1983 (Original: Family Therapy Techniques; Cambridge, Mass. 1981)

Mollenhauer, Klaus: Einführung in die Sozialpädagogik. Probleme und Begriffe; (Beltz) Weinheim 1964

Moser, Hugo: Sprachbarrieren als linguistisches und soziales Problem; in: *Rucktäschel*, Annamaria (Hg.): Sprache und Gesellschaft; (Fink) München 1972

Mues, Maria: Interventionen durch die Sozialarbeit bei Kindesmisshandlung in der Familie; (Verlag modernes lernen) Dortmund 1982

Mühlfeld, Claus / *Oppl*, Hubert / *Weber*, Hartmut / *Wendt*, Wolf R.: Ökologische Konzepte für Sozialarbeit; (Diesterweg) Frankfurt 1986

Mühlum, Albert (1981): Sozialpädagogik und Sozialarbeit. Eine vergleichende Darstellung zur Bestimmung ihres Verhältnisses in historischer, berufspraktischer und theoretischer Perspektive; (Dt. Verein f. öff. u. private Fürsorge) Frankfurt 1981

Mühlum, Albert (1986): Die ökosoziale Perspektive. Folgerungen für eine Handlungstheorie der sozialen Arbeit; in: *Mühlum u. a.*, 1986

Mühlum u. a.: Mühlum, Albert / Olschowy, Gerhard / Oppl, Hubert / Wendt, Wolf R.: Umwelt – Lebenswelt. Beiträge zur Theorie und Praxis ökosozialer Arbeit; (Diesterweg) Frankfurt 1986

Müller, Burkhard: Probleme bei der Entwicklung einer Handlungslehre sozialer Arbeit am Beispiel der Heimerziehung; in: *Müller u. a.* Bd. 1, 1982

Müller, C. Wolfgang: Wie Helfen zum Beruf wurde. Eine Methodengeschichte der Sozialarbeit. Bd. 1: 1883–1945 (1. Aufl. 1982), Bd. 2: 1945–1985; (Beltz) Weinheim/Basel 1988

Müller-Dietz, Heinz: Rechtsberatung und Sozialarbeit; (Athenäum) Königstein/Ts. 1980

Müller, Siegfried / *Otto*, Hans-Uwe (Hg.): Sozialarbeit als Sozialbürokratie? Zur Neuorganisation sozialer Dienste; Neue Praxis, Sonderheft 5, (Luchterhand) Neuwied 1980

480

Müller u. a.: Müller, Siegfried / Otto, Hans-Uwe / Peter, Hilmar / Sünker, Heinz (Hg.): Handlungskompetenz in der Sozialarbeit/Sozialpädagogik. Bd. 1: Interventionsmuster und Praxisanalysen, Bd. 2: Theoretische Konzepte und gesellschaftliche Strukturen; (AJZ) Bielefeld 1982/1984

Münch, Richard: Theorie sozialer Systeme. Eine Einführung in Grundbegriffe, Grundannahmen und logische Struktur; (Westdeutscher Verlag) Opladen 1976

Musaph, Herman: Technik der psychologischen Gesprächsführung; (Müller) Salzburg 1969 (Original: Het Gesprek, psychologische fundering; Haarlem 1966)

Napier, August Y. / *Whitaker*, Carl A.: Die Bergers. Beispiel einer erfolgreichen Familientherapie; (Rowohlt) Reinbeck 1982 (Original: The Family Crucible; New York 1978)

Neumann-Mehring, Silvia / *Peter*, Hilmar: Von der Psychologisierung des Alltags zur «therapeutischen Sozialarbeit»?, in: *Sozialarbeit und Therapie*, 1978

Nicholds, Elisabeth: Praxis Sozialer Einzelhilfe. Berufsbegleitende Schulung durch die Dienststelle; (Lambertus) Freiburg 1970 (Original: In-Service Casework Training; New York/London 1966)

Nielsen, Heidi / *Nielsen*, Karl / *Müller*, C. Wolfgang: Sozialpädagogische Familienhilfe. Probleme, Prozesse und Langzeitwirkungen; (Beltz) Weinheim/Basel 1986

Olk, Thomas: Abschied vom Experten. Sozialarbeit auf dem Weg zu einer alternativen Professionalität; (Juventa) Weinheim/München 1986

Oppl, Hubert: Die Entfaltung des ökosozialen Gedankens in der Sozialarbeit. Handlungstheoretische Ansätze und Perspektiven; in: *Oppl*, Hubert / *Tomaschek*, Arnold (Hg.): Soziale Arbeit 2000; Bd. 1, (Lambertus) Freiburg 1986

Oswald, Gerhard: Systemansatz und soziale Familienarbeit. Methodische Grundlagen und Arbeitsformen; (Lambertus) Freiburg 1988

Oswald, Gerhard / *Müllensiefen*, Dietmar: Psychosoziale Familienberatung; (Lambertus) Freiburg 1985

Otto, Hans-Uwe: Zum Verhältnis von systematisiertem Wissen und praktischem Handeln in der Sozialarbeit; in: *Otto/Utermann*, 1971

Otto, Hans-Uwe / *Schneider*, Siegfried (Hg.): Gesellschaftliche Perspektiven der Sozialarbeit; 2 Halbbände, (Luchterhand) Neuwied/Berlin 1973

Otto, Hans-Uwe / *Utermann*, Kurt (Hg.): Sozialarbeit als Beruf. Auf dem Weg zur Professionalisierung?; (Juventa) München 1971

Parsons, Talcott (1966): Gesellschaften; (Suhrkamp) Frankfurt 1975 (Original: Societies, Evolutionary and Comparative Perspectives; New Jersey 1966)

Parsons, Talcott (1976): Zur Theorie sozialer Systeme; Beiträge aus amerikanischen Publikationen zwischen 1958 und 1968, hrsg. von Stefan Jensen, (Westdeutscher Verlag) Opladen 1976

Passavant, Christina von: Gwatter Epilog oder Was ist aus den an der Schule für Sozialarbeit Gwatt in Sozialer Gruppenarbeit Ausgebildeten geworden?; in: *Staub u. a.*, 1983

Paulwitz, Irmtraut: Freiwillige in sozialen Diensten. Volunteers und Professionelle im Wohlfahrtssektor der USA; (Juventa) Weinheim/München 1988

Penn, Peggy: Zirkuläres Fragen; in: *Familiendynamik*, Jg. 8, S. 198 ff., (Klett-Cotta) Stuttgart 1983 (Original: Circular Questioning; in: Family Process, Vol. 21, S. 267 ff., New York 1982)

Perlman, Helen (1957): Soziale Einzelhilfe als problemlösender Prozess; (Lambertus) Freiburg 1969 (Original: Social Casework. A Problem-solving Process; Chicago/London 1957)

Perlman, Helen (1970): Das Modell des problemlösenden Vorgehens in der Sozialen Einzelhilfe; in: *Roberts/Nee*, 1970

Peter, Hilmar: Handlungskompetenz in der «klassischen» Methodenliteratur der Sozialarbeit und Perspektiven für eine Neuorientierung; in: *Müller u. a.* Bd. 1, 1982

Peters, Helge (1969): Die politische Funktionslosigkeit der Sozialarbeit und die «pathologische» Definition ihrer Adressaten; in: *Otto/Schneider*, 1973 (urspr. in: Jahrbuch für Sozialwissenschaften, Bd. 20, S. 405 ff., Göttingen 1969)

Peters, Helge (1971): Die misslungene Professionalisierung der Sozialarbeit; in: *Otto/Utermann*, 1971

Pfaffenberger, Hans (1966): Das Theorie- und Methodenproblem in der sozialen und sozialpädagogischen Arbeit; in: *Friedländer/Pfaffenberger*, 1966

Pfaffenberger, Hans (1970): Zur Entwicklung der Sozialarbeit und ihrer Theorie und Methodik im sozio-kulturellen Wandel; in: *Dreier*, Wilhelm (Hg.): Über Ziel und Methoden der Sozialarbeit. Ein Tagungsbericht; (Regensberg) Münster 1970

Pincus, Allen / *Minahan*, Anne: Ein Praxismodell der Sozialarbeit; in: *Specht/Vickery*, 1977 (Original: A Model of Social Work Practice; Zusammenfassung des Buches: Social Work Practice. Model and Method; Itasca Ill. 1973).

Pizzey, Erin: Schrei leise. Misshandlungen in der Familie; (Deutsche Verlags-Anstalt) Stuttgart 1976 (Original: Scream Quietly or the Neighbours will Hear; London 1974)

Preusser, Norbert: Fürsorge zwischen Massennot und Opfergang; Nachwort zu *Stieve*, 1983

Rapoport, Lydia: Krisen-Intervention als Form der Kurzbehandlung; in: *Roberts/Nee*, 1970

Rasehorn, Theo (Hg.): Rechtsberatung als Lebenshilfe; (Luchterhand) Neuwied/Darmstadt 1979

Reid, William J. / *Epstein*, Laura: Gezielte Kurzzeitbehandlung in der Sozialen Einzelhilfe; (Lambertus) Freiburg 1979 (Original: Task-Centered Casework; New York 1972)

Reis, Claus (Hg.): Schuldnerberatung – eine Aufgabe für die soziale Arbeit; (Deutscher Verein für öffentliche und private Fürsorge) Frankfurt 1986

Richmond, Mary E.: Social Diagnosis; (Russell Sage Foundation) New York 1917

Richter, Horst-Eberhard: Patient Familie. Entstehung, Struktur und Therapie von Konflikten in Ehe und Familie; (Rowohlt) Reinbek 1970

Rickenbach, Walter: Sozialwesen und Sozialarbeit der Schweiz. Eine Einführung; (Schweizerische Gemeinnützige Gesellschaft) Zürich 1972 (3. rev. Aufl.)

Roberts, Robert W. / *Nee*, Robert H. (Hg.): Konzepte der Sozialen Einzelhilfe. (Stand der Entwicklung. Neue Anwendungsformen); (Lambertus) Freiburg 1974 (Original: Theories of Social Casework; Chicago/London 1970)

Rogers, Carl R. (1942): Die nichtdirektive Beratung; (Fischer) Frankfurt 1985 (Original: Counseling and Psychotherapy; Boston 1942)

Rogers, Carl R. (1983): Therapeut und Klient. Grundlagen der Gesprächstherapie; (Fischer) Frankfurt 1983 (Original: Beiträge aus diversen amerikanischen Publikationen, 1959 bis 1975)

Rössner, Lutz (1973): Theorie der Sozialarbeit; (Reinhardt) München/Basel 1973

Rössner, Lutz (1977): Erziehungs- und Sozialarbeitswissenschaft – eine einführende Systemskizze; (Reinhardt) München 1977

Rothschuh, Michael / *Schütz*, Harry: Sozialarbeiter als Polizeiassistenten; in: *Müller*, Siegfried / *Otto*, Hans-Uwe (Hg.): Damit Erziehen nicht zur Strafe wird. Sozialarbeit als Konfliktschlichtung; (Böllert) Bielefeld 1986

Salomon, Alice: Soziale Diagnose; (Heymanns) Berlin 1926

Salzberger, Isca: Die Psychoanalyse in der Sozialarbeit; (Klett) Stuttgart 1973 (Original: Psycho-Analytic Insight and Relationship. A Kleinian Approach; London 1970)

Schatzmann, L. / *Strauss*, A.: Soziale Schicht und Kommunikationsweisen; in: *Holzer*, Horst / *Steinbacher*, Karl (Hg.): Sprache und Gesellschaft; (Hoffmann u. Campe) Hamburg 1972 (Original: Social Class and Modes of communication; in: American Journal of Sociology, Vol. 60, S. 329 ff., Chicago 1955)

Scherer, Wolfgang: Wie Sozialämter Hilfebedürftige abschrecken; (Fachhochschule) Frankfurt 1986

Scherpner, Hans: Theorie der Fürsorge; (Vandenhoeck & Ruprecht) Göttingen 1962

Schiller, Burkhard: Soziale Netzwerke behinderter Menschen. Das Konzept Sozialer Hilfe- und Schutzfaktoren im sonderpädagogischen Kontext; (Lang) Frankfurt 1987

Schläpfer, Silvia: Aussagepsychologie und Vernehmungstechnik bei misshandelten Kindern; in: *Haesler*, 1983

Schlüter, Wolfgang: Sozialphilosophie der helfenden Berufe: der Anspruch der Intervention; (Reinhardt) München 1983

Schmidbauer, Wolfgang: Die hilflosen Helfer. Über die seelische Problematik der helfenden Berufe; (Rowohlt) Reinbek 1977

Schreiber, Lothar Hans: Die Misshandlung von Kindern und alten Menschen. Zur Kriminologie der Tatvorgänge; (Kriminalistik-Verlag) Hamburg 1971

Schubert, Franz-Christian / *Scheulen*, Dagmar (1978): Neue Ansätze in der Familienhilfe: Familientherapie; in: *Kerkhoff*, Engelbert (Hg.): Alltagssituationen in der Sozialarbeit; (Quelle & Meyer) Heidelberg 1978

Schubert, Franz-Christian / *Scheulen-Schubert*, Dagmar (1981): Familie, Familienfürsorge, Familienberatung und -therapie; in: *Kerkhoff* Bd. 1, 1981

Schubert, Margaret: Das Gespräch in der Sozialarbeit. Eine Anleitung für Ausbildung und Praxis; (Lambertus) Freiburg 1980 (Original: Interviewing in Social Work Practice. An Introduction; New York 1971)

Schumann, Hanna Elisabeth: Gezielt helfen. Pragmatische Sozialtherapie; (Rowohlt) Reinbek 1980

Searles, Harold F.: Das Bestreben, den andern verrückt zu machen – ein Element in der Ätiologie und Psychotherapie der Schizophrenie; in: *Bateson u. a.*, 1969 (Original: The Effort to Drive the Other Person Crazy; in: British Journal of Medical Psychology, Vol. 32, S. 1 ff., London 1959)

Selvini u. a. (1975): Selvini-Palazzoli, Mara / Boscolo, Luigi / Cecchin, Gianfranco / Prata, Giuliana: Paradox und Gegenparadox; (Klett-Cotta) Stuttgart 1981 (Original: Paradosso e Contraparadosso, Mailand 1975)

Selvini u. a. (1980): Selvini, Mara / Boscolo, Luigi / Cecchin, Gianfranco / Prata, Giuliana: Hypothetisieren – Zirkularität – Neutralität: Drei Richtlinien für den Leiter der Sitzung; in: *Familiendynamik*, Jg. 6, S. 123 ff., (Klett-Cotta) Stuttgart 1981 (Original: Hypothesizing – Circularity – Neutrality: Three Guidelines for the Conductor of the Session; in: Family Process, Vol. 19, S. 3 ff., New York 1980)

Silverman, Frederic N.: Röntgenologische Aspekte; in: *Helfer/Kempe*, 1974

Smalley, Ruth E. (1967): Praxisorientierte Theorie der Sozialarbeit; (Beltz) Weinheim/Basel 1974 (Original: Theory for Social Work Practice; New York 1967)

Smalley, Ruth E. (1970): Die funktionelle Methode als Grundlage der Sozialen Einzelhilfe-Praxis; in: *Roberts/Nee*, 1970

Sozialarbeit und Therapie; Neue Praxis, Sonderheft Nr. 4, (Luchterhand) Neuwied 1978

Specht, Harry / *Vickery*, Anne: Methodenintegration in der Sozialarbeit. Zur Entwicklung eines einheitlichen Praxismodells; (Lambertus) Freiburg 1980 (Original: Integrating Social Work Methods; London 1977)

Speck, Ross V. / *Attneave*, Carolyn L. (1972): Die Intervention in grössere Sozialsysteme; in *Sager*, C. J. / *Kaplan*, H. S. (Hg.): Handbuch der Ehe-, Familien- und Gruppentherapie; Bd. 2, (Kindler) München 1973 (Original: Progress in Group and Family Therapy; USA 1972)

Speck, Ross V. / *Attneave*, Caroline L. (1973): Die Familie im Netz sozialer Beziehungen; (Lambertus) Freiburg 1976 (Original: Family Networks; New York 1973)

Stahel, Albert W.: Sozialarbeit im Kontext wirtschaftlicher, kultureller und soziopolitischer Zusammenhänge; in *Staub u. a.*, 1983

Staub-Bernasconi, Silvia (1983): Soziale Probleme – Dimensionen ihrer Artikulation; (Rüegger) Diessenhofen 1983

Staub-Bernasconi, Silvia (1983a): Ein ganzheitliches Methodenkonzept – Wunschtraum? Chance? Notwendigkeit? Problembezogene Arbeitsweisen in der Sozialen Arbeit; in: *Staub u. a.*, 1983

Staub-Bernasconi, Silvia (1986): Soziale Arbeit als eine besondere Art des Umgangs mit Menschen, Dingen und Ideen – zur Entwicklung einer handlungstheoretischen Wissensbasis sozialer Arbeit; in: *Sozialarbeit*, Jg. 18, Heft 10, (SBS) Bern 1986

Staub u. a.: Staub-Bernasconi, Silvia / Passavant, Christina von / Wagner, Antonin (Hg.): Theorie und Praxis der Sozialen Arbeit; (Haupt) Bern / Stuttgart 1983

Stauss, Walter: Einsatz freiwilliger Helfer. Darstellung des Modells der «Aktion Jugendhilfe Winterthur» zum Anlass des 25jährigen Bestehens; (Pro Juventute) Zürich 1988

Steele, Brandt F. / *Pollock*, Carl B.: Eine psychiatrische Untersuchung von Eltern, die Säuglinge und Kleinkinder misshandelt haben; in: *Helfer/Kempe*, 1974

Stierlin, Helm / *Rückert*-Embden, Ingeborg / *Wetzel*, Norbert / *Wirsching*, Michael: Das erste Familiengespräch. Theorie – Praxis – Beispiele; (Klett-Cotta) Stuttgart 1979 (2. neubearb. Aufl.)

Stieve, Hedwig: Tagebuch einer Fürsorgerin. Mit einem Nachwort von Norbert Preusser; (Beltz) Weinheim/Basel 1983 (Erstscheinung des Tagebuchs: Berlin 1925)

Thiersch, Hans (1977): Kritik und Handeln. Interaktionistische Aspekte der Sozialpädagogik; (Luchterhand) Neuwied 1977

Thiersch, Hans (1978): Zum Verhältnis von Sozialarbeit und Therapie; in: *Sozialarbeit und Therapie*, 1978

Thiersch, Hans (1978a): Alltagshandeln und Sozialpädagogik; in: *Neue Praxis*, Jg. 8, Heft 1, S. 6 ff., (Luchterhand) Neuwied 1978

Thiersch, Hans (1986): Die Erfahrung der Wirklichkeit. Perspektiven einer alltagsorientierten Sozialpädagogik; (Juventa) Weinheim/München 1986

Thomann, Christoph / *Schulz von Thun*, Friedemann: Klärungshilfe. Handbuch für Therapeuten, Gesprächshelfer und Moderatoren in schwierigen Gesprächen. Theorien, Methoden, Beispiele; (Rowohlt) Reinbek 1988

Trube-Becker, Elisabeth: Gewalt gegen das Kind. Vernachlässigung, Misshandlung, sexueller Missbrauch und Nötigung von Kindern; (Kriminalistik-Verlag) Heidelberg 1982

Tuggener, Heinrich: Der Klient – Versuch über den Bedeutungswandel eines Begriffes; in: *Staub u. a.*, 1983

Uchtenhagen, Ambros / *Zimmer-Höfler*, Dagmar: Heroinabhängige und ihre «normalen» Altersgenossen. Herkunft, Lebenssituation, Zweijahresverlauf im Quervergleich; (Haupt) Bern / Stuttgart 1985

Wagner, Antonin (1983): Die sogenannten Grenzen des Wohlfahrtsstaates und ihre Bedeutung für die soziale Arbeit; in: *Staub u. a.*, 1983

Wagner, Antonin (1985): Wohlfahrtsstaat Schweiz. Eine problemorientierte Einführung in die Sozialpolitik; (Haupt) Bern / Stuttgart 1985

Wartenweiler, Dieter: Sozialarbeit – Seelenarbeit. Eine berufliche Herausforderung; (Haupt) Bern/ Stuttgart 1989

Watzlawick, Paul / *Beavin*, Janet H. / *Jackson*, Don D.: Menschliche Kommunikation. Formen, Störungen, Paradoxien; (Huber) Bern etc. 1969 (Neubearbeitung des Originals: Pragmatics of Human Communication. A Study of Interactional Patterns, Pathologies an Paradoxes; New York 1967)

Watzlawick, Paul / *Weakland*, John H. / *Fisch*, Richard: Lösungen. Zur Theorie und Praxis menschlichen Wandels; (Huber) Bern etc. 1974 (Original: Change. Principles of Problem Formation and Problem Resolution; New York 1974)

Weber, Wilfried: Wege zum helfenden Gespräch. Gesprächspsychotherapie in der Praxis. Ein Lernprogramm mit kurzen Lernimpulsen, konkreten Hinweisen und vielen praktischen Übungen; (Reinhardt) München/Basel 1981 (5. Aufl.)

Weinberger, Sabine: Klientzentrierte Gesprächsführung. Eine Lern- und Praxisanleitung für helfende Berufe; (Beltz) Weinheim/Basel 1988 (3. vollst. überarb. Aufl.)

Weis, Kurt: Die Vergewaltigung und ihre Opfer. Eine viktimologische Untersuchung zur gesellschaftlichen Bewertung und individuellen Betroffenheit; (Enke) Stuttgart 1982

Weissenfels, Ulf: Wissenschaftliche Sozialarbeit? – Ansichten aus einem Fachbereich für Sozialarbeit/ Sozialpädagogik; in: *Neue Praxis*, Jg. 10, Heft 4, S. 399 ff., (Luchterhand) Neuwied 1980

Wendt, Wolf Rainer (1982): Ökologie und soziale Arbeit; (Enke) Stuttgart 1982

Wendt, Wolf Rainer (1986): Die ökosoziale Aufgabe. Haushalten im Lebenszusammenhang; in: *Mühlum u. a.*, 1986

Wendt, Wolf Rainer (1990): Geschichte der sozialen Arbeit. Von der Aufklärung bis zu den Alternativen und darüber hinaus; (Enke) Stuttgart 1990 (3. überarb. u. erw. Aufl.)

Wendt, Wolf Rainer (1990a): Ökosozial denken und handeln. Grundlagen und Anwendungen in der Sozialarbeit; (Lambertus) Freiburg 1990

Wendt, Wolf Rainer (1991), (Hg.): Unterstützung fallweise. Case Management in der Sozialarbeit; (Lambertus) Freiburg 1991

Whittaker, James K.: Social Treatment. Soziale Arbeit mit Einzelnen, Familien und Gruppen; (Lambertus) Freiburg 1977 (Original: Social Treatment – an approach to interpersonal helping; Chicago 1974)

Wieler, Joachim: Er-Innerung eines zerstörten Lebensabends. Alice Salomon während der NS-Zeit (1933–1937) und im Exil (1937–1948); (Lingbach) Darmstadt 1987

Wildener, Heinrich: Die Technik der Diplomatie. L'art de négocier; (Springer) Wien 1959

Willi, Jürg: Die Zweierbeziehung. Spannungsursachen – Störungsmuster – Klärungsprozesse – Lösungsmodelle. Analyse des unbewussten Zusammenspiels in Partnerwahl und Paarkonflikt: das Kollusions-Konzept; (Rowohlt) Reinbek 1975

Willke, Helmut: Systemtheorie; (Fischer) Stuttgart 1982

Wirth, Wolfgang: Inanspruchnahme sozialer Dienste. Bedingungen und Barrieren; (Campus) Frankfurt/New York 1982

Wronsky, Siddy / *Kronfeld*, Arthur: Sozialtherapie und Psychotherapie in den Methoden der Fürsorge; (Heymanns) Berlin 1932

Wronsky, Siddy / *Salomon*, Alice: Soziale Therapie. Ausgewählte Akten aus der Fürsorge-Arbeit; (Heymanns) Berlin 1926

Zenz, Gisela: Kindesmisshandlung und Kindesrechte. Erfahrungswissen – Normstruktur – Entscheidungsrationalität; (Suhrkamp) Frankfurt 1979

Ziltener, Werner (1984): Helfende Praxis. Alltagsfragen aus der beruflichen Sozialarbeit; (Löpfe-Benz) Rorschach 1984

Ziltener, Werner (1989): Alltag des Helfens. Vom Fühlen und Denken zum Handeln; (Löpfe-Benz) Rorschach 1989

Zinner, Georg: Sozialarbeit zwischen Anspruch und Wirklichkeit. Eine Analyse der beruflichen Praxis von Sozialarbeitern; (Verlag 2000) Offenbach 1981

Sachregister

Eine *kursiv* gedruckte Seitenzahl zeigt ein ganzes Kapitel an. Das Stichwort gibt in diesem Falle die Kapitelüberschrift oder einen wesentlichen Teil von ihr wieder.

Effizienz(prinzip) *238ff.*, 269f., 287, 292f., 300, 304, 412, 424. → Problemöffnung
Eheberatung → Familienberatung. Familientherapie
Eigenleistung (PB) 451ff.
Eigenständigkeit, der Sozialarbeitslehre 17, 43ff., 45f.
– der sa. Methode 208
Eingriff, Prinzip des kleinstmöglichen *268ff.* → Intervention
Einzelfallhilfe 52. → Casework
Empathie 195ff., 397
Entplazierung 469
Entscheiden (Sr.) 138f., 202. → Freiwilligkeit (Vorrang). Selbständigkeit
– für den Kl. *463ff.*
– in Konflikten 473
Erfahrung (Sr.) 148, 179, 184
Erkenntnis 120. → soziale Intelligenz. Typologisches Denken. Verstehen
– u. Kommunikation 195f., 254
– durch systemisches Denken 57ff., 75
– Theorie/Praxis-Dialektik 44f., 58, 64, 79. → Praxisvorrang
Erklärungsprinzip *374ff.*, 463
Ermessen 141, 449, 457. → das Arbiträre
Erstkontakt 249f., 280f., 353ff.
Erwerbsarbeit 81ff.
Erzieher/Erziehung 81f., 85. → pädagogisch. Sozialpädagogik
ethnokulturelle ~
– Kommunikationsschwierigkeiten 187ff.
– Soziallogik 223
– Verhaltensunterschiede 251
Euphemisierung 383f.
Expertentum (Sr.) 120

Fachkompetenz (Sr.) 120, 148f., 151, 169f., 178f. → Berufswissen. Kompetenz. Professionalität
Fähigkeit → Kompetenz
Fall~, aufnahme 268, 279f.
– beendigung 280, 459
– konferenz 330
– notizen 239, 380f., 386, 391
Familie 90f., 241, 288, 293, 422ff., 427f.
Familien~
– beratung (S.) 63, 140. → Verhandlung
– hilfe, sozialpädagogische 241, 427
– therapie 35f., 40, 62f., 138, 195, 277, 293, 331ff., 406. 408. → therapeutische Technik, Therapie
Fehlfunktion (des Systems) 70
Festlegungen (i. d. Verhandlung) 440
Fiktionen, Arbeit mit (in der S.) 272ff.

finanzielle(r) ~
– Aspekt des soz. Pr. 156, 303, 468. → Geld
– Haushaltverwaltung 459, 462f.
Flexibilität (Sr.) *237ff.*, 277ff.
Flottierenlassen des Gesprächs *397ff.*, 407
Forderungen, des Sr. ggü. PB *262ff.*, 365, 403. → Aufgabe für PB
– i. d. Verhandlung 439f.
Fragen stellen (Sr. an PB) 399
freiwillige ~
– Helfer 49, *159ff.*, 164, 351, 356f., 427
– Klientschaft *102f.*, 103ff., 320, 373
– Vertretung 270, 290f., *432f.*
Freiwilligkeit, des freiw. Kl. *103f.*
– bei Pflichtklientschaft 320
– Vorrang der F. 251f., *315ff.*, 325
Fremdbestimmung der S. 30f., 149ff., 242ff.
Fremdgefährdung → schutzbedürftige Personen
Freundlichkeit (Sr.) 41, 135, 139f. → Teilnahme, freundliche
functional school (des Casework) 143
Funktion → Systemfunktionalität
Funktionen, vier der S. *102f.*, 242
Funktionalisierung, des Betreuungssystems 466, 472ff.
– der Gefühle → Gefühlsfunktionalisierung
– der Gesellschaft 451. → gesellschaftliche Funktion der S.
– des soz. Problemsystems 71, 91, 136, 167, 220, 250, 394f., 404, 436
Funktionalität, des Systems → Systemfunktionalität
– des sa. Handelns 198, 200f., 348
funktionelle(s) ~ (→ Dysfunktionalität. Systemfunktionalität)
– Gefühle 255, 260
– Verhältnis zu notwendigen Bezugspersonen 81ff., 85
– Wahrheit 180f., 244, 271ff., 299f.
Fürsorge 435f., 460, 464f.

Gefährdung (PB) → Intervention
Gefühle (→ affektiv)
– Abnahme negativer G. *256f.*, 314, 397, 408
– der PB 260, 294f.306f., 313, 369, 386, 407f. → Gefühlsfunktionalisierung
– des Sr. 120, 198ff., 266, 352
Gefühls~ (→ affektiv)
– äußerung (Sr.) 195, 198, 337, 384, 441
– beziehung zw. Sr. u. Kl. 118, 201, 346, 350, 356, 370f.
– einsatz 366, 441
– funktionalisierung 117, *255ff.*, 294
– klärung *257ff.*, 400

Personenregister

PD Dr. Peter Schwarz

Management
in Nonprofit Organisationen

Eine Führungs-, Organisations- und Planungslehre für Verbände, Sozialwerke, Vereine, Kirchen, Parteien usw.

622 Seiten, 129 Abbildungen,
gebunden Fr. 78.– / DM 94.– / öS 733.–
ISBN 3-258-04460-0

Wer sich intensiv mit NPO-Managementfragen befasst, wird in diesem Buch zahllose Lösungsansätze, Checklisten, Gestaltungsanweisungen und Empfehlungen finden, mit deren Hilfe er eigene Probleme erfassen, definieren und einer Lösung zuführen kann.

Haupt

Paula Lotmar / Edmond Tondeur

Führen
in sozialen Organisationen

Ein Buch zum Nachdenken und Handeln

4. Auflage, 259 Seiten, 8 Grafiken,
gebunden Fr. 58.– / DM 69.– / öS 538.–
ISBN 3-258-05012-0

Dass Führen auch in sozialen Organisationen unumgänglich ist, wird zwar zunehmend erkannt. Unklar und von zahlreichen Vorbehalten umstellt bleibt dennoch die Frage nach dem Wie und dem Wieviel, nach dem jeweils geeigneten Führungsstil, den jeweils tauglichen Führungsinstrumenten.

Die Autoren haben ihre langjährige Erfahrung in der Organisations- und Führungsberatung in einem Buch festgehalten, das sich in Inhalt, Aufbau und Sprache nach den Erfordernissen der Praxis ausrichtet. Sie wollen denjenigen in sozialen Leitungsaufgaben Mut machen, die sich eher oft ohne grosse Begeisterung des Führens angenommen haben. Grosses Gewicht legen sie darauf, Führen nicht kurzerhand auf die Wahl der geeigneten Person einzuschränken, sondern als Prozess zu gestalten, an dem sich viele beteiligen müssen. Führen als bewusstes Handeln in vernetzten Bezügen klammert die Machtfrage nicht aus, beleuchtet sie aber in einem erweiterten Zusammenhang.

Haupt

- Interaktion
- Schlüter